The Story *of* Mankind

Updated Edition

人類的故事

九千年人類史詩故事，傳承一世紀的歷久彌新

Hendrik Willem van Loon

亨德里克・威廉・房龍／著　林曉欽／譯

永恆

新版說明

一九七二年，在愛德華·普恩（Edward C. Prehn）博士、耶魯大學的保羅·希爾斯（Paul Sears）教授以及紐約大學的艾德溫·布羅米（Edwin Broome）教授等人的協助下，出版商增修了本書內容。在一九八四年以及一九九九年，耶魯大學的約翰·梅里曼（John Merriman）教授再度增修文字，亞當·西蒙（Adam Simon）負責繪製插圖。在這個最新增修版中，羅勃·蘇利文（Robert Sullivan）增加了一些新的章節與導論。

獻給吉米

「如果一本書沒有圖片，那還有什麼用途呢？」愛麗斯說。

壁爐

目次

插圖目錄

新版導言

房龍身軀魁偉，養了一隻小狗，他認為，關於這個世界的故事是如此宏大龐雜，只由少數人去探索是不夠的。閱讀這部作品將會讓你了解一件事：房龍認為自己就像一名老式火車上的鍋爐技師，透過撰寫這本書，不斷將昔日的故事和事實送進人們的心智裡，讓進步的引擎得以加速運行。或者說，他似乎認為，唯一能夠讓我們繼續前進的辦法，就是敏銳深刻地了解歷史的持續脈動。我猜測房龍這樣的想法必然跟他的出生年代有關（一八八二年），那是人類開始走向專業化的時代。

當然，每個時代都會出現專業分工。如果你活在鐵器時代的丹麥，並且非常擅長於將金屬鎔鑄為工具或武器，那麼你不太可能會被叫去照顧牲口。然而，在一八八〇年代，一門新的科學席捲了全世界的工廠，那就是管理學（management）。當管理學主導了一切，工作便不再只是工作；工作變成了一種可以細細拆解成各種零件與部位的東西，就像鳥的種類或疾病的類型一樣。於是，工廠的組裝線就在這個時候誕生了，這讓工人感到非常氣餒。專業化也蔓延到生活的所有領域，包括學術研究以及——你手上這本書最最關注的——歷史領域。房龍的作品與「專業化」完全不同，他批評那些只關注於檔案櫃的專家們「心智狹隘」。房龍有時被稱為「普及作家」（popularizer），歷史學家小亞瑟·史列辛格（Arthur Schlesinger Jr.）相當稱讚房龍的普及化寫作風格，他說：「在知識愈趨專業化的年代，能夠以清楚易懂且引人入勝的方法來書寫嚴肅的主題，正是文明社會所必需的。」史列辛格也補充說，房龍是充滿「熱誠」的人。

這並不是說房龍缺乏專業能力。畢竟，他鑽研的是歷史學，那是與化學或南極地質學完全不同的領域。他在慕尼黑大學取得博士學位，在康乃爾大學與安堤阿學院（Antioch College）講授歐洲史。除了《人類的故事》之外，他還有其他幾十部著作，包括《荷蘭王國的興起》（*The Rise of the Dutch Kingdom*）、《R. v. R：林布蘭・范・萊因的生平與時代》（*R. v. R.: The Life and Times of Rembrandt van Rijn*），在一九三九年時與葛瑞斯・卡斯塔妮塔（Grace Castagnetta）合著了《最後的吟遊詩人：卡爾・麥可・貝曼　1740-1795》（*The Last of the Troubadours: The Life and Music of Carl Michael Bellman 1740-179.*）。柯尼立斯・凡・明能（Cornelis A. van Minnen）在二〇〇五年出版的房龍傳記裡提到，《人類的故事》可說是一時興起而寫下的。當時，出版商霍瑞斯・里夫萊特（Horace Liveright）想要嘗試把廣受成年人喜愛的一種書籍類型——稱為「outline」（簡明、綱要）——改寫為少年兒童讀物，這類書包括查爾斯・比爾德與馬莉・比爾德（Charles and Mary Beard）的《美國文明的興起》（*Rise of American Civilization*, 1927），劉易斯・芒福德（Lewis Mumford）的《烏托邦的故事》（*Story of Utopias*, 1922），以及威爾・杜蘭（Will Durant）的《哲學的故事》（*Story of Philosophy*, 1926）。這些作品的撰寫目標都很明確：如果使用所有人都能看懂的語句、避免過多的細節，就能讓非本行的讀者也能了解學者專家的研究成果。杜蘭是最受歡迎的成人簡明歷史作家，他曾在書中提到，房龍的作品不僅能讓收到這本書的孩子滿意，為孩子購書的父母也同樣喜愛。「這個世界的人已經愈來愈不知道自己的故事了」。

今天這個時代已經變得更加專業化，同時也更加普及化；只需要按幾下滑鼠，就能獲知許多事實，這時候我們應該如何閱讀《人類的故事》？（不過，即使是現代，全世界仍然有三分之一的人口沒有網路可用，這卻是許多以網路彼此連結的人——儘管彼此相連——卻不知道的事實？）房龍這部巨著裡頭有些錯誤、有些誤解，當然也跟我們這個時代有些隔閡。那個時代的美國人普遍抱持著某些偏見，例如厭惡一些移民群體，我們回顧房龍的一生，不難發現他曾因此而受苦。儘管如此，整體而言這本書蘊含著一股自我期許的精神——房龍對自己、讀者以及未來的人類懷抱著希望。這也符合了房龍對一九四〇年代的世界局勢的看法，他曾提及「『彼此相屬』的共識」，他也認為，與其將小羅斯福總統的新政視為一大堆法規與條例，不如視為「一種新的心態」。房龍在紐約的廣播電台以及國家廣播電台（NBC）上節目時就是這麼講的，他說這是「為了人類的福祉」。房龍真的相信人類正在進步，即便納粹當時正在攻擊他的歐洲故鄉（他出生於鹿特丹），我們一定能夠度過這場考驗。房龍對世界的未來就是如此樂觀。

房龍在一九四四年過世，那是第二次世界大戰結束的前一年，但當時希特勒已經節節敗退，許多人都能預見戰爭即將結束。房龍似乎相信美國即將成為一個帶領全世界走向更美好未來的國家，但是後來的發展並非如此順利。人類的故事向來就是這麼複雜。

另一方面，《人類的故事》這本書就真的一直在進步。有好幾位作者修訂過內容，當然，他們並沒有改變房龍的原始精神，因而本書依然維持了作者初衷。這本書現在已經像是歷經數代傳承的筆記，上頭結了些蜘蛛絲，裝訂也有些鬆動，但也在傳承過程中添上了新的裝飾。讀者自己必須作一些功課，但不會比一九二〇年、一八二〇年或是人類剛出現時所必須作的還要多。畢竟，「過去」這種東西，只有在我們開始思考它的時候才會活起來，愈反覆思考則愈有生命力。讀者應該做的功課就是在閱讀此書時尋找真相、研究真相、深入的研究，採取不同的角度觀察它，不要視任何事情為毫無疑問，因為很少有什麼事情是毫無疑問的，不要害怕仔細端詳那些從來沒有被好好檢視過的事物。亨利・大衛・梭羅（Henry David Thoreau）曾於一八三七年時在麻薩諸塞州（Massachusetts）教書。他非常喜歡說：黑暗時代（Dark Ages）之所以黑暗，只是因為人們對它一無所知。

如果你在房龍撰寫《人類的故事》時去拜訪他，那麼你一定去過一九二〇年的紐約曼哈頓格林威治村巴洛街，你得爬上公寓四樓才會看見房龍正在用打字機打下初稿、繪製那些插圖，臉上可能還會帶著宛如孩童般的喜悅。對了，當我說「孩童般的喜悅」，意思是說房龍畫圖時從不掩飾心中的快樂。成年人總是以為自己比小孩更成熟，但是對我來說，成年人只是更懂得如何隱藏自己心中的喜怒哀樂而已。

房龍出了名喜歡表達自己的快樂。當他過世的時候，一份訃文稱呼房龍是「愛笑的哲學家」。倘若你只知道一件關於電影版《人類的故事》的事情，那應該就是華納兄弟在一九五七年推出這部電影時，聘請了一大堆的明星參加演出——文森・普萊斯（Vincent Price）、羅納多・考爾門（Ronald Colman）、海蒂・拉瑪（Hedy Lamarr）、丹尼斯・霍柏（Dennis Hopper）、艾格妮斯・摩海德（Agnes Moorehead）與維吉妮亞・梅奧（Virginia Mayo）——還有格魯喬・馬克思（Groucho Marx）、哈珀・馬克思（Harpo Marx）以及奇科・馬克思（Chico Marx），也就是著名的馬克思兄弟。格魯喬・馬克思於一八九〇年出生在紐約，跟房龍一樣是愛笑的哲學家。他在一九三三年製作《鴨羹》（*Duck*

Soup）這一部反戰電影。格魯喬曾說：「除了狗之外，書是人類最好的朋友，畢竟，我們讀不懂狗的內心世界。」（Outside of a dog, a book is a man's best friend. Inside of a dog it's too dark to read.）[1]

如果你回到一九二〇年探訪房龍的公寓，也許會注意到一件事情，房龍的狗有時會坐在他的書桌上，好像在監督房龍探索世界歷史的進度。當《人類的歷史》完成之後——其實只花了兩個月時間而已——你還會看見房龍滿懷喜悅地寄出書稿，然後搬到俄亥俄州，在安堤阿學院教了一陣子的書，最後終於決定辭掉那份工作。離開學校的那一天，學生抵達教室時發現他留下了一張紙條——「我想，跟好朋友告別並不需要花太多時間，」房龍寫道：「希望在這段時間裡，我們都從彼此身上學到了很多東西，現在是說再會的時候了。」

羅勃・蘇利文　二〇一三年於紐約布魯克林

---

1 譯註：這句話是格魯喬典型的文字遊戲，Outside of跟Inside of形成了「在外面」、「在裡面」的結構與韻腳上的排比。實際上Outside of在這裡是except的意思，也就是「除了……之外」，第二句的字面意思是「狗的身體裡面太黑了，沒辦法閱讀」，其實應該意譯為「人始終無法了解狗的內心世界」。

前言

給漢斯卓與威廉：

當我十二、十三歲的時候，一位使我愛上閱讀和欣賞繪畫的叔叔，答應帶我進行一場值得回憶的冒險。於是，我跟著他一起爬上鹿特丹的老聖羅倫斯（Old St.Lawrence）教堂的塔頂。

那天豔陽高照，教堂司事帶著一把鑰匙，尺寸跟聖彼得的那把一樣大。他打開了那扇神祕的門。「等你們要下來離開的時候，」他說：「敲敲鐘我就知道了。」隨著生鏽鉸鍊的摩擦聲，他讓我們遠離了繁忙街道的嘈雜，將我們鎖進一座帶給我嶄新、奇異經驗的世界。

這是我有生以來第一次遇上「能被聽見的寂靜」這種現象。踏上第一階樓梯後，我對自然現象的有限認識又增添了新的體驗——「像實體一樣可被觸摸的黑暗」。我們用火柴照亮階梯，一層又一層地往上走，都已經數不清是第幾層了，眼前的階梯似乎無窮無盡。突然間，我們走入一片光亮之中。這層樓與教堂的屋頂同高，用來當作儲藏室，地板上躺著許多物品，上頭積著幾吋厚的灰塵，它們象徵著一份可敬的信仰在許多年前被這城市善良的人們拋棄了，祖先們視為攸關生死的事物在這裡化為廢物和垃圾。靈巧的老鼠在破碎的雕像間築巢，易被驚動的蜘蛛在仁慈的聖人雕像張開的雙臂之間開起了商店。

再往上一層樓，我們才知道光線是怎麼來的。裝著鐵柵的巨大窗戶是敞開的，讓這個位於高處的空房間成為幾百隻鴿子的棲身之地。風穿過鐵柵吹進房間，氣流中有一種奇特悅耳的聲音，那是從底下傳來的城鎮喧囂，由於隔了一段距離而變得純粹乾淨。載重貨車的轟隆聲、馬蹄的鏗鏘聲、吊車與滑輪的咕嚕聲，蒸汽機嘶嘶作響——人們以一千種不同的方法用它來工作——這些聲響混成柔和的瑟瑟低語，為滿室鴿咕聲添上美妙的背景音。

這層樓之後就沒有階梯可走了，接下來必須攀著木梯上去。木梯不太穩固還有點滑腳，每一步都要小心試探。爬上第一段梯子之後，我們眼前出現了從未見過的宏偉奇觀：城市時鐘。我看見了時間的心臟。我可以聽到秒針急速而強烈的脈動，一秒、兩秒、三秒……到了第六十秒，突然發出一聲顫音，所有齒輪似乎就要停下了動作，永恆的時間又被切掉了一分鐘。但它立刻繼續運轉，毫不停滯，一分鐘、兩分鐘、三分鐘……直到最後，上方傳來一陣預示般的轆轆聲和許多齒輪的摩擦聲，緊接著，如雷的鐘鳴告訴全世界，此刻已是正午。

再往上一層樓擺滿了警鐘，有的精緻小巧，有的巨大嚇人。大警鐘放在正中央，每當它在午夜傳出火災或洪水的警訊時，都會使我感到緊繃恐懼。這口大鐘是如此孤高雄偉，彷彿反映出它與鹿特丹的善良人民分享一切喜悅與哀愁的這六百年歲月。大鐘周圍整整齊齊地懸著許多小鐘，就像老式藥房裡常見的藍色瓶子。它們每週會有兩次奏起歡樂的曲調，提醒郊區村民進城趕集作點買賣，順便打聽這世界又發生了什麼事。有一口孤獨的、黑色的大鐘，躲在遠離其他同伴的角落裡，那是沉默而無情的喪鐘。

我們再度進入黑暗，攀上一座更加陡峭危險的梯子，突然間，開闊天空的新鮮空氣撲面而來。我們終於抵達塔頂，頭上就是天空，腳下則是鹿特丹——看起來就像小小的玩具城市，一隻隻螞蟻在裡面忙著來回爬行，每一隻都有自己的事要做；在環繞著城市的石牆之外，是遼闊曠野恣意蔓延的綠地。

那是我第一次親眼看到這個巨大的世界。

從此之後，只要找到機會，我就會爬上塔頂好好享受一番。雖然累人，但只不過是花點力氣爬上一些階梯，全然是值得的。

除此之外，我也非常清楚自己可以獲得什麼。我能看見大地和天空，還可以聽好朋友——鐘塔看守者——說故事。他住在頂樓凌亂角落搭起的小房間裡，負責照顧城市時鐘，警鐘也歸他管，負責發出火災警報。但是他也享有許多空閒時間，這時他會點起煙斗，在內心平靜的思緒中徜徉。將近五十年前他上過學，幾乎不看書，但住在鐘塔頂樓如此多年，已從四面八方汲取了來自廣大世界的智慧。

他熟知歷史，因為歷史就是他身邊活生生的事物。他會指著河道的彎曲處這麼說：「那裡，小男孩，你看到那些樹了嗎？奧倫治王子（Prince of Orange）在那裡挖開堤防，讓水淹大地，拯救了萊頓（Leyden）。」或者他會告訴我舊馬士河（old Meuse）的故事，講到這條寬廣的河流如何從鄰近船隻的避風港變成絕佳的交通大道，讓載著海軍上將德．魯伊特（De Ruyter）與川普（Tromp）的戰艦航向他們著名的最後旅程。他們獻出了生命，使大海能讓全人類自由享用。

接著，有許多小村莊叢集在教堂周圍受其庇護，它們的守護神在許多年前曾經以此教堂為家。我們可以看見遠方台夫特城（Delft）裡老教堂的斜塔，沉默者威廉（William the Silent）就是在能夠看見它高聳拱門的地方被暗殺；格勞秀斯（Grotius）也是在那裡第一次學習如何解析拉丁文句型。再遠一點則是豪達鎮（Gouda）長而低矮的大教堂（Grotekerk）。這教堂曾是某個智者的家，歷史證明了他的智慧勝過許多皇帝的軍隊，這個由教堂養大的小孩就是後來世人皆知的伊拉斯謨斯（Erasmus）。

最後我們可以看到無垠大海的銀色海岸線，它與腳下滿是補釘的屋頂、煙囪、房屋、花園、醫院、學校、鐵路——也就是我們稱為家鄉的地方——形成了強烈的對比。鐘塔讓我們對老家有了新的領悟：街道和市場、工廠和作坊發出的混亂喧囂，變成了人類活力與意志的有秩序的表現。以廣闊的視野觀看圍繞在四周的光輝歷史，讓我們生出新的勇氣，稍後返回現實的日常工作時，就能果敢面對未來的各種問題，這是最棒的地方。

歷史是一座經驗的巨塔，時間在綿延無盡的過往歲月中建起這座高塔。想要爬上這座古老建築的頂端，並且從遼闊的視野中獲得啟發，並不是一件容易的事情。這座巨塔沒有電梯，但年輕的雙腿強壯有力，一定能夠達成目的。

在此，我將打開那扇門的鑰匙交給你們。

等你們回來的時候，就會明白我心中的熱誠究竟從何而來。

——亨德里克・威廉・房龍

遙遠的北方

遙遠的北方有一個名叫斯維斯約德（Svithjod）的地方，那裡有一塊巨石，高一百英里，寬也是一百英里。每隔一千年，有一隻小鳥會飛來這裡磨它的喙。等到這塊巨石被磨平的時候，永恆時光裡的一天就過去了。

第一章 故事的場景

我們活在一個巨大問號的陰影之下。

我們是誰？

從哪裡來？

要往哪去？

雖然速度緩慢，我們堅決勇敢地將那個巨大問號持續往前推，推向遠方的邊界，我們懷著希望，越過地平線之後，能夠在那裡找到我們的答案。

但我們還沒有走多遠。

雖然我們所知甚少，但已經有所進展，讓我們能夠相當準確地推測出許多事情。

在這一章中，我將根據目前最可信的看法來告訴你，人類首次登場時的舞台場景是什麼樣子。

如果我們用一條長線來表示從動物出現在這星球上至今的時間長度，那麼，它右下方那條短短的線段，就代表人類（或者任何與人類相似的生物）至今為止生活在地球上的時間。

人類最晚出現，卻是第一種運用自己腦袋去克服大自然力量的生物。這就是為什麼我們要研究人類，而不是貓、狗、馬或者其他任何動物（這些動物也各自有牠們相當有趣的歷史發展過程）。

就目前所知，我們生活的這座地球，最初是一顆由正在燃燒的物質構成的大火球；相較於無垠無限的宇宙之海，地球只是極度渺小的一縷煙塵。經過數百萬年之後，地球表面的可燃物質逐漸耗盡，覆上了薄薄的一層岩石。雨水不停地落在這些沒有生命的岩石上，沖刷著堅硬的花崗岩，將塵屑帶進險峻的裂谷深處，當時的地球還不停地冒著蒸汽。

終於，時候到了，陽光穿雲而出，看見這座小小的星球上有幾個小水塘，它們將會發展成東西兩半球的大海。

某一天，偉大的奇蹟發生了。這片至今一片死寂之地，出現了生命。

地球上第一個有生命的細胞在海水裡飄游。

接下來的幾百萬年裡，這個細胞隨著潮水四處漂流。而且，它在這段期間內發展出了一些特性，讓自己更容易在這荒涼的星球上生存。某些細胞最喜歡待在湖水或池塘最深邃的黑暗處，它們在黏稠的沉積物上生根——這些沉積物是從高山上被沖來這裡的——逐漸變成了植物。其他細胞喜歡四處移動，牠們的身體上長出了節足——像蠍子一樣——沿著海底爬行，在植物以及某種淡綠色像水母的東西之間移動。至於另外一些身上蓋滿鱗片的物種，則用游泳的方式四處移動覓食，漸漸地，海裡充滿無數的魚類。

植物的數量此時也增加了，它們開始尋找新的居住地。海底的空間已經不夠，它們

動物與人類存在時間的比較

只好心不甘情不願地離開海洋，在沼澤濕地以及山腳的泥灘上建立新家。海洋的潮汐每天有兩次帶來鹹水淹沒這些植物。潮水退去的時候，植物只能竭盡所能地利用這種不舒適的環境，想辦法在地表上的稀薄空氣裡生存下去。

經過許多世紀的練習，植物學會了盡可能在空氣中舒適地生活，如同過去在水裡一樣。它們的體型變大，成了灌木與樹木，並且終於學會如何開出美麗的花朵，吸引忙碌的大黃蜂與小

不停地下雨

鳥的注意，讓它們將種子送往荒蕪的遠方，直到最後，所有的陸地上不是長滿翠綠的草就是被樹蔭覆蓋。

某些魚類開始離開海洋，牠們學會了可以用肺也可以用鰓呼吸，我們稱之為兩棲類生物，意思是它們在陸地上或者在水裡同樣可以輕易地生活。你第一次看到的那隻在你面前跳著過馬路的青蛙，它就能夠告訴你兩棲生活的雙倍樂趣。

植物離開海洋

離開水面之後，這些兩棲動物愈來愈適應陸地生活，其中一些物種變成了爬蟲類（這類生物像蜥蜴一樣地爬行），與小昆蟲共享森林裡的寧靜生活。為了能夠在鬆軟的地面上更快速地移動，它們的腿進化了，體型也慢慢變大，直到整個世界都是這些長到三十或四十英尺長的巨大生物（生物學教科書將牠們列在魚龍、班龍與雷龍這些條目裡），牠們如果和大象一起玩耍，看起來就像成貓逗弄小貓一樣。

爬蟲類家族當中的一些成員開始在樹上生活，有時高度甚至超過一百英尺。牠們不必再用腿走路，卻必須在樹枝之間快速移動，所以，牠們身體兩側到前肢小指之間的一部分皮膚變成了可以展開的皮膜，就像降落傘一樣。漸漸地，皮膜降落傘上長出了羽毛，尾巴變成了方向舵，它們在樹與樹之間飛行，最後終於變成了真正的鳥類。

然後，一件奇怪的事情發生了。所有的巨型爬蟲類都在很短的時間之內死去。我們不知道原因。也許是因為氣候劇烈改變。也許是因為牠們長得太大，再也沒有辦法游泳、走路或爬行，所以雖然看得見卻沒辦法吃到那些巨大的蕨類生物與樹葉。無論原因是什麼，巨型爬蟲類稱霸世界數百萬年的時代已經結束了。

許多不同的物種重新占領世界。牠們是爬蟲類的後裔，卻與祖先相當不同，因為這些動物使用mammæ——母親的乳房——來哺餵下一代，這就是為什麼現代科學家稱牠們為「哺乳類動物」（mammals）。牠們已經蛻去了魚鱗，也沒有進化出鳥類的羽毛，而是長出周身毛髮。哺乳類動物還發展出另一些特性，讓牠們比其他動物擁有更巨大的優勢：雌性哺乳動物把新生命的卵放在自己體內，直到孵化為止。在那個時候，其他物種都是讓孩子們暴露在或冷或熱的環境裡，也面臨其他野獸攻擊

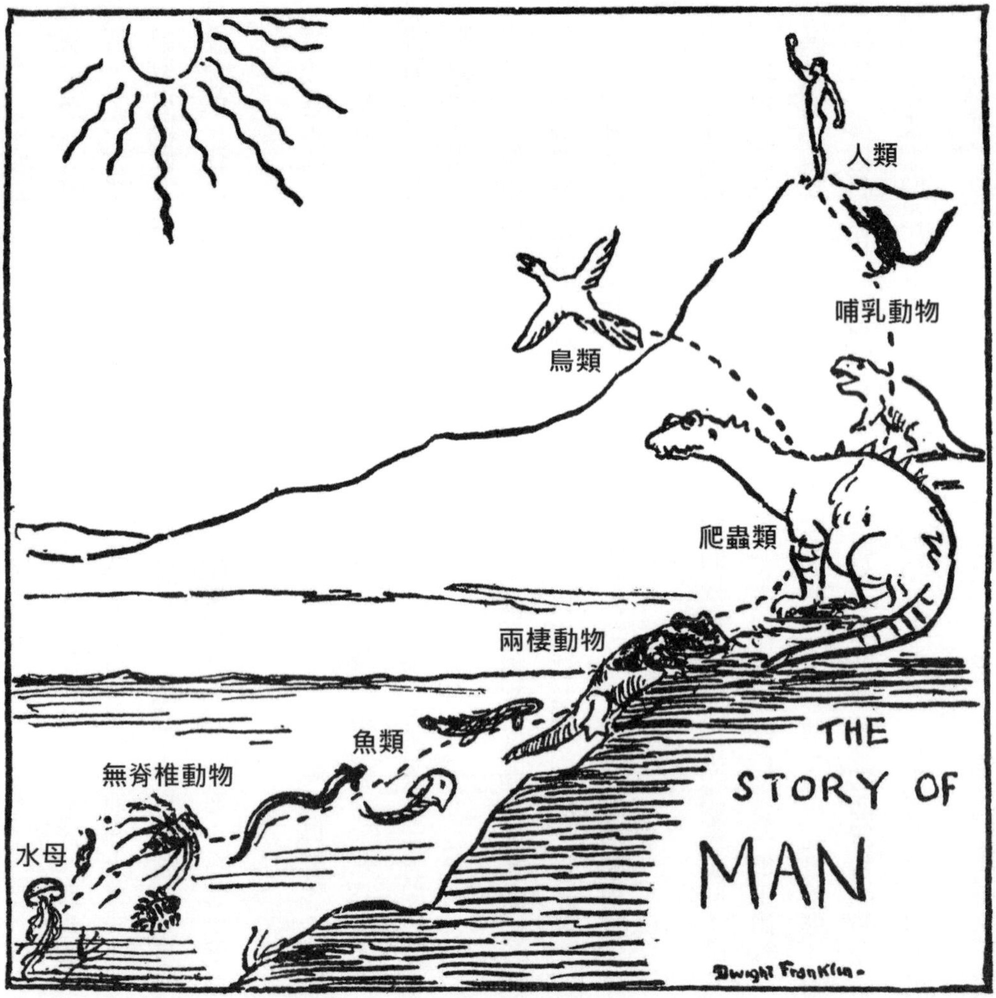
人類
哺乳動物
鳥類
爬蟲類
兩棲動物
魚類
無脊椎動物
水母
THE STORY OF MAN
Dwight Franklin

人類崛起

的危險。哺乳類動物則會讓年幼的孩子待在自己身邊很長一段時間，在牠們還太弱小、無法與敵人戰鬥的時候保護牠們。透過這種方式，年幼的哺乳類動物擁有比較高的存活機率。此外，牠們還可以從母親身上學到許多事情，如果你曾經看過母貓教導小貓如何照顧自己、如何洗臉跟抓老鼠，就會明白這個道理。

對於這些哺乳動物，我不需要介紹得太仔細，因為你已經非常熟悉牠們了。在你周圍到處都是哺乳類動物，牠們是你每天在街上與家裡都會看到的同伴，你也會在動物園看見欄杆後面那些你不太熟悉的遠房表親。

現在讓我們回到那個做出重大抉擇的關鍵時刻，看看人類如何突然從那種默默無言、生生死死的無盡過程中跳脫出來，開始運用他的理性來決定自己物種的命運。

有一種特殊的哺乳類動物，覓食與尋找棲身之處的能力似乎比其他動物來得好，也學會了使用前肢抓住獵物，透過不斷重複這樣的動作，牠的前肢終於發展出像手一樣的爪。在無數次的嘗試之後，牠也學會了如何只用後腿穩穩地站起來（這是非常困難的動作，儘管人類已經用雙腳站立長達數百萬年，但每一個剛出生的小孩都要重新學習這個能力）。

這種像猿又像猴（但比兩者更加優秀）的生物，變成了最成功的狩獵者，在每一種氣候下都能生存。為了追求更安全的生活，牠們通常會成群結隊移動。牠學會如何發出奇特的哼聲，讓幼崽知道危險正在逼近。過了幾十萬年之後，牠們開始使用這些喉音來嘗試「說話」。

雖然你也許很難相信，但這種生物就是你那位「與人類最相近」的祖先。

第二章 我們最早的祖先

對於第一個「真正的」人類，我們所知甚少，也從來沒有看過他們的長相。我們有時會在古老土壤的最深處發現幾片他們的骨頭，與其他很久以前就從地表上消失的動物的碎骨埋在一起。人類學家（這群學識淵博的科學家，奉獻自己的生命來研究人類身為動物王國一分子的角色）取得了這些骨頭，並且用非常可靠的準確度重建出人類祖先的模樣。

人類的遠祖是一種非常醜陋、毫不討喜的哺乳類動物。他比現代人矮小得多，炙熱的太陽與冬天刺骨的寒風使他們的皮膚變成黯沉的咖啡色。他的頭部、體表的大部分、手臂與腿都披覆著非常粗糙的長毛。他的手指細長而強壯，使他的手看起來像猴子一樣。他的額頭低平，下巴長得跟那些把牙齒當成刀叉的野生動物的下巴十分相似。他沒有穿衣服。除了那些讓地球布滿煙霧與熔岩的活火山之外，他沒有看過任何的火焰。

他住在潮濕陰暗的濃密森林裡，就像現在的非洲矮人一樣。當他餓得受不了的時候，就生吃樹葉或植物的根莖，或是從一隻憤怒的鳥兒那裡偷幾顆蛋來餵他的孩子。偶爾，在漫長與耐心的追逐之後，他可以抓到麻雀、小型野狗或者兔子。他只會生吃這些動物，因為還沒發現食物在烹煮之後的味道更好。

整個白天，這種遠古人類忙著四處尋找可以吃的東西。

當夜幕降臨大地，他就把妻子跟小孩藏進樹洞或者巨大的岩石後面，因為四周都是凶猛的動物，天色變黑之後，這些動物會開始四處遊蕩，替牠們的配偶與孩子尋找食物，並且非常喜歡人肉的滋味。在這個世界裡，不是吃掉別的東西就是被別的東西吃掉，生活充滿恐懼與痛苦，相當不快樂。

在夏天，人類曝曬在炙烈的陽光下；到了冬天，可能得看著小孩凍死在自己懷裡。當他弄傷自己的時候（打獵永遠都可能害他們摔斷骨頭或者扭傷腳踝），沒有人可以照顧他，只能悲慘地死去。

就像動物園裡面種種會發出奇怪聲音的動物，早期的人類也非常喜歡發出吱吱喳喳含糊不清的聲音，同樣的聲音不停重複但毫無意義無法理解，只因為他喜歡聽到自己這麼做。經過足夠久的時間之後，他終於學會用這種含糊不清的聲音來警告伙伴有危險逼近

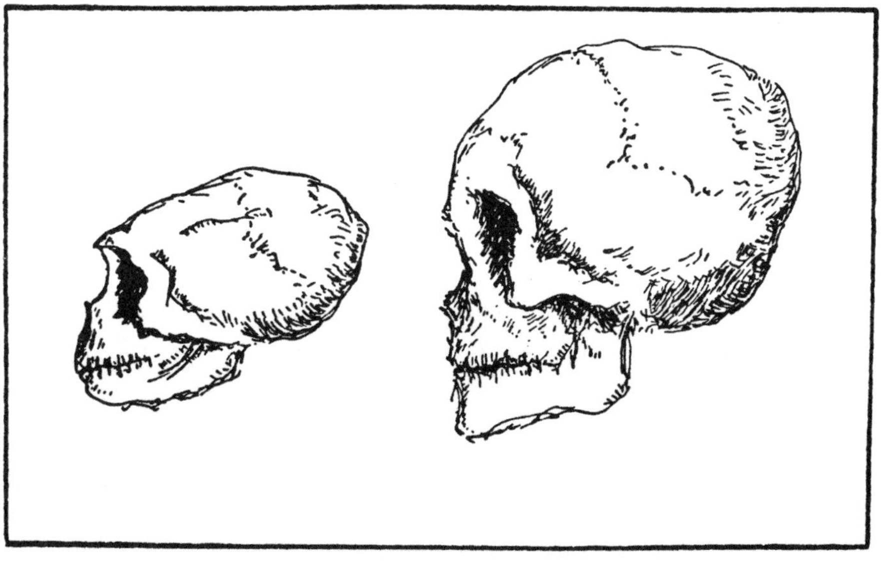

人類頭骨的演化

了，還會使用相當短促的尖叫聲表示「那裡有一隻老虎！」或者「來了五隻大象！」其他人則回以一些呼嚕聲，意思是說「我看見牠們了」或者是「我們快點跑去躲起來。」這可能就是人類所有語言的起源。

但是，正如我之前所說的，對於最初的情況我們所知甚少。早期的人類沒有工具，也不會為自己蓋房子。除了幾片鎖骨與頭骨之外，他的生活與死亡都沒有留下任何可以追索的蹤跡。這些骨頭讓我們知道，許久之前這個世界曾經出現過跟其他動物相當不一樣的特殊的哺乳類動物——他們很可能是從另外一種還沒有人知道、會用後腿走路、能夠把前掌當成手一樣來使用的「類猿人生物」演化而來——他們非常有可能與最終變成我們直系祖先的那些動物有所關聯。

我們知道的事情就只有這麼多，其他部分仍是一片黑暗。

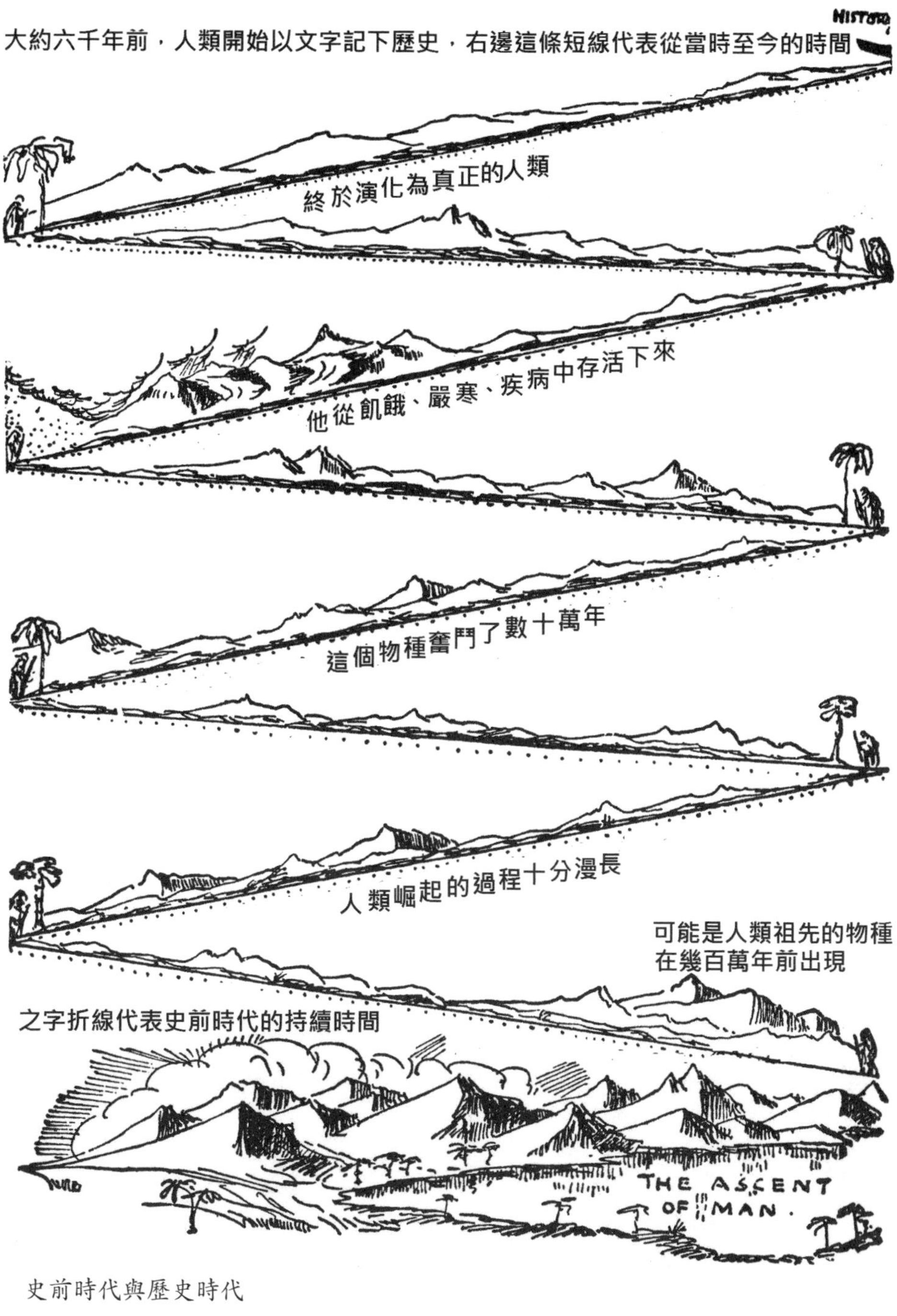
大約六千年前，人類開始以文字記下歷史，右邊這條短線代表從當時至今的時間
終於演化為真正的人類
他從飢餓、嚴寒、疾病中存活下來
這個物種奮鬥了數十萬年
人類崛起的過程十分漫長
可能是人類祖先的物種
在幾百萬年前出現
之字折線代表史前時代的持續時間
THE ASCENT OF MAN.

史前時代與歷史時代

第三章 史前時代的人類

史前時代的人類開始自己製作東西。

早期的人類不知道時間的意義。他並不會記下生日、結婚週年慶或者死亡時間。他不明白什麼是「日」、「星期」甚至是「年」。但是，一般而言，他會注意到季節，因為寒冬之後總是和煦的春天——當果實成熟、野生穀類的穗也差不多長到可以吃的時候，春天會變成炎熱的夏天；當突如其來的強風把葉子從樹上吹下的時候，夏天就結束了，此時有一些動物正在為漫長的冬眠期作好準備。

但是，現在發生了一種不尋常而且相當可怕的情況，它跟天氣有關。溫暖的夏日來得非常晚，果實至今尚未成熟。通常滿布綠茵的山頂，現在被厚重的雪層深深掩蓋。

然後，某天早上，一群野人從高山上遊蕩而下。他們跟附近的其他人不太一樣，看起來非常消瘦，似乎正在挨餓。他們發出無人理解的聲音，似乎在說自己很餓。這裡的食物不足以同時餵飽原本的居民跟新來的人。當這些新來的人想要多停留幾天時，就發生了非常慘烈的爭鬥，人們用像爪子一樣的手腳彼此攻擊，有些人全家都被殺光了，其他人退回山上躲藏。下一次暴風雪來的時候，他們便死了。

但是，原本住在森林裡面的人受到了更大的驚嚇。白天的長度一直在縮短，夜晚也比以前變得更冷。

終於，在兩座高山之間，出現了一個小小的綠色冰塊，接著它急遽增大。一條巨大無比的冰川從山上滑下，將巨大的石頭推下深谷；一大堆冰塊、泥土與石頭發出猶如幾十場暴風雨的巨響驟然滾入森林，壓死了那些正在睡覺的人，上百年的大樹也被輾成碎屑。天空開始下起了雪。

降雪持續了一個月又一個月。所有植物都死了，動物們逃向南方尋找陽光。人把小孩放在背上，隨著動物遷移，但是移動的速度沒辦法像野生動物那樣快，他被迫作出決定：馬上想出應變之道，或者立刻死去。人類似乎比較喜歡選擇前者，因為這類足以殺死地球上所有人類的冰河時期一共發生過四次，而他們成功地生存下來了。

人類必須做的第一件事就是想辦法披上什麼東西，免得被凍死。他學會了如何挖洞，並且用樹枝與落葉遮住，他用這種陷阱捕捉熊與土狼，然後拿沉重的石頭殺掉這些動物，剝下獸皮來製作自己與家人的外套。

下一個問題是棲身之處。這倒是非常簡單。許多動物習慣住在黑暗的洞穴裡，人類現在也開始學著這麼作。他們把動物趕出了溫暖的家，宣布這裡歸他們所有。

即便如此，對大多數人類來說，當時的天氣還是太過於惡劣了，老人與小孩的死亡率高得可怕。此時，一位天才想出了火的用途。他外出打獵時曾經被森林火災困住，他記得自己差點被烤死。在過去，火一直是敵人，現在卻成了朋友。他把一棵枯死的樹木拖進山洞裡，再從一株正在燃燒的樹上帶

冰河逐漸消退
北冰洋
波羅的海
大西洋
易北河
泰晤士河
萊茵河
人類返回荒涼的
歐洲平原
多瑙河
黑海
庇里牛斯山
阿爾卑斯山仍覆滿冰雪
森林再度向北擴張
地中海剛
開始形成
這裡是非洲

史前時期的歐洲

回一根還在悶燒的樹枝，用它來點燃枯木，使洞穴變成舒適宜人的小空間。

某一天晚上，一隻死雞掉進火裡面，直到它被烤熟之前，都沒人把它拉出來。人類發現煮過的肉味道更好，於是他決定不要再像其他動物一樣生食，人類開始「料理」食物。

就這麼過了好幾千年。只有那些腦袋最好的人能夠存活下來。他們必須日以繼夜地對抗寒冷與飢餓。他們被迫發明工具。他們學會了如何把石塊磨成斧頭以及作成錘子。他們必須儲藏大量食物以應付永無止盡的寒冬，也發現可以用黏土做成碗、罐子的形狀之後，再把它們放在陽光下曬硬定型。因此，冰河時期雖然差點毀滅了人類這個族群，卻成為他們最偉大的老師，迫使他們運用自己的腦袋。

第四章

象形文字

埃及人發明了書寫的技藝，於是人們開始記載歷史。

我們那些住在遼闊歐洲荒原上的最早的祖先迅速地學習著許多新事物。我可以非常有把握地指出，經過一段時間之後，他們將會逐漸放棄野蠻人的生活方式，發展出獨有的文明風格。但是，他們與世隔絕的生活即將結束，因為他們被別人發現了。

一位旅行者從無人知曉的南方土地出發，帶著勇氣越過海洋與高山隘口，來到了這群歐洲大陸上的野蠻人面前。他來自非洲，埃及是他的家鄉。

在西方人想出叉子、輪子與房子之前好幾千年，尼羅河流域已經發展出高度的文明。現在暫且把我們的曾曾祖父留在他們的洞穴裡，去看看地中海的南岸與東岸，人類最早的「學校」就在那裡。

埃及人教會我們許多事情。他們是出色的農夫，熟知所有灌溉技術。他們建造的神廟後來被希臘人學去，它們也是我們現在崇奉的教堂的最初原型。埃及人發明的曆法被證明了是計算時間的有用工具，因此，只需經過少少幾次修改，現代人仍在使用這套曆法。但其中最重要的是，埃及人學會了將話語保存下來留給未來的子孫使用。他們發明了書寫的技藝。

現代人已經對報紙、書籍與雜誌習以為常，因而理所當然地以為這個世界的人自古就擁有讀寫能力。事實上，書寫技藝——人類最重要的發明——直到相當晚近才出現。如果沒有寫下的文獻，我們就只能夠教導小孩一些簡單的事情，就像沒有書寫能力的貓和狗一樣，無法善用世世代代累積下來的寶貴經驗。

當羅馬人在西元前一世紀來到埃及時，發現了尼羅河谷到處都是些奇怪的小圖案，它們似乎跟這個國家的歷史有關。在神廟和宮殿的牆壁上、在無數疊用紙莎草做成的平整紙張上，全部都是這些奇怪的圖案；但是羅馬人對於「任何異國事物」不感興趣，因此沒有深入調查這些奇怪的圖案是什麼。最後一批掌握如何繪製這種圖案的神聖技藝的埃及祭司也已經在幾年前過世了。當時的埃及失去了自己的獨立地位，變成一座放滿重要歷史文獻的倉庫，沒有人可以解讀它們，這些文獻對人和野獸來說都一樣沒有用處。

十七個世紀過去了，埃及仍然是一片謎樣的土地。但是，一位叫作拿破崙．波拿巴（Napoléon Bonaparte）的法國將軍在一七九八年抵達了東非，準備對英國的印度殖民地發動攻擊。波拿巴將軍沒有越過尼羅河流域，他的軍隊戰敗了。但是，這場著名的法國遠征行動卻相當意外地解開了古埃及圖像語言的謎題。

某一天，一位駐守在羅賽塔河（尼羅河的其中一個河口）軍營的年輕法國軍官感到這陣子實在太沉悶乏味了，決定用幾個小時空閒時間仔細搜查尼羅河三角洲上的遺跡。於是……看哪！他發現了一塊讓他非常困惑的石板。這塊特別的黑色玄武岩板跟埃及的其他東西一樣布滿許多小小的圖案，但是還有些地方卻跟以前發現的東西不一樣。岩板上面刻著三種不同的文字，其中一種是希臘文，而希臘文是可以解讀的。這位軍官心想：「我只需要比對希臘文跟埃及圖形，就馬上可以發現它們的祕密了。」

這個計畫聽起來非常簡單，卻花了他們超過二十年的努力才解開謎團。一八〇二年時，法國教授商博良（Champollion）開始比較這塊著名的羅賽塔石碑上的希臘文與埃及文。到了一八二三年，商博良宣布自己發現了十四種埃及小圖案的意義，過了沒有多久，商博良教授因為工作過度而去世了，但人們已經得知了埃及文字的主要原則。到了現代，我們所知道的尼羅河故事比密西西比河（Mississippi River）故事更多。自此之後，我們擁有了一份跨越四千年的編年史紀錄了。

古埃及「象形文字」（hieroglyphics，這個字的意思是「神聖的書寫」）在歷史上占有極端重要的地位（其中一些甚至演化成我們今日使用的字母系統裡的一部分），因此，我認為你應該要稍微了解這個聰明的書寫系統，五千年前的人們就是用它將話語保存下來留給下一代使用。

你當然知道什麼是「表意符號」。在描寫美國西部平原印地安人的書裡，都會有一個章節提到以小型圖案寫下的奇特訊息，通常用來表示究竟殺了幾隻水牛，或者多少名獵人參與了這支隊伍，這種訊息的意義通常不難理解。

然而，古埃及文不是表意符號。聰明的尼羅河人好久以前就已經超越了這種階段。他們的圖案所表達的意義，遠比圖案本身還要多。我現在就試著解釋給你聽。

假設你就是商博良，正在檢閱一捆紙莎草紙，上面全都是象形文字。突然間，你看到了一個圖案，上面是一個拿著鋸子的男人，也許你會這麼說：「很好，這當然是代表一名農夫正要去砍樹。」於是，你又拿起另外一張紙莎草紙，上頭敘述一位在八十二歲時過世的皇后的故事，在文句中間出現了「拿著鋸子的男人」的圖案，八十二歲的皇后當然不會拿著鋸子。因此，那個圖案一定代表別的意思，但究竟是什麼？

這就是這位法國人終於解開的謎了。他發現，埃及人是歷史上第一群使用「表音文字」的種族——這種文字系統表現的是口說語言的「聲音」（或語音），使我們能夠能藉由少許的「點」、「線」、「勾線」，把所有的口說語言轉換成文字。

讓我們回顧一下那位拿著鋸子的小伙子。「saw」這個字可以代表你會在木匠鋪看到的鋸子這種工具，也可以代表「see」（看）的過去時態。

這就是這個字在幾百年過程中發生的變化，一開始這個字只代表這圖像裡呈現的這種特定工具，接著原始的意思慢慢消失，它變成了一個動詞的過去式型態。幾百年後，埃及人再也不使用這兩種意思了，而這張圖也變成了單一的字母——S。讓我用一個短句來表達我的意思，這句現代英文如果用埃及象形文字寫下來的話就會像底下這張圖這樣：

可以代表你臉上用來看東西的那兩顆圓球「eye」（眼睛）之一，或者是I這個字母，也是「我」的意思，就是指正在講這個句子的人。

可以代表採集蜂蜜的昆蟲，也就是蜜蜂（bee），或者是動詞「to be」（存在）的意思。但它也可能是其他動詞像是「be-come」或者「be-have」最前面的「be」。在這個特別的範例中，跟在它後面的是，這是「葉子」，而葉子的英文一共有「leaf」、「leave」與「lieve」三種形式（讀音都一樣）。

接下來又是「eye」，你已經知道了。

最後的圖形是一隻長頸鹿（giraffe）。在埃及象形文字當中，這是相當古老的表意符號。現在你就可以輕鬆地讀出這個句子了。

「I believe I saw a giraffe」（我相信我剛才看見了長頸鹿）。

埃及人發明了這套文字系統之後，用了數千年的時間使它發展到能隨心所欲書寫的程度。他們用這種「把語音錄下來的文字」（canned words），傳遞訊息給朋友、記錄商業帳款往來、記載自己國家的歷史，未來的人就可以從過去的錯誤中得到教訓。

第五章 尼羅河流域

尼羅河流域文明的開端。

人類的歷史就是飢餓生物尋求食物的紀錄。只要哪裡有充裕的食物，人類就會去那裡建立自己的家。

尼羅河流域一定在很久以前就聲名遠播，來自非洲內陸、阿拉伯沙漠到西亞地區的人紛紛湧入埃及，分享這片肥沃農地。這些外來入侵者形成了一支新的民族，自稱為「瑞米」（Remi），也就是「人」的意思，這種說法就像我們有時會說美國是「上帝自己的國家」。這群人真的要好好感謝命運將他們帶來這片狹長的氾濫流域。每年夏天，尼羅河把這片土壤淹沒成淺湖，等到湖水散去，所有谷地與草原上都會覆蓋著好幾英寸厚的肥沃黏土。

在埃及，這條仁慈的河流完成了一件需要百萬人投入的工作，讓那塊土地可以養得起有史以來的第一座大城市，以及其中日益繁衍的眾多居民。當地所有適於種植的土壤不見得都在尼羅河流域周遭，但埃及人使用了一套複雜的系統，藉由支流與汲水設備，將水源從河岸引到地勢最高的田地，還採用了另外一套更為複雜的灌溉渠道系統，讓水滋潤整片土地。

對於史前時代的人類來說，一天二十四小時裡有十六個小時必須用來替自己與族人採集食物，但埃及農民與城市居民卻擁有相當多的閒暇時間。他們用這些時間來製作許多僅有裝飾功能但毫無實際用途的物品。

這裡的發展不只如此而已。有一天，埃及人發現自己有能力思考另外一些事情，與食物、睡覺、替小孩尋找棲身之地毫無關係。埃及人開始思考必須面對的奇怪問題：天上的繁星從哪裡來？是誰在天上發出令人害怕的雷聲？又是誰讓尼羅河這麼規律地氾濫，甚至可以用每年的漲潮與退潮時間作為創造曆

埃及的尼羅河谷

法的基礎？他自己是誰？他這個周圍環繞著死亡與疾病，但又如此快樂而充滿歡笑的奇怪小生物，究竟是誰？

他提出了很多問題，某些熱心的人挺身而出，想要發揮自己最好的能力，來回答這些問題。埃及人稱呼這些人為「祭司」，他們也成了埃及人的思想守護者，並且受到眾人莫大的敬重。他們接受過相當良好的教育，獲得族人的信任，肩負著守護文獻的神聖使命。他們明白人類不該只是思考著眼前這個世界的短暫利益，因此將埃及人的注意力領向未來，埃及人的靈魂將會住在西方的山上，必須在歐西里斯神（Osiris）面前為自己生前的行為辯解。歐西里斯是偉大的神，統治生人與死者，並且根據生前的行為做出各種判決。祭司描繪了許多關於伊西斯神（Isis）與歐西里斯神統治下的未來世界，讓埃及人相信眼前的生活是一場短暫的旅程，只是為了來生而做的準備，甚至讓活力奔放的尼羅河流域變成了一片信奉死亡的土地。

埃及人開始用一種奇怪的方式相信，倘若沒有好好保存俗世的身體，靈魂就不能進入歐西里斯神的世界。因此，當某人過世的時候，親人就會帶走屍體，塗拭防止屍體腐敗的香油，浸在含有碳酸鈉的溶液裡好幾個星期，接著塗滿樹脂。這種樹脂的波斯語是「mumiai」，完成防腐處理的屍體則稱為「木乃伊」（Mummy）。木乃伊身上層層纏繞著特製的亞麻布，再放入特製的棺木中，運送到最終目的地。埃及人的墳墓就像真正的家，裡面全是家具與樂器（為了讓死者可以打發漫長的等待時間），以及廚師、烘焙師傅與理髮師的小雕像。如此一來，死者待在這座黑暗的小房子裡的時候，還是會有足夠的食物，更無須擔心自己無法修剪頭髮。

埃及人原本在西方的山裡挖掘石洞作為墳墓，但是，隨著他們的居住地往北遷徙，也只能被迫在沙漠中建立墓園。沙漠裡面充滿許多野生動物和同樣無法無天的盜賊，他們闖入墳墓裡，打擾木乃伊，或者偷走隨屍體下葬的珠寶。為了防止這種不敬的褻瀆行為，埃及人開始在墳墓頂上建立丘狀石堆。這些石堆愈來愈大，因為有錢人希望墳墓的石堆要比窮人還高，有錢人之間也開始彼此競爭誰能建立最高的石堆。古夫國王（Khufu King）創造了最高紀錄，希臘人稱呼他為基奧普斯（Cheops）。古夫所生活的時代大約是西元前三十世紀。希臘人稱古夫的石堆為金字塔「pyramid」（因為埃及文裡用來形容「高」的詞是pir-em-us），而古夫金字塔的高度超過五百英尺。

古夫金字塔在沙漠裡占據了十三平方英畝面積，空間也比基督教世界最大的建築物——聖彼得大教堂——多出三倍。

在建造古夫金字塔的二十年間，超過

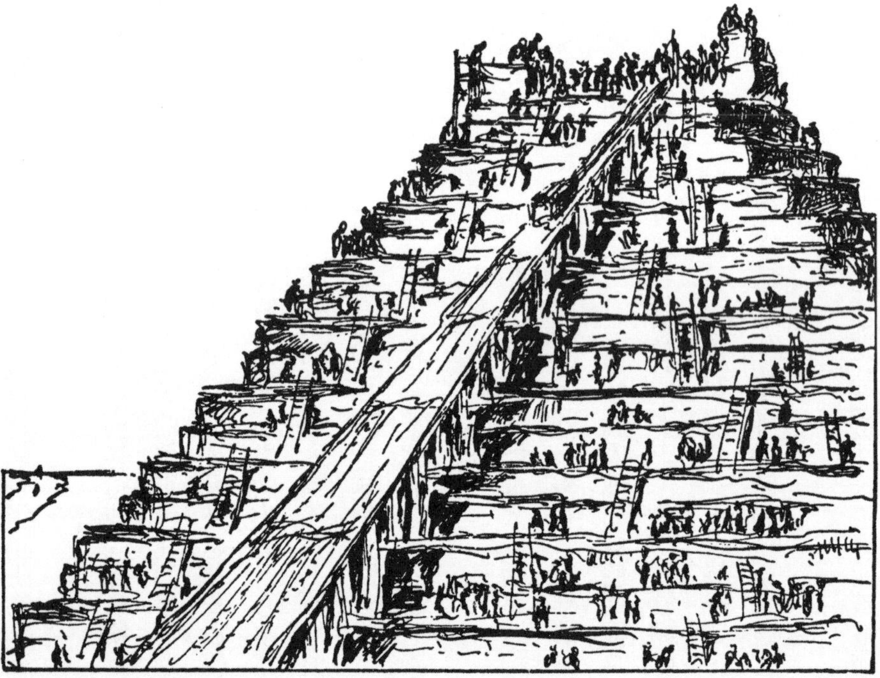

埃及的金字塔建築

十萬人忙於將所用的石材從河的另外一端搬過來——用船運渡過尼羅河，但我們無從得知埃及人究竟怎麼完成這件工作。他們拖著這些石頭，走過遙遠的距離，橫越沙漠，最終把石頭運送到正確的位置。古夫國王的建築師與結構工程師也十分傑出，這座巨大石頭怪物裡面那條通往核心區域皇家墳墓的細窄通道，從來沒有被四面八方的幾千噸石頭擠壓變形。

第六章 埃及的故事

埃及的崛起與衰亡。

尼羅河是非常友善的朋友，但有時也會成為相當嚴厲的監督者。它教導居住在河岸的人學習「團隊合作」的高貴藝術。他們必須仰賴彼此，才能夠建立灌溉渠道，以及維護堤防的完好。他們因而學會了如何敦親睦鄰，這種互利的合作組織，很容易就發展成組織化的國家形態。

隨後，其中一個人變得比他身邊大多數人更有權力，也開始擔任這個群體的領導者，當這片肥沃土壤面臨西亞人入侵時，他還挺身擔任這群體的軍事統帥。經歷一段時間之後，他成了埃及人的國王，統治著從地中海到西方山脈的整片土地。

但是，在田裡辛勤工作而有耐性的農民，其實並非十分關心「法老」的政治冒險旅程（法老這個字的意思是「住在大房子裡面的人」）。農民只在意一件事，只要自己不需要繳交超出預期的稅金給國王，就願意像是尊崇偉大的歐西里斯神一樣地接受法老的統治。

但是，當來自外國的入侵者奪走了農民的財產時，事情就變得不同了。經過兩千年的獨立生活之後，一群來自於阿拉伯的野蠻游牧民族「西克索人」（Hyksos）對埃及發動攻擊並且統治了尼羅河流域長達五百年的時間。希伯來人也像西克索人一樣相當不受歡迎。希伯來人曾經在沙漠裡漫遊了許久，後來終於抵達歌珊之地（land of Goshen，這是希伯來人稱呼埃及的方式，意為肥沃之地）尋求庇護，他們開始在希克索外來政權裡擔任收稅人和官員，引起埃及當地人同等的憎恨。

但是，剛過西元前一七〇〇年不久，底比斯居民發起了革命。經過漫長的奮鬥，終於把希克索人趕走，埃及重獲自由。

一千年之後，西元前七世紀，亞述人征服了整個西亞，埃及也變成薩丹納帕路斯（Sardanapalus）統治的帝國的一部分。沒有多久，埃及再度成為獨立國家，國王居住在尼羅河三角洲的賽伊斯城進行統治。西元前五二五年，波斯國王岡比西斯（Cambyses）占領了埃及。西元前四世紀，亞歷山大大帝征服了波斯，埃及因此變成馬其頓帝國的一省。後來，亞歷山大麾下的一名將軍在埃及自立為王，建立新的埃及帝國，開創了托勒密王朝。國王住在剛建立的亞歷山卓城，也讓埃及再度獲得表面上的獨立。

最後，在西元前三十九年，羅馬人來了。最後一名埃及女王克麗奧佩脫拉竭盡所能想拯救自己的國家。對於羅馬將軍來說，她的美貌與魅力遠比六個埃及軍團還要危險。她曾經兩次成功地俘虜了羅馬征服者的心。但是，在西元前三十年時，凱薩的姪子兼繼承人奧古斯都來到了亞歷山卓城。奧古斯都沒有像叔叔那樣崇拜這名美麗動人的女王。他摧毀了女王的軍隊，但卻饒了她一命，因為奧古斯都想在勝利遊行時將女王當成戰利品。當克麗奧佩脫拉得知他的計畫，決定喝下毒藥自殺。埃及就此成為羅馬的一個省分。

第七章

美索不達米亞

美索不達米亞——東方文明的第二個中心。

我要帶你去金字塔的頂端，讓你想像自己擁有老鷹的眼睛，可以看得非常、非常遠，越過了黃色的沙漠，就可以看見一片綠意盎然。那是座落在兩條河流之間的谷地，舊約聖經描述的天堂，希臘人稱為美索不達米亞（Mesopotamia），一片神祕而充滿驚奇的土地——「兩河流域」。

這兩條大河分別叫做幼發拉底河（Euphrates，巴比倫人稱之為普拉圖河〔Puratu〕）以及底格里斯河（Tigris，又稱作迪克拉特河〔Diklat〕）。這兩條河源於亞美尼亞山脈的雪水，那裡也是諾亞方舟的停泊地。它們緩緩地流向南方的平原地區，一路抵達波斯灣的泥岸。這兩條河對人類的生活大有助益，將荒蕪的西亞地區化為一座肥沃的花園。

尼羅河流域的魅力在於讓居民能夠以非常輕鬆的方法取得食物。「兩河之間的土地」也因同樣的理由而受到喜愛。對於居住在北部山區以及從遠從南部沙漠而來的部族來說，這裡是充滿希望的地方，使他們都想把這片土地納為自己的財產，不讓外人分享。山區居民與沙漠游牧民族之間長期敵

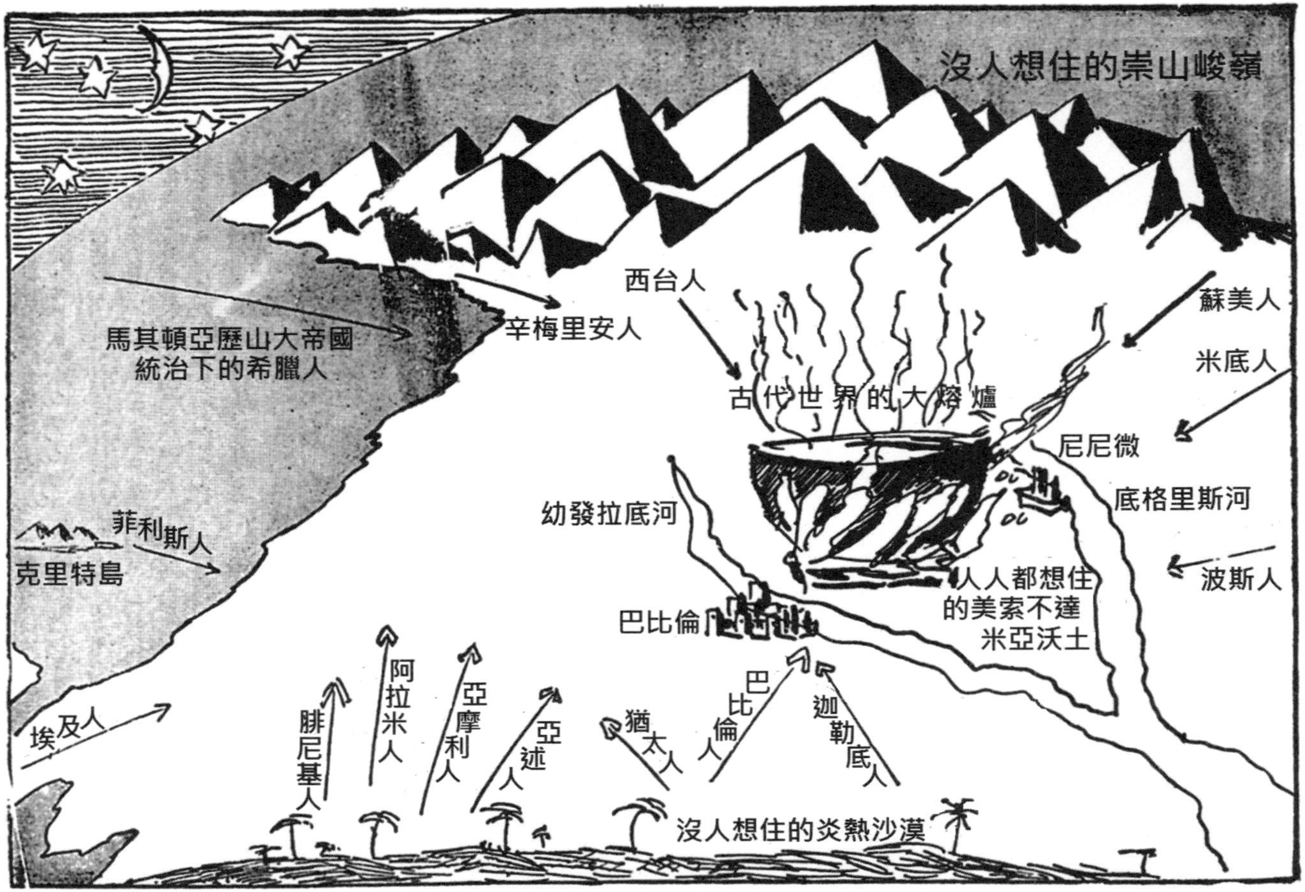
沒人想住的崇山峻嶺
馬其頓亞歷山大帝國
統治下的希臘人
辛梅里安人
西台人
蘇美人
米底人
古代世界的大熔爐
尼尼微
底格里斯河
幼發拉底河
菲利斯人
克里特島
波斯人
人人都想住
的美索不達
米亞沃土
巴比倫
埃及人
腓尼基人
阿拉米人
亞摩利人
亞述人
猶太人
巴比倫人
迦勒底人
沒人想住的炎熱沙漠

美索不達米亞：古代世界的大熔爐

對，引發無止盡的戰爭。只有最勇敢強壯的人能夠活下來，這也解釋了為什麼美索不達米亞能夠孕育出一支強大的民族，他們創造的文明，在每一方面都跟埃及文明一樣重要。

第八章 蘇美人

蘇美人留下的黏土書寫板告訴我們關於亞述人和巴比倫人——一座閃族大熔爐——的故事。

十五世紀是充滿了重大發現的時代。哥倫布想要找到通往中國（Island of Cathay）的航線，卻誤打誤撞發現另外一座大陸；一名奧地利主教組成遠征隊，打算前往東方尋找莫斯科大公國，這場旅程最後失敗了，直到下一個世代，西方人才找到莫斯科。同時，一名叫做巴貝羅（Barbero）的威尼斯人探索了西亞地區的遺跡，發現了一種最奇特的語言，這種語言雕刻在設拉子（Shiraz）城那些神殿的石壁以及無數片烘烤過的黏土板上面。

但是當時的歐洲正在忙於許多其他事情，一直要到十八世紀末，丹麥探險家尼布爾（Neibuhr）才將楔形文字（cuneiform inscriptions）帶回歐洲。它們之所以被叫做楔形文字，是因為文字的形狀就像楔子，楔子的拉丁文正是「cuneus」。三十年後，非常有耐心的德國學者葛德芬（Grotefend）才破解了前四個字母：D、A、R、SH，這就是波斯國王大流士（Darius）的名字。再過了二十年，英國軍官亨利・羅林森（Henry Rawlinson）發現了著名的貝希斯敦銘文（Behistun），讓我們找到可靠的鑰匙，得以藉此破解這種西亞「壓寫文字」（nail-writing）。

相較於破解這些壓寫文字，從前商博良完成的任務突然變得相當簡單。埃及人使用圖像，但美索不達米亞最早的居民蘇美人偶然發現了可以將文字壓印在黏土板上之後，完全拋棄了使用圖像的作法，開始發展出一套V形文字系統，幾乎跟過去那套圖像系統沒有任何關連。我會用幾個例子向你說明清楚。一開始，蘇美人用楔筆刻劃出代表星星，但是，這個符號太累贅了，不久之後，當蘇美人想把「天」的意思加入這個字時，就簡化成，不過這樣一來就更難以理解了。同樣的，牛的符號也從變成了，魚則從變成了。太陽原本是簡單的圓圈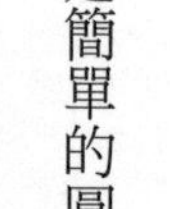，也變成了。如果現代人迄今仍在使用蘇美銘文，就會把簡化成。這樣的書寫系統，記載了人類的觀念，雖然看起來相當複雜，但蘇美人、巴比倫人、亞述人、波斯人與其他努力進入這塊肥沃土壤的種族，都使用了這個書寫系統長達三千年的時間。

美索不達米亞平原的故事是無止盡的戰爭與征服。最初是來自北方的蘇美人，那是一群曾經住在山上的白種人，習慣於在山頂祭祀神明，進入平原之後，蘇美人開始構築人造山丘，在丘頂設立祭壇。他們不知道如何建造樓梯，只好繞著那些塔型建築的周圍設置斜坡走道。現代工程師也借用了這種概念，這就是在大型火車站常見的往上攀升的環狀走廊。我們也許還向蘇美人學習了更多其他概念，只是自己不清楚而已。後來，蘇美人被稍晚進入這塊肥沃流域的各個民族吸收涵化，但這座高塔迄今仍然豎立在美索不達米亞的遺跡中。當流亡的猶太人來到巴比倫的土地上的時候，他們看著這些塔，叫它「巴伯利塔」（towers of Babli）或者「巴別塔」（towers of Babel）。

西元前四千年，蘇美人已經進入了美索不達米亞地區，卻很快就被阿卡德人（Akkadians）擊敗。阿卡德人是阿拉伯沙漠的諸多部族之一，這些部族全都講著一種共同的方言，都被稱為「閃族人」（Semties），因為古代人相

巴別塔

信這群人全都是諾亞其中一個兒子「閃」（Shem）的後裔。一千年之後，阿卡德人被迫臣服於亞摩利人（Amorites）的統治下。亞摩利人是另外一支來自沙漠的閃族，他們的國王漢摩拉比（Hammurabi）在聖城巴比倫裡為自己建造了輝煌的宮殿，並且為人民制定一套法律，使巴比倫成為古代世界中治理得最出色的帝國。下一個到來的民族是西台人，你也會在舊約聖經裡面讀到關於這些人的記載。他們蹂躪了這塊肥沃土地，並摧毀一切帶不走的東西。隨後，西台人被偉大的沙漠之神「阿舒爾」（Ashur）的信徒擊潰。這些人自稱亞述人（Assyrians），將尼尼微城（Nineveh）打造成令人敬畏的龐大帝國的中心都市。亞述帝國征服了西亞全部的土地以及埃及，向無數臣服於他們的民族榨取稅金。直到西元前七世紀，另外一支閃

尼尼微城

族——迦勒底人（Chaldeans）——重建了巴比倫城，使它成為當時最重要的首都。迦勒底人最著名的國王尼布甲尼撒（Nebuchadnezzar）鼓勵科學研究，現代天文學與數學的知識都奠基於迦勒底人當時建立的最基本原則之上。西元前五三八年，一群粗鄙的波斯游牧民族入侵這塊古老土地，推翻了迦勒底帝國。兩百年之後，亞歷山大大帝擊垮了他們，把這座閃族大熔爐的沃土收為希臘帝國的一省。羅馬人跟著亞歷山大大帝之後而來，隨後是土耳其人，美索不達米亞這個世界第二處重要文明發源地，也在此刻變成一片荒蕪，只留下巨大山丘上記載的古代榮耀故事。

聖城巴比倫

第九章 摩西

猶太人領袖摩西的故事。

西元前兩千年左右，閃族游牧民族其中一支不引人注意的小部族離開了原本位於幼發拉底河口的家鄉——烏爾（Ur），想要在巴比倫國王的領土內找到新鮮牧草。他們遭到巴比倫皇家士兵驅趕，只能繼續向西邊去尋找一小塊無主之地，希望能夠在那裡搭起自己的帳棚。

這群游牧民族就是後來大家熟知的希伯來人，我們也稱之為猶太人。他們經過了許多年艱辛的旅行之後，終於在遙遠的埃及獲得庇護，與埃及人一起居住了超過五個世紀。當西克索蠻族征服埃及時，猶太人也找到了應付新主人的方法（正如我在埃及的故事裡所提到的），就是讓自己成為西克索入侵者可利用的工具，因此得以繼續保有他們的牧草地而不受打擾。但是，在漫長的獨立戰爭結束之後，埃及人將西克索人趕出了尼羅河流域，猶太人的日子也變得難過了，他們被貶為奴隸，被迫替埃及修築皇家大道與金字塔。埃及士兵鎮守著邊界，這些猶太人沒有什麼機會逃走。

受苦多年之後，年輕的猶太人摩西挽救了族人不幸的命運。摩西曾經在沙漠裡長期居住，因此體

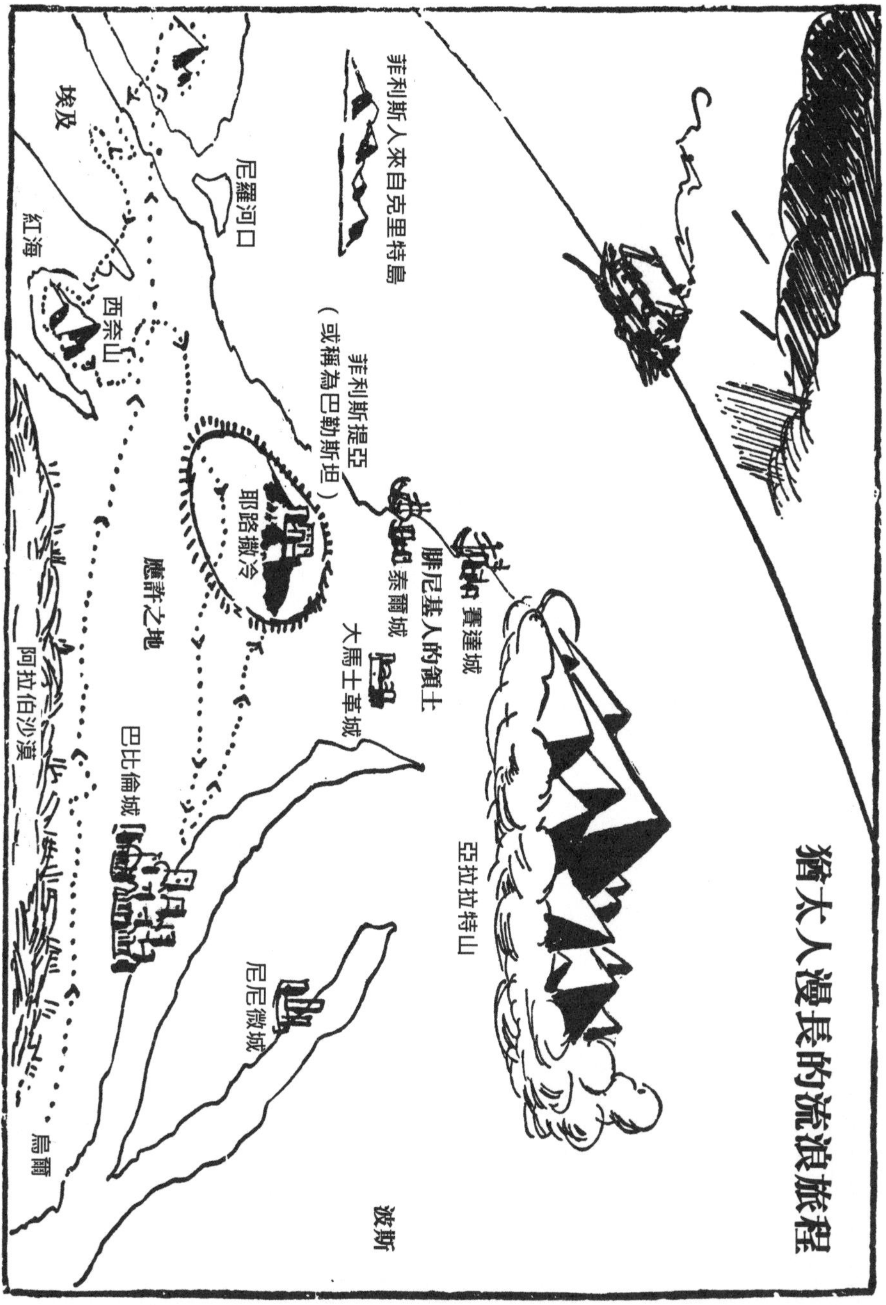
猶太人漫長的流浪旅程
菲利斯人來自克里特島
埃及
尼羅河口
紅海
西奈山
菲利斯提亞
（或稱為巴勒斯坦）
耶路撒冷
腓尼基人的領土
泰爾城
賽達城
大馬士革城
應許之地
阿拉伯沙漠
巴比倫城
亞拉拉特山
尼尼微城
烏爾
波斯

悟到老祖宗的單純美德：他們遠離城市與城市生活，拒絕讓自己感染異族文明的放蕩與奢侈而變得腐敗。

摩西決定使族人重新擁抱祖先的傳統。他成功帶領族人避開埃及派出的追兵，走入西奈山下的平原中心。在漫長與孤獨的沙漠生活中，摩西學會了崇拜掌管閃電與風暴的神，祂擁有偉大的力量，統治著天堂，游牧民族必須仰賴祂才能得到生命、光線與空氣。祂是西亞地區廣泛崇拜諸多神祇之一，名叫「耶和華」（Jehovah）。在摩西的教導之下，希伯來人將耶和華奉為唯一的主人。

某一天，摩西離開了猶太人的營地。許多人說摩西帶著兩塊粗糙的石板出去。那天下午視線不佳，可怕的黑暗風暴遮蔽了視線，沒有人可以看見西奈山頂。但是，當摩西回來的時候，看哪！耶和華竟然發出了響亮雷聲與刺眼閃電，在石板上刻下祂要訓誨以色列子民的文字。從那個

摩西從遠方看到了巴勒斯坦聖地

時候開始，所有猶太人都認為耶和華是命運的最高主宰，也是唯一的真神。耶和華要求猶太人遵守睿智的「十誡」，讓猶太人明白如何過著神聖的生活。

摩西要求猶太同胞們必須繼續這場穿越沙漠的旅程，他們照做了。猶太人聽從摩西的教導，遵守各種飲食規定，以及在炎熱的氣候中要避免做什麼事，免得健康狀態受到影響。經過多年流浪之後，猶太人終於抵達一塊看起來令人愉悅的肥沃土地，那就是巴勒斯坦，意為「菲利斯人（Philistines）的國家」。菲利斯人原本是克里特島上的小部族，從前他們遭到驅趕而被迫離開自己的家鄉島嶼之後，曾經住在這片海岸地帶。不幸的是，巴勒斯坦這個地方早已有另外一支閃族——迦南人（Canaanites）——定居，但猶太人還是強行進入這片土地，建立許多城市，並在其中一座城市裡建造一座巨大的神殿，這座城市名為耶路撒冷，意思是「和平的家園」。

至於摩西，他已經不是猶太人的領袖了。當猶太人即將抵達目的地，已經可以從遠方看到巴勒斯坦的山陵時，摩西就閉上疲倦的雙眼過世了。他一直非常虔誠，努力取悅耶和華，不但帶領族人逃離異族的奴役，得到自由獨立的新生活與一座家園，此外，他也使猶太人成為第一支崇拜單一神祇的民族。

第十章

腓尼基人

腓尼基人發明了字母。

腓尼基人（Phoenicians）曾是猶太人的鄰居，同樣屬於閃族的一支，很久以前就在地中海沿岸定居。他們建造了兩座擁有堅強防禦工事的城市：泰爾（Tyre）與賽達（Sidon），也在短時間之內就獨占了西半邊海域的貿易網絡。他們的船隻定期往返於希臘、義大利與西班牙之間，甚至穿越直布羅陀海峽，抵達希利群島採買當地的錫。他們在所到之處建立小型貿易據點，稱之為「colony」，也就是我們現代人所說的「殖民地」。這些小型貿易據點成為現代都市的前身，例如加的斯（Cadiz）與馬賽（Marseilles）。

只要能賺大錢，腓尼基人什麼都可以買賣，完全不會受到良心的困擾。如果腓尼基人的鄰居對他們的評語是可信的，那麼腓尼基人確實不知道「誠實」與「良知」怎麼寫，他們認為所有好公民的最高理想就是把錢箱裝滿。他們確實是一群難以讓人喜愛的民族，根本沒有朋友可言。但是，他們卻替後世所有人帶來可能是歷史上最有價值的貢獻，那就是字母系統。

腓尼基人非常熟悉蘇美人所發明的書寫技藝，但是，他們認為那些楔形筆畫設計不良，寫起來相當浪費時間。他們是務實的生意人，不可能花上幾個小時只為了寫兩、三個字。腓尼基人發明了一套新的書寫系統，遠比舊的更好。他們借用了埃及人的幾個圖像，簡化了一些蘇美人的楔形文字，為了書寫的速度而放棄了舊系統的美麗外觀，把幾千種不同的圖形化約成簡約且便於書寫的二十二個字母。

經過長久的時間之後，這些字母橫越愛琴海抵達了希臘。希臘人自己再加上一些字母，將改良過的系統帶到義大利半島。羅馬人也做了一些修改，接著教導西歐的野蠻人理解這套字母系統。那些野蠻人就是我們的祖先，這就是為什麼這本書會使用腓尼基人發明的字母來書寫，而不是用埃及象形文字或蘇美楔形文字的原因。

腓尼基商人

第十一章 印歐民族

屬於印歐民族的波斯人征服了閃族與埃及人的世界。

埃及、巴比倫、亞述與腓尼基的世界存續了將近三千年，這些住在肥沃土壤上的古老民族慢慢變得衰老疲憊。等到一支更有活力的新興民族接近這片區域時，老邁民族注定要衰亡。我們稱這個新興民族為「印歐民族」，因為他們不但征服了歐洲，統治範圍甚至遠到現在稱為「英屬印度」的地區。（譯注：英屬印度涵蓋今日的印度、巴基斯坦、孟加拉和緬甸等四個獨立國家。）

這些印歐民族跟閃族一樣是白皮膚的人種，但是語言不同。印歐民族的語言幾乎是所有歐洲語言的共同祖先，只有匈牙利語、芬蘭語與西班牙北部的巴斯克方言是少數的例外。

印歐民族第一次被寫入歷史之前，已經在裡海沿岸住了好幾個世紀。他們在某一天收拾好帳棚，決定四處尋找新家。其中一些人遷移到中亞山區，在伊朗高原周圍的高山上住了好幾個世紀，因此被稱為雅利安人（Aryans）。其他人則朝著日落的方向前進，占據了歐洲的平原，等我們聊到希臘與羅馬的故事，就會告訴你更多細節。

現在我們必須跟上雅利安人的腳步。在他們偉大的導師查拉圖斯特拉（Zarathustra，也叫做瑣羅亞斯德〔Zoroaster〕）的領導下，許多雅利安人離開了山上的家園，沿著湍急的印度河向海洋的方向前進。

其他人寧可留在西亞的山區，在那裡形成了被稱為米底亞人與波斯人的兩個半獨立社群，我們是從古老的希臘歷史書裡得知這兩群人的名字。西元前七世紀，米底亞人建立了米底亞王國；但是，當安善氏族（Anshan）的領袖居魯士（Cyrus）成為全波斯部族之王以後，便展開他的征服大業，使自己與兒子們成為全西亞與埃及的霸主，米底亞王國當然也被他滅亡了。

這些強大印歐波斯人的西征之旅，一開始確實勢如破竹，卻很快就遇上了大麻煩，他們必須面對的正是更早來到歐洲的另一些印歐人，他們在幾世紀前就占領了希臘半島與愛琴海上的島嶼。

這些問題引發了著名的三次波希戰爭，在戰爭期間有兩位波斯帝王——大流士（Darius）與薛西斯（Xerxes）——曾經入侵希臘半島的北部，他們蹂躪劫掠此地，用盡所有辦法想在歐洲大陸上取得容身之處。

但是他們失敗了。希臘海軍戰無不勝，屢屢切斷波斯大軍的補給線，迫使這些西亞統治者返回家鄉。

波希戰爭是亞洲這個古老的導師與歐洲這個年輕而飢渴的學徒之間第一次的相遇。這本書還有許多章節會告訴你，東西方之間如何持續鬥爭至今，尚未止息。

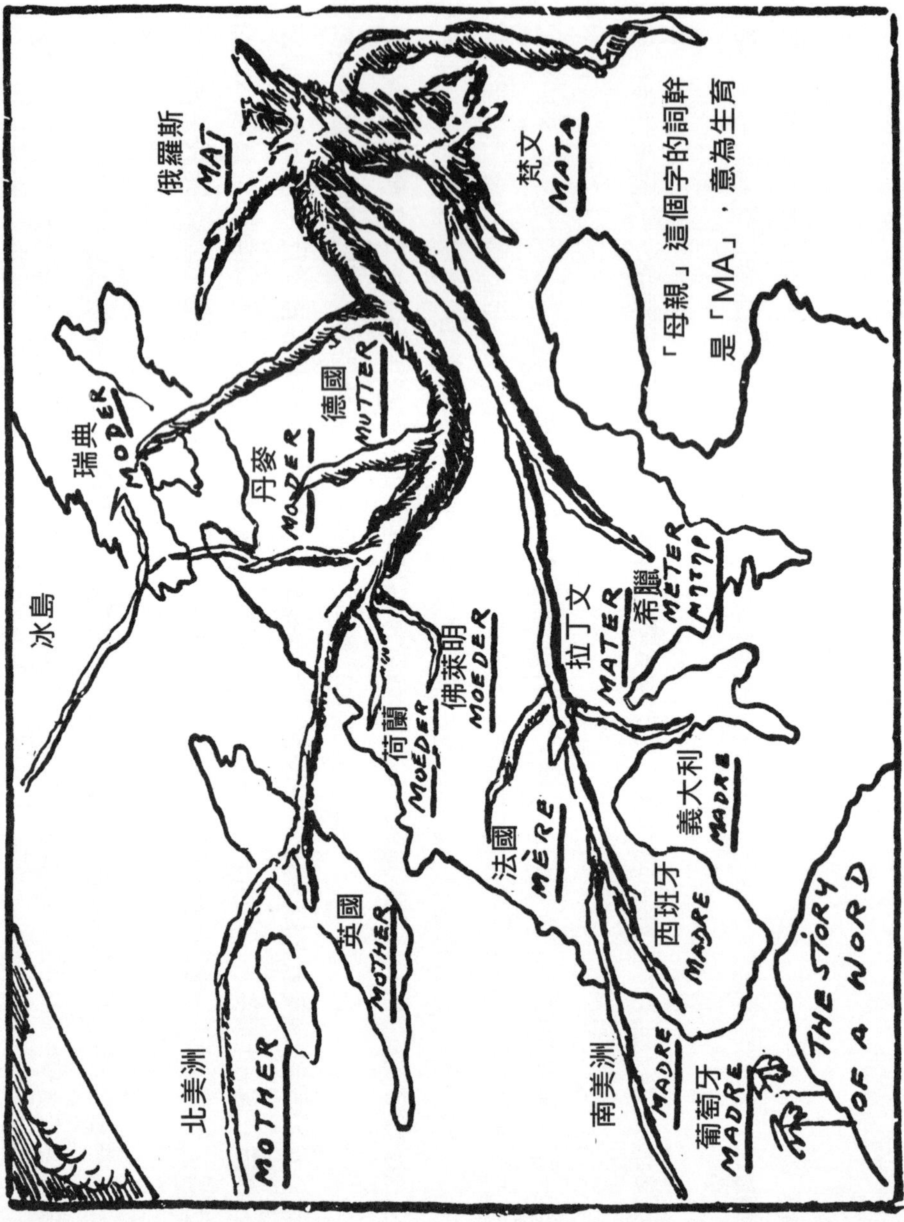

「母親」這個字詞在各地的說法

印歐民族與他們的鄰居

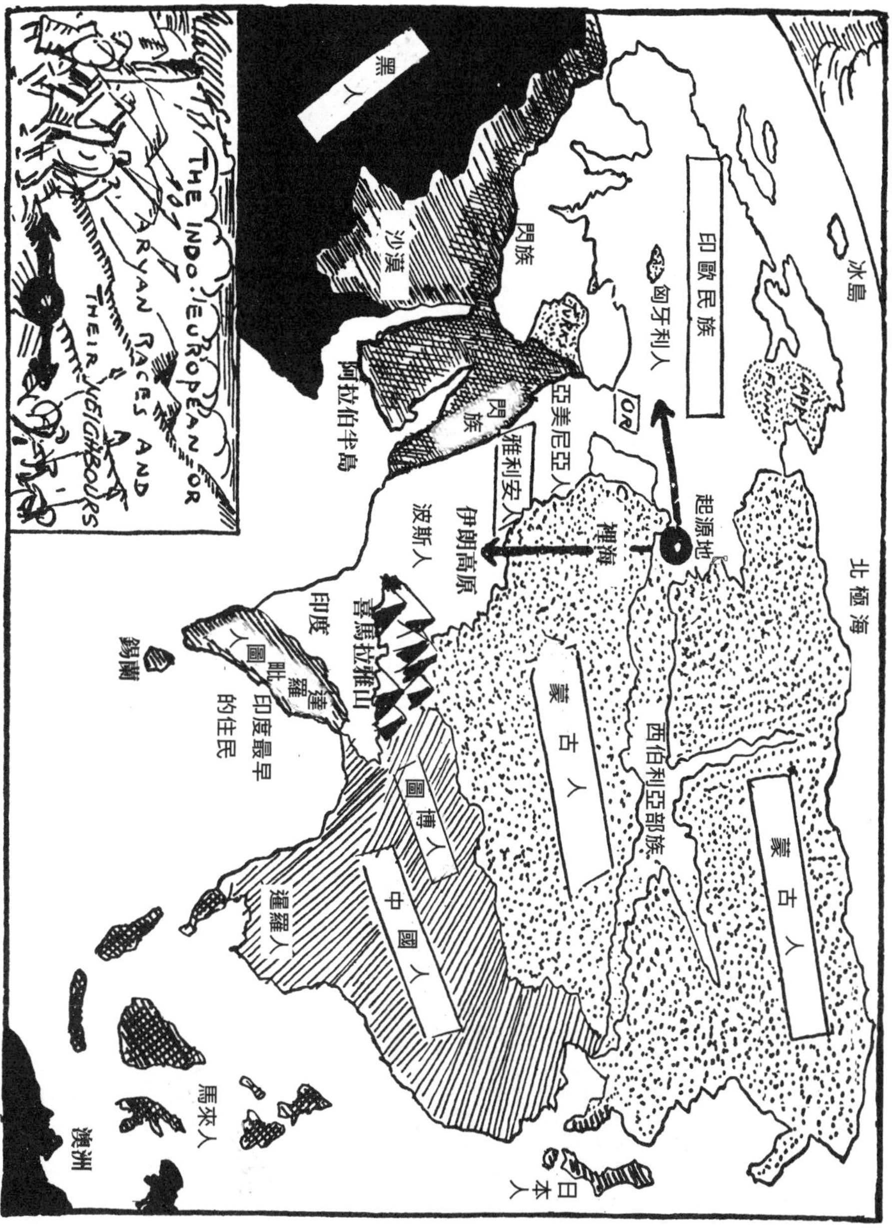
THE INDO-EUROPEAN OR ARYAN RACES AND THEIR NEIGHBOURS
黑人
沙漠
閃族
印歐民族
匈牙利人
冰島
北極海
阿拉伯半島
亞美尼亞人
閃族
雅利安人
伊朗高原
波斯人
裡海
起源地
印度
喜馬拉雅山
錫蘭
達羅毗圖人 印度最早的住民
西伯利亞部族
蒙古人
蒙古人
圖博人
中國人
暹羅人
馬來人
澳洲
日本人

第十二章 愛琴海

愛琴海居民將亞洲古文明引進蠻荒歐洲。

海因里希．施里曼（Heinrich Schliemann）還是小男孩的時候，父親對他說了特洛伊（Troy）的故事。在他曾經聽過的故事當中，施里曼最喜歡這一則，所以下定決心，長大成人之後一定要前往希臘「尋找特洛伊」。雖然，施里曼的爸爸只是梅克倫堡的貧窮牧師，但施里曼一點也不為此灰心喪志。他知道自己以後需要用錢，因此決定在出發探索之前先累積一筆資金，他也真的在很短的時間之內就賺到了一大筆財富。賺到錢之後，施里曼馬上召集一支遠征隊，前往小亞細亞最西北邊的角落，他推測那裡正是特洛伊遺址的所在地。

特洛伊木馬

在古老的小亞細亞的某個角落有一處高高隆起的土丘，上頭長滿農作物。根據傳說，這裡應該就埋藏著特洛伊國王普里阿摩斯（Priamus）的宮殿。施里曼的熱情蓋過了理智，他完全不想浪費任何時間做初步探勘就直接開挖了，他進行得如此熱切而迅速，以至於一下子就挖穿了他想找到的特洛伊城的中心，直接挖到埋在更下面一層的城鎮遺址，它甚至比荷馬筆下的特洛伊還要早至少一千年。

這時候發生了一件非常有意思的事情，如果施里曼只是找到一些打磨過的石槌和粗糙的陶器，並不會讓任何人感到訝異，人們通常會認為這些物品屬於比希臘人更早就住在這裡的史前人類。但施里曼發現的是美麗的小雕像、價值高昂的珠寶以及有花紋

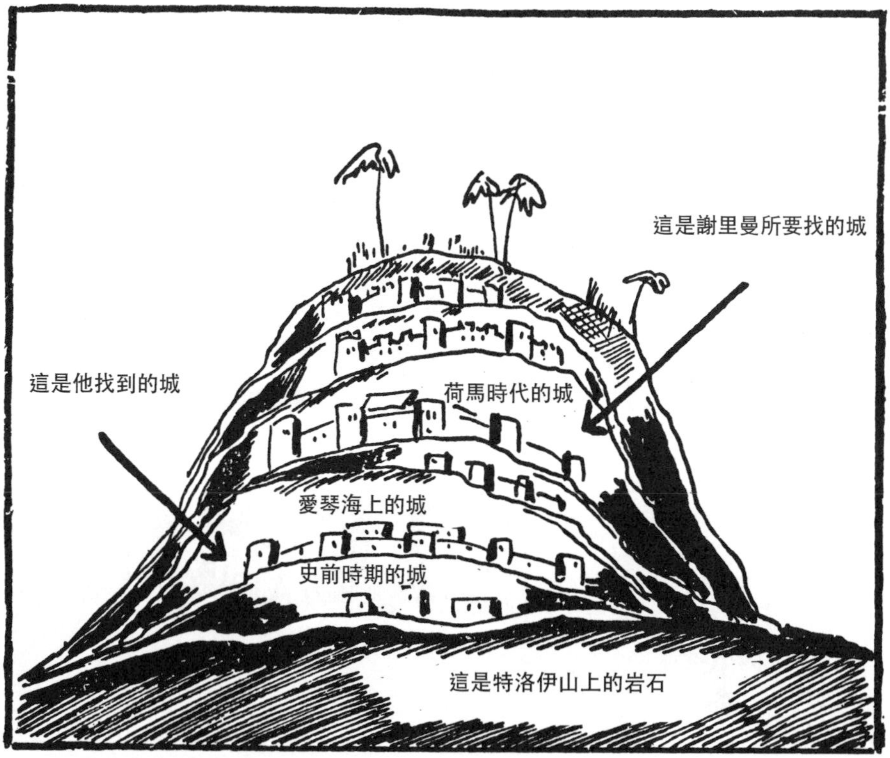
這是謝里曼所要找的城
這是他找到的城
荷馬時代的城
愛琴海上的城
史前時期的城
這是特洛伊山上的岩石

施里曼發掘特洛伊遺址

裝飾的瓶罐，而那些花紋是希臘人沒用過的。施里曼大膽地推測，在特洛伊戰爭之前一千年，已經有一個神祕的族群住在愛琴海沿岸，他們在許多方面都比日後入侵此地的野蠻希臘部族更優秀，而希臘人或是摧毀或是吸收了這個文明，使得所有能夠追溯其原貌的線索都消失了。後來證明了施里曼的想法確實就是真相。一八七〇年代末期，施里曼找到了邁錫尼文明（Mycenæ）遺址，它古老的程度甚至連羅馬的旅行指南都為之讚嘆。在一座小型圓形建築物的平坦石板底下，施里曼再一次偶然地發現了奇妙的寶庫，同樣屬於這個曾經在希臘海岸到處建造城市的神祕族群。他們所造的城牆是如此地巨大、厚重、穩固，使得希臘人視之為泰坦（Titans）的創造物——傳說泰坦是宛如神一樣的遠古巨人，曾經把山峰拿來當球玩。

然而，當人們對這些遺跡進行非常謹慎的考據之後，使它褪去了一些浪漫色彩。製作這些藝術品與堅固堡壘的早期人類並非擁有魔法的巫師，只不過是水手跟商人而已。他們曾經住在克里特島和愛琴海上的其他小島。他們是刻苦耐勞的水手，將愛琴海變成交換貨物的商業中心，在已經發展出高度文明的東方世界以及較為落後的蠻荒歐洲大陸之間搭起橋梁。

位於阿爾戈利斯（Argolis）的邁錫尼

這群愛琴海人創造的島嶼帝國維持了超過了一千年，也發展出相當高超的工藝和藝術。他們最重要的城市是位於克里特島北岸的克諾索斯（Cnossus），這裡擁有衛生而舒適的環境，甚至與現代標準相比也毫不遜色。克諾索斯皇宮擁有妥善的排水系統，每一間房子都配有爐子。除此之外，克諾索斯人是歷史上第一個每天泡澡的民族，在那之前沒有人見過澡盆這種東西。克諾索斯皇宮以旋轉樓梯與大型宴會廳而聞名，地窖則用來放置美酒、穀物與橄欖油，面積相當廣闊，希臘人第一次來到此地時驚訝無比，甚至啟發了希臘人想像出「迷宮」的故事。「迷宮」這個字用來形容通道複雜的建築物，當你走進迷宮入口，身後的門砰然關上，驚慌之餘，幾乎就不可能找到出路了。

不過，這座偉大的愛琴海帝國最後怎麼了？什麼事情導致它瞬間衰亡？我也不清楚。

克里特島人非常嫻熟書寫的藝術，卻還沒有

愛琴海世界

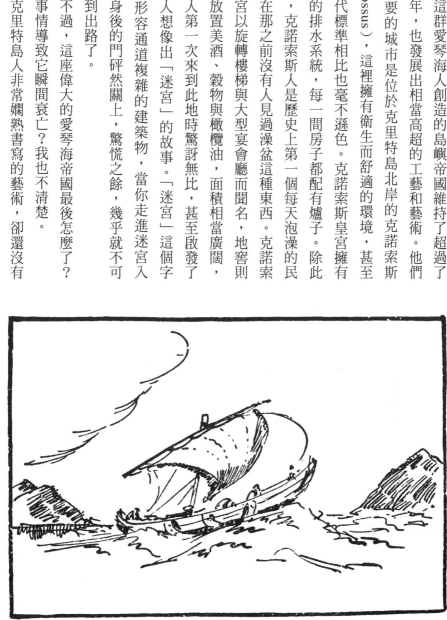

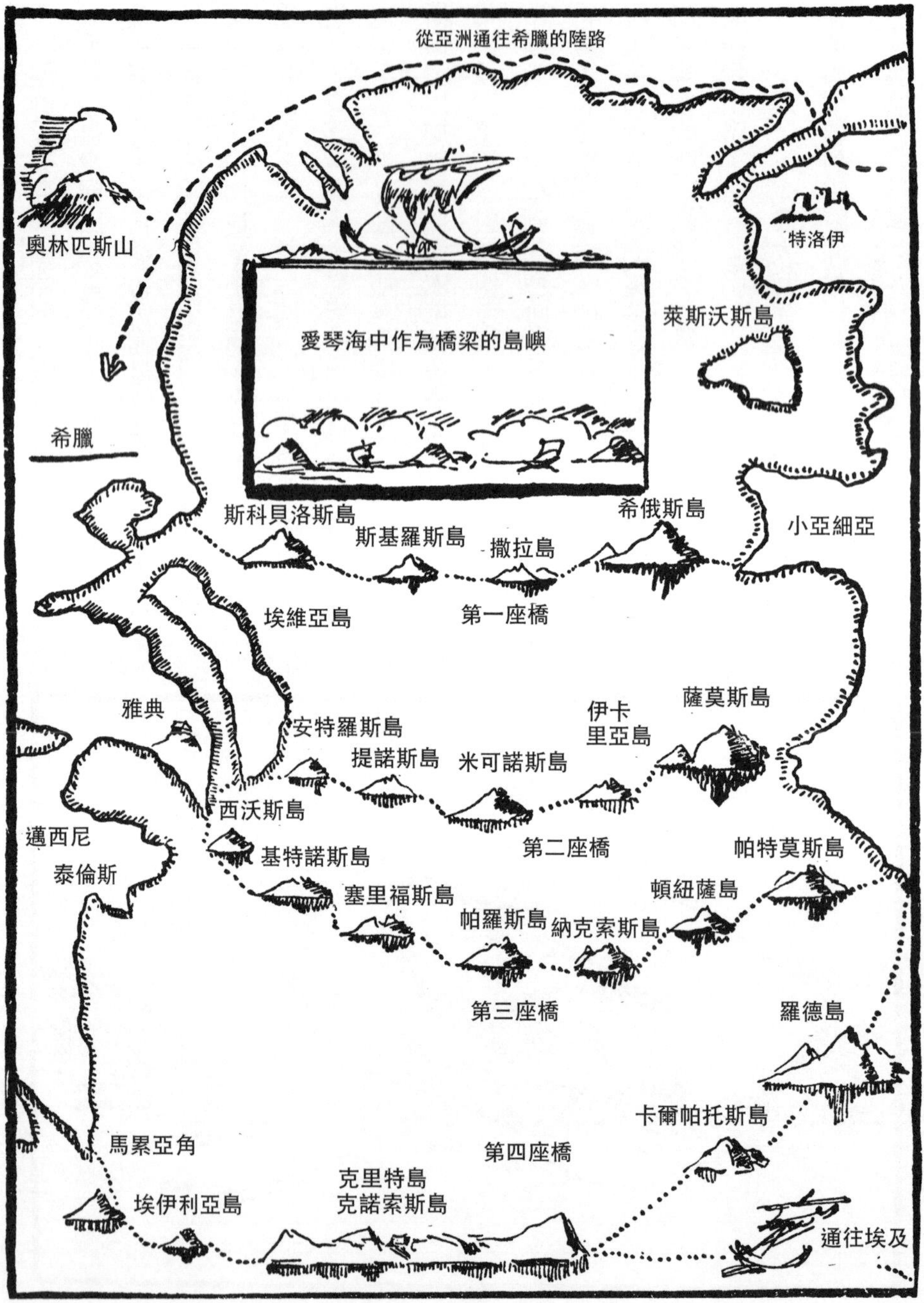
從亞洲通往希臘的陸路
奧林匹斯山
特洛伊
愛琴海中作為橋梁的島嶼
萊斯沃斯島
希臘
斯科貝洛斯島
斯基羅斯島
撒拉島
希俄斯島
小亞細亞
埃維亞島
第一座橋
雅典
安特羅斯島
伊卡
里亞島
薩莫斯島
提諾斯島
米可諾斯島
西沃斯島
邁西尼
泰倫斯
基特諾斯島
第二座橋
帕特莫斯島
塞里福斯島
頓紐薩島
帕羅斯島
納克索斯島
第三座橋
羅德島
卡爾帕托斯島
馬累亞角
第四座橋
克里特島
克諾索斯島
埃伊利亞島
通往埃及

歐亞大陸之間的橋梁

人能夠破解他們的銘文，我們因而無法徹底了解他們的歷史，只能從這些愛琴海人留下的遺跡去拼湊他們的冒險故事。這些遺跡清楚地顯示出，某個來自於北方歐洲平原地區、文明程度較差的民族，突然間入侵並征服了愛琴海地區。如果這個想法沒錯的話，那麼，必須為克里特與愛琴海文明的毀滅負責的這群野蠻遊牧民族，剛剛占領了亞得里亞海與愛琴海之間的岩石半島，也就是我們熟知的希臘人。

第十三章

希臘人

印歐民族中的希臘人此時占領了希臘半島。

金字塔此時已經存在於這個世界上一千年了，開始出現一些損壞跡象；睿智的巴比倫國王漢摩拉比也入土了好幾百年；就在這個時候，一支小游牧民族離開了家鄉，沿著多瑙河岸朝南方遷移，想要尋找新鮮的牧草。他們自稱「希臘人」（Hellenes），這個名字來自杜卡利翁（Deucalion）與皮拉（Pyrrha）的兒子海倫（Hellen）。根據古老的神話，杜卡利翁與皮拉是大洪水之後碩果僅存的人類。當時，人類變得過於邪惡，住在奧林匹斯山的偉大神祇宙斯對此相當不滿，決定降下洪水懲罰人類。大洪水持續無數個年頭，全世界的人類都消失了。

我們對希臘人的早期歷史所知甚少，因撰寫雅典之衰敗而聞名的歷史學家修昔底德，曾經說過他的祖先「不值一提」，這種說法很有可能是真的。希臘人的行為一開始相當野蠻，跟豬沒什麼兩樣，總是把敵人的屍體拿去讓負責看守綿羊的狗吃掉。他們不尊重別人的權利，恣意殺戮希臘半島上稱為佩拉斯吉人（Pelasgians）的原住民，偷竊他們的農場，搶走他們飼養的家畜，甚至把他們的妻子與女兒抓來當奴隸，還寫了無數歌曲來頌揚亞該亞部族（希臘人四大部族之一）的勇氣，因為亞該亞部族擔任希臘人的前鋒部隊，帶大家越過了色薩利與伯羅奔尼撒地區的山脈。

希臘人在這裡看見到處都是愛琴海人的城堡，甚至高山上也有，他們眼睜睜看著這些城堡，卻不敢攻擊，因為害怕愛琴海人手上那些用金屬製造的長槍與利劍，也知道根本不可能用自己笨重的石斧打敗愛琴海人士兵。

接下來幾百年，希臘人在許多溪谷和山麓間遊蕩，直到完全占領了整個希臘半島之後，這場遷徙之旅也終於要結束了。

這是是希臘文明出現的時刻。住在希臘半島上的農夫們，看著愛琴海人的聚落，終於被好奇心所驅使，決定拜訪那些倨傲不遜的鄰居。希臘農夫發現自己可以從那些住在邁錫尼與提林斯高大城牆背後的鄰居身上，學到許多有用的事情。

希臘農夫們是非常聰明的學生，在短時間之

愛琴海人在希臘半島上建立的城市

亞該亞部族奪下一座愛琴海人城市

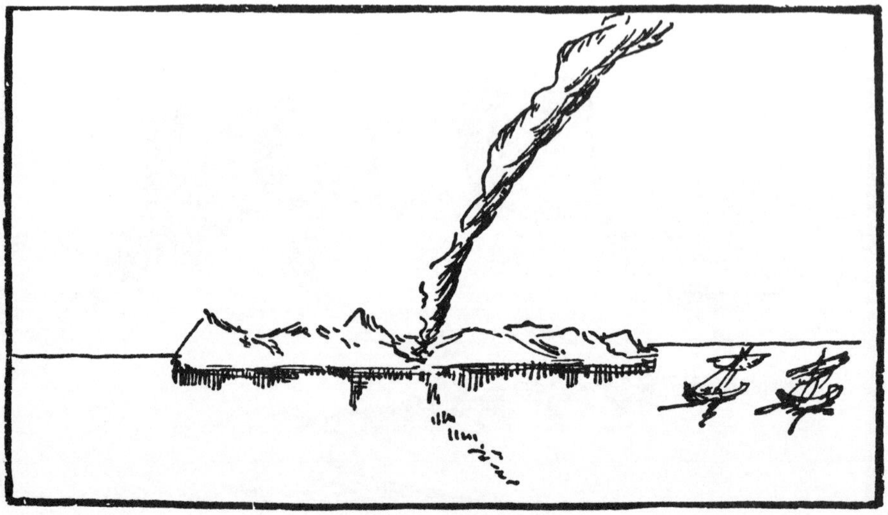

克諾索斯隕落

內學會了使用愛琴海人從巴比倫與底比斯帶來的奇特鐵製武器，也明白了航海學的奧祕，開始替自己打造小船。

希臘農夫從愛琴海人那裡學會了一切之後，就背叛了老師，把他們趕回愛琴海裡的島嶼。接著馬上展開海洋冒險，征服了所有愛琴海城市。終於，西元前十五世紀，希臘人掠奪毀滅了克諾索斯島，在歷史舞台上出現一千年之後，他們終於成為希臘半島、愛琴海與小亞細亞海岸地區的絕對統治者。西元前十一世紀，舊文明最後一個商業堡壘特洛伊也被毀滅了，歐洲的歷史從此正式展開。

第十四章

希臘城邦

古希臘的每個城邦其實就是一個國家。

現代人喜歡「大」這個字。我們非常自豪隸屬於全世界「最大」的國家，擁有「最大的」海軍，還種植「最大」的橘子跟馬鈴薯，喜歡活在擁有「數百萬人」的大都市，離開人世的時候要埋葬在「全國最大的墓園」。

倘若一位古希臘公民聽到這些話，一定無法明白我們到底在講什麼。「萬事都要溫和適中」是他的生活理想，龐大的數量無法引起他的興趣。希臘人對溫和適中的熱愛，不是用在特殊場合的空洞說詞而已，而是對他們從出生到死亡之間都有深刻的影響。這種精神也存在於他們的文學作品中，更讓他們建立了小巧但完美的神殿。溫和適中表現在希臘男人的衣著以及妻子的耳環與手環上，也伴隨著走入劇場的觀眾，讓他們對任何膽敢違背良好品味與理性精神的劇作發出噓聲。

希臘人甚至堅持連政治家與最受歡迎的運動員都必須擁有這項品德。有一位非常厲害的跑步運動員來到斯巴達，吹噓自已是所有希臘人之中能用單腳站立最久的人，於是人們決定把他趕出斯巴達，因為他引以為傲的這個小成就，任何一隻鵝都能打敗他。

「聽起來很不錯。」你也許會說：「毫無疑問，重視節制適中與完美是偉大的品德，但為什麼希臘人居然是唯一重視這些事情的古代人呢？」為了回答你，我必須說明希臘人的生活方式。

埃及或者美索不達米亞的人，臣服於一個神祕而優越的統治者之下，他住在遠離人群的陰森宮殿裡，鮮少在民眾面前現身。相反的，希臘人卻是一百多個小型「城邦」裡面的「自由公民」。就算是最大的城邦，人口也只不過比現代的鄉村多一點點而已。烏爾的農夫說自己是巴比倫人，意思是說，當時一共有幾百萬人會在固定的時間向統治西亞的國王繳納貢品，而他就是其中之一。但是，當希臘人自豪地說自己是雅典人或底比斯人時，他所說的是那個既是他的家鄉也是他的國家的小城鎮，城邦並不被某一個主人統

神靈居住的奧林匹斯山

治，而是遵循著公民在市集上展現的公共意志來運作。

對希臘人來說，他的國家就是出生的地方；他在那裡度過童年，溜進禁止進入的雅典衛城石堆裡玩捉迷藏；他跟一千名男孩女孩一起長大成人，非常熟悉其他孩子的綽號，就像你的同學一樣。他的國家是神聖的地方，父母親死後都埋葬在這裡；他的妻子與小孩，安全地生活在由高聳城牆保護的小屋子裡面；這是一個完整的世界，占地面積不會超過四到五英畝。你難道看不出來，這樣的環境一定會影響希臘人的所作所為、言行舉止還有想法嗎？每個巴比倫人、亞述人、埃及人都只是無數人民裡的一分子，很容易被淹沒無蹤；相反的，每個希臘人一直都與身旁的環境有所聯繫，所有人彼此相識，永遠都是城邦的一分子。他覺得聰明的鄰居總是會知道自己的一舉一動，無論他想做什麼，寫什麼，甚至是用大理石製作雕像或寫一首歌曲，都會想到家鄉所有生而自由的公民一定會對此有所評價。就是因為大家都很清楚這一點，才驅使希臘人努力追求完美，而他們從小就明白，所謂的完美，必定是節制適中的。

生活在這麼嚴格的學習環境中，希臘人在許多方面都達到了顛峰。他們創造了全新的政府形式、文學形式和藝術理念，這是我們現代人無法超越的成就。而協助他們達成這些奇蹟的環境，只不過是面積不到現代城市幾個街區大的城邦。

現在，讓我們看看，最後究竟發生了什麼事！

西元前四世紀，馬其頓的亞歷山大大帝征服了全世界。戰爭一結束，他就決定要把真正的希臘精神文明送給全人類。他從希臘小城邦裡帶出這些美德，在新建立的帝國中到處傳布，希望能在一大片土地上開花結果。但是，一旦希臘人再也看不到熟悉的故鄉神殿景致，聽不見蜿蜒街道傳來的親切聲音與氣味，他們很快就無法再體會到節制的樂趣，無法理解節制的意義——他們過去努力建立希臘城邦榮耀的時候，那種精神正是鼓勵他們雙手與腦袋發揮才華的因素——就無法再創造傑出的作品了。希臘人從此變成了低俗的工匠，甚至滿足於製造次級作品。古老的希臘城邦已經失去了獨立地位，被迫成為龐大帝國的一部分，古希臘精神因而永遠消失了。

第十五章 希臘的自治政體

希臘人是第一個克服困難展開自治政體實驗的民族。

一開始，所有希臘人彼此之間沒有貧富差距，每個人擁有的母牛與綿羊一樣多，用泥土搭建小屋作為他的城堡，還能按照自己的意願前往任何地方。如果需要討論重要的公共事務，所有村民就會聚集在市集裡面，選出一名長者擔任會議主席，他必須確保每個人都有機會表達觀點。如果遇到戰爭，也會出現一名充滿活力與自信的村民擔任主帥，此時村民會自願交出權利，讓主帥成為領袖；戰爭危機結束之後，村民依然擁有同樣的權利可以要求主帥辭去職務。

但是，這個村子逐漸變成了一座城邦。某些人辛勤工作，另外一些人較為懶散；有一些人運氣不太好，也有人與鄰居做生意不老實，藉此累積財富。因此，居民的財力有了差距，城市裡面出現一小群相當富有的居民，還有另外一大群相當貧窮的居民。

除此之外，還發生了另外一個改變。在舊制度裡，城邦居民會將能夠帶領大家戰勝敵人的軍隊統帥視為「領導者」或「國王」，這種角色在這個時代消失了，取而代之的是「貴族」，也就是在這個

希臘神殿

時期裡逐漸攫取了大量田地與房屋的有錢人。

比起普通的自由公民，這些貴族擁有更多特權。他們可以買到只能在地中海東岸市集裡面找到的最好武器，還擁有許多空閒時間來練習戰鬥技巧。他們住在更為堅固的大宅裡，也能花錢聘請士兵替自己作戰。為了獲取統治城邦的權力，這些貴族之間爭鬥不休，獲勝的人可以暫時坐上統治者的寶座，擁有超越其他人的特權，直到他被另一個同樣野心勃勃的貴族殺掉或者流放為止。

這種依靠武力獲取統治權的人，我們將其稱為「僭主」（tyrant），在西元前六、七世紀時，每個希臘城邦都是由僭主統治。雖然在這些僭主當中有些人的才能相當卓越，但是以長期的角度來說，這種狀態變得愈來愈無法忍受。因此，人們開始進行改革，結果創造了全世界有史以來第一個有紀錄的民主政府。

在西元前七世紀初期，雅典人決定要清理門戶，讓更多的自由公民可以在政治當中充分表達意見，就像他們亞該亞祖先的時代那樣。他們要求一位叫作德拉古

希臘城邦

（Draco）的男人寫下一套法律，讓窮人可以得到保護，免於遭受富人壓迫，德拉古也照辦了。不幸的是，他是一名專業的律師，不太了解升斗小民的日常生活。在他眼中，犯罪就是犯罪，沒有通融的餘地。他完成這套法律之後，雅典人發現德拉古法典太過於嚴苛，根本無法推行。在這套新的法典系統下，就算偷了一顆蘋果，都會構成國家重罪，雅典沒有足夠的繩索可以絞死所有犯人。

雅典人只好另尋一位比較仁慈的改革者，最後終於找到最能夠勝任這個工作的人，他的名字叫作梭倫（Solon）。梭倫出身於貴族家庭，曾經遊歷四方，考察過許多國家的政體。他仔細研究這個任務一陣子之後，獻給雅典一套新的法律。這套法律呈現出希臘精神的特質，實現了節制適中的美好原則。梭倫想要利用這套法律改善農民的生活，同時避免傷害貴族的財勢，因為貴族擁有的武力是國家的珍貴資源，或者說，貴族可以對國家做出相當重要的貢獻。當時的法官沒有薪水，所以永遠都是由貴族擔任法官，為了避免窮人不會受到法官濫權的傷害，梭倫創造了一項制度，讓滿腹委屈的公民有權利向三十位雅典公民組成的陪審團申訴。

最重要的是，梭倫強迫所有自由公民必須親身直接參與城邦事務。他不能躲在家裡說：「噢，我今天太忙了。」或者：「今天下午，我最好待在家裡不要出門。」他必須完成自己所分配到的公民義務，出席市政議會，承擔保衛城邦安全與繁榮的責任。

這個由人民（demos）來統治的政府，通常不會有重大的成功。他們花了太多時間在無意義的空談上，為了爭奪官職和榮銜，恨意和惡意在人群中滋長。然而，希臘人還是從中學到了獨立自主的精神，每個人都只能靠自己的力量解決問題，而這是非常好的事情。

第十六章 希臘人的生活

希臘人怎麼過日子？

但是，如果希臘人必須一直在市集裡討論國家事務，怎麼會有時間照顧自己的家庭與工作呢？答案就在這一章裡。

在希臘的民主制度下，只有一個階級的公民可以參與所有的政府事務——自由人。而每個希臘城邦主要是由三種人組成：一小群生而自由的公民、一大群奴隸、外國人。

在某些罕見的時刻——通常是男性必須入伍的戰爭期間——希臘人會展現出自己的誠意，讓被視為「野蠻人」的外國人分享公民權利，但這只是少數的例外狀態。「公民身分」來自血統，你之所以是雅典人，是因為你的父親與祖父都是雅典人。無論你多會做生意，或者是多麼了不起的戰士，假如你的父母親不是雅典人，你永遠都是「外國人」。

因此，當希臘人不是被國王或僭主統治的時候，就是由一群自由人來治理。希臘人之所以能夠實現這種政治形態，是因為他們擁有一大群奴隸，人數遠比自由公民還多，大約六比一或五比一。現代人必須親自耗費時間與精力在工作上，才能獲得溫飽。希臘人沒有奴隸來完成這些事情的話，就不可能實現這種政治制度。

奴隸們負責為整個城邦的人煮飯、烤麵包、製作蠟燭；他們也是裁縫師、木匠、珠寶工人、學校老師、會計。主人可能會外出參加公共會議，討論作戰或議和的問題，或者去劇場欣賞埃斯庫羅斯（Aeschylus）的最新作品，聽歐里庇得斯（Euripides）提出相當具有革命性質的理念（他居然對全能的宙斯神提出質疑），主人不在的時候，奴隸也要負責照顧店鋪或工廠。

古代雅典人社群很像現代的俱樂部。所有自由公民都是世襲會員，所有奴隸也是世襲僕人，總是在旁邊等著滿足主人的需求，在這裡成為會員真是太棒了。

但是，當我們談到奴隸時，他們並不

希臘城邦的組成分子

像是你在《湯姆叔叔的小屋》（*Uncle Tom's Cabin*）裡面讀到的奴隸；那些必須在田裡工作的雅典奴隸，確實過得非常不好，還有那些因為家道中落，不得不去別人田裡出賣勞力的自由公民，生活也非常辛苦，但是，在希臘城邦中，有許多奴隸甚至比那些較貧窮的自由公民還富有。希臘人追求節制適中，當然不願意苛待奴隸。到了羅馬時代，奴隸像是現代工廠裡的機器，沒有任何權利，隨時都可能因為一些小事而被抓去餵野獸。

希臘人認為奴隸制度是必要的，如果沒有它，城邦就不可能變成文明人的家園。

奴隸還要負責一些專業工作，就像現代商人或技術人員所做的事情。至於那些你母親平常要花很多的時間來處理，你父親下班之後也經常要分擔的家務事怎麼辦呢？希臘人相當了解休閒時間的重要性，所以他們的居住環境相當簡單，盡可能將家務事的分量減輕。

希臘人的房子非常樸素，就算是富裕的貴族，也只不過是住在泥磚蓋成的大房子裡而已，裡面也沒有現代人視為理所當然的舒適設施。希臘人的房子只有四面牆壁與屋頂，當然會有一扇通往街道的門，但沒有窗戶。廚房、起居室和臥室都圍繞在一座開放庭園的周遭，庭院裡有小噴泉或者雕像，還有一些植物，讓整體環境看起來更為明亮。假如天氣不是非常寒冷，或者沒有下雨的時候，希臘人全家都住在這個庭院裡，奴隸廚師在庭院的這個角落準備食物，老師（也是奴隸）在那個角落教小孩學習基礎文法和乘法表；鮮少離家的女主人（因為希臘人覺得已婚女子不適合外出）在另一個角落裡與女裁縫師（還是奴隸）一起修補丈夫的外套，男主人則在靠近大門的小房間裡檢查農場工頭（當然是奴隸）帶回來的收成帳本。

晚餐準備好之後，全家人會聚在一起享用，但菜色非常簡單，不需要花太多時間用餐。希臘人似乎將吃東西視為無法避免的罪行而非消遣，消遣雖然能打發許多無所事事的時間，最後則會害死無所事事的人。希臘人以麵包與紅酒為主食，搭配一些肉與綠色蔬菜。如果沒有其他東西可以喝，希臘人才會喝水，因為他們不認為喝水很健康。他們喜歡邀請朋友共進晚餐，但是，現代人習慣的那種放肆吃喝，甚至吃到太撐的餐會，會讓希臘人覺得很糟糕。他們聚在餐桌前的目的是好好聊天，喝杯好酒，但他們重視溫和節制，所以討厭那些飲酒過量的人。

飲食方面的儉樸原則也同樣適用於希臘人的衣著風格。他們喜歡乾淨整潔，頭髮與鬍子總是修剪得相當俐落，藉由運動與游泳讓身體狀態保持良好，絕對無法接受色彩鮮豔、花紋複雜的亞洲風格。他們穿著白色長袍，看起來就像身著藍色斗蓬的現代義大利軍官一樣聰明。

他們喜歡看妻子穿戴飾品，但覺得公開炫耀財富（與妻子）則是庸俗之舉，也認為女人外出時要盡可能地不引人注目。

簡單來說，希臘人的生活方式不只是節制適中，也追求簡樸。所有器物，例如椅子、桌子、書本、房子與馬車這些東西，很容易讓擁有者花費太多時間替它們磨光、上漆、清理，反而成了器物的奴隸。希臘人追求的是身體與心靈兩方面的自由，因此將日常生活的需求減低到最少，讓精神獲得解放。

第十七章 希臘戲劇

戲劇是希臘人發明的，也是歷史上第一種公共娛樂。

希臘人很早就開始蒐集各種頌揚先祖英偉事蹟的詩歌，他們的祖先把佩拉斯吉人趕出希臘，並且毀滅了特洛伊。希臘人在公共場合朗讀這些詩歌，每個人都會來聆聽。但是，「戲劇」這種演變到現代已不可或缺的公共娛樂，卻不是從這些反覆傳頌的英雄詩歌裡產生的。戲劇的起源非常奇特，我必須用單獨的一章向你說明清楚。

希臘人很喜歡節慶遊行，每一年都會舉辦盛大的遊行慶典，用以紀念酒神戴奧尼索斯（Dionysos）。因為希臘人很喜歡喝酒，認為水只能用來游泳跟航行，在這種風氣下，酒神自然大受歡迎；如果蘇打汽水也有神，我們同樣會喜愛祂。

希臘人相信酒神住在葡萄園裡，身旁有一群終日愉快嬉戲的「薩提爾」（satyr；半人半羊的奇特生物），因此，參加遊行的人會披上羊皮，沿路發出像羊一樣的叫聲。山羊的古希臘文是「tragos」，歌手的希臘文則是「oidos」，因此，經常發出羊叫聲的歌手就被稱為「tragos-oidos」，意思是「山羊歌手」，這個奇怪的名字演變成現代英文的「悲劇」（tragedy），意思是結局不快樂的故事；如同「喜劇」（comedy）是從古希臘文的「歡愉」（comos）加上「歌手」（oidos）演變而來，代表有快樂結局的作品。

但你一定會問：為什麼這些扮成山羊的歌手們吵雜的聲音會演變成高貴的悲劇，而且在往後兩千年裡占據了全世界劇場的舞台呢？

我馬上就會讓你明白，山羊歌手跟悲劇《哈姆雷特》之間的關聯其實相當簡單。

山羊歌手的合唱隊起初非常能夠娛樂觀眾，吸引許多人站在道路兩旁開懷大笑，然而不久之後這種羊叫聲就變得使人厭煩了。在希臘人的想法中，「無聊乏味」跟醜陋、疾病一樣糟糕，人們開始要求更有趣味的活動。於是，來自阿堤卡地區伊卡利亞村的年輕詩人想出了有創意的新點子，他將山羊歌手合唱隊的其中一人移到遊行隊伍的最前頭，與帶隊的牧神笛首席樂師對話。他一邊說話一邊揮動手臂，做出各種姿勢；也就是說，當其他人在唱歌的時候，這個人要負責「演戲」。這種演戲是由他向首席樂師提出許多問題，樂師則根據詩人事先在紙莎草紙上寫好的答案來回應。

這種事先準備好的粗糙對談，就是戲劇裡「對白」的起源。對談內容主要是講述酒神戴奧尼索斯或其他神靈的故事，相當受到群眾的歡迎。從此每一次戴奧尼索斯慶典都會舉行這種「演出」，很快就變得比山羊合唱更加重要。

埃斯庫羅斯是最成功的悲劇作家，一生完成了不下八十部作品，他大膽地採用兩個「演員」的形式。過了一個世代之後，索福克里斯（Sophocles）將演員人數增加為三人。當歐里庇得斯在西元前五世紀中葉開始創作那些沉痛的悲劇時，已經可以隨意使用任何數量的演員了。後來，阿里斯托芬

（Aristophanes）撰寫用來調侃所有人、所有事，甚至奧林匹斯山眾神的知名喜劇時，合唱隊已經變成陪襯之用，他們只是在主角們的後方站成一排，當舞台上的英雄決定犯下違反諸神意志的罪行時，合唱隊就冒出一句：「這世界真恐怖。」

這種新形態的戲劇娛樂需要適合的演出場所，很快的，每個希臘城邦都在附近山丘上鑿開岩石建造一座劇場。觀眾坐在木頭製成的長椅上，俯視一個巨大的半圓形場地（就像現在買票看戲時，樂隊所在的位置一樣）。這個半圓形場地就是舞台，演員與合唱隊就在此表演，舞台後方有大型帳棚，他們在帳棚裡戴上用黏土做成的大張面具，將自己的臉龐遮住，同時讓觀眾知道演員在劇中的心情究竟是快樂微笑，或者是悲傷哭泣。古希臘文將那個帳棚稱為「skene」，這也是為什麼現代英文的「場景」會寫成「scenery」。

當觀賞悲劇變成希臘人日常生活的一部分之後，去劇場看戲再也不是消遣娛樂，而是要認真對待的藝術；新劇首演成為像選舉一樣重要的事情，成功的劇作家會得到無比的榮耀，甚至勝過於剛打贏戰爭回國的將軍。

第十八章

波斯戰爭

希臘人如何抵抗來自於亞洲的入侵，並且將波斯人趕回愛琴海？

希臘人從愛琴海人身上學會了貿易之道，愛琴海人則是腓尼基人的徒弟。他們按照腓尼基人的模式，建立了好幾個殖民定居點，甚至改良了腓尼基人原有的方法，更廣泛地使用貨幣與外國人進行貿易。西元前六世紀，希臘人沿著小亞細亞海岸線建立了相當穩定的勢力，很快就從腓尼基人手中奪走了大部分生意。雖然腓尼基人相當不高興，但也沒有足夠的力量可以對競爭者發動戰爭。他們只好慢慢等待，終於等到了機會。

在前幾章裡，我已經告訴過你，曾經有一支沒沒無聞的波斯游牧民族突然發動戰爭，征服了西亞大多數土地。這群波斯人的作風還算文明，並沒有掠奪被征服的地區，只要每年向他們進貢一次就夠了。當他們抵達小亞細亞海岸之後，決定要讓位於利底亞（Lydia）的希臘殖民地向波斯國王稱臣，並且按照規定繳納稅金。希臘殖民地拒絕了，並向本國求助，大戰就此拉開序幕。

如果歷史記載沒有錯的話，那麼波斯國王確實認為希臘城邦是很有威脅性的政體，其他臣服於偉大波斯國王的乖巧奴隸們，很可能起而效法，他必須摧毀希臘的政治制度，讓波斯的旗幟在全世界飄揚。

當然，遼闊的愛琴海為希臘人提供了一些安全感，但是他們的老對手腓尼基人，卻向波斯伸出援手，提供了資源與建議：假如波斯國王願意出兵，腓尼基人就保證會提供所需船艦，將士兵運往歐洲。當時是西元前四九二年，亞洲人已經準備好要摧毀歐洲的新興勢力了。

波斯國王派出使節到希臘提出最後警告，要求他們交出「土和水」作為臣服的信物。希臘人立刻把波斯使節丟入最近的一口井，因為裡面有很多「土和水」。這麼一來，和平已經不可能了。

但是奧林匹斯山諸神守護著希臘子民，當腓尼基艦隊載著波斯人航行到阿索斯山附近時，暴風之神鼓起雙頰用力吹氣，吹到額頭都冒出了青筋，在可怕的颶風襲擊之下，波斯人全都淹死了。

兩年之後，波斯人帶著更多士兵回來了。這次

波斯船艦在阿索斯山附近被摧毀。

他們航越了愛琴海，在馬拉松村附近登陸。雅典人一聽到這個消息，馬上派出一萬名士兵在馬拉松平原周圍的山丘上布防，同時也派出了一名飛毛腿前往斯巴達求助。但是，斯巴達一直非常嫉妒雅典的名聲，拒絕出兵。其他城邦也做出同樣的決定，只有普拉提亞（Platæa）這個小城邦例外，他們派出了一千名援軍。西元前四九〇年九月十二日，雅典指揮官米太亞德（Miltiades）率領這一小支軍隊抵抗波斯大軍，突破了波斯人的箭雨，用長矛造成波斯軍隊極大的傷亡。那支來自亞洲各地的聯軍欠缺組織，從未面對過如此頑強抵抗的敵人。

那天晚上，雅典人看見天空被焚燒船隻的火焰染紅，焦慮地等待戰場傳回來的消息。終於，北方的道路揚起了一陣塵土，那是派去求援的飛毛腿菲迪皮德斯（Pheidippides）。快要抵達雅典的時候，菲迪皮德斯上氣不接下氣，甚至失足跌倒。他只花了幾天時間就從斯巴達跑回來，並且

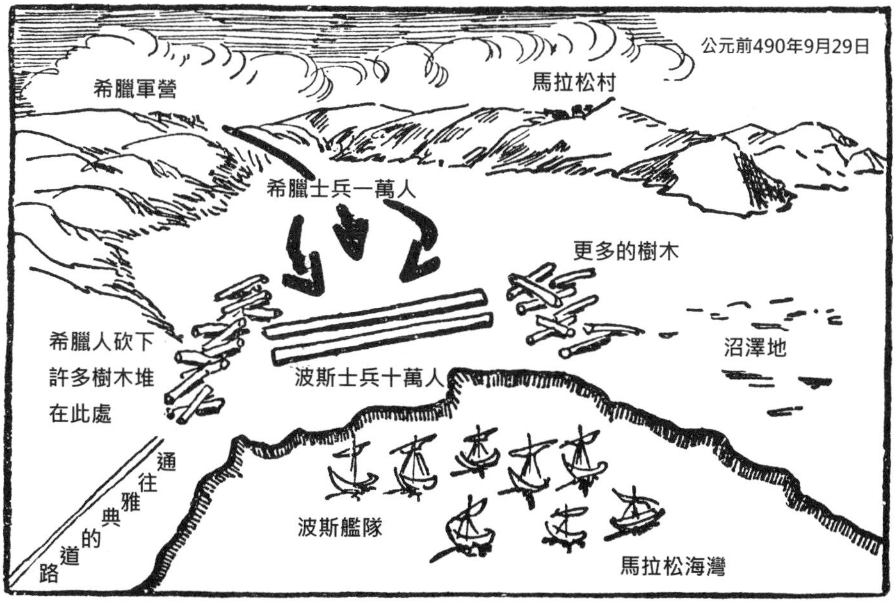

馬拉松戰役

立刻趕到戰場，加入米太亞德的陣營。那天早上，菲迪皮德斯參與了進攻，稍後也自願將勝利的消息帶回他所鍾愛的雅典城邦。人們看見他在路上摔倒，連忙衝過去攙扶。「我們贏了！」他用盡最後一口氣說完這句話，然後離開人世。這是非常光榮的死法，讓所有人都感到羨慕。

至於波斯人在馬拉松平原戰敗之後，曾經想嘗試在雅典附近登陸，卻發現海岸上全都是守衛的士兵，只好放棄。希臘人的土地再次得到了和平。

波斯人又準備了八年，但希臘人也沒有閒著。希臘人知道波斯一定會發動最後的決戰，但是，對於怎麼作才是避免危機的最好方法，卻無法達成共識。有些人想要擴編陸軍，另外一些人則認為強大的艦隊才是勝利的保證。兩派人馬的領導人分別是支持陸軍的阿里斯提德（Aristides）以及支持海軍的地米斯托克利（Themistocles），他們激烈地批評彼此，希臘的軍備因此毫無進展，直到阿里斯提德被放逐為止。地米斯托克利這時得到了機會，竭盡所能地打造船艦，並且將比雷埃夫斯（Piræus）建設成強大的海軍基地。

西元前四八一年，波斯大軍出現在希臘北部的色薩利地區，在這個危急時刻，著名的軍事城邦斯巴達被推選為希臘聯軍的總指揮，但斯巴達人不關心希臘半島北部發生的事情，只在乎自己的城邦不要遭到侵略，不打算認真防守從北方通往希臘的道路。

斯巴達只派出了一支由國王列奧尼達（Lenoidas）統帥的小部隊，前往一處聯結希臘南北兩地的重要據點，那是一個夾在高山與海岸之間的隘口。列奧尼達完全遵守了希臘聯軍的命令，用無人可以匹敵的勇氣進行戰鬥，成功地守住了隘口。但是，一名叫作厄菲阿爾特（Ephialtes）的叛徒，卻帶領一支波斯軍團從馬利斯（Malis）附近的小路翻越山嶺，從後方突襲列奧尼達的軍隊。雙方在溫泉關

（the Warm Wells; the Thermopylæ）進行了一場慘烈的戰鬥。夜幕降臨時，滿地都是波斯人的屍體，列奧尼達與忠誠的士兵們也全數陣亡。

重要的戰略通道已經失守了，希臘大部分土地也落入波斯人手中。波斯人大舉向雅典進軍，攻下衛城要塞，放火燒了整座城邦。雅典人逃到薩拉米斯島，似乎已經徹底失敗了。但是，在西元前四八〇年九月二十號，地米斯托克利將波斯船艦誘入薩拉米斯島與希臘本土之間的狹窄海域中戰鬥，幾個小時之內，地米斯托克利就摧毀了四分之三的波斯船艦。

如此一來，溫泉關之戰所帶來的勝果立刻化為烏有。波斯國王薛西斯被迫退兵，決定明年再和希臘人作最後決戰。他將軍隊帶回色薩利，在那裡等待春天來臨。

這一次，斯巴達人終於明白了當前局勢的嚴重性。他們離開安全的家園，走出那道跨越科林斯地峽保衛斯巴達的長城防線，在普薩尼亞斯（Pausanias）的率領下，對抗波斯將領馬鐸尼斯（Mardonius）的軍隊。希臘人終於團結起來，其他城市也紛紛響應，組成一支十萬人左右的軍隊，向駐紮在普拉提亞的三十萬波斯大軍進攻。希臘重裝步兵再一次突破波斯弓箭兵，讓他們吃下敗仗，就像馬拉松戰役一樣。這一次，波斯人永遠地離開了。希臘陸軍在普拉提亞取得勝利的同一天，雅典海軍也在小亞細亞的米卡勒海角（Cape Mycale）毀滅了波斯艦隊。

亞洲與歐洲的第一次交手就這樣結束了。雅典人保住了榮耀，斯巴達人的英勇也廣為人知。倘若這兩個城邦能達成協議，放下彼此之間微不足道的嫉妒，也許可以共同領導強大而統一的希臘世界。

但是，唉！他們讓可以帶來勝利與愉悅的時機溜走了，同樣的機會再也不會重來。

溫泉關

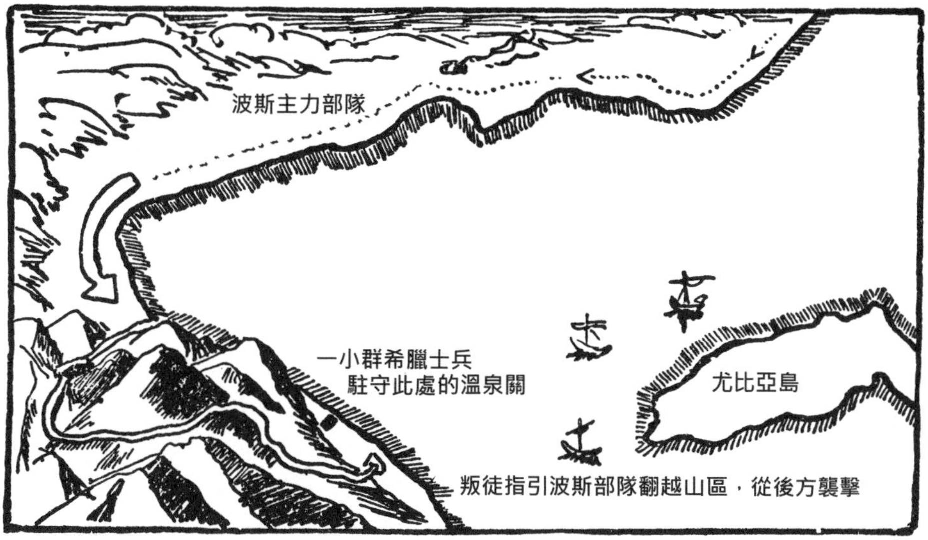

溫泉關之戰

波斯人焚燬雅典

希臘殘柱

第十九章

雅典與斯巴達之爭

雅典人與斯巴達人為了爭奪希臘領導地位，進行漫長而充滿災難的戰爭。

雅典與斯巴達都是希臘的城邦國家，他們的人民說著共同的語言，但是在其他方面就截然不同了。雅典城邦矗立在平原上，甚至能直接感受海風，他們像好奇的孩子一樣快樂地看著這世界。相反的，斯巴達城邦建立在深邃的山谷裡，周遭的山脈成了屏障，阻絕外國思想湧入。雅典是貿易興盛的城邦，斯巴達則是軍事化的地方，人民都受過軍事訓練。雅典人喜歡坐在陽光下討論詩歌或聆聽哲學家的睿智思想，至於斯巴達人，從來不曾寫出過任何可稱為文學的句子，不過他們非常清楚如何打仗，也熱愛戰爭，可以為了軍事理念而犧牲所有身為人類的情感。

也難怪嚴肅陰鬱的斯巴達人總是憎恨雅典的成功。雅典人在希波戰爭時期為了保衛家園而激發出許多能量，這股能量在戰後被用來追求和平時代的其他目標。他們用大理石重建衛城，改成信奉雅典娜女神的神廟。雅典民主政體的領導人伯里克里斯（Pericles）曾經在世界各地尋找有名的雕刻家、畫家與科學家，想要讓這座城邦變得更美麗，讓雅典年輕人的心智更配得上這座家園。同時，伯里克里斯也小心翼翼地盯著斯巴達，築起了從雅典連到海岸邊的城池，成為當時最強大的堡壘。

有一天，兩個城邦之間出現了一個無關緊要的爭議，後來竟演變成生死存亡的衝突，雙方為此交戰三十年之久，結果造成了雅典的大災難。

戰爭打到第三年，一場瘟疫襲擊了雅典。超過半數的人——包括偉大的領袖伯里克里斯在內——全都因而喪命。在瘟疫之後，雅典政局陷入一片混亂，新的統治者也不堪大任。一名叫作阿爾西比亞德斯（Alcibiades）的年輕人贏得人民議會的信任，掌握了權力。他提議奇襲西西里島上的斯巴達領地敘拉古（Syracuse），議會也支持他的決定。遠征隊整備就緒時，阿爾西比亞德斯卻捲入了一場街頭鬥毆，被迫逃亡。接替阿爾西比亞德斯的將領欠缺經驗也沒有腦袋，他先輸掉了海戰，接著失去陸地部隊，參與這場戰役的雅典人幾乎全軍覆沒，少數活下來的人則被丟去敘拉古的礦場做苦工，最後飢渴而死。

這場遠征使雅典幾乎失去了所有年輕男子，這座城邦注定要毀滅了。在長時間的圍城之後，雅典終於在西元前四〇四年四月投降。斯巴達人拆毀雅典的城牆，再將海軍奪走，從此之後，雅典榮華盡失，不再是偉大殖民帝國的中心。然而，在過去最美好的時代裡讓雅典自由公民顯得與眾不同的求知欲與探索心，卻沒有隨著高牆與艦隊一起消失，這種精神持續留存下來，甚至變得更加光輝。

雅典再也無法左右希臘半島的未來，但是，作為人類歷史上第一所大學的所在地，雅典繼續影響著熱愛知識者的心靈，範圍甚至超過了狹小的希臘領土。

第二十章

亞歷山大大帝

馬其頓的亞歷山大大帝建立了希臘式的世界帝國，這份雄心壯志結果如何呢？

當亞該亞人離開多瑙河畔的故鄉，南下尋找新鮮牧草的時候，曾經在馬其頓山區逗留了一陣子。從那時候開始，希臘與北方的馬其頓鄰居之間，或多或少一直維持著正式關係。馬其頓人也非常清楚希臘半島上發生的事情。

斯巴達與雅典為了爭奪希臘世界的領導地位而彼此征戰，當這場災難性的戰爭結束時，馬其頓剛好出現了一名才智卓越的統治者菲利普（Philip）。菲利普相當仰慕希臘文學與藝術裡流露出的希臘精神，但非常鄙視希臘人在政治事務上缺乏效率和自制，這群優秀的人竟然為了毫無意義的爭議而耗費這麼多人力與金錢，使他極度不滿。因此，菲利普派出大軍，使自己成為希臘世界的統治者，將上述問題永遠解決了。隨後他要求新的子民加入一場遠征，回報波斯國王薛西斯在一百五十年前「造訪」雅典的行為。

不幸的是，菲利浦正要率領整備完畢的大軍出發遠征之前，就遭到暗殺了，要報雅典焚城之仇的重責大任，得由菲利普的兒子亞歷山大來承擔，他是全希臘最有智慧的亞里斯多德的學生。

西元前三三四年春天，亞歷山大揮別歐洲，七年之後，抵達了印度。在這段期間，他摧毀了希臘在商業上的老對手腓尼基人，征服了埃及，並且被尼羅河流域居民尊為法老王的兒子與繼承人。亞歷山大也擊敗了最後一任波斯國王，推翻了波斯帝國，還下令重建巴比倫城。他也曾讓麾下軍隊進入喜馬拉雅山深處，將全世界都變成了馬其頓王國的行省或屬國。然後，亞歷山大停止了這場遠征，並且宣布了更具野心的計畫。

他要新建立的這個大帝國全都接受希臘文化的洗禮。所有人都必須學習希臘語，並且住在按照希臘風格建立的城市當中。亞歷山大的士兵變成了傳授希臘文化的老師，昔日散處各地的軍營也變成了引介希臘文明的地方中心。希臘式的行為規範與風俗逐漸成為帝國的主流，這時亞歷山大卻突然染上熱病，西元前三二三年，他在巴比倫國王漢摩拉比昔日的宮殿裡去世。

希臘化時代的浪潮就這麼退去了，但是，馬其頓軍隊已經在各地留下了高度文明的沃土。亞歷山大的雄心縱然幼稚而傻氣，但他確實創造了最有價值的貢獻。他去世後，這座帝國很快就瓦解了，被一群野心勃勃的將領瓜分掉，不過他們還是懷抱著同樣的夢想，渴望創造一個融和希臘與亞洲的觀念和知識的偉大世界。

這些將領所建立的國家一直保持著獨立地位，直到羅馬人將西亞與埃及納入版圖為止。於是，這個融合了希臘、波斯、埃及與巴比倫文化的「泛希臘」文明遺產就落入了羅馬征服者的手中。在隨後的好幾個世紀裡，羅馬世界也堅守這種精神，讓當代的我們都能夠從日常生活中感受到它的影響。

第二十一章

小結

第一章至第二十章的簡短摘要。

到現在為止，我們一直站在這座高塔上俯瞰東方世界。不過，埃及與美索不達米亞地區的歷史愈來愈沒那麼重要了，現在我必須帶你看看西方世界的發展。

在開始之前，讓我們稍微停下腳步，整理一下先前所知道的東西。

首先，我向你展示過史前人類——一種習性非常單純的生物，但行為並無特出之處。我也告訴過你，在早期五大洲荒原上遊蕩的動物之中，史前人類最沒有防備能力，卻擁有最優秀的大腦，因此有辦法存活下來。

隨後是冰河時期以及好幾百年的寒冷天氣，在這座星球上生存變得非常困難，如果人類想要活下來，就必須用前所未有的努力來思考。然而，這種「活下來」的念頭一直是所有生物努力尋求的目標，直到嚥下最後一口氣為止，冰河時期的人類同樣也為此全力以赴。許多凶猛的動物都死在這段漫長的寒冬裡，史前人類不但生存下來，而且學會了很多知識和技能，等到地球再度變得溫暖舒適之後，他們已經比其他沒這麼聰明的動物鄰居擁有更多優勢，不再需要害怕滅絕的危機了——在人類出現之後的五十萬年間，種群滅絕一直是極大的威脅。

我告訴過你，人類祖先發展的腳步起初相當緩慢，但是，就在一瞬間，住在尼羅河流域的人開始突飛猛進，幾乎在一夜之間創造了第一個文明中心，而我們現在還是無法弄清楚其中的原因。

接下來我對你述說了美索不達米亞的故事，也就是「兩河之間的土地」，那是人類歷史上第二所偉大的學校。我也畫了一張圖給你，讓你弄清楚愛琴海上許多島嶼構成的那些橋梁，它們將古老東方世界的知識與科學帶進新興的西方世界，希臘人就住在這裡。

然後我告訴過你關於印歐民族裡某一群人的故事，這群人叫作「Hellenes」，在幾千年前離開了中亞，並且在西元前十一世紀努力征服了遍布岩石的希臘半島，從此之後成為我們所熟知的希臘人。我也告訴過你那些希臘城邦的事情，他們其實都是國家，並且轉化了古埃及與亞洲的文明（轉化是一個艱深的字，但你以後會慢慢理解其中的意思），使其成為一種新的文明，比以前任何文明都還要崇高而精緻。

當你看著地圖，就會發現這段時間裡的文明發展動態呈現出半圓形的弧線，起點是埃及，經由美索不達米亞與愛琴海的島嶼，再往西方移動，最後抵達歐洲大陸。在最初的四千年，埃及人、巴比倫人、腓尼基人與許多閃族人（請記住，猶太人只是閃族的其中一支）都曾經舉起照亮世界的火把。後來，他們把火把交給屬於印歐民族的希臘人，希臘人則是另外一支印歐民族——羅馬人——的老師。不過，當印歐民族希臘人逐漸統治了地中海的東半邊時，閃族也在這個時候從非洲北部海岸往西邁進，統治了地中海的西半邊。

你很快就會發現，這種情況導致了兩支競爭民族的激烈衝突，在這場激烈鬥爭中取得最後勝利的是羅馬帝國，於是他將融合了埃及、美索不達米亞和希臘文明的新文化帶去歐洲大陸最深遠的角落，成為現代世界的基礎。

我知道，要把這麼多東西弄清楚很不容易，但是只要你掌握了基本架構，接下來的歷史就很容易理解了。如果覺得文字說得不夠清楚，看看我畫的那些圖會有幫助。好了，短暫的停留之後，我們要繼續下一個故事了，那就是著名的羅馬與迦太基之戰。

第二十二章

羅馬與迦太基

為了爭奪西地中海的統治權，非洲北岸的閃族殖民地迦太基與義大利西岸的印歐民族城市爆發戰爭，最終摧毀了迦太基。

卡特哈恰特（Kart-hadshat）這座小小的腓尼基貿易站位於矮山丘上，能夠俯瞰九十英里寬、分隔非洲與歐洲的非洲海（譯注：就是現在的西西里海峽）。這裡是打造商業中心的理想地點，幾乎可說是太過理想了。這座城市發展得太快，變得過於富有。西元前六世紀，巴比倫國王尼布甲尼撒摧毀了泰爾城（見第十章），卡特哈恰特隨即與母國斷絕所有關係，建立獨立的城市國家迦太基（Carthage）——成為閃族在西方的強大前哨站。

不幸的是，迦太基也繼承了腓尼基人一千年來累積形成的那些特質。這裡就像一間巨大的商鋪，由海軍嚴密地保護著，迦太基人只關心生意，完全不在乎生活中有哪些更值得追求的面向。迦太基城、城市周邊地區以及遠方的殖民地，全都在少數富人形成的權力集團統治之下。古希臘文的「富有」是「ploutos」，因此，希臘人將富人統治的政體稱為「財閥統治」（plutocracy），迦太基就是這種政體。國家的實際權力掌控在十幾名最有錢的船主、礦主與商人的手上，他們在辦公室後面的隱密空間開會討論國家事務，把大家共有的這個國家視為一家企業，目標是獲得良好的利潤。不過他們都是非常聰明的人，也很有活力，總是非常辛勤地工作。

好多年過去了，迦太基對鄰近區域的影響力也日漸增加，甚至掌控了非洲大半的沿海地區、西班牙以及法國的某些區域，這些屬地必須向強大的迦太基城繳交貢品、稅金與交易抽成。

當然，這種財閥政體能否存續下去，還是取決於人民是否願意接受。只要有足夠的工作機會，薪水也不錯，大多數的公民都會相當滿意，允許這些「更優秀的人」繼續統治，不會讓大老闆們為難。但是，假如船隻無法出航，鍋爐沒有礦石可

迦太基

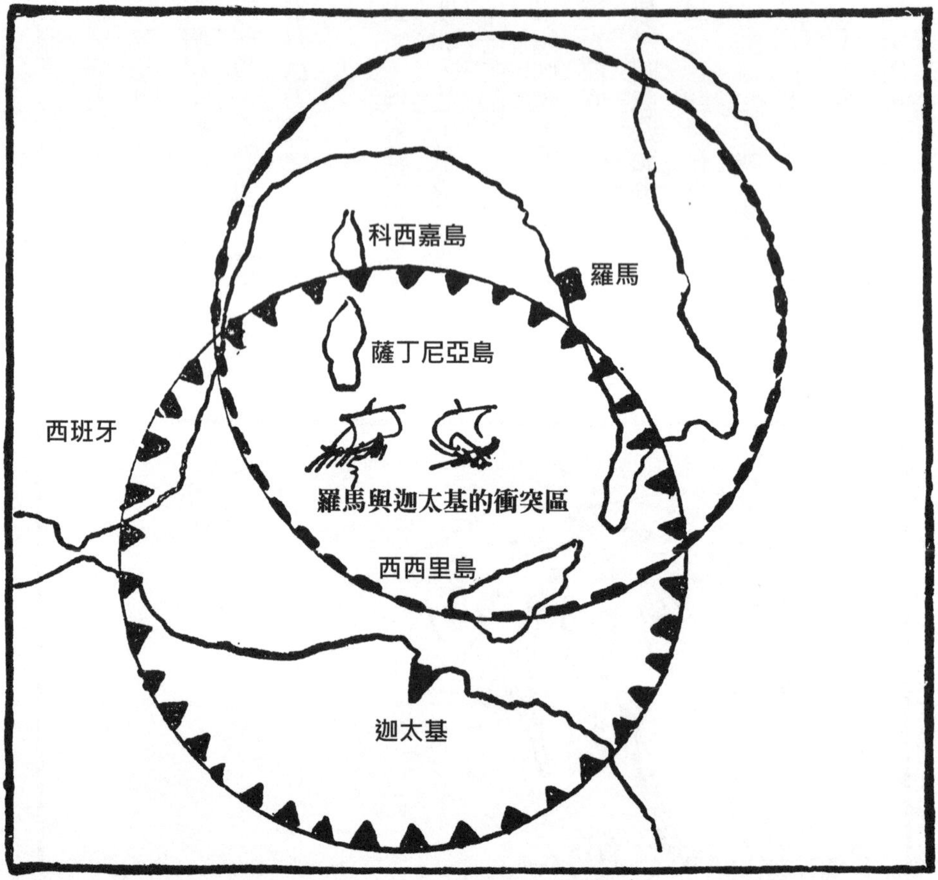

羅馬與迦太基的勢力範圍

以鍛冶，碼頭附近的工人都失業了的時候，人民就會開始抱怨，甚至要求召開公民會議，就像迦太基從前還是一座自治共和國的時代那樣。

為了避免發生那樣的事情，財閥政體必須全力發展迦太基城裡的商業活動。在最近的五百多年裡，他們做得相當成功，直到義大利西岸傳來了令人不安的消息。據說，鄰近台伯河的某個小村莊突然崛起成為強權，住在義大利半島中部的拉丁民族全都願意接受這個小村莊的領導。這個村莊叫作羅馬，正打算建造船隻，分食西西里島與法國南海岸的的商業利益。

迦太基人當然不可能允許競爭者出現，他們必須摧毀眼前的年輕對手，否則就會失去地中海西側的絕對統治地位。他們仔細調查這個傳言，終於弄清楚了大致的事實。

長久以來，進步的文明並沒有擴展到義大利半島的西岸地區。希臘所有的良港都面向東方，希臘人看著愛琴海上諸島嶼熱絡的商業活動，共享這片文明榮景，而義大利半島西海岸卻沒有什麼景象值得一看，只有地中海孤寂的海浪。那是一片荒蕪之地，外國商人幾乎不曾造訪，當地人也因而得以獨自在那些山丘和溼地上過自己的生活。

他們首次遭受的嚴重入侵來自北方。不知道是什麼時候，一群印歐部族找到了翻越阿爾卑斯山脈的路徑，一路朝南方挺進，直到這個形狀像馬靴的半島上到處都散布著印歐人聚落。我們對於這些早期的義大利征服者一無所知，他們沒有像荷馬這樣的同胞可以寫下歌頌榮耀的史詩。關於羅馬的起源，他們只有神話故事而沒有可信的史實，而且要等到八百年後，羅馬已經從小村莊發展成帝國中心都城了，才創造出那些神話。這個故事其實很有趣，說的是羅慕路斯（Romulus）與雷穆斯（Remus）兩兄弟彼此爭鬥的過程（但我一直記不起來究竟是誰先動手的）。不過，羅馬的起源實際上相當平淡

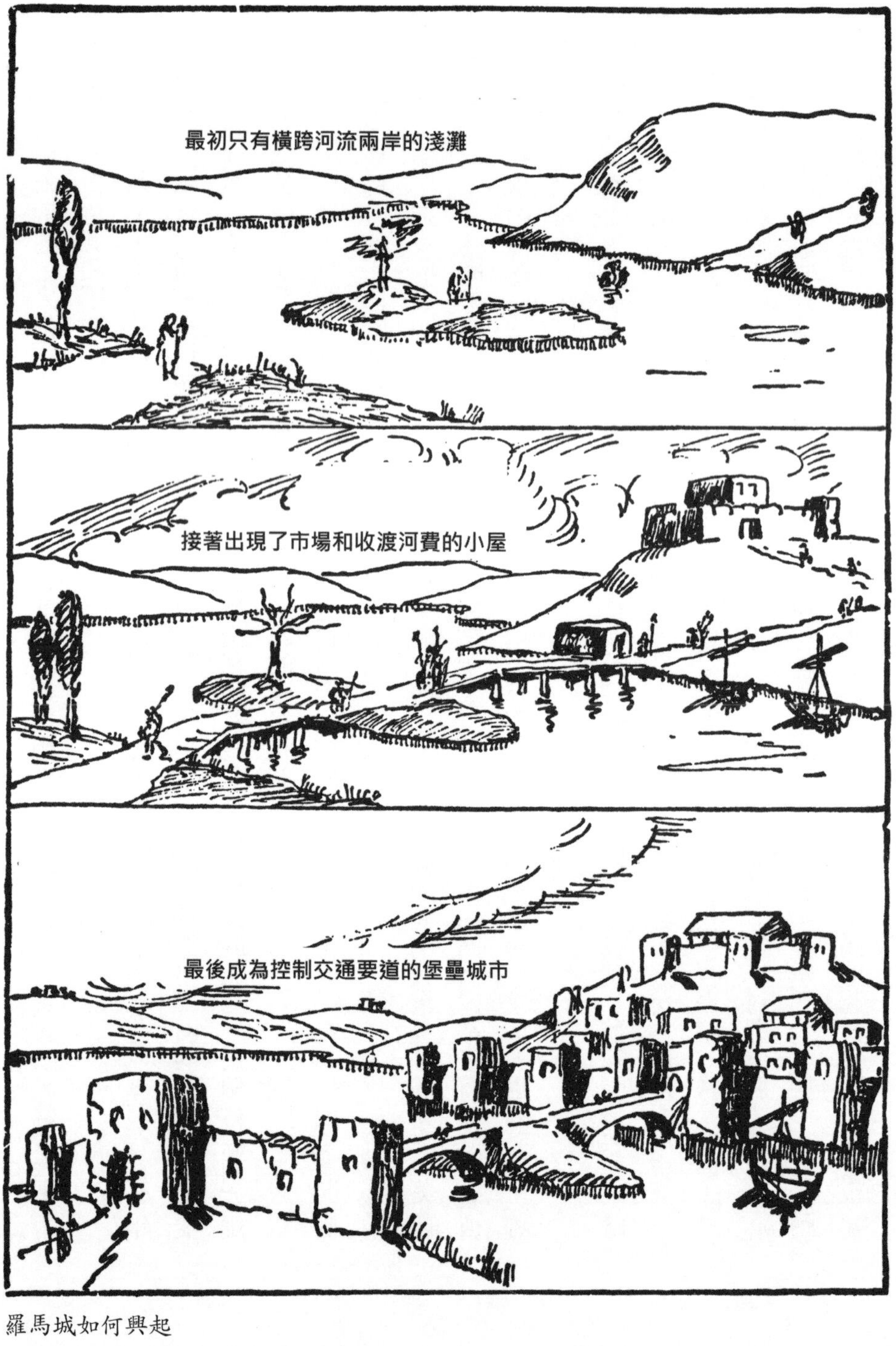
最初只有橫跨河流兩岸的淺灘
接著出現了市場和收渡河費的小屋
最後成為控制交通要道的堡壘城市

羅馬城如何興起

無奇，羅馬就像其他幾千個城市一樣，由於交通便利，一開始只是人們在此交易貨物、討價還價的地方。它位於義大利中部平原的核心地帶，有台伯河可以直達海洋，這條河全年不會結冰，剛好可以作為連結半島南北兩半部的道路樞紐。台伯河岸有七座小山丘，可以作為當地居民的安全屏障，用來抵抗來自附近高山地區或是遠方海濱的敵人。

住在高山上的敵人叫作薩賓人（Sabines），非常粗野，整天想著搶奪別人的財物。但是薩賓人也非常落後，他們使用的石斧和木盾，完全無法對抗羅馬人手中的鋼劍。相較而言，來自海濱的伊特魯里亞人（Etruscans）就危險多了。伊特魯里亞人是歷史上最神祕的民族之一（迄今仍然如此），沒有人知道他們從哪裡來？原本是什麼人？為什麼離開原本的家鄉？我們在義大利的海濱地區找到許多伊特魯里亞人的聚落遺址、墓園和水利設施。他們留下不少銘文，但沒有人能破解，直到目前為止，他們留下的文字還只是讓人深感困擾、無法解讀的圖形。

我們推測最有可能的情況是這樣的：伊特魯里亞人來自小亞細亞，一場慘烈的戰爭或瘟疫迫使他們離開，到處尋找新家。無論伊特魯里亞人為何來到義大利半島，都對歷史產生了重大的影響。他們把古文明的種子從東方帶到西方，讓源於北方地區的羅馬人學會了各種文明基礎知識，包括房屋建築、道路鋪設、戰鬥、藝術、烹飪、醫藥與占星學。

一如希臘人不喜歡他們那些愛琴海人老師，羅馬人也憎恨這些伊特魯里亞人老師。當希臘商人發現義大利的商機，率領第一批船隊到來時，羅馬人立刻掌握住機會趕走了伊特魯里亞人。希臘人原本只是要來做生意，卻發現這些住在羅馬鄉間的部族（也就是所謂的拉丁人）相當願意學習有實用價值的事物，於是留下來擔任他們的導師。這些部族立刻了解到書寫字母可以帶來的巨大好處，便模仿希臘字母創造出拉丁文。羅馬人也明白，使用統一規範的貨幣和度量衡系統可以創造巨大的商業優勢。最後，羅馬人將希臘文明從表面到精髓完完整整地學起來了。

羅馬人甚至歡迎希臘人敬拜的神祇進入自己國家，宙斯被帶到羅馬之後改名為「朱比特」（Jupiter），其他希臘神祇也是如此。但是，羅馬神祇可不像希臘親戚那樣歡樂，希臘神祇只需陪伴著自己的凡人後裔愉快地走過生命與歷史，而羅馬神祇則必須掌管國家運作，每一位神祇都有自己負責的部門，祂們擁有無比的智慧，行事穩重，正義感強烈；相對的，祂們要求羅馬人完全順服，而羅馬人也一點都不敢怠慢地崇奉祂們。古時候的希臘人與奧林匹斯山上的神祇之間，建立了真摯的情感和迷人的友誼，而羅馬人和他們的神祇之間從來都不是這樣的。

羅馬人沒有模仿希臘的政體制度，但是，由於他們與希臘人一樣系出印歐民族，羅馬早期的歷史確實與雅典或其他希臘城邦很類似。因此，他們很輕鬆地就擺脫了源於古代部落酋長制度的國王體制，廢除國王體制之後，羅馬人不得不馬上想出辦法來限制貴族的政治力量，他們花了好幾個世紀才建立一套體系，讓所有羅馬自由公民都有機會參與城鎮的公共事務。

自此以後，羅馬人擁有希臘人所無的另一種優勢，不需要曠日耗時爭辯不休就能處理國家事務。他們不像希臘人那樣長於想像，但是喜歡以行動代替空談。他們非常了解「群眾」（multitude，即拉丁文中的*plebs*，這是自由公民的總稱）的特性，因此不願意將時間耗在永無止盡的討論上。羅馬人將管理城市運作的實際任務交到兩位執政官手中，另外設置了「元老院」（Senate，由一群年長者組成的議會，拉丁文的*senex*意指老年人）協助兩位執政官施政。基於羅馬的習慣以及各種實務上有利的考量，參議員是從貴族當中選出的，但他們的權力還是會受到嚴格的控制。

貧富衝突的問題曾經迫使希臘人採用了德拉古與梭倫所制訂的法律，羅馬也遭遇過相同的問題。羅馬的那次貧富衝突發生在西元前第五世紀，結果讓自由人得到了一部成文法典，設立了「護民官」制度，保護平民免於被全由貴族出任的法官侵犯。護民官是從自由人當中投票選出的城市長官，有權保護任何公民免於遭受政府不公正的侵犯。執政官可以判處死刑，但如果沒有絕對充分的證據，護民官得以干預這項判決，挽救那名可憐羅馬人的生命。

但是，當我提到「羅馬」的時候，聽起來只是在談那座只有幾千位居民的小城市，事實上，羅馬真正的力量蘊藏在城牆之外的廣大地區。在人類歷史的早期階段，羅馬早已經藉由管理城外的領土，展現出作為殖民強權的驚人天賦了。

在早期，羅馬是義大利中部唯一固若金湯的堡壘，也一直樂於向其他遭受危難的拉丁部族伸出援手。拉丁部族發現，與這位有力的羅馬朋友保持緊密關係，可以帶來相當的好處。因此，他們紛紛設法與羅馬結成攻守同盟。當其他民族來到義大利半島時——例如埃及人、巴比倫人、腓尼基人、甚至是希臘人——都堅持將這些拉丁部族視為「野蠻人」，要他們簽訂臣屬條約。但羅馬人的做法不一樣，他們願意提供「外邦人」一個機會，成為這個「共和國」或「共同體」的一員。

「你想加入我們？」羅馬人說：「很好，來吧，加入我們。我們會待你如擁有充分權利的羅馬公民。為了回報這個好處，只要有需要，你必須為我們的城市而戰。因為羅馬是我們的共同母親。」

外邦人非常感謝羅馬人的慷慨，也報以堅定不渝的忠誠。

無論何時，當希臘人的城市遭到攻擊時，住在城裡的外國人就會竭盡所能地逃走。因為他們只是暫時住在這裡，唯有按時繳清稅款或其他費用，希臘人才容許他們留下來，所以，哪有協助保護希臘城市的必要呢？相較之下，當敵人兵臨羅馬城下，所有的拉丁人都會趕來防禦，因為他們「共同的母親」面臨了重大危機。即使這些人住在一百英里以外的地方，從來沒有親眼看過這座神聖山丘上的城牆，都還是將羅馬視為自己的「家園」，沒有什麼挫折與災難能夠改變這份忠誠。西元前四世紀初，高盧人進軍義大利。他們打敗了阿利亞河（the River Allia）附近的羅馬軍隊，步步進逼，高盧人成功占領羅馬城之後，滿心期待羅馬人會前來求和。高盧人等待著，但什麼事情都沒有發生，沒過多久，高盧人發現自己被許多懷有敵意的人包圍，無法取得物資補給。七個月之後，飢餓迫使高盧人撤軍。這次勝利可說是受惠於羅馬對外邦人的「平等待遇」政策，讓他們變得前所未有的強悍。

前面這段關於羅馬早期歷史的概述，可以讓你理解，羅馬健全的國家理念與迦太基城所體現的古代世界之間，究竟有什麼樣的差別。羅馬人非常重視「平等公民」彼此之間快樂而誠摯的合作關係；迦太基人則依循埃及與西亞的典範，堅決要求「被統治者」必須無條件臣服（因此是心不甘情不願的）。當這個方法失效時，迦太基人就聘請傭兵來替自己打仗。

你現在可以明白為什麼迦太基人必須害怕羅馬這個聰明又強大的敵人，也理解迦太基的統治集團為什麼想要挑起戰爭，趁著為時不晚，趕緊摧毀危險的對手。

不過，迦太基人身為優秀的商人，深明凡事不能操之過急。他們向羅馬人提議，在地圖上以雙方城市為中心畫出圓形的「勢力範圍」，承諾彼此互不侵犯。他們迅速達成協議，但這份協議也瞬間瓦解。因為西西里島上的土壤相當肥沃，但政治上一片混亂，彷彿在向外國勢力招手，歡迎他們的入侵，羅馬與迦太基都認為自己應該派兵前往西西里島。

這場戰爭持續了二十四年，史稱第一次迦太基戰爭。最初的戰鬥發生在海面上，經驗豐富的迦太基海軍似乎能擊潰才剛建立不久的羅馬艦隊，他們依循古老的戰術，若不是猛力衝撞，就是大膽進攻側翼，破壞羅馬海軍的船槳，再用弓箭與火球殺死無處可逃的士兵。但是，羅馬工程師發明了新的船艦，配備了接舷吊橋，讓羅馬戰士直接衝進敵人的船裡進攻，迦太基瞬間失去了優勢。在米拉戰役中，迦太基軍隊慘敗，被迫求和，西西里島也變成了羅馬的領土。

二十三年後，兩國又產生新的爭執。為了銅礦，羅馬軍隊占領了薩丁尼亞島；為了白銀，迦太基人取得了西班牙南部的所有土地。這麼一來，兩國勢力彼此相鄰，羅馬人很不喜歡這種狀況，於是派出軍隊翻越庇里牛斯山，監視迦太基軍隊。

兩軍第二次衝突的舞台已經準備就緒，一塊希臘殖民地變成再度開戰的藉口。迦太基人包圍了西班牙東岸的薩貢托城（Saguntum），薩貢托人向羅馬求助。一如往常，羅馬願意幫忙。元老院承諾派出拉丁軍隊協助，但遠征的準備花了一些時間。就在這段期

配備接舷吊橋的羅馬快速戰船

間，薩貢托已經被迦太基人占領並摧毀。這下完全激怒了羅馬人，元老院因而決定對迦太基開戰。他們先派出一支軍隊橫渡非洲海，登上迦太基的領土；另一支軍隊則用來牽制正在占領西班牙的迦太基軍隊，防止後者趕回去捍衛國土。這是完美的計畫，所有羅馬人都準備好要迎接一場浩大的勝利，但神的旨意卻與他們心中的期待相違背。

西元前二一八年秋天，耶穌尚未誕生，羅馬軍隊啟程離開義大利，準備進攻占領西班牙的迦太基軍隊，羅馬城裡的人每天期盼著前方傳回消息，告訴他們已經輕輕鬆鬆獲得了一場完全勝利。但是，波河平原那邊卻傳回了可怕的謠言，粗野的高山居民以顫抖的語氣述說，有幾十萬個咖啡色皮膚的人帶著奇怪的野獸——每隻都像房子一般高大——突然出現在覆滿冰雪的古格瑞安隘口。數千年前，赫克力士就是在這個地方將巨人革律翁的牛從西班牙驅趕到希臘。很快的，狼狽不堪的難民源源不絕地出現在羅馬城門前面，帶來更多詳細的訊息。哈米爾卡（Hamilcar）的兒子漢尼拔（Hannibal）率領五萬步兵、九千騎兵、三十七頭戰象，穿越了庇里牛斯山。他在隆河河岸擊敗了羅馬將領西庇阿（Scipio），率領部隊安全地翻越阿爾卑斯山，當時已是十月，道路上覆蓋著厚重的冰雪。隨後，漢尼拔的軍隊與高盧人會師，打敗另一支羅馬部隊，越過特雷比亞河，包圍了羅馬通往阿爾卑斯山周圍省分的道路中樞：北方都市普拉森提亞（Placentia）。

羅馬元老院雖然感到驚訝，但一如往常地保持冷靜與積極。他們隱瞞了前線多次戰敗的消息，派出兩隻生力軍前往阻止這些入侵者。漢尼拔成功地在特拉西美諾湖畔的狹窄道路上奇襲羅馬部隊，殺死所有軍官以及大多數的士兵。這一次，羅馬人真的感到害怕了，但元老院仍然不氣餒，組成第三支部隊，任命費邊．馬克西穆斯（Quintus Fabius Maximus）為主帥，甚至賦予他「只要能夠拯救羅馬，得以進行任何必要行動」的權力。

費邊知道自己必須步步為營，否則將會全盤皆輸。他的手下全是沒有受過完整訓練的新手，也是羅馬最後的可用之兵，完全不是百戰雄獅漢尼拔的對手。費邊決定不要正面作戰，只是一直緊緊跟隨著漢尼拔，摧毀附近所有食物和道路，攻擊人數較少的敵軍部隊。這種最令人沮喪厭煩的游擊戰術，削弱了迦太基軍隊的士氣。

但是，費邊的戰術無法滿足躲在羅馬城牆後享受安全卻心懷恐懼的人民，他們想看到「積極的作戰」，費邊必須完成一些行動，而且動作要快。此時，一名叫做瓦羅（Varro）的人，在羅馬城裡四處演講，鼓動人們的情緒，告訴大家他比年邁遲緩的「拖延者」費邊更會打仗，人民於是將他視為「英雄」，推舉他成為新的統帥。西元前二一六年，瓦羅在坎尼會戰中遭受了羅馬有史以來最慘重的挫敗，超過七萬名士兵喪生。漢尼拔因而成為整個義大利半島的主宰。

漢尼拔從半島的這一頭行軍到另外一頭，宣稱自己是「將人民從羅馬枷鎖中解放出來的救主」，要求各羅馬省分加入他的陣營，一起對羅馬作戰。不過，羅馬人的智慧再次得到了甜美的果實，除了卡普亞與敘拉古之外，所有的羅馬城市仍然保持忠誠。「救主」漢尼拔發現自己雖然想要與這些人作朋友，這些人卻不領情。他離家太遠了，也不喜歡當前的局勢，他向迦太基派出信使，要求增援物資與士兵。可惜，迦太基也無法伸出援手。

因為羅馬人那些配備接舷吊橋的船隻現在控制著海面，漢尼拔必須自己想辦法逃出險境。他不斷擊退前來攻擊的羅馬軍隊，但他的兵力也快速損失，義大利農民繼續冷漠地對待這個自稱「救主」的人。

漢尼拔率軍翻越阿爾卑斯山

經過連年勝利之後，漢尼拔終於發現自己已深陷在這個親手征服的國家裡。曾有一段時間，運氣似乎有所轉變，漢尼拔的弟弟哈斯德魯巴（Hasdrubal）在西班牙擊退了羅馬軍隊，他越過阿爾卑斯山，前來協助漢尼拔。哈斯德魯巴派出信使前往南部戰區，傳遞自己即將抵達的消息，要求漢尼拔的軍隊在台伯平原會師。不幸的是，信使全都被羅馬人逮捕了。漢尼拔徒然等候進一步的消息，直到弟弟的頭顱被砍下，放在一個籃子裡，丟在他的營帳前面，他才明白迦太基最後一支援軍的下場。

除掉哈斯德魯巴這個障礙之後，年輕將領西庇阿輕易地收復了西班牙。四年後，羅馬已經準備好，要對迦太基發動最後一波總攻擊。迦太基召回漢尼拔，他越過非洲海，想要保衛故鄉。西元前二〇二年，迦太基人在札馬之戰大敗，漢尼拔先逃到泰爾城，再從那裡前往小亞細亞，想要煽動敘利亞人與馬其頓人對抗羅馬。漢尼拔的計畫沒有成功，但他在小亞細亞各個政治勢力中的作為，卻讓羅馬人得到藉口，得以將戰線拓展到東方，去吞併愛琴海世界的大多數地區。

漢尼拔變成無家可歸的流亡者，從一個城市逃到另一個城市，最後終於明白，他多年來的雄心壯志已經到了該結束的時候了。戰爭毀滅了他摯愛的城市迦太基，迦太基人被迫與羅馬簽下一份嚴苛的和約。迦太基的海軍被解散，戰艦被鑿沉，若無羅馬人的同意，禁止他們與任何人開戰，還要永無止盡地每年向羅馬人支付巨額賠款。未來已經沒有任何希望。西元前一九〇年，漢尼拔服毒自盡。

四十年後，羅馬對迦太基發動最後一擊。這個昔日腓尼基殖民地的居民，努力抵抗新興羅馬帝國的力量長達三十年之久，最後迫於飢餓而投降。少數在圍城戰後倖存的迦太基男女被當成奴隸賣掉，迦太基被放火焚毀，商鋪、宮殿和兵工廠整整燒了兩個星期。接著，羅馬軍人惡毒地對這座焦黑的城市遺跡唸唱詛咒，才返回義大利享受勝利的果實。

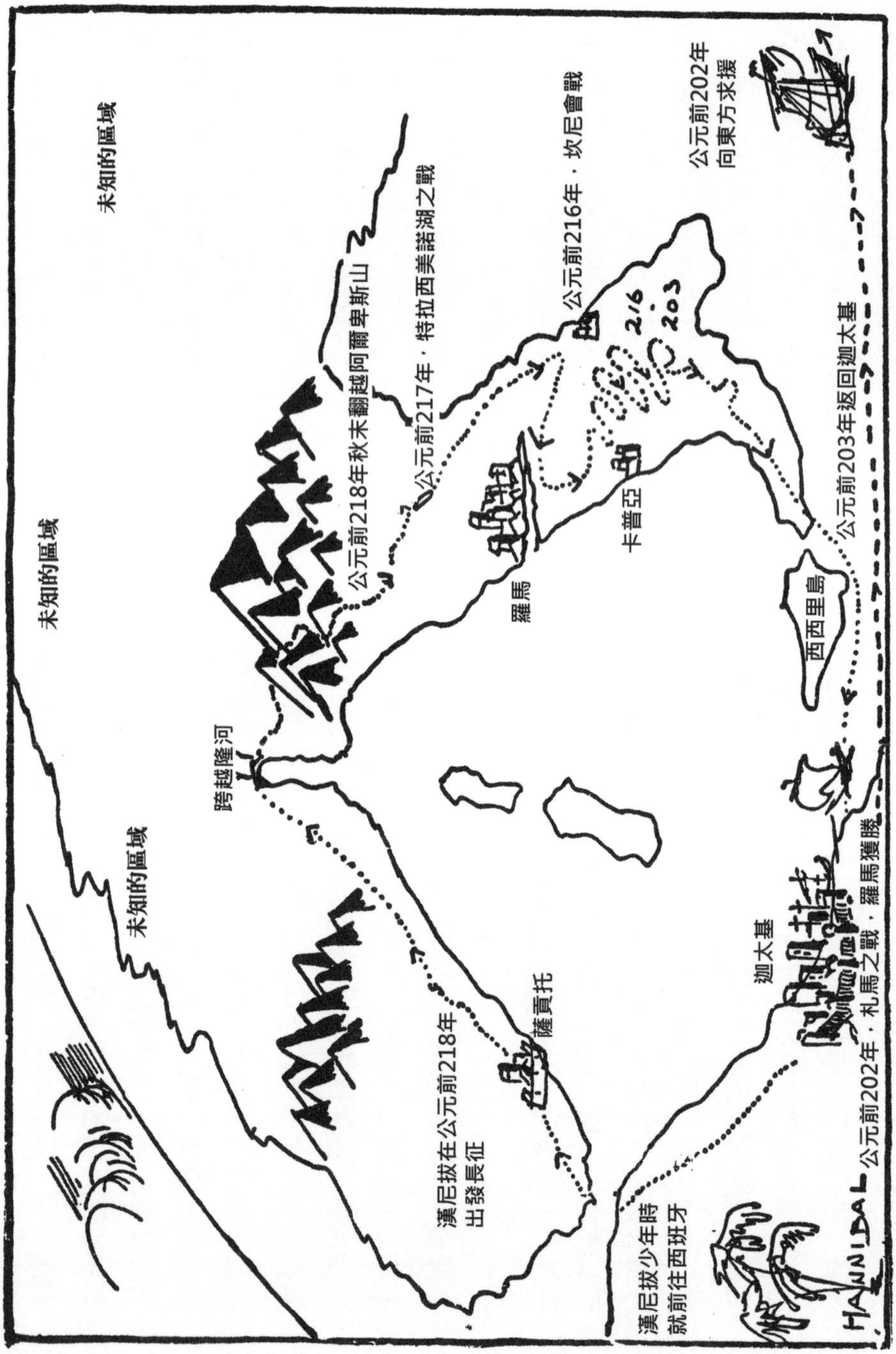

未知的區域
未知的區域
未知的區域
公元前218年秋末翻越阿爾卑斯山
公元前217年，特拉西美諾湖之戰
公元前216年，坎尼會戰
216
203
公元前202年
向東方求援
跨越隆河
羅馬
卡普亞
西西里島
公元前203年返回迦太基
漢尼拔在公元前218年
出發長征
薩貢托
迦太基
公元前202年，札馬之戰，羅馬獲勝
漢尼拔少年時
就前往西班牙
HANNIBAL

漢尼拔的長征

接下來的一千年裡，地中海一直在歐洲人支配之下。但是，當羅馬帝國毀滅之際，亞洲勢力就立刻嘗試想要再度主宰這片被陸地包圍的海洋。等我開始講述穆罕默德的故事時，你就會知道了。

漢尼拔之死

第二十三章

羅馬興起

羅馬如何成為泱泱大國？

羅馬帝國的興起是個偶然，不是人為策劃的結果。它就這麼發生了。不曾有任何有名的將領、政治家或者梟雄登高一呼：「各位朋友，羅馬人，公民們，我們必須建造一座帝國。跟隨我的腳步，並肩作戰，我們必能征服從赫克力士之門到托魯斯山脈的所有土地。」

羅馬孕育了許多著名將領以及同樣優秀的政治家與梟雄，羅馬軍隊在世界各地都打過仗，然而，羅馬帝國的誕生絕非出於預先制訂的計畫。羅馬帝國的公民都是務實的人，不喜歡談論什麼政治理念，倘若某人開始高談闊論「羅馬帝國應該向東擴展」之類的話題，羅馬公民馬上就會轉身走開。羅馬人之所以持續取得更多領土，只是情勢使然，不得不如此。羅馬人的動力不是野心或貪婪，他們的本質性格和行為表現，都很像是只想守住自己家園的農夫。不過，一旦遭受攻擊時，就必須挺身保衛自己。如果有人遠渡重洋，在遙遠的外國求得援助，堅毅的羅馬軍隊就會忍受數千里的枯燥旅程，前往遠方擊敗危險的敵人。等到戰爭結束，羅馬人會留在新的領土上進行治理，以免四處遊蕩的野蠻人占領此處，又對羅馬形成威脅。這種模式聽起來相當複雜，但在當代人眼中卻是非常單純的事情，你等下就會明白了。

西元前二〇三年，西庇阿橫越了非洲海，把戰火帶到非洲，迦太基因此召回漢尼拔，但是漢尼拔身邊的傭兵表現得很糟糕，使他在札馬附近慘敗。正如我在上一章告訴你的一樣，羅馬人要求漢尼拔投降，他逃走了，並且得到馬其頓與敘利亞國王的協助。

這兩個國家的統治者（都是亞歷山大帝國遺留的子民）當時正想遠征埃及，希望能夠瓜分富饒的尼羅河流域。埃及國王收到消息之後，便要求羅馬人前來支援，看起來一場精彩的陰謀和反擊大戲即將上演。但是，缺乏想像力的羅馬人卻在精彩的戲碼上演之前，就將它結束了。馬其頓人仍然使用希臘人從前留下的方陣兵戰術，卻被羅馬人徹底擊敗。這場戰役發生在西元前一九七年，史稱「庫諾斯克法萊戰役」。庫諾斯克法萊是一座小丘陵，位於色薩利中部，這個字的希臘文原意是指「像狗頭似的」。

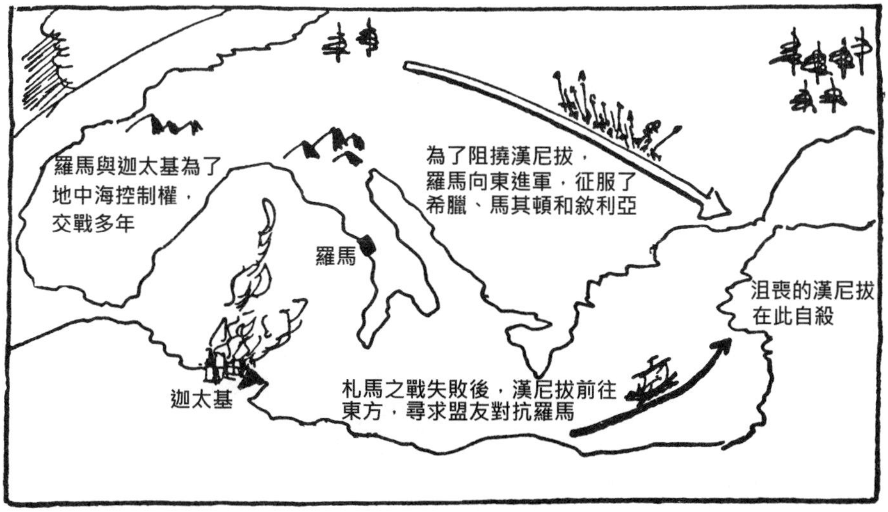
羅馬與迦太基為了
地中海控制權，
交戰多年
為了阻撓漢尼拔，
羅馬向東進軍，征服了
希臘、馬其頓和敘利亞
羅馬
沮喪的漢尼拔
在此自殺
迦太基
札馬之戰失敗後，漢尼拔前往
東方，尋求盟友對抗羅馬

羅馬如何成為泱泱大國

羅馬人隨後繼續往南進軍至阿堤卡，派出信使通知希臘人，此行的目的是「協助希臘人擺脫馬其頓人的枷鎖」。但是，在過去形同奴隸的日子裡，希臘人什麼也沒學會，竟然用最可悲的方式濫用新得到的自由；所有這些小城邦又開始爭吵，就像過去的「美好」時光。羅馬人完全不能理解，也不喜歡希臘城邦之間那種愚蠢爭執，卻一直表現得很有耐心。但是，到最後，羅馬人終究對於那些無止盡的紛爭感到厭倦，再也不想忍耐，決定入侵希臘，焚燬了科林斯城邦（用以「激勵」其他希臘人），並派出一名羅馬總督駐守雅典，負責治理這個混亂騷動的省分。如此一來，馬其頓與希臘就變成了保護羅馬東方邊境的緩衝區域。

敘利亞王國位於「希臘海」（Hellspond，也就是現代人所說的達達尼爾海峽）的右岸，當大名鼎鼎的漢尼拔將軍來到這裡時，

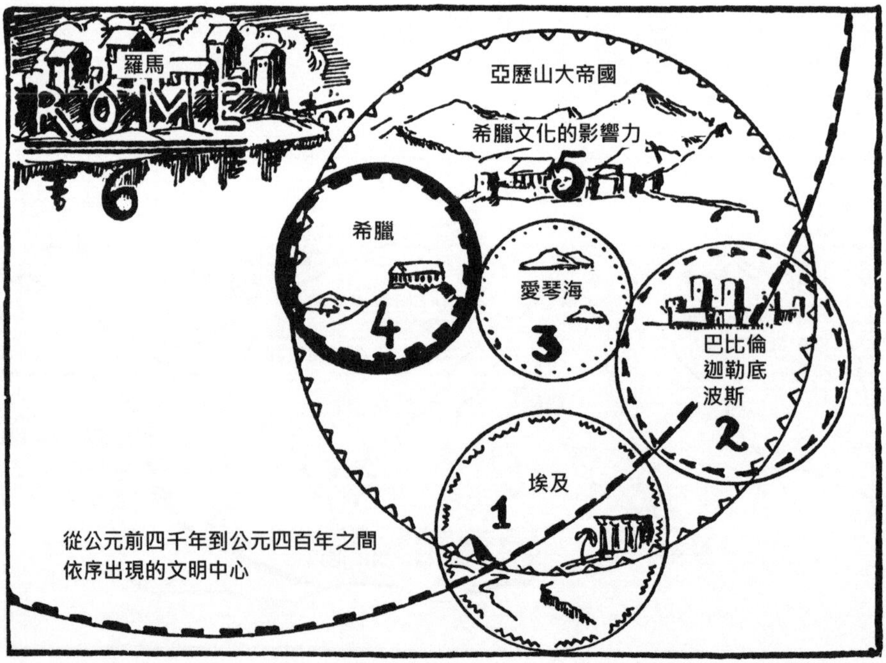

文明向西方擴展

這片廣大土地的統治者是安條克三世（Antiochus III）。漢尼拔向他說明入侵義大利並且毀滅羅馬城是多麼簡單的一件事情，安條克三世對此很感興趣。

西庇阿是在札馬戰役擊敗漢尼拔與其迦太基軍隊的勇猛鬥士，他的兄弟叫做魯修斯．西庇阿（Lucius Scipio）。羅馬人派魯修斯前往小亞細亞。西元前一九〇年，魯修斯在馬格尼西亞城附近打敗敘利亞軍隊。不久之後，敘利亞人民處決了安條克三世。小亞細亞變成羅馬的領地，羅馬從一個小小的城市共和國開始，主宰了地中海地區絕大多數的土地。

第二十四章 羅馬帝國

羅馬共和國經過幾個世紀的動盪與革命之後，終於成為羅馬帝國。

當羅馬軍隊從一連串勝利中凱旋歸來時，迎接他們的是熱烈的慶典和狂歡，不幸的是，突如其來的成就並沒有讓整個國家的所有人感到快樂；相反的，無止盡的戰爭已經毀掉了農民，為了打造帝國大業，他們被迫付出得太多。戰爭也讓獲勝的將領和他們的私人親信擁有太多的權力，這些人也趁著戰爭的機會攫取了太多個人利益。

古老的羅馬共和國以簡樸的生活風格為傲，當時的名人也是如此；新的羅馬共和國卻恥於遵循祖先們簡樸的原則，反而開始追求奢華的享受。現在的羅馬共和國變成了一個由富人統治、為富人存在、替富人謀取更多利益的國度。這樣的國家，注定要走上災難般的失敗，現在，就讓我向你說個清楚。

羅馬只用了不到一百五十年的時間，已經成為地中海周邊所有土地的主人。在這段早期的歷史中，戰敗被俘的人會失去自由成為奴隸，羅馬人看待戰爭是非常嚴肅的，對於戰敗的敵人沒有任何慈悲心。迦太基被毀之後，女人、小孩和他們的奴隸都一起綑起來賣給羅馬人。如果希臘、馬其頓、西班牙與敘利亞那群頑強的居民膽敢反抗羅馬，也會淪為同樣的下場。

兩千年前，奴隸像是機器上的零件。現代的有錢人會把錢投資在工廠上，羅馬的有錢人（例如元老院成員、將領還有發戰爭財的人）則是把錢投資在土地與奴隸身上。他們去到新近征服的地區，或用錢買，或者直接占領土地，也會在最便宜的公開市場上購買奴隸。在西元前二、三世紀，奴隸的數量非常多，因此，大地主毫無忌憚地操勞奴隸，直到奴隸累得倒斃在路旁，他就去最近的市場討價還價，再買一些剛到貨的柯林斯人或迦太基人奴隸。

現在，睜大眼睛看看新自由農民的命運吧！

農民被徵召入伍作戰，他完成了對羅馬共和國的義務，沒有一句怨言。但是，經過十年、十五年、二十年的戰爭後，農民回到家，卻發現他的田地上雜草叢生，家庭也支離破碎。這個堅強的男人打算重新開始生活，他整地除草，播下種子，等待收成，然後他把穀物與家禽帶去市場，卻發現擁有奴隸的大地主可以用低價出售各種貨品，斷了他的生路。他繼續努力奮鬥了幾年，最後只能絕望放棄，他離開鄉村，前往鄰近的城市謀生。他在那座城市同樣吃不飽，但是，這裡還有許多跟他一樣不幸的人。他們找不到工作，整天窩在大城市邊緣的骯髒小屋裡，身體虛弱，抵抗力差，容易死於可怕的傳染病。他們內心深處滿是牢騷，大家都曾替羅馬奮戰，最後卻得到這種「獎勵」。他們喜歡聆聽充滿煽動性的演說，那些演說家就像飢餓的禿鷹一樣，總是在不滿的群眾附近盤旋。很快的，滿腹怨恨的貧民們成為羅馬的嚴重威脅。

但是，對於這樣的情況，新興的富裕階級卻只是聳肩以對。「羅馬有軍隊與警察。」他們說：

羅馬

「這些暴民沒辦法作亂的。」有錢人躲在豪宅的高牆後面，費心照料自己的花園，讀著荷馬的詩，那些詩原本是希臘文，是一名來自希臘的奴隸，替他們翻譯成優美的拉丁文。

仍然有少數幾個羅馬家族延續著為國家犧牲奉獻的古老美德。西庇阿的女兒科內莉亞（Cornelia）嫁給了羅馬人格拉古（Gracchus），生下兩個兒子，分別是提比略（Tiberius）以及蓋約（Gaius）。兩個孩子長大成人之後進入政治圈，想要發起一場迫切的改革。經過可信的調查之後得知，義大利半島絕大多數土地都掌握在兩千戶左右的貴族手上。提比略獲選為執政官之後，想要改變幫助羅馬的自由人，重新實施了兩個古代律法，限制單一羅馬公民能夠擁有的土地數量，希望藉此復興古老的獨立小農階級所具備的價值。新興的富人階級責罵提比略是搶匪與國家之敵，在街上發起抗爭。一群暴徒受雇謀殺這名極受愛戴的執政官，當提比略正要進入議會時，被這群人活活打死。十年之後，提比略的兄弟蓋約想要抵抗坐擁特權的有錢階級，發起一場革命實驗。他通過《貧民法》，希望能夠幫助貧困的農民。到最後，這項改革卻使大多數羅馬公民淪為職業乞丐。

蓋約在羅馬帝國的偏遠地區替貧窮的公民建造居留地，那些需要照顧的人卻對此毫無興趣，就在犯下更多錯誤之前，蓋約也被謀殺了，而他的追隨者如果不是被殺死，就是被流放。羅馬帝國的前兩位改革者都是貴族出身的教養者，但隨後出現的另外兩位改革者，卻是完全不同的類型，他們是職業軍人。第一位的大名是馬略（Marius），第二位則是蘇拉（Sulla），都擁有相當多的支持者。

蘇拉是地主階級的領袖，馬略則是阿爾卑斯山腳下那場大戰的勝利者，他帶領羅馬人痛擊條頓人與辛布萊人（Cimbri）。在那些戰後失意的羅馬自由人當中，馬略是相當受歡迎的英雄。

西元前八十八年，一些來自亞洲的謠言令羅馬元老院相當緊張。據說，黑海之濱有個本都國，國王米特里達梯（Mithridates）的母系血統來自希臘，而他想要建立第二個亞歷山大帝國。米特里達梯這場征服世界的戰爭，以屠殺小亞細亞地區的羅馬公民為序幕，這種行動當然招來了戰爭。羅馬元老院整備了一支軍隊要去懲罰他的罪行，但誰應該負責帶領這隻軍隊呢？「應該是蘇拉。」元老院做了這個決定：「因為他是現任的執政官。」但群眾支持馬略：「他曾經五度擔任執政官，而且是保衛羅馬公民權利的戰士。」

在法律上，現任的占有優勢。因此，蘇拉成為軍隊的指揮官，他指揮大軍東進征討米特里達梯。馬略爭權失敗後，先逃往非洲，直到聽聞蘇拉越海抵達亞洲之後，就回到義大利，聚集一幫龍蛇混雜的反叛分子攻入羅馬，花了五天五夜殺光元老院中的敵人，讓自己獲選為執政官。然而，馬略卻在長達兩週的狂歡之後，因為過於興奮而撒手人寰。

於是羅馬陷入四年的混亂狀態。蘇拉擊敗米特里達梯之後，宣布自己準備回到羅馬清算之前的舊帳。蘇拉是一個說到做到的人，好幾個星期以來，蘇拉的士兵忙於處決那些疑似支持對方陣營的羅馬公民。某天，他們抓住了一個經常跟馬略走在一起的年輕人，正要吊死此人時，卻有人出面制止：「這個男孩太年輕了。」於是蘇拉的士兵放過這個男孩。他的名字叫做凱撒，你將在下一章再次聽到他的故事。

至於蘇拉，他成為羅馬的「獨裁官」，意指羅馬所有事物的唯一至高統治者。統治羅馬四年之後，蘇拉安詳地在自己的床鋪上辭世。在生命的最後一年中，蘇拉費心溫柔地照顧甘藍菜，許多一輩子都在屠殺同胞的羅馬人，晚年都非常喜歡種植甘藍菜。

羅馬的整體局勢並未因此變得更好，反而益形惡化。蘇拉的密友，格奈烏斯·龐培（Gnæus

Pompeius; Pompey）將軍再度出兵東征，向不時就引起麻煩的米特里達梯開戰。滿懷雄心壯志的米特里達梯被龐培追到深山裡，他想到成為羅馬俘虜之後會有什麼悲慘的命運，於是服毒自殺。隨後，龐培收復敘利亞，重新納為羅馬的行省，接著摧毀了耶路撒冷。他率領羅馬軍隊掃蕩西亞地區，試圖重現亞歷山大大帝的神話。最後，龐培在六十二歲時回到羅馬，十幾艘船艦載滿了他擊敗的各國國王、王儲以及軍事將領，他們被當成戰利品，被迫參加迎接龐培的勝利遊行，這時他已經是全民英雄了。龐培向羅馬獻上了四千萬元，這是他從戰爭中搜刮而來的金錢。

局勢所需，當時的羅馬必須把行政權力交到一個強而有力的人身上。不過幾個月之前，羅馬這個城市差點落入一無是處的年輕貴族喀提林（Catiline）手上。喀提林好賭，輸光了所有的錢，因此企圖發動一場政變來大撈一筆。一位熱心於公眾事務的律師西賽羅（Cicero）發現了喀提林的陰謀，向羅馬元老院發出警告，迫使喀提林逃亡，但當時還有其他年輕人也有這種念頭，羅馬危機四伏，不能不有所行動了。

於是，戰功彪炳的龐培出面組成了三人執政團，由他擔任首席。凱撒在擔任西班牙執政官時累積了許多名聲，因此坐上了第二把交椅。第三位成員叫做克拉蘇（Crassus），他本來是完全不重要的人，之所以能夠名列執政團隊，只是因為他一直都是羅馬的戰爭補給供應商，所以累積了相當可觀的財富。克拉蘇掌權不久之後被派去遠征帕提亞（Parthian），在那裡戰死了。

三人中最有才能的凱撒，認為自己還需要贏得一些漂亮的戰功，才能成為羅馬公民的英雄。他橫越阿爾卑斯山，征服了那片現在被稱為法國的地方。隨後，凱撒建造一座堅固的木橋，越過萊茵河，攻入野蠻條頓人的領土。最後，凱撒組織了一支艦隊，渡海造訪英格蘭地區，如果凱撒沒有因為某個原因被迫回到義大利，只有上天才知道他的征戰究竟會在哪裡結束。當時，凱撒得知龐培被任命為「終身獨裁官」，換句話說，凱撒只能是「退休官員」了，他不喜歡這件事情。凱撒還記得自己的政治生涯一開始是馬略的追隨者，於是，凱撒決定回到羅馬，讓那些元老院成員以及他們的「獨裁官」好好學一課。凱撒率軍行經分隔高盧和義大利的盧比孔河向羅馬前進，由於大家都視他為「人民的朋友」來歡迎他，因此他沒遇到什麼阻礙就打進了羅馬，龐培因此逃到希臘。凱撒繼續追擊，在法薩盧斯附近打敗了龐培的黨羽。龐培渡過地中海，打算逃到埃及。龐培在埃及上岸時，年輕的埃及國王托勒密（Ptolemy）下命暗殺他，龐培就此喪命。幾天之後，凱撒抵達埃及，發現自己落入陷阱當中，埃及人與仍然效忠龐培的羅馬軍隊聯手攻擊了凱撒的營地。

不過凱撒非常幸運，他成功放火焚燬埃及的船隊，船上的火星意外地蔓延到著名的亞歷山大

凱撒西征

圖書館（剛好位於岸邊），結果使它化為灰燼。隨後，凱撒攻擊埃及的地面部隊，把埃及士兵逼進尼羅河，托勒密也落水身亡。凱撒讓托勒密的姐姐克里奧佩脫拉（Cleopatra）繼位，組成新的埃及政府。此時，凱撒收到消息，米特里達梯的兒子法爾奈克（Pharnaces）已經出兵，要為自殺的父親報仇。凱撒揮軍向北，用五天時間打敗法爾奈克，然後用一句著名的句子向羅馬通報他的勝利：「veni, vidi, vici。」意思是「我來、我見、我征服」。凱撒旋即回到埃及，無可救藥地愛上了克麗奧佩脫拉。西元前四十六年，克麗奧佩脫拉隨凱撒回到羅馬接掌政權。由於他贏得四場戰役，因此有資格舉辦四場凱旋遊行，他每次都志得意滿地走在隊伍前面接受歡呼。

接著，凱撒來到元老院報告自己的冒險旅程，滿心感激的元老院決定任命凱撒為獨裁官，為期十年。這是致命的第一步。

新上任的獨裁官凱撒開始推動許多劇烈的改革。他讓自由人擁有成為元老院成員的資格，也比照羅馬政府早期的方式，同意邊遠行省的人民可以擁有與羅馬公民相同的權利。此外，凱撒也允許外國人成為政府官員，同時對邊遠行省的政府進行了改革，但某些權貴家族早就把那些地方的統治權視為私有財產。簡單地說，凱撒作了許多事情，目的都是讓更多羅馬人過得更好，卻得罪了國內最有權勢的那些人。五十名左右的年輕貴族謀劃一場陰謀，打算「拯救羅馬共和國」。在三月十五日（按照凱撒從埃及帶回來的新曆法）那天，凱撒走進元老院時，眾人一擁而上將他刺死。羅馬再度群龍無首。

當時有兩個人嘗試延續凱撒留下的榮耀。第一個人是安東尼（Antony），他是凱撒過去的心腹，另外一個人則是屋大維（Octavian），凱撒的姪孫與繼承人。屋大維留在羅馬，安東尼則前往埃及，

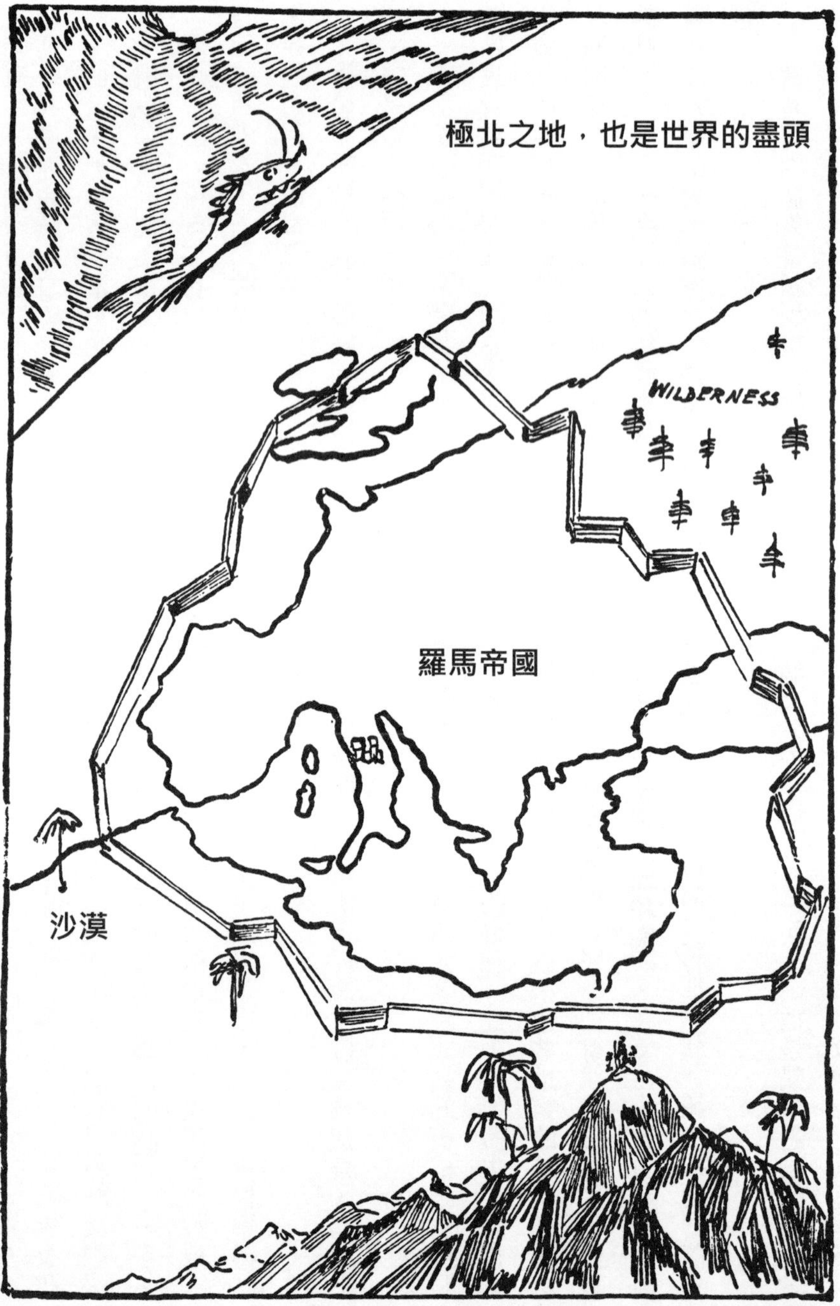
極北之地，也是世界的盡頭
WILDERNESS
羅馬帝國
沙漠

羅馬大帝國

結果愛上了克麗奧佩脫拉，臣服於美女裙下似乎是羅馬將領的習慣。

屋大維與安東尼之間終究還是引燃了戰火。在亞克興角（Actium）之戰，屋大維擊敗安東尼，他選擇了自殺，留下克麗奧佩脫拉獨自面對敵人。克麗奧佩脫拉用盡一切方法，想讓屋大維成為第三位愛上自己的羅馬將軍，但她發現自己無法讓這位驕傲的羅馬貴族動心時，也決定自殺，埃及就此成為羅馬的領土。

屋大維雖然年輕，卻非常有智慧，沒有重蹈凱撒的覆轍。他知道禍從口出，因此回到羅馬時謹言慎行，相當謙遜。他不願成為獨裁官，只需要一個「可敬之人」的稱呼就夠了。然而，幾年之後，元老院任命屋大維成為「奧古斯都」（Augustus）——這個字的意思是「卓越輝煌」——他沒有拒絕。再過了幾年，街上的人也稱呼屋大維是「凱撒」，向來視屋大維為總司令的羅馬軍人則稱他為「領袖」，拉丁文寫成「imperator」。羅馬共和國終於變成了帝國，一般的公民卻還沒有察覺這個事實。

西元十四年，屋大維已成為無可動搖的羅馬絕對統治者，他受到神一樣的崇拜。屋大維的繼任者也變成真正的皇帝（emperor）——全世界最偉大帝國的絕對統治者。

事實上，羅馬公民早已非常厭倦混亂失序與無政府的狀態，他們不在乎統治者是誰，只要這個人能讓自己安寧過活，不需擔心街上的暴動就好。屋大維鞏固了羅馬和平長達四十年，不想對外擴張領土。西元九年那次是唯一的例外，當時屋大維計畫攻打條頓人居住的北方荒原，但是派去的將領瓦魯斯（Varus）在條頓森林敗北，連同他自己在內，所有士兵全都遭到殺害。自此之後，羅馬再也不曾嘗試馴化這些蠻族。

羅馬開始專注於解決國內的重大問題，但為時已晚。長達兩百年來的革命與戰爭，一再折損年輕世代最優秀的人才，也毀滅了自由農民階級。羅馬富人習慣於使用奴隸勞工，自由人根本沒有辦法與之競爭。城市變成大蜂窩，住滿了因破產而流離失所的農民，又窮又病。羅馬也創造了太過龐大的官僚體系——小官員的薪水很少，為了家庭的溫飽，只好被迫收受賄賂。更糟糕的是，羅馬讓人民習慣了暴力和流血，還會因為看著別人受苦而感受到一股野蠻的歡愉。

從表面上來說，西元第一世紀的羅馬是宏偉的政治體，其疆域之遼闊，就連亞歷山大帝國也只是其中一個小行省而已。但在帝國光鮮的表面下，卻住著好幾百萬的貧困人民，如同在一塊沉重巨石下建立巢穴的螞蟻一樣辛勞工作。他們的辛勞卻只是為了成就某些人的利益，自己只能在馬廄裡棲身，與田間的牲口吃同樣的粗食，最後毫無希望的死去。

羅馬建立後七百五十三年，奧古斯都屋大維搬到帕拉坦山的宮殿裡，忙碌地處理羅馬帝國的各種事務。

此時，在遙遠的敘利亞的某個小村子，木匠若瑟的妻子馬利亞正在細心照料自己的孩子，一名在伯利恆的馬槽裡誕生的小男孩。

這是一個奇怪的世界。

不久之後，宮廷與馬槽之間即將掀起一場戰役。

而馬槽之子最終取得了勝利。

第二十五章 拿撒勒的約書亞

本章主角是拿撒勒的約書亞，希臘人稱呼他為耶穌。

羅馬曆法八一五年（用現代人的曆法來說，則是西元六十二年），羅馬醫生艾斯寇拉皮斯．庫特拉斯（Æsculapius Cultellus）寫信給正在從軍的侄子：

親愛的侄子：

幾天前，我被請去照顧一位病患，他的名字是保羅，應該是具備猶太血統的羅馬公民，受過良好的教育，行為舉止相當得體。別人告訴我，他是來這裡受審的，這案件是由凱撒利亞之類某個地中海東部行省的法庭起訴的。別人說保羅是狂野粗暴的傢伙，到處發表反對羅馬人和法律的言論，但我覺得保羅是個睿智誠實的人。

有個曾經在中亞地區從軍的朋友告訴我，他曾在以弗所聽說保羅宣揚一位奇怪的新神。我問保羅此事的真偽，以及他是否曾經要求人民起義，反抗備受敬愛的羅馬皇帝。保羅告訴我，他談論的那個王國不存在這個世界上，接著又說了一些我無法理解的句子，也許那是因為他正在發燒的關係吧。

無論如何，他的為人讓我留下深刻的印象。我聽說，幾天前，他在奧斯提亞大道上遇害了，覺得非常遺憾。因此，我決定寫這封信給你。下次你到耶路撒冷時，希望可以尋找關於吾友保羅還有那位奇怪猶太先知的消息，他似乎是保羅的導師。人們口中的這位彌賽亞（救世主），讓羅馬奴隸們異常激動，其中某些人甚至因為公開談論「新王國」（無論那到底是什麼意思）而被釘死在十字架上。我想知道真相。

你親愛的舅舅　艾斯寇拉皮斯．庫特拉斯

六個星期後，庫特拉斯的姪子、高盧步兵第七軍團隊長格拉迪亞斯．恩薩（Gladius Ensa）回信寫道：

親愛的舅舅：

我已經收到您的來信，遵照您的指示去了解狀況。

兩個星期前，我們的軍隊被派到耶路撒冷。上個世紀，這裡發生許多革命，老舊的城市已經沒有剩下什麼東西了。我們在此停留將近一個月，明天就會啟程去佩特拉，處理當地阿拉伯部族惹出的麻煩事。因此，我決定在今晚寫信給您，但請別期待我能做出非常詳細的報告。

我與耶路撒冷大多數的老人談過，但很少人可以告訴我詳細的資訊。幾天以前，一名小販來到軍營。我向他買了一些橄欖，順便詢問他是否聽說過那位很年輕時就死去、有名的彌賽亞。小販說他記得非常清楚，因為他的父親曾帶他到耶路撒冷近郊的各各他山丘（Golgotha，又名「骷髏地」）觀看那個人受刑的過程，讓這位小販明白，如果與猶太人和律法為敵，究竟會落得何種下場。小販隨後給我一個住址，能夠找到一名叫做約瑟的人，他曾是彌賽亞的朋友。小販說，如果我想要知道更多事情，最好親自去拜訪約瑟。

今天早上我拜訪約瑟。他是相當安靜的老人，曾在淡水湖泊捕魚維生。老人的記憶仍然清晰，從他身上，我了解了自己出生前那段紛亂歲月裡，究竟發生了什麼事情。

當時，偉大而光榮的羅馬皇帝提比略仍然在位，而負責治理猶太省與撒馬利亞省的官員叫做龐提烏斯·彼拉多（Pontius Pilatus）。約瑟不太知道關於彼拉多的事情。但彼拉多似乎是一名相當正直的官員，在擔任總督期間累積了還不錯的名聲。羅馬曆七八三年或七八四年左右（約瑟已經記不得確切的年份），彼拉多被召去耶路撒冷處理一樁騷動事件。一位年輕人，拿撒勒的木匠之子，被指控謀畫反羅馬政府的革命。奇怪的是，我國聰明的情報官員們向來消息非常靈通，卻對此一無所知。他們調查相關事實時，卻得知這名木匠是一位良善的羅馬公民，根本沒有理由控告他。根據約瑟的說法，作風老派的猶太教領導者對此非常不滿，他們討厭這位年輕人深受希伯來窮人的歡迎。他們告訴彼拉多，年輕的「拿撒勒人」公開說過，無論你是希臘人、羅馬人、甚至菲利斯人，只要努力過著正直本分的生活，就和鎮日研讀古代摩西律法的猶太人是一樣高貴的人。彼拉多似乎沒有把這種說法放在心上。群眾包圍神殿，要求處死耶穌與其追隨者，為了他的安全起見，於是彼拉多決定將這名木匠關在牢裡。

彼拉多似乎不了解這場爭議的本質。彼拉多要求猶太祭司講出心中的不滿，後者總是激動萬分地嚷嚷著「異端」與「叛國」。約瑟告訴我，彼拉多最後決定親自審問這名叫做約書亞的年輕人。約書亞是他的拿撒勒名字，住在那裡的希臘人稱呼他為耶穌。彼拉多與約書亞談了好幾個小時。他問耶穌究竟在加利利海岸向人宣揚哪些「危險的教條」？但耶穌說自己從來沒有談論過政治。比起人類的肉身，他更關心靈魂。耶穌希望所有人都能愛鄰如手足，崇拜唯一的神，因為祂是所有生靈的父親。

彼拉多熟讀斯多葛學派與其他希臘哲學家的理論，並不認為耶穌的言論中帶有任何危險的特質。根據約瑟的說法，彼拉多隨即再度嘗試挽救這名善良先知的生命。他一直拖延執行死刑。然而，猶太人受到祭司的鼓動，變得憤怒失控。耶路撒冷發生了許多次暴動，彼拉多可以調動的士兵卻寥寥無幾。有人去向凱撒利亞行省的羅馬當局報告，指控彼拉多「已經被拿撒勒人的教義蠱惑了」。耶路撒冷的人四處請願，要求撤換彼拉多，因為他已經變成羅馬皇帝之敵了。叔叔您也知道，羅馬嚴格要求派駐各地的總督，不能夠與臣屬羅馬的外國人發生任何衝突。為了避免發生內亂，彼拉多最後選擇了犧牲囚犯耶穌。即使如此，耶穌仍然保持尊嚴，原諒所有憎恨自己的人。在耶路撒冷暴民的鼓譟和嘲笑聲中，他終於被釘上了十字架。

這是約瑟一邊流著眼淚，一邊告訴我的事情。離開之前，我送他一塊黃金，但他拒絕收下，請我把這塊黃金送給更貧困的人。我也向約瑟打聽了您的朋友保羅，但約瑟對保羅所知不多。保羅原本好像是製作帳棚的工人，後來放棄了自己的工作，四處宣揚一位充滿慈愛並且原諒世人罪孽的神。保羅口中的神，與猶太祭司所說的神非常不同。後來，保羅似乎還前往小亞細亞與希臘的許多地方，告訴那裡的奴隸，他們都是慈愛天父的孩子，無論是貧是富，只要努力過著正直的生活，幫助蒙受痛苦的人，幸福就在眼前。

希望我的答覆能讓您滿意。對我來說，這些事情似乎不會影響到羅馬的國家安全。但話說回來，羅馬人從來無法了解猶太省的人。我非常遺憾他們殺了你的朋友保羅。真希望我現在是在家裡。

您恭順的姪子　格拉迪亞斯·恩薩

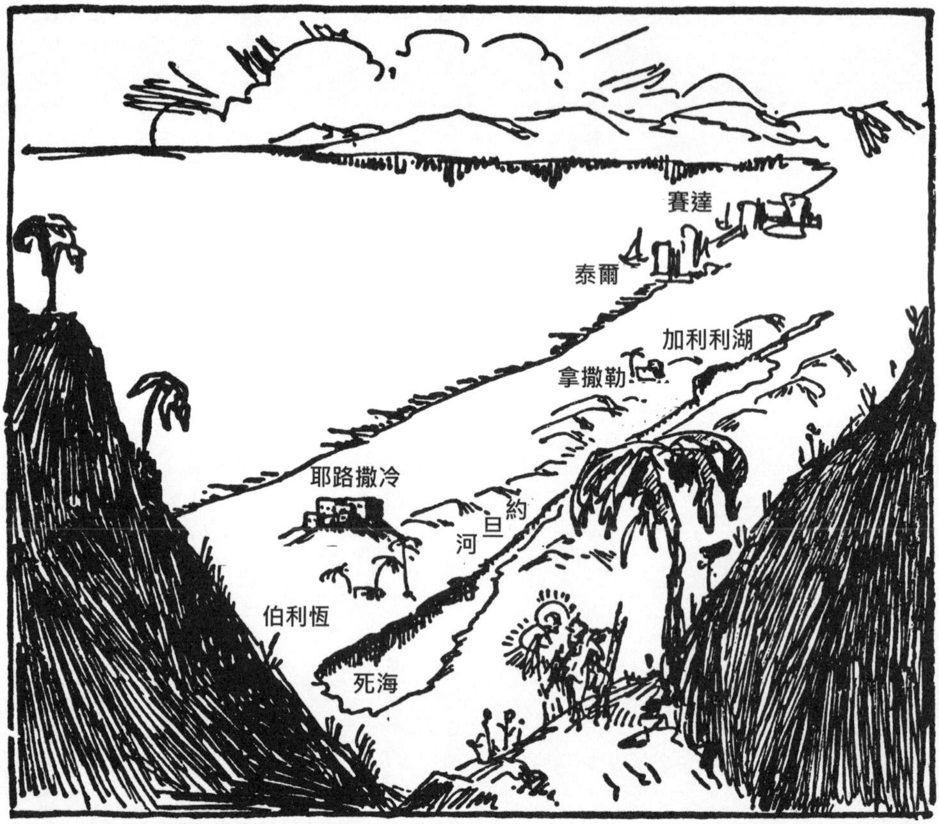
賽達
泰爾
加利利湖
拿撒勒
耶路撒冷
約
旦
河
伯利恆
死海

聖地

第二十六章

羅馬帝國的殞落

古代史教科書說西元四七六年是羅馬帝國毀滅的日子，因為最後一名羅馬皇帝在那一年被趕下王座。然而，既然羅馬不是一天造成的，自然也不會在短時間之內瓦解。整個過程相當緩慢，是一點一滴累積起來的，大多數羅馬人根本沒有認知到自己的舊世界即將結束。羅馬人一邊抱怨著時局不好——食物價格高昂，工資卻相當低落——一邊咒罵壟斷穀物、羊毛與金幣的投機獲利分子。有時候，羅馬人會起來反抗異常貪婪的政府官員。然而，在西元一到四世紀這段時間，大多數的羅馬人鎮日享受酒肉（只要有錢的話），對於時局又愛又恨（依自己高興而定），只要有免費的格鬥能看，就一定會去看，或者待在大城市的貧民窟裡挨餓，完全不知道這座偉大的帝國已經沒有任何希望，注定毀滅。

他們又怎麼會察覺這種威脅呢？羅馬的表面看起來如此光鮮亮麗，鋪設平整的大道通往所有行省，羅馬帝國的保安部隊仍然活力充沛，完全不給強盜任何喘息的空間。邊境防守嚴密，不讓那些盤據北歐荒蕪世界的野蠻人有機可趁。全世界繼續繳納貢品給偉大的羅馬城，一群才智過人的男人日以繼夜地工作，想要彌補過去的錯誤，重現羅馬共和國早期的快樂時光。

但是，正如我在前一章所告訴你的，羅馬帝國瓦解的基礎原因根本就沒有改善，因此改革不可能成功。

自始自終，羅馬都是宛如古希臘雅典與科林斯一樣的城邦國家。羅馬能夠統治整個義大利半島，但在政治上不可能成為整個文明世界的統治者。就算勉強去作，也難以維持。羅馬的年輕人在無數的戰役中死去，農民階級被連年的軍事行動與稅賦毀滅，這些人如果不是變成乞丐，就是被富裕地主僱用成為「農奴」，以獲取最基本的食物和住處，既不是奴隸也不是自由人。農奴雖然在這塊土地上工作，但他本人卻是土地財產的一部分，地位猶如牲口與果樹。

帝國就是一切，公民微不足道。至於奴隸，他們曾經聽過保羅所說的事情，接收到拿撒勒謙卑木匠的訊息，所以奴隸們沒有起來反抗主人；相反的，基督教告訴他們要溫和順從，遵守主人的命令。但是，他們已經對俗世沒有任何興趣，因為那只是肉體暫居的不幸之地，他們願意為了進入天國而努力。但是，如果一名充滿野心的帝王，為了自己的世俗光榮，想要出兵攻打像是帕提亞、努米底亞或是蘇格蘭高地，此時，奴隸們並不願意參加這種戰爭。

隨著時間遞嬗，情況愈來愈糟。最初幾位羅馬皇帝還願意維持傳統的統治模式，讓各部族的領導者全權處置自己的子民，但西元二世紀、三世紀的羅馬皇帝是出身於戰場的「兵營皇帝」，身旁總是圍繞著禁衛軍以確保自身安全。這些皇帝的更替速度快得令人害怕，一路靠著殺人爬上皇帝寶座，但是，當另一個人弄到足夠的金錢，可以買通禁衛軍發動下一場謀反行動時，皇帝就立刻換人了。

就在這個時候，野蠻人已經開始攻擊羅馬北方國境，但是羅馬已經沒有任何自己的軍隊能夠抵抗，只好聘請外國傭兵來抵抗入侵者。假如入侵者與這些外國傭兵流著同樣的血脈，戰鬥時就很容易手下留情。最後，羅馬只好採取懷柔政策，允許某些蠻族住在帝國境內。接著，其他部族也想要比照辦理。很快的，這些部族開始抱怨羅馬課稅官員貪得無厭，竟然拿走了族人的最後一毛錢。他們只好集合起來走向羅馬城，大聲地要求政府傾聽他們的訴求。

這些事情讓皇帝感到羅馬城已不再適合他居住。西元三二三年至三三七年統治羅馬帝國的君士坦丁（Constantine）開始尋找新的首都，最後選擇了聯結歐洲與亞洲的拜占庭，將那座城市改名為君士坦丁堡，將整個宮廷東遷至此。君士坦丁死後，兩個兒子為了更有效率的統治，決定將羅馬帝國一分為二。哥哥住在羅馬，統治西羅馬帝國，弟弟則留在君士坦丁堡，成為東羅馬帝國的皇帝。

時間來到西元四世紀，恐怖的匈奴人來了。這群騎

被蠻族蹂躪後的羅馬城

馬的亞洲神祕民族在歐洲北部遊蕩了超過兩百年，持續血洗這塊土地，直到西元四五一年，才在馬恩河畔的沙隆這個地方被徹底擊敗。匈奴人抵達多瑙河之後，開始對哥德人施壓。為了保護自己，哥德人被迫入侵羅馬。羅馬皇帝瓦倫斯（Valens）嘗試阻止他們，卻在西元三七八年時於阿德里安堡戰敗遇害。二十二年後，哥德國王亞拉里克（Alaric）率領同一批西哥德人大舉進攻羅馬，但這次沒有恣意殺戮或到處破壞。緊接著來的是汪達爾人（Vandal），而他們對於羅馬城古老而珍貴的傳統事物就沒那麼尊重了。接著是勃艮第人（Burgundian）以及東哥德人，阿勒曼尼人（Alemanni）與法蘭克人也沒有缺席。羅馬遭到永無止盡的入侵，到了最後，甚至連那些只有微薄兵力的貪婪劫匪也能夠恣意處置這座城市。

西元四〇二年，西羅馬帝國皇帝逃向拉溫納（Ravenna），那是一座防禦穩固的海港城市。西元四七五年，日耳曼傭兵團的指揮官奧多亞塞（Odoacer）想要瓜分義大利的農田，溫和但有效地逼迫西羅馬帝國最後一個皇帝羅慕路斯・奧古斯都（Romulus Augustulus）走下王座。奧多亞塞進而宣布自己成為羅馬的「貴族統治者」。東羅馬帝國皇帝自顧不暇，於是承認奧多亞塞的統治權，他因此統治了西羅馬帝國殘餘各省長達十年。

幾年之後，東哥德國王狄奧多里克（Theodoric）入侵剛成立的西羅馬政權，攻下了拉溫納，在奧多亞塞的餐桌前將他殺死，隨後在西羅馬帝國的廢墟上建立了哥德王國。但這個王國並未長久。西元六世紀，一群混雜了倫巴底人、薩克遜人、斯拉夫人與阿瓦爾人（Avars）的軍隊進攻義大利，毀滅了哥德王國，建立新的國家，將首都遷到了帕維亞。

最後，羅馬這座帝國城市終於陷入了全然無望的絕境。古老的宮殿反覆遭到掠奪，學校被燒毀，

蠻族入侵

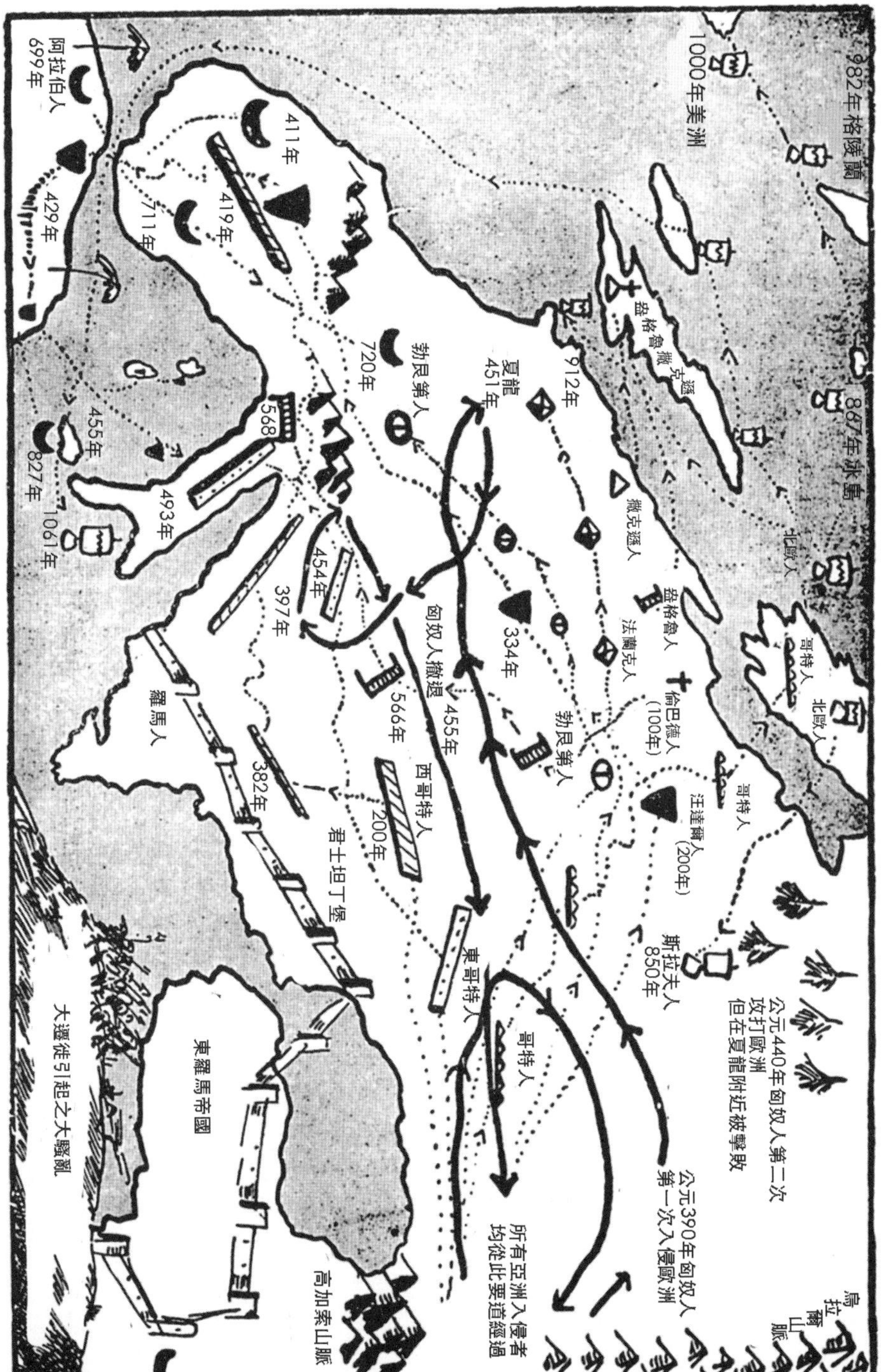
阿拉伯人
699年
411年
419年
711年
429年
1000年美洲
982年格陵蘭
867年冰島
盎格魯撒克遜
912年
夏龍
451年
勃艮第人
720年
568
455年
827年
493年
1061年
454年
397年
匈奴人撤退
455年
334年
撒克遜人
北歐人
哥特人
盎格魯人
法蘭克人
倫巴德人
(100年)
勃艮第人
哥特人
北歐人
汪達爾人
(200年)
斯拉夫人
850年
羅馬人
566年
西哥特人
382年
200年
君士坦丁堡
東哥特人
哥特人
公元440年匈奴人第二次
攻打歐洲
但在夏龍附近被擊敗
公元390年匈奴人
第一次入侵歐洲
所有亞洲入侵者
均從此要道經過
烏拉爾山脈
高加索山脈
東羅馬帝國
大遷徙引起之大騷亂

老師飢餓而死。有錢人被趕出別墅，裡面住著露披頭散髮、渾身惡臭的野蠻人。道路和橋梁都壞了，商業活動陷入停頓。數千年來，埃及人、巴比倫人、希臘人與羅馬人辛勤付出所建立的、超出老祖先們所能想像的高度文明，此時卻岌岌可危，或許即將從西方大陸上絕跡。

的確，在遙遠的東方，君士坦丁堡還能繼續維持其帝國核心地位長達千年，但那根本算不上歐洲大陸的一部分。那個帝國關注的是東方世界，逐漸遺忘了自己的西方老家。逐漸地，希臘人放棄羅馬語，不再使用羅馬字母，改以希臘文記載羅馬法，並且由希臘法官來詮釋。東羅馬皇帝現在被人民視為神祇一樣崇拜，宛如三千年前尼羅河流域的底比斯君王。如果拜占庭教會的傳教士想要拓展信眾基礎，就會往東走，把拜占庭文明帶往俄羅斯的廣大荒原。

至於西方世界，就任憑野蠻人處置了。大約有十二個世代之久，謀殺、戰爭、縱火、掠奪已經變成日常故事。只有一件事情讓西歐文明免於徹底崩解，使人們不至於回到過去穴居的茹毛飲血生活。

那就是教會。他們是一群謙卑的善男信女，數個世紀以來堅持追隨拿撒勒的木匠耶穌。偉大的羅馬帝國曾為了避免邊遠行省敘利亞某座小城的街頭暴動，奪走耶穌的生命。

第二十七章 教會的崛起

羅馬如何成為基督教世界的中心？

帝國時期的一般羅馬知識分子不太在意父祖輩所崇拜的眾神祇。一年當中，有時他會去神廟幾次，但那只是出於習俗。他耐心地觀賞宗教慶典的莊嚴遊行，但是心裡卻認為崇拜朱比特、米諾瓦（Minerva）與海神尼普頓（Neptune）相當幼稚，是羅馬共和國早期流傳迄今的陋習，一點都不適合熟讀斯多葛學派、伊比鳩魯學派以及其他偉大雅典哲學家的文明人。

這種心態讓羅馬人對宗教相當寬容。羅馬政府堅持，無論羅馬人、外國人、希臘人、巴比倫人、猶太人，至少都必須在表面上對每一座神廟裡豎立的皇帝雕像給予一定程度的尊重，這就像美國郵局都會懸掛總統照片一樣。但這只是形式上的尊重，並沒有任何深層的意義。普遍來說，每個羅馬人都可以推崇、敬畏、仰慕任何自己喜歡的神祇，因此，羅馬四處可見各種奇怪的小神廟以及猶太教堂，供奉著來自於埃及、非洲與亞洲的神祇。

因此，當耶穌的第一批門徒抵達羅馬，開始宣揚眾生皆兄弟的觀點時，沒有甚麼人反對，街上的人還會停下腳步，聽聽她們在說什麼。羅馬這個世界之都總是充滿雲遊各地的傳教者，都在宣揚獨特的「奧義」；這些自命為傳道者的人，大多數訴諸感官上的好處，承諾追隨者能享受榮華富貴與永無止盡的歡愉。很快的，街上的人注意到，所謂的基督徒（泛指追隨耶穌基督的人或曾經「受洗」過的信徒）說著一些非常不一樣的話。他們不關注財富與地位，反而頌揚貧困、謙卑與順從的優點，這些東西可不是讓羅馬成為世界之主的美德。在這個繁榮的時代，聽見某些人主張俗世成就無法帶來永恆的幸福，聽起來是相當有趣的事情。

除此之外，基督教傳教者也說，拒絕聆聽真神教誨的人將面對的可怕命運。寧可信其有，不可信其無。當然，遠古傳來的羅馬神祇仍然存在，但是否具備足夠的力量，可以保護羅馬公民抵抗從亞洲遠方來到歐洲的新神明呢？人們的信心開始動搖。於是，他們回到街上，繼續傾聽新的教義。過了不久，他們開始與那些傳播耶穌言論的人碰頭，發現這些人與羅馬常見的祭司截然不同。耶穌言論的傳播者窮得可怕，對於奴隸與動物都相當友善，不想致富，還把手上所有的東西都讓大家分享。他們的無私生活典範，讓許多羅馬人揚棄原本的宗教，加入了基督教的小社群，在私人住宅的小房間或者某個野地聚會，羅馬神殿從此變得門可羅雀。

這樣的情況持續了好些年，基督徒的數量持續增加。長老或祭司（在希臘文中，這個字的意思原本是指「長者」）被推選出來維護小教堂的利益。「主教」（bishop）這個職位也出現了，他是一省之內所有基督社群的最高領導者。跟隨保羅來到羅馬的彼得，成了羅馬的第一任主教。彼得的繼任者則成了「教宗」（Pope）。

教會成為羅馬帝國中相當有權力的組織，基督教義吸引了對這世界感到絕望的人，以及明明很有能力卻沒有機會在帝國政府裡獲得職務的人，他們在教會裡善用自己的領導天賦，帶領拿撒勒人的謙卑追隨者。最後，羅馬帝國終於注意到基督教。正如我一開始所說，羅馬帝國起初對宗教事務很冷淡，因此也非常寬容，帝國允許每個人都可以用自己的方式尋求宗教上的救贖，但是也堅持所有不同的宗教必須和平相處，遵守睿智的準則：「自己要好好生活，也要讓別人可以好好生活。」

然而，基督教社群拒絕給予任何形式的寬容。他們公開宣稱唯有自己的神才是天堂與俗世的真正統治者，其他神祇都是冒牌貨。這件事情看起來對其他教派很不公平，羅馬當局也非常不鼓勵這種想法。但基督徒不肯退讓。

很快的，這種情況就引發了更進一步的爭議。基督徒開始拒絕對羅馬皇帝表現

修道院

形式上的尊敬，甚至在接獲徵兵命令時，也不依國家的規定去報到。帝國官員威脅要處罰他們，基督徒則說，這個悲慘的世界只不過是前往快樂天堂之前的等候處，他們樂於為了基督教信仰的原則而犧牲生命。羅馬人對於基督徒的行為感到困惑，有時候會處死那些觸犯國家規定的人，但是極少做到這個地步。在教會剛設立的早期，羅馬民間確實有些人用私刑對付基督徒，但那種情況大多是被暴民誣陷而發生的，他們指控良善的基督徒鄰人犯下各種罪行，例如屠殺、弒嬰、傳染疾病、在危機來臨時叛國等等，因為暴民知道基督徒不會報復，於是肆無忌憚地傷害他們。

此時的羅馬持續遭到蠻族入侵。當羅馬軍隊無力抵擋的時候，便派遣基督教的傳教士去向條頓蠻族傳達和平的福音教義。這些傳教士非常勇敢，毫不畏懼死亡。他們口中的語言相當堅決，果斷指出所有不知悔改的罪人會面臨什麼樣的未來，這些話深深地打動了條頓人。由於條頓人仍然對羅馬這個悠久文明的智慧有著深切的敬意，既然這些傳教士是羅馬人，他們

哥德人來了

所說的話應該是真的。很快的，基督教傳教士變成了條頓蠻族與法蘭克蠻族盤據區裡相當強大的力量，少少幾個傳教士的作用已經比得上整個軍團的士兵。羅馬皇帝開始察覺到基督徒也許可以發揮用處。在某些行省，基督徒得到了與舊神信徒一樣的平等權利。不過，決定性的改變發生在西元四世紀下半葉。

羅馬皇帝君士坦丁（天知道為什麼有時會被稱為「君士坦丁大帝」）是一位非常糟糕的惡徒，但是，在這個戰亂的年代，馴良的人幾乎沒有任何機會存活。在漫長且風雲詭譎的政治生涯裡，君士坦丁經歷過許多的起起落落。有一次，君士坦丁即將被敵人打敗時，決定要嘗試每個人都在談論的亞洲新神的力量。他承諾，只要能夠打贏下一場戰役，自己就會成為基督徒。君士坦丁打贏了，也因而信服基督教上帝的力量，決定受洗成為教徒。

從那個時刻起，基督教會的地位獲得羅馬官方的正式認可，也大大增強了這個新宗教的地位。

但基督徒在羅馬人口中的比例仍然相當渺小（不超過百分之五至百分之六），為了贏得宗教競爭，他們必須拒絕一切妥協，堅持摧毀所有的舊神祇。曾有一小段時間，熱愛古希臘智慧的皇帝朱利安（Julian）得以保存希臘異教的舊神祇免於摧毀，但是，朱利安在征討波斯的戰役中受傷身亡，繼任者裘維安（Jovian）再度宣告以基督教為國教，扶植教會，於是一座座古神廟陸續關上大門。查士丁尼（Justinian）皇帝繼位後，在君士坦丁堡建立聖索菲亞教堂，並且關閉了柏拉圖在雅典建立的學院。

學院關閉，象徵那個允許人擁有自己的思想、根據自己的渴望去編織夢想的古希臘世界就此結束了。在帝國秩序被野蠻與無知衝擊得千瘡百孔的時代，哲學家高談的那些理想行為準則，看來並不適合作為生命的引導。羅馬人需要更積極、確切的方向，那就是基督教會能夠提供的東西。

在所有事情都無法確定的時代，教會就像磐石一樣屹立不搖，堅持其神聖與真理的原則從不曾退讓。這種堅決的勇氣贏得了民眾的崇敬，即便羅馬帝國經歷滅國危機，教會卻能夠安穩地度過一切。

當然，基督教信仰能夠取得最後的勝利，其中必然帶有一些運氣成分。西元五世紀，狄奧多里克所建立的哥德羅馬王國瓦解之後，義大利就比較少受到強大蠻族騷擾了。隨後來到的倫巴底人、薩克遜人、斯拉夫人都是孱弱且落後的部族。在這種情況下，羅馬的主教就能夠維持羅馬城的獨立地位。很快的，分布在義大利半島各地的羅馬帝國殘留領地，開始將羅馬大公（dukes of Rome，也就是羅馬主教）視為自己的政治、精神統治者。

舞台已經就緒，只等一個卓越的人物出場。西元五九〇年，這個人來了，他的名字是格列哥里（Gregory），出身於古羅馬的統治階級，曾任羅馬城長官。格列哥里先是成為修士，接著當上主教，最後被拉進聖彼得教堂成為教宗。這件事情其實有違格列哥里本人的意願，因為他想要成為傳教士，前往盛行異教的英格蘭地區傳布基督教。格列哥里擔任羅馬教宗十四年，當他過世的時候，西歐的基督教世界已經承認，羅馬的教宗就是整個基督教會的領導者。

但是，這份權力不適用於東方世界。君士坦丁堡仍然維持舊習，皇帝繼承了奧古斯都以及提比略兩個名號，同時是政府的最高領袖以及宗教的大祭司。西元一四五三年，土耳其人征服了東羅馬帝國，攻占君士坦丁堡，羅馬帝國的最後一位皇帝君士坦丁十一世（Constantine Paleologue），死在在聖索菲亞大教堂的台階上。

東羅馬帝國滅亡前幾年，君士坦丁十一世的兄弟湯瑪斯將女兒柔伊（Zoë）嫁給俄羅斯的伊凡三世（Ivan III），從此之後，歷代莫斯科大公就是東羅馬帝國的繼承人。拜占庭的雙鷹符號（羅馬帝國一分為二的象徵）也成為現代俄羅斯的徽章。莫斯科大公原本只是俄羅斯貴族的領導者，現在變成了「沙皇」（tsar），他開始仿效羅馬皇帝的超然與尊貴，認為眼前所有的子民，無論尊卑貴賤，都只是無足輕重的奴僕。

俄羅斯也重新裝修宮廷，模仿東羅馬帝國皇帝從亞洲與埃及引進的東方風格建造皇宮，自以為那就是亞歷山大宮殿的模樣。俄羅斯世界意料之外地獲得了垂死拜占庭帝國的這份奇特遺產，讓它在這片廣大的平原中，頑強地繼續存活了超過六個世紀。我們甚至可以說，最後一個戴上君士坦丁堡雙鷹徽章的人，也就是沙皇尼可拉斯，直到我撰寫此書之前不久（一九一七年）才遇害身亡。尼可拉斯的遺體被丟到井裡，子女全都遭到殺害，沙皇握有的古代權力與特權一併遭到廢除，教會也被貶回君士坦丁賜予特權之前的地位。

但是，西方的教會卻走上截然不同的發展。正如我們將在下一章所見，由於一位阿拉伯駱駝商人提出足以匹敵的教義，西方基督教世界受到毀滅性的威脅。

第二十八章 穆罕默德

駱駝商人阿美德成了阿拉伯沙漠的先知。為了唯一的真神阿拉，他的信徒幾乎征服了整個世界。

自從迦太基與漢尼拔的時代之後，我們還沒有討論過閃族人的事情。你要記得這些人是所有古代世界故事的主角。巴比倫人、亞述人、腓尼基人、猶太人、阿拉米人（Arameans）以及迦勒底人，這群閃族人統治了西亞地區長達三、四千年之後，才被東方來的印歐民族波斯人與印歐希臘人征服。亞歷山大大帝死後一百年，迦太基城為閃族腓尼基人的殖民地，他們在爭奪地中海統治權的戰爭中輸給了印歐民族羅馬人，迦太基就此毀滅。此後八百年，世界由羅馬人主宰。

西元七世紀，另外一支閃族登上歷史舞台，挑戰西方強權，他們是阿拉伯人。阿拉伯人從遠古時代開始就在沙漠地帶游牧為生，從來沒有展現過創造帝國的野心，此時卻聽從了穆罕默德的話，騎上戰馬，用了不到一百年的時間，就逼近了歐洲的中心地帶，向法蘭西農民宣揚擁有一切榮耀的「唯一真主」阿拉，而穆罕默德是「唯一的先知」，把法蘭西人嚇壞了。

穆罕默德的本名是阿美德（Ahmed），雙親是阿布達拉與阿敏娜，一般人稱呼他為穆罕默德，意思是「備受頌揚之人」。穆罕默德的故事讀起來就像《一千零一夜》。他出生於麥加，在駱駝商隊裡工作，患有癲癇症，發作時會昏迷，然後陷入奇怪的夢境。在夢裡，他聽見天使加百列的話語，於是他把這些話寫成《可蘭經》。身為商隊的領隊，穆罕默德踏遍了整個阿拉伯世界，經常與猶太商人、基督教貿易商接觸，也因此讓他得知崇拜單一神祇的完美之處，當時他的同胞們還遵循著上千年前先祖流傳下來的信仰，崇拜奇特的岩石與樹幹。在他們的麥加聖地，就有一間小小的方屋，叫做「天房」（Kaaba），上面鑲著的那塊黑色岩石就是原始崇拜的遺跡。

穆罕默德決定成為阿拉伯人民的摩西，但他無法同時身為駱駝商人與先知。因此，穆罕默德決定與自己的雇主——富裕的寡婦海迪徹（Khadija）——結婚，獲得了財務上的保障。隨後，穆罕默德告訴麥加的鄰人，自己就是阿拉派來拯救這個世界的先知。鄰人放聲大笑，但穆罕默德持續發表各種言論，惹怒了鄰人，覺得他是不值得憐憫的討厭瘋子，於是決定殺掉穆罕默德。穆罕默德收到消息，連夜和他最信賴的學生阿布．伯克爾（Abu Bekr）一起逃往麥地那，當時是西元六二二年。這是伊斯蘭歷史上最重要的日期，也是伊斯蘭紀元的起點，英文稱之為Hegira——意即「大逃亡」之年。

在故鄉，每個人都知道穆罕默德原本只是一個卑微的趕駱駝商人，而麥地那沒有人認識他，讓他比較容易建立自己的先知地位。很快的，他身邊追隨者的數量愈來愈多，那些信徒自稱「穆斯林」，就是接受了伊斯蘭教義，進而「順服真主意志」的人，穆罕默德認為這是最高的美德。穆罕默德在麥地那傳教七年之後，自認實力堅強，足以去懲罰當年嘲笑他和他的神聖使命的鄰居。他率領麥地那人組成的軍隊，越過沙漠，毫無困難地就攻下麥加，再殺了一些人之後，就很容易說服當地人相信他是貨真價實的先知。

從那個時候開始，直到穆罕默德死的那一年，他做什麼事情都一帆風順，相當幸運。

伊斯蘭教的成功有兩個原因。首先，穆罕默德傳遞給追隨者的教義相當簡單。信徒必須敬愛真主阿拉，祂是世界的統治者，充滿仁慈與同情；信徒必須敬愛雙親；與人打交道時必須誠實，同時要對貧病之人懷抱謙卑與仁慈；最後，他們不能飲烈酒，飲食從簡。這就是所有教義了。伊斯蘭教沒有「照看羊群的牧羊人」——像基督裡那些仰賴信眾出錢供養的教士和主教。伊斯蘭教堂又稱清真寺，只是簡單的石造建築，裡面沒有板凳與神像，信徒可以隨意聚在清真寺裡閱讀、討論聖書《可蘭經》。伊斯蘭教信徒認為信仰是與生俱來、不可能有片刻脫離的，但他們也從不覺得教義與規定會限制自己的生活。一天五次，教徒會把面朝聖地麥加的方向，誦念簡短的禱文。除此之外，教徒完全順從、忍耐神為他安排好的命運，因為只有世界的主宰阿拉知道怎麼樣才是最好的。

這種生活態度能讓所有伊斯蘭教徒得

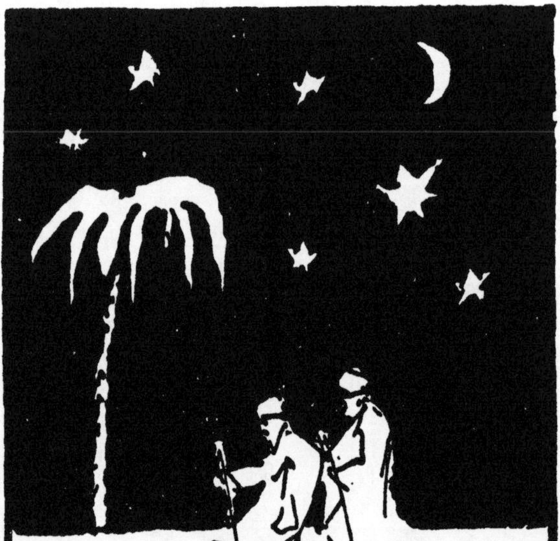

穆罕默德的逃亡

到了相當程度的滿足，他們的內心平靜，與外在世界和平共處，這是非常好的事情。

伊斯蘭教成功的第二個理由，解釋了為什麼他們能夠戰勝基督教徒，因為他們是為了信仰而作戰。先知穆罕默德承諾，任何勇敢面對敵人而戰死者，都可以直接進入天堂。這種信念讓伊斯蘭士兵相信，在戰場上突然戰死，遠比長久地活在這個世界上更好。如此一來，伊斯蘭士兵對抗基督教十字軍時就具備了更大的優勢，因為十字軍士兵害怕死後面對的會是陰暗的世界，所以竭盡所能的抓住今世所有美好的事物不放。這也剛好可以解釋為什麼現代穆斯林士兵仍然能無所畏懼地衝向歐洲軍隊的機關槍砲火，因為等在他們面前的是天堂，這說明了他們是多麼頑強而危險的敵人。

建立了穩固的宗教體系之後，穆罕默德開始享受自己身為阿拉伯眾多部族絕對統治者的地位。但是，對於大部分能夠在困境中崛起，展現其偉大之處的人而言，成功之後的日子很容易就毀了他們。穆罕默德想要贏得富人階級的支持，於是訂下了一些有利於他們的規則；他允許信徒擁有四個妻子，在那個古老的年代，迎娶一名妻子已經是相當高昂的投資，因為男人必須直接向女子的雙親「購買」新娘，只有坐擁許多駱駝以及無數果園的男人，才能享受這種超越夢想的貪婪奢侈。伊斯蘭教原本是為了在無盡沙漠裡勤苦工作的獵人而生，現在卻逐漸迎合住在城市市集裡志得意滿的商人。這是令人相當遺憾的轉變，對於伊斯蘭教的志業來說，也沒有帶來任何好處。至於先知穆罕默德本人，他持續努力宣揚真主阿拉的教誨以及新的行為規定。在西元六三二年的六月七號，穆罕默德因為發燒而驟然辭世。

第一位繼承穆罕默德成為「哈里發」（Caliph；意為領導者）人是他的岳父阿布．伯克爾。阿布．伯克爾從先知早期的生涯就患難與共。兩年之後，阿布．伯克爾死了，歐瑪爾．賓．哈塔

（Omar ibn Al-Khattab）繼位。在不到十年的時間內，歐瑪爾・賓・哈塔征服了埃及、波斯、腓尼基、敘利亞以及巴勒斯坦，建立世界上第一個伊斯蘭帝國，定都於大馬士革。

哈塔的繼承人是先知的女兒法堤瑪（Fatima）的夫婿阿里（Ali），但他在一場關於教義的爭執中遭到暗殺。阿里死後，伊斯蘭帝國的王位變成世襲制度，原本只是負責指導精神生活的宗教導師們，也變成了龐大伊斯蘭帝國的統治階級。他們在幼發拉底河岸的巴比倫遺跡附近建立了一座新的城市，名為巴格達。接著將阿拉伯牧馬人整備成為騎兵團，派到世界各地，向異教徒傳遞伊斯蘭信仰的福音。西元七百年左右，伊斯蘭將軍塔里克（Tarik）越過古老的赫克力士之門，抵達歐洲的高山。塔里克將這個地方稱之為「塔里克山」，阿拉伯文寫作「Gibel-al-tarik」，也就是現在的「直布羅陀」（Gibraltar）。

西元七一一年，塔里克在瓜達勒特河戰役打敗了西哥德人，穆斯林軍隊繼續北伐。循著漢尼拔當初的路線，他們穿越了庇里牛斯山。阿奎塔尼亞大公想要阻止伊斯蘭軍隊，但在波爾多附近敗北。伊斯蘭軍繼續向巴黎前進。西元七三二年，先知穆罕默德過世一百週年，伊斯蘭軍在圖爾與普瓦捷之間被打敗了。法蘭克人將領查理・馬泰爾（Charles Martel，外號「鐵鎚查理」）阻止了伊斯蘭軍隊征服歐洲的雄心。馬泰爾將穆斯林趕出法蘭西，但他們成功地留在西班牙，阿卜杜拉赫曼一世（Abd-ar-Rahman）在那裡建立了哥多華哈里發國（the caliphate of Cordova），後來成為歐洲中世紀的科學與藝術重鎮。

人們稱呼這個國家為「摩爾王國」。因為那群人來自於摩洛哥的茅利塔尼亞。摩爾王國維持了七百年。直到一四九二年，穆斯林的最後一座堡壘格拉納達淪陷，哥倫布才有辦法獲得皇家資金，開始航海探索世界。而伊斯蘭軍很快地在亞洲與非洲的某些區域獲得勝利，重振其聲威。時至今日，世界上的伊斯蘭教徒與基督徒的數量仍舊勢均力敵。

十字架與新月之爭

第二十九章

查理曼大帝

法蘭克人的君王查理曼如何取得皇帝的名號，並且努力恢復世界帝國的理想。

普瓦捷之役讓歐洲免於被伊斯蘭軍隊征服。但是，歐洲仍然要面對自身內部的重大危機，也就是羅馬帝國瓦解後混亂失序的狀態。北歐人剛剛開始信奉基督教，他們當然對偉大的羅馬教宗懷抱深刻的敬意，但是，這位可憐的教宗望著遠方遙遠的山脈時，心裡卻毫無安全感，只有老天才知道那群野蠻人會不會隨時翻過阿爾卑斯山，對羅馬發動下一波攻擊。因此，這位全世界的精神領袖認為絕對有必要尋找一位擁有利劍和拳頭的盟友，願意在危險時捍衛神聖的教皇陛下。

因此，這位神聖且務實的教宗開始尋找盟友，他馬上向最有希望的日耳曼部族發出邀請。在羅馬帝國瓦解後，那群部族已經征服了歐洲西北地區，他們是法蘭克人。法蘭克人有位領袖名叫墨洛溫（Merovech），曾經在西元四五一年協助羅馬人打敗了匈奴人，他的後代建立了墨洛溫王朝，持續蠶食羅馬帝國的疆土，直到西元四八六年，國王克洛維（Clovis，古代法語的路易）認為自己實力堅強，可以向羅馬人全面開戰，而他確實也頗有斬獲。但是，克洛維的後代卻非常軟弱無能，只能把國家大事交給「首相」處理。「首相」（Prime Minister）這個字就是指「宮廷長」（Master of the Palace）。

查理．馬泰爾的兒子叫做矮子丕平（Pepin the Short），繼位成為法蘭克人的首相，此時的國王希爾德里克一世（Childeric）是個虔誠的神學家，對政治毫不關心，丕平不知道應該如何處理眼前的情況，只好向教宗尋求建議。教宗是務實的人，他告訴丕平：「國家屬於實際擁有權力的人。」丕平聽懂了這個暗示，說服墨洛溫王朝最後這位國王皈依成為修士，接著說服其他日耳曼部落領袖同意他繼任國王，創建了卡洛林王朝。精明能幹的丕平還不滿足，想要成為比蠻族領導者更了不起的人物。他精心策劃了一場加冕典禮，邀請歐洲西北地區的偉大傳教士聖波尼法爵（Boniface）替自己塗油，成為「蒙受上帝恩賜的國王」。在當時，他們是如此輕易地把「蒙受上帝恩賜」這句話悄悄塞進國王加冕儀式裡，後人卻花了將近一千五百年才把它踢開。

丕平發自內心地感謝教會的協助。他兩度遠征義大利，協助教宗抗敵，從倫巴底人手上打下了拉溫納與幾座城市，獻給教宗陛下。教宗將這些城市併入教皇國（教宗所轄之地），直到一八七〇年都還是一個獨立國家。

丕平死後，羅馬與繼任的法蘭克國王之間的關係變得愈來愈熱絡。當時法蘭克國王沒有正式的宮殿，他們和首相與宮廷大臣四處移動。終於，教宗與法蘭克國王踏出了相當重要的一步，用最深刻的方式影響了歐洲歷史。

丕平之子查理一世，也就是一般人熟知「卡洛斯大帝」（Carolus Magnus），或者「查理曼」（Charlemagne），他在西元七六八年接替丕平的王位。查理曼征服了東日耳曼的薩克遜領土，在歐洲北部廣建城鎮與修道院。他曾進軍西班牙，攻打摩爾王國的阿卜杜拉赫曼一世，但是在庇里牛斯山遭到巴斯克人襲擊，被迫退兵，就在這個時候，布列塔尼半島的羅蘭侯爵挺身而出，實現了早期法蘭克部落領袖應有的行為，他曾誓言終生奉獻給國王，羅蘭和他忠誠的戰士們獻出生命，成功協助國王的軍隊撤退。

在西元八世紀的最後十年，查理曼專心面對南歐局勢。教宗利奧三世（Leo III）遭到一群羅馬暴徒的襲擊之後，被丟在街上孤獨地等死。某些善良的民眾包紮了教宗的傷口，協助他逃到查理曼麾下的軍營求援。查理曼召集了一支法蘭克軍隊，迅速平亂，將利奧三世送回拉特蘭宮，從君士坦丁時代以來，教宗就住在這裡，當時是西元七九九年十二月。西元八〇〇年的聖誕節，查理曼待在羅馬，參加聖彼得大教堂的禮拜，當他祈禱完畢站起身時，教宗將皇冠戴在查理曼的頭上，稱呼他為羅馬人的皇帝，並且再度以「奧古斯都」之名稱呼查理曼。在這之前，這個名字已經消失了好幾百年。

北歐再度成為羅馬帝國的一部分，這一次，羅馬帝國的皇帝是日耳曼首領，不太識字，更從來沒有學過寫字。但查理曼驍勇善戰，就連競爭對手——東羅馬帝國皇帝——都曾經發出一封信，認同查理曼是「我親愛的兄弟」。

不幸的是，這位一生榮耀的老人在西元八一四年辭世。他的兒子與孫子開始為了爭奪遺產而戰。西元八四三年的《凡爾登協約》以及西元八七〇年的《墨爾森條約》兩度瓜分了卡洛林。《墨爾森協約》更是把整個法蘭克王國一分為二，禿頭查理得到了西半部，其中包括羅馬時期的高盧行省，那裡的語言已經徹底的羅馬化了，法蘭克人很快地也學會這種語言。這解釋了一個奇特的事實：為什麼像法蘭西這樣純粹的日耳曼人領土，竟然會使用拉丁語系的語言。

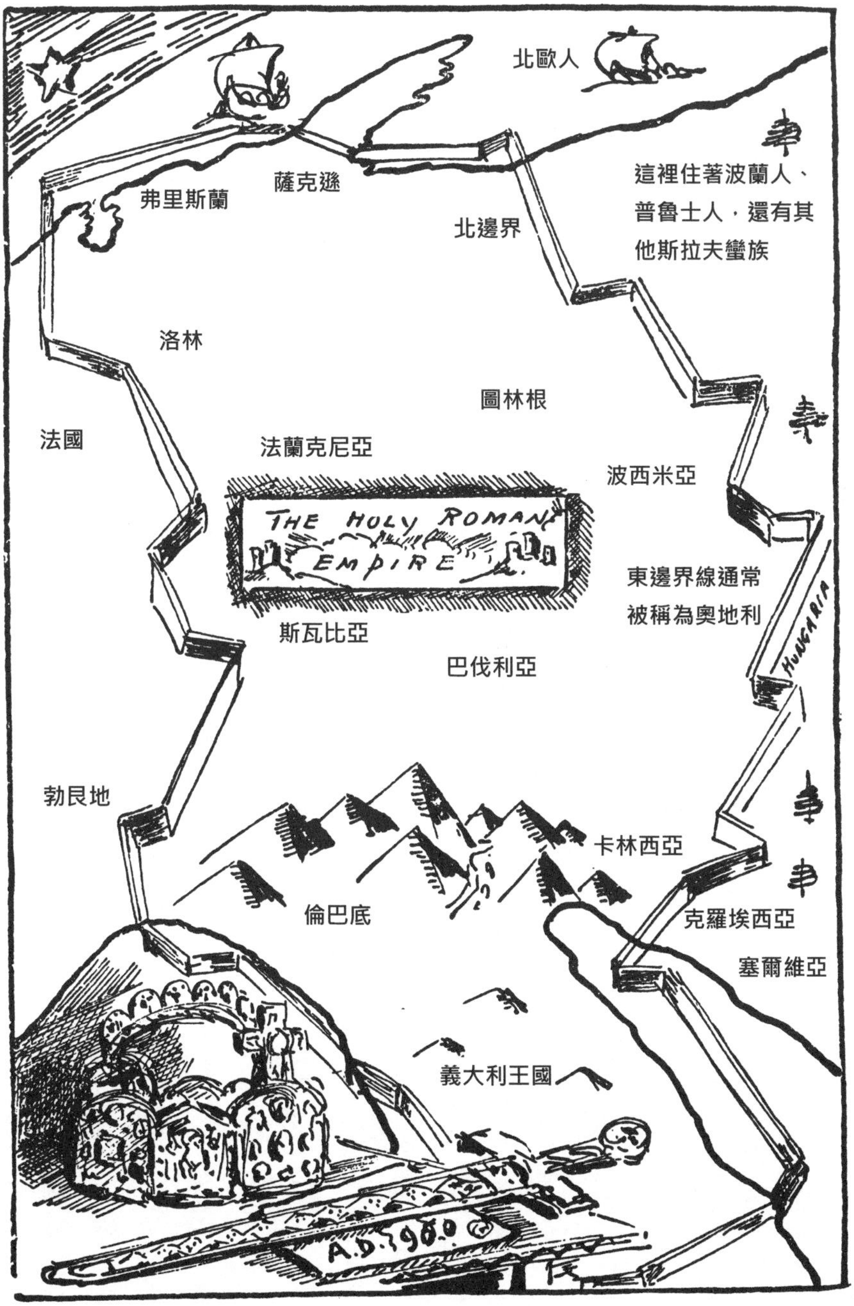
北歐人
薩克遜
弗里斯蘭
北邊界
這裡住著波蘭人、
普魯士人，還有其
他斯拉夫蠻族
洛林
圖林根
法國
法蘭克尼亞
波西米亞
THE HOLY ROMAN EMPIRE
東邊界線通常
被稱為奧地利
HUNGARIA
斯瓦比亞
巴伐利亞
勃艮地
卡林西亞
倫巴底
克羅埃西亞
塞爾維亞
義大利王國

日耳曼人創建的神聖羅馬帝國

查理曼的另外一位孫子得到了東半部，羅馬人稱呼這裡為「日耳曼」。這片蠻荒之地從來都不是古羅馬帝國的領土。第一位奧古斯都曾經想要征服這片「遠東」，但羅馬大軍在西元九年時的條頓森林之役慘遭殲滅，因此，這裡的人從來沒有受到羅馬高度文明的影響，說著純粹的日耳曼語。條頓語中的「人民」叫做「thiot」，於是基督教傳教士就把條頓人說的語言稱呼為「lingua theotisca」或者「lingua teutisca」，意思是「那個地方的語言」，而「teutisca」這個字演變為「Deutsch」，也就是「德意志」這個名字的由來。

至於那頂著名的帝國皇冠，很快就從加洛林王朝繼承者的頭上滑下來，一路滾回義大利平原，成為一群小國王之間的玩具，他們在血泊當中偷來這頂王冠戴在頭上（並不在乎教宗是否同意），直到另外一名更加野心勃勃的鄰居偷走為止。教宗再度被敵人包圍，只好向北方求援。但他求助的對象不是西法蘭克，教宗的信使越過阿爾卑斯山，向東法蘭克的奧托（Otto）求助。奧托原本只是薩克遜公爵，但許多日耳曼部族已經公認奧托是有史以來最偉大的領袖，推舉他為東法蘭克國王。

奧托跟他的族人一樣喜歡義大利半島的藍天，以及當地人民的快樂與美麗，因此決定火速前往救援。為了回報奧托的恩情，教宗利奧八世讓奧托加冕為「皇帝」，舊查理曼王國的東半部也因此成為了「日耳曼人的神聖羅馬帝國」。

雖然這個政治單元的來歷如此奇特，但它竟然活了八百三十九歲。西元一八〇一年（當時的美國總統是湯瑪斯．傑佛遜），「日耳曼人的神聖羅馬帝國」被最粗魯無禮的方式掃進了歷史的廢墟中。這位殘忍的兇手是科西嘉公證人之子，在他替法蘭西共和國服役期間，創造了相當傑出的職業生涯，在他出名的禁衛軍團的保護下，成了全歐洲的統治者，但他還想要更多，於是派人到羅馬去將教宗請

教宗的信使越過阿爾卑斯山

來，讓他站在一旁，見證這位將軍自己把皇冠戴到頭上，然後宣稱自己繼承了查理曼的精神。歷史就像人生，許多東西不斷改變，也有許多東西永遠不變。

第三十章

北歐人

為什麼西元十世紀的人會向上天祈禱，希望免於北歐人的狂暴襲擊呢？

西元三、四世紀，中歐的日耳曼部族攻破了羅馬帝國的防禦，恣意掠奪羅馬城，搜刮土地上的物資。西元八世紀，換成日耳曼人淪為別人砧板上的魚肉。帶來威脅的敵人是北歐的丹麥人、瑞典人與挪威人，可以說是日耳曼人最親密的表弟，但他們也完全不喜歡這種情況。

我們不清楚究竟什麼是原因才讓本來辛勤工作的北歐水手淪為海盜，但他們品嚐過以掠奪維生的好處與樂趣之後，再也沒有人可以阻止他們了。他們經常突襲法蘭克人或弗里斯蘭人（Frisian）位於海濱河口的平靜小村落，殺光所有男人，擄走所有女人，隨後駕駛快船離開。國王或皇帝的士兵終於抵達現場的時候，搶匪早就跑光了，只留下冒著煙的村莊廢墟。

查理曼死後，歐洲陷入了一段混亂時期，北歐人的掠奪活動大增，他們的船艦攻擊每個國家，甚至沿著荷蘭、法蘭西、英格蘭與日耳曼的海岸線建立一個個小型獨立王國，最遠還曾經抵達義大利。北歐人非常聰明，很快就學會手下敗將的語言，於是拋棄了早期維京人時代的野蠻生活方式，那種生

北歐人來襲

北歐人的故鄉

北歐人航向俄羅斯

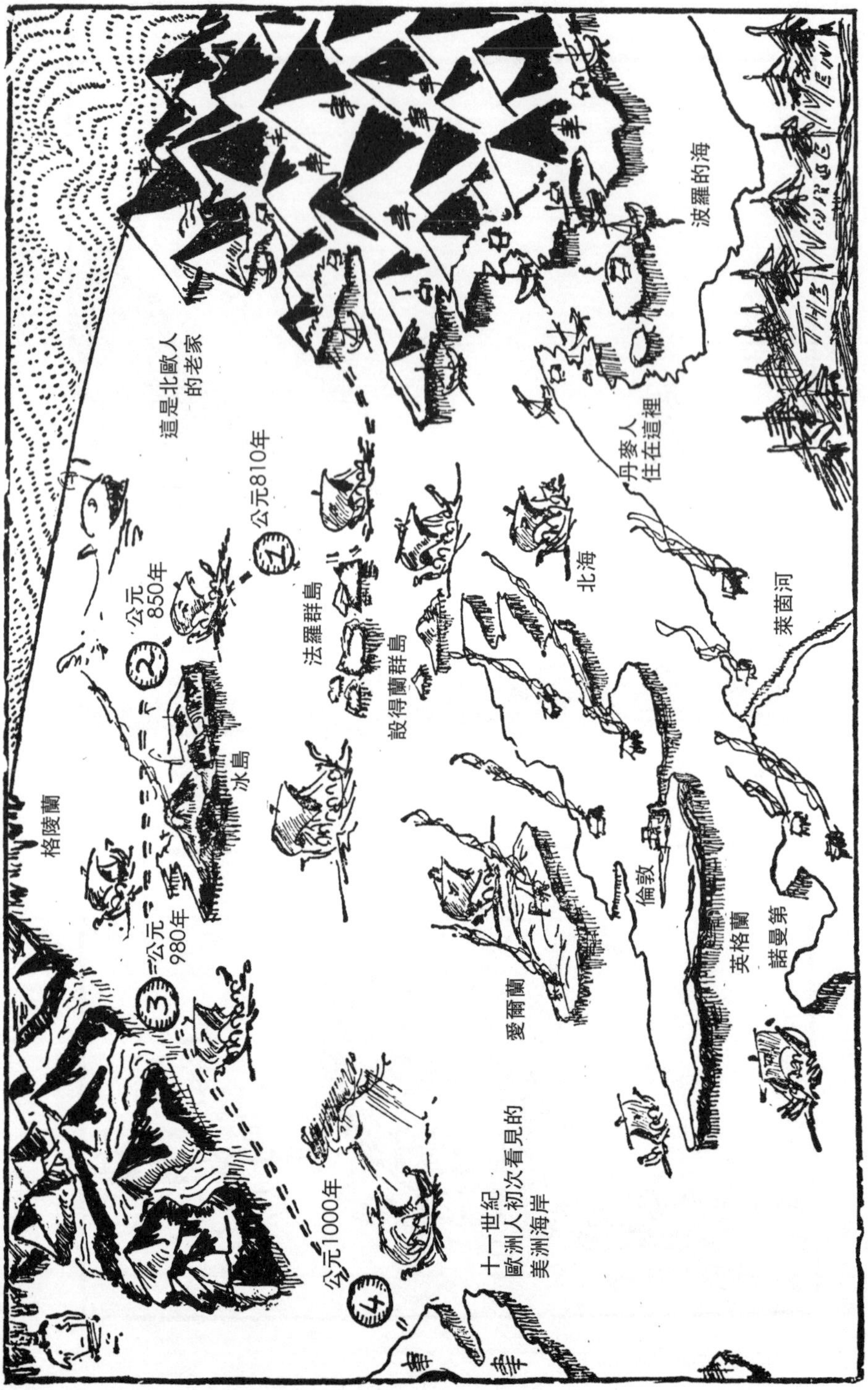
這是北歐人
的老家
公元810年
公元
850年
法羅群島
設得蘭群島
冰島
格陵蘭
公元
980年
北海
丹麥人
住在這裡
波羅的海
萊茵河
倫敦
英格蘭
諾曼第
愛爾蘭
公元1000年
十一世紀
歐洲人初次看見的
美洲海岸

北歐人的世界

活方式雖然擁有如詩般的風格，但也相當粗鄙，殘酷得令人害怕。

西元十世紀早期，維京人羅洛（Rollo）一再攻擊法蘭西海岸。法蘭西國王非常軟弱，根本無法抵抗北歐海盜，便想用賄賂的方式勸服維京人「改過自新」。只要海盜承諾不再騷擾法蘭西的其他領土，國王願意將諾曼地（Normandy）這塊地方送給他們。羅洛接受了這個條件，搖身一變成為「諾曼地公爵」。

但是，征服的熱情在羅洛子孫的血液裡持續沸騰。海峽的另一端距離歐陸只有幾小時的航程，北歐人看見了對岸英格蘭的雪白山脈與綠意盎然的大地。可憐的英格蘭，兩百年來一直都是羅馬殖民地。羅馬人離開之後，又被兩支來自什列斯威的日耳曼部族——盎格魯人與薩克遜人——殖民。接著，丹麥人奪取大多數的英格蘭領土，建立克努特王國（Cnut）。十一世紀早期，丹麥人被趕走，另一位來自薩克遜的國王「懺悔者愛德華」（Edward the Confessor）登基。但愛德華的壽命不長，也沒有留下子嗣，情況再度對野心勃勃的諾曼地公爵有利。

眺望著海峽那端的北歐人

西元一〇六六年，愛德華辭世，威塞克斯的哈洛德（Harold of Wessex）繼承了王位。諾曼地的威廉立刻越過海峽，在海斯廷斯（Hastings）戰役中擊敗並殺死了哈洛德，宣布自己成為英格蘭國王。

我曾在先前的章節告訴你，西元八〇〇年時，一位日耳曼的領主成為羅馬帝國的皇帝；一〇六六年時，北歐海盜的孫子則登上了英格蘭的王座。

真正的歷史如此精彩有趣，為什麼還需要閱讀童話故事呢？

第三十一章

封建制度

中歐世界在三面圍攻下變成了大兵營，如果沒有那些封建制度下的職業軍人與行政區治理者，歐洲早已滅亡。

我想讓你了解西元一千年時的歐洲局勢。人民極度悲觀，一旦聽到甚麼先知預言世界末日即將到來，他們完全願意接受，並且急忙湧向修道院，期望在末日審判來臨時，能夠因為自己的虔誠付出而上天堂。

在某個無法確定的日子，日耳曼部族離開了位於亞洲的家園，啟程向西邁向歐洲。由於人數上的優勢，他們成功地強行侵入羅馬帝國。日耳曼人摧毀了西羅馬帝國，但他們的大遷徙路線繞過了東羅馬帝國，後者逃過一劫，得以孱弱地延續古羅馬的光榮傳統。

西元六、七世紀的「黑暗時代」是混亂無序的日子，日耳曼人在這段期間被基督教打動了，承認羅馬主教是歐洲精神世界的領袖。西元九世紀，才幹卓越的查理曼復興羅馬帝國，攻下西歐絕大多數地區。西元十世紀，查理曼復興的帝國再度分崩離析，西半部變成法蘭西王國，東半部則是日耳曼人的神聖羅馬帝國，帝國內每個小邦的統治者都自稱是凱撒與奧古斯都的繼承者，以強調自己的合法性。

不幸的是，法蘭西國王的權力只在自己的城堡內有效，而神聖羅馬帝國裡的每個國王也會恣意公開地鄙視皇帝，這麼作有時是出於利益考量，有時單純只是為了好玩。

西歐的三角地區（請見第二十六章的〈蠻族入侵〉圖）一直暴露在三面夾攻的危機裡，而且整體情況愈來愈糟糕。可怕危險的伊斯蘭軍隊在南方，北歐人潛伏在西側海岸，東方國界只有喀爾巴阡山脈上的矮籬笆，毫無任何防禦可言，匈奴人、匈牙利人、斯拉夫人與韃靼人可以不費吹灰之力就攻入。

羅馬的和平歲月已經是古時候的事情，像是夢中的「美好舊時代」，早就永遠地消失了。他們現在的問題是「抵抗或等死」。一般來說，人民當然更傾向於挺身奮戰。受到這種環境的影響，歐洲出現了一座又一座的武裝軍營，而且亟需強而有力的領導者。國王與皇帝遠在天邊，邊陲地區的居民必須想辦法自助（西元一千年時，歐洲大多數地區都算是邊陲），因此，人民願意臣服於國王派來的治理代表，只要他證明自己可以抵抗外敵。

很快的，公爵、伯爵、男爵或主教所統治的小行政區遍布在中歐地區，其具體形式因實際情況而各有不同，這些行政區全都是能夠作戰的單位。公爵、伯爵與男爵都曾向國王宣示效忠，為了回報其忠心與上繳國庫的稅金，國王賞賜「封地」給他們，這就是「封建」的由來。但那個年代旅行不便，通訊的方式也非常落後，因此，效忠於王國或帝國的封建領主非常獨立，可以在自己的領土上享受一些國王才能擁有的特權。

如果你認為十一世紀的人反對這種政府形式，你就錯了。他們支持封建制度，因為這種政體非常務實，也是時勢所需。封建領主居住的大型石砌建築——也就是所謂的城堡，通常蓋在陡峭山壁或由兩條深深的護城河保護——一定會在領地村民的視線範圍之內，如果發生什麼危險情況，村民可以安全地躲在龐大的堡壘裡面。這就是為什麼封建時期的人會盡可能地住在城堡附近，也是許多歐洲城市起源於封建時代城堡周邊的原因。

中世紀早期的騎士不只是職業軍人，他們還要為市民提供其他服務。騎士是整個封建領地的法官，也是警察的領導者，負責追捕搶匪，保護巡遊各地做生意的小販（十一世紀的商人就是這些人）。他會細心照料城市外的堤防，不讓村子淹水（這種行為就像四千年前尼羅河流域的第一群貴族）。他鼓勵吟遊詩人四處旅行，才能讓人們聽見大遷徙時代那些偉大戰役裡的古代英雄事跡。除此之外，騎士也會保護領地裡的教會與修道院。雖然自己不能識字書寫（在當時，讀書寫字是相當沒有男子氣概的行為），但騎士會聘請一些牧師協助管理帳務，替領地內的人登記婚姻、出生與死亡紀錄等事宜。

西元十五世紀，國王變得愈來愈強大，開始想要拿回本來的權力，畢竟他們才是「神所任命的國王」。封建時代的騎士因此失去了過去的獨立地位，被降級為地方仕紳階級，不必再為民眾提供上述服務，很快就變成令人討厭的傢伙。但是，如果沒有黑暗時代的封建制度，歐洲早就灰飛湮滅了。當然，就像現代有很多壞人，當時也有些惡劣的騎士，但持平來說，十二、十三世紀那些擅長作戰的領主們都是非常努力治理的官員，提供許多相當有益的服務，是協助歐洲持續進步的最重要角色。從古埃及、希臘與羅馬時期開始，我們看見一把象徵人類學術與藝術的高貴火炬，那把火炬在中世紀的黑暗時期變成了風中殘燭，如果沒有封建時代的騎士以及他身邊的修士、牧師，歐洲文明可能已經不復存在，人類又會回到住在洞穴裡的蠻荒生活。

第三十二章 騎士制度

中世紀的職業戰士非常自然地會想要建立某種特別的組織，以便相互協助與保護，於是，騎士階級誕生了。對於騎士的起源，我們所知無幾，但這個發展解決了歐洲世界的急迫需求——在黑暗時代的五百年間，騎士的行為標準非常關鍵，有助於緩和當初的野蠻風俗，讓生活變得比較不那麼難過。來自偏遠地區的野蠻民族，長年來持續對抗伊斯蘭人、匈奴人與北歐人，因此，想要讓他們變得更為文明，其實不是容易的事情。一般來說，偏遠民族經常有種「故態復萌」的傾向，白天才宣示要遵守慈悲與善良的準則，不到傍晚就把所有俘虜殺光。時代的進步來自於緩慢而永不停止的努力，因此，事情發展到最後，就算是最沒有道德觀念的騎士，也會被迫遵守階級準則，否則就要自行承擔後果。

在不同的地區，騎士階級的行為準則也大不相同，但全都遵守「服務」與「忠於職責」的精神。中世紀的人認為，「服務」是高貴而美好的事情，例如僕人只要盡忠職守，當僕人就沒什麼好可恥的。在中世紀，生存的關鍵在於你是否可以忠誠地執行許多其實令人不甚愉快的職責，因此，「忠誠」也變成騎士另外一項重要準則。

年輕的騎士必須宣誓效忠上帝與國王，還要進一步承諾自己能夠慷慨協助更有需要的人。他發誓謙卑、謹言慎行，絕對不吹噓自己的成就，將所有蒙受苦難的人視為朋友（伊斯蘭人除外，必須見一個殺一個）。

這些誓言就像古老的摩西十誡轉換成中世紀的語言，也發展出一套複雜的言行準則。吟遊詩人口中的亞瑟王圓桌武士傳說以及查理曼的宮廷部隊，都是騎士階級的楷模。騎士們必須證明自己如同蘭斯洛（Lancelot）一般的驍勇善戰，也像羅蘭侯爵一樣忠心耿耿。他們的行為充滿榮譽感，謹慎地說出每一句優雅的詞語，如此一來，無論衣著如何簡陋，錢囊如何空虛，人們仍然會認同他們是真正的騎士。

從這個角度來說，騎士精神就像是一所學校，教導良好的行為準則，讓歐洲社會這座大機器得到了潤滑劑。如果騎士精神代表禮節，封建時代的城堡生活則讓世人明白什麼是合適的衣著與食物，如何邀請女士共舞，以及多到數不清的日常禮儀，好讓生活變得更宜人有趣。

然而，騎士制度就像人類所有的制度一樣，一旦失去了實際價值，很快就會消亡。

我在下一章會探討十字軍如何使歐洲的貿易活動甦醒，讓新生城市如繁星般遍布各地，城市居民愈來愈富有，能夠聘請品質優良的教師，此後平民百姓的地位已不在騎士之下。火藥發明之後，大舉削減騎士的武力優勢，傭兵團崛起之後，戰爭也與過去不同，不再像是棋盤對壘般講究各種細微的舉動。騎士因而成為不合時宜的荒謬存在，他們為之奉獻的理念也不再具備實際價值。人們說，高貴的堂吉訶德（Don Quixote de la Mancha）是最後一名真正的騎士，在他死後，他最珍視的寶劍與盔甲卻被賣掉，用來償還生前積欠的債務。

不知道為什麼，堂吉訶德的騎士寶劍雖然不見了，其精神卻傳到許多人身上。美國第一任總統、開國元勳華盛頓，在福奇谷裡的絕望日子裡，曾經帶著這把寶劍。英國將領戈登（Gordon）就算在喀土木之役被包圍，也不願放棄追隨自己的人，緊握著騎士寶劍而光榮戰死。

除此之外，雖然我無法向你保證情況是否真是如此，但我想騎士精神的無比力量，也讓協約國贏得了第一次世界大戰。

第三十三章 教宗與皇帝之爭

中世紀歐洲人的處境非常詭異，必須同時效忠教宗與神聖羅馬帝國皇帝，最後導致兩者之爭。

想要了解從前的人，是一件困難的事情。就算你每天親眼看到祖父，他也是活在不同世界的神祕人物。在以前的世界，人的想法、穿著與行為準則都與現代不同。我現在告訴你的故事，與二十五個世代以前的祖先有關。我猜想，如果你沒有反覆閱讀這一章，也許無法理解其中的意涵。

中世紀的平民過著非常單純的生活，而且平淡無奇。即使是自由公民，雖然能夠隨意旅行各地，也鮮少離開周圍熟悉的環境。當時沒有印刷成冊的書，只有非常稀少的手抄本，一小群勤勞的修士四處遊歷，教導閱讀、寫字以及一些算數技巧。但是，關於科學、歷史與地理等知識，卻仍然深埋在希臘與羅馬的遺跡底下。

無論中世紀的人對過去有什麼樣的認識，都來自於各種傳說故事。父親把這些故事說給兒子聽，其中會有些小錯誤，但準確程度非常驚人，保留了過去歷史的重要事實。亞歷山大曾在西元前三三〇年征服印度，過了兩千年，印度女性在教訓小孩時，仍然會說：「你若不乖，亞克斯山卓就會來抓你。」亞克斯山卓就是印度人對亞歷山大的稱呼，而他的故事仍然歷久彌新。

中世紀早期的人從來沒有看過關於羅馬歷史的書籍。現代小孩在小學三年級以前就明白的許多事情，過去的人卻一無所知。然而，羅馬帝國雖然對你來說只是一個歷史名詞，對他們來說卻是活生生的東西。他們能夠感受羅馬帝國確實存在；他們承認教宗是精神領袖，因為教宗住在羅馬，象徵羅馬超凡的權力。當查理曼、奧托大帝使世界帝國的理念重獲新生，甚至締造神聖羅馬帝國時，中世紀的人心懷感激，因為世界再度變回原本的模樣。

但是，羅馬的傳統現在有了兩個繼承者，這個事實卻讓中世紀的忠誠子民陷入兩難。中世紀政治系統背後的理論相當健全單純：普世主人（皇帝）照顧物質生活，精神領袖（教宗）關注靈魂的世界。

這種二元系統的實際運作效果非常糟糕。皇帝總是想介入教會事務，教宗也會以牙還牙，干涉皇帝的統治方式。雙方非常無禮地要求對方不要多管閒事，最後當然無可避免地引發戰爭。

在這種情況下，人民該如何是好？好基督徒必須同時服從教宗與國王，兩人卻彼此為敵。忠誠的公民應該怎麼做？同樣忠誠的基督徒又應該怎麼做？

要找到正確的答案很難。假如皇帝精力充沛，又有足夠的資金可以建立軍隊，很容易就會想越過阿爾卑斯山，前往羅馬包圍教宗，迫使神聖的教皇陛下遵守帝國的指示，否則後果自負。

更常出現的情況卻是教宗更為強大，無論是皇帝、國王或麾下子民都有可能被逐出教會。這代表那裡所有的教堂都會大門深鎖，沒人可以受洗，死者也無法得到赦免——簡言之，中世紀政府的半數功能都會停擺。

更甚者，教宗會要求人民放棄對國家的忠誠，起身反抗統治者。假如人民聽從遠在天邊的教宗諭令，卻遭到國家逮捕，就會被封建領主吊死。這當然也不是快樂的結局。

因此，可憐的中世紀人民陷入艱難的局勢，最慘烈時莫過於十一世紀下半葉。當時日耳曼皇帝亨利四世與教宗格列哥里七世進行兩次戰爭，時間長達將近五十年，卻沒有改變任何事情，只破壞了歐洲和平。

十一世紀中葉，教會發生了一次激烈的改革。在這之前，遴選教宗時沒有任何常規可循，為了讓下一任教宗能夠任憑自己擺布，神聖羅馬帝國的皇帝會在選舉期間經常造訪羅馬，想要發揮影響力，好讓自己的「朋友」更有機會當選。

西元一〇五九年，局勢變得不同了。教宗尼可拉斯二世下諭令，要求羅馬與鄰近區域的主教與副主教組成所謂的「紅衣主教團」，集結所有傑出的教會人員（「紅衣」這個字的原意就是「傑出卓越」），擁有遴選下一任教宗的大權。

西元一〇七三年，紅衣主教團選出來自托斯卡尼一個普通家庭的希爾德布蘭（Hildebrand）作為新教宗。希爾德布蘭成了教宗格列哥里七世。格列哥里七世精力無窮，相信自己的神聖教會權力建築在信念與勇氣的巨石之上。在格列哥里的心中，教宗不只是基督教會的領袖，也是塵世所有事務的最高主人。既然教宗能夠加冕日耳曼人，使其成為尊貴的帝國皇帝，當然也可以罷黜他們。教宗也有權否決公爵、國王與皇帝頒布的法令，但如果有任何人想要質疑教宗諭令，就要讓他們了解可怕的後果會有多麼迅速降臨。

格列哥里七世派出信使，通知歐洲所有國家的統治者必須徹底明白並且遵守教宗的新法令。征服者威廉同意遵守，但是，自從六歲開始就持續與國內諸侯鬥爭的亨利四世則不打算屈服。他召集日耳曼主教群，指控格列哥里七世明目張膽犯了許多罪，在沃爾姆斯舉辦的帝國會議上罷黜了格列哥里的教宗地位。

格列哥里七世決定反擊，先將亨利四世逐出教會，再要求日耳曼的諸侯與國王罷黜這個不值得信任的皇帝。日耳曼諸侯國王樂於擺脫亨利四世，期盼教宗前來奧格斯堡協助他們選出新皇帝。

格列哥里離開羅馬，向北出發，前往日耳曼地區。亨利四世不是傻瓜，早就知道自己的地位已經岌岌可危，用盡一切方法也要與教宗和解，更必須畢其功於一役。在寒冷的冬天，亨利四世打扮成一名充滿悔意的朝聖者（裡面穿了溫暖的毛衣），越過阿爾卑斯山，火速前往教宗休憩的嘉諾撒城堡，從一〇七七年一月二十五日至一月二十八日，他站在城堡外等了整整三天。教宗終於允許亨利四世進城，原諒他犯下的罪行。但亨利

亨利四世在嘉諾撒城外

四世的懺悔並未維持多久，一回到日耳曼馬上故態復萌，於是又被逐出教會，日耳曼主教也第二次罷黜格列哥里七世。這一次，亨利四世再度橫越阿爾卑斯山，卻率領了日耳曼大軍，包圍羅馬城，迫使格列哥里七世逃向薩萊諾，最後死在那裡。但是這次激烈的衝突沒有改變任何局面，等亨利四世回到日耳曼之後，教宗與皇帝間仍然鬥爭不休。

不久之後，霍亨斯陶芬（Hohenstaufen）家族統治日耳曼帝國，獨立地位更勝於過去的統治者。格列哥里曾經宣稱教宗高於所有的國王，因為審判之日來臨時，教宗要替所有人類羔羊的行為負責，而在上帝的眼中，國王也只是一位虔誠信徒而已。

綽號「紅鬍子」的霍亨斯陶芬國王腓特烈一世為了反駁格列哥里，進而主張在歷史的傳統中，上帝將帝國交給皇帝，所以皇帝的統治權來自於上帝。羅馬帝國的領土本來就包括義大利與羅馬，所以紅鬍子打算發動一場戰役，藉此收復「失落的國土」。但是，紅鬍子參加第二次十字軍東征時意外在小亞細亞淹死，他的兒子腓特烈二世是一位聰明的年輕人，年幼時就曾在西西里島接受伊斯蘭文明的薰陶，決定繼續完成父親的戰爭。教宗指控腓特烈二世為異端，他也確實十分瞧不起粗鄙無文的歐洲北部基督教世界，還有那些愚蠢的騎士和狡滑的義大利主教。但腓特烈二世謹言慎行，參與十字軍東征，從異教徒手中收復耶路撒冷，順理成章地獲選為耶路撒冷國王。但此番成就還無法讓教宗滿意，教宗決定罷黜腓特烈二世，將其財產（包括西西里島）賜給安茹的查理，此人是法國路易國王（後來成為著名的聖路易）的兄弟。教宗的舉動帶來更多戰爭。霍亨斯陶芬家族最後一位成員康拉德五世（康拉德四世之子）決定收復國土，但他在那不勒斯戰敗，遭到斬首。二十年後，獲得西西里島的法國人因為施政不佳引發民怨，在「西西里晚禱」事件中被義大利人殺光，當地陷於血腥衝突之中。

城堡

雖然教宗與皇帝之爭從未停止，但不久之後，雙方也明白了最好不要干預彼此。西元一二七三年，來自於哈布斯堡的魯道夫（Rudolph）登上皇帝大位，但沒有前往羅馬接受加冕。教宗也未反對此事，反而就此不再干預日耳曼地區事務。雖然，雙方的舉動帶來了和平，卻也代表過去兩百年的鬥爭沒有任何意義，原本可以用來好好整治國內事務的時間全都浪費掉了。

這場邪惡的風暴沒有讓雙方獲得任何好處，但是，義大利的城市在這段期間小心翼翼地遊走在雙方之間，力量早已茁壯，同時獨立於皇帝與教宗之外。十字軍東征的熱潮掀起時，義大利城市為幾萬名飢渴吵鬧的朝聖者完成艱鉅的運輸任務。十字軍東征結束時，義大利城市早已用磚石和金錢建立起堅強的防禦，足以同時抵抗教宗與皇帝。

教會與羅馬帝國彼此鬥爭，而冷眼旁觀的第三人——中世紀的城市——卻得到了最後的好處。

第三十四章

十字軍

土耳其人占領玷污了聖地，嚴重地妨礙東西方貿易。這讓皇帝與教宗化解一切恩怨，歐洲世界發動了十字軍東征。

基督徒與穆斯林維持了三個世紀的和平，只有在西班牙與東羅馬帝國地區還會發生衝突，因為這兩個地方是通往歐洲的大門。西元七世紀，伊斯蘭人從基督教軍隊手中奪下敘利亞。穆斯林認為耶穌雖然比不上穆罕默德，但還是一名偉大的先知，所以不曾干預任何想要造訪聖海蓮娜教堂的朝聖者。海蓮娜是君士坦丁皇帝的母親，她將這座教堂建在耶穌聖墳之上。西元十一世紀初，韃靼部族從亞洲荒野來到這裡，這些土耳其人最後成為西亞伊斯蘭國家的統治者，寬容的時代就此劃下句點。土耳其人從東羅馬帝國手上奪走整個西亞，更進一步阻礙了東西貿易。

東羅馬帝國當時的皇帝是阿萊克修斯（Alexis），原本很少與西邊的基督教鄰居來往，但是受到土耳其人攻擊時，也不得不向他們求助。阿萊克修斯提出警告，土耳其人一旦攻下了君士坦丁堡，就會對歐洲世界形成另一股巨大的威脅。

許多義大利城市國家當時已在小亞細亞以及巴勒斯坦的海岸線附近建立了殖民地，擔心自己的財產受損，因而決定向帝國通報土耳其人的恐怖事蹟，還有基督教徒如何受苦的故事，使歐洲人大為震驚。

時任教宗的烏爾班二世（Urban II）來自法國漢斯，跟格列哥里七世一樣曾在克呂尼修院受教育。烏爾班二世認為，現在該是採取行動的時候了。當時，歐洲的生活環境令人十分不滿意，古羅馬傳下來的原始務農方法一成不變，造成長期的糧食短缺。失業與飢餓問題容易導致人民的不滿與抗爭，而西亞地區能夠養活幾百萬人，可以作為完美的移民地點。

在西元一〇九五年的克萊蒙會議上，教宗站起身來講述異教徒如何蹂躪聖城的土地，接著告訴大家這片土地從摩西的年代以來就盛產甜美的牛奶與蜂蜜，他努力勸說法蘭西的騎士與歐洲人應該離開妻小，踏上征徒，將巴勒斯坦從土耳其人手上奪回來。

宗教狂熱席捲整個歐洲，所有人都不再理性思考，放下工作用的榔頭與鋸子，走出商店，就近走上通往東方的道路，去那裡殺死土耳其人。少年人離開家園前往巴勒斯坦，想用年輕稚嫩的熱情以及虔誠的基督教信仰，讓可怕的土耳其人俯首稱臣。但是，將近九成的狂熱民眾根本沒有抵達聖地，他們沒有錢，被迫在路上乞討、偷竊，否則就會活不下去。他們變成危險分子，被憤怒的當地居民殺死。

第一波十字軍是龍蛇混雜的烏合之眾，其中包括虔誠的基督教徒、積欠債務的破產人、一貧如洗的貴族以及被法院通緝的逃犯。他們追隨半瘋的隱士彼得（Peter the Hermit）與窮鬼沃爾特（Walter-without-a-Cent）踏上對抗異教徒的旅程，卻在途中屠殺所有遇見的猶太人，最後只抵達匈牙利，在那裡全軍覆沒。

教會因此得到教訓，明白光憑熱情無法解放聖土，組織的重要程度不亞於良好的動機與勇氣。因此，教會花了一年訓練二十萬人，讓他們穿上武裝。由布永的戈弗雷、諾曼地的羅伯公爵、法蘭德斯的羅伯以及其他貴族擔任將領，他們全都是訓練有素的戰士。

西元一〇九六年，十字軍再度遠征。在君士坦丁堡，這群騎士向皇帝致敬（正如我先前所說，羅馬傳統雖已滅亡，皇帝貧窮而毫無權力，但人民仍然相當尊重他）。隨後，十字軍抵達亞洲，殺死所有被逮捕的穆斯林，如暴風般橫掃耶路撒冷，屠盡所有居民，大步邁向耶穌聖墳，在那裡流下了充滿虔誠與感激的淚水。土耳其援兵火速抵達，奪回了耶路撒冷，反過來殺光所有基督教的虔誠追隨者。

在隨後的兩個世紀裡，十字軍一共進行了七次東征，在旅途中學習各種科技。但是，漫長的陸上旅行過於沉悶無聊，也太危險。因此，十字軍想要越過阿

十字軍第一次東征

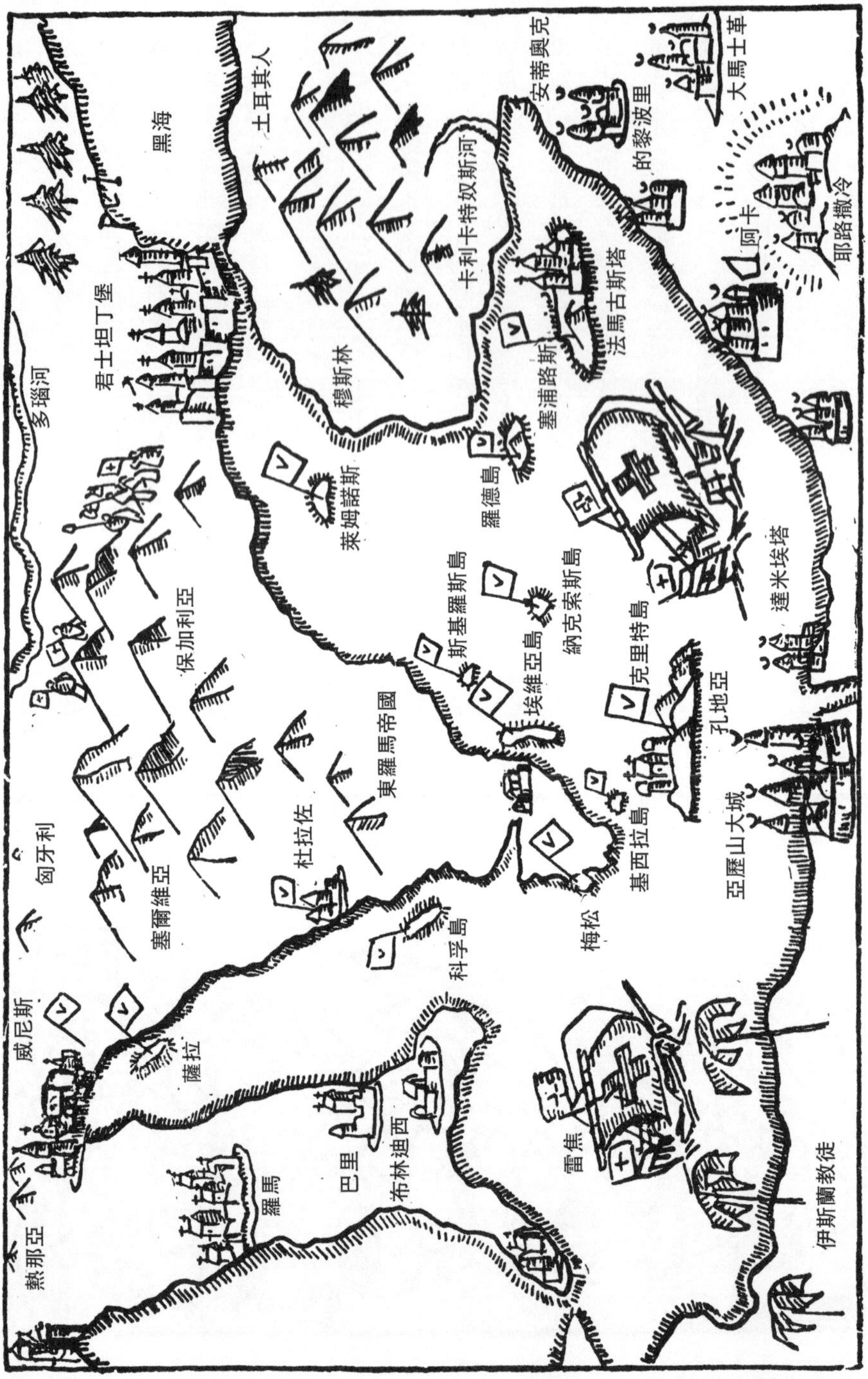
黑海
土耳其人
安蒂奧克
大馬士革
的黎波里
卡利卡特奴斯河
君士坦丁堡
多瑙河
穆斯林
法馬古斯塔
塞浦路斯
羅德島
阿卡
耶路撒冷
萊姆諾斯
斯基羅斯島
納克索斯島
保加利亞
埃維亞島
克里特島
達米埃塔
孔地亞
東羅馬帝國
亞歷山大城
基西拉島
杜拉佐
匈牙利
塞爾維亞
科孚島
梅松
威尼斯
薩拉
巴里
布林迪西
雷焦
熱那亞
羅馬
伊斯蘭教徒

十字軍的世界

爾卑斯山，前往熱那亞與威尼斯，從那裡搭船航向東方世界。熱那亞人與威尼斯人藉由橫渡地中海的運輸生意賺取了相當可觀的利潤。他們收費高昂，如果十字軍付不出來（這些人通常都沒什麼錢），義大利的投機商人會相當「仁慈」地讓十字軍「以工代償」。為了支付從威尼斯到阿卡的旅費，十字軍必須多次替船主作戰。藉由這種方式，威尼斯大幅拓展了在亞得里亞海與希臘沿岸的領地，包括雅典、賽浦路斯、克里特以及羅德斯島。

這樣的發展無助於解決聖地問題。第一次宗教熱潮過後，教養良好的年輕人全都必須短暫參與十字軍，當作完人教育的一部分，畢竟參軍前往巴勒斯坦的名額也從不曾額滿。但是過去的那種宗教狂熱已經消散了，早期十字軍內心那種對東羅馬帝國與亞美尼亞的熱情，以及對伊斯蘭人的痛恨，都徹底轉變了。他們開始鄙視拜占庭帝國的希臘人，認為希臘人經常背叛基督教信念，欺騙十字軍去打仗，至於亞美尼亞人與黎凡特部族也好不到哪裡去。十字軍開始轉而欣賞敵人的美德，伊斯蘭人是相當可敬的對手，而且非常慷慨公正。

十字軍攻占耶路撒冷

當然，他們不會公開說出這些想法。但是，等到十字軍回家之後，他開始模仿起異教敵人的言行舉止，相形之下，西方世界的騎士就像是鄉下來的土包子。十字軍也帶回了一些新的食物，像是桃子與菠菜，菜園變得多采多姿，讓生活愈來愈美好。他決定放棄野蠻的穿著習慣，脫下盔甲，換上飄逸的絲質或純棉袍子。這種衣服來自土耳其，原本是先知穆罕穆德追隨者的服裝。十字軍遠征的原始目標是懲罰異教徒，現在卻成了成千上萬歐洲年輕人的文明饗宴。

從軍事與政治的角度來說，十字軍東征相當失敗。耶路撒冷與許多城市依然被伊斯蘭軍隊占領，雖然十字軍曾經在敘利亞、巴勒斯坦與小亞細亞地區建立了十幾個王國，最後仍然被土耳其人攻陷。西元一二四四年後，耶路撒冷已經徹底變成土耳其人的城市，跟西元一〇九五年相比，基督教聖地的慘況完全沒有任何改變。

但歐洲卻經歷了一場天翻地覆的改變。西方人短暫一瞥東方世界的美麗與光芒之後，歐洲的陰鬱城堡再也無法滿足人心。他們想要更寬闊的生活。無論國家或教會，都無法滿足這件事情。

最後，歐洲人在城市裡找到了答案。

十字軍的墳墓

第三十五章

中世紀的城市

中世紀的人說：「城市才有自由的空氣。」

中世紀早期是開拓與定居的時代。在遙遠的羅馬帝國東北國境之外，有遼闊的森林、山地與濕地，那裡的新部族強行進入西歐平原，奪走了大多數土地。自古以來，所有的探索者都是馬不停蹄的人，他們喜歡一直有事可作，例如砍下森林裡的樹木，或者用同樣猛烈的力道在戰鬥中割斷彼此的喉嚨。他們堅持擁有「自由」，喜歡趕著羊群，行經多風的草原，享受山野新鮮空氣灌入肺部的感覺。如果他們不喜歡目前的家園，就會拔起營帳的木樁，啟程尋找下一場冒險旅程。幾乎沒人想要住在城市裡。

承受不了這種生活的弱者終究會死，只有堅毅不拔的戰士，以及勇敢到能夠追隨男人過這種生活的女人，才有辦法生存下來。這種情況造就了一支強壯的民族，他們不在乎生活是否優雅，沒有時間拉小提琴或寫詩，更不愛討論事情。村子裡的祭司就是「讀過書的男人」（在十三世紀中葉之前，如果男人能夠識字書寫，就會被批評為「娘娘腔」），他負責處理的事情都沒有什麼實際價值。日耳曼部族的領袖，例如法蘭克人的男爵、諾曼地人的公爵（無論其封號是什麼）占領了曾經屬於偉大羅馬帝國的領土，那些地方還有昔日榮光所留下的遺跡，這些人在遺跡上建立起自己心中的完美世界，因而心滿意足。

他們盡心盡力地管理城堡與領土周遭的大小事，也像凡人一樣虔誠服從教會的戒律。他們充分表達對國王或皇帝的忠誠，藉此建立雙方的良好關係，統治者雖然遠在天邊，但永遠都是潛在的危險。簡單地說，他們想要做對的事情，盡量公平對待鄰居，但不會太過於違背自己的利益。

他們知道這不是完美理想的世界。大多數的人都是屬於封建主的農奴，是土地財產的一部分，地位如同牛群、羊隻，他們確實就在這塊土地上跟牛羊睡在一起。他們的命運雖然不是非常好，但也沒有特別壞，可是，他們又能怎麼辦？統治中世紀世界的上帝已經對於一切作了最好的安排，沒有人膽敢質疑這一點。如果上帝的智慧決定世上必須有騎士與農奴之分，虔誠的教會子民就不可以質疑這種安排。因此，他們不曾埋怨。如果農奴操勞過度，會像缺乏照顧的牛一樣死掉，這個時候，封建領主也會趕緊做點什麼事情來改善農奴的生活環境。如果世界的進步必須仰賴這群農奴與封建領主，也許直到二十世紀的現代，我們仍然會過著同樣的生活：牙痛的時候，不但輕視、憎恨想用科學方法幫助我們的牙醫，還會念咒語來止痛，那些科學很有可能來自於伊斯蘭或者其他異端文明，中世紀的人認為那種東西既邪惡又沒有用處。

等你長大就會明白，許多人不相信「進步」，他們會以現代人的諸多可怕行為作例子，證明「世界從未改變」。但我希望你不要把他們說的話放在心上。正如你所知，人類的祖先花了一百萬年才學會用後腿走路，再用了好幾千年，才把動物般的咕嚕聲發展成能夠理解的語言。書寫技藝保存了人類的理念，裨益未來世世代代的人。沒有書寫，就沒有進步，但人類發明書寫也只不過是四千年前的事情而已。在你們祖父的年代，想要馴服大自然的力量，使其成為人類忠誠的僕人，其實仍然是相當新潮的想法。因此，對我而言，人類正在用難以察覺的速度慢慢進步。或許，我們有些過於重視身體舒適。隨著時間的進步，人類可能就會開始處理無關健康、工資、管線與機器等事物的其他問題。

請你不要對「昔日美好的時光」懷抱太過美麗的想像。許多人只看見中世紀留下的美麗教堂以及偉大藝術作品，就開始雄辯滔滔地用一千年前的城市來批評現代文明的醜陋。他們認為，現代文明匆促吵鬧，大卡車散發出邪惡的難聞氣味。實際上，中世紀的教堂周圍都是可悲的小房子。相形之下，現代的簡陋公寓看起來就像是豪華的宮殿。年輕而高貴的圓桌騎士蘭斯洛以及帕西法爾在尋找聖杯時，當然不會聞到汽油的臭味。但在中世紀，他們會聞到生活環境散發出來的其他味道——街上的腐敗垃圾，主教宮殿旁的豬圈，還有一些人穿著祖父留下的衣帽，從來都不知道怎麼使用肥皂洗澡。我不想讓你看見一幅令人不舒服的圖像。但是，你可以在古代編年史中讀到一些事情，例如，法蘭西國王從宮殿窗戶往外看，卻被巴黎街道上的豬隻臭味薰到昏厥，古代手抄本也記載了瘟疫與天花盛行的情況。於是，你會明白「進步」不只是現代廣告人的口號。

如果沒有城市，過去六百年就沒有任何進步。因此，我決定讓這一章的篇幅稍微長一點。這些內容太重要了，無法濃縮到三、四頁的篇幅，也不能只談重大的政治事件。

古埃及、巴比倫以及亞述都是屬於城市的世界。希臘本身就是城邦國家。腓尼基的歷史與賽達、泰爾兩座城市有密切關聯。羅馬帝國則是羅馬城的「領土」。書寫、藝術、科學、天文、建築、文學與劇場——無止盡的文明成就——都是發源於城市。

四千多年來，我們把看起來就像蜂窩一樣的木頭建築群稱為城市，它是世界的核心。隨後，歐洲迎接了大遷徙時代，羅馬帝國毀滅，城鎮被火焰摧毀，歐洲世界再度被從事放牧與小型農業的鄉村所占據。等到黑暗時代，歐洲文明的發展猶如陷入了休耕期。

十字軍為新文明準備好了土壤，豐收的時候到了，而甜美的果實屬於自由城市的公民。

我曾經向你說過城堡與修道院的事情，還有其周圍的沉重石牆——那是騎士與修士的家園，他們守護百姓的身體與靈魂。因此，你也能夠明白一些工匠（肉販、麵包師，有時候是製造蠟燭的人）為什麼會搬到城堡附近，以便滿足領主的生活需求，在危機來臨時，也能獲得保護。有時候，封建領主雖然會允許百姓在房子周遭搭起柵欄，作為保護措施。實際上，他們的生命仰賴於城堡諸侯的善良意志。領主踏出城堡的時候，居民在他的面前跪下，親吻領主的手。

十字軍東征之後，許多事情隨之改變。大遷徙使歐洲的人口重心從東北移轉到西方，十字軍再讓百萬名歐洲人從西方移動到高度文明化的東南方。小村莊的四面圍牆再也無法遮蔽整個世界，他們開始欣賞更美麗的衣裳、更舒適的房子、新穎的碗盤以及神祕東方的各種產物。他們回到故鄉之後，還是堅持使用那些東西。背著商品的小販是黑暗時代唯一的商人，他們開始販售各種新奇商品，添購了一台手推車，聘請幾位曾經參與十字軍東征的人保護自己，以免因為國際戰爭之後的犯罪潮而蒙受損失，才能夠用更現代化的方式，經營更大規模的貿易。小販的職業生涯並不輕鬆，只要進入另外一位領主的地盤，就必須支付過路費與稅金。但生意的利潤很好，所以他會繼續做這門生意。

某些精力充沛的小販發現，自己可以在家裡製作某些商品，就不需要仰賴進口了。於是，他們把房子的某個角落改建成作坊，不再做買賣生意，轉型為製造商。他們不只把產品賣給城堡領主，還有鄰近修道院的院長，甚至出口到鄰近的村莊，領主與修道院會以農地上的產品支付報酬，例如雞蛋、葡萄酒、蜂蜜（在早期的日子裡，蜂蜜可以用來當作糖）。但偏遠城鎮的平民只能使用現金交易，因此，製造商與商人開始獲得一些黃金。如此一來，也完全改變了製造商與商人在中世紀早期的社會地位。

你一定很難想像沒有金錢的世界。在現代城市裡，人如果沒有錢，就活不下去。你必須整天攜帶一點錢，才能夠支付日常費用：搭車需要五分錢，吃飯得花一塊錢，晚報價格則是三毛錢。但是，對於中世紀的人來說，可能從出生到死亡都沒見過錢幣這種東西。希臘羅馬時期生產的金銀還深埋在遺跡底下，羅馬帝國瓦解後的移民遷徙世界是農業時代，每個農夫都會生產足夠的穀物、綿羊與牛隻來滿足自己生活所需。

中世紀的騎士是鄉村仕紳階級，很少需要用現金購買生活必須用品。他擁有的領土就能生產足夠的東西，可以滿足家族成員的吃喝溫飽。就連搭建住宅的磚石，也都取自於鄰近的河流，房屋大廳的木材則來自遼闊的森林。少數必須仰賴外部進口的東西，則採用以物易物的方式進行交易，像是蜂蜜、雞蛋或木柴。

然而，十字軍東征用非常激烈的方式打亂了老式農業生活的步調。如果希爾德斯海姆（Hildesheim）公爵想要前往聖土，必須旅行數千英里，沿途要支付過路費還有住宿費用。如果一直待在家裡的話，他能夠用農田的產物來支付生活所需，但是，公爵不可能帶著幾百顆雞蛋或者一整車的火腿出門旅行，用來支付貪婪的威尼斯商人以及布倫納當地的旅館老闆，這些人堅持只收現金。於是，偉大的公爵必須在旅途上攜帶少許的黃金。他要到哪裡去找這些黃金？他可以向倫巴底人的後裔借貸，他們的職業就是放款，坐在交易桌後面（那張桌子叫做「banco」，也就是英文的「bank」），滿心歡喜地看到公爵來訪。公爵以土地作為抵押，向倫巴底人借了一些黃金。倘若公爵在旅行的途中被土耳其人殺了，無法償還黃金，那些土地就要補償給倫巴底人。

對於借錢的領主來說，這種生意相當危險，倫巴底人最後一定會搶光他的財產。身為騎士階級的領主如果破產了，只好受雇成為戰士，替鄰近的另外一位領主工作，因為後者處理事情更為謹慎，沒有犯下同樣的錯誤，還擁有更大的權

城堡與市鎮

力。

領主也可以到城裡的猶太區（他們被迫只能住在某個區域），用將近五十％或六十％的利率借錢。這當然也是相當不明智的舉動。不過他們還有什麼選擇？城裡的某些平民據說擁有一些現金。他們與領主從年輕時就彼此認識。平民的父親與公爵的父親也是好朋友，這件事情一定很好商量。很好！領主的書記人員（也就是當時的修士）負責管理帳目，於是寫了一封信，送給當地最知名的商人，要求借貸一點款項。城鎮居民在珠寶商人的房子裡聚會，討論領主的要求。珠寶商人平常替教會製作聖杯，他們當然無法拒絕領主，但就算要求領主支付利息也沒用。首先，基督教禁止信徒向人收取利息；其次，領主只能用農產品來償還，但這些平民都在務農，早就擁有足夠的農產品了。

「只不過，」坐在椅子上的裁縫師說話了，這些日子以來，他都非常安靜，但這個時候聽起來卻像是一位哲學家：「如果我們要求他回報一點好處呢？我們都喜歡釣魚，但那條河是領主的，他不准我們釣魚。我們給他一點錢，要求他寫一張保證書，允許我們可以隨心所欲地在河邊釣魚。如此一來，他可以拿到錢，我們也可以釣魚，大家都開心。」

領主當天就同意這個提議（聽起來似乎是非常容易取得現金的方法），簽下了文件，卻不知道這是割讓自己權力的死亡契約。他的書記官擬定同意書，領主不會寫字，於是採取蓋印的方式表示同意。隨後，領主就啟程前往東方了。兩年之後，領主回家，卻變得一貧如洗。他看見成群居民在城堡的大池塘邊靜靜地釣魚，領主非常不悅，於是要求侍從趕走那些人。村民當場離開了，那天夜晚，商人代表團拜訪城堡，彬彬有禮地恭賀領主安全回家，也對於村民釣魚的行為表達歉意。但是，他們提醒領主或許還記得那位提出協議的裁縫師。當初，領主本人親自同意平民可以自由自在地釣魚，那份協議，也一直都放在珠寶工人家中的保險箱。

領主大人非常不悅，但又一次迫切需要金錢。他在外旅遊時，簽下了某些文件，現在落到知名銀行家薩爾韋斯特羅・德・麥地奇（Salvestro dei Medici）手裡。這些文件就是「本票」，再兩個月就到期了，總金額是三百四十五鎊的金幣。在這個情況下，高貴的騎士領主不能坦率地表達心中的怒火與其驕傲的靈魂。相反的，他想要跟城市裡的商人再次借款。於是商人們回家討論相關事宜。

三天之後，商人回到城堡，表示願意借錢給領主。他們非常樂於在領主有難時伸出援手，但領主取得三百四十五鎊的黃金硬幣之後，是否願意簽署一份成文協議（合約），允許城鎮居民可以建立自己的議會，讓所有的商人與自由公民選出議員，能夠決定各種公民生活事宜，而不受城堡方的干預？

領主大人非常憤怒。但是，話又說回來，他非常需要金錢，也只好答應簽署協議。一個星期之後，領主覺得後悔，召集士兵前往珠寶商人的家，要求他交出文件。領主大人可是在備受壓力的情況下，才會被這些狡猾的子民誘騙。領主把文件帶走之後，放火燒了那些東西，城鎮居民站在旁邊目睹一切，什麼都沒說。但是，等到領主需要添購女兒的嫁妝時，再也借不到任何錢了。在珠寶商人家的事件之後，領主的信用破產，

鐘塔

中世紀的城鎮

被迫變得謙虛，並且承諾做出補償。城鎮的居民拿回了過去的協議，還成功取得了一張新的合約，允許他們建造「市政廳」以及一座高塔，用來保存文件，以避免砲火或小偷帶來的損失。在這之後，領主大人才得到第一筆應急的款項。事實上，居民的舉動就是要避免領主與其武裝侍從未來可能採取的暴力行動。

這就是十字軍東征之後的幾個世紀內慢慢出現的事情。權力核心循序漸進地從城堡移轉到城鎮，雙方在這段期間也發生了幾次鬥爭。一些裁縫師與珠寶工人被殺了，另外一些城堡則是在戰火當中毀滅。但這種情況並不常見。在大多數人都沒有察覺的情況下，城鎮變得愈來愈富有，封建領主則逐漸失去財富。為了維持財富，領主被迫簽署各種承諾公民自由的文件，才能持續獲得金錢。城市愈來愈壯大，甚至建造了避難所，收留在城堡裡工作多年之後重獲自由的農奴。城市也成為最有活力的地方。城市居民相當自豪，在市集旁建立了教會與公共建築，藉此展現自己握有的權力。幾個世紀以

火砲

前，他們還在市集交換雞蛋、綿羊、蜂蜜與鹽巴。他們想讓孩子過更好的生活，就聘請修士到城市裡教書；他們聽說某個藝術家可以在木板上創作，就以金錢提出邀約，詢問藝術家是否願意來城市裡，用聖經上的內容為題材，替他們的教堂與市政中心作畫。

在這個時候，領主大人待在冷風陣陣的陰鬱城堡裡，看著繁華的城市，後悔當初簽下了割讓主宰地位與特權的第一份文件。領主已經沒有希望了。城市人民坐擁財富，再也不把領主當一回事。人民早已自由，緊握得來不易的成果。他們為此奮鬥了十個世代。

第三十六章

中世紀的自治

城市居民如何在國家議會中主張自己的權利呢？

人類還是四處遊蕩的游牧民族時，所有人都是平等的，必須共同負責保衛所有人的福祉與安全。但是，他們現在定居了，有些人變得有錢，另外一些人比較貧窮。那些不需要工作養活自己，進而能夠專心奉獻於政治世界的人，自然而然就會承擔起統治的責任。

在埃及、美索不達米亞、希臘與羅馬的故事中，我已經讓你看到上述事件的經過。西歐地區的日耳曼人重返秩序生活之後，也發生了類似的事情。一開始，西歐的統治者是一名皇帝，在日耳曼羅馬帝國裡，七、八名重要的國王會共同推舉一位人選成為皇帝。皇帝的權力看似很大，但實際上非常有限。實際的統治者是國王，但他們的大位也搖搖欲墜，日常治理則取決於數千名的封建領主。他們的子民是農夫或農奴。當時的城市數量不多，也沒有所謂的中產階級。西元十三世紀，在消失了將近一千年之後，新的中產階級終於出現了，那就是商人。他們再度登上歷史舞台，準備崛起掌權。正如我們在上一章談到的，這件事情也代表城堡勢力的衰退。

迄今為止，負責治理領土的國王，只需要滿足貴族與主教的需求。但十字軍東征之後帶來的貿易與商業新世界，迫使國王必須關注中產階級的存在，否則就要承擔國庫日漸空虛的後果。早知結果如此，高貴的領主大人當初如果聽從自己內心的聲音，不要去跟城市居民打交道，也不會變成這樣。但他們克制不了自己，吞下了裹著糖衣的毒藥。不過，領主當然也不是毫無抵抗的。

由於英格蘭的獅心王理察（Richard the Lion Hearted）隨十字軍出征（他確實到過聖地，但大多數時間都被關在奧地利的監獄裡），於是由理察的兄弟約翰承擔治國責任。約翰在戰鬥方面雖然比不上理察，不過兩人的治理能力之差，可說是並駕齊驅。剛開始攝政時，約翰就失去了諾曼地與法蘭西地區的多數領土。隨後，約翰與教皇英諾森三世起了爭執（英諾森三世是霍亨斯陶芬家族的頭號大敵），約翰因此被逐出教會，就像兩個世紀之前教皇格列哥里七世驅逐亨利四世一樣。西元一二一三年，約翰被迫屈辱求和，再度令人想起一〇七七年的亨利四世。

約翰沒有因此灰心喪志，反而繼續濫用統治權，直到旗下諸侯無法忍受，把攝政王約翰關起來，強迫他承諾好好治理，絕對不會干預諸侯自古以來就擁有的各種權利。這些事情發生在泰晤士河畔倫尼米德村附近的小島上，時間是西元一二一五年的六月十五日。約翰簽署的文件叫做《大憲章》，內容並無推陳出新之處，而是以簡短、直接的句子，重新聲明英國君王自古以來的職責，列舉諸侯擁有的權利。就算有提到人民（農民）的普遍權益，篇幅也相當少，卻保障了崛起中的商人階級之安全。這份歷史文件相當重要，因為它比過去的文獻更清楚地定義了君王的權利。但《大憲章》仍然是一份純粹的中世紀文獻，沒有提到普世人權，除非剛好某人是屬於諸侯的財產，就會連帶受到保障，一如諸侯擁有的森林與牛隻不得遭受皇家林務管理人員的侵犯。

幾年之後，我們卻開始在英國議會中聽見了不同的聲音。

約翰曾經莊嚴地承諾要遵守《大憲章》，但這個人十分糟糕，馬上就違背了《大憲章》中的許多承諾。幸運的是，約翰很快就死了，繼位的是其子亨利三世。亨利三世被迫重新承認《大憲章》的地位。就在這個時候，外出參加十字軍東征的理察叔叔害英國積欠了一大筆款項，英王亨利三世詢問議會是否能提供借款，用來償還債主。擔任國王議員的大地主與主教無法提供所需的黃金與白銀。於是，英王下令召集幾位城市代表參與皇家議會。西元一二六五年，英國城市代表首次出現在皇家議會裡，但他們的角色只是財務專家，不能參與討論一般國家大事，只能對稅務問題發表意見。

但是，逐漸有許多不同的問題都會找這些平民代表商量，由貴族、主教與城市代表組成的會議也逐漸演變成常態性的國會（parliamnet），法文稱之為「où l'on parlait」，意思是「在國家決定重要的事情之前，讓人民討論的地方」。

跟一般人認知的有些不同，像這樣讓人民廣泛提出建言，並且擁有一定執行權力的機構，並非英國首先創造，甚至於，由「國王與其議會」統治的形式，也不僅限於英格蘭群島，其實在歐洲各地都可以看見這種政體。例如，法蘭西的王權在中世紀之後急遽擴張，使「議會」的影響力趨近於零。西元一三〇二年，法國城市代表首次進入國家議會，但一直等到五個世紀之後，「議會」才強大到能夠保障「第三階級」（也就是現代人口中的中產階級）的權利，進一步打破國王的專擅局面。法蘭西人隨即決定要討回損失掉的這段時間，於是在大革命期間罷黜國王、教士與貴族，讓平民代表負責統治這塊土地。西班牙的議會稱為「Cortes」，意思是「國王的議會」，早在十二世紀上半葉就已經對平民開放。在日耳曼帝國，重要的城市稱為「帝國城市」，其代表也能在帝國議會上發表意見。

民權思想的傳播

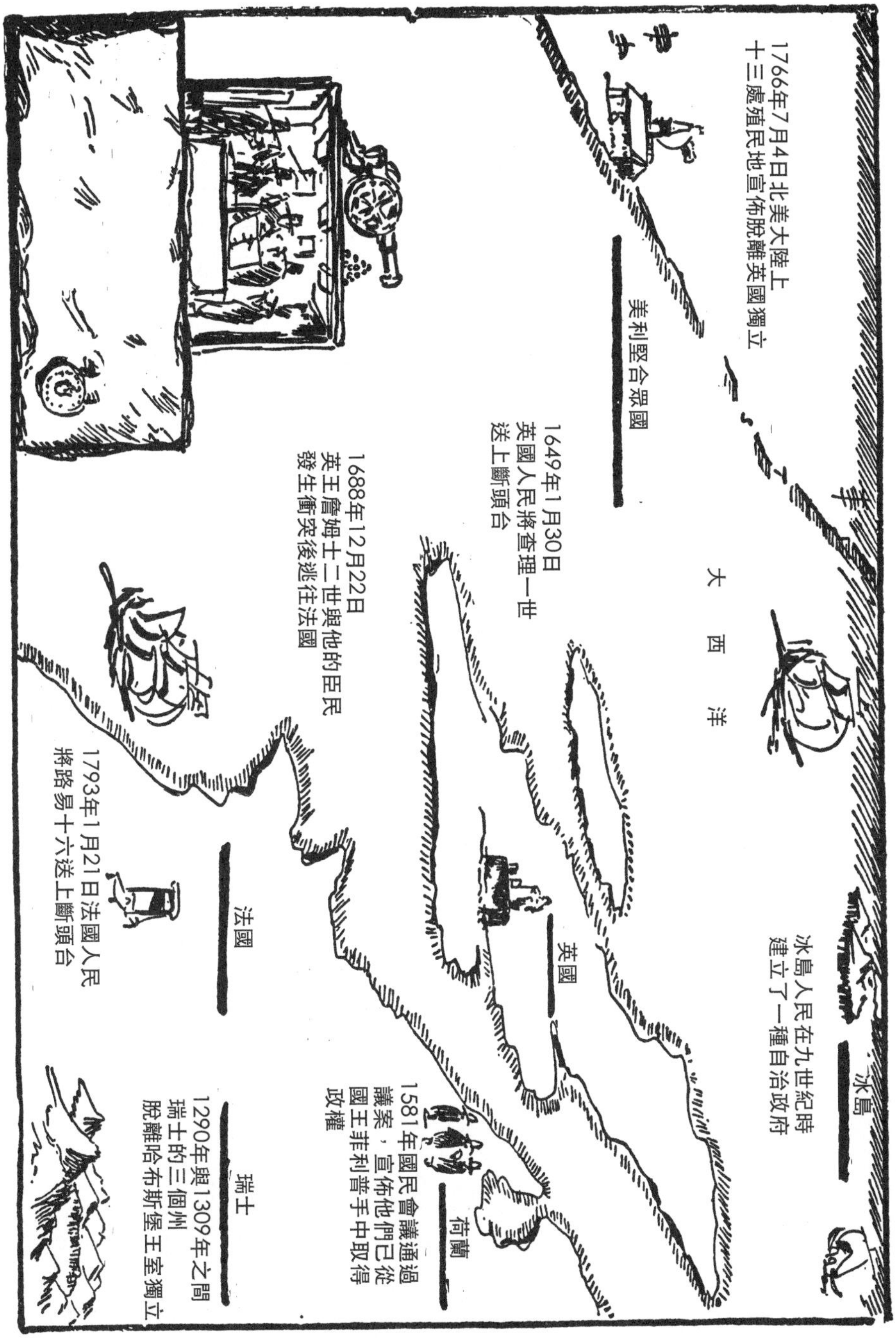
1766年7月4日北美大陸上
十三處殖民地宣佈脫離英國獨立
美利堅合眾國
1649年1月30日
英國人民將查理一世
送上斷頭台
1688年12月22日
英王詹姆士二世與他的臣民
發生衝突後逃往法國
大西洋
冰島人民在九世紀時
建立了一種自治政府
冰島
英國
法國
1793年1月21日法國人民
將路易十六送上斷頭台
1581年國民會議通過
議案，宣佈他們已從
國王菲利普手中取得
政權
荷蘭
1290年與1309年之間
瑞士的三個州
脫離哈布斯堡王室獨立
瑞士

在瑞典，人民代表於西元一三五九年首次參與國會（Riksdag）運作。丹麥最早的國會（Danehof）設立於西元一三一四年，雖然貴族大多時候控制著國家，不需理會國王與平民的意見，但城市代表從來沒有徹底失去過權力。

代議制度在斯堪的納維亞國家的發展過程更加有趣。在冰島，自由土地持有人的議會叫做「Althing」，負責管理土地事宜，在西元九世紀時就開始定期開會，已經持續運作超過一千年了。

在瑞士，每個行政區的自由公民都曾協力捍衛自己的議會，防止鄰近封建勢力的侵犯，也取得了相當的成功。

至於低地國荷蘭，則是在十三世紀初期就讓第三階級參與各級行政區的議會運作。

到了西元十六世紀，荷蘭的幾個小行政區召開了一場莊嚴的「階級代表大會」，不但罷黜了國王，將教士階級趕出討論，還終止了貴族的權力，甚至宣布成立「荷蘭七省聯合共和國」。這個共和國的統治權力屬於階級代表大會。此後，在沒有國王、主教與貴族的情況下，由城市代表組成的議會順利治理了兩個世紀，城市的地位在這個國家裡變得十分崇高，而市民階級就是國家的統治者。

自由瑞士的起源地

與菲力二世斷絕關係

第三十七章

中世紀的世界

中世紀的人如何看待他們生活的世界？

日期是人類非常有用的發明。沒有日期，就無法辦成任何事情，但如果不謹慎小心的話，日期也會愚弄我們，使我們用過度精確的概念去理解歷史。當我談到中世紀居民的觀點時，並不是在說西元四七六年十二月三十一日時，全歐洲人的人民突然大喊：「啊！現在羅馬帝國已經瓦解了，我們來到中世紀！真是有趣！」

你可以在查理曼的法蘭克宮殿裡發現人們仍然保有羅馬時期的習慣、言行以及世界觀。另外一方面，等你長大，就會明白現代世界的某些人從來沒有離開穴居人的階段。所有的時代與紀元，其思想的傳遞等等，全都彼此交疊。儘管如此，我們還是可以探索一群中世紀代表人物的心靈與思想，藉此了解他們內心的生活態度以及各種必須處理的艱難問題。

首先，請記得中世紀的人從來不覺得自己是生而自由的公民。公民可以自由自在地四處移動，還能夠依據能力、活力與運氣而改變命運。相反的，中世紀的人認為自己屬於某個預先安排好的計畫，

中世紀人想像的世界

其中包括皇帝與農奴、教宗與異教徒、英雄與惡棍、富人與窮人、乞丐與小偷。他們全然接受神的旨意安排，不會提出任何問題。當然，從這個角度來說，中世紀的人與現代人極為不同。現代人不可能接受這種安排，永遠會努力爭取自己的經濟與政治地位。

對於十三世紀的男男女女而言，死後的世界——景致美好的天堂，還有充滿硫磺及痛苦的地獄——不只是神學的空談而已，那是中世紀人眼中的事實，市民與騎士用了泰半輩子替死後的世界做好準備。至於現代人，則是在一段美好的人生之後，帶著古希臘與羅馬式的平靜，有尊嚴的死去。簡單來說，現代人的想法是努力工作三十年後，懷抱著一切都會非常平順的心情，進入了長久的睡眠當中。但是，在中世紀的時候，人們心中的恐懼之王，帶著冷冽微笑的骷髏頭以及喀喀作響的骨頭，如影隨形地跟著人類。恐懼之王有時坐在人們的晚餐桌旁，有時用可怕的小提琴聲提醒受害者，或者，當人們帶著女孩去散步時，它躲在大樹矮叢後，對著他們微笑。如果你小時候聽的不是安徒生與格林童話故事，而是關於墓園、棺材等令人毛骨悚然的民間傳說，想必也會整天害怕死亡以及可怕的最後審判。這就是中世紀小孩的成長環境。他們活在充滿惡魔與鬼魂的地方，美麗天使的數量卻少得可憐。有時候，中世紀人對未來的恐懼可以使其靈魂謙遜而虔誠，但更常見的情況則是完全相反，讓人變得暴力而且情緒化。攻下一座城市之後，中世紀的人會先屠殺所有的女人跟小孩，然後虔誠地走向宗教聖地，用那雙沾滿無辜受害者鮮血的手開始祈禱，希望充滿仁慈的天堂能夠赦免自己的罪行。他們還不只是祈禱而已，甚至會流下眼淚，坦承自己是最邪惡的人。但是，到了明天，這些人再度去屠殺一整營的伊斯蘭信徒，心中沒有任何慈悲可言。

十字軍當然都是騎士，遵守著一般人都信奉的準則，儘管各種騎士準則之間或許有些許的差距。

但是，從這個角度來說，一般人其實跟騎士沒什麼差異。人，就像一匹生性膽小的馬，一點點風吹草動就會嚇到他們，雖然是完美忠誠的僕人，但也會因為心中想像出來的鬼魂而受驚，失去理智，對周遭作出可怕的事情。

因此，如果想要評論這些本性善良的人，最好謹記他們生活環境中的各種難題。雖然行為舉止很像文明人，但他們還是貨真價實的野蠻人。查理曼與奧托貴為羅馬皇帝，仍然只是住在輝煌遺跡上頭的野人，他們不曾享受過文明的洗禮，對於他們父祖輩摧毀掉的羅馬文明什麼都不懂。現代十二歲男孩所知道的各種知識，中世紀的野蠻人一無所知。他們被迫在一本書裡尋找所有知識，那本書就是《聖經》。在《聖經》裡面如果有甚麼篇章曾經改變中世紀人的行為，大概就是新約裡關於愛、慈悲與原諒的偉大道德課題，至於《聖經》裡的天文學、動物學、植物學、幾何學或者其他科學，那就不是很可靠了。到了十二世紀，另外一本書也成為中世紀的重要讀物，那是西元前四世紀的希臘哲學家亞里斯多德編撰的百科全書，其中含有許多重要的知識。可是，既然基督教會譴責所有的希臘哲學家都是異端學說，他們又為何如此推崇亞歷山大的老師呢？我實在不清楚原因，但亞里斯多德的作品確實是基督教官方認為可以放心讓信徒閱讀的書籍，僅次於《聖經》。

亞里斯多德的著作以相當曲折的方式流傳到歐洲世界。一開始，這部作品從希臘傳到亞歷山大城；到了西元七世紀之後，伊斯蘭人征服埃及，將亞里斯多德的作品從希臘文翻譯成阿拉伯文；等到穆斯林軍隊進入西班牙，亞里斯多德也流傳到西班牙。從此之後，哥多華王國的摩爾人大學也開始傳授來自斯塔基亞的偉大哲學（亞里斯多德是馬其頓的斯塔基亞人）。隨後，那些為了接受自由教育洗禮而翻越庇里牛斯山的基督教學生，將阿拉伯文版的亞里斯多德著作翻譯成拉丁文版。經過幾趟旅程之後，亞里斯多德的名著終於流傳到西北歐地區。雖然亞里斯多德的作品的詳細傳遞過程還不是很清楚，卻讓整件事情變得更有意思。

藉由《聖經》與亞里斯多德著作的幫助，中世紀最聰明的一群人已經準備就緒，按照上帝的旨意，解釋天堂與俗世之間的萬物，這些人就是「經院學者」（Scholiast或Schoolmen）。雖然他們才智過人，但所有知識都來自書本，從來不曾親身觀察。如果他們想要認識鱘魚與毛蟲，就會在《聖經》與亞里斯多德的著作裡尋找知識，把書本裡的一切傳授給學生，而不會到附近的小溪裡實際捕捉一條鱘魚。同樣的，他們也不會離開圖書館，在庭院裡抓幾條毛蟲，好好觀察這些生物的自然樣貌。就算是大名鼎鼎的聖阿奎那（St. Thomas Aquinas）與大阿爾伯特（Albertus Magnus），也不曾仔細考察過巴勒斯坦與馬其頓兩地的鱘魚與毛蟲，是否與西歐地區的鱘魚及毛蟲完全相同。

後來，知識分子圈中偶然出現了一名叫做培根（Roger Bacon）的人物。他的好奇心出眾，用放大鏡與小巧可愛的望遠鏡進行觀察，並且實際將鱘魚與毛蟲帶進教室，證明了這些生物與舊約《聖經》還有亞里斯多德所說的不同，驕傲的經院學者對此相當不以為然。培根做得太過頭了，膽敢以一個小時的實際觀察去質疑經院學者研讀亞里斯多德十年的成果。除此之外，培根甚至還說最好能夠閱讀尚未翻譯過的希臘哲學經典，完全鄙視譯本帶來的好處。於是，經院學者告訴警察：「培根是國家安全的敵人。他想要我們學希臘文，這樣才能閱讀亞里斯多德的原著。他為什麼不能滿足於從阿拉伯文翻譯過來的拉丁經典？幾百年來，虔誠的基督教子民都樂於閱讀這個版本。他為什麼這麼在意魚類與昆蟲的內部構造？也許，這傢伙是邪惡的巫師，想要藉由黑魔法來顛覆既有秩序。」經院學者的訴求成功了，警察被嚇壞了，身為和平的保衛者，他們禁止培根在十年之內寫任何東西。等到培根再度可以做研究，早已學到寶貴的教訓，決定使用一種奇特的密碼來書寫，同時代的人根本不可能讀懂。等到教會愈來愈絕望地禁止人民提出各種可能導致質疑或異端信仰的問題時，祕密寫作的手法也變得愈來愈流行。

但是，教會的作為並非出自於邪惡，想要讓民眾繼續維持無知。相反的，教會獵捕異端的本意相當善良。他們發自內心地相信——不只如此，他們甚至認為這是事實——此生是為了來世做的準備。因此，教會堅持，人類如果學會太多知識，行為舉止就會變得很不自在，腦海裡全都是危險的想法，導致對基督教的質疑，最後替自己帶來懲罰。中世紀的經院學者如果看見學生悖離了《聖經》與亞里斯多德的珍貴教誨，跑去選擇學習自己有興趣的東西，就會非常難受，宛如一位慈祥的母親看見年幼的孩子靠近爐子。慈祥的母親知道，如果允許孩子觸碰爐子，他的手指頭一定會被火燙傷。母親試著保護孩子，讓孩子遠離那些東西，如果有必要的話，甚至會使用暴力。母親真心愛著孩子，如果他願意聽話，也會竭盡所能地照顧他。中世紀的教會正是用一樣的心情來守護人類的靈魂，日以繼夜辛勞付出，只為了服務所有民眾。如果有需要，他們一定會伸出援手。在中世紀的社會，我們也能看見幾千名基督教善男信女的影響力，他們用盡一切的方法，想讓凡人的命運變得更好。

在當時，農奴就是農奴，地位永遠不會改變。儘管上帝讓此人一生為奴，卻賜給他不朽的靈魂。因此，農奴必須保護自己，出生的時候是基督徒，也必須以虔誠基督徒的身分而死。如果農奴變老，或者因為生病而虛弱到無法工作時，他所服侍的封建主也必須反過來照顧他。因此，農奴的生命過程雖然平淡無奇，卻從來不需要擔心未來的事情。他知道自己很安全——不會失去工作，永遠都不需要露宿街頭（雖然屋頂很容易漏水，但至少還是住在房子裡面），更不用擔心沒東西可以吃。

在中世紀的所有社會階級身上，都可以感受到人們滿心所想的就是「穩定」與「安全生活」。在城市裡，商人與工匠建立行會，藉此保障成員的穩定收入，但不會因此造成想要彼此競爭、勝過對方的風氣。通常，行會只是保護那些工作懶散、得過且過的人。然而，行會確實在純粹的勞工階級當中建立了令人滿意的口碑以及安全感，那是在現代社會的激烈競爭中看不到的東西。中世紀時代早已經熟悉現代人口中的「壟斷」：有錢人掌握了所有的穀物、肥皂或醃製鯡魚，強迫全世界的人必須依照他訂的價格購買。因此，中世紀的政府當局不但不鼓勵大批買賣，更會進行商品價格管制。

中世紀的人討厭競爭。他們認為，為什麼要花時間競爭，讓整個世界充滿忙碌、敵對以及一大群充滿野心的人？最後的審判就在眼前，到了那個時候，財富沒有任何用處，善良的農奴可以進入天堂裡的黃金花園，惡劣的騎士則必須在煉獄最深的地方懺悔。

簡言之，中世紀的人必須交出思想與行動當中的部分自由，如此一來，就能夠擁有更大的安全，得以避免身體與靈魂的貧困。

除了少數的例外，中世紀人大都會贊同這種想法。他們發自內心地相信自己只是這個世界的過客，人之所以來到這個世界，只是用來準備下一場更偉大重要的旅程。因此，他們刻意忽略充滿痛苦、邪惡與不公義的俗世。他們拉下窗簾，不讓陽光分散自己的注意力。他們閱讀《聖經》裡的啟示錄，從中明白了來自天堂的光芒會點亮所有永恆世界的幸福。他們對於眼前世界大多數的快樂視若無睹，決心享受不久以後的永恆幸福。

希臘人與羅馬人從不因為未來而苦惱，而是努力在俗世生活中建立起自己的樂園。他們成功地讓那些不是奴隸的公民過得非常快樂。中世紀則是另外一種極端。這個時代的人建立了一座位於高聳雲端的樂園，無論你的地位高低、是貧是窮、聰明或愚笨，俗世都只是一座淚谷。【譯注：「淚谷」是基督教用語，意指人在離開這個世界上天堂之後，留下來的種種苦難】不過，現在是我們把視野轉向另外一邊的時候了。

第三十八章 中世紀的貿易

十字軍東征讓地中海再次成為繁華的貿易中心，義大利半島上的城市也變成歐亞非商業往來的重要集散樞紐。

義大利的城市在中世紀晚期首先重新獲得重要的地位，其原因有三。

從很久以前，羅馬帝國就在義大利半島上建立了穩定的生活，相較於其他歐洲地區，義大利擁有更多道路、城鎮與學校。野蠻人曾在歐洲四處摧毀文明，義大利也難逃一劫，但當地擁有如此多的建設，因此保留下來的也比較多。

第二個原因，住在義大利的教宗持續管理一部巨大的政治機器，坐擁土地、農奴、建築、森林、河流還有法庭，得以藉此取得大量的金錢。就像威尼斯與熱那亞的商人，教宗只收黃金與白銀。西歐與北歐的人向遙遠的羅馬教宗繳納貢品之前，必須把雞蛋、馬匹與所有的農產品換成實際的黃金白銀。因此，義大利是當時唯一大量擁有黃金與白銀的地區。

最後，十字軍東征期間，義大利成為交通轉運的樞紐，賺取了難以想像的大量利潤。

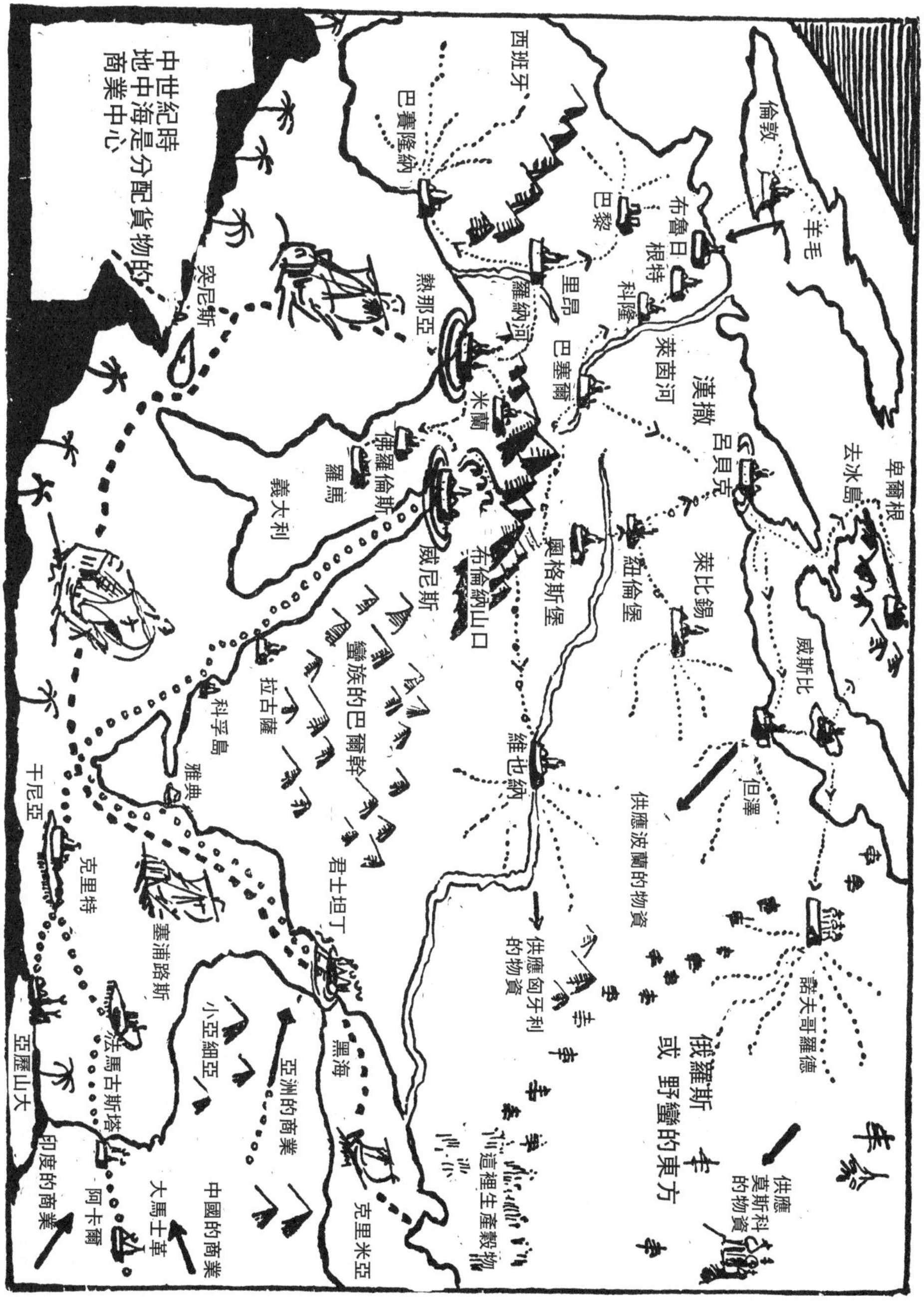
中世紀時
地中海是分配貨物的
商業中心
西班牙
巴賽隆納
倫敦
羊毛
巴黎
布魯日
根特
科隆
里昂
熱那亞
羅納河
巴塞爾
萊茵河
漢撒
呂貝克
卑爾根
去冰島
突尼斯
米蘭
佛羅倫斯
羅馬
義大利
威尼斯
布倫納山口
奧格斯堡
紐倫堡
萊比錫
威斯比
拉古薩
蠻族的巴爾幹
科孚島
維也納
但澤
供應波蘭的物資
雅典
干尼亞
克里特
塞浦路斯
君士坦丁
供應匈牙利的物資
諾夫哥羅德
俄羅斯
或 野蠻的東方
小亞細亞
黑海
亞洲的商業
這裡生產穀物
供應莫斯科的物資
法馬古斯塔
亞歷山大
印度的商業
阿卡爾
大馬士革
中國的商業
克里米亞

中世紀的貿易網絡

十字軍結束之後，義大利城市繼續轉運來自東方的各種物品，在戰爭期間，歐洲人已經愈來愈喜歡這些東西。

在義大利的城市中，最為出名者莫過於威尼斯，這是一座建立在泥岸上的城市共和國。野蠻人在西元四世紀入侵，迫使歐洲本土居民逃來這裡，形成威尼斯這座城市。威尼斯四面環海，有利於經營製鹽生意。鹽巴是中世紀的主要調味料，自然價格不斐。數百年來，威尼斯享受獨占飲食必需品所帶來的好處（人類跟綿羊一樣，必須每天從食物中攝取足夠的鹽分，否則會生病）。威尼斯人也利用這種獨占優勢來增強城市的力量，有時甚至膽敢忤逆教宗。威尼斯變得愈來愈富裕，開始建造船隊，與東方世界從事貿易。十字軍東征期間，威尼斯人的船艦用來運送戰士前往東方聖地，假如十字軍無法以現金支付運輸費用，就必須替威尼斯人打仗，使他們持續在愛琴海、小亞細亞以及埃及地區擴張殖民勢力。

十四世紀結束後，威尼斯已經擁有二十萬人口，成為中世紀最大的城市。大多數威尼斯人對政府沒有任何影響力，只有極少部分富有商人家庭可以掌握政治權力。威尼斯人能選出參議院成員以及公爵，但實際的統治權力落在著名的「十人議會」手上，他們仰賴組織嚴密的祕密情報員與職業殺手來維繫統治地位，監視所有的公民，如果任何人可能對高壓專制的「公共安全委員會」造成危險，就會被悄悄除掉。

在佛羅倫斯，我們則看見另外一種極端的政府形式：不穩定的民主。這座城市的位置控制了從北歐地區通往羅馬的道路，憑著如此幸運的地理位置賺取大筆利潤之後，將其投入商品製造業。佛羅倫斯人想要效法雅典政體，貴族、祭司與教會成員全都可以參與公共事務的運作，卻也帶來極大的政治動盪。人民因為政黨派系四分五裂，傾軋鬥爭，在議會中取勝的人，會將對手放逐，沒收其財產。這群有組織的暴民統治持續幾個世紀之後，終於發生了不可避免的結果：一個強而有力的家族成為統治者，依循古希臘的「暴政」風格管理佛羅倫斯與鄰近地區。他們就是麥地奇家族。最早的麥地奇族人本是醫生（麥地奇的原文是Medici，來自於medicus，在拉丁文中，這個字的意思就是醫生）。麥地奇家族在每個重要的貿易中心城鎮都設立了銀行與當鋪，即使在今日的美國當鋪中，都還可以看見麥地奇家族的三顆金球徽記。麥地奇家族不只統治了佛羅倫斯，還把女兒嫁給法蘭西國王。他們死後埋葬的墳墓，已能媲美羅馬帝王。

威尼斯的重要競爭對手是熱那亞，他們擅長與非洲的突尼西亞人還有黑海地區的穀物生產地交易。除了這三個主要城市之外，義大利半島上還有兩百個左右大大小小的不同城市，每一個都是完整的商業單元，相互競爭，無止盡地憎恨彼此奪取利益的行為。

一旦來自東方世界以及非洲的物品運送到這些樞紐城市，他們必須做好準備，前往西歐與北歐進行交易。

熱那亞經由隆河把貨物運送到馬賽，沿著水路停靠沿岸城市，使其成為法蘭西西北地區的商業市場。

威尼斯從野蠻人入侵義大利時走過的布倫納古道徒步前往北歐地區，穿過奧地利的茵斯布魯克，將貨物帶往了巴塞爾。接著，威尼斯人改從萊茵河航向北海與英格蘭地區，或把貨物送到富格爾家族（Fugger Family）統治的奧格斯堡。富格爾家族同時經營銀行與製造業，藉由大幅度剝削工人薪水而累積財富。威尼斯商人還希望能夠把貨物運送到紐倫堡、萊比錫、波羅的海地區的城市以及哥得蘭島上的維斯比，藉此照顧波羅的海北部地區的商業需求。他們也可以直接跟古代俄羅斯的商業重鎮大諾夫哥羅德進行貿易，直到十六世紀之後，恐怖伊凡才摧毀了大諾夫哥羅德。

西北歐沿海小城的故事也相當有趣。中世紀的人吃相當多的魚，當時的生活步調很快，人們沒時間獵捕動物，很難吃到肉。對於居住地點離海岸或河流比較遙遠的人來說，只能以雞蛋為主食，否則什麼蛋白質都吃不到。十三世紀初，一名荷蘭農夫找到了醃製鯡魚的方法，從而得以運送到遙遠的地方。於是北海漁業變得極為重要。但是，就在十三世紀的某個時間點，這群對人類相當有幫助的小魚，從北海地區移動到了波羅的海，使得內海城市開始賺得大筆利潤。全歐洲的人必須航向波羅的海才能捕捉鯡魚，而且每年只有特定的幾個月能夠捉到（其餘時間，鯡魚會在深水裡繁殖小鯡魚，所以無法捕捉），在其他時間裡，如果找不到別的捕魚地點，船隻只能閒置在港口。因此，這些船隻被用來裝載俄羅斯中部、北部地區生產的小麥，送到歐洲的西部與南部地區。在回程時，商人也會從

大諾夫哥羅德

威尼斯與熱那亞購買辣椒、絲綢、地毯以及其他東方產品，運送到布魯日、漢堡以及不來梅。

這原本只是相當簡單的貨物運送，最後發展出極為重要的國際貿易系統，範圍甚至抵達了布魯日與根特兩座工商業城市。在這兩座城市裡，強而有力的行會曾與法蘭西以及英格蘭進行過非常慘烈的戰役，最後成功建立工人專政，卻反而完全摧毀了雇主與工人的生活。除此之外，這個國際貿易系統也涵蓋了北方俄羅斯的大諾夫哥羅德。十六世紀時，俄羅斯沙皇恐怖伊凡不信任商人，摧毀了這座城市，在不到一個月的時間內屠殺了六萬人，能夠逃過一劫的人，也被迫成為乞丐。

為了保護自己免於海盜、高額過路費以及各國法律的紛擾，北歐商人成立了一個保護聯盟，稱之為「漢撒」（Hansa）。漢撒的總部在盧貝克，擁有超過一百座城市會員，還有能夠執行巡邏任務的海軍戰力。英格蘭與丹麥地區的國王曾干預過漢撒聯盟成員的貿易權益，雙方發生戰爭，漢撒海軍取得勝利。

但願我還有篇幅可以告訴你更多關於這場奇特商業旅程的美妙故事。有些人在重重危險中越過高山與深海，讓每一場旅程都變成光榮的探險。但這些故事可以寫成好幾本書，無法輕易在這裡說完。

我想讓你裡解，中世紀的進步是很緩慢的。當時的掌權者認為「進步」是魔鬼的發明，不應該鼓勵人們追求，這些掌權者很容易就能向順服的農奴以及目不識丁的騎士灌輸這種想法。偶爾會有幾個勇敢的人願意踏入被禁止的科學領域，但無法取得實際的進展，況且，萬一他們的行為被發現了，若只被關入監牢二十年，還能保住小命，就已經算是非常幸運的下場。

十二、十三世紀，國際商業席捲西歐世界，態勢之猛烈，猶如當年尼羅河沖刷整個古埃及平原，留下了相當肥沃的土壤。繁華就代表著奢侈美好的時光，也讓男人女人都有機會接觸各種手抄本，進而對於文學、藝術與音樂產生興趣。

全世界再一次滿溢著神聖的好奇心，使人類得以超越其他哺乳類動物。兩者雖是遠親，但其他哺乳類動物仍然非常愚笨；人類探索者勇敢地離開一切都有嚴格秩序但十分狹隘的世界，最後在發展中的城市裡找到安身立命的地方。

他們開始著手工作，打開了與世隔絕的窗戶，一道陽光灑入充滿灰塵的房間，讓人們看見長年以來隱藏在陰暗角落的蜘蛛網。於是，他們開始清理房屋以及外頭的花園。

接著，他們走向寬闊的原野，越過破碎的城牆，說道：

漢撒的船艦

「這是一個美好的世界，真高興能住在這裡。」

就在這個時候，中世紀即將結束，另外一個新的世界就要來了。

第三十九章

文藝復興

人因為充滿生命力而非常快樂，甚至開始想要挽救古老而令人著迷的希臘羅馬文明。他們為了自己的成就感到自豪，稱呼這是「文藝復興」，也就是文明的重生。

文藝復興不是一場政治或宗教運動，而是心智的改變。

文藝復興時代的人仍然是虔誠的教會子民，還是臣服於國王、皇帝與公爵，並無怨言。

然而，他們的人生觀變了，開始穿起不一樣的衣服，說不一樣的語言，住不一樣的房子。

他們不再把思想與精力專注於天堂承諾的未來幸福，而是嘗試在俗世裡建立屬於自己的天堂，而且非常成功。

我經常提醒你，以「日期」了解歷史有多麼危險。人們過度專注於數字，認為中世紀是一整段黑暗無知的時代，隨著時間逐漸過去，突然之間，文藝復興時代就開始了，城市與宮殿便充滿美好的陽光，還有一股對知識的渴望。

事實上，我們根本不可能在歷史中畫出如此明確的分界線。十三世紀的大多數時期完全屬於中世紀，所有的歷史學家都會同意這一點，但那是一段完全黑暗與停滯的時代嗎？也絕對不是。當時的人擁有滿滿的活力，建設宏偉的國家，發展出巨大的商業城鎮，建造高聳入雲的碉塔城堡，剛蓋好的哥德式大教堂屋頂上還有精緻的尖塔，全世界的每個角落都充滿了能量。市政中心裡地位崇高且掌握權力的紳士，由於剛剛取得了大筆財富，開始發現自己是有力量的人，於是向封建主進行鬥爭，想要贏得更多的權力。行會成員終於明白「團結就是力量」，也開始與市政廳裡的紳士對抗。國王與其精明幹練的幕僚們準備好從中獲利，在這池渾水裡撈捕鮮美的大鱸魚，然後，驚訝又失望的議會與行會成員，只能眼睜睜地看著國王把這條鱸魚烹煮下肚。

為了替昏暗而漫長的夜晚增添幾分生氣，吟遊詩人與抒情詩人開始述說歌唱各種騎士浪漫、英雄冒險、對美女堅貞之愛的故事。與此同時，對於時代的緩慢進展感到不耐的年輕人湧入大學裡，也創造了另外一些故事。

中世紀的人擁有「國際化的心智」。這種說法乍聽之下難以理解，但是請聽我細細述說。現代人的想法以民族國家為基礎，我們認為自己是美國人、英國人、法國人或義大利人，口裡說的則是英文、法文、義大利文，就讀於英國、法國或義大利的大學。如果想要學習只在別的地方才有傳授的知識學門，就必須開始學習另外一個國家的語言，然後前往慕尼黑、馬德里或者莫斯科等地。但是，十三、十四世紀的人不會認為自己是英國人、法國人或義大利人，他們會說：「我是雪菲爾德、波爾多或熱那亞的公民。」他們隸屬於同一個教會，感受到一股共同的兄弟情誼。所有接受過教育的男子都能使用拉丁文，這是一種國際化的語言，免除了現代歐洲才有的愚蠢語言障礙，而這種障礙讓現代小國面臨極為巨大的不利。以十六世紀傳授寬容與歡笑精神的伊拉斯謨斯為例，他來自荷蘭的小鄉村，卻以拉丁文書寫，全歐洲都是他的讀者。但如果他是現代人，以荷蘭文寫作，就只有五、六百萬人可以讀懂他的想法。為了讓歐洲其他國家與美洲世界能夠理解伊拉斯謨斯，出版社必須將作品翻譯成二十種不同的語言，這得付出相當昂貴的成本，在大多數情況下，根本不會有出版社願意承擔這種風險與麻煩。

在六百年前，根本就不可能會有這種事情。大多數的人都非常無知，而且無法識字書寫。但是，能夠手拿鵝毛筆並且精通書寫技藝的人，全都隸屬一座以國際語言為基礎的共和世界，範圍遍及整片歐洲大陸，他們知道眼前的世界沒有極限，打從心裡尊重這種沒有語言隔閡或國家疆界的情況。這座共和世界沒有國界，不像現代的軍事防禦工程，而大學就是其碉堡，有老師與學生的地方就是大學。這就是中世紀與文藝復興時代不同於現代之處。在現代生活中，建立新大學的步驟幾乎完全如下：有錢人想要向自己居住的社群進行一點貢獻，或者是某個特定的宗教區域想要建設學校，好讓虔誠的孩子能夠在適當的管教下成長，也可能是國家需要醫生、律師與教師等人才。於是，現代大學籌措一大筆資金，放在銀行裡，用來建設大樓、實驗室還有宿舍。最後，他們會聘請教授，舉辦入學考試，整座大學開始走上軌道。

中世紀的情況就不同了。一位睿智的男人告訴自己：「我已經找到了真理，必須把知識傳遞給其他人。」無論任何時間與地點，只要能夠找到一群聽眾，他就會像現代站在箱子上宣揚神喻的人一樣，開始傳播自己的知識。如果這個男人能言善道，聽眾會選擇留下；倘若他的說法相當無趣，人們就會聳聳肩膀離開。日子久了，年輕人開始固定前來聆聽這位睿智的導師，隨身攜帶紙捲、一小瓶墨水還有鵝毛筆，記下重要的事情。某天下起雨來，他們移動到一座無人的地下室或者「教授知識專用的房間」。滿腹經綸的男子坐在椅子上，他的學生席地聽講。這就是大學的起源，傳遞知識的教授以及學生所構成的組織，教授就是一切，在什麼樣的建築裡學習根本都不重要。

讓我再告訴你西元九世紀時的另外一件事情作為例子。在那不勒斯附近的薩萊諾城裡，曾有一批卓越的醫生，吸引了許多求知若渴的年輕人前來學習醫學知識，將近一千年來，直到西元一八一七年前，薩萊諾大學都在傳遞希波克拉底（Hippocrates）的醫學知識，而希波克拉底是西元前五世紀的古希臘醫生。西元十二世紀，來自於布列塔尼半島的皮耶·阿伯拉爾（Pierre Abélard）在巴黎教導神學與邏輯，數千名懷有熱忱的年輕人湧入這座法國城市，只為了聆聽阿伯拉爾的教導。無法贊同阿伯拉爾觀點的教士也來此解釋自己的論點，於是，巴黎充滿了英國人、德國人、義大利人以及來自於瑞典、匈牙利的學生，氣氛非常熱絡，塞納河小島上的一座老教堂，變成了知名的巴黎大學。

中世紀的實驗室

在義大利的波隆那，一位名叫格拉提安（Gratian）的修士編了一本教科書，讓想要理解教會法的人可以閱讀。年輕的神父與許多門外漢從歐洲四面各地前來波隆那，想要一睹格拉提安闡釋自己的理念。為了保護這些求道者不被當地的房東、旅館老闆還有寄宿小屋女老闆壓榨，他們組成了一個團體，這就是波隆那大學的起源。

巴黎大學發生了一場激烈的爭論。雖然我們不清楚原因，但幾名不悅的教師帶著學生渡過英法海峽，在泰晤士河畔的小村落找到了溫暖的家，那裡就是牛津，隨後變成了知名的牛津大學。同樣的，西元一二二二年，波隆那大學內部也發生分裂，不滿的教師也帶著學生出走，搬到帕多瓦，成立了自己的大學。西班牙的巴利亞多利德、波蘭的克拉科夫、法蘭西的普瓦捷以及日耳曼的羅斯托克，都發生了一樣的事情。

現代人已經受過對數與幾何原則的訓練，因此容易覺得古典時代的教育內容非常荒謬。但我想表達的重點是：中世紀（特別是十三世紀）絕非停滯不前的時代。中世紀的年輕世代擁有美好的生活與熱誠，也許有些害羞，但非常想要探索各種問題。文藝復興就是誕生在這種氣氛之下。

就在中世紀閉幕之前，一位相當知名的人士登上舞台，你必定聽過他的大名，那就是但丁。他出生在西元一二六五年，來自佛羅倫斯的阿利吉耶里家族，父親是一名律師。喬托．迪．邦多納（Giotto di Bondone）曾在佛羅倫斯的聖十字大教堂牆上描繪聖方濟的故事，然而，但丁長大求學時，卻必須目睹教皇派與皇帝派永無止盡的戰爭，還有憤怒所造成的鮮血屠殺，因此感到非常害怕。

但丁長大之後，跟隨父親的腳步成了教皇派，這就像是美國小孩很容易因為父親的政治傾向而支持民主黨或共和黨。幾年之後，但丁了解義大利在缺乏單一龍頭的領導下，很有可能因為一千多個小城市的彼此猜忌而毀滅。因此，但丁最後選擇了皇帝派。

但丁期待阿爾卑斯山的另外一頭蘊藏希望，例如偉大的皇帝前來統一義大利，重新建立秩序，但他的希望落空了。西元一三〇二年，皇帝派被逐出佛羅倫斯。從此以後，但丁一直是無家可歸的遊民，只能靠著富裕保護人的救濟，才有辦法溫飽，最後在幽暗陰鬱的拉溫納遺跡死去。這些人的名字本來應該會消失在歷史的洪流中，但是，因為他們對詩人伸出援手，因此他們的的名字被保存了下來。在多年的流亡生涯裡，但丁經常想要替自己在故鄉從事的政治活動辯護，也忘不了當年他整日在阿諾河河岸漫步，只為了想見美麗的貝緹麗彩．波爾蒂納（Beatrice Portinari）一面，她早已嫁為人婦，而且在但丁被逐出家鄉之前十幾年就去世了。

文藝復興

但丁雄心壯志的政治事業失敗了。他曾忠心耿耿替故鄉佛羅倫斯服務，但卻在腐敗的法庭前被指控盜取公款，如果，他在有生之年膽敢踏回佛羅倫斯一步，就會被活活燒死。為了安撫自己的良心，向同時代的人士明志，但丁創造了一個鉅細靡遺的想像世界，解釋什麼樣的環境導致自己的失敗，更描述貪婪、淫穢與憎恨如何毀滅他鍾愛的故鄉義大利，使得邪惡自私的僭主紛紛竄起，任憑旗下殘暴無情的傭兵將這塊土地變成戰場。

但丁告訴我們，他在西元一三〇〇年復活節前的週四走入一座龐大的森林，迷失了方向，又發現前方道路被豹、獅子與狼擋住，絕望的但丁不知如何是好，此時樹林裡出現一個白色的人影，那是古羅馬的詩人與哲學家維吉爾。在天上的聖母與貝緹麗彩派遣維吉爾來指引道路，因為她在天堂看見了她忠貞情人的命運。維吉爾帶領但丁走過煉獄與地獄，他們愈走愈深，最後終於抵達魔王撒旦所在的深淵，撒旦被冰凍在永恆的冰塊裡，身旁環繞著最邪惡的罪人、背叛者、說謊者以及以謊言行騙追求名利的人。就在兩位漫遊者接近深淵之前，但丁看到佛羅倫斯歷史的各式各樣人物：皇帝、教宗、勇猛的騎士、滿腹牢騷的高利貸，他們都在那裡，準備迎接永恆的懲罰，或者受到神意的降臨，得以離開煉獄，前往天堂。

但丁的故事十分奇特難解，宛如一本手冊，記載了十三世紀的種種一切，包括人類的行為、思考、恐懼與祈禱。你可以讀到這位孤獨的佛羅倫斯流亡者的所作所為及其無法擺脫的絕望陰影。

但是，仔細看啊！中世紀的悲傷詩人走入了死神的大門，但文藝復興

但丁

的第一位孩子才剛剛走出生命的大門。那個孩子就是佩脫拉克（Francesco Petrarca），阿雷佐小鎮的公證人之子。

佩脫拉克的父親與但丁隸屬同一個政治集團。由於父親也遭到驅逐，因此佩脫拉克不是在佛羅倫斯出生。十四歲時，佩脫拉克被送到法國的蒙佩利爾，在那裡成為跟父親一樣的職業律師。但是，小男孩不想待在法院，他討厭法律，反而想要成為學者與詩人——由於他的意志堅決，除了學者與詩人，別無他想，終於成功了，所有意志堅強的人總是如此。佩脫拉克開始進行一段漫長的旅程，開始在法蘭德斯抄寫手稿，行經萊茵河畔的修道院，曾在巴黎、列日兩座城市停留，最後終於抵達羅馬。隨後，佩脫拉克待在沃克呂茲的荒野深山裡，獨自閱讀與寫作，很快就以詩作闖出名聲。巴黎大學與那不勒斯的國王非常仰慕佩脫拉克的學識，邀請他前來教導學生與人民。佩脫拉克赴約之前，決定走一趟羅馬。羅馬當地的居民早已聽聞佩脫拉克的大名，知道他非常熟悉那些已被人遺忘的古羅馬作家。他們決定頒給佩脫拉克極高的榮耀，在羅馬城的論壇廣場上，讓佩脫拉克戴上桂冠詩人的花圈。

自此以後，佩脫拉克的人生就是一場無止盡的榮耀之旅。他的作品非常受歡迎，因為人們早已疲倦於神學爭議。可憐的但丁可以一再談論自己的地獄之旅，但佩脫拉克卻是書寫關於愛、自然、陽光等等，從不提及令人感到抑鬱的東西，那已經是上個時代的事情了。佩脫拉克所到之處，人人走上街頭歡迎他，宛如他是戰後凱旋的英雄豪傑。若佩脫拉克的身邊帶著以說故事聞名的薄伽丘（Boccaccio），那就更棒了。他們是那個時代的代表人物，好奇心強烈，願意閱讀一切，在許多被人遺忘且早已發霉的老舊圖書館裡挖掘知識，甚至可能會因此找到另外一份由維吉爾、奧維德（Ovid）、盧克萊修（Lucretius）或者其他古羅馬詩人留下的手稿。他們當然也是虔誠的基督徒！那個時候每個人都是虔誠的基督徒。但是，他們沒有必要為了人終將一死的宿命而穿上骯髒的外衣，還整天板著一張臉。生命本身非常美好，人類也應該要過著快樂的生活。你想看見他們快樂的證據嗎？非常好。拿起你的鏟子，讓我們挖掘這座歷史舊土吧。你找到什麼了？是不是古代的美麗雕像、花瓶還有古代建築的遺跡？這些東西都是由史上最偉大的帝國子民所打造的。他們統治了世界長達千年，身強體壯，面容姣好（看看奧古斯都的半身像就能略知一二），而且非常富有。不過，羅馬古人不是基督徒，死後無法上天堂，注定沉淪到地獄，也許但丁還能去拜訪他們。

但誰在乎呢？對於注定一死的人類來說，能夠住在宛如古羅馬帝國的世界就已經是天堂了。更何況，我們都曾活過，那就夠了。光是生命的存在本身，就足以帶來喜悅。

簡單來說，當時許多義大利的小城市裡，每一條狹窄彎曲的街道，都充滿著這樣的精神。

你知道什麼是「單車狂熱」或者「汽車狂熱」嗎？某人發明了一台單車。千百年來只能緩慢移動的人類因而對於高速迴轉的輪子感到瘋狂，他們現在可以輕鬆地爬上小山丘了。隨後，一位聰明的工匠製造了第一台汽車。你連踩踏板都不需要，只要坐在駕駛座上，讓汽油發揮自己的效用。於是每個人都想要一台汽車，每個人都在談論勞斯萊斯和福特汽車，還有化油器、里程數與機油等等話題。探險家們深入未知國度的中心，只為了尋找新的汽油供應來源。蘇門答臘與剛果共和國的森林供給人類生活所需要的橡膠，橡膠與石油如此珍貴，人們為此大打出手。全世界陷入了「汽車狂熱」，小孩甚至在開口叫爸媽之前，就已經知道汽車怎麼念了。

十四世紀的時候，義大利人狂熱地探索古羅馬文化遺跡之美。很快的，其他西歐國家也產生了同樣的熱情。發現一份不知名的手稿甚至會成為城市訂立假日的理由。撰寫文法規則的人則像現代的發明家一樣受到歡迎。將時間與精力奉獻於理解「人類」的學者，被稱為「人文主義者」。他們不再糾結於沒有意義的神學爭論。人文主義者得到的推崇與尊敬，甚至勝過於征服食人荒島的戰爭英雄。

在這個知識動盪的年代，發生了一起事件，大大有助於研究古代哲學家與作家。當時，土耳其人再度攻擊歐洲，君士坦丁堡這個羅馬帝國最後的遺跡遭到嚴重的破壞。西元一三九三年，皇帝曼努埃爾二世（Manuel Paleologue）派出赫里索洛拉斯（Emmanuel Chrysoloras），向西歐世界說明拜占庭帝國的悲慘處境，希望得到援助。但援軍不曾抵達。羅馬天主教世界樂於見到東方的希臘天主教被毀滅，讓邪惡的異教徒承受應得的懲罰。無論西歐世界對於拜占庭帝國的命運多麼冷淡，但希臘於西元前五世紀特洛依戰爭之後在博斯普魯斯海峽一帶建立的城市，仍然讓他們非常有興趣。他們想要學習希臘文，以便閱讀亞里斯多德、柏拉圖與荷馬的作品。西歐人非常想要學習那些知識，但沒有書本，不懂文法，也沒有老師。佛羅倫斯的執政官聽見赫里索洛拉斯來訪，而城市人民對於希臘文相當的狂熱。也許赫里索洛拉斯會想在這裡教導人民。赫里索洛拉斯同意了，變成了第一位在此教導希臘文的老師！數百名求知若渴的學生想盡辦法前往阿諾河旁的佛羅倫斯城，不惜住在馬廄以及骯髒的閣樓，只為了學習希臘文，理解各種動詞變化，才能夠閱讀索福克勒斯與荷馬。

同一時間，待在老大學裡的經院學者，一邊教導古典神學與過時的邏輯，解釋舊約聖經裡隱藏的祕密，閱讀從希臘文輾轉翻譯成阿拉伯文、西班牙文與拉丁文的亞里斯多德著作。他們感到心灰意冷，恐懼地看待眼前的發展。隨後，他們變得非常憤怒。這些事情太過火了。年輕人居然離開了大學的演講廳，跑去聆聽狂熱人文主義者所說的「文明重生」。

於是，經院學者拜訪了執政當局，抱怨這些事情。但是，如果馬不願意喝水，人類也無法強迫它，更何況經院學者的理論已經不再有趣，又怎麼能夠強迫人們聆聽。他們只能徒勞無功地看著自己失去學生。偶爾，經院學者會取得短暫的勝利，有時也會獲得盟友，因為有些人就是無法忍受別人能從他自己無法了解的事物裡找到樂趣。在佛羅倫斯，偉大的文藝復興起點，新舊秩序之間發生了一場慘痛的鬥爭。道明會的修士薩佛納羅拉（Savonarola）是中世紀舊價值的保衛者，他神色陰沉，非常厭惡美好的事物，他決定掀起一場英勇的戰爭。他日復一日地在聖母百花聖殿的圍牆外訴說著上帝之怒。「懺悔吧！」他哭喊著：「為了你們的褻瀆而懺悔！你們竟然因為褻瀆而感到快樂，懺悔吧！」他開始聽見各種聲音，天上也現出燃著烈火的劍。他向小孩子傳教，只為了讓他們不要效法父親，進而淪落到萬劫不復的深淵。他組織了童子軍，想要執行上帝的偉大意志，更宣稱自己就是先知。在他這一陣突如其來的熱情狂暴下，人們嚇壞了，答應要為自己熱愛美麗與歡愉的罪行而贖罪。於是，他們帶著書本、雕像與繪畫前往市場，在那裡舉行一場「浮華慶典」，高唱神聖的歌曲，卻跳著褻瀆的舞蹈，薩佛納羅拉一把火燒掉了文藝復興時期的寶物。

等到火勢熄滅，煙塵落地，人們才知道自己失去了什麼。因為恐懼而生出的狂熱，讓他們摧毀了自己最熱愛的東西。他們開始對付薩佛納羅拉，將他關入監獄。薩佛納羅拉遭到虐待，拒絕為自己的所作所為道歉。他是一個誠實的人，只是想過神聖的生活，甚至不惜摧毀所有拒絕相信這種價值的人。他的職責就是剷除一切的邪惡，在虔誠的教會信徒的眼中，熱愛異教書籍與異教的美麗通通都是邪惡。但是，薩佛納羅拉孤軍奮鬥。因為他的戰爭早已消失。羅馬教宗甚至不曾想要拯救他。相反的，佛羅倫斯人把薩佛納羅拉拖上絞刑台吊死，在一陣歡呼與粗暴叫聲中焚燒其屍體，教宗甚至讚許他們是「虔誠的佛羅倫斯人」。

這是一個悲傷的結局，但卻無可避免。薩佛納羅拉如果活在十一世紀，一定可以成為偉大的人物。在十五世紀，他只能追尋一場已經不復存在的志業。無論是好是壞，教宗支持人文主義者，梵諦岡也成為復興希臘羅馬文明的重鎮，這代表中世紀時代已經結束。

第四十章

表現的年代

人類開始感到有必要將自己新發現的生命樂趣傳達給他人。於是，他們透過詩歌、雕刻、建築、繪畫與印刷書籍來表現。

西元一四七一年，一位虔誠的老人過世了。在九十一年的生命裡，他花了七十二年待在荷蘭茲沃勒城附近聖艾格尼絲山修道院的破碎瓦牆之後。人們叫他「湯瑪斯弟兄」。他出生在肯皮村，因此得名「湯瑪斯・肯皮斯」（Thomas à Kempis）。湯瑪斯十二歲時被送到德文特去念書，格魯特（Gerhard Grood）創建的「共同生活兄弟會」就在此地。格魯特相當聰穎，念過巴黎大學、科隆大學以及布拉格大學，也是知名的巡遊傳道人。這群善良的兄弟會成員都是非常謙卑的平常人，只想效法耶穌基督身旁的門徒，過著相當儉樸的生活。在白天從事的日常工作（例如木匠、油漆工以及泥石工人）之外，這個兄弟會辦了一間很好的學校，窮人家的孩子也能在此學習教會神父的智慧。在這座兄弟會學校內，小湯瑪斯學會了拉丁文的動詞變化，甚至能夠抄寫手稿。接著，湯瑪斯立下了出家的誓言，背起一小捆書，漫遊到茲沃勒的修道院，從那一刻開始，湯瑪斯關上心門，喧囂的俗世再也無法影響他。

湯瑪斯生活的年代充滿動盪、傳染病以及突然的死亡。在中歐的波西米亞，約翰·胡斯（Johannes [John] Huss，Jan Hus）的虔誠信徒為了摯愛領袖的死亡發起一場復仇之戰。胡斯是英格蘭宗教改革家約翰·威克里夫（John Wycliffe）的朋友與追隨者。當時，康斯坦茲大公會議承諾，如果胡斯願意前來瑞士，在教宗、皇帝、二十三名紅衣主教、三十三名大主教、一百五十名修道院長以及超過一百名的國王與公爵面前，詳細地闡述其理念，就會保證胡斯的安全。胡斯被誘騙來到康斯坦茲之後，會議就下令將他燒死。

至於西歐地區，法蘭西已經與英格蘭進行了長達百年的戰爭，直到聖女貞德出現後才幸運取勝。沒有多久，法蘭西為了爭奪西歐地區的主導地位，再度與勃艮第打個你死我活。

在南歐地區，羅馬教宗乞求上天詛咒另外一位教宗。另一位教宗待在法蘭西南部的亞維儂，他卻非常仁慈地回應羅馬教宗的抨擊。東方的土耳其人正在摧毀羅馬帝國最後剩下的那一點東西，俄羅斯人也開始對韃靼人進行總攻擊。

被燒死的約翰·胡斯

縱然外界如此紛亂，但湯瑪斯兄弟平靜的內心什麼也沒有聽見。只要能夠確保有這些手抄本可供閱讀，還有自己的腦袋可以思考，他就心滿意足了。他將對上帝的熱愛寫成一本名為《效法基督》（*Imitation of Christ*）的小書，除了聖經之外，這是全世界被翻譯成最多種語言的書籍，累積的讀者數量也能媲美聖經，影響了億萬人的生命。湯瑪斯弟兄的崇高生命理想，可以被簡簡單單地表現為「安靜地在角落裡讀一本小書」。

善良的湯瑪斯兄弟代表中世紀最純粹的理想。雖然周遭全是文藝復興大獲全勝的氣氛，人文主義者也大聲宣揚即將到來的新紀元，但中世紀也蓄積了能量，想要做出最後一擊。修道院開始改革，修士放棄奢華與邪惡的行為。一群儉樸、直率與誠實的人，遵循著虔誠奉獻的完美生命典範，想要把其他人帶回順從上帝旨意的公義生活。這麼做卻一點用處都沒有。新世界席捲了每個人，安寧冥想的日子不復存在。「表現」的偉大時代已經開始了。

讓我在此表達自己的歉意，因為我必須使用許多深奧、專門的字眼。我希望自己可以用簡單的文字寫完這本歷史故事，但這是不可能的事情。這就像是你無法在不提到三角形、斜邊與平行四邊形的情況下，完成一本幾何學教科書。你必須學會這些字眼，否則無法理解幾何數學。在學習歷史（還有人生的總總一切），都免不了要學習一些源於拉丁文與希臘文的奇特文字，不如現在就將它們學會吧。

我將文藝復興時代描繪成「表現」的年代，意思是說人們已經不再滿足於當聽眾，更不願意坐在那裡等待皇帝與教宗宣布應該做什麼，又應該想什麼。他們想要成為人生舞台的主角，堅持「表現」個人獨有的想法。佛羅倫斯的歷史學家馬基維利相當關心治國之術，也在自己的書裡面揭露了何謂成功的國家以及有效率的統治者。如果，一個人喜歡繪畫，就會在繪畫中表現他對美麗線條與動人色彩的熱愛，於是出現了喬托、弗拉．安傑利科與拉斐爾等等大藝術家；同時，當人們也將學會以上千種相關的字詞來表現他們懂得如何珍惜永恆美麗的作品。

對於色彩與線條的熱愛，如果與數學與水力工程學結合，結果就是達文西。他一邊作畫，一邊用氣球與飛行工具進行實驗，將倫巴底平原上的沼澤排乾；達文西透過詩歌、繪畫、雕刻以及巧妙構思的機器，「表現」出他對天地萬物的興趣和喜悅。米開朗基羅力大無窮，發現調色盤與畫筆太過於柔軟，不適合自己強壯的雙手，因此轉向雕刻與建築，在碩大的大理石上鑿出最可怕的生物，甚至畫出聖彼得大教堂的設計圖，那是讚美教會榮耀最具體的「表現」。事情就是這樣一直發生下去的。

整個義大利的男男女女都過著一種生活，貢獻他們微小的個人，使知識與美感的珍貴寶藏得以累積增長，很快的，整個歐洲都加入這個行列。德意志美茵茨的約翰尼斯·古騰堡（Johann zum Gänsefleisch; Johann Gutenberg）發明了一種

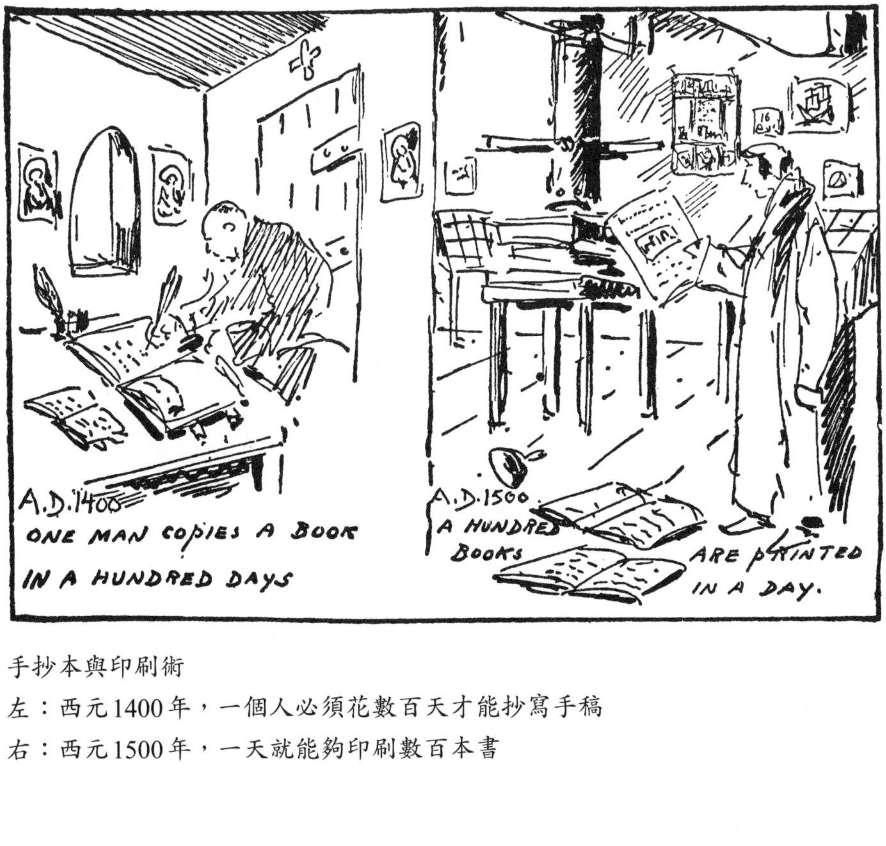

手抄本與印刷術

左：西元1400年，一個人必須花數百天才能抄寫手稿

右：西元1500年，一天就能夠印刷數百本書

大教堂

新的書籍製作方法。他長期研究古代的木刻版，藉此打造了一種完善的系統，可以隨意將軟鉛製成的字母排列組合，用來印刷整頁的文字。雖然古騰堡後來在一場爭奪印刷術發明權的訴訟中，失去了所有的金錢，死的時候身無分文，但他的大名會永遠跟這個獨特的天才發明連在一起，這就是古騰堡的「表現」。

很快的，威尼斯的阿爾杜斯·馬努提烏斯（Aldus Manutius）、巴黎的艾堤尼（Étienne de La Boétie）、安特衛普的普拉丁（Christophe Plantin）以及巴塞爾的佛羅班（Johann Froben）等印刷巨匠，就讓全世界都能夠讀到他們精心印製的古典著作，這些書籍有的採用古騰堡聖經的哥德字體，有的用義大利字體、希臘字母或希伯來字母。

全世界都豎起耳朵，仔細聆聽那些有話想說的人。在過去，原本只有少數擁有特權的人士，才能夠接受教育，而這種獨占局面已經結束了。哈倫的艾爾茲維爾出版社（Elzevier of Haarlem）開始印刷便宜的通俗讀物之後，世上再也沒有藉口可以讓人保持無知了。只需要花一點點錢，亞里斯多德、柏拉圖、維吉爾、賀拉斯與小普林尼等等重要的古典作家、哲學家與科學家，都能夠成為人類最忠實的朋友，人文主義使所有人在印刷成冊的文字面前變得自由且平等。

第四十一章

地理大發現

人類已經打破了中世紀的狹隘世界，必須尋找更多探索的空間。歐洲世界容不下人類的野心。地理大發現的時代來臨了。

十字軍東征曾經使「旅行」這門學問大有長進。但每個人幾乎都只是走過從威尼斯通往雅法的這條著名道路，沒有人膽敢挑戰其他路線。西元十三世紀，威尼斯商人馬可波羅兄弟，穿過蒙古大沙漠，攀爬一座又一座幾乎可以碰觸到月亮的高山，終於去到古代中國大汗（皇帝）的宮廷上。馬可波羅寫了一本書，記載這段超過二十年的冒險旅程。全世界的人讀到馬可波羅對於日本國黃金高塔的描述時，全都瞠目結舌。許多人因此想要前往東方，希望能夠找到這座黃金島嶼，藉此致富發跡。但旅程過於遙遠危險，他們最後還是選擇待在家裡。

當然，歐洲人也可以從海路進行探索，但是因為種種原因，航海在中世紀並不普遍。首先，當時的船隻相當小，麥哲倫（Magellan）用來環遊世界多年的船隻，其大小甚至比不上現代常見的渡輪。此外，中世紀的船隻只能搭載二十到五十個人，他們必須睡在骯髒的夾艙裡，由於夾艙過矮，甚至無法完全站起身來。當時船上的廚房設備相當簡陋，只要天氣稍差就無法生火烹煮食物，導致水手的飲食條件相當惡劣。中世紀的人知道怎麼醃製鮭魚、製造魚乾，但沒有任何罐頭食物，只要船一出海，就沒有新鮮蔬菜可吃。他們用小木桶盛裝乾淨的水，但馬上就會變得不新鮮，甚至染上了木頭的霉味以及鐵鏽味，還會長滿各種滑溜溜的噁心東西。中世紀的人完全不曉得什麼是微生物（十三世紀的智者培根似乎思考過微生物的存在，但睿智地保留自己的發現，以免遭到教會迫害），經常喝下不乾淨的水，有時所有船員都會因此染上傷寒而死。在早期的航海過程裡，死亡率非常可怕。一五一九年，麥哲倫從塞維亞啟程準備進行著名的環球之旅時，一共帶了兩百名船員，最後只有十八個人活下來。直到十七世紀晚期，西歐與印度地區的貿易往來繁忙，從阿姆斯特丹啟程往返荷屬印度巴達維亞的船隻，常見的船

馬可波羅

員存活率大約是四成左右。船上沒有足夠的新鮮蔬菜，在飲食不均衡的情況下，船員容易得到壞血病。壞血病會使牙齦發炎，甚至導致血液中毒，讓病人因過於疲勞而死，這就是當時船員的主要死因。

在這種條件下，你能明白為什麼當時的海上交通無法吸引到較為傑出的人才。諸如麥哲倫、哥倫布與瓦斯科．達伽馬（Vasco da Gama）等知名探險家的船員，幾乎都是坐過牢的人、無所事事的扒手或者以後即將犯下謀殺案的傢伙。

但是，這群水手的勇氣與決心，絕對值得我們敬重。他們完成了幾乎不可能的任務，活在現代舒適世界的人，根本無法想像他們當時面對的困難。他們的船隻會漏水，帆具也非常笨拙。中世紀雖然已經有了某種指南針（因為阿拉伯人與十字軍的關係，輾轉從亞洲傳入歐洲），但當時的地圖品質非常糟糕，而且資訊不正確。他們只能把命運交給上帝還有自己的直覺。如果好運的話，一到三年之後就能夠回家，否則，他們的白骨就會孤獨地埋在某個不知名的海岸。然而，他們是真正的冒險家，將一切交給命運。生命對他們來說是一場光榮的冒險，只要看見遠方海岸的模糊輪廓，或者發現開天闢地迄今仍未有人造訪的平靜海域，就能彌補他們承受過的折磨、飢渴與痛苦。

我再次希望這本書可以擁有多達千頁的篇幅，因為早期的探險故事真的很迷人。但如果歷史想要傳遞給你關於過去的真實知識，就必須像林布蘭的銅版畫一樣，只讓明亮的光線投射在畫面上某些最重要的部分，也就是聚焦在最優秀、最偉大的地方。其他東西只能待在較為陰暗之處，用幾行字略略帶過。因此，在這章裡，我只能簡略提出幾個最重要的發現。

請你記得一件事情。在十四、十五世紀時，所有航海人員只有一個目標：找到一條舒適安全的航道，前往契丹（中國）、日本島還有其他生產香料的神祕島嶼。自從十字軍東征之後，中世紀的人就非常喜歡那些東西。除此之外，由於冰箱尚未問世，魚和肉類很容易腐壞，必須撒上很多胡椒或肉荳蔻等香料來保存，否則無法食用。

威尼斯人與熱那亞人是地中海地區最偉大的航海者，但探索大西洋的榮耀屬於葡萄牙人。由於長年對抗摩爾人，因此西班牙人與葡萄牙人早已發展出強烈的愛國情懷，而這種情懷很容易發展成其他的東西。西元十三世紀，葡萄牙國王阿方索三世（Alphonso III）征服了阿爾加維王國在西班牙半島南端的領土。十四世紀，葡萄牙人向伊斯蘭人發起進攻，穿過直布羅陀海峽，占領了休達，對面就是阿拉伯都市塔里法（Ta'Rifa，這個字的阿拉伯文意思是「商品存貨清單」，但在西班牙文中則是關稅）以及阿爾加維王國在非洲地區的首都——坦吉爾。

西元一四一五年，亨利王子準備有系統地探索非洲的西北部地區。亨利王子又名「航海家亨利」，父親是葡萄牙國王約翰一世，母親為菲莉帕（Philippa），外公則是莎士比亞劇作《理察二世》當中登場的歷史人物「岡特的約翰」（John of Gaunt）。在亨利王子之前，只有腓尼基人與挪威人造訪過北非的炙熱沙岸。挪威人記得那裡是「多毛野人」的家鄉，那其實是現代人所說的大猩猩。亨利王子與船隊大副發現了一個又一個新地點，例如加那利群島，以及一個世紀前熱那亞船隊曾造訪的馬德拉島。亨利等人仔細地在地圖上標示出亞速爾群島的位置，葡萄牙人與西班牙人對這個地方所知無幾。除此之外，他們甚至看見了非洲西岸的塞內加爾河出海口，但誤認那是尼羅河。在十五世紀中期，他們找到了維德角以及維德角群島，位於非洲海岸和巴西之間。

亨利並不只是在海面上活動，他本身是「基督騎士團」的統領。這個組織源於十字軍時期的聖殿

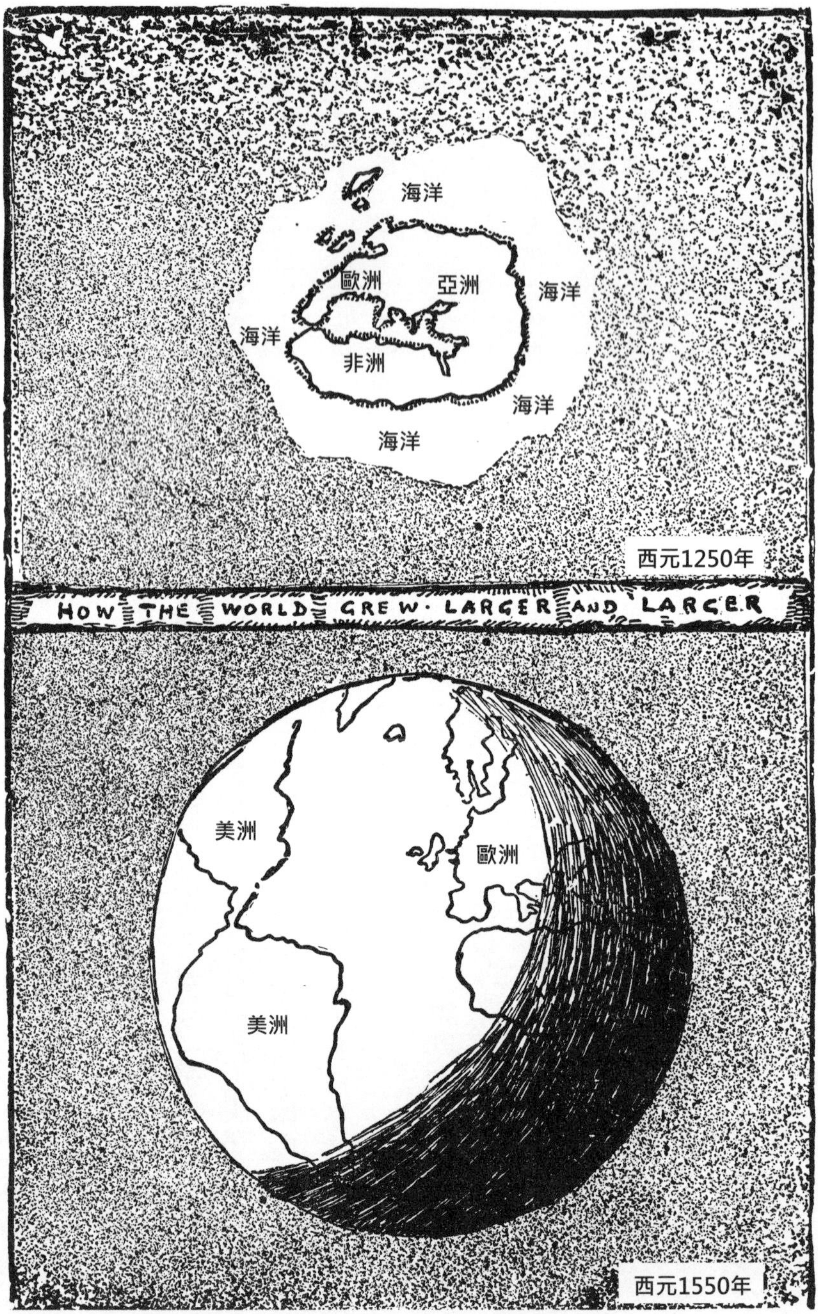
海洋
歐洲
亞洲
海洋
海洋
非洲
海洋
海洋
西元1250年
HOW THE WORLD GREW · LARGER AND LARGER
美洲
歐洲
美洲
西元1550年

世界是怎樣變大的

騎士團。但是早在西元一三一二年時，當時的教宗克萊門特五世就在法蘭西國王菲利普的要求之下，解散了聖殿騎士團。菲利普國王利用這個機會將自己國內的聖殿騎士綁上火刑柱燒死，奪走他們的財產。亨利利用這些基督騎士團成員繳交的領地稅金，組織起幾支裝備精良的遠征隊，派他們深入撒哈拉沙漠和幾內亞海岸的偏遠地區執行探索。

無論如何，亨利仍然是非常典型的中世紀人物。他花了許久的時間，浪費相當多的金錢，想要尋找神祕的祭司王約翰。約翰是一位基督教祭司，據說在「東方世界的某處統治一個巨大的帝國。」十二世紀時，這個詭異的故事在歐洲流傳甚廣，三百年來，人們不停地想要找到祭司王約翰與其後裔，亨利也是如此。直到亨利死後三十年，才終於解開了這個謎。

西元一四八六年，巴爾托洛梅烏·迪亞士（Bartholomew Diaz）出海尋找祭司王約翰的足跡，最後抵達非洲最南端。起初，迪亞士把這個地方命名為暴風角，因為這裡的強風差點阻礙了邁向東方世界的旅程，同行的里本斯導航員非常清楚探索通往印度的海路有多麼重要，決定把這個地方改名為「好望角」，希望帶來好運。

一年之後，佩羅·達·科維良（Pedro de Covilham）在麥地奇家族的贊助下，從陸路進行相似的任務。他先穿過地中海地區，離開埃及之後，繼續往南前進，抵達亞丁，再經由波斯灣水路，造訪了果阿與卡利卡特。自從一千八百年前亞歷山大大帝之後，鮮少有歐洲白人踏上這裡的土地。科維良在那裡打聽到相當多關於「月亮之地」（the island of the Moon，即馬達加斯加）的消息，位置就在非洲與印度的中間。科維良啟程回家，途中祕密造訪了麥加與麥地那，再度穿越了紅海，終於在西元一四九〇年找到祭司王約翰的領土。原來祭司王約翰就是衣索比亞的國王，他的祖先在西元四世紀時皈依基督教，比基督教傳入斯堪地那維亞地區還要早七百年。

這些航行的經驗，讓葡萄牙的地理學家與製圖學家相信，確實有可能通過東方海路前往印度，但絕對不容易，也因此掀起一番爭議。有些人想要繼續探索好望角以東的區域，另外一些人則說：「不行，我們必須橫越大西洋，向西走才能抵達契丹。」

我必須在此提醒你，當時最聰明的人已經深信地球不是平的，而是圓的。西元二世紀的托勒密是相當偉大的埃及地理學家，他發明了一套宇宙理論，並且留下詳盡的說明，這套理論可以滿足中世紀人的需求，但文藝復興時代的人已經揚棄它了，因為他們接受了波蘭數學家哥白尼的理論，認為地球只是數個圍繞太陽的行星之一。然而，在十三世紀時，由於法國的阿爾比教派還有義大利的華爾多教派曾經短暫威脅過羅馬主教的權力，教宗因而設立了宗教裁判所來對付他們。其實，他們都是相當溫馴且虔誠的人，想要過著效法耶穌基督本人的儉樸生活，卻因此被判為異端。有鑑於此，哥白

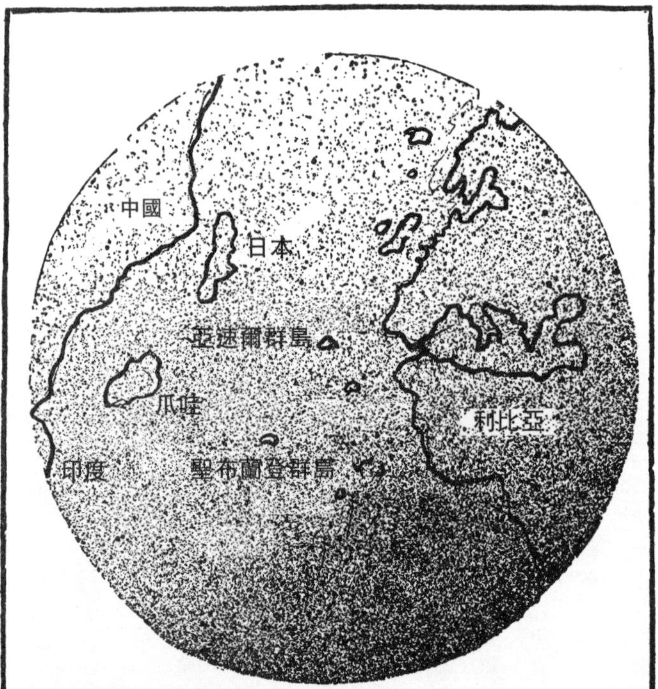

哥倫布認為的世界

哥倫布的世界

尼一直不敢公開自己的理論，隱藏了整整三十六年，直到一五四三年哥白尼去世，這些理論才能公諸於世。當時的航海學家普遍已經知道地球是圓的，而他們爭論的重點只是向東或向西航行各有什麼優缺點。

熱那亞人哥倫布支持向西航行。他的父親是羊毛商人。他似乎讀過帕維亞大學，精通數學與幾何學。隨後繼承父業，但旋即前往地中海東方的希俄斯島從事商業旅行。我們也聽說他去過英格蘭，但不確定是否為了羊毛貿易，或者只是擔任船長。哥倫布說他在一四七七年二月造訪冰島（前提是我們相信他說的話），但真相很有可能是他只抵達了法羅群島而已。在二月的天氣，任何人都可能會把天寒地凍的法羅群島當成冰島。哥倫布在這裡遇到了勇猛北歐人的後代，聽他們說，十世紀時已經有祖先定居在格陵蘭島，十一世紀時有人去過美洲，那位北歐人船長叫做萊夫・艾瑞克森（Leifr Eiríksson），他們的船被暴風吹到文蘭，位於拉布拉多半島海岸線。

北歐祖先們在遙遠西方建立的殖民地，現在變成什麼樣子？沒有人知道。萊夫・艾瑞克森兄弟的遺孀，改嫁給一位叫做托爾芬・卡爾斯尼（Thorfinn Karlsefne）的人。西元一〇〇三年，卡爾斯尼在美洲大陸建立了殖民地，三年之後，由於與當地的愛斯基摩人陷入敵對關係，無法繼續維持殖民統治。西元一四四〇年後，格陵蘭島的居民就沒有傳回任何音訊，很有可能因為黑死病而全部過世，當時的挪威也有一半的居民因此死亡。無論情況如何，法羅群島人（或冰島人）口中關於「遙遠西方的遼闊土地」傳說，一定傳到哥倫布的耳裡了。他開始向北方的蘇格蘭漁夫打聽消息，隨後啟程前往葡萄牙，在當地與一位船長的女兒結婚。哥倫布的岳父曾經在航海家亨利王子的手下工作過。

西元一四七八年，哥倫布開始專注在向西航行前往印度的志業。他向葡萄牙與西班牙王室提出自己的航海計畫，但葡萄牙人認為自己已經壟斷了東方航道，因此不願意採納哥倫布的計畫。至於西班牙，在一四六九年時，亞拉岡王國的費迪南與卡斯提爾王國的伊莎貝拉結婚，西班牙從此成為統一王國，忙著將最後一批摩爾人從格拉納達趕出去，必須把每一分錢花在軍隊士兵身上，也沒有足夠的金錢支持哥倫布的探險。

在這個情況下，勇敢的義大利人哥倫布必須辛苦地奮鬥，其絕望程度，鮮少有人能相提並論。但是哥倫布的故事人人皆知，無須贅言。西元一四九二年一月二日，摩爾人投降，交出格拉納達。同年四月，哥倫布與西班牙的國王、皇后簽署合約。八月三號，星期五，哥倫布率領三艘船離開帕洛斯港，隨行船員一共八十三人，裡面多半都是罪犯。西班牙王室承諾，只要這些罪犯加入這場遠征，就能夠不再服刑。十月十二日星期五，哥倫布發現新大陸。一四九三年一月四日，哥倫布向留在納維達德堡的四十四個人道別（這些人後來不知所蹤），準備啟程回家。二月中，哥倫布抵達亞速爾

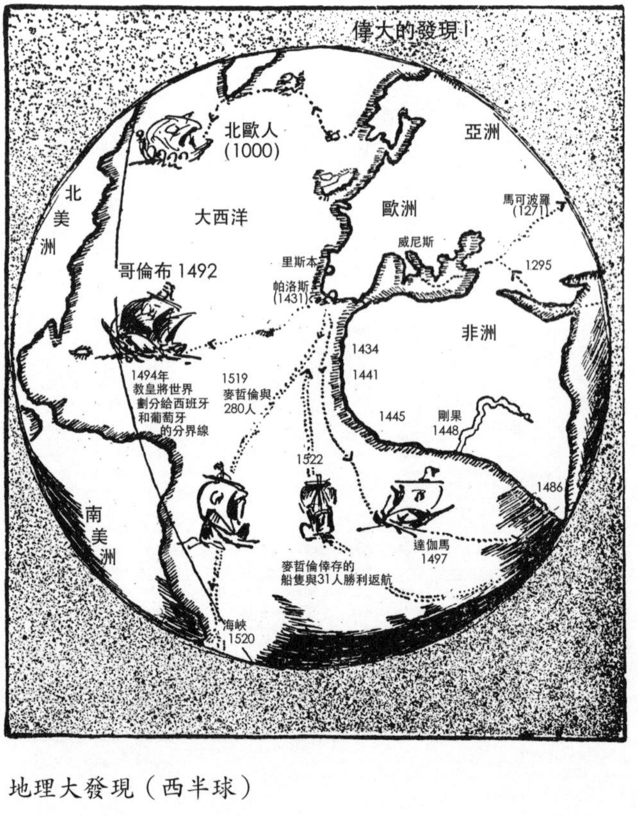

地理大發現（西半球）

群島，葡萄牙人威脅要把他關入監獄。一四九三年三月十五日，哥倫布帶著印地安人（哥倫布相信他發現了印度附近的群島，因此把當地人稱為印地安人）回到帕洛斯。他趕快前往巴塞隆納，向提供協助的西班牙國王報告兩個好消息：旅行成果豐碩，而通往契丹與日本國黃金白銀的海上道路，也已經在西班牙無敵艦隊的掌控之下了。

真是遺憾，哥倫布永遠都不知道真相。哥倫布死前進行了第四次旅程，進一步接觸到南美洲的土地，此時也許曾經懷疑過自己的發現是否正確，但是，直到過世之前，哥倫布仍然非常堅持歐亞大陸之間沒有任何陸地連結，而他發現的航線就是通往中國的正確道路。

同時，堅持向東探索的葡萄人，運氣似乎更好。西元一四九八年，瓦斯科．達伽馬抵達印度南部的馬拉巴爾海岸，安全地帶著一箱香料回到里斯本。西元一五〇二年，達伽馬再次進行同樣的航線。但葡萄牙人的西進路線卻相當令人失望。一四九七年到一四九八年

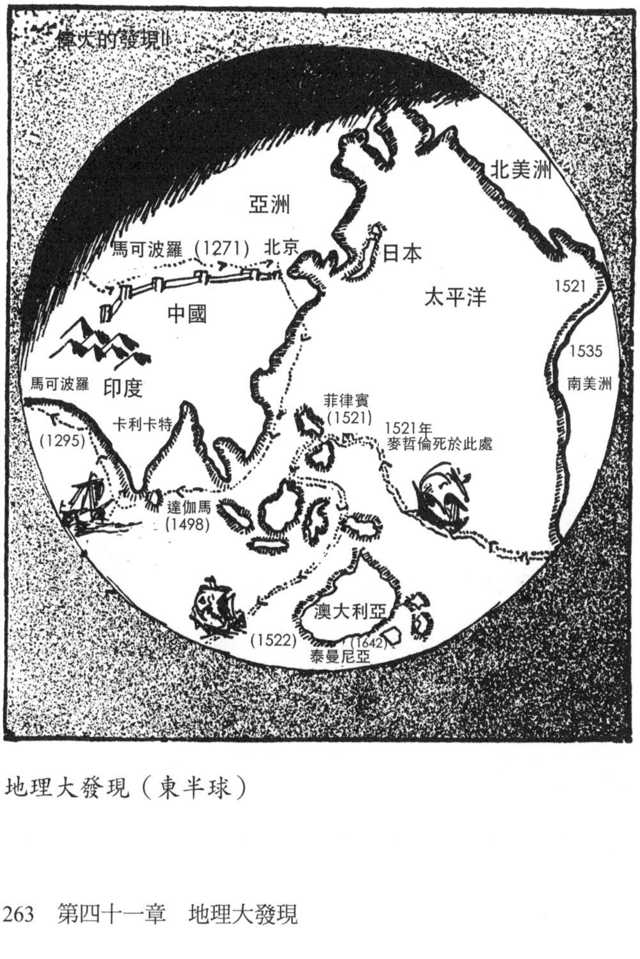

地理大發現（東半球）

間，約翰・卡博托（John Cabot）與塞巴斯蒂安・卡博托（Sebastian Cabot）兩兄弟想要找到通往日本的航線，卻一無所獲，只抵達了覆滿冰雪的紐芬蘭岩岸，北歐人早在五個世紀以前就已經找到這個地點了。「美洲」這個名字來自於亞美利哥・維斯普奇（Amerigo Vespucci）。他出身於佛羅倫斯，擔任西班牙的船長，曾經發現巴西海岸，但那也不是通往印度的航線。

西元一五一三年，哥倫布死後七年，歐洲地理學家終於開始接觸到真相。巴斯克・努涅斯・德・巴爾波亞（Vasco Núñez de Balboa）穿過巴拿馬地峽，登上著名的達連峰，看見腳下廣闊的水域，這代表似乎還有另外一座海洋的存在。

最後，在西元一五一九年，五艘西班牙小船組成船隊，接受葡萄牙人麥哲倫的指揮，啟程航向西方，想要尋找香料之島。他們之所以沒有航向東方，是因為葡萄人控制了相關航線，絕對不允許任何人與之競爭。麥哲倫穿過非洲與巴西之間的大西洋水域，繼續往南航行，進入巴塔哥尼亞高原最南端的狹窄水道，發現了「大腳族的土地」以及「火地島」（水手在夜裡看見島上有火光，那是島上有原住民的唯一跡象）。將近五週的時間，麥哲倫船隊只能任憑橫掃海域的暴風雨攻擊。水手爆發叛變行動，麥哲倫只好用強硬手段鎮壓，把兩名水手留在某處的岸邊，讓他們用盡餘生來後悔自己的罪行。風暴最後平息了，水道變得寬闊起來，麥哲倫順利進入新發現的海洋。海上風平浪靜。麥哲倫稱呼為「平靜之海」，也就是太平洋的由來。麥哲倫繼續向西航行，長達九十八天沒有見到任何土地。船員因為飢渴而瀕臨全數死亡的慘況，只能夠捕捉船上的老鼠當作食物，等到老鼠都被吃光了，甚至必須咀嚼帆布來充飢。

西元一五二一年三月，麥哲倫船隊發現了一座島。麥哲倫稱呼這是「搶匪之島」，因為當地原住民倫走了船隊上所有能拿走的物資。但是，只要再往西邊一點，就是他們想要尋找的香料之島了！

他們再次發現陸地，那是一群孤獨的島嶼。麥哲倫以西班牙國王菲利普二世為名，將這座島嶼命名為菲律賓。菲利普二世登基之前原名查理五世，曾是相當強悍的西班牙國王，但也留下許多不愉快的歷史回憶。一開始，菲律賓人相當款待麥哲倫，但他決定用船上的槍砲逼迫當地的基督教居民改宗天主教之後，菲律賓人夥同數位大副與水手殺害了麥哲倫。倖存者燒毀了其中一條船，將另外兩艘船開走，繼續這次的旅程。他們找到了著名的「香料之島」，即摩鹿加群島。他們看見了婆羅洲，抵達蒂多雷島。兩艘船的其中之一，由於漏水情況太過於嚴重，無法繼續航行，只好連同船上的成員待在原地。在塞

麥哲倫的航行

巴斯蒂安・戴・卡諾（Sebastian del Cano）的領導下，船況良好的「維多利亞號」繼續前進，穿越了印度洋，卻錯過了澳洲北方海岸，終於在千辛萬苦之後回到西班牙（一直要到十七世紀上半葉，荷屬東印度公司的船艦才找到當時相當不友善的澳洲）。

這是歷史上最值得注意的一次航行，前後耗時三年，花費了相當大量的金錢，也折損許多人力，才能夠完成這一切。然而，這趟海上探險也確定了幾個事實：地球是圓的，哥倫布所發現的新大陸不是印度的一部分，而是另外一座獨立的大陸。從那個時候開始，西班牙與葡萄牙用盡全力發展與美洲原住民之間的貿易關係。為了避免兩國發生武裝衝突，教宗亞歷山大六世只好以格林威治以西十五度的經度為準，畫出了一條界線，要求兩國不得越界，這就是西元一四九四年的「托爾德西里亞斯分界」。葡萄牙人只能在這條線以東的地方建立殖民地，西班牙人的範圍則是這條線以西。這解釋了為什麼除了巴西以外的整個美洲大陸地區都是西班牙的殖民地，而印度地區與大多數的非洲地區都是葡萄牙的領土。這情況直到十七、十八世紀時，英格蘭與荷蘭殖民者崛起才被改變，而這兩個國家當然也不會尊重教宗的決策。

哥倫布的地理大發現消息傳到中世紀的「華爾街」——即當時的商業貿易中心，威尼斯的里亞爾托——之後，引起了一陣巨大的恐慌。股票與債券分別貶值了四成與五成。不久之後，由於哥倫布無法找到通往中國的航線，威尼斯人才放下恐懼的心情。但是，達伽馬與麥哲倫的旅行證明了確實能夠經由東方水路通往印度，熱那亞與威尼斯的統治者（中世紀與文藝復興時期的兩大商業重鎮）也只好開始後悔自己當初沒有接受哥倫布的提議。但一切都已經太晚了。因為印度與中國貿易的崛起，地中海世界淪為內海。義大利古老的光榮時光已經消逝。大西洋變成新的商業重鎮，進而取代義大利成為

航向新世界

新的文明中心，並且一直保持這樣的地位。

你現在能夠明白，自從五千年前尼羅河的居民開始記下歷史之後，人類文明的發展有多麼奇特了。從尼羅河到兩河流域，再移轉到克里特、希臘與羅馬。一座內陸之海成為貿易中心，地中海沿岸的城市則變成藝術、科學、哲學與知識的家園。到了西元十六世紀，文明的核心再次往西邊移動，讓建立在大西洋海岸旁的那些國家成為地球的主人。

有人曾說，世界大戰以及歐洲各個民族國家的自相殘殺，減損了大西洋的重要地位。他們預期，文明重心會因此移轉到美洲大陸，甚至在太平洋上找到新家。我質疑這種說法的真實程度。

隨著人類能夠製造愈來愈大的船，航海技術也逐漸變得紮實，終於能夠完成航向西方的旅行。在過去，腓尼基人、希臘人、迦太基與羅馬人製造的航海船取代了尼羅河與幼發拉底河上的平底船。葡萄牙人與西班牙人製造的橫帆帆船也取代了腓尼基人等民族的運輸交通工具。到最後，英格蘭人與荷蘭人製造的全帆裝船將葡萄牙人與西班牙人逐出了海上世界。

但是，到了現代，文明不再仰賴於船隻。航空工具取代了其地位，而且仍然會繼續凌駕於水上運輸工具與蒸汽船之上。下一個文明重心將同時取決於航空技術與水權。而海洋將會重新成為小魚們不受打擾的平靜棲地，在遠古時代，我們的祖先曾與牠們共享這片深邃的家園。

第四十二章

釋迦牟尼與孔子

關於釋迦牟尼與孔子的故事。

葡萄牙人與西班牙人的地理大發現，讓信奉基督教的西歐人得以和印度人及中國人密切交流。他們當然非常清楚基督教不是世界上唯一的宗教，這個世界上還有伊斯蘭教，北非也有崇拜圖騰柱、石頭、枯樹的異教徒。此時，基督教征服者又發現印度與中國居然有幾百萬人從來沒聽過耶穌基督，甚至也不想聽。因為印度人與中國人認為自己信奉的宗教有幾千年的傳統，更勝於西方宗教。既然這本書的故事與全人類有關，不侷限於歐洲人與西半球世界，那麼你應該要了解東方世界的兩位重要導師，因為，跟我們一起在這世界上進行生命之旅的夥伴中，到現在還有一半以上是受到這兩位導師的教誨和典範所影響。

在印度，釋迦牟尼被認為是最偉大的宗教領袖，生平故事也相當引人入勝。在耶穌基督出生之前六百年，釋迦牟尼誕生在看得到喜馬拉雅山的地方。在那之前四百年，就在這個地方，雅利安人第一位偉大的領袖查拉圖斯特拉在這裡教導他的子民，要將生命視為善神與惡神之間持續不斷對抗的過程。釋迦牟尼的父親淨飯王（Suddhodana）是釋迦部族（Sakiya）的偉大領袖。母親摩訶摩耶（Maha Maya）則是鄰近國王的女兒。摩訶摩耶相當年輕時就已經結婚了，許多年過去，仍未替淨飯王生下能夠繼承統治地位的孩子。摩訶摩耶五十歲時終於懷孕，決定回到故鄉與族人待在一起，準備迎接腹中孩子問世的那天。

返回摩訶摩耶早年成長之地——拘利耶族（Koliyans）所住的天示城（天臂城）——是一段遙遠的旅程，某天夜晚，摩訶摩耶在藍毗尼園裡的樹下休憩，她的兒子便出世了，名叫悉達多（Siddhartha），世人所熟悉的名字是釋迦牟尼，意思是「大澈大悟之人」。

隨著時間過去，悉達多長成英俊的王子。十九歲時，悉達多與表妹耶殊陀羅（Yasodhara）結婚。此後十年間，釋迦牟尼住在皇宮裡，不曾感受過一絲一毫的苦痛，等待接替父親的地位，成為釋迦族人的國王。

然而，悉達多三十歲時，一切變得不同了。他走出宮殿外，看見一個老人因為操勞而身心疲倦、四肢孱弱，已經無法扛起生命的重擔。悉達多要求車伕迦南（Channa）看看那個老人，迦南卻說這個世界上有許多受苦的人，多一個少一個也沒有分別。年輕的悉達多王子相當傷心，一語不發地回到宮殿，與妻子、父母繼續生活，設法讓自己快樂一點。沒有多久之後，悉達多第二次離開宮殿，這次遇到了一個罹患重病的男子。悉達多問迦南，什麼原因讓這個男子受苦，但迦南卻說，這世界上有許多人生病，根本就沒有辦法幫忙，就算想要幫忙，也改變不了什麼。年輕的悉達多王子聽到這些話，再度變得憂鬱，但仍然回到宮殿與家人一起生活。

幾個星期過去了。某天傍晚，悉達多想去河邊沐浴，便要求僕人準備馬車。在路上，悉達多的馬

三大主要宗教

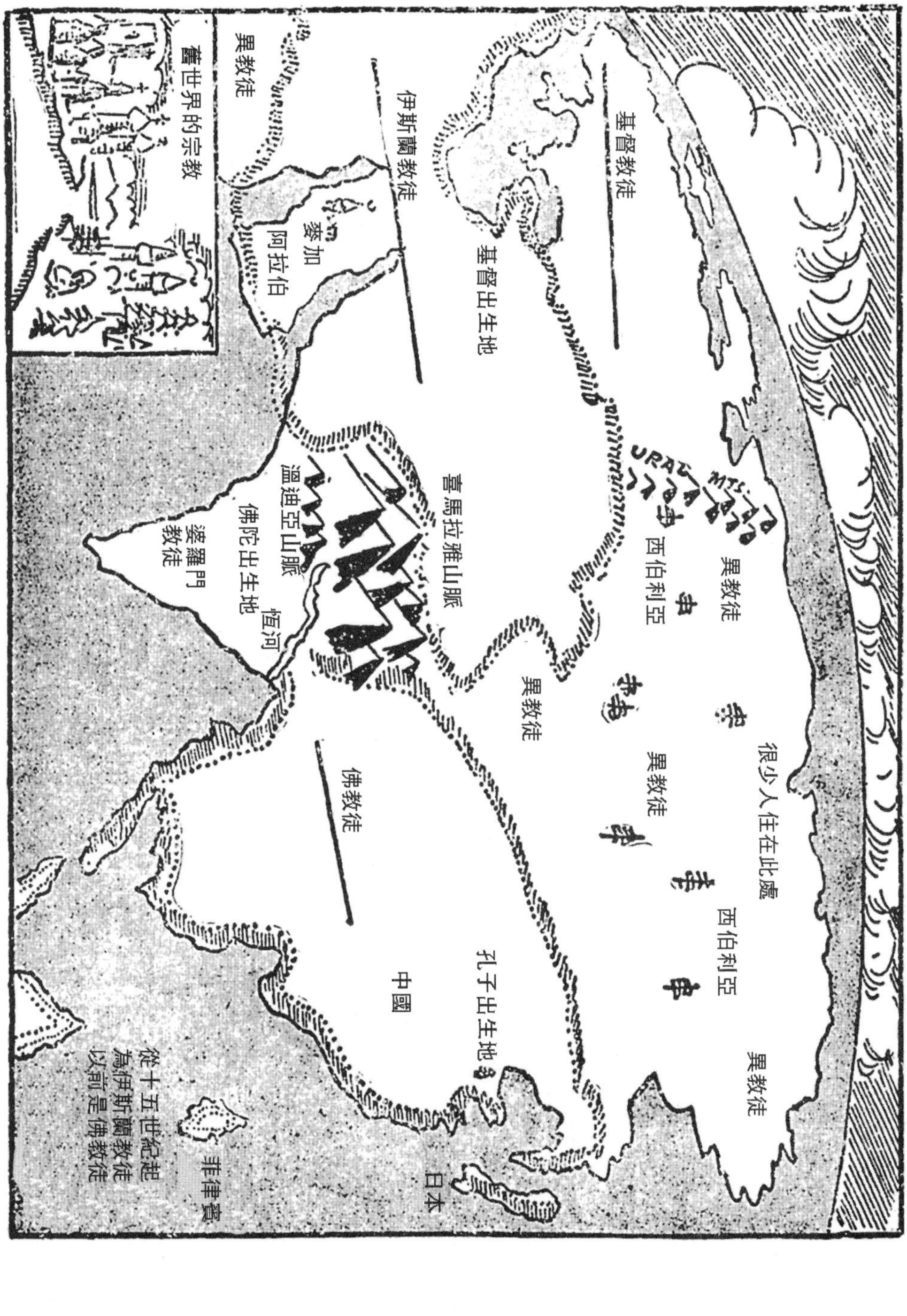
舊世界的宗教
異教徒
伊斯蘭教徒
麥加
阿拉伯
基督教徒
基督出生地
URAL MTS.
喜馬拉雅山脈
溫迪亞山脈
佛陀出生地
婆羅門
教徒
恒河
異教徒
西伯利亞
異教徒
異教徒
很少人住在此處
西伯利亞
佛教徒
孔子出生地
中國
異教徒
從十五世紀起
為伊斯蘭教徒
以前是佛教徒
菲律賓
日本

突然嚇壞了，原來是路邊水溝裡躺著腐爛的男子屍體。年輕的悉達多王子從來沒有看過屍體，非常害怕，迦南卻叫他不要在意這種瑣碎的小事。這個世界每天都會有很多人死掉，這是生命的法則，一切都將結束，沒有任何東西能夠永恆不朽。每個人最後都會死，沒有人可以逃過這個宿命。

那天傍晚，悉達多回來時，宮殿裡準備了音樂迎接他。因為悉達多外出沐浴時，妻子生下了兒子。人民得知國家有後非常高興，敲鑼打鼓地歡慶著。但悉達多的心裡卻高興不起來。生命的神祕帷幕拉起，悉達多明白了人類生命的悲戚，死亡與折磨就像噩夢般如影隨形。

那天夜晚月色皎潔，悉達多夜半醒來，開始思考許多事情。如果找不到解開生命之謎的方法，他再也無法感到快樂。悉達多決定要離開自己所愛的人，前往遠方尋找答案。他輕手輕腳走進妻子與孩子共眠的房間，然後把忠誠的僕人迦南喚來，要求他與自己同行。

兩人走入了深邃的夜裡，其中一個要尋找靈魂的安寧，另外一個則是忠誠地服侍令人敬愛的主人。

悉達多在外漫遊多年，當時的印度人民歷經了巨變，好戰的雅利安人不費吹灰之力就征服了印度人的祖先。為了維持統治地位，雅利安人將印度人區分為不同的階級，在印度人身上實行嚴格的種姓制度。印歐民族征服者的後裔雅利安人裡的戰士與貴族屬於最高階級；次一級則是祭司，接下來是農民與商人；至於自古就住在這裡的印度人則是飽受輕蔑的賤民，他們是悲慘的奴隸，沒有任何翻身的希望。

宗教也與種姓制度息息相關。古老的印歐民族在數千年的漫遊旅程中看過許多奇特的事情。他們把這些經歷寫入《吠陀經》（*Veda*）。這本經文使用的語言叫做梵文，與印歐語系的希臘文、拉丁文、俄羅斯文、德文等其他四十餘種語言有密切關聯。只有三個最高等級的種姓得以閱讀神聖的《吠陀經》，種姓制度當中最低下的賤民無從得知內容。倘若貴族或祭司階級膽敢把《吠陀經》的內容洩漏給賤民階級，下場將會相當悽慘。

因此，絕大多數的印度人都活得相當可悲。既然這個世界的喜悅如此稀少，受苦難者的救贖必定在他處。人們自然會想要藉由冥想未來的生命喜悅，得到一點慰藉。

印度人認為，梵天（Brahma）創造了萬事萬物，也是生死最高的主宰，因此被尊崇為最完美的純粹理想。想要達到梵天的境界，必須放下追求富裕與權力的欲望，才能達到最崇高的生命存有。在印度人的心中，聖潔的理想勝過於行為，許多人因而走進沙漠，仰賴吃樹葉維生，讓自己的身體挨餓，才有可能以輝煌梵天（睿智、良善與慈悲之神）聖潔的沉思來餵養自己的靈魂。

悉達多王子經常觀察這些獨居的漫遊者，他們遠離了城市與鄉村的喧鬧，靜靜地追求真理。王子決定效法他們的行為。悉達多剪去了頭髮，派遣一名信使將隨身攜帶的珍珠與紅寶石送回家，當作告別。這個信使就是永遠忠誠於王子的迦南。於是，年輕的王子就在沒有任何人追隨的情況，獨自走入荒野之中。

悉達多的聖行很快傳遍了山野。五個年輕人找到悉達多，表達追隨的意願，希望可以聆聽他睿智的言語。悉達多同意成為他們的導師，帶領他們走入深山之中。六年來，悉達多在溫迪亞山脈把自己所知的一切傳授給這些年輕人。然而，當教學修行到了一個段落之後，悉達多認為自己仍然不夠完美。儘管已經拋棄了俗世，但俗世的一切都還是對他充滿誘惑。於是，悉達多要求學生離開，自己在老樹下靜坐四十九天，終於得到了他追求的東西。第五十天的夜晚，悉達多現身在忠誠僕人迦南的面前，從那一刻開始，悉達多成為了釋迦牟尼，人們稱呼他是大澈大悟之人，前來解放人類脫離悲慘的

釋迦牟尼入山悟道

俗世命運。

生命的最後四十五年裡，釋迦牟尼待在恆河流域教導關於順服與溫馴的道理。西元前四八八年，釋迦牟尼辭世，深受數百萬人景仰，因為他從來不是為了任何一個階級的利益而傳道，即使最卑微的賤民也可以是他的門徒。

釋迦牟尼的作為使貴族、祭司與商人階級感到不滿，他們竭盡所能地想要摧毀釋迦牟尼這種萬物皆平等、人人可以期望來生幸福的想法。他們鼓勵印度人民恢復那種以禁食和折磨身體為主的古代梵天信仰，但是，從來沒有人可以摧毀佛教。釋迦牟尼的信徒慢慢爬過喜馬拉雅山，進入中國傳教，甚至越過黃海，向日本人宣揚釋迦牟尼的智慧，讓他們忠誠遵守偉大導師的教誨，絕對不使用暴力。時至今日，愈來愈多人尊奉釋迦牟尼為師，人數甚至勝過了基督徒與伊斯蘭教徒的總和。

中國古代聖賢孔子的故事則相對簡單一些。他出生於西元前五五〇年，當時，中國還沒有強有力的中央政府，人民深受盜賊威脅。他們擄掠一座又一座的城市，偷竊財物、草菅人命，中國北部與中部的平原上滿是飢餓受苦的人。

深愛人民的孔子想要拯救他們。孔子是一位喜愛和平的人，不相信暴力，也不認為制訂新法律就能夠改變現況。他了解唯一可能的救贖乃是改變人心，便開始從事一連串看似不可能的任務，想要改變東亞百萬中國人的性格。中國人從來不像西方人一樣對宗教有興趣，他們對惡魔與鬼魂的看法相當趨近於原始人。他們也沒有先知，不會找到任何「天啟真理」。在全世界這麼多偉大的道德領袖之中，孔子幾乎是唯一不談天啟真理的人，也沒有宣稱自己是某種神聖力量的使徒，更不會說自己聽見了從天而降的聲音。

孔子只是一位非常善體人意又慈悲為懷的凡人，如果可以的話，他寧可獨自逍遙於天地之間，用從不離身的洞簫吹奏憂傷的曲調。他不曾要求他人的讚揚，沒有強迫任何人應當追隨他或崇拜他。他讓我們想起了古代的希臘哲學家，特別是斯多葛學派，他們相信正當的生活與思維不應當懷抱著得到獎賞的希望，而是為了追求良知所帶來的靈魂安寧。

孔子是一位非常寬容的人。他曾拜訪另一位偉大的中國心靈導師——老子，後者建立了所謂的「道家學說」，這種學說相當接近後來基督教裡的「金律」（馬太福音：你們願意別人怎樣待你，你們也要怎樣對待別人）。孔子不曾憎恨任何人，他教導人們維持自尊自重的美德，根據孔子的教誨，一個真正有美德的人，絕對不會讓自己受到憤怒情緒的影響，更不會因為生命帶來的任何波折而灰心喪志。因為，理解順服之道的聖人都會明白，生命中發生的任何事情，都會有好的一面。

一開始，孔子門下學生寥寥可數，後來慢慢增加。在孔子死前（西元前四七八年），幾位國君甚至也拜在孔子門下。耶穌基督在伯利恆出生時，孔子哲學已經成為多數中國人的心靈支柱了，從此之後深刻地影響中國人的生命——雖然不見得還能夠保有最純粹原始的精神（隨著時間經過，大多數的宗教都會產生改變）。耶穌基督教導謙遜、順服以及放棄世俗野心，但是，就在耶穌受難的一千五百年後，教會的領導階層卻花了數以百萬計的黃金建立了教堂，其奢華的程度，完全不像基督誕生的伯利恆孤獨馬廄。

雖然老子以「金律」教人，但不到三百年之後，無知的大眾就完全把老子變成一位非常殘忍的神祇，將他的睿智教導埋在迷信底下，反而讓中國百姓活在無盡的恐懼之中。

孔子曾經教導學生理解孝順的美德。但是，中國人卻過於重視已逝的父母，忽略子嗣的幸福。他

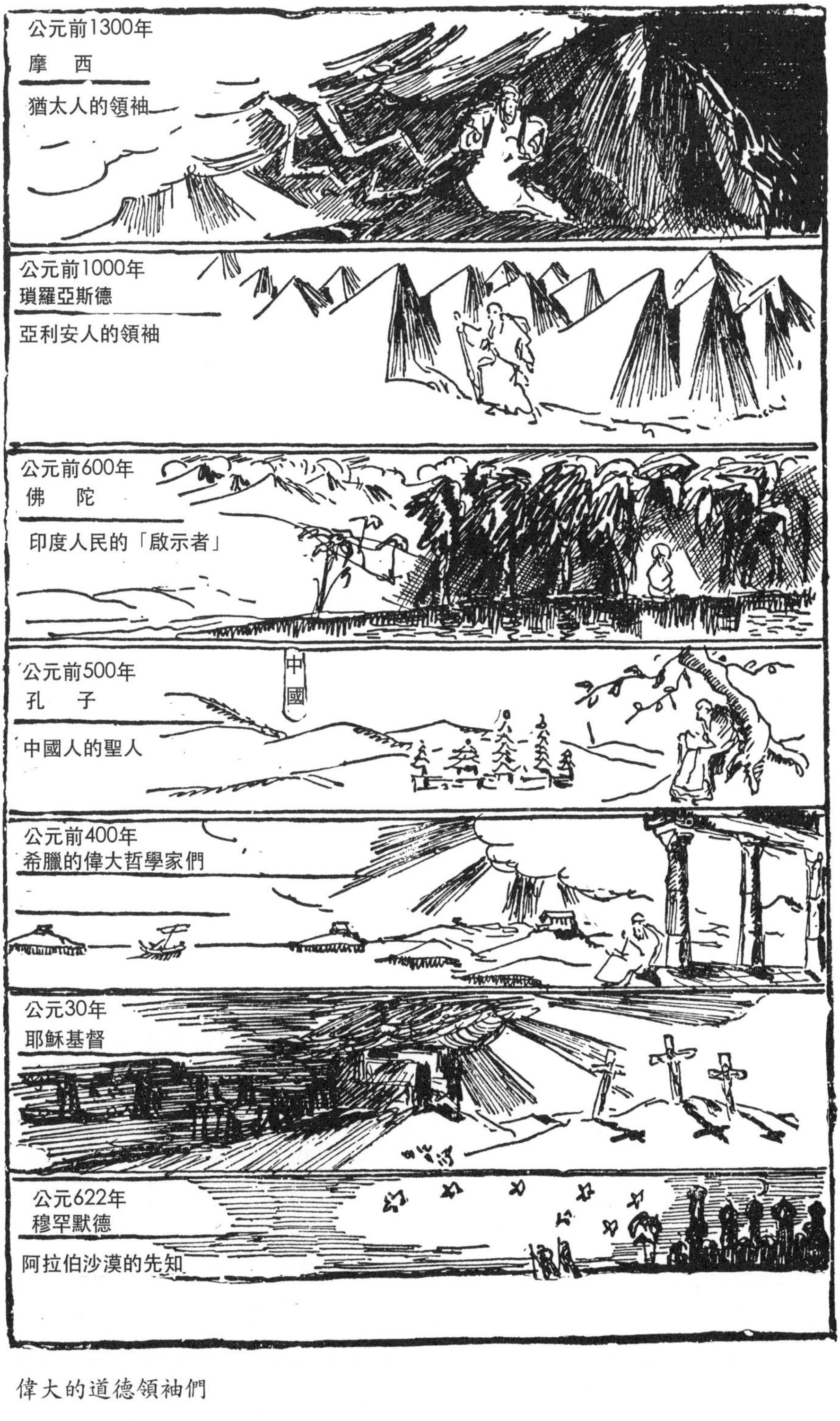
公元前1300年
摩　西
猶太人的領袖
公元前1000年
瑣羅亞斯德
亞利安人的領袖
公元前600年
佛　陀
印度人民的「啟示者」
公元前500年
孔　子
中國
中國人的聖人
公元前400年
希臘的偉大哲學家們
公元30年
耶穌基督
公元622年
穆罕默德
阿拉伯沙漠的先知

偉大的道德領袖們

們刻意忽視未來，嘗試在巨大的黑暗中尋求過去，祖先崇拜因此變成中國牢固的信仰體制。中國人寧可把祖先的墓碑豎立在山丘上能夠照射到陽光那一側的豐饒土地上，而將作物種在缺乏陽光、什麼都長不好的另外一側。他們情願餓死，也不敢褻瀆祖先的墓碑。

就在同一時間，東亞地區不斷膨脹的人群從來沒有遺忘過孔子的睿智教導。儒教學說以深刻的見解和精妙的論述，深入每個中國人的靈魂，影響其一生。無論是住在地下室替人洗衣服的工人，還是深居在高聳宮殿裡統治偉大帝國的君王，都是孔子的學生。

西元十六世紀，滿腹熱誠但沒有任何文明素養的西方基督徒，終於與東方世界的朋友面對面接觸了。早期的西班牙人與葡萄牙人望著釋迦牟尼塑像的寧靜神情，以及令人肅然起敬的孔子畫像，完全不知道該如何看待這兩位偉大的道德導師，於是他們作出一個非常膚淺的結論：這些詭異的東方神祇都是惡魔，象徵偶像崇拜與異端，完全不值得虔誠基督教會子民的尊敬。於是，只要釋迦牟尼與孔子的精神干預了任何有關香料與絲綢的貿易，歐洲人就會用火槍彈藥攻擊這些「東方惡魔」。這種想法實在很糟糕，只是讓西方的後代子孫必須承受這種惡意帶來的後果，對於未來沒有任何好處可言。

第四十三章

宗教改革

理解人類的最好方法，就是將其視為一座巨大的鐘擺，永遠都在前後擺盪。文藝復興時期的人對宗教冷漠，對人文充滿熱情，到了宗教改革時期，人們反過來對宗教懷抱熱情，冷落了人文思想。

你一定聽說過宗教改革，一聽到這個字詞，你可能會開始想起一群人數不多但勇氣十足的朝聖者，遠渡重洋只為了追求「信仰自由」。經過時間過去，特別是在新教國家裡，宗教改革已經大約等同於「思想自由」的理念，而馬丁．路德是宗教改革的前鋒。然而，歷史並非只是對祖先的讚美而已，借用德國歷史學家蘭克所說的，歷史是嘗試找出「過去真正發生的事情」，我們才能用相當不同的角度理解過去。

在人類的生命當中，很少有東西是純粹的好或者純粹的壞，幾乎沒有非黑即白的情況。一位誠懇的歷史作家，必須真實呈現每個歷史事件的好與壞。這件事情非常困難，因為我們總有個人的好惡，但仍應竭盡所能做到公平，不能過度流於偏見。

以我自己為例，我在新教國家與家庭裡成長，十二歲以前從來沒有接觸過任何天主教徒。當我遇到他們的時候，覺得非常不自在，甚至有一點害怕。因為我知道，當阿爾瓦公爵（duke of Alba）想要矯正荷蘭人被路德教派與喀爾文教派感染的異端精神時，西班牙的異端裁判所因而燒死和吊死了數千人，甚至讓他們身首異處。這些事情對我來說太過於真實，不過就像昨天，甚至可能還會再發生一次。聖巴托羅繆之夜（St. Bartholomew's Night）的慘劇也可能重演，到了那個時候，可憐弱小的我也許會在夜裡遭到謀殺，屍體被丟到窗外，就像當年柯利尼將軍（Gaspard de Coligny）的遭遇。

後來，我在一座天主教國家裡住了若干年，發現那裡的居民心胸廣闊，相處愉快，其聰明寡言的程度就像我過去的同胞。更讓我驚訝的是，關於宗教改革，新教徒和天主教徒的看法都各有其合理之處。

當然，曾經經歷過宗教改革的十六、十七世紀居民不會有這種想法。他們永遠認為自己是對的，敵人是錯的。你想要吊死別人，還是想要被人吊死？雙方當然都想把對方吊死，這是人之常情，沒有什麼應該責備的地方。

讓我們看看西元一五〇〇年的世界，那是相當容易記住的年分，神聖羅馬帝國的皇帝查理五世就在這一年出生。中世紀混亂的封建社會早已消失，取而代之的是一群高度中央集權化的王國。在所有勢力當中，最強大的是查理五世，當時他還是一個強褓中的嬰兒。他的祖父是哈布斯王朝的馬克西米連一世，人稱中世紀的最後一名騎士；祖母瑪麗是勃艮第公爵「勇敢查理」的女兒，勇敢查理曾經與法蘭西作戰時大獲全勝，不過後來被瑞士的農民所殺。查理的外祖父母則是西班牙國王斐迪南與女王伊莎貝拉。查理五世還是小孩時，已經從雙親、祖父母、叔叔、阿姨等親人手中繼承了西歐地區絕大多數的版圖，包括奧地利、荷蘭、比利時、義大利與西班牙等地，以及位於亞洲、非洲與美洲的殖民地。命運的諷刺讓他在根特出生，這裡曾是法蘭德斯人的城堡。日耳曼人占領比利時期間，則把根特當作監獄使用。雖然查理五世是西班牙與日耳曼裔的皇帝，成長時期卻接受了法蘭德斯式的教育。

查理五世的父親死後（據說遭到下毒，但從來沒有證實過），母親也隨之失去理智（帶著裝著丈夫屍體的棺材四處遊蕩），因此查理五世是由嚴格的瑪格利特阿姨管教長大。查理五世必須統治日耳曼人、義大利人、西班牙人還有好幾百個奇怪的民族，他本人雖然是天主教廷的忠實子民，但因為在法蘭德斯長大的關係，他相當反對「宗教不寬容」的想法。無論年幼還是成年時期，查理五世都相當懶惰。世界因為宗教狂熱而騷動，命運卻強迫他進行統治。查理五世一直都非常忙碌，一下子從馬德里趕往茵斯布魯克，或者從布魯日趕到維也納。他喜歡和平與寧靜，卻永遠都在作戰。五十五歲的時候，查理五世開始對人類感到厭倦，仇恨與無知竟是如此無窮無盡。三年之後，查理五世身心俱疲且感到絕望，終於離開了人世。

查理五世的故事差不多就說到這邊了。那麼，世界上的第二強權，也就是教會，他們的情況又是如何？中世紀早期之後，教會改變了很多。他們開始馴服異教徒，教導後者什麼叫做虔誠與正當的生活。教會變得太富有，教宗也已經不是謙遜基督徒的牧羊人了。他住在巨大的宮殿裡，身邊全是藝術家、音樂家以及相當出名的藝文人士。教會與小教堂裡裝飾著嶄新的圖畫，上頭的聖人看起來完全違背了應有的儉樸精神，反而更像是希臘世界的華麗神祇。教宗用來處理國家與藝術的時間非常不平衡，前者只占了十分之一，剩下的九成時間，他都用來關心羅馬雕像、新發掘的希臘花瓶、計畫建設新的夏季度假屋，還要監督新戲排練。大主教與紅衣主教效法教宗的生活模範，普通主教則效法大主教的作為。但是，住在鄉村的神職人員仍然盡忠職守，遠離邪惡的奢華世界，拒絕異教徒對美麗與享樂的熱愛。有些修道院的修士已經忘了遵守儉樸與貧窮生活的箴言，隨心所欲地快樂生活，甚至鬧出了一些醜聞也不在意，鄉村的神職人員則對這種修道院採取敬而遠之的態度。

最後，我們要聊聊一般的平民。他們過得比以前更好，生活更富裕，住在更好的房子，小孩接受更好的教育，城市也更漂亮，甚至連武器都比過往的死對頭更好。他們的死對頭就是向來喜歡掠奪平民財產的公爵，這些人數百年來不停提高沉重的稅金。以上就是宗教改革的主要參與人物。

現在，讓我們看看文藝復興對歐洲造成的影響，你就會明白知識與藝術的復興為什麼會再度引起人們對宗教的興趣。文藝復興起源於義大利，隨後蔓延到法蘭西，但在西班牙的發展卻相當不順利，因為他們與摩爾人之間將近五百年的戰爭，讓人民的心智變得非常狹隘，對於宗教事務十分狂熱。文藝復興的效應雖然愈來愈廣泛，但越過了阿爾卑斯山之後，就產生了非常不同的轉變。

北歐地區的人活在截然不同的氣候裡，對於生命的看法也迥異於南部鄰居。義大利人住在開闊晴朗的天空下，經常開懷大笑，盡情放聲高歌。日耳曼人、荷蘭人、英國人與瑞典人多半待在舒適的小屋裡，聽著雨滴敲打緊閉的窗戶。他們不太笑，對每一件事情都很嚴肅，向來能夠感受到不朽靈魂的存在，只要談到神聖的東西，就不喜歡嘻皮笑臉。文藝復興運動當中的「人文精神」，包括書本、鑽研古代作者、文法與教科書等等事情，雖然讓北歐人非常有興趣，但義大利文藝復興時期的其中一種成就——重返古希臘羅馬的異教文明——卻讓他們心生恐懼。

異端文明與紅衣主教團所象徵的教廷精神是義大利的一切，他們把教堂變成一座座歡愉的俱樂部，讓人們在此討論藝術、音樂與劇場演出，卻幾乎沒有提到宗教。從此之後，在嚴肅的北歐地區以及輕鬆生活卻冷落信仰的南歐地區之間，差異變得愈來愈大。南歐人似乎沒有看見潛伏在教廷四周的危險。

文藝復興之所以會蔓延到日耳曼，而不是瑞典或英格蘭，確實有其細緻的原因。事實上，日耳曼人自古以來對羅馬帝國就懷有怨懟。皇帝與教宗之間永無止盡的鬥爭，造成雙方相互不悅。在其他的歐洲國家，強而有力的國王負責統治，通常能夠保護人民免於教會人員的貪婪掠奪。日耳曼的皇帝卻沒有什麼辦法面對混亂的世界，善良的公民只能夠任憑主教與高級教士的宰割。教會的高層官員想要從人民身上搜刮金錢，用來滿足文藝復興時期教宗興建大教堂的願望。日耳曼人覺得自己被搶了，當然不喜歡這樣。

除此之外，還有一個鮮少被人注意的事實：日耳曼其實是印刷業的家鄉。在北歐，書籍相當便宜，聖經已經不是只有教會人員才能擁有的神祕文獻。每個能夠讀懂拉丁文的家庭幾乎都擁有一本聖經，全家人也都會讀經，這是教會嚴格禁止的事情。於是，他們發現教會人員說的許多事情，都跟聖經有所出入。這讓他們心生質疑，開始提出各種問題。如果沒有人有辦法回答這些問題，就會造成更多的麻煩。

於是，北歐地區的人文主義者開始抨擊修士，隨後引發了一連串的行動。北歐人的心裡仍然對於教宗懷抱相當程度的尊重，因此沒有辦法直接攻擊代表教會的神聖人物。但是，住在豪華修道院裡又相當懶惰無知的修士，就變成了他們的的目標。

奇怪的是，這場戰爭的領導者，反而是一名虔誠的教會子民：傑拉德．傑拉德森（Gerard Gerardzoon），他更令人耳熟能詳的名字是德西德里烏斯．伊拉斯謨斯（Desiderius Erasmus）。伊拉斯謨斯出生在荷蘭的鹿特丹，跟前幾章所說過的湯瑪斯・肯皮斯同樣就讀於德文特的拉丁文學校。伊拉斯謨斯成為一名神父，曾經住在修道院一陣子，遊歷甚廣，因此善於寫作。後來，伊拉斯謨斯開始撰寫公開出版的小冊子（倘若他是現代人，就會被稱為一名編輯），全世界都因為這本匿名創作的《無名小卒的書信》而感到非常開心。這些書信以奇特的日耳曼—拉丁文打油詩形式，暴露了中世紀晚期修士的愚蠢與傲慢，令人想起現代的幽默詩。伊拉斯謨斯是一位相當博學嚴肅的學者，通曉拉丁文與希臘文。他以希臘原文為本，修正了新約聖經後，翻譯成相當可靠的拉丁文版本。但他同樣相信羅馬詩人賀拉斯所說的：微笑能夠展現出真正的事實。

西元一五〇〇年，伊拉斯謨斯前往英格蘭拜訪湯瑪斯・摩爾爵士，還用了幾個禮拜的時間寫成一本相當有趣的小書，叫做《愚人頌》。他用最危險的武器——幽默——抨擊了修士與其愚昧的追隨者。這本小書是十六世紀最暢銷的作品，幾乎所有語言都有譯本，讓人們開始留意伊拉斯謨斯的其他作品。伊拉斯謨斯提倡改革教會的諸多惡行，並且呼籲其他人文主義者幫助自己實現基督信仰的重生。

但伊拉斯謨斯的完美計畫並沒有成功，他太過於理性與寬容，無法取悅教會的敵人。他們還在等待一位更有氣魄的領導者。

這個人終於出現了，他就是馬丁・路德。

路德出身於日耳曼北方的農民家庭，擁有第一流的頭腦以及偉大的勇氣。他被任命為奧古斯丁修士，而且是日耳曼薩克遜省奧古斯丁兄弟會當中相當重要的成員。他在維滕堡的神學院擔任教授，對家鄉薩克遜省原本毫不關心宗教的農家子弟傳授神學。路德把大量的閒暇時間用來研讀新舊約聖經的原文本，很快就發現耶穌基督本人的教誨，居然與教宗以及主教所傳授的事情如此不同。

西元一五一一年，路德前往羅馬處理公事，出身於波吉亞（Borgia）家族的教宗亞歷山大六世此時已經辭世，為了兒女著想，亞歷山大六世生前盡可能地搜刮財富。現在的教宗是尤里烏斯二世，一個完美無瑕的人，大部分時間都花在戰爭與建設上，但他的虔誠無法打動嚴肅的日耳曼神學家路德。路德滿懷失望地回到維滕堡。但更糟糕的事情還在後頭。

教宗尤里烏斯二世開啟了重建聖彼得大教堂的任務，並囑咐他的繼任者遵循遺志，但重建工作才剛開始沒多久就已經需要修繕，而亞歷山大六世在位時，早已把教會的每一分錢都花完了。西元一五一三年，利奧十世繼位成為教宗，瀕臨破產的窘境，於是決定採用古老的方法搜刮現金——販賣所謂的「贖罪券」。贖罪券是一張羊皮紙，以特定的金額賣出，承諾購買的罪人能夠減少死後待在煉獄的時間。以中世紀晚期的宗教風氣來說，這是相當完美的作法。只要罪人死前誠心懺悔，教會就可以寬恕其罪行，因此，他們當然也有權力讓罪人的靈魂減少必須待在陰暗煉獄受到淨化的時間。

馬丁·路德正在翻譯聖經

不幸的是，贖罪券必須用現金購買，這是教會賺取收入的簡單方法，事實上，窮到沒有辦法買贖罪券的人也可以免費領取。

西元一五一七年，道明會的修士若望・特次勒（Johann Tetzel）取得在薩克遜省獨家販售贖罪券的權利。若望弟兄是一名相當積極的商人，老實說就是他推銷贖罪券的熱情太過頭了，惹火了小鄉村的虔誠居民。身為虔誠信徒的路德，當然也因為若望弟兄的行徑而感到憤怒。一五一七年十月三十一日，路德前往教會，在門上貼了一張紙，上面寫著以拉丁文寫成的九十五點聲明，抨擊販售贖罪券的行為。路德無意發起一場抗爭。他絕對不是一位革命家。他反對贖罪券，希望其他的教授同伴能夠明白自己的想法，路德認為這只是神職人員與教授之間的「茶壺裡的風暴」，根本不是想喚醒平民大眾對此的不滿。

不幸的是，當時全世界都已經對於宗教事務非常有興趣，任何宗教事務必然會引起激烈的思想衝突。不到兩個月的時間，全歐洲都在探討薩克遜的路德修士所提出的九十五點批評，每個人都必須選邊站，每個默默無名的小神學家也必須發表自己的意見，教廷也因而察覺警訊。他們邀請維滕堡的神學教授路德前往羅馬，為自己的行為答辯。路德非常聰明，謹記當年胡斯的下場，決定留在日耳曼，最後被逐出教會。隨後，路德在仰慕他的群眾面前燒掉了教宗頒布的開除敕令，從那一刻開始，路德與教宗之間再也不可能和平相處了。

於是，路德就在本人並無意願的情況下，變成了心懷不滿的基督徒大軍的領袖。日耳曼愛國人士烏爾里希・馮・胡滕（Ulrich von Hutten）出面保護路德，防止他被教廷逮捕，維滕堡、艾爾福特與萊比錫的學生也聲明將會挺身而出。薩克遜省的統治者支持熱情學生的立場，只要路德的雙腳還站在薩克遜省的土地上，他就不會遭受任何傷害。

西元一五二〇年發生了很多事情。當時，查理五世二十歲，已經是半個世界的統治者，被迫與教宗保持和諧的關係。他在萊茵河畔的沃木斯城舉行大公議會，要求路德出席，替自己的行為做出答辯。身為日耳曼民族英雄的路德也前往赴約，但拒絕收回自己曾經寫下說過的任何一個字。他的良知只受上帝的規範，而且願意為了良知付出生死代價。

在充分的審議之後，沃木斯大公會議宣布，在上帝與人類的面前，路德是一位違法之徒，禁止任何日耳曼人提供路德一切所需的食物、飲水與避難地，也不可以閱讀這個卑鄙的異教徒所撰寫的任何著作。但偉大的改革家路德卻安然無恙，日耳曼北部的絕大多數區域都譴責沃木斯大公會議的決議極不公義而且蠻橫無禮。為了安全起見，路德躲在薩克遜省統治者擁有的瓦爾特堡，開始把整本聖經翻譯成日耳曼文，好讓人人都能自行閱讀聖經、理解上帝的教誨，進而瓦解教宗的權威。

到了這個時候，宗教改革已經不只是精神與宗教事務了。那些討厭把教堂改造成華麗的新建築的人，也在這段動盪時期開始攻擊、摧毀他們所不喜歡的一切。貧窮的騎士掠奪修道院的領土，想要奪回失去的錢財。心有不滿的地方君王趁著皇帝忙不過來時擴張自己的權力。在幾近瘋狂的煽動家鼓譟之下，挨餓許久的農民逮到最佳機會，帶著古老十字軍的狂熱情緒，攻擊封建領主的城堡，甚至掠奪、謀殺與縱火。

整個帝國已完全陷入失序狀態。有些地方的君王變成新教徒，開始迫害自己領土內的天主教公民；仍然選擇忠於天主教廷的人則吊死了新教徒。一五二六年的施派爾大公會議想要處理國家忠誠問題，進而發布諭令規定：「人民的宗教信仰必須符合領主的宗教信仰。」這個舉動讓日耳曼變成了一座棋盤，上面充斥無數彼此敵對的勢力，更建造了一場政治僵局，阻礙了日耳曼的政治發展，長達數百年。

一五四六年二月，路德辭世，死後葬於二十九年前張貼著名九十五條聲明的教堂。不到三十年的時間，原本對於宗教事務相當冷漠、總是嬉鬧而歡笑的文藝復興世界，已經變成了充滿爭論、彼此攻擊的宗教改革社會了。教宗擁有的那個統一的永恆精神帝國瞬間瓦解，整個西歐變成戰場，新教徒與天主教徒為了榮耀自己的神學信仰而彼此殺戮。在現代人眼中，這些事情就像閱讀神祕的古代伊特魯里亞經文，完全無法理解。

第四十四章 宗教戰爭

宗教嚴重衝突的年代。

十六、十七世紀是宗教嚴重衝突的年代。

如果你曾留心注意，就會發現身旁所有人幾乎都在「聊經濟」，探討工資與工時，還有罷工與社會大眾生活的關係，因為這就是現代最主要的核心議題。

西元一六〇〇年或一六五〇年的貧困孩子，活在更糟的處境裡。除了「宗教」之外，他們一無所知。他們的腦海裡全都是「宿命」、「聖體轉化」、「自由意志」以及數百種奇特的詞彙，用來表達令人難以理解的「真實信仰」，無論那屬於天主教還是基督教。那個年代的孩子，必須配合父母親的意志受洗成為天主教徒、路德教徒、喀爾文教徒、茲文利教徒或再洗禮教徒。他們可能從路德所寫的《奧格斯堡教義答辯論》學習神學知識，或者閱讀喀爾文寫的《基督教要義》，也可能不斷誦念《公禱書》中的三十九條信仰。別人說，這些不同的著作全都是「真實的信仰」。

他們聽說結過許多次婚的國王亨利八世偷走了教會的權柄，任命自己成為英格蘭教會領袖，甚至扮演起教宗的角色，擅自指派主教與神父。如果有人提到教廷的異端裁判所與地牢，小孩晚上就會做噩夢，同樣恐怖的故事還有一群震怒的荷蘭新教徒抓住毫無防備的老神父之後，把他們吊死，只為了享受殺害不同信仰者的樂趣。不幸的是，新教徒與教廷雙方勢均力敵，否則這些鬥爭很快就能結束。這場戰爭一共持續了八個世代，事態愈來愈複雜，我只能告訴你最重要的一些事情，你必須自己閱讀其他關於宗教改革的歷史書籍，才能明白一切。

新教徒的大規模改革運動之後，教會也產生了根本的改變。教宗原本只像是一位業餘的人文主義者或者處理希臘羅馬古董買賣事務的負責人，但這種情況已經從歷史的舞台上消失了。繼承者必須日以繼夜地辛苦管理教會事務。

修道院長久以來相當可恥的享樂生活也已經結束了，修士與修女必須在日出時起床，研讀經文，照顧生病的人，安撫即將死去的人。異端裁判所日以繼夜地監視，想要阻止任何人出版危險的教義。在此，我必須不免俗地提到伽利略，他魯莽地用小巧滑稽的望遠鏡想要解釋天體，嘴裡嚷嚷著關於行星運動的意見，完全抵觸了教會的論點，因此遭到囚禁。但是，我們必須以公平的角度看待教宗、神職人員與宗教裁判所，事實上，新教徒也是科學與醫學的敵人，與天主教徒如出一轍。雙方都非常無知與不寬容，認為探索真理

宗教裁判所

的人就是人類最危險的敵人。

日內瓦的偉大改革者喀爾文，同時也是政治與精神上的獨裁暴君。他來自法國，當法國政府想要吊死米格爾．塞爾韋特（Michael Servetus）時，喀爾文甚至協助政府這麼作。塞爾韋特是西班牙神學家與醫生，因為擔任人類歷史上第一位偉大的解剖學家安德雷亞斯．維薩里（Andreas Vesalius）之助手而遠近馳名。塞爾韋特後來成功逃離法國監獄，來到日內瓦，喀爾文卻又把這名聰穎的神學家關進監牢，在冗長的審判之後，以異端罪名燒死了塞爾韋特，完全無視其科學聲譽。

這樣的事情層出不窮。我們沒有當年宗教迫害的可信數據，但整體來說，新教徒比天主教徒更快厭倦於這種遊戲，而大多數被燒死、吊死與斬首的正直男女，大多數都受害於羅馬教廷的可怕手段。

等你長大，請務必記得一件事情。「寬容」這個概念非常晚才出現在歷史當中，就算是所謂的「現代人」，也只能夠對自己沒有什麼興趣的事情表現出寬容的態度。他們會對非洲原住民表現出寬容，不在乎他是佛教徒或回教徒，因為這兩個宗教對他們來說都沒有差別。但如果美國人聽到原本支持共和黨還贊成高度保護關稅政策的鄰居突然改變立場，加入了社會主義政黨，要求政府取消關稅保護時，人們就不會繼續保持寬容，反而會開始使用十七世紀那些「慈悲」的天主教徒或新教徒口中的語言，就像他聽說原本非常要好的朋友，卻被異端教義的言論迷惑而改信天主教或新教一樣，必須發表最嚴厲的抨擊。

不久以前，「異端」還是一種疾病。在當代社會中，如果我們看見一個人忽略個人衛生清潔以及家庭環境的整潔，讓自己與小孩都暴露在感染傷寒或者其他原本可以避免的疾病危險之中，就會要求衛生單位前來處理。衛生單位的官員則會叫來警察，協助他將這個對整體社區安全有害的人請走。在

十六、十七世紀時，一個懷有異端思想的男女，一旦公開質疑新教或天主教的基礎信仰原則時，就會被別人視為比上述的傷寒帶原者更糟糕的東西。傷寒也許會摧毀你的身體（好吧，其實機率非常的高），但異端思想則會瓦解你的靈魂。因此，所有善良公民的職責，就是向警方舉報破壞現有秩序的敵人。無法做到這些事情的人，也會被當成「當鄰居感染霍亂或天花時，選擇不通報政府單位的人」。

幾年之後，你就會常常聽到「預防性醫療」這個字。預防醫療就是醫生不想等到病人生病之後才開始進行治療。相反的，他們研究病人的症狀以及病人身體無恙時的居住環境，藉由教導清理垃圾、適當的飲食以及應當避免什麼東西的觀念，並且傳授正確的個人衛生習慣，想要藉此排除各種染病的可能性。他們還會進一步推廣預防醫學，好醫生走進校園，教導小孩如何使用牙刷以及避免染上流行性感冒。

正如我曾經說過的，十六世紀的人認為身體疾病比不上威脅靈魂的疾病，因此建立了一套預防「精神疾病」的醫學系統。一旦小孩學會拼字，大人就會傳授「唯一真實」的信仰原則。後來的發展間接證明了這對歐洲人的進步來說是一件好事。因為，新教徒在自己的土地上大舉興學，花費大量的時間解釋教義問答，也在神學之外指導學生的生活。他們鼓勵學生閱讀，也因而幫助了印刷業的繁榮發展。

羅馬教廷也不落人後，付出同樣大量的時間與智慧建立教育系統。羅馬教廷甚至找到一位相當珍貴的盟友：新成立的耶穌會。成立這個重要組織的人是一名西班牙軍人，在經歷了不光彩的戰爭生涯之後，決定信奉天主教，認為自己跟其他的罪人一樣有義務替教會服務。過去曾經有不少罪人，被教會的救世軍指出其過錯之後，真心懺悔，並且奉獻出剩餘的生命去協助、安撫其他不幸的人。

這個軍人的名字叫做依納爵・羅耀拉（Ignatius of Loyola）。他出生於歐洲人發現美洲大陸的前一年，曾經受傷，因而終生不良於行。待在醫院的時候，聖母與人子向他現身，吩咐羅耀拉必須放棄過去的邪惡生活。於是，羅耀拉決定前往聖土，完成十字軍的使命。抵達耶路撒冷之後，羅耀拉發現自己無法完成這個使命，因此回到西歐，協助教廷進行與路德教派之間的戰爭。西元一五三四年，羅耀拉就讀巴黎的索邦神學院，與其他七名學生建立了一個兄弟會。這八個人承諾彼此要追求神聖的生活，不可追求富裕，而必須渴望公義，並且奉獻自己的身體與靈魂為教廷服務。幾年之後，這個小小的兄弟會變成一個常態組織，甚至獲得教宗保羅三世的認可，成為著名的耶穌會。

羅耀拉一直都是軍人。他相信紀律，因此，絕對服從上級旨意成為耶穌會成功的主要原因之一。耶穌會非常善於教育，他們會先確保一名老師已經受過了完備的教育之後，才讓他開始單獨指導學生。這些老師與學生住在一起，過著共同的生活。老師溫柔地照顧學生，也因此培養出新世代的虔誠天主教徒，像中世紀早期的人一樣非常重視自己的宗教職責。但是，耶穌會也很精明，不會浪費時間去教育窮人，他們進入雄偉的宮殿，成為未來皇帝與國王的私人教師。等我提到三十年戰爭時，你就會發現這些事情有何意義。但就在可怕的最終宗教狂熱爆發之前，還有許多重要的事情值得一提。

查理五世死了。把日耳曼與奧地利留給他的弟弟費迪南，兒子菲利普則得到了其他領地，包括西班牙、荷蘭、印度以及美洲。菲利普是查理五世與一位葡萄牙公主生下的孩子，但查理五世與她是表兄妹關係，近親婚姻生下的小孩很容易出問題。菲利普的小孩叫做唐・卡洛斯（Don Carlos），他的命運坎坷，精神不正常，最後在菲利普的同意下被殺死。菲利普本人雖然不是瘋子，但他對教會的熱誠已經瀕臨瘋狂，他相信天堂指派自己成為人類的救主。因此，任何頑固而不願意贊同教宗觀點的人，都是人類的敵人，必須被消滅，以免其存在污染了鄰人的靈魂。

西班牙是非常富裕的國家，從新大陸來的黃金與白銀都流入了西班牙的國庫，但西班牙卻承受了一場相當古怪的經濟危機。西班牙農夫是相當刻苦耐勞的人，連女性都辛勤工作，但是，社會階級較高的階層卻相當輕視任何形式的勞力，從軍和擔任公職除外。原本西班牙境內有摩爾人，他們是相當勤勞的工匠族群，卻在一個世紀之前被趕出了西班牙。因此，世界的財寶庫西班牙變成了貧困的國家，必須把錢財用來購買糧食與其他生活必需品，因為西班牙人輕視而不願從事能夠生產日常所需的勞力工作。

十六世紀最有勢力的統治者菲利普，收入仰賴於向當時相當繁華的商業重鎮荷蘭收取稅金。但法蘭德斯人與荷蘭人都是虔誠的路德教徒與喀爾文教徒，早已將教會裡的圖畫與聖像都拿下來，甚至拒絕羅馬教廷擔任「牧羊人」，他們只想要追尋自己的良心還有新譯聖經中的教導。

這讓國王菲利普的處境相當艱難，當然絕對不能寬容荷蘭異端，但他迫切需要金錢。如果，菲利普允許荷蘭人繼續保持新教信仰，而不採取任何行動去拯救他們的靈魂，就無法履行對上帝的使命；但如果他派出宗教裁判前往荷蘭燒死這些異端，也會失去最重要的收入來源。

他不是一個果斷的人，猶豫了非常久的時間。他曾軟硬兼施，但荷蘭人無動於衷，繼續高唱詩歌，傾聽路德教派與喀爾文教派的傳教士。絕望之下，菲利普決定派出旗下的「鋼鐵人」阿爾瓦公爵，將這些強悍的異教徒繩之以法。荷蘭某些宗教領導者不夠聰明，沒有在阿爾瓦公爵抵達之前逃離，最後遭到斬首處決。西元一五七二年，阿爾瓦公爵攻擊了好幾座荷蘭城市，屠殺當地居民，想要達到殺雞儆猴的效果。同年，法國的新教徒領袖也在聖巴托羅繆之夜遭到謀殺。次年，阿爾瓦公爵包園荷蘭的工商業中心萊頓城。

荷蘭北部的七個小省分此時成立了叫做烏特勒支（Utrecht）的防衛聯盟，推舉奧蘭治親王威廉一世（William of Orange）擔任陸軍與海軍的領袖。荷蘭海軍的外號是「海上乞丐」，而威廉一世曾是皇帝查理五世的大臣。為了解救萊頓，威廉拆除提防，淹出一片水鄉澤國，同時派出一隊使用大型平底接駁船的海軍部隊，在泥水中又划又推又拉地前進，終於解救了萊頓城。

這是歷史上第一次西班牙國王的強大軍隊遭受如此羞恥的敗戰。全世界震驚的程度，不亞於日本在日俄戰爭中取勝後帶給現代人的訝異程度。新教徒勢力因此信心十足，而菲利普為了征服這群反叛的子民，也想出了新的手段：招募一名幾近半瘋的傢伙去暗殺威廉一世。但是，領導者的死亡，並未讓荷蘭北方七省臣服。相反的，他們更為憤怒。西元一五八一年，荷蘭七省在海牙舉行聯合會議，莊嚴地罷黜「邪惡的菲利普國王」，將國家主權拿回來，交給荷蘭人口裡的「由上帝恩賜的國王」。

聖巴托羅繆之夜

在爭奪政治自由的鬥爭當中，這是相當重要的事件。相較於當初英國貴族崛起，最後逼迫國王簽署《大憲章》，荷蘭人的行動創造了更大的成就。這群善良的公民說：「國王與人民之間有一份沉默的共識，雙方要替彼此服務，並且承認自己的義務。如果任何一方無法履行這份承諾，另外一方可以終止這段關係。」一七七六年，英王喬治三世轄下的北美洲人民也做出了相似的結論。但是，美國人說這些話的時候，距離英格蘭統治者三千英里之遠，中間還隔著一片大洋，而荷蘭人則是在一邊聽到西班牙人的槍聲，一邊擔心西班牙艦隊攻擊的情況下，仍然做出這種決定，也意味著如果戰爭失利的話，他們必然會被處死。

在信奉新教的伊莉莎白女王繼承信奉天主教的血腥瑪麗擔任英國女王時，就開始出現了關於一支西班牙神祕艦隊的傳言，西班牙將會利用這支艦隊一口氣征服荷蘭與英格蘭。好幾年過去了，水手口裡

威廉一世決堤解救萊頓城

總是聊著這些話題。只是，到了一五八〇年代之後，傳言變成事實了。根據曾經待過里斯本的水手所言，西班牙與葡萄牙人的碼頭都在打造船隻，而荷蘭南方比利時的帕爾馬公爵正在召集一隻龐大的遠征軍團，等到艦隊抵達之後，就會將遠征軍從奧斯滕德送到倫敦與阿姆斯特丹。

西元一五八六年，西班牙無敵艦隊啟程北伐，但荷蘭艦隊守住法蘭德斯港口，英格蘭人則負責看管整片海峽，習慣南方平靜海上氣候的西班牙人，完全不知道如何在充滿風暴且相當陰鬱的北方海洋上航行。究竟，西班牙無敵艦隊到底是遭到對手痛擊，還是因為無情風浪的摧殘而戰敗，似乎也不太需要說得太明白。最後，只有少數繞過愛爾蘭逃走的船隻能回到西班牙報告這場可怕的戰敗經驗，其他人都躺在北海的海底了。

復仇是公平的舉動。英格蘭與荷蘭新教徒開始把戰火燒向敵人的國土。就在十六世紀踏入尾聲之前，胡特曼（Houtman）受到范林斯霍滕（Jan Huyghen van Linschoten）著作的啟發，終於發現了通往印度的航線。因為這件事情的關係，荷蘭建立了偉大的東印度公司，除此之外，荷蘭、葡萄牙與西班牙之間因為亞洲、非洲殖民地的關係，引發了相當嚴重的戰爭。

沉默者威廉被刺殺

在征服殖民地時代的初期，荷蘭發生了一件令人費解的訴訟案。十七世紀初期，荷蘭船長雅各布・凡・黑姆斯克爾克（Jacob van Heemskerk）在馬六甲海峽（Strait of Malacca）抓到了一艘葡萄牙的船隻。他曾經率領一支遠征隊想要找到前往印度的東北航線，結果在新地島的冰封海岸上待了一整個冬天，因而名聞遐邇。你是否還記得，教宗曾經把整個世界一分為二，一半給了西班牙人，一半給了葡萄牙。因此，葡萄人很自然地認為印度群島附近的水域都是自己的領土，加上他們當時並未與荷蘭處在戰爭狀態，因此，葡萄牙人主張，荷屬東印度公司的船長沒有權力進入海域並且擄走他們的船，於是葡萄牙人提起了訴訟。荷屬東印度公司的高層聘請了一位年輕的聰明律師胡果・格勞秀斯（Hugo Grotius）。他語出驚人地主張海洋應該讓所有人自由地航行。根據格勞秀斯的說法，只要從某國的海岸上發射砲火，而砲火無法抵達的範圍之外，就是任何國家的任何船隻都能夠自由進出的領域。這是歷史上首次有人在法庭上提出如此令人驚訝的主張，但其他國家的船員抱持反對意見。為了反駁格勞秀斯著名的「公海論」，英格蘭人約翰・塞爾登（John Selden）也寫下了著名的「封閉海洋論」，主張主權國家擁有自然權利，能夠將鄰近的海域視為領土。我談這些問題的

無敵艦隊來了！

原因是因為相關問題仍然沒有答案，甚至在第一次世界大戰期間引起諸多複雜的困難議題。

讓我們把焦點拉回荷蘭人、西班牙人與葡萄牙人之間的戰爭，不到二十年，印度地區絕大多數的珍貴殖民地、好望角與錫蘭，加上中國沿海地區甚至日本，都已經落入了新教徒的手中。西元一六二一年，荷蘭西印度公司成立，負責征服巴西，甚至在北美洲建立了名為「新阿姆斯特丹」的堡壘，地點就在亨利．哈德遜（Henry Hudson）於一六〇九年所發現的河岸出海口附近。

新殖民地讓英格蘭與荷蘭變得相當富有，甚至能夠聘請國外傭兵處理戰爭事宜，自己可以專心發展商業貿易。對他們來說，新教徒改革象徵獨立與繁榮。但在其他歐洲地區，新教徒革命帶來一連串的恐怖事件，與此相比，過去的戰爭簡直就像假日踏青般溫和。

西元一六一八年，三十年戰爭爆發了。一六四八年簽署的《西發里亞和約》（*treaty of Westphalia*）是將近一整個世紀以來愈演愈烈的宗教憎恨所產生的自然結果。正如我剛剛說的，三十年戰爭非常可怕。幾乎人人彼此為敵，等到所有的參與者都

哈德遜之死

精疲力盡而且再也無法戰鬥之後，才終於落幕。

不到一個世代的時間，三十年戰爭讓中歐許多地方變成荒原，飢餓的農民必須跟狼群搏鬥，爭奪死馬的屍體做為食物。六分之五的日耳曼村莊遭到摧毀，西部的帕拉廷納被劫掠了二十八次，人口數也從八百萬人降低到四百萬人。

戰爭起源於哈布斯堡王朝的費迪南二世獲選繼位為皇帝，他是耶穌會細心教育出來的人物，也是最虔誠的教會子民與信徒。費迪南二世年輕時曾立下誓言，將竭盡所能消除領土內的所有宗派與異端，也確實為此付出了最大的努力。費迪南二世角逐皇帝寶座的主要對手，是隸屬新教徒勢力的普法茲選帝侯腓特烈（Frederick），他的岳父是英格蘭國王詹姆斯。就在費迪南獲選的兩天前，腓特烈成為波西米亞國王，此事讓費迪南非常不悅。

哈布斯堡王朝進軍波西米亞，年輕的國王腓特烈沒有得到援助。荷蘭原本想要幫忙，但自己也陷入了與哈布斯堡王朝西班牙勢力的絕望戰爭中，能夠做的事情甚少。英格蘭的斯圖亞特王朝想要在國內擴張權力，不願意把金錢與人力投入在遠方波西米亞的戰爭裡。抵抗了幾個月之後，腓特烈被驅逐出境，領地歸給巴伐利亞的天主教廷勢力。這就是戰爭的起源。

隨後，哈布斯堡王朝大軍在提利（Tilly）與阿爾布雷赫特．馮．華倫斯坦（Albrecht Wallenstein）的率領下，一路對抗日耳曼的新教徒勢力，直到抵達波羅的海沿岸為止。對於丹麥的新教徒國王來說，身旁突然多了天主教勢力是非常危險的事情。克里斯蒂安四世（Chrisitan IV）想要在敵人變得更強壯之前先消滅他們。丹麥軍隊進攻日耳曼，卻被擊潰。華倫斯坦抓住這場勝利的機會，以其意志與力量迫使丹麥人求和。波羅的海沿岸的城市只剩下一座屬於新教徒勢力了，那就是施特拉爾松德

（Stralsund）。

西元一六三〇年初夏，瑞典瓦薩王朝（the house of Vasa）的國王古斯塔夫・阿道夫（Gustavus Adolphus）打敗了俄羅斯人，樹立了自己的名聲。身為一位雄心勃勃的新教徒國王，阿道夫想要讓瑞典成為北歐帝國的核心，也受到歐洲新教徒勢力的歡迎，希望他能拯救路德教派。阿道夫打敗了剛剛才在馬德堡屠殺新教徒居民的提利，隨後穿越日耳曼的中心地帶，想要攻擊哈布斯堡王朝位於義大利的領地。當阿道夫感到後方出現天主教軍隊的威脅時，他突然把軍隊掉頭，在呂岑（Lützen）擊敗了哈布斯堡王朝的主要軍隊。不幸的是，阿道夫卻在與自己部隊走散時遭到殺害，但哈布斯堡的勢力已經瓦解了。

生性多疑的費迪南，開始懷疑自己手下的將領。在費迪南的教唆下，天主教軍隊的將領華倫斯坦遭到謀殺。統治法國的波旁王朝雖然支持天主教勢力，但卻討厭競爭對手哈布斯堡，聽到上述消息之後，立刻加入了瑞典人的新教軍隊。法王路易十三入侵了日耳曼東部，法國將領杜倫尼與孔德，瑞典將領班納與威瑪，都因大量屠殺、擄掠與焚燒哈布斯堡的人民與財產而聞名。瑞典人在一連串勝利中獲得名聲與財富，讓丹麥人非常嫉妒。因此，隸屬新教勢力的丹麥人宣布向同屬新教勢力的瑞典人開戰，因為後者是天主教勢力法蘭西人的盟友，而法蘭西的政治領袖紅衣主教德・黎胥留（de Richelieu）罔顧一五九八年的《南特詔書》（*Edict of Nantes*），剝奪法國新教徒農民休格諾教派公開進行宗教崇拜的權利。

一如往常，這種戰爭不會改變任何事情。雙方最後於一六四八年時簽署了《西發里亞和約》。天主教勢力沒有改變，新教徒方面也還是忠於路德、喀爾文與茲文利的教誨。瑞士與荷蘭新教徒得到承

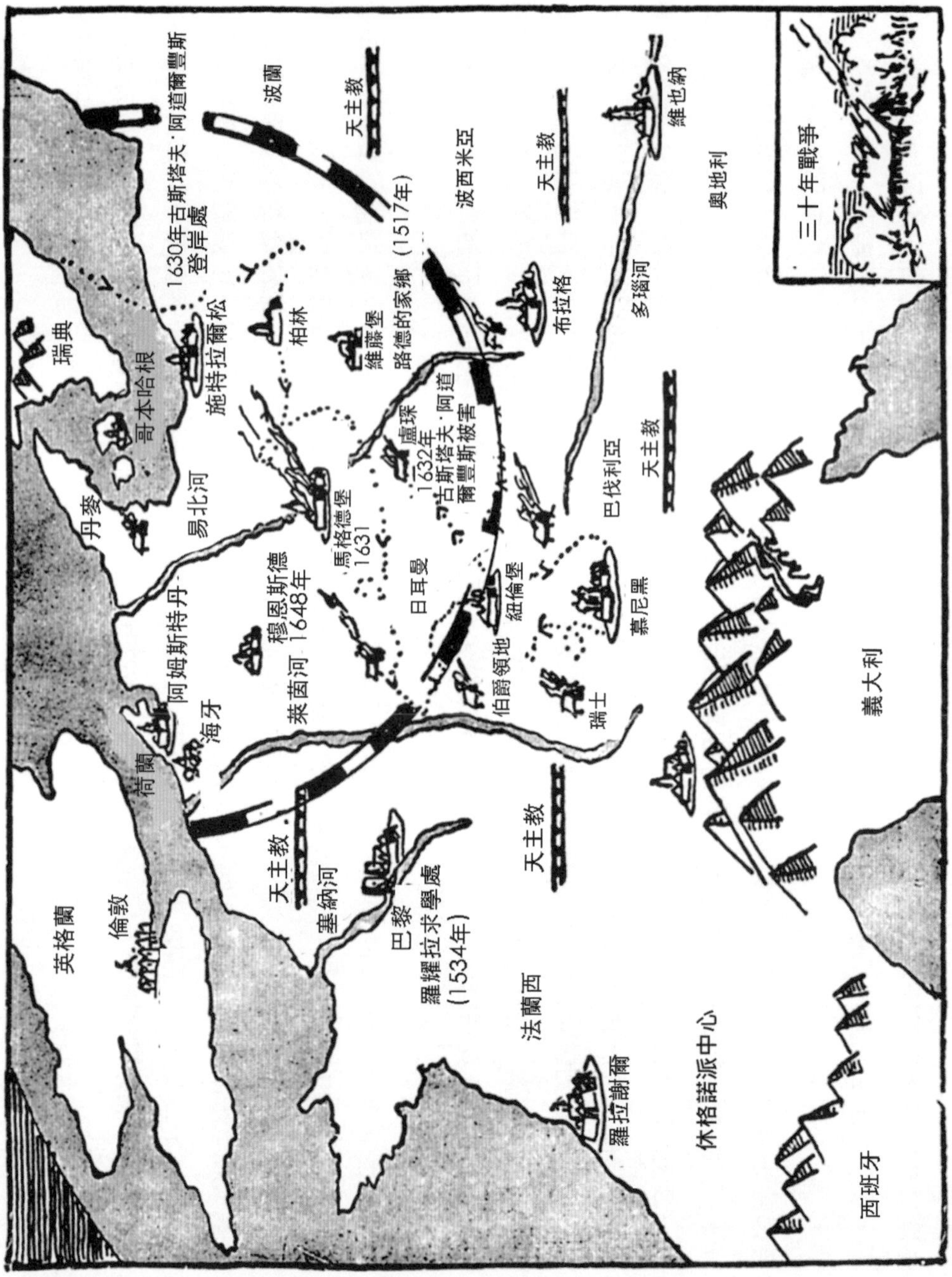
三十年戰爭
英格蘭
倫敦
西班牙
羅拉謝爾
休格諾派中心
法蘭西
巴黎
羅耀拉求學處
(1534年)
塞納河
天主教
天主教
荷蘭
海牙
阿姆斯特丹
萊茵河
穆恩斯德
1648年
伯爵領地
瑞士
義大利
紐倫堡
慕尼黑
巴伐利亞
天主教
日耳曼
馬格德堡
1631
盧琛
1632年
古斯塔夫．阿道
爾豐斯被害
丹麥
易北河
哥本哈根
瑞典
施特拉爾松
1630年古斯塔夫．阿道爾豐斯
登岸處
柏林
維滕堡
路德的家鄉（1517年）
波西米亞
布拉格
多瑙河
天主教
天主教
波蘭
維也納
奧地利

三十年戰爭

認，成為獨立國家。法蘭西得以保住梅茲、凡爾登、圖勒以及一部分的亞爾薩斯。神聖羅馬帝國仍然存在，但只有象徵性功能，沒有實際的軍隊，沒有錢，沒有希望，也失去了勇氣。

但三十年戰爭至少帶來了一件好事。天主教與新教徒再也不想要戰爭了。他們決定和平相處。但是，這不代表世界上從此不再有宗教與神學的互相憎恨。天主教與新教之爭雖然結束，但新教內的各派系爭論卻比以往更為激烈。荷蘭人喋喋不休爭吵何謂宿命論的本質，這是神學上非常難以釐清的論點，但在你們的祖父眼中卻相當重要。這場爭議導致約翰．歐登巴倫維特（John Oldenbarneveldt）遭到斬首——他是一名政治家，在荷蘭剛獨立的前二十年裡貢獻卓越，也有功於荷屬東印度公司的成立。英格蘭地區也因為教派分歧而陷入內戰。

但是，我向你述說歐洲第一位遭到斬首的國王故事之前，應該先告訴你英格蘭的歷史。在這本書裡面，我只想花時間讓你明白曾經影響現代世界的歷史事件。如果我沒有提到某一個國家，絕對不是因為我私心討厭他們。我也希望可以讓你聽聽挪威、瑞士、西伯利亞與中國的故事。但這些國家對於十六、十七世紀的歐洲發展來說沒有任何影響。因此，我必須以尊敬的心情，向這

西元一六四八年的阿姆斯特丹

些國家致歉。英格蘭則跟上述這些國家不同，英倫群島的居民在過去五百年來的所作所為，深刻影響了全世界每個角落的歷史發展。倘若無法好好地認識英格蘭歷史，你可能在閱讀報紙時，都會摸不著頭緒。因此，你必須了解一些事情，例如，歐洲大陸的國家仍然受到絕對王權統治時，英格蘭已經發展出了議會政府形式。

第四十五章 英國革命

「神聖王權」與雖非神授卻更合理的「議會權力」之間的鬥爭，使英王查理一世悲慘地死去。

北歐世界的第一位探索者是凱撒，他曾在西元前五十五年穿越英法海峽，征服了英格蘭。隨後，這個地方一直都是羅馬帝國的一省。但是，當野蠻人開始對羅馬帝國造成威脅之後，派駐在英格蘭地區的羅馬部隊被召回去保衛家鄉，不列顛群島也因此失去了政府與保護。

日耳曼北部的薩克遜部族知道了這件事情之後，野心勃勃地穿過北海，把英格蘭島當作自己的家。他們建立了好幾個獨立的盎格魯薩克遜王國（這也是當地人的名字起源：盎格魯人、英格蘭人或薩克遜人），但這些小國家一直都在彼此競爭，沒有任何國王有辦法統一。此後長達五百多年的時間裡，麥西亞王國、諾桑比亞王國、威塞克斯王國、薩塞克斯王國、肯特王國、東英吉利王國，還有其他不管叫甚麼名字的王國，全都免不了遭受斯堪地那維亞海盜的攻擊。十一世紀時，英格蘭、挪威與北日耳曼地區，成為克努特大帝（Canute the Great）統治的丹麥帝國的一部分，獨立之路越來越遙遠。

隨著時間過去，丹麥人被趕走了，但英格蘭人沒有因此得到自由，馬上遭到第四次的征服。新的敵人是另外一支北歐人的後裔，在西元十世紀時入侵法蘭西，建立了諾曼地公國。諾曼地公爵威廉長久以來待在海的這一頭，用充滿嫉妒的眼睛望著另外一端，終於在一〇六六年十月橫越英法海峽。十月十四日的海斯廷斯戰役，威廉打倒了孱弱的威塞克斯國王哈洛德，使他成為最後一個盎格魯薩克遜人國王。威廉登基成為英格蘭的國王。然而，無論是威廉本人或法蘭西的安茹王朝（金雀花王朝）的繼承者，都沒有把英格蘭當成真正的家園。對他們來說，英格蘭群島只是一塊殖民地，屬於他們在歐洲大陸繼承的廣大遺產的一部分——島上住著相當落後的居民，必須強迫他們學習語言與文明。

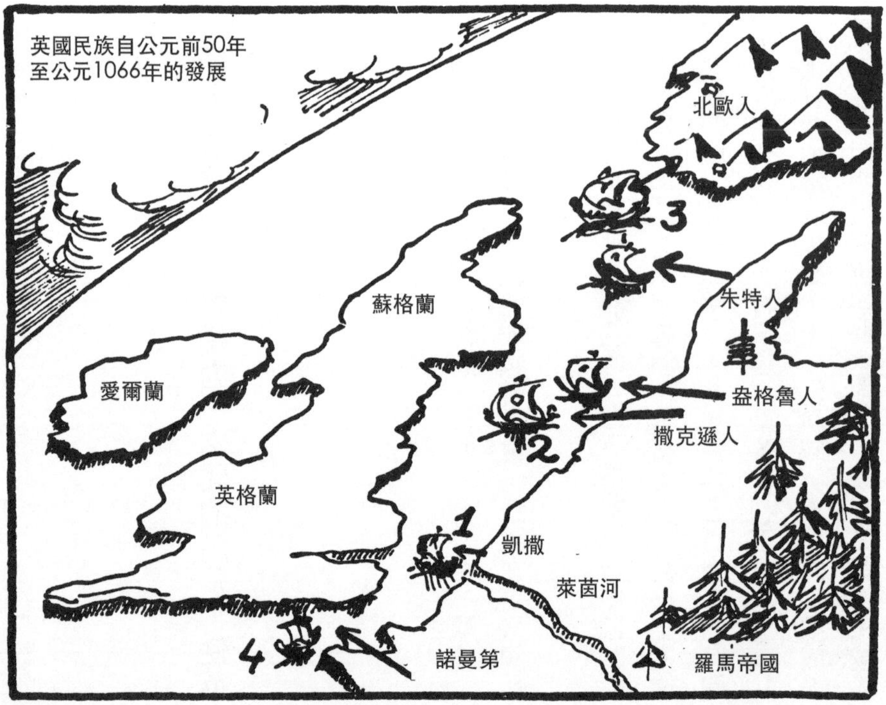

英國國族

然而，這座島嶼殖民地的發展卻逐漸超越諾曼地的母國。在這個時候，法蘭西國王想盡一切辦法要擺脫「諾曼地—英格蘭」這個強大的鄰居，因為他實際上早已經不再理會法國國王的命令了。打了長達一整個世紀的戰爭之後，法蘭西人民在聖女貞德的率領下，終於把「外國人」趕出了這塊土地。一四三〇年，聖女貞德本人在貢比涅被捕，成為囚犯。抓到聖女貞德的貢比涅人將她賣給英格蘭士兵。最後，聖女貞德被當成女巫活活燒死。英格蘭人從來不曾在歐洲大陸找到立足點，國王也只能把時間用來處理英格蘭群島上的事情。由於島上的貴族介入了各種教派爭論——在中世紀時，這種爭論相當常見，就像麻

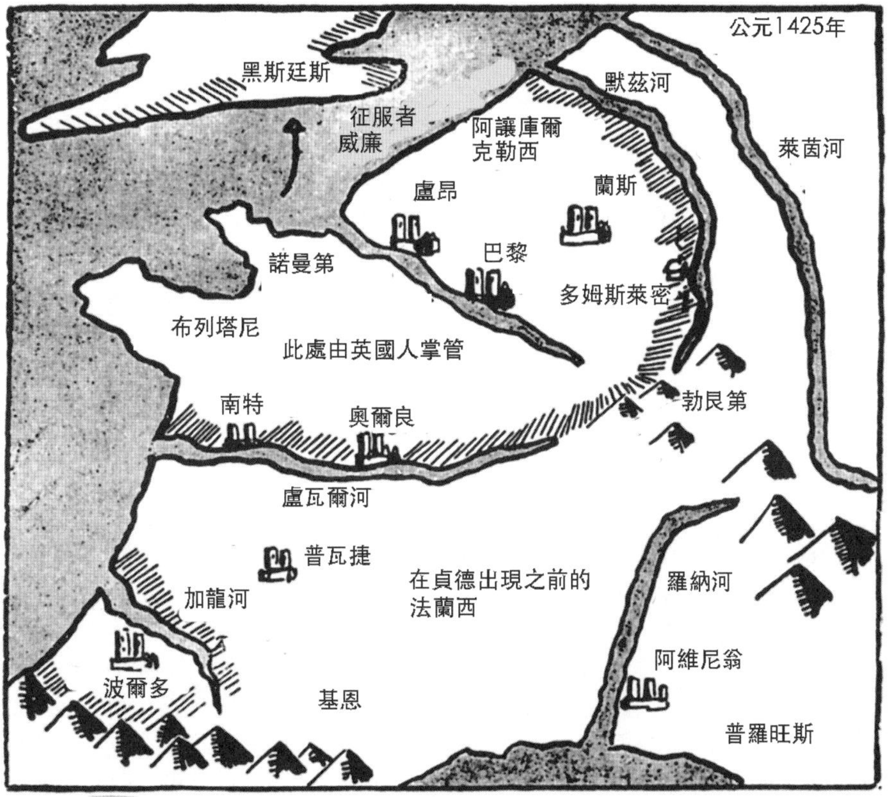

英法百年戰爭

疹跟天花，加上島上大多數的老地主都在薔薇戰爭當中被殺死，國王很容易就能夠擴張自己的權力。到了十五世紀結束時，英格蘭已經是非常強盛的中央集權國家，由都鐸王朝的亨利七世統治，他旗下的「星法院」（the Star Chamber）製造了許多不堪的回憶，如果任何倖存的貴族想要重拾過去對政府的影響力，就會遭到非常嚴峻的懲罰。西元一五〇九年，亨利八世繼位，從那個時候開始，英格蘭的歷史產生了巨大的轉折，從中世紀的島嶼國家，轉變為現代國家。

亨利八世對宗教沒有興趣，興高采烈地利用婚姻問題（私人問題）與教宗產生的爭執，宣布英格蘭獨立於羅馬教廷之外，讓英國教會成為國家教會，好讓世俗的統治者兼任人民的精神領袖。西元一五三四年的英國和平宗教改革，不但讓都鐸王朝得到了英格蘭神職人員的支持（因為他們長期受到路德教派的暴力攻擊所困），也同時藉由沒收修道院的財產，增強了英格蘭王室的力量。同時，商人與貿易者也非常擁護亨利八世。這群商業階級本來就對於自己是住在繁榮島嶼上的居民而感到自豪，英格蘭與歐洲之間隔著一道寬闊而深邃的海峽，甚至討厭任何來自於「外國」的東西，不想讓位於義大利的教廷宰制他們誠實的英格蘭靈魂。

西元一五四七年，亨利辭世，王位留給年僅十歲的小兒子。小國王身邊的守護者支持路德教派，竭盡所能地協助新教徒發展。但小國王還沒滿十六歲時就死了，他的姊姊——西班牙國王菲利普二世的皇后瑪麗——因此繼承了英格蘭王位。瑪麗效法西班牙夫婿的殘忍作風，燒死了英國國教的主教。

幸運的是，瑪麗在一五五八年時也死了，伊莉莎白成為下一位統治者。她是亨利八世與第六任妻子安妮·博林（Anne Boleyn）的孩子。當初由於安妮無法取悅亨利，亨利八世斷然離婚。伊莉莎白曾經被瑪麗囚禁，在神聖羅馬帝國皇帝的要求下才重獲自由，但天主教廷與西班牙人認為伊莉莎白是最可惡的敵人。伊莉莎白跟父親亨利八世一樣對宗教沒有興趣，但繼承了他的敏銳判斷力。在位四十五年期間，伊莉莎白強化了英格蘭王國的力量，讓她珍愛的這座島嶼獲得大量收入與財富。她獲得忠貞臣僚極大的幫助，讓伊莉莎白時代變得相當重要，你應當好好研讀其中的細節。

但是，伊莉莎白不認為自己的王位足夠安穩。她必須面對一位相當危險的競爭對手——斯圖亞特王朝的瑪麗，她的母親是法國女爵，父親則是蘇格蘭人。瑪麗是寡婦，丈夫原本是法蘭西國王法蘭西斯二世，婆婆則是麥地奇家族的凱撒琳（凱撒琳曾經負責執行聖巴托羅繆之夜），瑪麗的小孩在日後成為英格蘭歷史上第一位斯圖亞特王朝的國王。瑪麗是狂熱的天主教徒，不惜與伊莉莎伯的敵人做朋友，但她缺乏政治能力，經常使用暴力手段對付喀爾文教派，最後在蘇格蘭掀起革命，被迫逃往英格蘭避難。十八年來，她躲在英格蘭，計畫有一天要對付收留自己的伊莉莎白。最後，伊莉莎白只能接受心腹大臣的建議：「砍下蘇格蘭王后的頭顱。」

西元一五八七年，蘇格蘭王后的人頭落地，英格蘭與西班牙開戰。但英格蘭與荷蘭聯軍打倒了菲利普率領的無敵艦隊。原本可能摧毀英、荷兩大反天主教勢力的戰爭失敗之後，反而讓這兩個國家得到了相當可觀的商業利益。

就在多年的猶豫之後，英格蘭與荷蘭終於認為現在自己有權利進軍印度與美洲，西班牙人加諸於新教徒盟友的折磨，現在也要一口氣討回來。而且，早在一四九七年，英格蘭人就曾經循著哥倫布的路線，在威尼斯船長喬凡尼·卡博托（Giovanni Gaboto）的率領下抵達北美大陸。他在拉布拉多半島與紐芬蘭雖然沒有發現任何殖民的價值，但英格蘭漁船能夠在這片海域捕捉大量漁獲。卡博托在第二年也找到了佛羅里達海岸。

亨利七世與亨利八世有太多內部問題要處理，也沒有錢可以支持海外探索，這樣的時代已經過去了，伊莉莎伯統治著一個和平的國家，斯圖亞特王朝的瑪麗被關在監牢裡，水手可以安心出海，不用擔心家人會遭到報復。伊莉莎白年幼時，威羅比（Willoughby）曾經出海探險，越過了北角，其手下大副理察・錢塞勒（Richard Chancellor）更進一步往東探索，希望能夠找到通往印度的航線，卻意外抵達俄羅斯的阿爾漢格爾斯克地區，進而與遙遠莫斯科公國的神祕統治者建立了外交與商業關係。

伊莉莎白剛開始統治時，許多人循上述航線出海。「股份合作公司」的商業冒險家在各地建立據點，多年之後，這些公司轉變為殖民統治者。他們是海盜也是外交人員，願意在航海冒險中賭上一切，走私任何可以裝進船艙的東西，販賣人口還有各種商品，只在乎利潤，其他事情都無所謂。伊莉莎白旗下的水手將英格蘭國旗以及貞女皇后的名聲帶往世界七大洋的每一個角落。同時，莎士比亞在皇宮裡以文采取悅女王陛下，英格蘭最聰明傑出的人士也群聚在伊莉莎白身邊，協助她將亨利八世留下的封建國

卡博托兄弟找到紐芬蘭海岸

家，打造為一座現代民族國家。

西元一六〇三年，伊莉莎白辭世，享年七十歲。繼位者是伊莉莎白的表親，亨利八世的曾孫，繼位成為詹姆斯一世，他的母親就是伊莉莎白的死敵，斯圖亞特的瑪麗。在上帝的眷顧下，他所統治的國家成功避開了歐洲勁敵面臨的命運困境。正當歐洲的新教徒與天主教徒為了打破對手的優勢、建立自己教派的絕對統治，因而無止盡地相互屠殺時，英格蘭境內相當和平地完成了宗教「改革」，不需要採取先前路德教派或羅耀拉派的極端手段。這讓英格蘭在爭奪殖民地時享受了極大的優勢，甚至讓英格蘭成為國際事務的領導者，這個優勢一直維持到現代。就算斯圖亞特國王後來作了相當糟糕的冒險，也無法影響這個結果。

斯圖亞特國王死後的繼承者來自於都鐸家族。在英格蘭島上，斯圖亞特屬於「外人」，他們自己也不喜歡這個事實。都鐸王朝的人偷竊馬

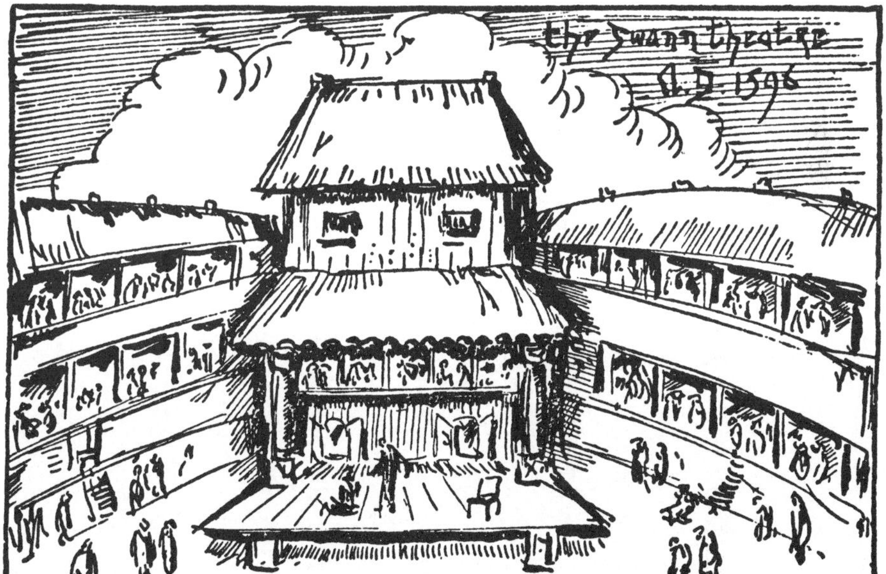

伊莉莎白時代的舞台

匹沒有關係，但如果「外人」斯圖亞特一族偷偷看了馬廄一眼，可能都會引起民眾的反彈。伊莉莎白皇后可以說是隨心所欲統治英格蘭，整體而言，她的政策永遠都會照顧到英格蘭誠實商人的口袋（不誠實的商人也會因此獲利）。因此，滿心感謝的群眾永遠都會支持伊莉莎伯女王。由於女王陛下強悍與成功的外交政策帶來了極大的利益，國會也樂意偶爾因應她的需求而放棄一點自由與特權。

詹姆斯一世名義上雖然是國王，也繼續遵守伊莉莎白女王的政策，但他缺乏個人魅力，那是伊莉莎白女王最重要的特質。詹姆斯一世仍然鼓勵商業發展，天主教徒的自由也繼續受限。可是，當西班牙對英格蘭示好，想要建立和平關係時，詹姆斯一世也釋出善意。絕大多數的英格蘭人都不喜歡這樣，但詹姆斯是國王，於是人民沉默不語。

很快的，英格蘭境內爆發其他衝突。國王詹姆斯一世與兒子查理一世（一六二五年繼位）都堅信「君權神授」，因此不需要向人民的意願負責。這種想法其來有自。羅馬教宗以各種方式繼承了羅馬帝國皇帝的地位，或者說，教宗實現了羅馬帝國的理念，建立單一不可分割的國家，統治了整個世界。因此，教宗自認是「耶穌基督在塵世的攝政王」，民眾也相信這件事情。沒有人膽敢質疑上帝的統治權利，於是沒有人會挑戰神聖的「攝政王」。教宗得以要求群眾的服從，他就是宇宙絕對統治者的代表，只需要向上帝負責，不必向人民負責。

馬丁路德的宗教改革成功之後，教宗手上的權力被許多支持新教的歐洲主權國家奪走。這些國家的統治者身兼國家教會的領袖，成為有限領土中的「耶穌攝政王」。人民不會質疑統治者的決定，他們接受這個原則，就像現代人認為代議政府是唯一合理且公義的政府形式。因此，我們無法指責路德教派或喀爾文教派讓英王詹姆斯一世反覆宣稱自己的權利來自於上帝。英格蘭人之所以反對君權神授，必定有其他的背景因素。

歷史上第一次反對君權神授的說法，出現於西元一五八一年，荷蘭北部七個省分聚集在一起，決定罷黜西班牙國王菲利普二世。他們主張：「國王已經毀損了他與人民之間的約定，因此，他的下場就像無法提供忠誠服務的僕人一樣，必須遭到罷黜。」自此以後，「君王對人民有責」的想法，就蔓延到許多北海沿岸的國家。因為這些國家的地理位置很好，也相當富有。位於中歐核心地區的貧苦人民，則是任憑統治者身旁的士兵所宰割，就算君權神授的問題已經深入到鄰近城堡的暗黑地牢裡，也沒有辦法引起任何討論。荷蘭與英格蘭的商人擁有維繫軍隊所需的錢財，他們知道如何運用所謂的「信用」，因此不會畏懼君王的勢力。不管對手是哈布斯堡王朝、波旁王朝還是斯圖亞特王朝，他們都非常清楚如何用手上的金錢對抗神聖的君權神授理論。君王唯一的武器只有軍隊，但商人手上的錢幣能夠用來對抗軍隊。這群商人還有行動的勇氣，中歐地區的貧困人民只能默默承受，如果挺身而出，就有可能被送上死刑台。

斯圖亞特王朝宣稱自己擁有神授的權利，無須向人民負責，這讓英格蘭人非常不悅，進而利用下議院作為第一道防線，抵抗濫用王權的行徑。但國王不願意投降，決定無視議會。長達十一年來，查理一世只好在沒有議會的支持下進行統治。查理一世加重稅賦，大多數人認為這是非法舉動，他甚至將大英帝國視為自己的財產。查理一世召集了相當能幹的心腹，但我必須說，這些舉動都是自取滅亡。

查理一世不但沒有得到蘇格蘭人民的忠誠支持，反而與蘇格蘭長老教會起了衝突。最後，查理一世由於缺乏資金，也只好逼迫自己召開議會。西元一六四〇年四月，查理一世出席議會，卻表現出自己的壞脾氣。幾個星期之後，查理一世解散議會。同年十一月，新的議會成立，但這個新議會對待國王遠比之前還要強硬。新議會的成員明白，英格蘭究竟應該受到「神聖君權」統治或者「議會統治」的問題，必須一勞永逸地處理完畢。於是，他們抨擊國王旗下的心腹大臣，甚至將半數心腹送上死刑台，宣布國王無法在議會不同意的情況下擅自解散議會。西元一六四一年十一月一日，議會送出《大諫章》（*Grand Remonstrance*），詳盡地說明人民對英王查理一世的不滿。

查理一世在一六四二年一月離開倫敦，希望能夠在鄉村地區得到支持。於是，議會與國王紛紛召集人馬、組成軍隊，準備開啟一場王權與議會權力之間的戰爭。在這場鬥爭中，英格蘭最有勢力的團體是清教徒——他們想要追求最純淨的宗教信念。清教徒火速趕往戰場，他們的軍隊叫做「神的人馬」（Godly Men），指揮官是克倫威爾。他們用鋼鐵般的紀律以及堅定追求神聖目標的信念，成為反抗軍裡的楷模。查理一世吞下兩次敗仗，西元一六四五年，在納斯比戰役失利之後，查理一世逃往蘇格蘭。蘇格蘭人卻將查理一世出賣給英格蘭政府。這是第一次英國內戰。

隨後的這段期間，蘇格蘭長老教派反抗英格蘭清教徒，造成了相當棘手的情況。西元一六四八年的普雷斯頓潘斯戰役之後三天，克倫威爾攻下愛丁堡，成功結束了第二次內戰。同時，克倫威爾的士兵已經厭倦長期爭論宗教理念，決定自行採取行動，將不同意新教徒理念的人趕出議會，議會裡剩下的成員則控訴英王犯了叛國罪。英格蘭上議院拒絕受理此項指控。於是，英格蘭成立了特殊法庭，判處英王死刑。西元一六四九年一月三十日，查理一世安靜地從「白廳」的一扇窗戶走上死刑台。那一天，英格蘭民選代表執行了人民意志，這是歷史上首次處決不清楚自己在現代國家中應該處於什麼樣地位的國王。

查理一世死後的那段期間，通常被稱為「克倫威爾時期」。克倫威爾一開始只是沒有獲得正式承認的獨裁官，直到西元一六五三年才被任命為「護國主」。他統治了五年，延續伊莉莎白時期的政策方針。西班牙也因而再度成為英格蘭的頭號敵人，對抗西班牙人的戰爭遂為英格蘭民族的神聖事業。

同時，英格蘭的商業利益被放在最重要的位置，並且嚴格地遵守清教徒的宗教理念。克倫威爾成功維繫英格蘭的海外勢力地位，但他是一名非常失敗的社會改革家。全世界有這麼多人，不可能每個人的想法都一致，以長期的角度來說，這才是正確的看法。因此，如果政府只照顧人民當中的特定族群，根本不可能存續下去。清教徒在對抗絕對王權時確實很重要，然而，當他們成為英格蘭的絕對統治者時，也變得令人難以忍受。

克倫威爾死於一六五八年，斯圖亞特王朝想要重返榮耀也變得易如反掌。事實上，英格蘭人認為清教徒的嚴格紀律猶如查理一世的獨裁般難以忍受，反而相當歡迎斯圖亞特王朝的歸來，甚至稱呼他們是「人民的解救者」。只要斯圖亞特王朝成員願意放棄祖先堅持的神聖君權，承認議會的地位，英格蘭人民就願意效忠他們。

於是，英格蘭人民與斯圖亞特王朝的後裔共同努力了兩個世代，想要履行彼此同意的新承諾。但是斯圖亞特家族無法學到教訓，更不能擺脫壞習慣。查理二世在西元一六六〇年繼位，這是個和藹可親的人，卻一無是處，相當懶散，說謊時也很容易被拆穿。在憲政事務上，他堅持尋找最輕鬆的解決方法，這樣反而避免與英格蘭人民之間爆發公開衝突。一六六二年，查理二世藉由《宗教統一法》打破了清教徒的勢力，將所有不信奉國教的神職人員逐出教區。一六六四年的《祕密集會法》禁止異議人士參與宗教聚會，否則就會被流放到西印度群島。這些作法看起來就像絕對王權年代的事情，於是，英格蘭人表現出他們的不滿，就像過去的發展，議會再度拒絕提供國王任何資金。

由於英格蘭國會不願意撥款，查理二世只好祕密向鄰近的表親借錢，那個金主就是法王路易。於是，查理二世背叛了國會當中的清教徒盟友，只為了一年可以得到二十萬英鎊的貸款，甚至因此嘲笑議會人士都是貧困的呆頭鵝。經濟獨立讓英王對於自己的權力非常有自信。查裡二世曾經長年流亡海外，與他的天主教徒親戚生活在一起，也和羅馬教廷之間保持祕密的聯繫。因此，查理二世認為自己可以把英格蘭帶回羅馬了！查理二世頒布特赦法案，終止了用來對付天主教徒與非英國國教派人士的舊法律。當時，查理的弟弟詹姆斯謠傳已經受洗成為天主教徒。在英格蘭人民的眼中，一切看起來都是那麼的可疑，甚至開始擔心起羅馬教廷的陰謀。英格蘭境內開始縈繞著一股不安的心情，許多人都想避免下一次的內戰，他們情願接受王權高壓統治，甚至是一位天主教國王——沒錯，就算是一位支持君權神授的統治者也沒關係——也不要再同族相殘了。其他人卻沒有這麼逆來順受。他們是不信國教的人，從不害怕遭到定罪。幾位勇敢的貴族不願回到過去的絕對王權統治，決定起身率領這群不信國教者。

將近十年的時間，輝格黨與托利黨兩大派系彼此鬥爭，但沒有任何一方希望釀成危機事件。輝格黨主要是中產階級，一六四〇年間，一群蘇格蘭輝格摩爾斯人（意即「騎馬者」）在長老教會率領下，進軍愛丁堡反對國王專政，這是輝格這個名稱的由來。至於托利黨這個字，本來用來貶抑支持國王的愛爾蘭人，現在則是指支持英王的派系。雙方允許查理二世得以安詳的死去，讓天主教徒詹姆斯二世在一六八五年順利繼承王位。但是，在外國軍隊（由法國裔的天主教將領率領）介入英格蘭事務之後，詹姆斯二世卻於西元一六八八年發布第二次的特赦令，要求所有的盎格魯教會都必須公開宣讀此項法令。詹姆斯的舉動越界了。就算是最受歡迎的統治者，也只能在最特殊的情況下這麼做。於是，七名主教拒絕執行國王的命令，最後遭指控參與「煽動誹謗」而被帶到法院。但法院宣布這七名主教無罪，此舉獲得大眾的認可。

就在這個不幸的時刻，詹姆斯的妻子，來自於天主教勢力的瑪麗亞，生下了一名兒子。這代表英國王位未來還是將由一名天主教男孩繼承，而不是詹姆斯兩名信奉新教的女兒：瑪麗與安妮。英國人民開始懷疑這件事情。因為王后太老了，根本不可能生孩子，這一定是陰謀，是西班牙的耶穌會偷偷把某個男孩送進王宮，好讓英格蘭變成天主教王國。英格蘭似乎又要爆發下一次的內戰。於是，托利黨與輝格黨的七位知名領袖，決定寫信給詹姆斯的大女兒瑪麗，請她的夫婿，即荷蘭共和國的統治者威廉三世回到英格蘭，解救這個國家。雖然詹姆斯的兒子是合法的繼承者，但不是人民想要的統治者。

一六八八年十一月五日，威廉抵達英國。由於威廉不想向岳父開戰，決定協助詹姆斯安全逃到法國。一六八九年一月二十二日，威廉三世召開議會。二月十三日，威廉三世與妻子瑪麗繼位，聯合統治英格蘭，新教徒成功拯救了這個國家。

就在此時，英國議會也保握機會，讓自己不再只是向國王提出建言的機構。人們從檔案庫中翻出了被遺忘的一六二八年的權利請願書，要求英格蘭王室簽署第二次的《權利法案》，內容更為激烈，只有信奉英國國教的人才能出任英格蘭國王，國王也沒有任何權利終止實施法律或者允許任何人擁有違法的特權。除此之外，這次的法案也主張：「在議會不同意的情況下，國王不得加重稅賦，也不能成立軍隊。」因此，英格蘭在西元一六八九年的時候，得到了其他歐洲國家前所未聞的公民自由。

但後代人民記得威廉三世的原因，還不只是因為這些偉大的政治自由成就。在他統治期間，英國甚至首次設立了「責任制」的管理政府。當然，自古就沒有任何國王可以獨自一人統治國家，他身旁需要一些備受信任的心腹。都鐸王朝時期設立了大議會，成員是貴族與教士。但這種組織變得過於龐大，於是縮減成更小的「國王私人議會」。隨著時間過去，國王議會成員在王宮中開會討論事宜已經變成一種慣例。因此，他們被稱為「內閣議會」。過了不久之後，人們開始稱呼他們為「內閣」。

威廉三世比照過去的英格蘭統治者，從各種黨派中挑選幕僚。但由於議會的權力增強，威廉也了解，如果輝格黨是下議會中的多數勢力，他就無法單純依靠托利黨的協助而進行統治。因此，威廉三世請走了托利黨人，內閣議會改由輝格黨人主導。幾年之後，由於輝格黨人在下議院失勢，國王為了治理上的方便，再度向托利黨求助。直到一七〇二年死去之前，威廉三世一直都在忙於對抗法王路易，根本沒有心思治理英格蘭。幾乎所有重要的事情都交給內閣議會決定。威廉的小姨子安妮繼位之後，也沒有改變這種慣例。一七一四年，安妮辭世，不幸的是，她生下的十七名孩子也都不在人間了，王位因而交給漢諾威的喬治一世。喬治一世的母親是詹姆斯一世的孫女，名為蘇菲。

喬治一世是鄉下人，從來沒有學過英文，在英格蘭的政治世界中徹底迷失。他把所有事情交給內閣議會，自己甚至不出席。既然他什麼都聽不懂，出席會議當然變得非常無聊。因此，內閣可以自行統治英格蘭與蘇格蘭（西元一七〇七年，蘇格蘭也加入了英格蘭議會），無須國王的同意，這個情況變成了傳統，國王喬治一世也能夠把大多數的時間花在遊歷歐洲大陸。

喬治一世與喬治二世統治期間，輝格黨人持續在議會中取得優勢，輝格黨領袖羅伯特．沃波爾（Robert Walpole）因此負責召集國王內閣議會成員，最後終於獲得正式承認，同時擔任內閣的實際領袖以及議會中的多數黨領導者。喬治三世原本想要介入，不讓內閣處理統治事宜，但結果相當糟糕，沒有人想要再看到這種事情。從十八世紀早期開始，英格蘭就開始享受代議政府制度，內閣大臣負責治理，還要為其政治行為負責。

坦白說，英國政府並未讓所有的社會階級都享有同等的政治權利，平均十個人裡面，真正能夠投票的人少於一名。但這是現代代議政治的雛形。英格蘭用相當平靜有序的方式，將國王手上的權力拿走，交到了數量逐漸增加的民選議員手上。這個發展雖然沒有帶來千年太平盛世，但卻拯救了這個國家免於遭受革命戰亂。在十八、十九世紀時，歐洲大陸上許多國家就會了解革命戰亂有多麼痛苦。

第四十六章

權力平衡

在法國，君權神授的思想發展到極致，直到「權力平衡」的法則出現後，統治者的野心才受到限制。

當英格蘭人正在為自由奮鬥時，法蘭西所發生的事情卻形成了強烈的對比。在歷史上，天時地利人和的局面是很罕見的，不過，此時法國出現了路易十四，這就是完美的組合，但歐洲的其他國家更希望路易十四可以消失在這個世界上。

年輕的路易十四統治之下的法國，是個人口眾多也相當繁榮的國家。路易十四在位期間，有兩位傑出的紅衣主教——馬薩林（Mazarin）與黎胥留（Richelieu）——發揮卓越才能，將古老的法蘭西王國改造成十七世紀最強大的中央集權國家，路易十四本人的才華也相當出色，即使是二十世紀的現代人，大概都聽說過「太陽王」年代的輝煌事蹟。我們努力在社交活動中展現的完美行為舉止和優雅的談吐，也都是在路易十四在位期間發展出來的模式。在今日的國際事務與外交場合上，法語仍然是通行的官方語言，因為，從兩百年前開始，法語的優雅洗鍊以及簡潔精確的表達能力，其他語言根本無法望其項背。路易十四樹立的典範仍然能提供許多啟發，只是我們過於駑鈍，無法完全明白。路易十四在位期間，黎胥留創辦的法蘭西學院是全世界最好的學術機構，其他國家只能夠競相模仿而無法超越，諸如此類，法國當時創造的成就不勝枚舉。我們今日還經常以法文印製菜單，這絕非偶然，因為烹飪這門困難的藝術——可說是人類文明最崇高的表達形式——就是為了討好法國國王而開創出來的。路易十四的年代充滿華麗與優雅，迄今仍然值得我們學習。

不幸的是，這幅美麗圖像底下也隱藏了悲慘的一面。任何國家只要在國際間看起來光彩無比，通常代表著國內的人民付出了重大的代價，法國絕非例外。路易十四在西元一六四三年繼承王位，死於西元一七一五年，法國被同一個人獨攬大權統治了七十二年，長達兩個世代。

讓我們先來弄清楚什麼叫做「獨攬大權」。路易十四開創了一種奇特的政治模式，其他有些國家也效法了這種形態。他們採用高效率的專制統治，我們稱之為「開明專制」。有一些國王只是「假裝」自己是統治者，其實把國家大事當兒戲，但路易十四不是這種人。啟蒙時代的國王甚至比手下臣僚更努力工作，他們一大清早起床，比任何人都還要晚睡覺，心中懷抱著一股「神聖的使命感」，因為他們擁有「神聖的權利」，也必須負擔起「神聖的責任」。

當然，國王沒有辦法親自過問每一件事情。所以他身邊必須有幾位幫手和顧問，例如一兩位將軍，幾位外國政治專家，聰明的財經專家與經濟學家，才能夠協助國王治理。但這些高官並不能按照自己的想法直接執行政策，他們只能向國王提供意見，而國王是唯一可以決定要做什麼事的人。對於社會大眾來說，擁有神性的君主實際上就是國家和政府，於是國家的榮耀變成了王室的榮耀。這種政府理念與當代的美國理想完全相反，當時的法蘭西被波旁王室統治，為波旁王室服務，屬於波旁王室擁有。

這種政治系統的缺點非常明顯：國王代表一切，其他人什麼都不是。即使對國家而言還很有用處的舊式貴族，從那個時代開始，逐漸被迫放棄他們管理地方的權力，改由坐在遙遠的首都政府辦公廳裡的，手指沾著墨水的忠誠辦事人員，代替他們執行幾百年來由封建領主負責的治理工作。原本的封建領主既然無事可做，只好搬去巴黎，竭盡所能的想要讓自己過得開心。很快的，他在家鄉的莊園也染上了一種致命的經濟病症，也就是大家熟知的「不在地領主制」。在一個世代的時間之內，原本有義務要照顧、督促地方生產狀態的封建領主，變成了在凡爾賽宮裡無所事事的優雅閒人。

三十年戰爭之後，歐洲世界簽訂《西發里亞和約》，導致哈布斯堡王朝失去統治地位，路易十四當時年僅十歲，一個擁有雄心壯志的男子，必然會利用這個大好時機替自己的王朝做打算，奪走哈布斯堡王朝的光榮。西元一六六〇年，亨利迎娶西班牙國王的女兒瑪麗亞・特蕾莎（Maria Theresa），沒多久之後，他愚蠢的岳父——哈布斯堡王朝的西班牙國王菲利普四世——就死了。路易十四馬上宣稱西屬荷蘭領地（比利時）是妻子嫁妝的一部分，現在屬於法國所有。這個舉動當然會威脅歐洲和平，因為這直接影響到新教徒國家的安危。在荷蘭七省共和國的外交大臣尚迪威（Jan de Witt）的領導下，瑞典、英格蘭與荷蘭曾在一六六四年時成立了歷史上第一個國際聯盟組織，但這個組織很快就瓦解了。路易十四向英國的查理國王以及瑞典王室提供金錢並且做出承諾之後，荷蘭遭到盟友背棄，只好獨自面對命運。西元一六七二年，路易十四進攻荷蘭，甚至攻入了核心地區。於是，荷蘭人再次打破提防，讓太陽軍陷入了泥沼裡動彈不得。雙方在西元一六七八年於荷蘭奈美根（Nimwegen）簽署和平協約，實際上卻沒有解決任何事情，只是預告了下一次戰爭的爆發。

法國於一六八九年至一六九七年間再度攻擊荷蘭，雙方於雷斯威克（Ryswick）簽署協約，但仍然未能如路易十四所願取得歐洲霸主的地位。路易十四的頭號敵人尚迪威雖然被荷蘭盜賊所殺，但其繼任者威廉三世（上一章曾出現過，後來成為英國國王）用盡一切辦法阻礙了路易十四成為歐洲統治者的美夢。

西元一七〇一年，哈布斯堡西班牙王朝最後一位統治者查理二世死後，旋即爆發了西班牙繼位戰爭。西元一七一三年，戰爭結束後，各方勢力簽訂《烏特勒支和約》，和約沒有解決任何問題，卻耗盡了路易十四的財力。法王路易十四在陸戰取勝，但英格蘭以及荷蘭海軍卻毀滅了法蘭西大獲全勝的希望；除此之外，連年國際征戰反而創造了一項新的國際政治基礎原則：任何國家都不能完全統治歐洲或全世

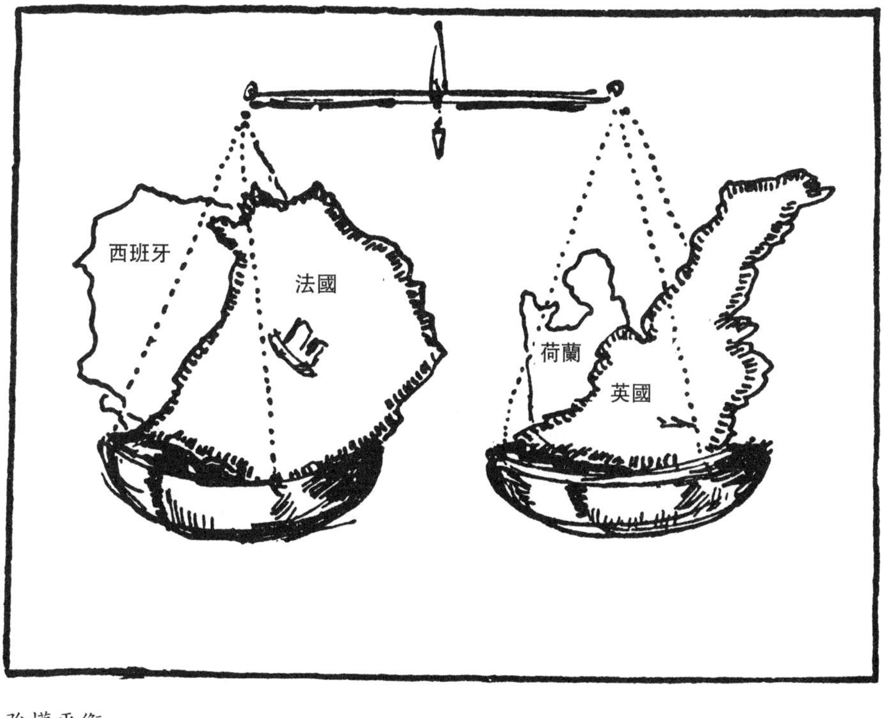

強權平衡

界。

這個「權力平衡」原則雖然這不是成文法律，但是此後三百多年，每個國家都將它視為「自然法」。提出這個理念的人認為，由於歐洲正處民族國家發展之際，唯有整個歐洲大陸上諸多彼此衝突的國家保持絕對的平衡，才能保障自身在歐洲繼續生存下去，不能允許任何單一王朝統治其他國家。三十年戰爭期間的哈布斯堡王朝就是受到權力平衡原則的犧牲者，只是當時無法察覺而已。當時的局勢表面上看來是與宗教衝突有關，使得我們無法清晰看出這場大戰中的權力平衡傾向。但是，三十年戰爭之後，我們就能看見冷靜的利益思維與計算如何在國際事務當中愈來愈有影響力。新一代的政治家出現了，他們就帶著計算尺和收銀機精打細算，尚迪威就是第一個成功提倡這種新政治學派特質的人物，威廉三世則是他的頭號門生。至於路易十四，儘管擁有偉大的名聲與榮譽，仍然必須受到權力平衡原則的限制，在他之後，還有許多人仍然犯下同樣的錯誤。

第四十七章

俄羅斯崛起

神祕的莫斯科帝國如何突然闖入巨大的歐洲政治舞台？

西元一四九二年，哥倫布發現美洲大陸。同年稍早，奧地利人史納普（Schnups）在提洛爾主教的授意下，帶著對他讚譽有加的介紹信，率領一支科學遠征隊出發前往遠方神祕的莫斯科，最後沒有成功。當時的歐洲人只知道莫斯科應該是位於東部最深遠之處，史納普抵達這個帝國的邊界時，發現它不允許外國人入境，於是掉頭離開，轉而前往信奉異教的土耳其君士坦丁堡，想辦法找到一些東西，好讓自己回到奧地利時，能夠向主教報告這趟旅程的成果。

六十一年後，理察．錢塞勒嘗試採取東北航線前往印度，卻遭受強風吹襲，被迫進入白海，最後抵達北德維納河河口，找到了莫斯科的霍爾戈莫雷村（Kholmogory），隔年（一八五四）建立的阿爾漢格爾斯克城離這裡只有幾小時的路程而已。這一次，莫斯科公爵想要見見外國來的訪客。訪客與公爵見面後，回到英格蘭，帶回西方世界與俄羅斯人首次簽署的貿易協定。其他國家也跟上了英格蘭的腳步，莫斯科的神祕面紗終於逐漸揭開。

從地理上來說，俄羅斯是一片廣大的平原。烏拉爾山脈不高，無法防禦任何外敵入侵。河流雖然寬闊，但水深極淺。這裡可說是游牧民族的天堂。

從羅馬帝國誕生、崛起到消失期間，遠方的斯拉夫民族早已離開中亞家園，漫無目的地在聶斯特平原與聶斯特河之間的森林與平原遊蕩。希臘人有時會遇見這些斯拉夫人，西元三、四世紀時，也曾經有一些旅行者提到過斯拉夫人，否則，斯拉夫人就像西元一八〇〇年的美國內華達州印地安人一樣幾乎無人知曉。

不幸的是，有一條對歐洲人來說相當便利的貿易通道穿過這群原始居民的家園，擾亂了他們和平的游牧生活。這條通道連接了北歐與君士坦丁堡，沿著波羅的海直到涅瓦河，穿過拉多加湖之後，沿著沃爾霍夫河往南走，接著越過伊爾門湖還有拉瓦特河，在那裡改為陸路，前往聶斯特，最後抵達黑海。

北歐人很早就知道這條路線。西元九世紀時，一部分北歐人忙著在日耳曼與法蘭西地區創建王國時，另外一些人則往北方的俄羅斯前進。西元八六二年，三位北歐人兄弟渡過波羅的海，在那裡建立了三個小王朝，但其中只有一個活得比較久，那就是留里克（Rurik），他後來兼併了其他兄弟的領土。北歐人抵達俄羅斯的二十年後，建立了一個斯拉夫新國家，定都基輔。

基輔離黑海不遠。很快的，君士坦丁堡方面就知道遠方有一個剛成立的斯拉夫國家，代表著熱誠的基督教傳教士又有地方可以去傳教了。於是，拜占庭的教士沿著聶伯河一路向北抵達了俄羅斯核心地區，發現當地居民居然崇拜森林、河流與山洞中的神靈，他們便向俄羅斯人講述耶穌的故事，希望他們皈依天主。羅馬教會因為忙著教化信奉異端的條頓人，根本無暇顧及遙遠的斯拉夫民族，這裡就

野蠻的芬蘭人住在此處
北歐人
住在此處
拉多加湖
諾夫哥羅德
伏爾克霍夫河
伏爾加河
波羅的海
伊爾曼湖
洛瓦特河
商業上的
要道
水陸聯運
都納河
莫斯科
頓河
聶伯河
基輔
華沙
拜占庭
即君士坦丁堡
俄羅斯
亞洲

俄羅斯的起源

成了拜占庭教士們的天堂。俄羅斯居民就這樣接受了基督教與其文字系統，甚至從拜占庭教士身上學到建築技術和藝術。由於拜占庭（東羅馬帝國帝國）已經變得非常東方化，失去了歐洲特質，因此俄羅斯也染上了許多東方色彩。

從政治上來說，俄羅斯平原上的國家其實狀況不甚理想。北歐人習慣平均把家產分給所有的兒子，因此，俄羅斯的小國家剛成立沒多久就分給八、九個後裔繼承，然後這八、九個更小的國家再度分給更多的繼承人。這些彼此競爭的小國無可避免會發生爭執，可說是一片混亂。當遠方傳來野蠻的亞洲部族進軍侵略俄羅斯的消息時，這些小國家太過於分散、孱弱，根本無法與之對抗。

西元一二二四年，韃靼人第一次入侵俄羅斯，成吉思汗率領蒙古大軍征服中國、布哈拉（Bokhara）與突厥斯坦（Turkestan）之後，終於首度登上西方世界的舞台。斯拉夫軍隊在迦勒迦河附近敗北，眼看著俄羅斯即將落入蒙古人的手中，但是這群來無影去無蹤的騎兵突然消失了，十三年後（一二三七）才重返俄羅斯。這一次，蒙古人花了不到五年的時間征服俄羅斯平原的每一個角落，直到一三八〇年才被莫斯科大公德米特里·頓斯科伊在庫利科夫平原擊敗。在那之前，蒙古人一直是俄羅斯人民的統治者。

俄羅斯人一共花了兩百年才脫離蒙古人的統治，這是多麼漫長而痛苦的枷鎖啊！斯拉夫農民變成可悲的奴隸，被奪走了一切的尊嚴和自由，使其承受飢餓、悲戚、虐待，這是對人類生命的極端凌遲。當時的俄羅斯人，無論是農民或貴族都經常受到主人嚴重的毆打，猶如喪家之犬，在沒有主人的同意之下，甚至不敢搖尾巴。

但他們無處可逃。蒙古可汗的騎兵行動敏捷而且冷漠無情，一望無際的大草原使得他們根本沒有機會在附近找到安全的躲藏地點，只能默默地承擔主人恣意降下的苦痛，想要逃，就要冒著生命危險。當然，歐洲世界大可以介入這種情況，但他們忙著處理自己的事情，例如教宗與皇帝之間的對抗，或者鎮壓此起彼落的異教徒。歐洲人讓斯拉夫人獨自面對命運，他們必須自我拯救。

俄羅斯的最終拯救者來自北歐人建立的其中一個小國家。它位於俄羅斯平原的核心地區，首都莫斯科就在莫斯科河岸旁的小山丘上。莫斯科這座小城市懂得如何在正確的時間討好韃靼人，或在安全的情況下進行反抗，也因而在十四世紀期間成了俄羅斯民族的領袖。但我們也必須了解韃靼人無法維持政治穩定的事實，他們只懂得破壞，四處征戰的目標是搜刮錢財。為了收取稅金，韃靼人必須允許特定的舊有政治組織繼續運作，因此，偉大的可汗放過了許多座小城市，但這些城市必須負擔徵收稅工作，並且替韃靼人掠奪鄰居的財產。

莫斯科就在犧牲周圍城市的情況下逐漸茁壯，終於膽敢冒險挑戰韃靼人的統治。他們的反抗行動相當成功，而其擔任俄羅斯獨立運動領導者的名聲遠近馳名，所有對斯拉夫民族的未來懷抱希望的人，都將莫斯科視為最重要的城市。西元一四五三年，土耳其人攻下君士坦丁堡。十年之後，在伊凡三世的統治下，莫斯科告知西方歐洲世界：斯拉夫國家是拜占庭帝國在俗世與精神世界中的繼承者，也會延續君士坦丁堡原有的羅馬帝國傳統。一個世代之後，莫斯科大公伊凡雷帝（伊凡四世）的實力更為強大，決定採用凱撒名號，成為俄羅斯沙皇，要求歐洲世界承認其地位。

西元一五九八年，老莫斯科王朝瓦解，當時的統治者費奧多爾一世是北歐人留里克的最後一名後裔。隨後七年間，擁有一半韃靼人血統的鮑里斯．戈杜諾夫（Boris Godunow）擔任沙皇，決定了俄羅斯廣大人民的未來命運。俄羅斯帝國雖然土地遼闊而肥沃，但沒有財富可言，沒有任何貿易活動也沒有任何工廠，寥寥可數的城市都只是骯髒的村鎮，只有一個強力的中央政府以及一群目不識丁的農民，這個國家的統治階層受到斯拉夫、北歐、拜占庭以及韃靼文化的混合影響，眼中只有國家利益而無人民。為了保護這座國家，他們需要軍隊；為了籌募維持軍隊的資金，他們需要一批公務人員來收稅；為了支付公務人員的薪水，他們需要土地。帝國從東到西的遼闊荒原裡，資源非常豐富，然而，如果沒有人力來耕田或者放牧，土地本身就沒有任何價值。因此，俄羅斯政權逐漸奪走了農民的權利，到了十七世紀初期，這群農民已經變成土地的附庸，再也不是自由人，而是農奴或奴隸。這種情況一直維持到西元一八六一年，農奴陷入了最悲慘的絕境，一大群人因而死去，此時國家的統治者才開始考慮改變作法。

十七世紀時，新生的俄羅斯不斷擴張領土，很快地推進到西伯利亞。隨著實力增強，歐洲強權不得不認真看待俄羅斯的存在。西元一六一三年，戈杜諾夫死後，俄羅斯貴族階級推舉另外一名貴族擔任沙皇。他的名字是米歇爾，是費奧多爾的兒子，出身於莫斯科的羅曼諾夫家族（Romanow），他就住在克里姆林宮旁。

西元一六七二年，米歇爾的曾孫彼得（他的父親也叫做費奧多爾）出世。彼得十歲時，姊姊蘇菲亞篡奪了王座，將彼得安置在首都近郊外國人居住的地方。於是，彼得從小待在蘇格蘭裔酒吧老闆、荷蘭貿易商人、瑞士藥劑師、義大利理髮匠、法國舞蹈老師、日耳曼教師身邊，對於遙遠且神祕的歐洲世界產生了極為特別的第一印象，他隱約感覺到，遙遠的歐洲是完全不一樣的世界。

彼得十七歲時，突然將蘇菲亞趕下了王座，自己成為俄羅斯的統治者。彼得不願自己只是一位統治半野蠻亞洲民族的沙皇，他要自己的國家變得文明。然而，要在一夜之間將充滿拜占庭—韃靼文化的俄羅斯帝國變成歐洲帝國談何容易，需要相當傑出的魄力與頭腦，所幸彼得兩者兼具。西元一六九八年，將進步歐洲移植到老舊俄羅斯的改造手術開始了，俄羅斯在手術中存活下來，但從未真正的恢復元氣，西元一九一七年的共產革命證明了這件事。

第四十八章

俄羅斯與瑞典

俄羅斯與瑞典進行了好幾場戰爭，決定誰將領導歐洲東北部。

西元一六九八年，沙皇彼得首次踏上西歐。他先借道柏林，然後前往荷蘭與英格蘭。年幼的時候，彼得在自製了一條小筏在家中的池塘划，但不慎落水，差點就溺斃。但是，彼得一生都對海洋懷有熱情，並且實際反應在他希望幫俄羅斯這個內陸國家取得一個出海口。

年輕、躁進而不受歡迎的統治者離開家園後，莫斯科那些舊時代的擁護者立刻著手推翻他做的改革。彼得聽俄羅斯禁衛軍發生叛變，連忙趕回家鄉。亂事平定之後，彼得親自擔任劊子手處決叛徒，背叛的禁

彼得大帝在荷蘭的造船廠學習

衛軍遭到吊死、分屍，無人倖存。發動這場叛變的蘇菲亞被軟禁在一座修道院中度過餘生，從此以後，彼得更強化了他的統治。然而，西元一七一六年，彼得第二次前往西方時，俄羅斯又發生了叛變。這次的發動者是彼得自己的笨蛋兒子艾力克斯。於是，沙皇彼得再度連忙趕回家鄉。艾力克斯在牢房裡被活活打死，其他叛徒遭到流放，經過數千英里的陰暗旅程，在西伯利亞的礦坑中服刑。從此之後，沒有再發生任何集體抗爭事件，直到死前，彼得都能夠不受干擾地推動改革。

我無法按照時間順序逐一列舉彼得的改革措施。沙皇的動作相當迅速，也沒有系統性規劃。他發布命令的速度之快，讓人難以精確計算出到底有幾道命令。彼得似乎認為過去的一切都是錯的，全俄羅斯必須在最短時間內被改造。彼得死後留下二十萬名訓練有素的陸軍以及五十艘船艦組成的海軍。老舊的政府系統一夕之間遭到推翻，貴族所組成的國家「杜馬」（duma；即現代人所說的議會）遭到解散，只留下沙皇彼得本人和一個以國家官員組成的諮詢會議（稱為「參議院」）。

彼得進一步將俄羅斯劃分為八個地方政治單元（行省），建設道路與城鎮。但是，彼得在各地隨意建造工業設施，完全不管當地是否有充足的原物料。他開通運河，在東方山區開闢礦坑，為這個幾乎無人識字的國家設立學校、高等教育單位、大學、醫院與職業學校。俄羅斯鼓勵荷蘭的造船工程師、商人以及全世界各行各業的工匠前來。彼得也同意設立印刷廠，但所有書籍必須先交由政府審查。俄羅斯頒布了新法律，明確規定每個社會階級的職責，全套的民法與刑法都印刷成冊。新的皇家法令禁止人民穿著傳統俄羅斯服飾，警察手持剪刀守在鄉間道路上，將原本慣於蓄長髮的俄羅斯農民改頭換面，變成乾淨清爽的西歐式風格。

至於宗教事務，沙皇絕對不允許分享任何權力，俄羅斯境內不可以發生皇帝與教宗之間的權力鬥爭。西元一七二一年，彼得任命自己擔任教會的領袖，並且廢除了「莫斯科牧首」這個職位，改由沙皇嚴密控制的「神聖宗教會議」處理一切宗教事務。

然而，莫斯科城裡還存在著許多根深柢固的古老風俗習慣，嚴重影響了改革的成效，於是彼得決定設立新的首都，打算在環境條件相當糟糕的波羅的海沿岸濕地中建立一座新城市。西元一七〇三年，彼得從瑞典手中奪取這片土地，馬上著手建設，動用了四萬名農夫以及好幾年時間為這座都城打下地基。在這段期間，瑞典曾出兵攻擊，想要摧毀這座城市，疾病也奪走了數萬名農夫的性命。但建城工作持續進行，不分寒暑，這座完全人為規劃打造的城市也逐漸開始運作起來。西元一七一二年，俄羅斯正式宣布這座城市是「皇帝住所」。十多年後，這座城市已經擁有七萬五千名居民。然而，它每年會被涅瓦河淹沒兩次，於是沙皇靠著恐怖的意志力，建立了堤防與運河來減少傷害。西元一七二五年彼得辭世時，這裡已經成為北歐地區最大的城市。

當然，俄羅斯如此迅猛的成長，必然會引起周遭鄰居的憂懼，彼得也一直關注著波羅的海對面的競爭對手——瑞典王國。西元一六五四年，三十年戰爭的英雄人物古斯塔夫·阿道夫的女兒克里絲蒂娜宣布遜位，隨後前往羅馬，以虔誠天主教徒的身分度過餘生。阿道夫的一名信奉新教的姪子繼承了瓦薩王朝大位。在查理十世與查理十一世的帶領下，新王朝帶領瑞典發展到前所未有的高度。然而，西元一六九七年，查理十一世驟死，繼位的查理十二世年僅十五歲。

許多北歐國家都在等待這個時刻。十七世紀宗教大戰期間，瑞典的發展已經威脅到鄰近的國家。時候到了，這些國家想要討回公道。俄羅斯、波蘭、丹麥與薩克遜人聯手向瑞典開戰。彼得剛剛建立的俄羅斯軍隊訓練不足，武器也相當落後，西元一七〇〇年十一月，瑞典軍隊在著名的納瓦爾戰役中大破俄軍。隨後，查理十二世這位軍事天才開始向各方敵人進行報復。此後九年裡，查理馬不停蹄地攻破波蘭、薩克遜、丹麥與其他波羅的海地區，所到之處戰火連天，而彼得大帝則躲在遙遠的俄羅斯加緊操練他的軍隊。

西元一七〇九年，在波爾塔瓦戰役中，訓練有素的莫斯科軍團摧毀了精疲力盡的瑞典士兵。查理十二世雖然是令人景仰的領袖以及偉大的戰爭英雄，但他的復仇之路徒勞無功，卻毀了瑞典。西元一七一八年，查理辭世，原因可能是意外或者遭到暗殺（我們無法確認）。一七二一年，戰爭各國簽署尼斯塔德和平條約，瑞典失去了大多數位於波羅的海的領土，除了芬蘭之外。彼得大帝一手打造的俄羅斯帝國變成北歐勢力的領導者。但是，另外一個競爭對手就要準備就緒了，那就是即將完成國家建設的普魯士。

彼得大帝建設新首都

莫斯科

第四十九章

普魯士崛起

在陰鬱的日耳曼北部地區，小國普魯士突然崛起。

普魯士的歷史就像一部歐洲邊疆開拓史。西元九世紀，查理曼將原有的文明中心從地中海岸搬遷到歐洲西北地區。他的法蘭克士兵一步步將歐洲的邊界往東推進，征服了居住在波羅的海與喀爾巴阡山脈平原的斯拉夫人與立陶宛人異教徒。當時，法蘭克人管理遠方領土的方式，就像是美國在建國前的手法。

為了防堵野蠻薩克遜部族的侵犯，查理曼設立了布蘭登堡省（Brandenburg），用來保衛位於東方的領土。這個地方原本住著斯拉夫裔的溫德人（Wend），被迫在西元十世紀時臣服於查理曼，其市集原名布蘭伯，最後也變成這個省的核心區域，並且成為布蘭登堡的命名由來。

西元十一至十四世紀之間，不同的貴族輪流擔任布蘭登堡省的帝國統治官。西元十五世紀，霍亨索倫家族（Hohenzollen）在此登場，將這片孤寂荒蕪的邊疆地區變成現代世界最有實力的國家之一。

剛剛在第一次世界大戰後被協約國趕出歷史舞台的霍亨索倫家族，其先祖來自日耳曼南方，出身非常卑微。西元十二世紀時，霍亨索倫家族中一個名叫腓特烈的，因為娶了一位出身良好的妻子而得勢，被任命為紐倫堡的守城官。腓特烈的子嗣把握住每一次機會擴張權力，幾個世紀之後，終於登上了「選帝侯」的位置，選帝侯的名號只會賜給有資格選舉日耳曼帝國皇帝的那些君王公侯。在宗教改革期間，霍亨索倫家族支持新教徒勢力，十七世紀之後，他們已經躋身日耳曼北部最有勢力的家族。

三十年戰爭時，新教徒與天主教徒都非常樂於洗劫布蘭登堡與普魯士地區。然而，在霍亨索倫的偉大領導者腓特烈．威廉（Frederick William）的努力下，他睿智而審慎的使用該國的經濟與知識力量，普魯士很快就復原了，建立起一個決不浪費任何資源的國家。

現代化的普魯士，是一個將個人抱負與理想融入整體社群利益的國家——這必須追溯到腓特烈大帝的父親：腓特烈．威廉一世。他是個賣力工作同時相當吝嗇的普魯士軍官，非常喜歡在酒吧裡聆聽各種故事，也很喜歡荷蘭進口的濃烈菸草，但是極度討厭有花邊或羽毛的華麗服飾（如果是從法國進口的話，他更是憎恨）。腓特烈．威廉一世念茲在茲的只有一件事情：克盡職責。威廉一世嚴以律己，也同樣苛刻地要求他人，無論對方是將軍還是一般士兵，都不能改變這個標準。威廉一世與兒子之間的關係向來說不上和諧。父親粗野的行為總是讓心思細膩的兒子感到厭煩。兒子喜歡法國人的行為舉止、文學、哲學與音樂，父親卻認為那些東西過於女孩子氣。這對脾氣古怪的父子終於爆發了衝突，小腓特烈想要逃到英格蘭，卻被逮個正著，送上了軍事法庭，親眼目睹了想要協助自己逃亡的摯友遭到斬首。為了懲罰兒子，老腓特烈把年輕的王子送到普魯士某處小城堡裡，在那裡學習如何才能在未來繼位成為偉大的國王。表面上看來雖是懲罰，實際上卻對小腓特烈助益良多。腓特烈在西元一七四〇年繼位時，全國上下的事務都難不倒他，從窮人小孩的出生證明該填寫什麼，直到國家年度預算書裡的細節，全都瞭若指掌。

腓特烈曾經寫下《反對馬基維利》一書，表達自己多麼鄙視這位古佛羅倫斯歷史學家推崇的政治理念。馬基維利教導所有國王一件事情：為了國家利益，就算撒謊與欺瞞也在所不惜。腓特烈心中的理想統治者則是為人民服務的公僕，就像法王路易十四當初的開明專制。腓特烈實際處理政務時也非常的勤奮，一天可以工作二十個鐘頭，還不讓別人幫忙出主意。他手下的大臣其實只是高級書記官，普魯士這個國家是腓特烈（霍亨索倫家族）的私人財產，必須按照自己的意志進行統治，沒有任何事情得以介入或影響國家的利益。

西元一七四〇年，奧地利皇帝查理六世死亡。他曾嘗試與諸位國王君侯簽署一份嚴謹明確的協議來確保獨生女瑪麗亞・特蕾莎的地位。但哈布斯堡老皇帝的遺體才放入祖墳沒多久，腓特烈的大軍已經開向奧地利邊界，想要占領西利西亞以及中歐地區的其他領土。普魯士軍隊大張旗鼓，訴諸一些遠古時期的理由，表達自己擁有占領此處的權利，但聽起來都相當沒有說服力。一連串的戰爭之後，腓特烈占領了西利西亞地區的全數領土。雖然腓特烈經常瀕臨戰敗邊緣，但總是有辦法讓自己撐過奧地利方面所發出的一切反攻行動。

歐洲世界也開始注意到這個新興強權的瞬間崛起。在十八世紀之前，日耳曼只是一群被宗教大戰毀滅的民族，沒有人尊敬他們。但腓特烈就像俄羅斯的彼得大帝一樣，在無人注意的時候瞬間站上歷史舞台，歐洲人的輕視態度也因而轉變為恐懼。普魯士君王非常有技巧地處理國內事務，公民沒有任何的不滿，國庫每年都有盈餘而不是赤字。普魯士也廢除了酷刑的習慣，改善司法系統，建設品質優良的道路、學校與大學，還有相當嚴謹正直的政府系統。這一切都讓普魯士人民認為，無論他們必須替國家付出什麼努力，都是值得的。

幾世紀以來，日耳曼帝國的領土只是法蘭西、奧地利、瑞典、荷蘭、波蘭等國打混戰的遊樂場，現在，所有日耳曼人都受到普魯士的鼓舞，也重建了自信，這一切都必須歸功給那位身材矮小的老腓特烈大帝。他的鼻子猶如鷹勾，老舊的制服上沾滿鼻煙粉，經常以戲謔而尖刻的語氣批評鄰國，在十八世紀的外交場域中玩弄各種醜陋把戲，完全不在乎真相，證明了自己能夠藉由謊言完成大事，但別忘了他曾在《反對馬基維利》中抨擊這種事情。一七八六年，一切都結束了。他的朋友一一辭世，自己也沒有任何子嗣。他獨自死去，身旁只有一個忠誠的僕人以及幾條狗。腓特烈愛狗勝過於人，他曾說，狗絕對不會忘恩負義，也會對朋友保持永遠的忠誠。

第五十章 重商主義

歐洲新出現的民族國家或王朝國家如何擴張財富？重商主義又是什麼意思呢？

在前面幾章裡，我們已經看到現代國家如何在十六、十七世紀時誕生。每個國家的起源不盡相同，有些歸功於某位國王審慎努力的結果，有些是託偶然的機運所賜，另外一些可能是由天然的地理優勢而造成。無論如何，這些國家誕生之後，全都竭盡所能地增強對國內事務的掌控，並且發揮對國際事務的影響力，這些事情全都需要大量金錢。中世紀國家沒有中央集權政府，因此也沒有國庫可依賴。國王從皇家直屬領地上獲取金錢，也不須供養他的行政人員。但現代中央集權國家的運作就複雜得多，過去有義務對國王提供服務的騎士階級已經消失，取而代之的是領國家薪水的政府官員；陸軍、海軍以及處理國內事務等等都需要大量的金錢——這些國家要去哪裡找錢呢？

在中世紀時，黃金與白銀是相當少見的財富。我在前面的篇章告訴過你，中世紀的一般市井小民，可能一生都沒有看過金子，只有住在大城市的人才會知道什麼叫做銀幣。但是，發現美洲與開採

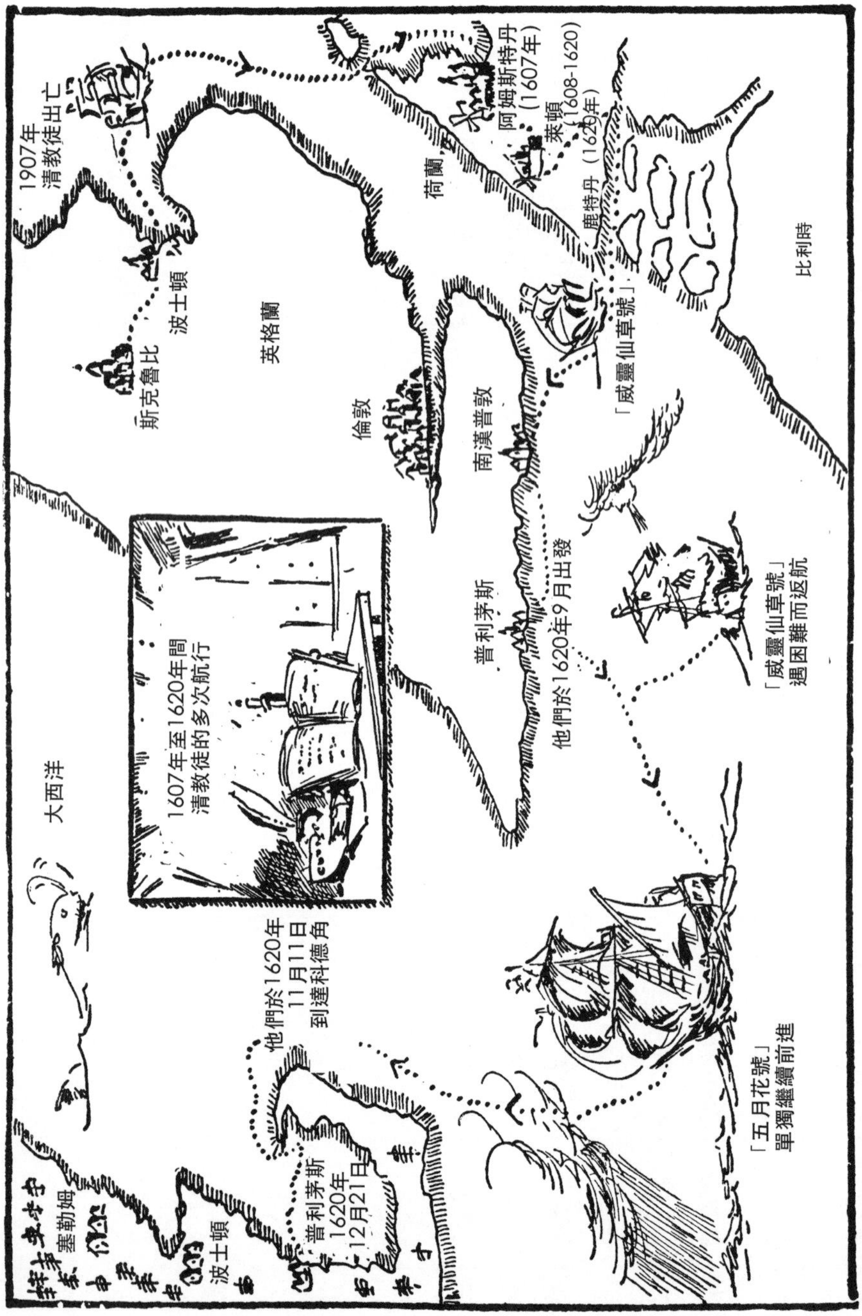

1907年
清教徒出亡
阿姆斯特丹
（1607年）
萊頓
（1608-1620）
鹿特丹（1620年）
荷蘭
比利時
斯克魯比
波士頓
英格蘭
倫敦
南漢普敦
「威靈仙草號」
普利茅斯
他們於1620年9月出發
「威靈仙草號」
遇困難而返航
1607年至1620年間
清教徒的多次航行
大西洋
他們於1620年
11月11日
到達科德角
「五月花號」
單獨繼續前進
塞勒姆
波士頓
普利茅斯
1620年
12月21日

英國清教徒的移民旅程

祕魯礦產這兩件事情改變了一切，商業貿易中心從地中海地區移轉到大西洋沿岸，古老的義大利商業城市失去地位，新的「商業國家」取而代之，而黃金白銀再也不是罕見的東西了。

當這些貴重的金屬透過西班牙、葡萄牙、荷蘭與英格蘭等國家在十六世紀流入歐洲時，當時的政治經濟學理論家們提出了一套關於國家財富的理論，他們認為這個理論是正確的，可以幫助各自的祖國獲得最大的利益。這套理論主張黃金和白銀是「真正的財富」，因此，能夠在國庫與銀行裡儲存最多黃金和白銀的國家，就是最富有的國家。既然愈有錢就愈能維持強大的軍隊，那麼最富有的國家自然也是最有力量的國家，最終可以統治這個世界。

這就是我們所說的「重商主義」（mercantile system; mercantilism）。當時的人對這種說法深信不疑，猶如中世紀的基督徒相信神蹟，或者現代美國商人支持關稅保護政策。重商主義具體的運作方式如下：為了取得更多的貴重金屬，國家必須在出口貿易上贏得優勢；如果某個國家能夠出口更多東西給鄰近國家，鄰國就必須用黃金償還差額，一來一往，前者獲利，後者虧損。按照這個原則，幾乎所有的十七世紀國家都採用了同樣的經濟發展方針：

（一）盡可能取得更多貴重金屬。

（二）鼓勵國際交易優先於國內交易。

（三）扶植能夠將原物料製作成出口產品的工業。

（四）促進人口成長，提供工廠所需的勞動力（農業社會無法提供足夠的人力）。

（五）國家必須監控上述計畫，必要的時候進行干涉。

十六、十七世紀的人藉由政府法令、王室命令還有政府資金補助來管控國際貿易，而不是將國際貿易視為可自然發展之事（無論人力如何介入，市場發展都必然會遵守一定的自然法則）。

十六世紀時的查理五世採用了重商主義（在當時仍是相當新穎的概念），將其推行到轄下諸多屬地。英格蘭的伊莉莎白女王也效法這種行為。波旁王朝——特別是法王路易十四——也是重商主義的狂熱支持者，其財務大臣柯爾貝爾（Colbert）因而成為重商主義的「先知」，全歐洲人的都仰望其建言。

克倫威爾執政時期的整套對外政策也是重商主義的實踐應用，尤其是針對富裕的競爭對手——荷蘭。因為荷蘭海運業承攬了歐洲大部分的貨品，而他們傾向於自由貿易體系，所以必須不惜一切代價將其摧毀。

我們也很容易因而理解，為什麼重商主義會影響到殖民事業的發展方針。重商主義下的殖民地成為單純的黃金、白銀與香料供應地，必須為了殖民母國的利益而服務。當時的亞洲、美洲、非洲殖民地供應貴重金屬，而熱帶地區則供應原物料，這些地區的殖民母國也因而得以壟斷相關的商業活動。沒有任何人可以擅自介入各國在殖民地的商業發展，也沒有任何當地人可以跟任何外國商船進行交易。

毫無疑問的，重商主義在特定的國家催生了一些相當新穎而前所未見的產業形態。各國開始建設道路、挖掘運河，追求更好的運輸方式。重商主義更要求工人必須擁有更良好的手藝，提升了商人階級的社會地位，同時讓原本的地主貴族更加式微。

從另外一個角度來說，重商主義也造成了相當可怕的悲劇。殖民地的原住民成為無情剝削的受害

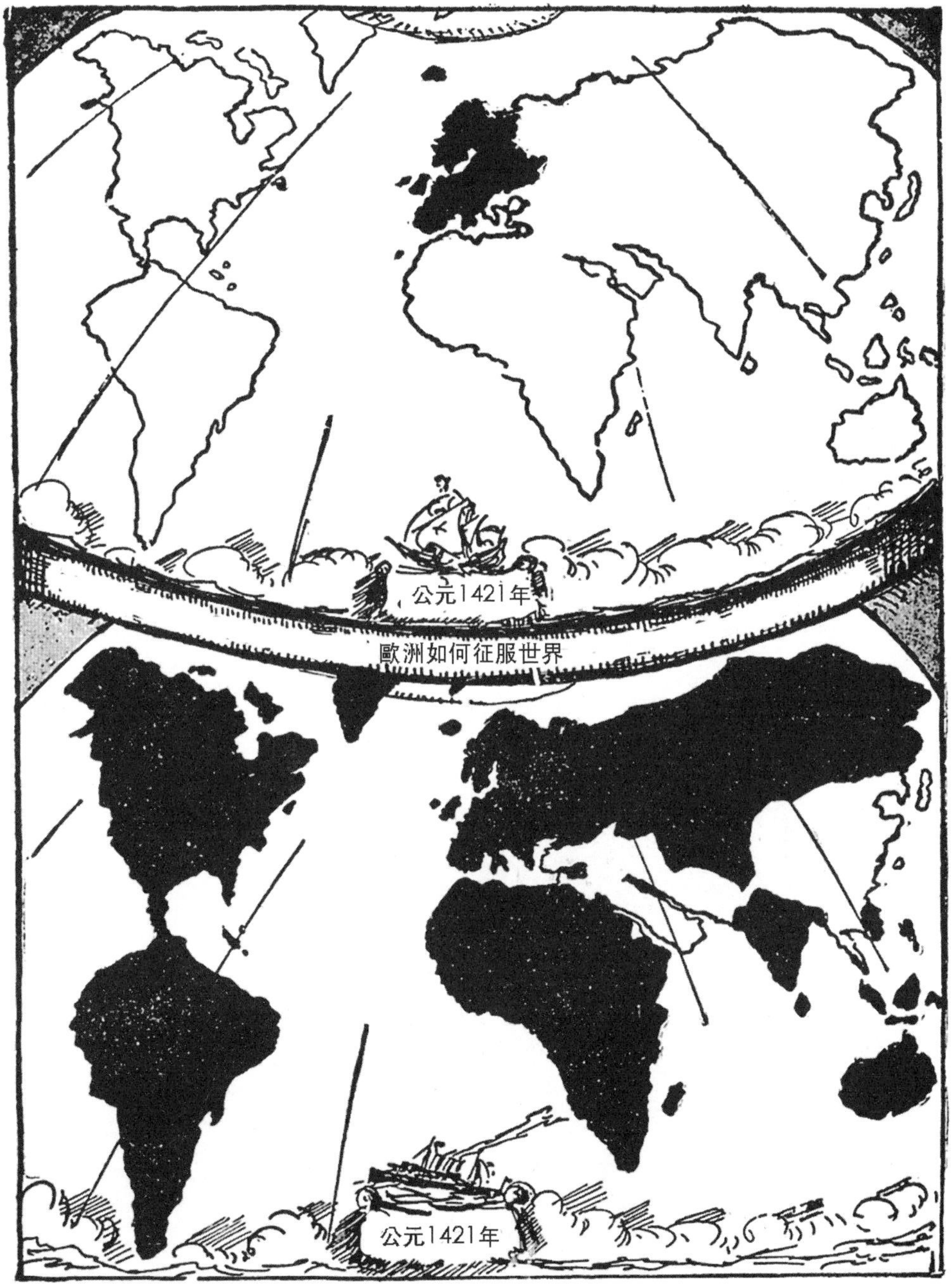

歐洲如何征服世界

者，本國公民也必須承受更悲慘的命運。重商主義把地球上每一寸土地都變成了戰場，將全世界切割成彼此獨立的區域，人人只為利益而行動，無時無刻竭盡所能地摧毀鄰近勢力，奪走財寶。市井小民開始感受到巨大的壓力，擁有財富、變得富裕遂成為唯一的美德。然而，經濟制度的流行變化之快，就像女孩子換衣服或者進行整形手術一樣迅速，到了十九世紀的時候，重商主義已經遭到揚棄，人們開始支持自由貿易與公平競爭，至少，我是這麼聽說的。

海權時代

第五十一章

美國革命

十八世紀末，歐洲世界聽聞荒涼的北美大陸發生了不可思議的事情。英格蘭人過去曾經迫使英王查理放棄君權神授的想法，現在，他們移居北美洲的後裔再度為了自治政府而奮戰。

為了更幫你更了解這一章的內容，先讓我們回顧幾個世紀之來，為了爭搶殖民地而產生的衝突史。

就在三十年戰爭期間以及戰爭結束之後，歐洲誕生了一些以民族或王朝利益為基礎而建立的新國家，其統治者在首都商人與貿易公司的船隊支持下，繼續在亞洲、非洲與美洲為了爭奪領土而戰。

西班牙人與葡萄牙人一直都在探索印度洋與太平洋地區，時間甚至領先荷蘭與英格蘭人一個世紀；西班牙人與葡萄牙人

為自由而戰

完成了最初的艱難工作，英荷兩國卻坐享其成。更重要的是，亞洲、美洲與非洲地區的原住民通常不歡迎最先來到的海洋探險者，卻將晚來的英格蘭人與荷蘭人當成提供援助的朋友。這兩個民族其實並未擁有比西班牙或葡萄牙人更優越的美德，但是，他們是利益至上的商人，從來不會讓宗教因素干預實際的利益。所有的歐洲民族第一次與其他地區較為弱小的民族接觸時，都顯示出相當令人震驚的殘忍，但英格蘭人與荷蘭人比較知道分寸，只要能夠得到香料、黃金、白銀與稅金，他們願意讓當地的原住民用較為快樂的方式過活。

因此，他們能夠在沒有什麼困難的情況下，建立起全世界最富裕的國家。然而，就在達到目標之後，他們卻迅速地彼此攻擊，只為了得到更多的財富。更奇怪的是，因為殖民地而起的戰爭，從來不會在殖民地當地開戰，而是在距離殖民地數千英里之外，由母國的海軍

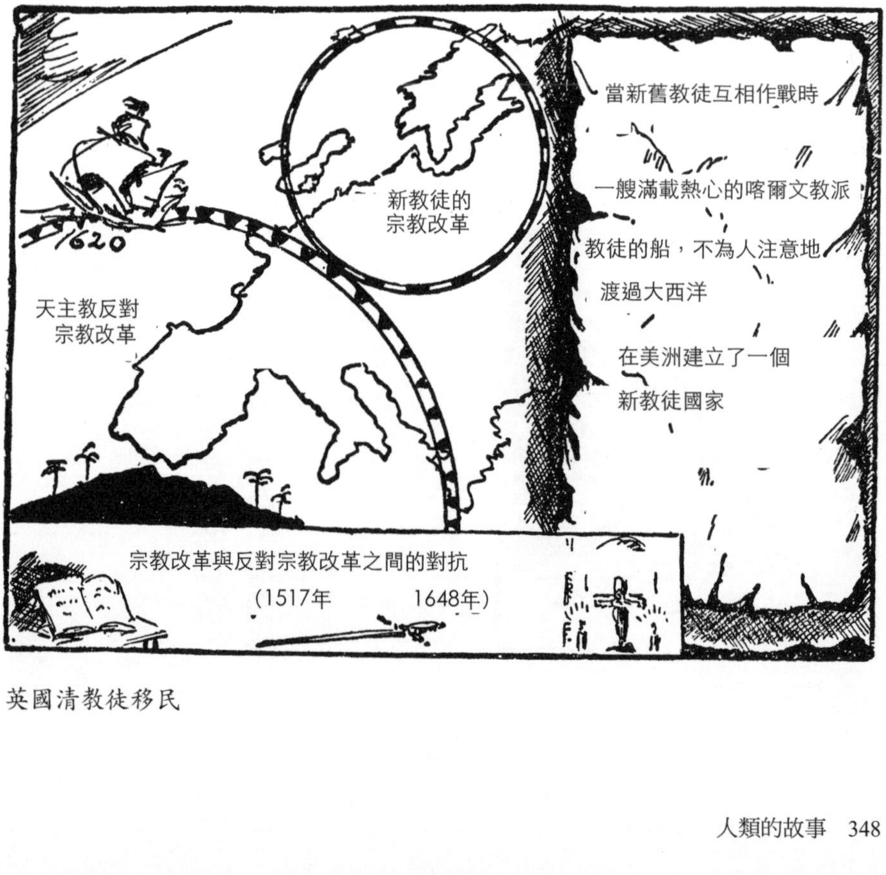

當新舊教徒互相作戰時
一艘滿載熱心的喀爾文教派
教徒的船，不為人注意地
渡過大西洋
在美洲建立了一個
新教徒國家
新教徒的
宗教改革
天主教反對
宗教改革
1620
宗教改革與反對宗教改革之間的對抗
(1517年 1648年)

英國清教徒移民

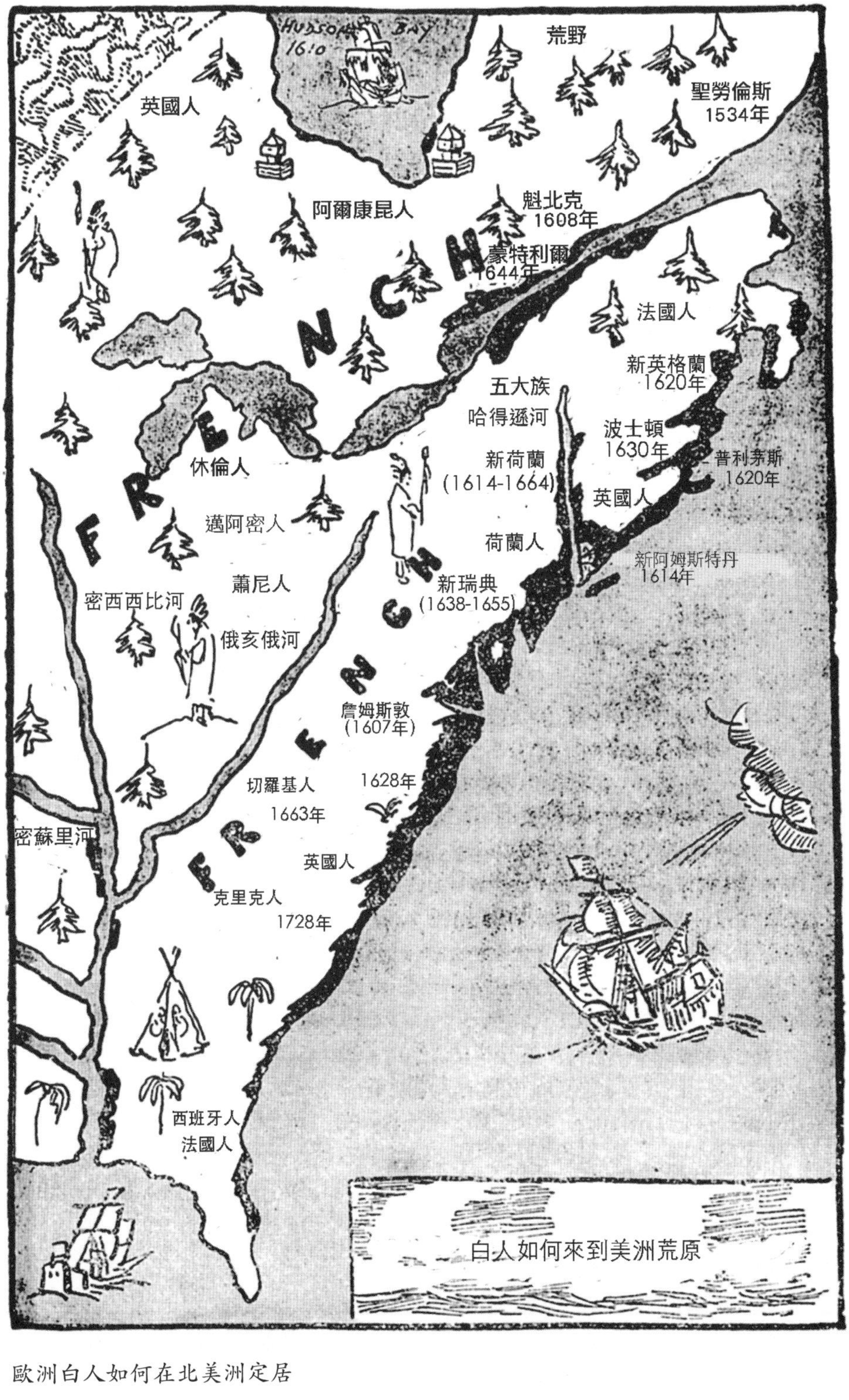

歐洲白人如何在北美洲定居

來解決。「能夠控制海洋的國家，也能夠控制陸地」向來是從古至今最有趣的戰爭原則之一，而且也是少數相當可靠的歷史法則，直到現代的航空技術出現後才改變了一切，而十八世紀時人類尚未發明航空技術，因此英國海軍在美洲、印度與非洲殖民地為祖國取得了巨大的利益。

英格蘭與荷蘭之間一系列的海上戰爭並不值得我們關心，那些戰爭就像實力完全不對等的兩方競逐，勝敗結果早已一目了然。但是，英法之間的戰爭，對我們來說非常重要。在無法抵擋的英國艦隊最終擊潰法國海軍之前，雙方在北美大陸已經打過大大小小數十次前哨戰。英法兩國都宣稱自己擁有北美大陸上的一切，不管是它們已經抵達過的地方或者根本還沒有看見的東西通通都是。西元一四九七年，塞巴斯蒂安．卡博托在美洲北部登陸；二十七年後，喬瓦尼．達韋拉扎諾（Giovanni da Verrazano）也造訪了北美海岸。卡博托隸屬英國勢力，達韋拉扎諾則是法王的手下。因此，英法兩國都宣稱自己是整片北美大陸的主人。

十七世紀時，英格蘭在今天的緬因州與卡羅萊納州之間建立了十個小型殖民地。這裡通常是不信英國國教者的避風港，例如西元一六二〇年抵達新英格蘭地區的新教徒，或者一六八一年定居於賓州的貴格教派。他們都是相當小型的邊疆社群，坐落在海岸附近，人們聚集在此建立新家，遠離英格蘭王室的審查與干預，過著比較自由快樂的生活。

另外一方面，法國殖民地一直都受到國王的嚴格控制。法國當局不允許任何休格諾教派或新教徒前往殖民地定居，理由是害怕這些人會用危險的新教徒理念污染了當地的印地安人，甚至可能因此干預耶穌會神父的傳教工作。從這個角度來說，英格蘭的殖民地基礎遠比競爭對手法國更健康、更穩固。英格蘭殖民地表現出中產階級商人的積極精神，而法國勢力控制的地區裡，只是住著一群被迫前

北美洲荒原上的碉堡

來此為國王提供服務的人，只要一有機會，就想趕快回到巴黎。

英格蘭殖民地的政治地位卻使移民們感到相當不滿。法國人在十六世紀時發現了聖勞倫斯河出海口，接著一路從大湖地區往南走，抵達密西西比州河之後，沿著墨西哥灣建立了好幾座堡壘。經過一個世紀的探索之後，法國人總共建立了六十座堡壘，連成一線，切斷了英格蘭從大西洋沿岸深入美洲內陸的動線。

英格蘭發給許多殖民公司的殖民許可證上面寫著：「授予從東岸到西岸之間所有土地」，但這只是一張空頭支票，英國控制的美洲領土事實上無法越過法國堡壘的防守線。英國確實有可能突破這道屏障，但必須花費大量的人力與金錢，還得挑起一系列的戰爭。雙方都是歐洲白人，卻要在印地安部族的協助下彼此殘殺。

五月花號的船艙

斯圖亞特王朝統治期間，英法兩國之間從來沒有發生過戰爭危機，因為斯圖亞特王朝需要法國波旁王朝的協助，才能夠建立貴族政府，藉此抗衡議會的權力。然而，西元一六八九年時，最後一名斯圖亞特王朝的後裔死了，來自荷蘭的威廉繼位成為英國國王。威廉是法王路易十四的大敵，從那個時候開始，直到西元一七六三年簽署《巴黎協約》為止，英法雙方為了印度與北美殖民權力而不停征戰。

正如先前所說，在這些戰役中，英格蘭海軍總是可以取勝，法國殖民地的對外交通被切斷之後，只能落入英國人手裡，等到雙方決定締結和平協定時，整個北美大陸幾乎都已經落入不列顛帝國的手中。許多法國探險家的艱辛成果，例如卡地亞、尚普蘭、拉薩爾與馬凱特等地，就這麼失去了。

在這片廣邈的大陸上，只有一小是部分有人居住。最早的移民「天路客」（Piligrims；又稱「朝聖派」，這是清教徒的一支，他們相當的不寬容，在英格蘭與荷蘭都過得不快樂）於西元一六二〇年在麻州北部登陸，從這裡直到卡羅萊納與維吉尼亞（當初純粹為了利益考量，在這兩個地方進行菸草養殖）之間開闢出一條人煙稀疏的狹長地帶。這片大陸的空氣新鮮而天空遼闊，居民與英格蘭母國

五月花號的船艙

的同胞相當不同。因為懶惰而膽小的人不會有勇氣橫渡大西洋，所以，最初來到此地的祖先們都是刻苦耐勞而精力充沛的人。這些人和他們的後裔，在北美的荒野中學會了獨立自主和自力更生。美洲殖民地上的人討厭英格蘭島上處處受限而且缺乏呼吸空間的不愉快生活，他們想要自己做主，英格蘭島上的統治者卻似乎不了解這一切；政府不滿移民，移民不滿政府，怨恨之情逐漸積累。

一旦開始不滿，只會帶來更多不滿。我們不需重述一次當時事件的細節，或者以為如果當時的英王能夠比喬治三世更睿智，也沒有聽任懶散無知的諾斯勳爵（Lord North）亂搞的話，事情就會變得不同。北美洲大陸上的英國殖民者終於了解和平無法解決問題，決定訴諸武力。他們再也不是忠於王室的子民，而是叛徒，決心承擔如果被捕就會處死的風險。基於當時的某種習俗，條頓人會把整支軍隊租給出價最高的人，於是喬治三世從日耳曼的王公貴族那裡聘請傭兵去美洲大陸作戰。

新英格蘭地區的第一個冬天

英格蘭與美洲殖民地之間的戰爭持續了七年。在絕大多數的時間，反叛軍似乎都處於下風，看起來不可能取得最後勝利。此外，北美大陸上絕大多數的城市居民仍然效忠於英王，他們希望雙方能夠相互妥協，尋求和平解決之道。但偉大的反抗軍領袖華盛頓堅持要為殖民地人民的利益抵抗到底。

華盛頓得力於一群勇敢的戰士，雖然反抗軍的裝備不良，但意志堅定，逐漸擊退了英王的軍隊。當局勢再度對反抗軍不利，似乎免不了敗北的命運時，華盛頓的戰略改變了一切。反抗軍的糧食通常不太充足。在冬天的時候，甚至沒有衣服與鞋子，被迫住在條件惡劣的戰壕裡。但是，他們相信偉大的領袖華盛頓，決定堅持到勝利的那一刻。

最重要的事情發生在獨立革命初期，甚至早於華盛頓將軍的一系列戰役，以及班傑明．富蘭克林的外交勝利——後者在歐洲各地奔波，從法國政府與阿姆斯特丹的銀行那裡想辦法得到支持北美軍隊的資金。革命初期，來自於各殖民地的人物聚集在賓州討論重要的事情。當時是美國大革命的第一年。許多沿海地區的大城市仍然落在英軍手裡，英格蘭援軍即將搭著船艦抵達美洲大陸。只有完全相信自己正在尋求正義的人，才會有勇氣在西元一七七六年的六、七月時，做出如此重大的決定。

六月時，來自於維吉尼亞的理察．亨利．李（Richard Henry Lee）向美洲大陸會議提出：「所有聯合殖民地一直都是、也應該是自由而獨立的國家，與英國王室之間沒有任何效忠關係。殖民地與大不列顛帝國之間的政治關係就此瓦解。」

麻塞諸瑟州的約翰．亞當斯贊同這個提議。他們在七月二日與四日時提出這些想法，隨後寫成了正式的《獨立宣言》。湯瑪斯．傑佛遜也加入了撰寫工作。他是極為傑出的政治學與政府理論家，命中注定名列最傑出的美國總統。

美國獨立戰爭的消息傳到了歐洲。西元一七八七年，美國戰勝並且推行歷史上首部成文憲法之後，更引起歐洲世界的極大關注。從十七世紀宗教戰爭之後，中央集權王朝系統已經發展到了極致，歐洲各國的皇宮都無比宏偉豪華，但貧民窟卻在王城周遭不斷蔓延，無助的貧民窟居民早已絕望，有些上層階級——例如貴族與專業人士——也開始質疑當前的經濟與政治局勢。美洲殖民地的成功反叛，讓他們了解，許多先前不可能實現的東西，現在已經變得可能了。

根據某一首詩的描述，萊辛頓之戰的第一槍「響徹全世界」。雖然這種說法有點誇張。中國人、日本人與俄羅斯人（更別提庫克船長才剛剛發現的澳洲與夏威夷。但他本人卻因為引起太多麻煩，而遭到當地人的殺害）根本沒有聽見那聲槍響。但是這一槍確實橫越了大西洋，擊中了歐洲人心中的火藥庫，在法國引起一場大爆炸，撼動了從俄羅斯的聖彼得堡直到西班牙馬德里之間整片歐洲大陸。最後，陳舊過時的政府形式以及外交伎倆都被埋在民主的沉重磚瓦底下。

喬治・華盛頓

美國獨立戰爭之主要事件
加拿大
魁北克
蒙特利爾
聖勞倫斯河
安大略湖
新斯科舍
伯格因
的遠征
尚普蘭湖
哈利法克斯
伊利湖
蒂康德羅格
列克星敦
1
荒原
3
薩拉托卡
波士頓
列克星頓之役：1775年4月19日華盛頓所率美洲殖民地軍圍困波士頓。
從1775年7月至1776年3月17日，英軍退至哈利法克斯
華盛頓將
英國人驅逐出
波士頓
I
哈得遜河
3
英軍北部戰場失利後，於1776年9月15日佔領紐約，但無法擊破華盛頓的軍隊。一支從加拿大來的英軍強行通過蒂康德羅格以便將殖民軍切為兩段。
但這些部隊不善於曠野作戰，結果柏格因與他的全體部隊於1777年10月17日在薩拉托卡附近投降。
華盛頓解了
軍團的圍
II
紐約
3
普林斯頓
特倫頓
1776年7月4日
宣佈獨立
費城
2
長島
III
巴爾的摩
華盛頓戰敗
康沃利斯
5
約克敦
5
中部戰場失利後，英軍開向南方於1780年5月20日佔領查爾斯敦然後又向北行進
1781年10月19日康沃利斯率部在維吉尼亞的約克敦投降，結束這次遠征。戰爭宣告結束。
4
在柏格因投降後，法國於1778年2月8日承認了美國。
1778年6月法國艦隊裝載4000人抵達。
5
查爾斯敦

第五十二章

法國大革命

法國大革命確立了自由、平等與博愛的普世原則。

在討論一場革命之前，我們應該先解釋到底什麼叫做「革命」。按照一位偉大俄羅斯作家的說法（俄羅斯人應當相當理解革命的意義），革命是「在幾年之間發生的迅速變革，推翻了深植在土壤裡長達數百年的體制。被推翻的那個體制原本似乎相當穩固而不可動搖，就算是最熱切的改革論者，也幾乎不敢在自己的著作中攻擊。革命，就是指一個國家的社會、宗教、政治與經濟生活的根基，在瞬間崩解粉碎。」

十八世紀的法國就迎接了這種革命。當時法國既有的文明已經衰老蒼白，路易十四掌權期間，他本人已經變成了國家的一切、國家的代表。貴族原本是法國封建時期的公僕，卻再也沒有任何職權，淪為皇室的社交裝飾品。

十八世紀的法國，必須耗費鉅額的金錢才能維持國家運作，因此勢必加重稅賦。不幸的是，國王的威勢還不足以強迫貴族與教士階級支付稅金。因此，重擔完全落在農民階級的身上。然而，住在簡陋小屋裡的農民，已經不再與過去的封建地主保持親密的關係，而是遭到殘酷且無能的包稅代理人的壓迫。農民的生活處境原本就已經不甚良好，現在變得更為惡劣，就算土地豐收，也只不過代表要繳納更多的稅金，自己卻得不到任何東西，那麼為什麼還要努力工作呢？他們當然愈來愈怠惰農事。

於是，我們看見了一位法國國王，漫步在高牆圍繞而浮誇奢華的宮殿裡，身後跟隨著一群吹噓逢迎的貴族，希望國王高興之餘能夠賞賜他們一個職務。他們全都靠著剝削農民過活，但農民早已活得跟田裡的牲畜差不多。這樣的場景令人不忍直視，但絕對沒有任何誇大之處。然而，我們必須把「法國舊政體」的另外一面謹記在心。

法國的富裕中產階級與貴族之間保持著相當緊密的關係（例如，有錢銀行家的女兒會與貧困的公爵之子結婚），加上宮殿裡充斥著一堆「懂得追求藝術和生活情趣」的人，他們一起將法國式優雅生活的藝術推上巔峰。當全國最聰穎的人不被允許思考政治經濟問題時，就會把空閒的時間花在清談最抽象的東西上。

思想和行為風潮發生變化的時後，就跟時尚一樣，很容易走得過頭，追求極端。當時最浮華的法國社會菁英突然對於「簡樸生活」發生了莫大興趣。身為法國與其殖民地絕對統治者的國王與皇后，連同朝中大臣都跑去住在可笑的鄉村小屋裡，穿著擠奶女工和牧童的服裝，扮演古希臘山谷裡的快樂牧羊人。宮廷大臣忙著圍繞在王室成員身邊逢迎作戲，皇室御用音樂家忙著創作悅耳的舞曲，皇室理髮師忙著設計愈來愈精緻昂貴的頭飾，就這樣一直發展下去。凡爾賽宮（法王路易十六為了逃避首都的喧囂而在距離巴黎相當遙遠的地方建立的宏偉「秀場」）裡的人因為極端無聊又幾乎對所有事情都失去了興趣，於是把心思都放在最遠離實際的事物上。就像挨餓的人什麼都不在乎，只想要食物。

當伏爾泰這位老邁而充滿勇氣的哲學家、劇作家、歷史學家、小說家以及所有宗教與政治暴君之敵，開始批評法國當前社會的一切時，人們為他鼓掌叫好，由於太多民眾想要觀看他的劇作，只好在所有劇場同時上演。當盧梭以動人的筆觸描述原始人的生活，向同時代人描述原始居民的幸福時，全法國上下都開始閱讀他的《社會契約論》（事實上，盧梭對原始社會所知甚少，就像他其實並不了解孩童，卻被當成兒童教育的權威）。當讀者看到盧梭期許能夠回到過去那個美好的年代，那個真正的主權屬於人民所有、君王只是公僕的時光，全都落下了悲戚的眼淚。

孟德斯鳩的《波斯書簡》，透過兩位感受敏銳的的波斯旅客的眼睛凸顯出法國當代社會的荒謬性，從國王到他手下的六百名麵團師傅都被大肆取笑一番，這本書出版之後馬上再版四次之多，並且替著名的《論法意》奠定了數千人的讀者基礎。在《論法意》中，孟德斯鳩以英國完美的政治系統為對照，批評法國的落後體制，並且進一步主張，與其建立絕對王權國家，不如創造行政、立法、司法的三權分立，讓三者彼此獨立運作。巴黎出版商勒布萊頓宣布要延攬狄德羅（Messieurs Diderot）、達朗貝爾（d'Alembert）、杜爾哥（Turgot）以及其他傑出的作家編撰百科全書，藉此囊括「所有的新概念、新科學與新知識」，深受社會大眾期待。二十四年後，二十八卷的百科全書終於完成，法國當局後知後覺的介入，已經無法鎮壓社會的熱忱，大眾都想研讀這些最重要，但卻又最危險的作品。

讓我提醒你一件事。當你閱讀關於法國大革命的小說、戲劇作品或電影時，非常容易就會以為這場革命起源於法國貧民窟的下層百姓，但事實絕非如此。群眾確實經常出現在革命舞台上，但在背後喚醒革命精神與擔任領導者的人，都是那群中產階級出身的專業人士。他們有效地利用渴求溫飽的群眾作為伙伴，協助他們對抗國王與宮廷大臣。造就法國大革命的基礎精神來自於少數睿智之人。一開始，他們被引薦到屬於舊秩序階級的那些沙龍裡，用他們的新奇思想讓無聊的貴族女士與先生獲得娛樂消遣。這些有錢有閒的階級玩弄批判社會的危險花火，直到火星落入地板的裂縫，而整棟宮殿就像那些地板一樣的衰敗老舊，火苗延燒到地下室，點燃堆積多年的老舊垃圾。於是，一片大火燃起。然而，宮殿的主人向來不關心如何管理自己的住宅，根本不知道如何撲滅火勢。火舌迅速地蔓延，整棟宮殿都被這場大火燃燒殆盡，這就是現代人知道的法國大革命。

為了方便起見，我們可以把法國大革命分成兩個階段。第一階段從一七八九年到一七九一年，法國人嘗試要建立有秩序的憲政獨裁政權，但最後失敗了。部分原因是愚蠢的獨裁君王欠缺誠意，另外一部分原因則是沒有人有能力掌控當時的環境變數。

第二階段從一七九二年開始到一七九九年，法國在這段期間建立了共和政體，並且首次嘗試民主政治。但是，法國已經承受了多年的動盪不安，還有更多次相當努力卻不得其果的改革，最後演變成暴力革命的形式。

革命前夕的法國，積欠了四十億法郎債務，國庫空空如也，也想不出名目開徵新稅，就算是善良

斷頭台

的國王路易十六（他是一名專業鎖匠，打獵技術也非常高超，卻沒有治國能力）也無能為力，只能隱約感到必須做點事情。因此，他任命杜爾哥擔任財務大臣。杜爾哥的全名是安內．羅貝爾．雅克．杜爾哥，又稱作勞內男爵。杜爾哥當時六十出頭歲，出身於急速凋零的地主階級，曾經成功地治理法國的一省，此外也是能力傑出的業餘政治經濟學家。杜爾哥竭盡所能地為國奉獻，不幸的是仍然無法讓法國起死回生。既然法國已經不可能從貧困的農民手中擠出任何一點稅金，過去未曾繳稅的貴族與教士階級就必須做出貢獻，這讓杜爾哥成為凡爾賽宮裡最不受歡迎的人物。除此之外，杜爾哥還必須想辦法面對皇后瑪麗．安東尼（Marie Antoinette）的敵意。皇后陛下不喜歡任何人在她面前提起「經濟」這兩個字。很快的，杜爾哥就被批評為「不切實際而愛幻想的傢伙」以及「只會空談理論的大教授」，當然，他的官位也沒有維持多久。一七七六年，杜爾哥被迫辭職下台。

就在「大教授」之後，法國找來了一位務實的生意人。這個人叫做內克爾（Necker），出身於瑞士的工業世家，靠著穀物買賣致富，還是一間國際銀行的合夥人。內克爾的妻子野心勃勃，硬是一手將他推進政治世界擔任要職，希望能夠藉此提升女兒的身分地位。後來，內克爾的女兒與瑞士駐巴黎大臣史達爾男爵結婚，成為十九世紀早期相當知名的文學作家。

路易十六

內克爾上任之初就像杜爾哥一樣充滿熱情。一七八一年，他針對法國財務現況發表了一篇相當仔細的審核報告，但國王根本看不懂那些東西。國王才剛剛把軍隊派去美洲協助獨立革命軍對抗共同大敵英國人，這場戰役遠比想像中的昂貴，國王要求內克爾必須找到資金來源。但是，內克爾沒有找到資金，反而發表了更多的圖表與數字，開始建議法國政府必須小心翼翼地遵守「必要的節儉」等原則。這樣令人生厭的建議，意味著內克爾擔任宮廷大臣的日子所剩無幾。一七八一年，內克爾被趕下台時，甚至被批評為「沒用的傢伙」。

就在教授與務實的生意人離開之後，下一位財務大臣則是個讓大家都感到愉快的巧詐之人。他保證，只要人人信任他提出的完美系統，每個月都能夠拿到需要的金錢。他的大名是查爾斯・亞歷山大・德・卡洛訥（Charles Alexan- dre de Calonne）。卡洛訥非常渴望出人頭地，也很勤奮地工作，毫不遲疑地採取各種受人非議的手段。他知道法國背負鉅額債務，但他非常聰明，迅速地找出一個讓所有人都不會不高興的處理方法：借新債抵舊債。這種手法並不新穎，而且隨著時間過去，情況只會變得更糟。不到三年之內，法國額外積欠了八億法郎，就是因為這名人見人愛的財務大臣總是無憂無慮，笑臉盈盈地簽下國王與皇后陛下的各種支出要求。偉大的皇后陛下年輕時早在維也納養成了無比奢華的消費習慣。

最後，就連對國家忠心耿耿的巴黎議會（這是司法的最高法院，不是立法單位）也決定出手介入了。卡洛訥想要商借一筆高達八千萬法郎的鉅款，但是，法國當年的農穫情況非常不好，整個國家陷入了饑荒危機當中。除非可以找出立竿見影的方法，否則法國就要破產了。國王一直不知道情況有多麼危險。巴黎議會認為，也許與人民代表進行諮商會是一個好方法吧？自從一六一四年之後，法國就沒有召開過階級代表大會了，基於眼前的危機，召開階級代表大會絕對是必須採取的手段。然而，從未採取任何行動的法王路易十六，卻拒絕了這個提議。

為了平息眾怒，路易十六於西元一七八七年召開了貴族會議。這場會議只邀請了法國最富有的家族群——也就是封建貴族階級與教士階級——討論看看在不必放棄手上擁有免稅特權的情況下他們能做些什麼事。從合理的角度來說，當然不會有任何一個社會階級會為了照顧另外一個階級，而自願放棄手上的政治與經濟特權。出席的一百二十七位貴族代表堅定地拒絕割讓任何從封建時期以來的特權。街上的群眾飢腸轆轆，要求讓內克爾重新上台，因為他們信任他。但貴族拒絕了這個提議。群眾開始打破窗戶，作出脫序行為。貴族開始逃跑，卡洛訥終於下台。

能力平庸的紅衣主教艾蒂安·夏爾·德·洛梅尼·德布里安（Étienne Charles de Loménie de Brienne）接著上台，而被飢餓子民逼得走得無路的路易十六，只好被迫同意「儘速」召集原有的階級大會。但這種空泛的承諾當然無法滿足任何人。

當時的法國正在經歷百年未有的嚴冬，農作物如果不是被洪水蹂躪，就是在田野裡凍壞，普羅旺斯所有的橄欖樹都凍死了。雖然有私人慈善事業想要替一千八百萬名飢餓的人民做點事情，但所能成就之事甚少。因飢荒而起的暴動四處蔓延，如果是在一個世代以前，法國軍隊早就平息這些騷動了，但是新的哲學思想已經開花結果，產生了影響，人民開始了解槍砲不是處理飢荒問題的有效方法，就連士兵（他們原本也是平民）也不再是法國政府的靠山了。國王一定要做點什麼來取得群眾的支持，但路易十六再度優柔寡斷了。

法國各地都出現了新哲學思想的追隨者，他們建立了獨立的小型共和國。信念堅強的中產階級大聲疾呼「沒有代表，就不繳稅」（二十年前的美洲革命也喊出了同樣的口號），法國面臨了全面動亂的危機。為了平息眾怒並增強皇室的支持度，法國政府出乎意料地解除過去非常嚴格的書籍審查制度，油墨形成的洪水隨即席捲法國大地，每一個人無論其階級高低，都能夠批評別人或者受到批評，當時總計出版了超過兩千種小冊子。德布里安被暴動趕下台，法國皇室急速召集內克爾入宮。股票旋即上漲三十%，於是群眾取得共識，暫時不對政府提出攻擊。一七八九年五月，法國原本打算召集階級大表大會，希望全國上下的智慧，能夠迅速地解決問題，讓法國再次成為健康而快樂的王國。

然而，事實證明，以為集結眾人智慧就可以解決所有難題的想法，只會帶來災難性的結果，特別是在一段長達幾個月的關鍵時刻裡，反而限制了所有個人能力的發揮。在這段關鍵的時刻，內克爾不但沒有緊緊握住政府大權，反而任憑一切自然發展。因此，老舊的法蘭西王國境內爆發了新的激烈爭論，想要找出何謂最好的改革方法。警力已經變得非常薄弱，巴黎郊區的人民在職業煽動家的鼓譟之下，逐漸發現自己手上的力量，也明白自己在大動盪時期應該扮演的角色。於是，他們開始成為法國大革命領導者手上的致命武器，想要取得以合法管道所無法企及的東西。

為了討好農民與中產階級，內克爾決定讓前者可以在階級大會中擁有兩倍名額的代表。針對這個主題，西耶斯神父曾經寫過一本相當著名的小冊子《何謂第三階級》，並且得到一個結論：所謂的第三階級（也就是中產階級）就代表了一切，他們過去沒有任何地位，現在則想有所作為。西耶斯的說法表達了大多數法國群眾的心情，他們都想替國家尋求最佳的利益。

最後，法國大選在有史以來最混亂的情況下舉行了，一共選出三〇八位教士階級代表、二八五位貴族階級代表以及六二一位第三階級代表，一起前往凡爾賽宮。第三階級還帶著額外的行李，那些東西就是報告書，來自於第三階級代表成員蒐集選區居民的心聲後彙整而成。舞台已經準備就緒，拯救法國的最後一幕即將上演。

一七八九年五月五日，法國舉行階級代表大會（三級會議）。國王的心情非常鬱悶，因為教士與貴族階級擺明不想放棄任何特權。國王下令三個階級的代表在不同的房間開會，各自討論彼此的不滿。第三階級拒絕遵守這項命令。一八七九年六月二十日，第三階級倉促地整理出一個網球場，在那裡召開「不合法的會議」，並莊嚴地宣誓：包括教士、貴族與第三階級在內的三個階級成員，都必須一起開會。他們將這份誓言發給國王。法王也只能屈服了。

作為「國民會議」，三級代表們開始討論起法國的國體問題。國王變得非

巴士底監獄

常憤怒，但再度優柔寡斷了起來。他說自己絕對不會放棄至高無上的王權，旋即拋開國事跑出去打獵；等他打獵回來後，馬上放棄堅持。這位國王的習慣就是在錯誤的時間用錯誤的方法做出正確的事情，當人民提出要求時，國王總是威嚇他們，什麼都不同意；等到宮殿被咆哮的貧困群眾包圍，他才會妥協，交出人民要求的東西，但是人民這下要的東西就更多了，這樣的戲碼重複上演。這一次，當國王決定簽署皇家命令，保障人民兩項權利時，人民並不滿足，要求國王追加另外一項權利，否則就要殺掉整個皇室家族。於是，法王逐一同意了人民不斷追加的要求，最後終於被送上斷頭台。

不幸的是，這位後知後覺的國王總是趕不上情勢的發展，甚至從來沒有理解過。直到被送上斷頭台的時候，他仍然覺得自己有一肚子的冤屈。他自認為已經用盡有限的力量呵護摯愛的子民，卻被施加最不人道的對待，不知道自己錯在哪裡。

正如我經常提醒你的，歷史上的「如果」從來都沒有任何價值。我們當然能夠輕易地說「如果」法王路易十六是一位能力出眾而且更為殘暴的國王，就不會發生這種事情。但你要記得，國王不是孤身奮戰。「就算」他擁有拿破崙那樣偉大的才能，他的妻子也可以在那段艱困的日子裡，輕易地毀滅一切。路易十六的皇后瑪麗・安東尼是奧地利皇太后瑪麗亞・特蕾莎的女兒，具備那個時代專制宮廷中成長的年輕女子所有的美德與惡習，讓路易十六的處境雪上加霜。

瑪麗決定要有所回應，於是策劃了一場反革命行動。內克爾突然遭到罷黜，皇家軍隊也被召進巴黎城內。人民聞訊之後，便包圍了巴士底監獄，在一七八九年七月十四日，摧毀了這座人人熟知的、最令人憎恨的獨裁統治象徵。已經有好長的一段時間，巴士底不再只監禁政治犯，也用來囚禁扒手之類社會下層階級的人。許多貴族知道大勢已去，離開了法國，但國王一如往常地毫無反應。他在巴士底監獄淪陷的當天仍然外出打獵，開槍殺了幾隻鹿，因而感到心情愉悅。

國民會議在八月四日開始施政，在巴黎民眾的歡呼喧囂中，他們宣布廢除所有的特權階級。八月二十七日，法國人發表了《人權宣言》，他也是第一部法國憲法的著名前言。迄今為止，一切順利，但皇室顯然還沒學到教訓。人民普遍猜疑國王仍在策劃阻止國家改革。十月五日，巴黎第二次發生暴動，一路蔓延到凡爾賽宮，人民決定不善罷干休，堅持要把國王拖回巴黎。他們不想讓這個人待在凡爾賽宮了，他們希望可以親眼盯著這個人，監控他與維也納、馬德里及其他歐洲皇室親戚之間的通訊。

同時，在國民議會裡，出身貴族的米拉波（Mirabeau）成為了第三階級的領導人。他想整頓眼前的混亂局面，重新創造秩序。但是，就在米拉波能夠解救法王路易之前，就在一七九一年四月二日過世。國王現在必須擔憂自己的生命安全了，決定在六月二十一日逃亡，但是，法國的錢幣上鑄有國王的面貌，他在瓦倫村附近被法國國民警衛隊認出後，再度被抓回巴黎。

一七九一年九月，法國通過第一部憲法，國民議會成員解散回家。一七九一年十月一日，法國召開立法大會，接手先前國民議會的工作。在新的人民代表當中，有許多人是極端派革命分子。最強悍的人被稱做雅各賓派，這是因為他們都在古老的雅各賓修道院舉行政治集會。這些年輕人（大多數來自於專業人士階級）發表各種激烈的演說，報紙將其言論傳遞到柏林與維也納，促使普魯士國王與奧地利皇帝採取行動拯救自己的兄弟姊妹。他們當時雖然忙著在瓜分波蘭（波蘭內部派系分裂，搞得國家一片混亂，任何國家都有機會去侵占一片土地），但他們還是有辦法派出一隻軍隊入侵法國，試圖解救法王。

法國土地上立刻瀰漫著一股恐懼的氛圍，多年來因為飢餓與苦痛而產生的憎恨來到了最可怕的高峰。法國暴民衝向杜樂麗王宮，忠誠的瑞士保鏢想要保護主人，但路易仍然無法下定決心，正當群眾開始後退時，竟然下令士兵停火。人民早就因為鮮血、噪音與廉價的酒精而瘋狂，於是殺光了所有的瑞士衛隊，入侵王宮追捕路易。路易一路逃到大會議廳，在那裡被奪走王位，帶去丹普爾舊城堡囚禁。

奧地利與普魯士軍隊持續進擊，群眾的恐懼變成歇斯底里，讓法國男女變成可怕的野獸。一七九二年九月上旬，群眾攻入監獄，殺害了所有囚犯，而法國政府並未介入這件事情。丹東所領導的雅各賓派知道這場危機將會決定法國大革命的成敗，只有採取最果敢迅速的手段才能夠拯救他們。因此，他們立刻在一七九二年九月二十一日結束立法大會，召集新的「國民公會」，成員幾乎全是極端派革命分子。他們以最高叛國罪起訴路易十六，他被帶往國民公會，大會投票判決國王有罪，票數是三百六十一票對三百六十票，關鍵的那一票是路易的表親奧爾良公爵投下的。一七九三年一月二十一日，路易安詳而有尊嚴地走向斷頭台。他從來不了解這些騷動所為何事，他的自尊心也不允許自己向別人問個清楚。

接下來，雅各賓派開始清除國民公會中的溫和勢力：來自南部的吉倫特派。雅各賓派設立了特種革命法庭，判決吉倫特派的二十一名領袖死刑，其他人則是選擇自殺。他們都是非常有才幹而且正直的人，但太過於理性而溫和，無法在那些可怕的年頭裡生存下來。

一七九三年十月，雅各賓派人士暫時終止法國憲法運作，「直到重新建立和平為止」。所有重要的權力都被移交到小小的公共安全委員會成員身上，由丹東與羅伯斯比爾擔任該委員會的領導者。基督教與舊曆法都被廢除了。湯瑪斯．潘恩曾經在美國大革命期間提倡的「理性時代」終於來臨，同時也帶來恐懼。超過一整年的時間，法國每天都有超過七十、八十名的好人、壞人或者無關緊要的人被處死。

法王的獨裁統治已經被摧毀了。隨之而來的是少數人的暴政統治。他們熱愛民主，因此覺得自己也是逼不得已才會殺掉抱持異議的人。法國變成了一座屠宰場，人人相互猜忌，沒有人覺得自己是安全的。出於純粹的恐懼，有幾位國民會議的成員知道自己就是下一個被送上斷頭台的目標，終於起身反抗羅伯斯比爾（被

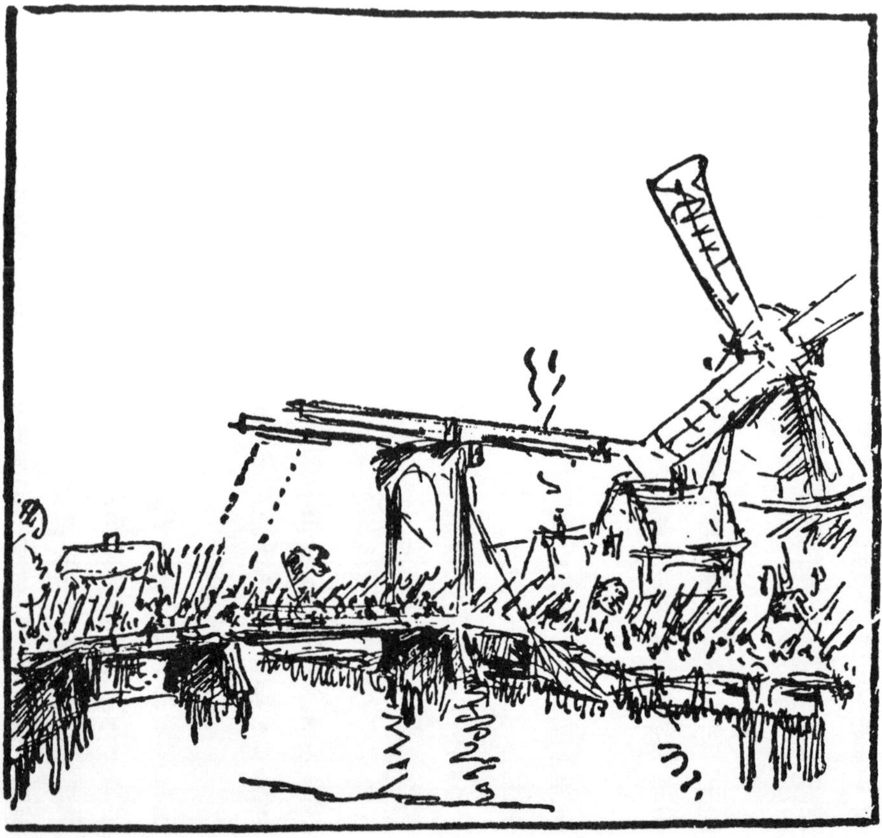

法國大革命蔓延到荷蘭

稱為「唯一真實而純粹的民主信徒」），當時他已經殺掉大多數的昔日戰友。羅伯斯比爾自殺未遂，他們草率地包紮羅伯斯比爾受傷的下巴之後，將他拖到斷頭台前。一七九四年七月二十七日，也就是法國大革命後採用的革命曆法的第二年熱月九日，恐怖統治終於結束了，巴黎人民欣喜若狂。

然而，面對普奧聯軍，法國危險的處境迫使他們必須將大權交到少數有能力者的手上，直到大革命的敵人被趕出法國國土為止。衣不蔽體、飢腸轆轆的革命軍隊努力奮戰，在萊茵河、義大利、比利時、埃及拚死作戰，打敗了大革命的每一個敵人，國內也產生了五位執政官。他們統治法國四年。接著，法國人將權力交給了一位常勝將軍，他的名字是拿破崙．波拿巴（Napolean Bonaparte）。拿破崙在一七九九年成為法國的第一執政。在隨後的十五年裡，老邁的歐洲大陸變成了一系列史無前例的政治實驗的試驗場。

第五十三章 拿破崙

拿破崙出生在西元一七六九年，父親卡洛．馬利亞．波拿巴（Carlo Maria Buonaparte）是科西嘉島阿雅克肖城裡相當誠實可靠的公證人，母親的名字則是雷蒂奇雅．拉默里諾（Letizia Ramolino）。換句話說，拿破崙不是法國人，而是義大利人。科西嘉島位於地中海，曾經是古希臘、迦太基與羅馬的殖民地，多年來一直想要爭取獨立的地位。科西嘉島先是對抗熱內亞人，十八世紀中旬之後換成了法國人。法國人曾經非常慷慨地協助科西嘉人爭取自由，最後卻為了自己的利益而占領這座島嶼。

拿破崙二十歲時就參加了科西嘉的愛國運動，可說是科西嘉的「新芬黨」（譯注：追求北愛爾蘭獨立的政黨，英文原名為Sinn Feiner，意指「我們」）。拿破崙希望自己鍾愛的祖國能夠逃出可恨的法國敵人枷鎖。但是，大革命之後的法國卻出人意料地盡可能滿足科西嘉人的需求，曾經在法國布里安萊沙托接受過良好軍事訓練的拿破崙，也逐漸接受了這個國家，甚至投入軍旅生涯。雖然拿破崙從來不曾學會正確地拼寫法文，更沒辦法用他的義大利腔調講出純正的法語，仍然順利地變成一個法國人。隨著時間過去，他甚至變成法國德行的最高典範，直到現在，他仍然是法國天才人物的代表。

拿破崙累積成就的速度相當快，他的生涯高峰沒有超過二十年。在很短的時間內，拿破崙經歷過的戰役、勝利、行軍里程、征服面積、殺敵數量、改革的程度，甚至是對歐洲的擾動，都達到前無古人的地步，就算是亞歷山大大帝以及成吉思汗都難以望其項背。

拿破崙的身材非常矮小，早年的健康情況也不甚良好，外表平凡無奇，直到死前，在社交場合都還是顯得非常笨拙。在教養、出身或財力方面，拿破崙都沒有優勢。青春時期的泰半歲月裡，拿破崙都非常貧窮，經常沒錢吃飯，或者被迫用各種奇怪的方法賺取些許報酬。

在文藝修養方面，拿破崙也幾乎沒有任何天賦可言。他曾經希望能夠贏得學院內的獎學金，但是，在十六名競爭者裡面，拿破崙的成績名列倒數第二名。然而，拿破崙對自己的命運與美好的未來有著堅決而不可撼動的信念。雄心壯志是他主要的動力來源。他對於「自我」的想法，還有對N這個字母（拿破崙大名的第一個字母）所堅持的崇拜，以及堅決的信念，讓拿破崙這個名字在世界上的重要性僅僅次於上帝。拿破崙總是在信件末端簽上N這個字母，就連在後來倉促搭建的王宮裡，也能夠看見他的署名。這些信念帶領拿破崙走向名望的顛峰，沒有任何人曾經走到那個地步。

拿破崙還是拿半薪的年輕中階將領時，曾經非常仰慕希臘歷史學家普魯塔克所寫的《希臘羅馬名人傳》，然而，拿破崙從來沒有嘗試讓自己的生活方式與那些古代英雄所設立的標準相類似。拿破崙似乎絲毫沒有善體人意的情感，那是區分人類與動物之間的標準，我們很難真的確認拿破崙是否喜歡自己以外的任何人。拿破崙確實對母親講話恭敬有禮，他的母親具備偉大女性的特質，也懂得如何遵循傳統義大利母親的典範，知道怎樣贏得孩子的尊敬。幾年之後，拿破崙迷戀約瑟芬，兩人後來結為連理，這位美麗的妻子來自法國殖民地，父親是馬丁尼克島的法國官員，前夫則是亞歷山大·德·博阿爾內（Alexandre de Beauharnais），他在對抗普魯士的戰役中失利，被羅伯斯比爾處決。但是，當身為皇帝的拿破崙發現約瑟芬無法替自己生下小孩時，便決定離婚，改娶奧地利皇帝的女兒。他相信這是一項良好的政策決策。

土倫（Toulon）圍城期間，拿破崙贏得了戰場上的英名，也同時細心鑽研馬基維利的著作。他決定採納這位佛羅倫斯政治家的建議——從不信守任何承諾——因為只有偉大的人物才有特權這麼做。除此之外，拿破崙的字典裡面沒有「感激」兩個字。不過，持平地說，他也不會要求別人這麼做。拿破崙完全不在意看著別人受苦。一七九八年，拿破崙曾經在埃及答應放戰犯一條生路，後來卻處決他們。在敘利亞，拿破崙發現無法以船隻運送傷兵時，立即決定把傷兵留在原地，讓他們自生自滅。為了警告波旁王朝，拿破崙下令讓一個軍事法庭宣判昂吉安公爵死刑，甚至不惜因此抵觸其他所有法律。當日耳曼的軍官為了自己國家的獨立而奮戰，淪為拿破崙的階下囚之後，他居然下令把這些人拖到牆邊槍決。就連奧地利的英雄霍費爾（Andreas Hofer）落在拿破崙手上之後，也只是被當成一個普通叛國賊一樣處決了。

簡單來說，當我們鑽研皇帝拿破崙的人格之後，便會明白為什麼氣急敗壞的英國母親會一邊把小孩趕上床的，一邊說：「你們如果不聽話，那個專門吃小男孩、小女孩的波拿巴就會把你們抓走了！」拿破崙是脾氣古怪的暴君，他非常細心地照顧軍隊，卻忽略了醫療方面的品質，甚至會因為可憐的士兵身上總是有汗臭味，就在自己的制服上灑上香水。說了這麼多令人不愉快的事情，我還打算要說更多，可是我必須承認自己心裡隱隱約約有一股不安。

我坐在一張舒適的桌子前面，上面堆滿了許多書籍，我一邊望著打字機，一邊注意我的貓咪，他非常喜歡複寫紙的味道。我享受著這樣的生活，卻一邊告訴你拿破崙是個非常令人討厭的傢伙。但是，假如我往窗外的第七大道看去，此時街上熙來攘往突然瞬間停頓，傳來一陣沉重的鼓聲，隨後出現一位身材矮小的人，騎著白馬，穿著破舊的綠色軍服，我也怕自己會拋棄書籍、貓咪與房子，不顧一切地衝出去，隨他去追尋目標。我的祖父當年就是如此，而上帝非常清楚，祖父絕對不是英雄的料。好幾百萬人的祖父都曾經追隨過拿破崙，他們沒有得到任何獎勵，但也從不期待得到獎勵。他們滿心歡喜地將肢體與生命獻給這個外邦人。拿破崙帶領他們行軍數千英里，遠離家園，直到俄羅斯、英格蘭、西班牙、義大利、奧地利的營地，然後他會靜靜地看著這些士兵在死神的大門前掙扎。

如果你問我為什麼，很抱歉，我沒有答案。我只能靠自己想像。拿破崙是歷史上最偉大的演員，整個歐洲就是他的舞台，無論什麼時間與地點，拿破崙都非常清楚要用什麼樣的態度才能夠感動觀眾，也明白說什麼話可以在他們心中留下最深刻的印象。無論是在埃及沙漠的人面獅身像前面，或者是在義大利的潮濕平原上對冷到發抖的士兵講話，都沒有任何差別。他無時無刻都能夠掌握情況，就算到了最後，拿破崙已經淪為小島上的流亡者，一身是病，還必須被一名討厭無趣的英國官員管束，拿破崙仍然掌控著一切。

滑鐵盧戰役之後，除了幾位備受信賴的朋友之外，沒人見過偉大的皇帝拿破崙了。歐洲人民知道他住在聖赫倫那島上的農場——他們知道一名英國軍官日夜看管他，英國海軍也在海上巡邏，保持警戒。即便如此，拿破崙從來不曾遠離，他一直都在人們的腦海中，無論是敵人還是朋友。當疾病與絕望終於奪走了拿破崙的生命，他沉靜的雙眼仍然籠罩著這個世界。時至今日，拿破崙仍然是法國生命的一部分，不曾減少過其重要程度，宛如一百多年前，只要人們看見這位皇帝在俄羅斯克里姆林宮前安置坐騎，就會興奮地昏厥過去。甚至，拿破崙對待教宗與其他有權有勢者的態度，就像這些人只是他的奴僕。

想要詳述拿破崙的生平，可能得寫上好幾本書。說明他對法國的偉大政治改革，推行一套新的法典（許多歐洲國家後來都採納這種法典），甚至是拿破崙在各種公共活動領域的行動，都會花上好幾千頁的篇幅。然而，我可以用少數幾段話，描述拿破崙的生涯前半為何這麼順利，又為何會在最後十年如此失敗。從一七八九年到一八〇四年，拿破崙是法國大革命最偉大的領袖。他不只是替自己的名聲而戰，他打敗過奧地利、義大利、英格蘭與俄羅斯，一切都是因為他與手下士兵都是「自由、平等、博愛」信念的支持者。他們是人民的伙伴，也是獨裁王朝的敵人。

但是，一八〇四年的時候，拿破崙讓自己變成法國的世襲皇帝，甚至要求教宗庇護七世前來主持加冕典禮，一切正如西元八〇〇年時，教宗利奧三世替另外一位偉大的法蘭克國王查理大帝加冕的場景。查理大帝一直是拿破崙心中的典範。

登上皇帝大位之後，原本的革命英雄卻開始拙劣地模仿起哈布斯堡王朝的獨裁統治。他忘了自己的精神源頭——雅各賓派政治俱樂部，也不再保護備受欺壓的人。他變成壓迫者的領導者，讓自己的火槍部隊隨時準備好處決任何膽敢反抗帝國意志的人。西元一八〇六年，神聖羅馬帝國可悲的殘留物終於被掃進歷史的垃圾桶裡，屬於羅馬的光榮竟然毀在一個義大利農民的孫子手上，沒有人為此落下一滴淚水。但是，拿破崙的軍隊入侵西班牙，甚至因為馬德里居民仍然效忠舊王朝而決定處決那些可憐百姓時，輿論風氣就開始批評這位帶來無數戰果的戰爭英雄了。直到這個時候，拿破崙終於不再是法國大革命的英雄，而是昔日獨裁政權時期一切惡習的象徵，因此英格蘭才有機會導引群眾心中快速蔓延的憎恨，鼓動所有正直的人一起站出來反對拿破崙。

當英國報紙開始報導關於法國大革命某些「恐怖的細節」時，英國人就對這一切深感厭惡。一個世紀之前——查理一世在位期間——英國人自己也發起過一場革命，跟巴黎這次的暴亂比較起來，英國的革命實在非常平和。在一般英國人眼中，雅各賓黨是應該立即消滅的怪物，而拿破崙則是他們之中的大魔王。英國艦隊從一七九八年就開始嚴密地封鎖了法國的港口，阻撓拿破崙通過埃及進攻印度的計畫，迫使他在尼羅河口取得一些局部的勝利之後，便不得不屈辱地撤軍。一八〇五年，英國終於等到了擊敗拿破崙的契機。

在西班牙西南方接近特拉法加角的地方，英國海軍將領尼爾遜徹底毀滅了拿破崙的艦隊，法國海軍元氣大傷，拿破崙此後只能待在陸地上。即便如此，如果他願意在此時接受列強提出的那份並不算屈辱的和約，拿破崙仍然有機會維持公認的歐陸霸主地位。但他被過去的勝利沖昏了頭，無法容忍任何對手與他平起平坐，於是，拿破崙將怒氣轉向俄羅斯，他相信，在那片神祕的遼闊原野上，還有無數生靈可以成為他砲火下的犧牲者。

假如凱撒琳女皇那個瘋瘋癲癲的兒子——保羅一世——仍然在位，局勢就對拿破崙有利。但是保羅一世的行為愈來愈離譜，憤怒的大臣們為了避免被他流放到西伯利亞的鉛礦去，於是將他刺殺。保羅的兒子繼位成為亞歷山大皇帝，新皇帝並沒有繼承父親對拿破崙這位篡國者的景仰之情，反而將他視為人類公敵、和平的破壞者。亞歷山大信仰虔誠，認為自己就是上帝選擇的那個人，有責任將全世界從邪惡的科西嘉詛咒中解救出來。他加入了普魯士、奧地利、英格蘭組成的聯盟，試圖打敗拿破崙，但是連續五次攻擊都沒有成功。一八一二年，他再次發言辱罵拿破崙，法國皇帝盛怒之下發誓要打到莫斯科去，讓俄羅斯人跪在腳邊求和。拿破崙從西班牙、德國、荷蘭、義大利等地抽調軍隊，士兵們心不甘情不願地向北進軍，只為了替受辱的皇帝討回公道。

接下來的故事大家都很清楚。經過兩個月艱苦的長征，拿破崙終於抵達了莫斯科，但這座俄羅斯首都現在只是空城，拿破崙將司令部設在在神聖的克里姆林宮裡面。一八一二年九月十五日深夜，莫斯科發生大火，燒了四天四夜，拿破崙在第五天晚上決定撤軍。兩個星期之後，開始降下大雪，法軍在冰雪泥濘中艱苦跋涉，直到十一月二十六日才抵達別列齊納河，俄軍則在此時發動全面反擊。哥薩克騎兵團團包圍了士氣潰散的法軍——如果他們還能叫做「軍隊」的話，法軍死傷慘重，直到十二月中旬，走在最前面的倖存者才抵達德國東部的城市。

此時，即將發生暴動起義的消息傳得滿天飛：「該是從難以忍受的法國枷鎖中解放的時候了！」人們開始將躲過法國密探偵查、仔細藏好的滑膛槍找出來，準備作戰。但是，在局勢尚未明朗之前，拿破崙已經帶著一支生力軍出現了，原來他獨自利用快速雪

法軍撤出莫斯科

橇先行返回巴黎，發出最後的徵集令，以保衛神聖的法蘭西領土免於被外國勢力入侵。

一大群年僅十六、十七歲的青少年隨著拿破崙開往東邊的前線迎戰聯軍。一八一三年的十月十六、十八、十九日這三天，身穿藍色軍服和綠色軍服的青少年終日相互殘殺，埃爾斯特河也被鮮血紅了，這就是可怕的萊比錫戰役。早在十七日的下午，大批俄國預備部隊突破了法軍的防線，拿破崙就先逃走了。

他返回巴黎之後，宣布退位，希望由么子繼承，但聯軍堅持由路易十八——路易十六的弟弟——繼承法國王位。在哥薩克騎兵和普魯士槍騎兵的簇擁下，兩眼無神的波旁王子以勝利者的姿態進入巴黎。

拿破崙被流放到厄爾巴（Elba），讓他統治這座小小的地中海島嶼。他將忠貞的馬伕僮僕們編成一小支軍隊，用棋盤演練戰術。

但是，拿破崙一離開法國，法國人就開始緬懷昔日榮光，領悟到自己失去了多麼寶貴的事物。儘管過去二十年裡曾經付出了昂貴的代價，畢竟那還是一段光榮與夢想的時代。當時的巴黎是世界之都，集光輝燦爛於一身；一旦失去了拿破崙，法國和巴黎就成了二流的平庸之地。繼任法國國王的波旁王子體態痴肥，他在流亡期間不知學習、毫無長進，巴黎人很快就厭惡了他的懶惰與庸俗。

當反法同盟的各國代表們正準備要重劃被大革命搞亂的歐洲版圖時，拿破崙卻突然在一八一五年三月一日登陸坎城。法國軍隊在一個星期之內就紛紛拋棄了波旁王室，開往南方去向「小個子」表態效忠。拿破崙在三月二十一日回到巴黎，他這次十分謹慎地發出和平的呼籲，但反法同盟軍堅持要以武力解決，歐洲各國都起來對抗這名「背信棄義的科西嘉人」。拿破崙立刻揮師北上，希望搶在敵人集結完成之前就將他們各個擊破。但是，拿破崙現在已經不像當年那樣精力充沛，他經常生病，時時感到疲倦，在他應該振作精神指揮先鋒部隊發動奇襲時卻睡著了。此外，他也不再擁有大批忠貞的老將領，他們都已經過世了。

拿破崙的軍隊在六月初抵達比利時。六月十六日，他擊敗了布呂歇爾率領的普魯士軍隊，但他手下的一名將軍並未聽從指揮追趕敗軍並將其徹底殲滅。

過了兩天，拿破崙在滑鐵盧遇上了威靈頓公爵率領的軍隊，打到下午兩點左右，法軍看起來已經勝券在握。三點鐘時，東方的地平線上出現了一股煙塵，拿破崙以為那應該是自己的騎兵部隊，在擊敗了英軍之後前來支援。他到了四點鐘才弄清真相，原來是老布呂歇爾痛罵威逼著他疲憊的部隊回到戰場上。這一下完全打亂了拿破崙的陣腳，他已經沒有保留的預備部隊可用了。拿破崙命令部屬盡可能保住性命，自己再一次率先開溜。

拿破崙第二度將法國國王的寶座讓給兒子，在他逃離厄爾巴島剛好一百天的時候，再次來到法國海岸，打算前往美國。一八〇三年時，他僅僅為了一首歌曲，就將可能快要被英國奪取的法國殖民地——聖路易斯安那——賣給了年輕的美利堅合眾國，因此他以為：「美國人會感激我，他們會給我一小片土地和一棟房子，讓我安詳地度過餘生。」但是法國所有的港口都處於強大英國艦隊的監視之下。拿破崙被盟國陸軍和英國海軍夾在中間，進退不得，無計可施。普魯士人打算槍斃他，而英國人似乎會稍微寬宏大度一些。拿破崙在羅什福特焦急地等待局勢變化。滑鐵盧戰役後一個月，拿破崙終於收到了法國新政府的命令，限他在二十四小時之內離開法國。這位永遠的悲劇英雄只好寫信給英國的攝政王（國王喬治三世此時因為精神失常而被關在瘋人院），說他將會：「像地米斯托克利一樣將自己完全交付給敵人處置，希望在敵人寬宏大量的壁爐旁找到一塊溫暖的角落安身……。」

六月十五日，拿破崙登上英國戰艦貝勒羅豐號，將自己的佩劍交給霍瑟姆海軍上將。他在普利茅斯港被轉送到諾森伯蘭號，航向他最終的流放地——聖赫倫那島，在那裡度過了生命中的最後七年。拿破崙嘗試自己撰寫回憶錄，和看守人員爭吵，經常沉湎於昔日回憶之中。奇怪的是他回到了最初出發的地方——至少是在想像中。他想起自己為革命事業艱苦戰鬥的時期，試圖說服自己相信自己一直都是「自由、平等、博愛」這些偉大原則的忠誠朋友，還透過那些衣衫襤褸的國民議會士兵，將這些原則傳遍全世界。他只喜歡談論自己擔任總司令和首席執政時的日子，很少提

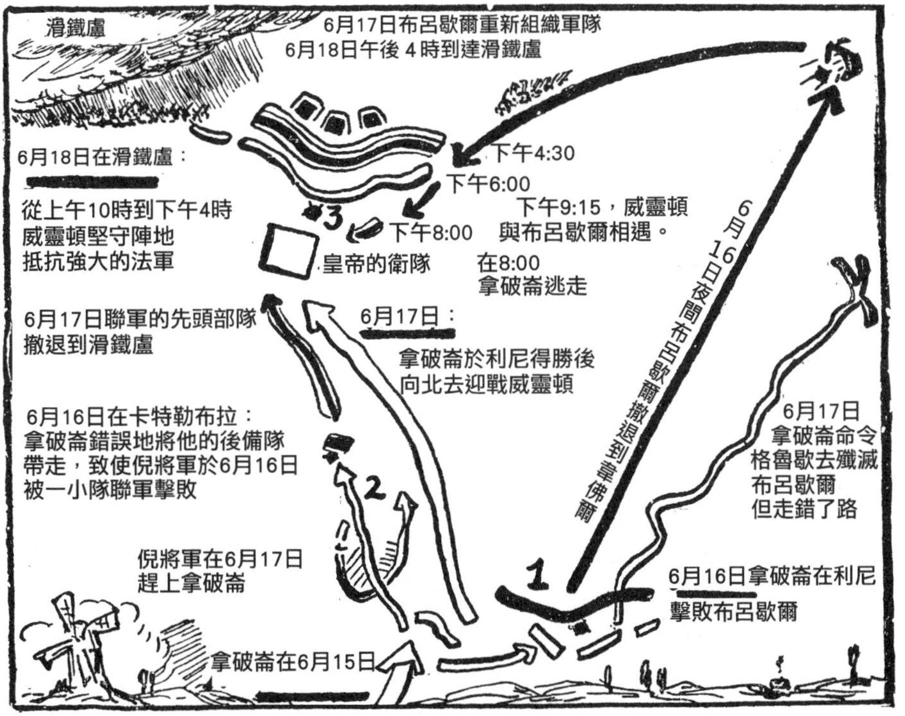

滑鐵盧
6月17日布呂歇爾重新組織軍隊
6月18日午後 4 時到達滑鐵盧
6月18日在滑鐵盧：
從上午10時到下午4時
威靈頓堅守陣地
抵抗強大的法軍
下午4:30
下午6:00
下午8:00
下午9:15，威靈頓
與布呂歇爾相遇。
3
皇帝的衛隊
在8:00
拿破崙逃走
6月16日夜間布呂歇爾撤退到韋佛爾
6月17日聯軍的先頭部隊
撤退到滑鐵盧
6月17日：
拿破崙於利尼得勝後
向北去迎戰威靈頓
6月16日在卡特勒布拉：
拿破崙錯誤地將他的後備隊
帶走，致使倪將軍於6月16日
被一小隊聯軍擊敗
2
6月17日
拿破崙命令
格魯歇去殲滅
布呂歇爾
但走錯了路
倪將軍在6月17日
趕上拿破崙
1
6月16日拿破崙在利尼
擊敗布呂歇爾
拿破崙在6月15日

滑鐵盧之役

航向特拉法加角

起帝國時代。他偶爾會想起他的兒子賴希施坦特公爵——他熱愛的小鷹。小鷹現在住在維也納，他的哈布斯堡王室表兄弟們將他視為窮親戚來勉強接待，而這些表兄弟們的父執輩，當年只要一聽到拿破崙的名字就會嚇得渾身發抖。拿破崙臨終之際，他在幻想中帶領著軍隊走向勝利，發出這一生最後一道命令，要米歇爾．倪將軍帶領衛隊出擊，然後永遠停止了呼吸。

如果你想要理解拿破崙奇特的一生，如果你真的想弄清楚為什麼一個人能夠靠著無比堅定的意志去統治這麼多人這麼久，請你務必不要去讀他的傳記。這些書的作者們若不是厭惡他，就是盲目的仰慕者。這些書籍也許可以讓你知道不少史實，可是，有時候「感覺歷史」比「知道歷史」更重要。在你有機會聽過《兩個擲彈兵》這首歌之前，絕對不要去讀那些各式各樣的拿破崙傳記，這首歌的歌詞是由拿破崙時代的偉大德國詩人海涅創作的，著名的音樂家舒曼為它譜曲。當拿破崙前往維也納拜見他的奧地利人岳父時，舒曼曾站在很近的地方親眼看見這位德國的敵人。這樣你就明白了，這首歌是由兩位有充分理由憎恨這個大魔頭的藝術家創作的。

去聽這首歌吧，然後你也許能夠領悟到一千本歷史書籍都無法告訴你的東西。

拿破崙在流放途中

第五十四章

神聖同盟

當拿破崙最終被流放到聖赫倫那島之後，那些屢屢敗在這個「可惡的科西嘉人」手下的歐洲統治者們聚集在維也納，試圖清除法國大革命帶來的許多變革。

歐洲各國的皇帝、國王、公爵、首相、特命大臣、一般官員和主教，還有他們帶來的一大群祕書、僕役和聽差，他們的工作日程曾因可怕的科西嘉人突然重返而驟然中斷，而今他只能在聖赫倫那島的陽光下整天打瞌睡了。他們現在紛紛返回工作崗位，舉行各種晚間餐會、花園酒會和舞會以慶祝勝利。時髦人士在舞會上跳起了令人驚訝的新式華爾滋，使那些懷念小步舞時代的紳士貴婦們心生不滿。

他們倉惶地退出舞台整整有一代人的時間，危機解除之後，他們談起革命期間受到的痛苦與折磨，都有滿腹苦水和委屈想要一吐為快。他們希望取回可惡的雅各賓黨人害他們損失的每一毛錢，這些卑賤的野蠻革命黨人竟敢處死「君權神授」的國王，還主張丟掉假髮，用巴黎窮人才穿的破爛長褲取代凡爾賽宮廷優雅的裙褲。

你們一定會覺得可笑，我竟然提起這些瑣細無聊的小事，但是著名的維也納會議就是由一連串荒謬可笑的議程構成的。與會代表們熱心地耗費幾個月之久去討論裙褲與長褲的問題，至於薩克遜的未來或是西班牙問題的最終解決方案，相較之下反而成了無關緊要的枝微末節。普魯士國王陛下的行為最誇張，他特地訂製了一條新的裙褲，向眾人顯示他對革命的極端輕蔑。

在表現對革命的仇恨方面，另一位德國君主也不甘落後。他鄭重地頒布了一條敕令：所有子民，凡是在法蘭西篡國者統治期間向他繳納過的稅款，都必須重新繳納給合法的統治者。因為當他們處於科西嘉惡魔的魔掌之下時，他們遠在天邊的國王仍然默默地關愛這些子民。維也納會議上的荒謬劇就這樣一幕接著一幕上演，直到有人憤怒到難以呼吸，大聲疾呼：「看在上帝的份上，老百姓為什麼不抗議、不反抗呢？」為什麼不反抗？因為老百姓已經被戰爭和革命弄得精疲力竭，失去了所有希望，只要能恢復和平就是萬幸，根本不在乎接下來會發生什麼事或者由誰在何處及如何統治他們。老百姓已經被戰爭、革命、改革這些字眼耗盡所有心力，只感到疲憊和厭倦。

十八世紀的八十年代，人們曾經圍著自由之樹歡呼跳舞。當時歐洲各地的王公們熱情地擁抱他們的廚子，公爵夫人牽著僕役的手跳起象徵革命的輕快舞步。他們真的相信自由、平等、博愛的新時代已經來到這充滿邪惡的世界，所有事情都會重新開始。不過，革命委員也隨著新時代一起來到他們家裡，還帶著十幾個衣衫襤褸、饑腸轆轆的士兵。他們占據了客廳沙發，坐在主人的餐桌前大吃大喝。拜訪結束之後，革命委員要返回巴黎向政府報告：「被解放的國家」裡的人民對於法國人送給友好鄰居的自由憲法滿懷感激，但是臨走前順手偷走了印著主人家徽的祖傳銀製餐具。

這時候，他們聽說有個叫做「波拿巴」或「布拿巴」的年輕軍官挺身面對暴民，開槍鎮壓了巴黎最後一波革命騷動，於是他們鬆了一口氣。為了換取安寧，犧牲一點自由、平等和博愛是可以接受的。但是，沒過多久，這個叫做「波拿巴」或「布拿巴」的年輕軍官當上法蘭西共和國三位執政官之一，接著變成唯一的執政者，最後成了法蘭西皇帝。由於他比過去的任何統治者更強大、更有執行力，無可避免地就對他卑微的臣民們更有壓迫性。他強征百姓的兒子入伍、將他們美麗的女兒嫁給手下的將軍、把他們的圖畫、古董占為己有、將歐洲變成一個大兵營，害整整一個世代的年輕人丟了性命。

而今，他終於被放逐到大西洋裡的孤島聖赫倫那島，除了少數軍人之外，人們只剩下一個願望：讓他們安安靜靜地過日子。他們曾經實行過自治體制，選舉自己的市長、議員和法官，但這個實驗卻嚴重地失敗了。因為新的統治者缺乏執政經驗，言行荒誕，老百姓的舊創尚未痊癒又添了許多新傷。人們完全絕望了，於是轉而指望舊制度的代表人物，說：「請你們像過去一樣統治我們吧。儘管說我們欠你多少錢，我們全部都給，只要別再來干擾我們，我們正忙著修復自由時期所受的創傷。」

主宰維也納會議的大人物們當然會盡可能地滿足老百姓祈求平靜生活的渴望，會議的主要成果就是締結了「神聖同盟」（Holly Alliance），讓警察部門成為最有權勢的國家機構，任何人膽敢對國家政策提出任何批評，都會遭到最嚴厲的懲罰。

歐洲終於等到了和平，然而是籠罩在死亡陰影下的和平。

維也納會議裡最有分量的三位代表是俄國沙皇亞歷山大、奧地利哈布斯堡家族的首相梅特涅（Metternich），以及前奧頓地方的主教塔萊朗（Talleyrand）。塔萊朗完全憑著自己的精明狡黠，奇跡

威脅著神聖同盟的幽靈

般地在法國政局動盪之中生存了下來，而今成了法國代表來到維也納會議上，試圖盡可能地拯救被拿破崙折磨得遍體鱗傷的法國。他就像打油詩裡描寫的快樂青年一般，完全不在意他人的輕蔑眼神，這位不速之客來到宴會上開心地吃喝說笑，彷彿他真是受邀的貴賓。這種策略確實有效，沒多久就被請上主位，講述精采動聽的故事讓來賓樂不可支，他迷人的風度贏得了眾人的好感。

塔萊朗抵達維也納的前一天，已經知道反法同盟已分裂成兩個敵對陣營，一邊是企圖吞併波蘭的俄羅斯和想要占領薩克遜的普魯士，另一方是反對兼併的奧地利與英國，不管是讓普魯士或者俄國獲得主宰歐洲的霸主地位，都會損害奧地利和英國的利益。靠著高明的兩面手法，塔來朗在兩陣營之間穿梭遊走，由於他的努力，法國人民得以避免像其他歐洲人一樣，在復辟王室手下再受十年壓迫。他在會議上為法國人爭辯、請求，在拿破崙的壓迫之下，法國人民的所作所為其實沒有選擇的餘地，既然篡位者已經不可能再回來，現在王座上坐的是路易十八，塔萊朗說：「那就給他一次機會吧！」神聖同盟各國都樂於看到一位「合法君主」坐上革命國家的王位，於是慷慨的讓步了。波旁王朝得到重來一次的機會，卻作得太過分，十五年後再度被趕下來。

維也納三巨頭中的另一位是奧地利首相梅特涅，全名是克萊門斯．文策爾．馮．梅特涅（Klemens Wenzel von Metternich），此人掌控了哈布斯堡的外交政策。他擁有龐大的莊園地產，外表十分體面，才幹非凡；不過，他是封閉的貴族世界裡的人物，與城市或農村裡必須辛勤工作的平民百姓有莫大的距離。梅特涅年輕時在史特拉斯堡大學求學，當時法國大革命剛爆發，而史特拉斯堡就是《馬賽曲》的誕生地，也是雅各賓黨人的活動中心。梅特涅只記得青年時代愉快的社交生活因此被粗暴地打斷了，許多能力欠佳的市民突然被派去擔當他們無法勝任的職務，為了犧牲許多無辜生命之後出現的自由曙光，暴民徹夜狂歡。梅特涅並沒有感受到人民真心歡迎這一切，他也沒看到婦女和小孩滿懷期盼地將食物塞給衣衫襤褸的國民自衛軍，歡送他們離開城市到前線去為法蘭西祖國的光榮奉獻生命。

梅特涅認為大革命野蠻而不文明，只留給他厭惡的記憶。真正的戰鬥應該是由穿著漂亮制服的年輕人騎著配備精緻轡鞍的雄偉戰馬衝鋒上前，用體面的方式廝殺。如果把整個國家變成臭氣沖天的軍營，讓流浪漢一下子就晉升為將軍，是愚蠢而邪惡的事情。梅特涅經常出席奧地利王公貴族們輪流舉辦的無數晚宴，他會對遇到的法國外交官說：「看看你們那些美妙的思想究竟帶來了什麼？你們喊著要自由、要平等、要博愛，最後得到的是拿破崙。如果你們滿足於現況，不胡思亂想，結局就會比現在好得多了！」接著梅特涅會開始講他那套推崇「穩定至上」的政治理念，他極力主張應該恢復大革命之前那套正常的舊制度，那時的人都安居樂業，也沒有人傳播什麼「天賦人權」或是「人生而平等」的道理。梅特涅是真心這麼想的，而且他擁有說服別人的卓越才能，因此，他成了所有革命思想最大的敵人。梅特涅活到一八五九年，在這之前，他親眼目睹了一八四八年革命將自己全力維持的局面徹底摧毀，發現自己突然變成了全歐洲最可恨的傢伙，好幾次差點被憤怒的民眾用私刑處決。不過，他直到臨死之前他依然認為自己做的事情都是正確的。

梅特涅相信，跟危險的自由比較起來，人民寧可選擇和平，而他則竭盡所能地將自己認為最合乎民眾利益的東西賜予他們。平心而論，梅特涅竭力構建的和平相當成功，歐洲各國之間長達四十年沒有嚴重衝突，直到一八五四年，俄、英、法、義、土等國才為了克里米亞問題而引發一場大戰。歐洲從來沒有過這麼長的和平時期。

維也那會議上的第三位重要角色是亞歷山大皇帝。他是在著名的凱撒琳女皇（他的祖母）宮廷中長大的，這位精明的女皇教他要以俄羅斯的榮耀為生命中最重要的事情。他還有一位來自瑞士的私人教師，這位教師非常崇拜伏爾泰和盧梭，並向他幼小的心靈拚命灌輸熱愛人類的思想。因此，亞歷山大養成了奇特的雙重性格，融合了暴君和革命者的氣質，經常陷於自我衝突的痛苦之中。在他瘋癲的父親——保羅一世——在位期間，亞歷山大被迫親眼目睹拿破崙的軍隊在戰場上無情地屠殺俄軍，那是極度屈辱的經驗。後來他為盟國贏得了勝利，也讓俄羅斯從偏遠荒涼的國家轉變成歐洲的救世主，俄羅斯成了偉大的民族，沙皇也被奉若神明，好像他可以治好歐洲所有的創傷。

亞歷山大並不像塔萊朗和梅特涅

維也納會議的真相

那樣聰明又了解人性，也不熟悉外交這種細緻的遊戲。亞歷山大愛慕虛榮，喜歡接受群眾的歡呼，他成了維也納會議上引人注目的焦點，此時梅特涅、塔萊朗和精明幹練的英國代表卡斯雷爾則低調地坐在一旁，愉快地一邊喝酒一邊做出決策。梅特涅等人知道必須取得俄羅斯的合作，因此對亞歷山大十分恭敬，不過他們更樂於不讓亞歷山大參與具體的工作，於是對亞歷山大提出的「神聖同盟」計畫大表贊同，讓他全心投入於此，梅特涅等人就可以處理眼前真正重要的問題。

亞歷山大熱中於社交活動，經常出席各種晚宴，結交許多不同的人物，這些場合讓他十分愉快。不過，他的性格中還有另一個陰暗面，極力想忘掉某些難以抹滅的記憶。一八〇一年三月二十三日晚上，他坐在聖彼得堡米哈伊洛夫宮的一個房間裡，焦急地等待著父親退位的消息。官員在他的同意之下發動叛變，用絲巾活生生的將保羅一世勒死，然後告訴亞歷山大，他已經成了俄羅斯所有領土的皇帝。

這個恐怖夜晚的記憶一直糾纏著生性敏感的亞歷山大。他曾經受過法國偉大哲學家的思想薰陶，這些哲學家相信的是人的理性而非上帝，不過，光憑理性無法走出這樣的心靈困境。亞歷山大開始出現精神疾病，感覺到身邊飄著各式各樣的景象和聲音。他對神祕主義產生了極大的興趣，相信那是尋求心靈平靜的最佳途徑。神祕主義崇拜的是未知的神祕世界，其淵源與底比斯、巴比倫的神廟一樣久遠。

大革命期間過於澎湃的激情也對人們產生一種奇特而深刻的影響，人們在恐懼不安的折磨下度過二十年，都變得有些過度敏感，只要門鈴一響，就會嚇得跳起來，因為這可能意味著他們唯一的兒子「光榮捐軀」了。對飽受煎熬的農民而言，大革命期間宣揚的「兄弟之愛」或「自由」等等觀念，只是空洞的口號。他們只想早日擺脫苦難，鼓起勇氣重新面對生活。這時候，有一群人冒充先知，宣揚他們從《啟示錄》某些難以理解的章節裡斷章取義出來的新奇教義，陷於痛苦不安中的人們，很容易就受騙上當。

一八一四年，經常占卜問事的亞歷山大聽到了關於一個剛出現不久的女先知的傳聞，她預言世界末日即將到來，催促人們及早悔悟。這個女先知就是馮．克呂德納男爵夫人，丈夫是保羅一世的外交官。我們無法確知她的年齡以及真實事蹟，只知道有許多傳聞說她把丈夫的財產揮霍一空，還經常傳出誹聞，使丈夫顏面盡失。她的生活方式過於放蕩，因此曾有一段時間精神失常。後來，因為一位朋友突然死亡，她從此拋棄了享樂的生活，皈依宗教。男爵夫人向一名鞋匠懺悔自己過去所犯的罪行，他是摩拉維亞兄弟會成員，也是昔日宗教改革家胡斯的虔誠信徒，胡斯在一四一五年被宗教會議處以火刑。

克呂德納夫人往後十年都待在德國，致力於勸說王公貴族們皈依宗教，她生平最大的志願就是感化亞歷山大皇帝——歐洲的救主，使他意識到曾經犯下的過錯。對於一直處在不安之中的亞歷山大而言，任何人只要能夠讓他感到一絲寬慰，都願意聽聽他們的說法。一八一五年六月四日傍晚，男爵夫人來到沙皇的行營，她第一眼就看見這位偉人正在讀隨身攜帶的《聖經》。我們不知道他們在這三小時裡面究竟談了些什麼，只知道當她離開時，亞歷山大滿面淚痕地說「他的靈魂終於得到了安寧」。從此之後男爵夫人就成了沙皇的忠誠夥伴及心靈導師，跟著他前往巴黎，然後到維也納。當亞歷山大不需要出席舞會的時候，就和克呂德納夫人一起祈禱。

你也許會問我，為什麼要在此詳細地敘述這個奇怪的故事？難道一個精神不穩定的女人的生平會比十九世紀的種種社會變化更重要嗎？忽略這個女人不會比較好嗎？你的想法當然是對的，不過這個世界上已經有夠多的歷史書能夠詳細地告訴你那些重大歷史事件，而我期望的是，除了一連串的史實之外，你們能夠從歷史中了解更多一些東西，期望你們用一顆不帶偏見的心去親近、觸摸歷史，不只是滿足於「何時何地發生了什麼」的簡單敘事，而是去尋找每個行為底下隱藏的動機。如此一來，你就會更透徹地了解這個世界，更有能力去幫助別人，畢竟這才是唯一能讓人真正滿意的人生。

「神聖同盟」絕對不只是目前保存在國家檔案館中、簽署於一八一五年、早就被拋棄遺忘的一份文件。它也許已被遺忘，可是它對我們今日的生活依然有所影響。神聖同盟直接導致了門羅主義的產生，而門羅主義對美國人而言，在政治上有極為重要的關聯。所以，我希望你們確實了解這份文件如何誕生，以及藏在這份字面上全是基督教、責任、忠誠、奉獻等等的宣言背後的真實動機。

一個是遭受過嚴重精神打擊，極力尋求心靈安寧的不幸男子，另一個是虛度了前半生，名聲不佳、年華老去，企圖以一種新奇教義的先知身分出現，藉此滿足虛榮與欲望的女人，神聖同盟就是這兩個不幸男女古怪結合的產物。這些細節並不是什麼我今天才發現的重大祕密，卡斯雷爾、梅特涅、塔萊朗這些頭腦清楚的人當然知道這位男爵夫人並不是什麼厲害角色，梅特涅只要寫一張便條給神通廣大的皇家警察司令，就可以很容易地迫使她離開維也納回去德國。

可是法國、英國和奧地利必須與俄羅斯保持親善，他們不能讓亞歷山大生氣，因此不得不自我克制，暫時容忍這個愚蠢可笑的老女人。最後，沙皇向他們朗誦以聖經為基礎寫成的神聖同盟宣言草稿，開頭就是「世人皆兄弟」——這就是神聖同盟希望達到的目的——簽字國必須聲明「在管理各自國家的事務，及處理與別國政府的外交關係時，應以神聖宗教的誡條，即基督的公正、仁慈、和平為唯一指導。這不僅適用於個人，且應對各國的議會產生直接的影響，並作為加強人類制度，改進人類缺陷的唯一途徑，體現在政府行動的各個步驟中。」然後還要進一步承諾：「本著一種真正牢不可破的兄弟關係，彼此以同胞相待，在任何情況、任何地點相互施以援手。」等等等等，雖然大家都認為內容過於荒唐，甚至不值得為它浪費紙張，但他們只能耐心地聆聽。

雖然完全無法理解其內容，奧地利皇帝還是在《神聖同盟宣言》上簽署了自己的大名。法國波旁王室也簽了字，它此時非常需要與拿破崙為敵者的友誼。普魯士國王也簽字了，因為他迫切希望亞歷山大支持他的「大普魯士」計畫。受俄國擺布的其他歐洲小國當然也都簽了字。只有英國拒絕簽字，因為卡斯雷爾認為該條約只是一些廢話。教皇也沒有簽字，對於一個希臘東正教徒和一個新教徒插手過問他的事務，教皇只感到憤恨。土耳其蘇丹當然沒簽，因為他完全不知道盟約上說的是什麼。

歐洲的老百姓不久後就不得不注意道這份條約。在神聖同盟一大堆空洞詞句背後，隱藏著梅特涅以歐洲列強組織起來的五國同盟軍隊。這些軍隊可不是一紙空文，他們的存在無疑是要警告世人，歐洲的和平不容許所謂的自由黨人破壞。這些自由黨人只是喬裝打扮過的雅各賓黨，唯一的目的就是大革命捲土重來。歐洲人對一八一二年至一八一五年的偉大解放戰爭的熱情逐漸冷卻了，取而代之的是對幸福生活的真誠企盼。在戰爭中首當其衝的士兵也希望和平，成了和平的宣揚者。

但是人們並不想要神聖同盟和列強會議賜予他們的那種和平，人們驚覺自己被欺騙、被出賣了。可是他們十分小心，以免自己的話傳到祕密警察耳裡。列強成功地對革命作出了反擊，發起反擊的人，真心相信自己的所作所為對人類有益，可是，這就像他們惡劣的動機一樣使人難以忍受，不僅製造了大量不必要的痛苦，而且大大延遲了政治改革的正常進程。

第五十五章

強大的反動勢力

他們以壓制新思想來維持一個不被打擾的和平世界，他們使祕密警察成為最有權勢的國家機構，不久，所有國家的監獄都人滿為患。那些宣稱老百姓有權按自己心意進行自治的人們受到迫害。

要完全修復拿破崙造成的破壞是不可能的任務。革命洪水沖破古老的防線，矗立數十代的皇宮殘破到無法再使用。劫後倖存的王國拼命擴張地盤，不惜讓鄰居蒙受傷害，好彌補革命中受到的損失。革命的洪水退去之後，各種革命理想的殘留物仍然存在，如果強行清除，可能引發種種社會危機。但是，維也納會議的政治工程師們還是盡了他們的力量，取得了一些成就。

法國這些年來一直對歐洲的和平造成威脅，人們對這個國家不免懷有恐懼之心。即使塔萊朗保證波旁王室會讓國家重回正軌，但拿破崙發起的「百日政變」卻讓歐洲各國有所警惕，一但他再度脫逃將會帶來多麼嚴重的後果。於是他們採取了預防措施：荷蘭共和國被改為王國，比利時成了這個新王國的一部分（由於比利時沒有參加十六世紀的荷蘭獨立戰爭，因此還是哈布斯堡王朝的領地之一，先是由西班牙統治，後來又歸奧地利管轄）。新王國北方的新教徒和南方的天主教徒都不喜歡這種結合，但沒有人出面反對，主要是這種安排似乎有利於和平，只好勉強接受。

波蘭的亞當·查多伊斯基王子是俄國沙皇亞歷山大的好友，而且在整個反法戰爭和維也納會議期間一直擔任沙皇的顧問，因此對歐洲的將來滿懷期望。但是，會議將波蘭劃為屬於俄國的半獨立國家，沙皇亞歷山大兼任波蘭國王。此事讓波蘭人非常憤慨，後來引發了三次革命。

丹麥一直是拿破崙最忠誠的盟友，因此受到極為嚴厲的懲罰。七年前，一支英國艦隊來到卡特加特海峽，沒有宣戰也沒有警告就開砲攻擊哥本哈根城，並且搶走所有船艦以免它們為拿破崙所用。維也納會議也懲罰了丹麥，強迫丹麥將挪威割讓給瑞典（兩者從一三九七年起就合併在一起），當作瑞典國王查理十四背棄拿破崙的獎勵——雖然當年還是拿破崙幫他登上王位的。查理十四原本是拿破崙手下的法國將領，本名貝納道特，他以拿破崙副手的身分來到瑞典，當霍倫斯坦·戈多普王朝的末代統治者去世，身後未留下子嗣，好客的瑞典人就請貝納道特登上王位。儘管他從來都沒學會瑞典語，但貝納道特相當有才幹，在一八一五年至一八四四年期間將這個接納他的國家管理得相當好，贏得瑞典和挪威人民的尊敬。但是，即使是他也無法成功調合這兩個體質不同的斯堪的納維亞國家，這次合併終究還是失敗了。一九〇五年，挪威以和平的方式獨立建國，瑞典也明智地讓它走自己的路，並且祝福挪威一帆風順。

自從文藝復興以來，義大利半島一直飽受入侵者的蹂躪，因此義大利人原本對拿破崙懷有深深的期待，但是拿破崙稱帝之後卻讓他們大失所望。義大利不僅沒有如人民所願的成為統一國家，反而被割裂為一群規模都很小的公國、侯國、共和國，另外還有一個教皇國。教皇國在這當中治理得最糟糕

——那不勒斯除外，人民過著極度悲慘的生活。維也納會議的安排是將幾個小共和國的共和體制廢除掉，恢復舊時代的公國體制，然後由幾個哈布斯堡家族成員占有它們。

至於可憐的西班牙人，他們為了效忠國王而對抗拿破崙的革命軍，犧牲了許多寶貴的生命。但是，維也納會議卻做出西班牙人最不願見到的處置——允許西班牙國王回國重新執政。斐迪南七世是邪惡的暴君，最近的四年是在拿破崙的監獄中度過的，在這段日子裡，斐迪南七世打發時間的方法就是幫自己最喜愛的守護聖像織衣服，回國之後馬上就恢復了革命期間被廢除掉的殘酷宗教法庭和刑求室。他是個不受人民歡迎的傢伙，連他的四個妻子也同樣瞧不起他，但是維也納會議堅持斐迪南七世才是合法的國王。西班牙人民基於正義想除去邪惡暴君，以及建立君主立憲制度的所有努力，最後卻以屠殺和鎮壓收場。

葡萄牙王室成員在一八〇七年逃到巴西殖民地，此後便一直處於沒有國王的狀態，英國的威靈頓公爵在反拿破崙戰爭期間一直利用此地做為後勤基地。戰爭結束之後幾年內，英國繼續控制著葡萄牙，直到葡萄牙王室返國為止。有一位王室成員一直留在巴西，成為巴西帝國皇帝，這是美洲大陸上唯一的帝國，直到一八八九年才改制為共和國。

維也納會議並沒有採取任何措施來改善東歐的斯拉夫人和希臘人的悲慘處境，他們依然是土耳其蘇丹的子民。在斯拉夫人方面，一八〇四年時，有一位外號叫作「黑喬治」的塞爾維亞養豬人（卡拉喬戈維奇王朝的奠基人）起義反抗土耳其統治，先是被土耳其軍隊擊敗，接著被他以為是朋友的人殺害，塞爾維亞反抗運動的領導權便落在這個人手上，他叫作米洛歇・奧布倫諾維奇，後來成為奧布倫諾維奇王朝的開創者。總之，此時的巴爾幹半島，仍然是土耳其人的天下。

希臘人早在兩千年前就失去了獨立地位，先後遭受馬其頓人、羅馬人、威尼斯人、土耳其人的統治。現在，他們將希望寄託在兩個人身上，也許他們能為希臘爭取到什麼。一個是出身科孚島的卡波德·伊斯特里亞，他也是沙皇亞歷山大最好的朋友之一。可惜維也納會議只顧著照顧「合法君王」的權益，根本不理會希臘人的要求。無論這些君王信奉的是基督教、伊斯蘭教或者其它宗教，都保住了各自的王位，而希臘人什麼也沒拿到。

維也納會議犯下的最後一個，可能也是最嚴重的錯誤，就是如何處理日耳曼地區的問題。宗教改革和三十年戰爭已經完全摧毀了這個地方的繁榮與財富，而且將它變成了毫無未來可言的一盤散沙。這片土地在《西發利亞和約》後被割裂成兩三個王國、四五個公國，還有許多公爵領地和幾百個侯爵、男爵、選帝侯領地、自由市和自由村，他們的統治者五花八門，什麼樣奇怪的人都有。雖然腓特烈大帝建立強大的普魯士王國時曾短暫解決這個問題，但他死後沒多久又恢復舊觀。

這三百多個日耳曼政治單元都想要獲得獨立地位，但拿破崙在一八〇六年時，將他們改組成五十二個政治單元構成的「萊茵邦聯」。在日耳曼民族追求獨立的偉大奮鬥過程中，有許多年輕軍人都夢想著建立一個統一而強大的「新祖國」，但是，沒有強而有力的領導人，就不可能有統一。誰能擔當這個領導人的角色呢？

維也納會議的時候，德語地區一共有五個王國，其中兩個是奧地利與普魯士，其君王的權力基礎是「君權神授」；另外三個國家是巴伐利亞、薩克遜和維騰堡，他們的君王卻是拿破崙恩賜的，因此都曾經是拿破崙的忠誠擁護者，看在其他日耳曼人眼裡，這三位國王的「愛國心」當然非常可疑。

維也納會議決定將這個地區變成一個由三十八個主權國家組成的「日爾曼邦聯」，奧地利國王現在成了奧地利皇帝陛下，由他領導這個邦聯。但是，這種權宜性的解決方案無法讓任何人滿意。確實，他們在古老的加冕典禮城市——法蘭克福——召開了一次日耳曼民族大會，目的是討論「共同政策及重大事務」，可是各國與會者代表了三十八種不同的利益考量，而做出任何決定都需要全票通過（波蘭王國在十八世紀時就被這種開會方式害慘了），很快就使得這次著名的日爾曼大會淪為全歐洲的笑柄，日耳曼邦聯的政治發展也變得愈來愈像二十世紀中葉的拉丁美洲一樣混亂。

對於願意為民族統一理想而付出一切的日耳曼人來說，日耳曼邦聯這種安排無非是重大的侮辱，可是維也納會議從來都不在意「子民」的個人情感，日耳曼處置問題就此成為定局。

你也許會問：難道都沒有人反對維也納會議這些決定嗎？當然有。一旦對拿破崙的憤恨情緒平息下來，對反拿破崙戰爭的熱情開始消退，當人們開始真正意識到假借「和平與穩定」之名所行的種種罪惡，他們便開始埋怨了，甚至威脅要起義推翻維也納會議的決定。可是，他們只不過是無權無勢的平民，能推翻什麼呢。更何況，他們即將遭遇這世上前所未有最無情而且最有效率的警察體系，所有事情都在嚴格的監控之下。

維也納會議的開會代表們真的認為「釀成法國大革命的思想，就是導致前拿破崙犯下篡位罪行的根源」。他們覺得有神聖的義務要將所謂「法國思想」及其追隨者們消滅乾淨。這就像西班牙國王菲力浦二世「在良心的召喚下」在宗教戰爭裡無情地殘殺新教徒和摩爾人。十六世紀初的時候，教皇擁有隨心所欲統治子民的神聖權利，任何人如果不承認這種權利，都會被視為「異端」，所有忠誠的公民都有義務與責任殺掉他。到了十九世紀初的歐洲大陸，那些不相信國王有權按自己及首相認為合適的方式統治子民的人也成了「異端」，所有忠誠的公民都有以務和責任去最近的警察局提出檢舉，讓他受到應有的懲罰。

而且，一八一五年的歐洲統治者們已經向拿破崙學到了「有效率的統治」，因此他們「肅清異端」的效率比一五一七年時好得多。一八一五年至一八六〇年之間的歐洲，是屬於政治間諜的「偉大」時代。上至君王所住的宮殿，下至社會最底層的酒館，間諜無所不在。他們透過鑰匙孔窺視內閣會議，偷聽公園裡散步者的閒談，監控海關和邊境，防止任何沒有持合法護照的不法分子過境。所有包裹和行李都要嚴格檢查，防止任何一本可能帶有「法蘭西思想毒素」的書籍進入陛下的領土。他們和大學生一起坐在演講廳裡，要是有教授敢提出質疑政府的言論，馬上就要大禍臨頭。他們悄悄跟在兒童身後，盯著他們上教堂，免得他們逃學。

這些監控任務有許多是由神職人員協助執行的。教會在大革命期間損失非常慘重，財產被沒收充公，有些教士被殺。當公共安全委員會於一七九三年十月廢除作禮拜時，受到伏爾泰、盧梭和其他法國思想家無神論薰陶的那代年輕人，竟然圍著「理性的祭壇」邊快樂地跳起舞來。教士曾經和其他「逃亡者」一起經歷過漫長的流亡生涯，現在他們隨著反法大同盟的軍隊回來了，懷著報復的心態開始工作。

耶穌會也在一八一四年回來了，繼續「為上帝」教育年輕人的工作。耶穌會曾經在全世界的許多角落建立「大主教區」，向當地人傳播天主教的福音。不過，他們很快就發展成了真正的貿易公司，而且不斷干涉當地政府的施政。葡萄牙在龐博爾侯爵——一位偉大的改革家——擔任首相期間一度將耶穌會逐出領土。直到一七七三年，教皇克萊門特十四世才應其他主要天主教國家的要求取消了這項禁令。現在耶穌會又回來了，他們對著商人的兒女講解「順從」和「熱愛合法君主」的道理，這些小孩的父母可能曾經出錢租下臨時的路邊的店鋪，以便在押解瑪莉・安東尼前往斷頭台的隊伍經過時在一旁嘲笑她。

像普魯士這樣的新教國家，情形也好不到哪裡去。一八一二年掀起愛國運動的偉大領袖們，以及鼓吹對篡位者發起神聖戰爭的詩人和作家們，如今被貼上了「煽動家」的標籤，成了威脅現存秩序的危險分子。他們的房子被搜查，信件被檢查，必須定期到警察局去報告自己最近的所作所為。普魯士教官把滿腔怒火發洩在年輕一代的身上，施以最嚴厲的管教；當一群青年學生以吵鬧卻無害的方式在古老的瓦特堡慶祝宗教改革三百週年時，普魯士官員竟然將其視為革命的前兆。當一名忠誠有餘、智慧不足的神學院學生鹵莽地殺死了一個被派到德國執行任務的俄國間諜時，普魯士各大學立即受到警察嚴密監管，許多教授們也因此入獄或解聘，無須正規的審判流程。

俄國的反革命措施做得更過火更荒謬。亞歷山大已經從他的虔誠狂熱中解脫出來了，卻患上了慢性憂鬱症。他終於明白了自己能力有限，以至於在維也納會議上淪為梅特涅和克呂德納男爵夫人的犧牲品。他離西方愈來愈遠，變成一個徹徹底底的俄羅斯統治者，只對與君士坦丁堡——啟蒙俄羅斯的聖城——有關的事物有興趣。亞歷山大年紀愈大工作愈努力，但是取得的成就也愈少。當他端坐在自己辦公室裡的時候，他的大臣們正努力將整個俄羅斯變成一個大兵營。

以上所述，絕非一副美好的畫面。也許我不該對這個大反動時期描述得這麼多，但是，如果能讓你們徹底了解這個時期，那也相當不錯。要知道，這種阻礙歷史進步、違反歷史潮流的嘗試，已經不是第一次了，結果都是徒勞無功。

第五十六章 民族獨立

不過，人們對於追求獨立自主是如此狂熱，很難被反動派輕易摧毀。南美洲人首先站出來反抗維也納會議的反動措施。緊接著是希臘人、比利時人、西班牙人及其他許多歐洲弱小民族，為十九世紀的獨立戰爭譜下許多篇章。

假設有人說：「如果維也納會議採取了這樣那樣的措施，而非採用這樣那樣的方案，那麼十九世紀的歐洲歷史就會是另一個樣子。」這種假設其實毫無意義。要知道，在維也納會議裡的代表是一群剛剛經歷了法國大革命，對過去二十年的恐怖戰亂時期記憶猶新的人，他們聚在一起的目的就是想帶給歐洲「和平與穩定」，他們認為這才是人民想要的，他們就是所謂的「反動派」。他們真心認為平民百姓沒有能力治理自己，整個歐洲版圖必須由他們重新安排才能長治久安。雖然他們最終失敗了，並不代表他們是故意要做壞事。總而言之，他們都是舊式的老派人物，念念不忘自己青年時代和平安逸的幸福生活，因此盼望著重回「過去的美好時光」，而沒有察覺到革命的思想已經在歐洲每一個角落扎下了根。這是一個遺憾，但算不上罪惡。總之，法國大革命教導人們一件事，不只是歐洲人，同時也教導了美洲人，那就是人民擁有「民族自決」的權利。

拿破崙從未尊重過任何人事物，所以在對待民族感情和愛國情操方面顯得極端冷酷無情。但是，有些革命軍將領在革命早期宣揚過一種新的信條：「民族不受政治邊界的限制，跟頭顱或鼻子的形狀也沒有關係，而是一種發自內心和靈魂的情感。」因此，他們不只是向法國兒童講述法蘭西的偉大之處，他們也鼓勵西班牙人、荷蘭人、義大利人做同樣的事情。不久之後，這些人都相信盧梭的說法——原始社會裡的人是最崇高的人，他們開始挖掘自身的歷史，在封建時代的廢墟底下發現了他們偉大種族古老的屍骨，而他們則是偉大祖先的無能後裔。

十九世紀上半葉是歷史大發現的時代，世界各地的歷史學家都忙著出版自己民族在中世紀取得權利的文件，以及中世紀初期的編年史。每一件歷史發現的結果，往往在每一個國家都激起一股對古老祖國的全新自豪。雖然這些優越感大部分來自於對歷史事實的錯誤解讀，不過，在現實政治中，真相究竟如何並不重要，重要的是人們願不願意相信它是真的。而大多數國王和人民都對自己偉大祖先的光榮事蹟深信不疑。

維也納會議並不在意這種情感。與會的大人物們以幾個王室的最大利益為出發點，將整個歐洲版圖重新劃分，並且將「民族情感」視為與「法國革命思想」類似的危險物品，統統納入禁止之列。

不過，歷史對於所有的會議都是無情的。出於某種原因（可能是歷史的法則，但至今仍未引起歷史學者足夠的關注），「民族」對於人類社會的穩步發展似乎是必需的，任何阻擋這股潮流的嘗試，都會像梅特涅妄想禁止人們自由思考一樣，最終都以慘敗收場。

令人意想不到的是，民族獨立的大火居然是從遙遠的南美洲開始點燃的。在拿破崙戰爭期間，南美大陸上的西班牙殖民地經歷了一段相對獨立的時期，西班牙國王被拿破崙俘虜之後，殖民地人民依然向他效忠，拒絕承認拿破崙在一八〇八年任命的西班牙新國王——他的弟弟約瑟夫·波拿巴。

事實上，美洲大陸上唯一直接受到法國大革命影響而出現劇烈動盪的是中美洲的法國殖民地——哥倫布首航時發現的海地。一七九一年，法國國民公會突然展現了一股博愛情懷，宣布海地的黑人兄弟可以擁有先前只有白人統治者才能享有的一切權利。但是，法國人隨即就後悔了，很快就宣布收回先前的承諾，此舉導致了海地黑人領袖杜桑·盧維杜爾（Toussaint L'Ouverture）與拿破崙的內弟勒克萊爾將軍之間多年的殘酷戰爭。一八〇一年，杜桑·盧維杜爾應邀和勒克萊爾會談議和條件，法國人鄭重向他保證，決不利用這個機會傷害他，結果，杜桑·盧維杜爾被帶上一艘法國軍艦，不久後死在法國的監獄裡。但是，海地的黑人最終還是成功建立了自己的獨立共和國，而且，當南美洲出現了第一位反抗西班牙殖民統治的偉大愛國者——斯蒙·玻利華——的時候，海地人提供了極大的幫助，讓他成功領導好幾個國家擺脫西班牙的枷鎖。

斯蒙·玻利華於一七八三年生於委內瑞拉的卡拉卡斯城，曾在西班牙接受教育。他在大革命時代前往巴黎，親眼見到當時革命政府的運作狀況。他後來去了美國，逗留一段時間後才返回家鄉。當他回國時，委內瑞拉人民對西班牙殖民者的怨恨之情已經如野火燎原，獨立運動一觸即發。一八一一年七月，委內瑞拉正式宣布獨立，斯蒙·玻利華也是領導革命的將領之一。不到幾個月，西班牙軍隊捲土重來，起義失敗了，斯蒙·玻利華不得不逃往哥倫比亞。

在接下來的五年裡，斯蒙·玻利華獨自領導這個看似難以成功的革命事業，將全部財產都投注於此。然而，要是沒有海地總統的大力支持，他最後的那一次作戰是不可能獲勝的。爭取獨立的野火從委內瑞拉迅速蔓延到整片南美大陸，使殖民者疲於應付。西班牙人顯然不可能只靠自己就能將革命鎮壓下去，必須向神聖同盟求助。

然而，英國人並不想看到革命失敗。英國船隊現在已經取代了荷蘭船隊，稱霸全球海運業，他們也非常期待能在南美獨立運動中牟取暴利。因此，英國人希望美國出面干涉神聖同盟的行動，可是美國參議院並沒有這樣的打算，即便在眾議院裡也有許多人不贊成過問西班牙的事。

正在此時，英國內閣發生變動。輝格黨下台，托利黨取得組閣權，由擅長外交折衝的喬治・坎寧擔任國務大臣。他暗示美國，如果他們願意出面反對「神聖同盟」出兵協助西班牙鎮壓殖民地革命，那麼英國將會在海面上全力提供支援。於是美國的門羅總統在一八二三年十二月二日對國會發表了著名的《門羅宣言》：「神聖同盟如果要將其體制延伸到西半球的這個部分，美國將會視為對自身和平與安全的威脅。」他還進一步警告說：「美國政府將把神聖同盟這樣的舉動看作是對美國不友好行為的具體表現。」英國報紙在四週後刊登了「門羅主義」全文，迫使神聖同盟的成員必須做出抉擇。

梅特涅猶豫了。他個人倒是不介意觸怒美國（畢竟，美國在一八一二年結束對英作戰之後，軍備已經荒廢許久），不過坎寧威脅性的姿態以及歐洲大陸尚未穩固的局面使他不得不謹慎一些。於是，神聖同盟的遠征計畫被無限期擱置了，南美洲及墨西哥最後獲得了獨立。

至於歐洲大陸這邊，騷動來得異常迅猛。神聖同盟在一八二〇年派遣法國軍隊去西班牙負責「維和任務」，不久，義大利的「燒炭黨」（由燒炭工人組成的祕密組織）開始宣傳義大利統一事業，並

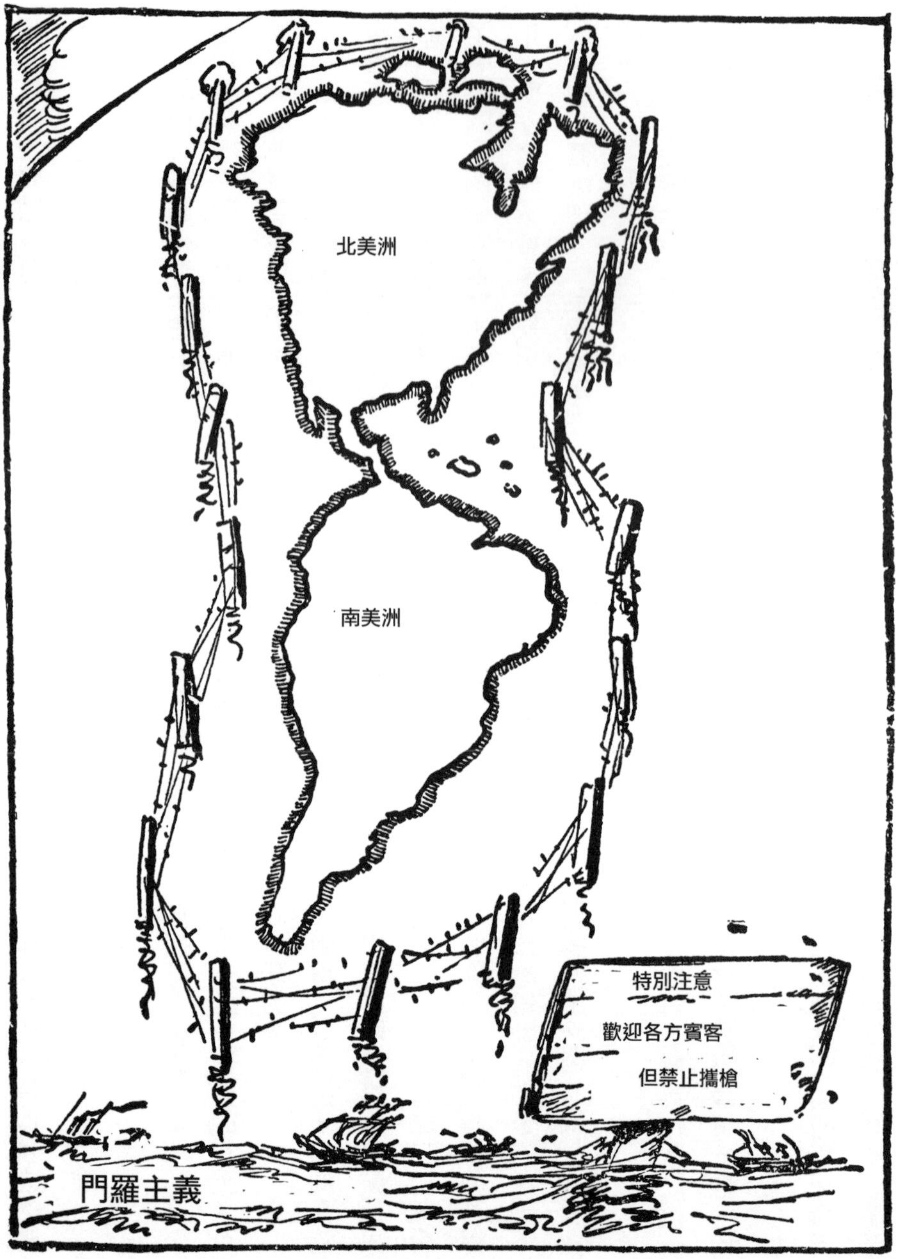
北美洲
南美洲
特別注意
歡迎各方賓客
但禁止攜槍
門羅主義

門羅主義

且在那不勒斯王國起義反抗無能的斐迪南國王，於是奧地利軍隊又被派往義大利執行一樣的「維和任務」。

俄羅斯也傳來了壞消息。亞歷山大沙皇去世後，聖彼得堡爆發了一場革命。這次起義發生在十二月，因此又稱為「十二月黨人起義」。這場短暫的流血衝突之後，許多傑出的愛國者被送上絞刑台，或者流放到西伯利亞，因為這些人對於亞歷山大晚年的反動統治十分不滿，希望在俄羅斯建立一個立憲體制的政府。

更糟糕的情況還在後面。梅特涅依序在亞琛、特波洛、萊巴赫，維羅納等地（都是梅特涅經常用來避暑的海濱風景勝地）召開了一系列會議，試圖得到歐洲各宮廷繼續支持其政策的保證。各國代表每次都準時出席，每次都信誓旦旦地承諾會全力鎮壓起義，然而沒有任何人有把握成功。歐洲人民的情緒開始變得愈來愈暴躁，尤其是在法國，國王的處境已經岌岌可危。

不過，真正的麻煩是從巴爾幹半島開始的。這裡自古以來就是蠻族入侵西歐的門戶，最早爆發起義的是摩爾達維亞。這裡原為古羅馬帝國的達西亞行省，在西元三世紀時脫離帝國獨立，成了一片如亞特蘭提斯大陸一樣的「失落之地」。當地人民仍舊講古羅馬語言，自認為是羅馬人，也稱自己的國家為「羅馬尼亞」。西元一八二一年，一位年輕的希臘王子亞歷山大．伊普西蘭惕在此發動了一場反抗土耳其人的起義，他告訴追隨者，他們將會獲得俄國的支持。不過，梅特涅的信使兼程趕路，將首相的手信送往聖彼得堡。沙皇完全被梅特涅「維持和平與穩定」的觀點說服，最後拒絕支援羅馬尼亞反抗軍。伊普西蘭惕被迫逃到奧地利，在那裡被囚禁了七年之久。

一八二一年的希臘也發生了騷亂。有一個祕密的希臘愛國團體從一八一五年起就一直在籌備起義。他們突然在摩里亞半島（古稱伯羅奔尼薩半島）豎起獨立旗幟，將當地的土耳其駐軍趕走。土耳其人採取慣用手法進行報復，逮捕了君士坦丁堡的希臘大主教（他在希臘人及俄羅斯人眼中就是教皇），並在一八二一年復活節那天將他絞死，還有多位東正教主教被同時處死。希臘人為了報復，於是屠殺了摩里亞首府特里波利的所有伊斯蘭信徒。土耳其人不甘示弱，隨即對希俄斯島發動攻擊，兩萬五千名東正教徒被殺，四萬五千人被當成奴隸賣往亞洲與埃及。

希臘人向歐洲各國求援，梅特涅卻批評希臘人，說這是「自作自受」（我並非使用雙關語，而是直接引用這位尊貴首相對俄國沙皇所說的話：「暴亂之火應該任其在文明的範圍外自生自滅。」）。為了阻止各國志願軍前往救援這群為自由而戰的希臘人，歐洲關閉了通往希臘的邊境。在土耳其的要求下，一支埃及部隊抵達摩里亞，土耳其的旗幟很快地又在古雅典要塞特里波利的上空飄揚。埃及軍隊以「土耳其的方式」維持地方保安工作，梅特涅也密切關注此地局勢的發展，靜待這些「擾亂歐洲和平的活動」被掃進歷史的陳舊垃圾堆。

但是，英國人再一次打亂了梅特涅的如意算盤。英格蘭最值得稱頌之處，並不在於廣大的殖民地、令人羨慕的財富，或者無人可比的強大海軍，而是每一個公民身上都存在著沉靜的英雄主義和獨立精神。英國人非常守法，因為他們知道，文明與野蠻的區別就在於是否懂得尊重他人的權利。英國人不承認別人有權干涉自己的思想自由，如果他們認為政府做錯了某件事情，他們會直接挺身而出大聲批評，而受到指責的政府也懂得尊重公民自由表達的權利，還會全力保障他們免於盲目群眾的迫害（從蘇格拉底的時代開始，盲目的群眾就很喜歡迫害那些在智識和勇氣上超越他們的卓越分子）。在這個世界上，只要有人發起某項正義的事業，無論距離有多遙遠，無論是否勢單力孤，總會有一群英國人熱切地支持這項事業。英國人與其他國家的人沒什麼兩樣，每個人每天都得為日常生活而忙碌，很少浪費時間和精力在不切實際的「不確定的冒險」上；不過，對於那些敢拋下一切去為亞洲或非洲的底層百姓而戰的「古怪」鄰居，英國人會對他致上敬意。若這個鄰居不幸戰死異鄉，他們會為他舉行莊嚴盛大的葬禮，並以他的勇氣與騎士精神來教育自己的孩子。

神聖同盟無所不在的密探也無法撼動英國人這種根深柢固的民族性。西元一八二四年，偉大的拜倫勳爵——這位年輕的英國富家子弟曾以詩句讓全歐洲的人感動落淚——揚起風帆，駛向南方去援助希臘人。三個月後，壞消息傳遍了整個歐洲：他們的英雄在最後一塊希臘營地邁索隆吉死去。偉大詩人英雄式的死亡，喚起了歐洲人的自覺，幾乎每一個歐洲國家都有人自發成立了救援希臘人的隊伍，美國獨立革命中的英雄拉斐特，在法國為希臘人的革命事業奔走宣傳，巴伐利亞國王派遣數百名戰士前往希臘，金錢和物資源源不斷送到邁索隆吉，支援正在挨餓的起義軍。

曾經成功阻擋了神聖同盟干涉南美革命的國務大臣約翰．坎寧，現在擔任英國首相。他看出這是再次打擊梅特涅的絕佳機會，英國與俄羅斯的艦隊早已經在地中海待命——英國政府不敢繼續壓制人民支援希臘的熱情，早已派出了軍艦——法國自十字軍東征之後，便一直承擔起「在穆斯林土地上保衛基督教信仰」的責任，它的艦隊也不落人後地開赴希臘海面。西元一八二七年十月二十日，英、俄、法三國聯手出擊，將納瓦里諾灣裡的土耳其艦隊完全摧毀。從來沒有哪場勝仗的消息受到過歐洲人如此熱烈的歡迎。西歐諸國和俄國人民在自己國家裡深受壓抑的對自由的渴望，透過在心靈上參與希臘人的起義事業，得到了極大的安慰。西元一八二九年，希臘人終於如願以償，正式宣布獨立，梅特涅反動的「和平與穩定」政策再度受到重擊。

我無法在短短的一章裡向你們詳細說明各國發生的民族獨立鬥爭，關於這個主題，已經出版過大量優秀的書籍。而我之所以在此用這麼多篇幅來敘述希臘起義戰爭，因為它是第一次成功突破維也納會議反動陣營的事件。雖然反動派的壓迫堡壘依然存在，梅特涅等人也還在繼續發號施令，但終結的日子已經不遠了。

在法國，波旁王朝將警察的職權擴張到令人無法忍受的程度，完全無視文明社會裡應遵循的衝突規則和法律，用以清除大革命的遺產。當路易十八於一八二四年去世時，可憐的法國人已經在「和平生活」下飽受九年的高壓折磨，這樣的「和平」比拿破崙十年戰爭時期還要悲慘。繼位路易十八的是他的兄弟——查理十世。

波旁家族的成員向來不學無術，卻善於記恨。路易十八永遠記得他兄弟——路易十六——被砍頭的消息傳來的那天早晨，他既害怕又悲憤，這個永遠無法忘卻的記憶也時時提醒他要戒慎恐懼：認不清形勢的君主會有多麼悲慘的下場。查理十世完全不是這種人，這個花花公子還不到二十歲就已經負債五千萬，他愚蠢無知，而且並不打算有所長進。繼任法國王位之後，他迅速建立起一個「為教士所治、為教士所有、為教士所享」的新政府（這是威靈頓公爵做出的評論，他可不是什麼激進的自由派，可見查理十世的統治方式有多麼惡劣，甚至連威靈頓公爵這樣最敬重法律和秩序的友人也深感厭惡）。當查理試圖壓制敢於批評政府的自由派報紙，並解散了支持新聞界的國會時，他的日子已經所剩無幾了。

西元一八三〇年七月二十七日夜，巴黎再度爆發革命。三天後，國王逃往海岸，乘船去英國，一齣著名的「十五年鬧劇」就這樣草草收場了，愚蠢到無藥可救的波旁家族從此再也沒有機會坐上法國王位。此時，法國本來可以重新建立一個共和體制的政府，但是梅特涅無法容忍這樣的行動。

歐洲的形勢已經走到了最危險的邊緣，革命的火花越過法國邊境，點燃了隔壁那個早已充滿民族怨恨的火藥桶。維也納會議強行將荷蘭與比利時合併，而這個新王國從一開始注定要失敗。比利時人與荷蘭人幾乎沒有共同之處，他們的國王——奧倫治的威廉（「沉默者威廉」的遠房親戚）——雖然勤於政事，可是缺乏策略與手腕，無法使兩個相互敵視的民族和睦相處。法國再度爆發革命後，大批逃難的天主教士湧入比利時，身為新教徒的威廉此時無論想採取什麼措施來穩定局勢，都會立即被眾多激憤的臣民指為再次「爭取天主教自由」的企圖，因此什麼事都做不了。八月二十五日，一場反荷蘭的群眾暴動在布魯塞爾爆發，兩個月後，比利時正式宣布獨立，推舉維多利亞女王的丈夫的叔叔——科堡的利奧波德——為新國王。兩個原本就不該合在一起的國家就此分道揚鑣，從此之後，反而像是有風度的鄰居一樣彼此和睦相處。

在那個年代，歐洲只有幾條短程鐵路，傳播消息的速度還很慢，不過，當法國和比利時革命者取得成功的消息傳到波蘭之後，立刻引爆了波蘭人與俄國統治者之間的激烈衝突，最終導致了一場殘酷的戰爭。俄國人在一年之後徹底獲勝，他們以惡名昭彰的俄國方式「重建了維斯圖拉河沿岸地區的秩序」。西元一八二五年，尼古拉一世繼任俄國沙皇，他堅信自己的家族擁有統治波蘭的神聖權利，成千上萬逃往西歐的波蘭難民，親身體驗到了神聖同盟的「世人皆兄弟」原則對神聖的沙皇而言毫無意義。

義大利同樣迎來了一連串的動盪。帕爾馬女公爵瑪麗．路易絲曾經嫁給拿破崙，不過滑鐵盧戰敗之後就背棄了他。在一陣突如其來的革命浪潮中，她被迫離開自己的國家。群情激憤的教皇國人民嘗試建立一個新的共和國，但隨即被奧地利軍隊撲滅，什麼都沒有改變。梅特涅仍然坐在普拉茨宮裡（哈布斯堡王朝的外交大臣官邸），祕密警察繼續活動，緊緊地守護著「和平與穩定」原則。還要等待十八年之後，人民才再度發動了一場更為成功的革命，徹底將歐洲從維也納會議的決定中解救出來。

率先起義的又是法國。法國是歐洲的革命風向標，任何起義的徵兆都首先在此地展現。繼承查理十世法國王位的是路易・菲力浦，他是著名的奧爾良公爵的兒子。奧爾良公爵支持雅各賓黨，曾經投下關鍵的一票將他的表兄——路易十六——送上斷頭台。他在早期的法國大革命中扮演重要的角色，被稱為「平等的菲力浦」。最終，當羅伯斯庇爾打算淨化革命陣營，肅清所有「叛徒」（這是他對所有持不同意見者的稱呼）時，奧爾良公爵被處死，他的兒子也被迫逃離革命軍隊。年輕的路易・菲力浦此後過著漂泊的日子，他曾在瑞士當過中學教師，還花了好幾年時間在美國的「大西部」地區進行探索，直到拿破崙垮台後才回到巴黎。路易・菲力浦比那些愚蠢的波旁王室堂兄弟們聰明多了，他過著儉樸的生活，常常腋下夾一把紅雨傘去巴黎的公園散步，身後總是跟著一大群歡天喜地的小孩子，好像他是個慈祥的父親。可惜法國已經不再需要國王了，但路易・菲力浦始終無法了解這件事。西元一八四八年二月二十四日清晨，一大群吵吵鬧鬧的民眾湧進杜樂麗宮，粗暴地將他趕走，宣布法蘭西改制為共和國體。

巴黎革命的消息傳到維也納時，梅特涅並沒有非常在意，還說這只不過是「一七九三年鬧劇」的翻版，只不過是讓神聖同盟的軍隊再度進駐巴黎街頭而已，馬上可以平息這些令人心煩的騷亂。可是，只過了兩個星期，奧地利首都維也納也爆發了公開的起義。梅特涅避開憤怒的民眾，從普拉茨宮的後門悄悄溜走。臣民們強迫奧地利皇帝斐迪南公布一部憲法，它裡面大部分的內容都是梅特涅在過去三十三年裡全力壓制的那些革命思想。

這一次，全歐洲都感覺到了革命的震動。匈牙利毅然宣布獨立，在路易士·科蘇特的領導下，展開了反抗哈布斯堡王朝戰爭。這場勢力懸殊的鬥爭持續了一年多，最後，沙皇尼古拉一世派遣軍隊越過喀爾巴阡山脈，成功地撲滅了革命之火，讓匈牙利保住了君主體制。哈布斯堡王室隨後設立一個特種軍事法庭，將大部分他們無法在公開戰場上擊敗的匈牙利愛國主義者送上絞刑台。

至於義大利方面，西西里島宣布脫離那不勒斯王國獨立，並且把波旁王室的國王趕走了。教皇國首相羅西被謀殺，教皇倉皇出逃。第二年，教皇在一支法國軍隊護衛下重返國土，從此，法軍不得不一直留在羅馬，防範臣民們隨時可能對教皇陛下發動的襲擊。直到一八七〇年普法戰爭爆發的時候，這支軍隊才被緊急召回法國去對付普魯士人，羅馬最終成為義大利的首都。義大利半島北部的米蘭和威尼斯，在撒丁尼亞國王阿爾伯特的大力支持下，起身反抗奧地利統治者。但是，一支強大的奧地利軍隊來到波河平原，在庫拉多紮和諾瓦拉兩地擊敗了撒丁尼亞軍隊。阿爾伯特被迫讓位給兒子維克多·伊曼紐爾。幾年之後，伊曼紐爾終於成了一個統一的義大利王國的第一任國王。

在德國，一八四八年歐洲革命的震波引發了一場聲勢浩大的全國性示威。人們要求實踐政治統一，建立議會制政府。巴伐利亞國王在一個自稱是西班牙舞蹈家的愛爾蘭女人身上（該女士名為洛拉·蒙特茨，死後葬在紐約的波特公墓）花費了大量的金錢和精力，最終被一群憤怒的大學生趕下台。在普魯士，尊貴的國王被迫站在巷戰死難者的靈柩前，向這些不幸的抗議者脫帽致哀，並承諾組建立憲制政府。一八四九年三月，來自日耳曼各地區的五百五十名代表來到古老的法蘭克福，召開

「國民議會」，與會代表推舉普魯士國王腓特烈．威廉四世出任統一的德意志帝國的皇帝。

但是，沒有多久之後，情勢似乎又有轉變。昏庸無能的奧地利皇帝斐迪南將帝位讓位給他的侄子法蘭西斯．約瑟夫。訓練有素的奧地利軍隊又有新的戰爭統帥可以效忠了，劊子手們也片刻不停地忙著往革命分子的脖子上套上絞索。哈布斯堡家族憑著天生的詭計手腕再度站穩腳跟，並迅速增強了自己控制東西歐局勢的能力。他們以精明圓滑的外交手腕玩弄國家間的政治遊戲，利用其它日爾曼國家的嫉妒心，阻止了普魯士國王升任帝國的皇帝。在一連串失敗中吸取教訓，哈布斯堡家族學會了忍耐的價值。他們懂得如何靜待時機，當自由主義者們正起勁地大談特談幼稚的政治理論，深深陶醉於自己激昂動人的演講時，奧地利人卻在悄悄調兵遣將，準備著致命的一擊。最終，他們突襲並解散了法蘭克福國民議會，重建了虛有其表的舊日爾曼聯盟——因為它就是維也納會議處心積慮試圖強加給所有日耳曼人的東西。

在出席這個奇特國會的一大群不諳世事的愛國者中，有一位心機深沉的普魯士鄉紳，不動聲色地觀察著整個吵吵嚷嚷的會議，自己幾乎沒有發言，但把一切熟記在心。他的名字是俾斯麥，一位厭惡空談，崇尚行動的強人。他深知（其實每一個熱愛行動的人都知道）滔滔演說最終成就不了任何事情，他有自己獨特的愛國方式。俾斯麥屬於那種老式外交作風，高明且世故。不僅可以在外交場合輕易矇騙對手，連散步、喝酒、騎馬方面，也同樣遠勝於他們。

俾斯麥堅信，必須由一個統一而強大的日爾曼國家來取代目前由許多小國組成的鬆散聯盟，才能讓德意志躋身歐洲列強之林。在傳統封建思想下成長的俾斯麥，也是霍亨索倫家族的忠誠臣僕，他選擇支持霍亨索倫家族擔任這個新德國的統治者，而非昏聵平庸的哈布斯堡家族。為達到這一目的，首先必須將奧地利的強大影響力排除在德意志地區之外。於是，他開始為這個祕密計畫著手準備。

義大利這時候已經擺脫了人人痛恨的奧地利主子，成功地解決了自身的問題。義大利的統一工程是由三位人傑攜手完成的，分別是加富爾、馬志尼和加里波底。在這三人之中，戴著金屬邊近視眼鏡的土木工程師加富爾是謹慎小心的政治舵手；馬志尼演說時充滿個人魅力，是個能夠激發民眾熱情的宣傳家，他曾在歐洲各國的許多陰暗閣樓裡躲躲藏藏，逃避無所不在的奧地利秘密警察的追捕。加里波底和他那群穿著紅色上衣的粗魯騎士們，給人鮮明的形象感，負責喚起義大利人狂野的想像力。

馬志尼與加里波底原本傾向於支持共和國體制，但加富爾主張君主立憲。由於這兩人都承認加富爾更善於掌握政治發展的方向，為了祖國更大的利益著想，他們放棄了自己的理想，接受加富爾更符合現實的主張。

就像俾斯麥支持他所效忠的霍亨索倫家族一樣，加富爾傾向於推舉撒丁尼亞王族擔任統一後義大利的君王。他以極度的耐心和高明的手腕逐步勸誘撒丁尼亞國王，直至國王陛下最終肩負起領導整個義大利民族的重責大任。歐洲整體的動盪局勢，有助於加富爾推行他的偉大計畫，其中為義大利統一事業提供最多幫助的，莫過於它最信任的老鄰居（常常也是最不可信任的）——法

馬志尼

國。

在這個動盪多年的國家裡，執政的共和政府突然在一八五二年十月出乎意料地垮台了。前荷蘭國王路易士·波拿巴的兒子，那位偉大叔叔（拿破崙）的小侄子——拿破崙三世——重建了帝國體制，並且自封為「得到上帝恩許和人民擁戴的」皇帝。

年輕的拿破崙三世曾在德國接受教育，因此他講法語時帶著濃厚的條頓語系喉音，就像偉大的叔叔拿破崙一生都沒有改掉他著名的義大利口音一樣。這個小姪子將拿破崙留下的聲望利用到極致，來穩固自己的地位。不過他樹敵太多，對於能否順利戴上已經準備好的皇冠，不免缺乏自信。雖然他已經贏得了英國維多利亞女王和內閣成員的好感，但是這個女王畢竟只是一位沒有那麼聰明，而且極易被奉承話打動的老好人，想討她的歡心並不困難。其他的歐洲君主卻總是對這位滿臉堆笑的法國皇帝擺出一副令人屈辱的高傲態度。他們日日夜夜所想的，無非是如何找出一些有創意的新方法來表現他們對這位一步登天的「好兄弟」的深刻蔑視。

因此，拿破崙三世不得不尋找各種打破敵意的辦法，不是讓人愛他，就是讓人害怕他。他知道，法國人民對於「榮譽」仍然有深深的渴望，既然他無論如何都得為自己的王位賭上一把，那不如進行一場豪賭，將整個帝國的命運押上去。巧好俄國在這時候對土耳其發動攻擊，讓拿破崙三世找到了機會，他設法讓英國與法國聯手站在土耳其蘇丹這一邊，共同在克里米亞戰爭中對抗俄國的沙皇。這場昂貴的戰爭，無論對俄國、英國或法國而言，都談不上收穫了多少榮耀或尊嚴。

不過克里米亞戰爭還是有貢獻的。它使得撒丁尼亞國王有機會站在勝利者這一邊，當戰爭結束後，加富爾便能夠順理成章地向英、法兩國索取回報。

撒丁尼亞王國利用國際局勢得到歐洲列強更多的重視之後，加富爾這位聰明的義大利人又在一八五九年六月挑起了一場與奧地利的戰爭。他以有爭議的薩伏伊地區的幾個省，和確實屬於義大利的尼斯城作為交換條件，換來了拿破崙三世的支持。法國義大利聯軍接連在馬戈塔和索爾費里諾擊敗了奧地利軍隊，將幾個前奧地利省分和公國併入了統一的義大利王國，佛羅倫斯成了這個新國家的首都。到了一八七〇年，在羅馬駐守的那支法國軍隊被緊急召回，去對付普魯士人的進攻。他們前腳剛離開，義大利人後腳就踏進了這座永恆的名城。撒丁尼亞王族隨即住進了舊奎里納宮——這是一位古代教皇在君士坦丁大帝浴室的廢墟上修建起來的宮殿。

於是，教皇只好渡過台伯河，躲進了梵蒂岡的高牆大院之中。自從一位古代教皇於一三七七年從流放地亞維儂返回之後，這裡便一直是他的許多繼任者的居所。教皇陛下大聲抗議這種公開搶奪領地的專橫行為，並向那些同情他的忠誠天主教徒們發出呼籲書。但是，忠誠的信徒並不多，並且還在不斷減少。因為人們普遍有了一種認知：一旦教皇從世俗的國家事務中解脫出來，他便能將更多的時間與精力放在解決困擾當代人的心靈問題上。擺脫歐洲政客們的瑣碎爭吵之後，教皇反而可以獲得一種新的尊嚴，這明顯對教會事業大有助益。從此，羅馬天主教會成了一股推進社會與信仰進步的國際力量，並且能夠比大多數新教教派更為理智地去評估當代社會面臨的種種經濟問題。

總之，維也納會議想要把義大利半島歸於奧地利所有的企圖，至此已經破滅了。

不過，德意志的問題依然懸而未決，事實證明，它是所有問題中最棘手的。一八四八年革命的失敗，導致大批較有活力、勇於追求獨立自由的那些德國人都流失了。這些年輕人移民到美國、巴西及亞洲、非洲的新興殖民地重新開始生活。他們未竟的事業由另一批性格截然不同的德國人繼續下去。

繼德意志國民議會垮台，以及自由派人士建立一個統一國家的努力失敗之後，又在法蘭克福召開了一個新的議會。其中代表普魯士利益的是我們在前幾頁裡講到過的俾斯麥，現在，他已獲得普魯士國王的充分信任，這是他一展身手所需的唯一條件，至於普魯士議會或普魯士人民的意見，他根本沒放在心上。他曾親眼目睹過自由派的失敗，深知唯有發動一場戰爭才能擺脫奧地利的干擾。於是，他悄悄著手加強普魯士的軍隊。德意志聯邦的州議會被他的專擅手段激怒，拒絕向他提供必要的資金，但俾斯麥根本不屑與議會商量。他拋開議會自行其事，用普魯士皮爾斯家族及國王提供的金錢來擴軍備戰。隨後，他開始四處尋找一項可以用來激發所有德國人愛國熱情的民族衝突，他終於找到了。

在德國北部有兩個公國，什勒斯維希和霍爾斯坦，它們從中世紀開始就是多事之地，兩個國家境內的丹麥人和德國人都相當多，雖然一直由丹麥國王統治，但不屬於丹麥的領土。這種奇怪的情形導致了無窮無盡的衝突。我不是故意在此提出這個早舊被忘掉的問題，看起來最近簽署的《凡爾賽和約》似乎已徹底解決了它。不過在當時，霍爾斯坦的德國人高聲抱怨丹麥人，而什勒斯維希的丹麥人則拚命維護他們的丹麥傳統。一時間，整個歐洲都在談論這個話題。在德國，連男聲合唱團和體操協會都會被邀請去聽關於「被遺棄的兄弟」的煽動性演說，當各國政府還在試圖調查當地究竟發生了什麼事的時候，普魯士已經動員它的軍隊去「收復失去的國土」。奧地利身為日爾曼聯盟的傳統領袖，當然不允許普魯士在如此重大的問題上單獨行動。哈布斯堡也派出了士兵，和普魯士軍隊一起攻入丹麥國土。丹麥人雖然盡力抵抗，但實力懸殊，失去了什勒斯維希和霍爾斯坦。

俾斯麥緊接著開始進行他大德意志計畫的第二階段，他利用分配戰利品問題挑起普、奧兩國的激烈爭吵，哈布斯堡家族完全落入了俾斯麥的陷阱。俾斯麥打造的新式普魯士軍隊入侵波西米亞地區，不到六個星期，奧地利最後一支還能作戰的軍隊就在柯尼格拉茨和薩多瓦被徹底消滅了，普魯士大軍可以長驅直入維也納了。不過俾斯麥不想做得太過分，他還是需要一位朋友在歐洲政治舞台上協助他。俾斯麥向戰敗的哈布斯堡家族開出非常體面的議和方案，只要他們放棄日爾曼聯盟領導者的角色就好。不過，對那些幫助奧地利對抗普魯士的德意志小國就毫不手軟了，俾斯麥將它們全部併入了普魯士。如此一來，大多數德意志北方地區的小國組成了一個新的組織——北日爾曼聯盟。剛剛戰勝的普魯士順理成章地成成了德意志民族默認的領袖。

面對俾斯麥閃電般的兼併行動，歐洲人大吃一驚。雖然英國並不是很在意，但法國人卻顯露出無法接受的態度，但是法國在克里米亞戰爭中耗費大量金錢，傷亡慘重，卻沒獲得什麼好處，拿破崙三世在國民心中的分量已經下滑許多。

西元一八六三年，拿破崙三世再度冒險行動。他派出軍隊，試圖強迫墨西哥人接受一位名為馬克西米安的奧地利大公作為皇帝，可是當美國的南北戰爭一結束，北方聯盟獲勝時，拿破崙先前的努力便全部泡湯了。美國政府迫使法軍撤出墨西哥，使墨西哥人有機會肅清內部的敵人，槍斃了不受歡迎的外國皇帝。

法國人愈來愈不滿了，面對這樣惡劣的局勢，拿破崙三世必須再找機會為他的皇冠增添一絲榮耀，才能穩定民眾的情緒。北日爾曼聯盟正在快速發展，看來不出幾年便會成為法國的強勁對手，因此，法國皇帝覺得發動一場對德戰爭會有助於穩固他的寶座。他開始尋找開戰的藉口，正好，在飽受革命之苦的西班牙出現了一個機會。

西班牙當時出現了王位繼承問題。本來王位先被許給了一支信奉天主教的霍亨索倫家族旁系，但由於法國的反對，霍亨索倫族人便很有風度地放棄了。此時的拿破崙三世已顯出生病的跡象，並且深受他的漂亮妻子歐仁妮・德・蒙提荷的影響。歐仁妮的父親是一位西班牙紳士，祖父是美國駐馬拉加（盛產葡萄）領事威廉・基爾克派翠克。儘管歐仁妮天性聰明，可是就像當時大多數西班牙婦女一樣沒受過什麼教育，對她的宗教顧問們言聽計從，而這些人非常討厭信奉新教的普魯士國王。皇后對她的丈夫說道：「要勇敢！」（Be bold）可是她卻省略了這句著名的普魯士格言的後半句。它告誡英雄們：「要勇敢！但不是魯莽。」對自己的軍隊深具信心的拿破崙三世寫信給普魯士國王，要求國王向他保證，「絕不允許再有一位霍亨索倫王族的候選人競逐西班牙王位」。由於霍亨索倫家族剛剛才婉拒了西班牙的邀請，再提出這個要求完全就是多餘的，俾斯麥如此照會了法國政府，可是拿破崙三世仍不滿意。

西元一八七〇年，普魯士國王威廉正在埃姆斯的渡假地玩水，這一天，一位法國外交官覲見了國王，試圖舊話重提。國王愉快地回答說：「今天天氣真好，西班牙問題已經解決了，沒有必要對這個議題浪費更多的口舌。」按照例行公事，這次會面的談話被整理成報告，用電報發給負責外交事務的俾斯麥。為普魯士和法國新聞界的方便，俾斯麥對這則消息進行了「編輯加工」再發給新聞界。許多人指責他的行為，但俾斯麥託辭說，自古以來，修改官方消息一直是所有文明政府的權利。當這則經過「編輯」的電報發表之後，柏林的善良百姓覺得他們那位留著白鬍鬚的可敬國王被矮小傲慢的法國外交官侮辱了，而巴黎的好人們同樣怒氣衝天，認為他們彬彬有禮的外交使節竟被一名普魯士皇家走狗驅趕。

這樣，雙方都選擇了戰爭。不到兩個月時間，拿破崙三世和他的大部分士兵都成了普魯士人的俘虜。法蘭西第二帝國在屈辱中垮台，隨後建立的第三共和國號召人民奮起保衛巴黎，抵擋外國軍隊入侵。巴黎堅守了漫長的五個月，在這座城市陷落的十天前，普魯士國王在巴黎近郊的凡爾賽宮——它由德國最危險的敵人路易十四所建——正式宣布登上德意志皇帝的寶座。一陣隆隆的大砲聲告訴飢餓的巴黎市民，一個新的日爾曼帝國取代了以前老舊弱小的條頓國家聯盟，強大的現代德國出現在歐洲的政治舞台上。

德國問題最終就以這樣粗魯的方式解決了。到了一八七一年底，也就是著名的維也納會議召開五十六年之後，會議的成果已經徹底煙消雲散。梅特涅、亞歷山大、塔萊朗本想賜予歐洲人一個持久穩固的和平，可是他們採用的方式卻招致了無窮無盡的戰爭和革命。緊隨十八世紀的「世人皆兄弟」而來的，是一個偏執的民族主義時代，影響所及至今尚未結束。

第五十七章

機器的時代

當歐洲人為民族獨立奮力抗爭時，他們所生活的世界也因科學技術的一系列發明而徹底改變。十八世紀發明的老式的笨重蒸汽機成為了人類最忠實、最勤苦的僕役。

人類最應該感謝的那個人已經去世超過五十多萬年了。他是一種眉額低下、眼睛凹陷，擁有強健下顎和老虎般銳利牙齒的長毛動物。如果出現在一個現代科學家的聚會上，這副尊容一定不會被認為「好看」。但是我敢保證，科學家們會爭先恐後地圍上去，待他如大師。因為他曾用石塊砸開堅果，也曾用長棍撬起巨石。他發明了人類最早的工具——錘子和撬棍。他對人類福祉所做出的貢獻遠超過此後的任何人，也遠超過與人類共享地球的任何動物。

從那時開始，人類就利用更多的工具來使生活更加便利。當世界上第一隻輪子（用老樹製成的圓盤）在西元前十萬年發明出來的時候，它所引起的轟動肯定不亞於幾年前飛機的問世。

在華盛頓，流傳著一位上世紀三十年代初專利局長的故事。他建議裁撤專利局，因為「一切可能發明的東西都已經被發明出來了」。當木筏上張起第一片風帆，人們毋須划槳、撐篙或拉縴便能從一個地方移動到另一個地方的時候，史前世界的人們一定也產生過與這位專利局長類似的想法。

事實上，人類歷史中最有趣的章節之一，就是關於人們如何想盡辦法促使別人或別的東西替他工作，自己則享受著悠閒的樂趣，作作日光浴、在岩石上繪圖、或者將幼狼、幼虎訓練成像家畜一樣溫馴的動物。

當然，在最古老的年代裡，將一個弱小的同類當成奴隸，逼迫他去做那些討厭的辛苦工作，是很容易辦到的事情。古希臘人、古羅馬人和我們一樣聰明，但是他們卻沒有發明什麼更有意思的機械，原因之一就是他們普遍實行奴隸制度。當一位偉大的數學家能夠在最近最方便的市場裡，以最低價格買到所需的全部奴隸時，你怎能期望他會把時間耗費在拉繩、滑輪和齒輪等等東西上，還把自己的屋子弄得滿是噪音和灰煙呢？

中世紀雖然以較為溫和的農奴制度取代了奴隸制度，但是各種行會都不贊成使用機器，認為機器只會導致大量行會兄弟失去工作。而且，中世紀的人對於大量製造的商品不感興趣，當時的裁縫、屠夫和木匠只是為了滿足他們生活的小社區的直接需求而工作。他們沒有跟同行競爭的想法，也不願生產超出社區需求的商品。

到了文藝復興時期，人們已經不再理會教會對於科學探索的偏見。許多人開始研究數學、天文學、物理學及化學。在三十年戰爭爆發的前兩年，蘇格蘭人約翰・納皮爾出版了一本小冊子，討論「對數」這個新發現。在三十年戰爭期間，萊比錫的戈特弗雷德・萊布尼茲完成了微積分體系。在三十年戰爭簽訂終戰的《西發利亞和約》前八年，偉大的英國自然科學家牛頓出生了，而義大利天文學家伽利略在同一年去世。當三十年戰爭將中歐地區化為一片廢墟的同時，這裡突然興起了「煉金術」的熱潮。煉金術是一門誕生於中世紀的偽科學，人們希望利用它將普通金屬變成黃金。這當然是不可能的。但是，當煉金術士們躲在自己的實驗室裡不斷嘗試的時候，偶然也會想出一些新觀念，對於他們的繼任者——化學家——日後的工作提供了極大的幫助。

所有這些人的努力成果，為人類世界提供了穩固的科學基礎，許多擅長於操作實物的人充分利用這個機遇，讓人類更有可能發明出更複雜的機器。在中世紀，人們已經開始用木頭製作少數幾種必要的機器，但是木頭很容易磨耗。鐵這種材料比較好，但是整個歐洲只有英格蘭擁有鐵礦。於是，英格蘭興起了冶煉產業。鐵只在高溫下才會熔化，人們最初使用木材當燃料，但是，隨著英格蘭的森林被砍伐殆盡，人們開始使用「煤」（史前森林的化石）。你一定知道，煤都是從地下很深的地方挖出來再運往冶煉爐，而且礦坑必須保持乾燥，防止滲水。

這是當時迫切需要解決的兩個難題。人們起初用馬來運送煤塊，但是必須使用特別的機器來抽水。好幾位發明家致力於解決這個問題，他們都知道這種新機器可以使用蒸氣作為動力。關於「蒸汽機」的構想由來已久。西元前一世紀住在亞歷山大港的希羅（Hero）就曾經向我們描述過幾種用蒸汽推動的機器。文藝復興時期的人想像過製造「蒸汽戰車」的可能性。與牛頓同時代的渥斯特侯爵，在他的發明手冊裡詳細描述了一種蒸汽機。不久之後，倫敦的湯瑪斯・薩弗里在一六九八為他發明的一種抽水機申請了專利。與此同時，荷蘭人克里斯欽・海更斯正在設法改善一種發動機，使用火藥在機器內部引發規律性的、受到控制的爆炸，其原理就像我們今天當作汽車引擎的汽油內燃機一樣。

歐洲各地許多人投身於蒸汽機這種迷人的構想裡。法國人鄧尼斯・帕平是海更斯的好友兼助手，他先後在幾個國家做過蒸汽機實驗。他發明了用蒸汽推動的小貨車和小蹼輪，但是，當他準備自己駕著小蒸汽船試航時，船員工會卻擔心這種新怪物出現後會害他們失業，於是向政府提出控告，政府便沒收了帕平的小船。他為了發明已經散盡所有家財，最後窮困潦倒地死在倫敦。不過，當他去世時，另一位名叫湯瑪斯．紐科曼的機械迷正在潛心研究一種新型氣泵。五十年之後，一位蘇格蘭格拉斯哥的機器製造者——詹姆斯．瓦特——改良了紐科曼的發明，在一七七七年向全世界推出了第一台真正具有實用價值的蒸汽機。

就在人們爭相研究「熱力機」的那幾百年裡，世界的政治局勢發生了翻天覆地的變化。英國人取代荷蘭人成為全球貿易航運業的霸主。他們開拓了許多新殖民地，將當地出產的原料運回英格蘭，加工製成商品，再出口到全世界的每一個角落。北美洲喬治亞和卡羅萊納的人們從十七世紀開始種植一種新的灌木，它會長出奇特的毛質物，也就是所謂的「棉毛」（棉花）。這種棉毛採摘下來之後就被運往英國，由蘭卡郡的工人織成布料。起初，工人們在家裡用手工織造這些布料，不久之後，紡織工藝就出現了重大改進。約翰．凱在一七三〇年發明了「飛梭」。西元一七七〇年，詹姆斯．哈格里夫斯為他發明的「紡紗機」申請專利。美國人伊利．惠特尼發明了軋棉機，它能夠自動將棉花籽挑出來，使加工效率大為提高，以前的人只能用手工摘除棉籽，每人每天只能處理一磅棉花。最後，理查．阿克萊特和艾德蒙．卡特萊特發明了大型水力紡織機。到了十八世紀八十年代，當法蘭西三級會議的代表們忙著討論那些將徹底改變歐洲政治秩序的重大議題時，人們將瓦特發明的蒸汽機裝在阿克萊特的紡織機上，用蒸汽動力來推動紡織機。這個看起來好像沒什麼了不起的創意，卻引發了經濟與社會生活的重大變革，徹底改變了全世界人與人之間的關係。

當固定裝置的蒸汽機取得成功後，發明家們馬上將注意力轉向利用機械裝置推動車、船的問題上。瓦特曾經做過「蒸汽機車」的研究計畫，不過，在他完成研究之前，理查・特里維西克在一八〇四年發明的火車，已經在威爾斯礦區的佩尼達蘭載著二十噸礦石上路實驗了。

就在這個時候，一位名叫勞勃・富爾頓的美國珠寶商（也是肖像畫家）來到了巴黎，他試圖說服拿破崙採用他的「鸚鵡螺號」潛水艇以及他發明的汽船，這樣法國海軍就有可能摧毀英國的海上霸權。

富爾頓的汽船並非全新的概念，它無疑是抄襲了康乃迪克州一位機械天才——約翰・菲奇——的創意。菲奇建造的精巧汽船早在一七八七年便在德拉維爾河上進行了首航。可是，拿破崙和他的科學顧問們根本不相信這種自動船的實用性。儘管裝配蘇格蘭發動機的小船正在塞納河上冒著煙四處巡遊，可是皇帝陛下竟然錯過了利用這像威力無比的武器的機會——說不定自動船也許能為他報特拉法加角海戰的一箭之仇呢！

富爾頓失望地回到美國，但他是一名精明實際的商人，很快就和勞勃・李文斯頓合夥開設了一家頗為成功的汽船公司。李文斯頓是《獨立宣言》的簽字人之一，當富爾頓在巴黎遊說拿破崙時，他正在那裡擔任美國駐法大使。合夥公司的第一艘汽船叫做「克勒蒙特」號，上頭裝配的發動機是由英國的博爾頓與瓦特製造，在一八〇七年開通了紐約到奧爾班尼的定期航班，這家公司不久後便壟斷了紐約州所有的航運業務。

可憐的約翰・菲奇本來是最早計畫將蒸汽船用在商業用途上的人，最後卻悲慘地死去。當他建造的第五艘螺旋槳推進汽船被毀壞時，已經一身是病，一文不明了。他受到鄰居們無情的嘲笑，就像一

現代城市

百年後的蘭利教授因為製造了看起來相當滑稽的飛行器而受人恥笑一般。菲奇一直希望為自己的國家開闢一條通往中西部大河的捷徑，但他的同胞們卻寧願乘平底渡船或徒步旅行。菲奇極端絕望之餘，在一七九八年服毒自殺。

菲奇自殺之後二十年，排水量一八五〇噸的「薩凡納」號汽船以每小時六節的速度（「毛利塔里亞」號只比它快三倍）用了二十五天從美國的薩凡納抵達英國的利物浦，這是橫渡大西洋的新紀錄。群眾的嘲笑聲終於在此時消失了，開始對新事物產生莫大的熱情，卻將這項發明的榮耀錯誤地歸在不正確的人頭上。

英國人喬治．斯蒂文森在六年之後製造出著名的「移動式引擎」。他多年來致力於研究一種能將煤塊從礦區運往冶煉爐和棉花加工廠的動力機車。現在，他的發明不僅使煤價下跌了七成，還讓曼徹斯特到利物浦之間開通了第一條客運路線。人們現在可以用前所未有的十五英里時速從一個城市奔向另一個城市。

約翰．菲奇的汽船於1988年試航二十英里，
1790年在特拉威河行駛，票價可參考1790費拉德爾菲亞報紙。

第一艘汽船

再過幾十年之後，火車的時速提高到每小時二十英里。今天任何一部狀況良好的廉價福特汽車（一八八〇年代的戴勒姆及內瓦莎小型車的直系後裔）都能將這些早期的「冒煙的傢伙」遠遠拋在身後。

當工程師們正在專心打造他們的「熱力機」時，另一群研究「純科學」的科學家們（就是那些每天花十四個小時研究「理論性」科學現象的人們，沒有他們，任何機器的進步都不可能）正沿著一條新線索前進，深入到大自然最隱密與最難解的領域。

兩千多年前的希臘與羅馬哲學家（最著名的有梅里塔斯的泰勒斯及普林尼，義大利維蘇威火山在西元七十九年爆發，掩埋了羅馬古城龐貝和赫庫蘭尼姆，親身前往觀察的普林尼也不幸罹難）已經察覺到一個奇特的現象：用羊毛摩擦過的琥珀能

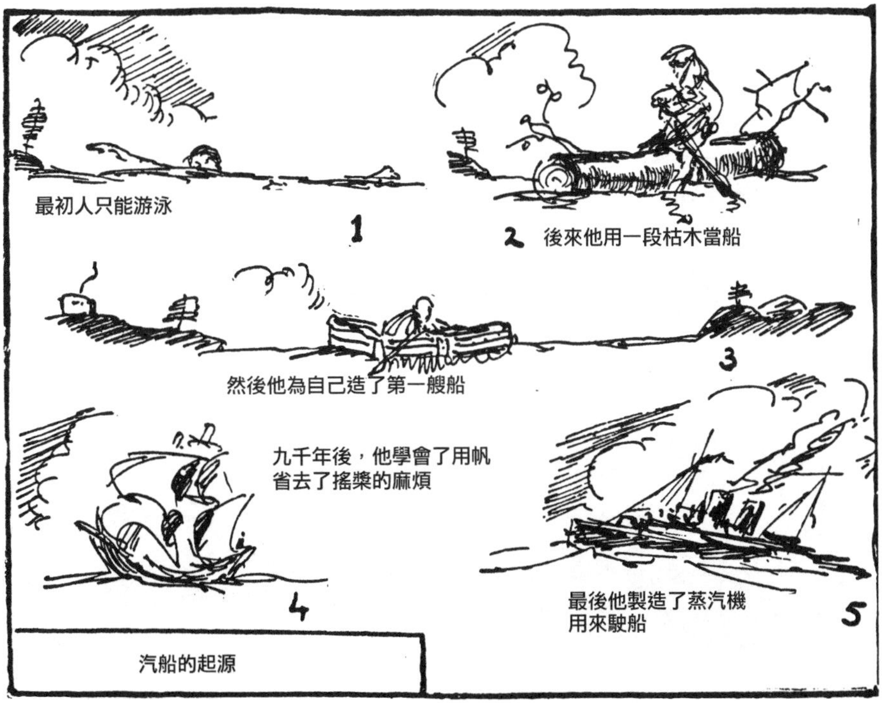
最初人只能游泳
1
2 後來他用一段枯木當船
然後他為自己造了第一艘船
3
九千年後，他學會了用帆
省去了搖槳的麻煩
4
最後他製造了蒸汽機
用來駛船
5
汽船的起源

汽船如何出現

吸住稻草和羽毛碎屑。但是這種神祕的「電」力現象並沒有引起中世紀經院學者們的興趣，因此中斷了研究。文藝復興之後不久，英國女王伊莉莎白的私人醫生威廉·吉伯特撰寫了一篇探討磁性及其作用的著名論文。在三十年戰爭期間，抽氣唧筒的發明人——瑪格德堡市長者奧托·馮·格里克——發明了世界上第一台發電機。此後一百年裡，大批科學家投入電力研究。在一七九五年，至少有三名教授發明了著名的「萊頓電瓶」。與此同時，世界聞名的美國天才班傑明·富蘭克林繼班傑明·湯瑪斯（他因同情英國而逃離新罕布夏，後來被稱為朗福德伯爵）之後，也開始研究這個領域。他發現閃電與電火花屬於同一性質的放電現象。此後，並在他工作

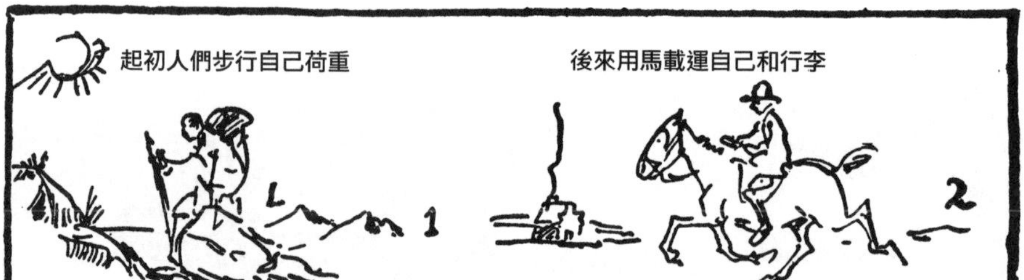
起初人們步行自己荷重
後來用馬載運自己和行李
後來他將馬套在車前
3
後來他在車前的輪子裝上了機器
4
最後他將機器裝進了車子裡
5

汽車如何出現

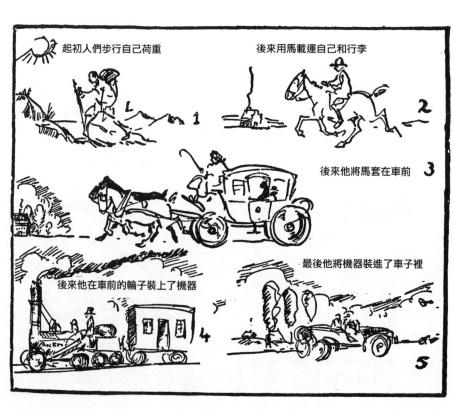

繁忙的有生之年一直致力於這項研究。隨後出現的是伏特和他的「電堆」，還有迦瓦尼、戴伊、丹麥教授漢斯・克里斯欽・奧斯忒、安培、阿拉果、法拉第等耳熟能詳的名字，全是孜孜不倦於探尋電力本質的科學家。

他們將自己的發現公諸於世，不求任何回報。山謬爾・摩斯（原本跟富爾頓一樣是藝術家）認為他能利用這種新發現的電流在城市之間傳遞資訊。他準備採用銅線和他發明的一架小機器來完成這件事，人們對他的想法嗤之以鼻。摩斯不得不自己掏錢做實驗，很快就把所有積蓄花光了，此時人們對他的嘲笑更加厲害。摩斯向美國國會請求幫助，國會底下的一個特別財務委員會答應提供所需資金，但是，滿腦子政治事務的國會議員們事實上對摩斯的天才想法既不理解也無興趣，他苦苦等待了十二年，最後終於從國會獲得一小筆款項。隨後，他在紐約和巴爾的摩之間建造了一條「電報線」。一八三七年，在紐約大學的一個講演廳裡，摩斯向滿屋子觀眾首度成功地展示了「電報」的運作方式。一八四四年五月二十四日，人類歷史上第一通長途電報成功地從華盛頓發到巴爾的摩。如今整個世界已經布滿了密密麻麻的電報線，從歐洲發訊息到亞洲只需要短短幾秒鐘的時間。二十三年後，亞歷山大・格拉罕・貝爾利用電流原理發明了電話，再過半個世紀，義大利人馬可尼進一步發明出一套完全不必依賴電路線的無線通訊系統。

西元一八三一年，法國的七月革命打亂了維也納會議的「美妙」計畫，歐洲因此處於震動之中；新英格蘭人摩斯正在為他的「電報」四處奔走；此時約克郡人米切爾・法拉第製造出第一台「發電機」，從這台不起眼的小機器開始，不斷改良，愈來愈大愈精密，到今天它已能為我們提供熱能、照明（愛迪生在一八七八年發明的白熾燈泡，就是在同一世紀四五十年代英國及法國的實驗基礎上改良而來的）以及驅動各種機器。如果我的猜想沒錯的話，電動機將很快徹底取代熱力機，正如同更高等的史前動物取代他們生存效率低下的鄰居們一樣。

就個人而言（我對機械一竅不通），我將非常樂於見到這種情形的發生。因為由水力驅動的發電機是人類乾淨而友善的僕人。反觀號稱十八世紀最偉大奇蹟的「熱力機」，它又吵又骯髒，在我們的地球豎起無數可笑的大煙囪，日夜不停噴出灰塵與煤煙。並且，為了提供源源不絕的煤塊來滿足其貪得無厭的胃口，成千上萬的人必須冒著生命危險在礦坑深處辛勤挖掘，這不是理想的畫面。

如果我不是一名必須堅守事實的歷史家，而是可以隨意發揮想像力的小說家，我將會描寫一幕把最後一部蒸汽機車送進自然歷史博物館，置於恐龍、飛龍及其它已滅絕動物骨架旁的動人情景。那將是令人快樂的一天。

第五十八章

社會革命

不過，新機器造價昂貴，只有富人才買得起。昔日在自家小作坊裡獨立勞動的木匠和鞋匠們，被迫將自己的勞動力租給大型機器擁有者。雖然他們掙的錢比過去更多，但同時也失去了昔日的自由生活。他們不喜歡這種狀況。

過去這世界上的工作都是由那些坐在自家屋前小作坊裡的獨立勞動者們完成的。他們擁有工具，可以任意打罵自己的學徒。只要在行會允許的範圍之內，他們可以隨心所欲地經營自己的業務。他們過著簡樸的日子，每天必須工作很長的時間才能維持生計。不過他們是自己的主人，如果某天早上起床時發現天氣適合釣魚，他們就去釣魚了，沒有人會對他們說：「不許去！」

人們開始使用機器之後，這一切就變了。事實上，機器只是傳統工具的擴展。以六十英里時速度載著你飛馳的火車其實就是一雙快腿，一台能將厚重鐵板砸平的氣動錘，也不過只是一副力大無窮的鐵拳。

每個人都能擁有一雙快腿或一對鐵拳，可是，一輛火車、一台氣動錘或一座棉花工廠卻是非常昂貴的機械設備，不是個人所能擁有的。通常是由一群人集資購買，然後按出資的比例分享這些鐵路或者紡織廠產生的利潤。因此，當機器不斷改良直到具備商業運作的價值時，這些大型機具設備的生產商便開始尋找有能力支付現款的買主。

在中世紀初期，土地幾乎是代表財富的唯一形式，只有貴族才被視為有錢人。但是，正如我在前

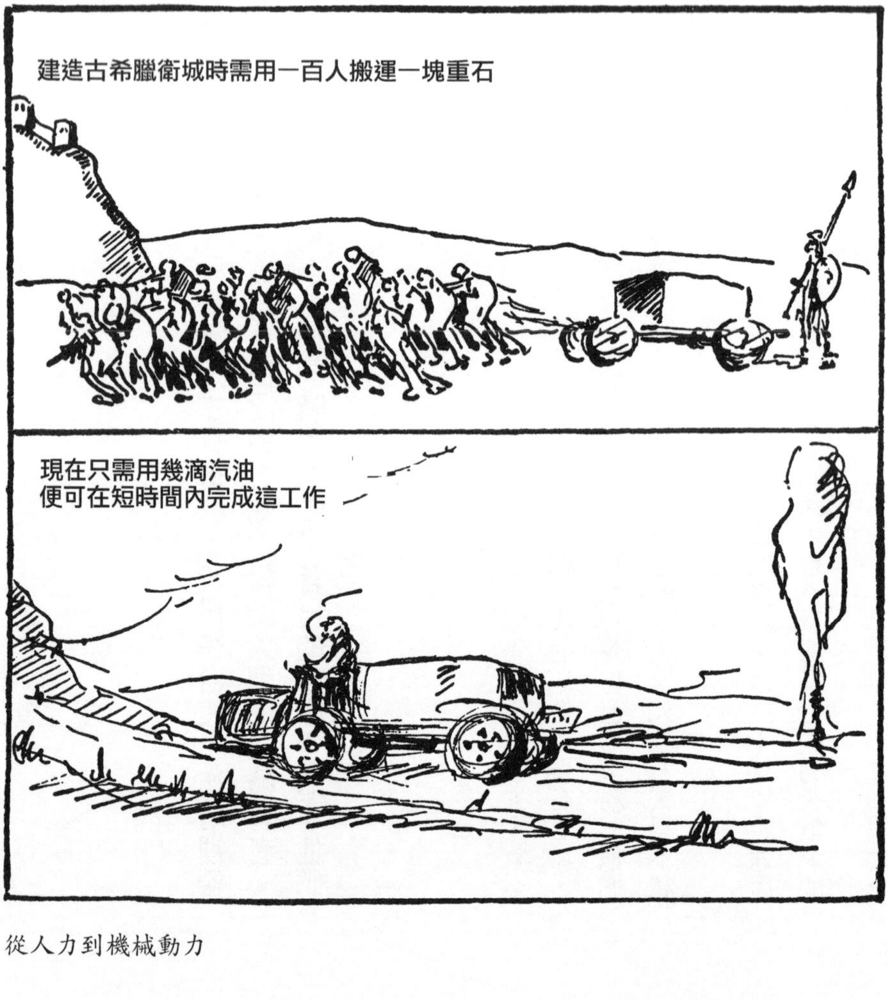
建造古希臘衛城時需用一百人搬運一塊重石
現在只需用幾滴汽油
便可在短時間內完成這工作

從人力到機械動力

幾章裡告訴過你的，貴族手中的金銀在古時候並沒有多大的用處，當時人們通常採用以物易物的古老辦法：用牛換馬、用雞蛋交換蜂蜜。等到十字軍東征時期，城市的自由民們從東西方貿易中獲取了大量財富，成為貴族與騎士們不可忽視的對手。

法國大革命徹底摧毀了貴族的財富，大幅度提高中產階級的地位。緊跟著大革命而來的動盪歲月也讓許多中產階級人士獲得發財致富的大好機會，積累起超過他們在世上應得分額的財富。教會的地產全部被國民公會沒收、拍賣。其中的貪污的數額高得驚人。投機地產商人竊取了幾千平方英里的高價值土地。在拿破崙戰爭期間，他們利用自己的資金囤積穀物和軍火，牟取巨額暴利。等到機器時代來臨，他們手中的財富早已遠遠超出日常生活所需，足以自己創建工廠，雇用男女工人來操作機器。

幾十萬人的生活從此發生天翻地覆的變化。在短短幾年內，許多城市的人口以倍數增加。曾經是市民們真正「家園」的市中心，如今被粗陋廉價的郊區建築團團包圍，這些醜陋建築就是每天在工廠勞動十一至十三個小時的工人們下工後睡覺的地方，當他們一聽到汽笛響起，又得從這裡趕緊奔回工廠。

農村裡處處傳說著到城裡可以賺大錢，於是，習慣了鄉村生活的農家子弟們湧向城市。他們在早年那些通風不良、滿室煙霧、粉塵、污垢的工廠裡掙扎度日，原本健康的身體迅速衰弱，最後不是奄奄一息地躺在醫院，就是在貧民院裡悲慘死去。

這樣的重大轉變，當然不會是在毫無反抗的情形下完成的。既然一台機器能做一百個人的工作，因此失業的其餘九十九個人必然滿腹怨恨，經常發生襲擊工廠、破壞機器的情形。可是，早在十七世紀就已經出現了保險公司，廠主們的損失通常都能獲得充分的補償。

獲得補償之後，更新更先進的機器再度裝配就緒，工廠四周圍築起高牆，不再有騷亂了。古老的行會組織在這個蒸汽與鋼鐵的新世界裡根本無法生存。它們就像恐龍般陸續消失，工人試圖組成新式工會，而廠主們靠著財富對政治人物施加更大的壓力，透過立法程序禁止組織工會，理由是它妨礙了工人們的「行動自由」。

請不要以為通過這些法律的國會議員們全是些沒有良心的暴君，他們是大革命時代的忠誠產物，這個時代人人都應該熱切地談論「自由」，人們甚至常常因為鄰居不夠「熱愛自由」而將他們殺死，既然「自由」是人類的最重要的行為準則，那麼就不應該讓工會來決定會員每天可以工作幾個鐘頭、該領多少薪水。在這個時代，必須保證工人們能隨時「在市場上自由地出售自己的勞動力」，而雇主們也能同樣「自由地經營他們的工廠」。由國家控制整個社會的生產活動的「重商主義」時代經結束了，新的「自由經濟」觀念認為國家不應該插手，要讓經濟按照自身的

工廠

發展規律運行。

十八世紀下半葉不僅僅是在知識與政治方面都充滿懷疑的時代，而且舊時代的經濟觀念也被更符合當前情勢的新觀念所取代。法國革命爆發的前幾年，路易十六那位有志難伸的財政大臣蒂爾戈曾經提倡過「自由經濟」的新理念。他活在一個被過多的繁文褥節、過多的法規制度、過多的各級官僚拚命執行過多法條的國家裡，於是他說：「取消這些政府監管……讓人民按自己的心意去做，一切都會順利運轉的。」不久之後，他著名的「自由經濟」理論便成為當時經濟學家們熱烈高呼的口號。

在同一時期的英國，亞當．斯密正在撰寫《國富論》，這也是一本鼓吹「自由」和「貿易的自然權利」的書。拿破崙垮台之後，歐洲的反動勢力快樂地在維也納聚會，人民在政治上得不到的自由，卻在經濟層面上強加給歐洲老百姓。

正如我在本章開頭就提到的，機器的普遍使用事實上對國家大有好處，可以使社會財富迅速增長。以機器支持的經濟，甚至可以讓單一國家──例如英國──憑一己之力就負擔起整個反拿破崙戰爭的龐大費用。資本家（那些出錢購買機器的人們）賺取了難以想像的利潤，於是他們逐漸生出了野心，想要參加政治遊戲，試圖與迄今仍然控制著大多數歐洲政府的土地貴族較量看看。

這個時候的英國，國會議員的選區名額依然按照一二六五年的皇家法令來分配，許多新興工業城市沒有辦法將自己的代表送進議會。資本家們在一八三二年設法通過了選舉制度修正案，使工廠主這樣的階級能夠對立法機構產生更大的影響力。不過此舉也引發了幾百萬工人的強烈不滿，因為政府中完全沒有工人階級的聲音。於是，工人們發起了爭取選舉權的「憲章運動」。他們將自己的要求寫在一份文件上，也就是日後廣為人知的《人民憲章》。這份憲章引發了劇烈的爭論，直到一八四八年年歐洲再度爆發革命時還沒有平息。為了防止爆發類似雅各賓黨那樣的流血革命，八十多歲的威靈頓公爵被國家召回指揮軍隊，宣布倫敦進入戒嚴狀態，並開始徵召志願軍，為鎮壓即將到來的革命做好了準備。

不過，憲章運動因為領導者的無能而自行瓦解了，沒有發生太多暴力狀況。新興的富裕工廠主階級（我不喜歡鼓吹新社會秩序的信徒們拚命濫用的「資產階級」一詞）逐漸強化他們對政府的影響力，大片大片的牧場和麥田，也被大城市裡的工業生活環境逐步轉換成淒涼落魄的貧民窟，這些貧民窟就是每座歐洲大城市走向現代化過程裡的見證。

第五十九章

奴隸解放

親眼見證火車取代馬車的那一代人曾經預言，機器時代將帶來一個幸福與繁榮的新世紀，但是這個預言並沒有成真。人們提出了幾項補救辦法，可是收效甚微。

西元一八三一年，就在英國第一份《改革法案》通過前夕，傑出的立法家傑瑞米·邊沁——也是當代最講求實際的政治改革家——在給一位朋友的信中寫道：「要想自己過得舒適，就必須讓別人也過得舒適；要讓別人過得舒適，就必須表現出對他們的熱愛；要想表現出對他們的熱愛，就必須真正去愛他們。」傑瑞米是誠實的人，他說出了自己相信是真理的東西，許多英國人贊同他的觀點，他們覺得有責任讓那些不幸的鄰居也得到幸福，準備傾盡全力去幫助他們。是的，是該採取行動的時候了。

當產業的動能還被中世紀的種種限制壓抑著的時代，「自由經濟」（蒂爾戈所說的「自由競爭」）的理想本是必要的。可是，將「行動自由」視為經濟生活的最高準則的時候，就導致了非常可怕的情形。工廠裡的工時長短全看工人的體力而定，一位女工只要還沒因過勞而昏倒，仍然能坐在紡織機前，廠主便可以要求她繼續工作。五、六歲的兒童被送到棉紗廠工作，以免他們在街頭閒晃遭遇危險或沾染游手好閒的惡習。政府通過了一項法律，強迫窮人的子女一定要去工廠做工，否則就把他們用鐵鍊拴在他們應該操作的機器上作為懲罰。辛苦勞動的回報是可以得到足夠的粗食劣菜和像是豬圈一樣的地方可以過夜。他們經常因為過度勞累而在工作時打瞌睡，為了讓他們保持清醒，監工拿著鞭子四處巡視，如果有工人需要他「協助振作精神」的時候，就往他們的手指關節抽打下去。如此惡劣的工作環境使成千上萬兒童死去，這是令人痛心的事。雇主也是人，當然有著世人皆有的同情心，他們也真心希望能取消這種「童工」法律。可是，既然人是「自由」的，兒童們同樣也可以「自由」地工作；並且，如果瓊斯先生的工廠不雇用五、六歲的童工，競爭對手史東先生就會將更多小男孩通通叫去他的工廠，瓊斯先生就難逃破產的打擊。因此，在國會頒布禁止所有雇主使用童工的法律之前，瓊斯先生不可能自己率先停用童工。

可是，英國國會現在已經不再由舊式土地貴族們（他們瞧不起荷包滿滿的暴發戶工廠主，而且公開地表現出這種輕蔑之意）掌握了，換成來自工業地帶的代表們把持。只要法律仍然禁止工人組織工會，就不可能出現任何轉機。當然，那個時代的知識分子和道德家們並非對這種種可怕的現象視若無睹，他們只是無計可施。機器征服世界的速度令人震驚，還需要許多高尚的男男女女經過漫長的共同努力，才能真的將機器變成人類的僕人而非主人。

令人意想不到的是，率先對這種遍及全球的凶殘雇傭制度發起攻擊的人，是為了要解救非洲和美洲的黑奴。西班牙人最先將奴隸制度引進美洲大陸，當時他們曾經嘗試過使用印第安人作為農莊和礦山的勞工，可是，一旦離開了自由的野外生活，印第安人便一個接一個地病倒死去。為了避免印第安人遭遇滅絕的命運，一位「好心」的傳教士提議，可以將黑人從非洲運到美洲來做工。黑人體格強健，能夠承受惡劣的待遇。同時，黑人可以透過與白人長期相處的機會來認識基督，拯救他們自己的靈魂。無論從哪個方面來考量，對於仁慈的白人和他們無知愚昧的黑人兄弟來說，這是相當不錯的安排。可是，隨著機器愈來愈普及，工廠對棉花的需求量快速增長，黑人被迫要比以往更辛勤地勞動。他們就像可憐的印第安人一樣，開始慘死在監工的虐待之下。

當這些殘暴行為的消息傳回歐洲之後，許多國家掀起了廢奴運動。威廉．維爾伯福斯和卡札里．麥考利（他的兒子是偉大的歷史學家，閱讀他的英國史，你就能體會到原來歷史書籍可以如此有趣）在英國發起一個禁止蓄奴的團體。他們首先設法通過一項法律，使「販賣奴隸」成為非法行為。一八四〇年之後，所有英屬殖民地都廢除了奴隸制度；一八四八年的革命也使法國所有屬地廢除了奴隸制度；葡萄牙人在一八五八年立法承諾將在二十年之內讓奴隸恢復自由；荷蘭在一八六三年正式廢除奴隸制；沙皇亞歷山大二世也在這一年將強行剝奪了兩百多年的自由還給農奴。

美國的情況就很不一樣了，奴隸問題在這個國家引發嚴重危機，最後爆發了一場漫長艱苦的內戰。雖然美國《獨立宣言》的前言裡寫著「我們認為下面這些真理是不言而喻的：造物者創造了平等的個人，並賦予他們若干不可剝奪的權利」的原則，但是那些有著黑皮膚、在南部各州種植園內勞動的人們卻沒有被包括在內。隨時代進展，北方人愈來愈厭惡奴隸制，南方人卻聲稱，如果沒有奴隸，他們就無法繼續種植棉花。將近半個世紀的時間裡，無論是在眾議院或參議院，一直激烈地爭辯這個問題。

南北雙方都堅持自己的觀點，毫不退讓。當妥協無望的時候，南方各州便以退出聯邦做為威脅。這是美國歷史上最危險的時刻，什麼事情都可能發生，而它們之所以沒有發生，主要歸功於一個傑出而仁慈的偉人。

來自伊利諾州，完全依靠自學而成才的律師亞伯拉罕．林肯，在一八六〇年十一月六日當選美國總統，屬於共和黨陣營，堅決反對奴隸制。林肯深知奴役的邪惡性質，他憑著敏銳的常識也知道北美大陸上絕對不容兩個敵對國家的存在。當南方的一些州退出合眾國並成立了「美國南部聯邦」時，林肯接受了這個挑戰。北方各州開始徵召志願軍，數十萬青年熱烈響應政府的號召，隨之而來的是長達四年的殘酷戰爭。南方各州對戰爭有充分的準備，在李將軍和傑克遜將軍傑出的指揮下，起初南軍不斷獲勝。但是，隨著戰事延長，新英格蘭與西部的經濟實力逐漸顯示決定性影響。一位原本默默無名的北方軍官——格蘭特將軍——此時一鳴驚人，成了這場激烈廢奴戰爭中的查理．馬泰爾。北軍在他率領下持續發動猛烈攻勢，南方的堅強防線陸續崩潰。一八六三年初，林肯發表了《解放宣言》，使所有的奴隸重獲自由。一八六五年四月，李將軍率領最後一支驍勇善戰的部隊，在阿波馬克托斯投降。幾天之後，林肯總統在劇院被一名瘋子刺殺身亡，不過他的偉大任務已經完成了，除了還在西班牙統治下的古巴之外，奴隸制在文明世界的各個角落都結束了。

可是，當黑人們正在享受著愈來愈多的自由的時候，歐洲的「自由」工人卻被「自由經濟」壓迫得幾乎無法呼吸。在當時許多作家和觀察家眼裡，工人群眾（也就是無產階級）在那樣極度悲慘的處境裡竟然沒有完全滅絕，這簡直就是奇蹟。他們住在貧民窟陰暗骯髒的房子裡，食物粗劣難以下嚥，教育程度低得可憐，一旦死亡或者出了意外，全家人都將失去所有依靠。可是釀酒業（這個行業對立法機構有極大影響力）卻以極低廉價格無限量地向工人提供威士忌和杜松子酒，鼓勵他們藉酒澆愁。

從十九世紀三、四十年代開始出現的巨大進步，不是光靠一個人就達成的，有兩個世代的智慧傑出人士都做出了貢獻，努力將世人從機器時代來臨所造成的苦難中解救出來。這些傑出人士並不想摧毀整個資本主義體系，那樣做無疑是非常愚蠢的，因為，少部分人積累的財富，如果有適當的運用，也可能對全人類都有好處。他們全力對抗的是一種扭曲的觀點，那種觀點認為：在可以隨意關閉工廠的富人，與不管工資多低都必須接受，否則全家無法溫飽的勞工之間，還存在著真正的平等。

他們努力制定了許多規範勞資關係的法律，各國的改革者不斷地在這方面取得勝利。今天大多數勞動者已能得到充分的保護：工時減少到合理的平均每天八小時，工人的子女可以上學受教育，不再像以前一樣去礦坑和棉紗廠的梳棉機前做工了。

不過，還有一些人，他們面對不斷冒出黑煙的高大煙囪，聽著火車日夜不停轟隆前進，看著塞滿過剩物資的倉庫，陷入了沉思。他們想知道這種驚人的巨大的能量究竟要把人類帶去哪裡？它的終極目的到底是什麼？他們還記得人類曾經在完全沒有工商業競爭的情況下生活了幾十萬年。難道就不能改變現況，廢除這種為了追求利潤而不惜犧牲人類幸福的競爭制度嗎？

許多國家都出現了這種希望創造一個更美好的世界的朦朧想像。英國紡織業大亨羅伯特．歐文和另外幾個志同道合者創造了名為「新拉奈克」的「社會主義社區」，並取得了初步成功。不過，歐文過世之後，新拉奈克社區的榮景便暫告一個段落。法國新聞記者路易．布朗也曾嘗試在法國境內各地創建「社會主義工坊」，但是成效不彰。隨著一些實驗的失敗，愈來愈多社會主義思想家開始了解，只在普遍通行的勞資關係之外建立個別的、與世隔絕的小社團，永遠不可能取得成功。在提出真正有用的解決方案之前，有必要先研究整個工業體系和資本主義社會賴以運行的基本規律。

繼羅伯特．歐文、路易．布朗、法蘭西斯．傅立葉這些「實用社會主義者」之後，出現了卡爾．馬克思和弗里德里希．恩格斯這樣的「理論社會主義者」。馬克思的名氣較大，他是非常聰明的猶太人，家族長期定居在德國。馬克思聽說歐文與布朗的社會主義實驗之後，開始對勞動力、工資及失業等問題產生濃厚的興趣。但是，德國警察當局並不喜歡他的自由主義思想，他被迫逃往布魯塞爾，接著去了倫敦，在那裡成為《紐約論壇報》的記者，過著窮困的日子。

當時很少有人重視他的經濟學著作。不過，馬克思在一八六四年組織了第一個「國際工人聯合會」。三年之後（一八六七），他出版了著名的《資本論》第一卷。馬克思認為，人類的全部歷史就是「有產者」與「無產者」之間漫長的鬥爭史；機器時代創造了一個新的社會階級，也就是資本家；資本家利用自己的剩餘財富購買機具，再雇用工人進行勞動以創造更多的財富，再用這些財富興建更多工廠，這個循環永無止盡。同時，根據馬克思的觀點，第三等級（資產階級）將愈來愈富，而第四等級（無產階級）將愈來愈窮。因此他大膽預言，全世界的所有財富最終將被一個人占有，而其他人都將淪為他的雇工，全都只能仰仗他的善心過活。

為防止發生這種情況，馬克思呼籲全世界的工人聯合起來，為爭取一系列政治經濟措施而鬥爭。馬克思在一八四八年——即最後一場偉大的歐洲革命發生那一年——發表《共產黨宣言》，宣言中詳細列舉了這些措施。

這些觀點當然受到歐洲各國政府的深惡痛絕。許多國家——尤其是德國——制定了嚴厲的法律來對付社會主義者，授權警察驅散社會主義者的集會、逮捕演說者。但是，高壓手段不可能見效，對於這樣一件弱勢者對抗強勢者的理想事業來說，烈士反而成為最有力的宣傳。歐洲各地信仰社會主義的人愈來愈多，而且，不久之後，社會大眾就逐漸了解了，社會主義者並不打算發動暴力革命，而是利用他們在各國議會裡逐漸茁壯的力量來促進工人階級的權益。社會主義者甚至被任命為內閣大臣，與進步的天主教徒及新教徒攜手消除工業革命帶來的危害，把由於機器的引進和財富的增長所產生的利潤，做出更合理的分配。

第六十章 科學的時代

此外，這世界還經歷過一場比政治革命和工業革命更重大的變革。在飽受長期迫害之後，科學家們終於獲得了行動的自由。現在，他們試圖探索那些主宰宇宙的基本規律。

埃及人、巴比倫人、迦勒底人、希臘人、羅馬人，他們都曾對古代科學的模糊概念及科學研究做出了一些貢獻。但是西元四世紀的蠻族大遷移摧毀了地中海地區的古代世界，稍後崛起的的基督教重視人類的精神世界而非肉體，教會將科學視為人類妄自尊大的表現之一，因為它試圖窺探屬於全能上帝領域內的神聖事物，也和《聖經》裡提出的七宗大罪有密切關聯。

文藝復興在某種（有限的）程度上打破了中世紀這道偏見之牆。然而，宗教改革運動在十六世紀初期取代了文藝復興，它對「新文明」的理想卻抱有敵意。科學家們如果膽敢逾越《聖經》裡狹隘的知識範疇，將再度面臨死亡的威脅。

這個世界到處都是偉大將軍的雕像，他們威風凜凜地騎在馬背上，率領歡呼的士兵們迎向勝利。

可是，在其它地方也矗立著一些樸實無華的大理石碑，告訴世人，某位科學家在此找到了他的長眠之地。一千年之後，我們可能會以截然不同的方式看待這些問題，到時候，那些幸福的孩子們將會懂得尊重科學家驚人的勇氣和難以致信的奉獻精神。他們是抽象知識領域的先驅和開拓者，正是這些抽象知識讓我們當今的世界變成了實際存在的現實。

這些科學先驅中的許多人過著貧困的生活，經常忍受恥笑和侮辱。他們住在老舊的閣樓上，或者死在陰暗的地牢裡。他們不敢把自己的名字印在著作封面上，也不敢在在自己的祖國公開研究成果，經常被迫將手稿偷偷運到荷蘭，在阿姆斯特丹或哈倫的某家地下印刷廠印製。他們面對的是充滿敵意的教會，因此，無論是天主教徒或新教徒都不可能同情他們。宗教宣傳家不斷猛力抨擊這些科學先驅，還呼籲信徒用暴力手段對付他們。

科學先驅們有時候可以找到幾個庇護所，例如最有寬容精神的荷蘭，雖然政府當局對於這些科學研究沒有什麼好感，但不願去干涉別人的思想自由。於是，荷蘭成了知識自由的一個小庇護所，法國、英國、德國的哲學家、數學家及物理學家們紛紛來到這裡，短暫享受一下自由的空氣。

哲學家

我在前面的章節裡已經提到過，十三世紀的偉大天才羅傑・培根，為了避免教會找他麻煩，被迫封筆多年。過了五個世紀之後，哲學巨著《百科全書》的編寫者們仍然處於法國憲兵長期監視之下。再過半個世紀，達爾文只因大膽質疑《聖經》裡的創世故事，就被所有的布道者公開譴責為人類的公敵。即使到了今天，那些冒險踏入未知科學領域的先驅者們，仍然未能完全免於迫害。就在我撰寫這一章關於科學的故事時，美國政治家布萊恩先生還在對群眾大聲宣傳「達爾文主義的危險性」，提醒聽眾們要反對這位偉大英國博物學家的謬誤。

不過，這些阻礙都只是枝微末節而已，該做的工作最後還是都完成了。那些將遠見和理想斥為不切實際的人，也跟其他人一起享受到了各種科學發現與發明創造的最終利益。

十七世紀的科學家們依然關注著遙遠的星空，致力於研究地球和太陽系的關係與相對位置。即便如此，教會仍然不贊同這種不合宜的好奇心。第一個主張太陽是宇宙中心的哥白尼，直到臨死前才敢發表他的著作。伽利略的大半生都處於教會的嚴密監視之下，但他還是繼續透過自製的小望遠鏡觀察星系，因而留下大量的觀測資料讓英國數學家艾薩克・牛頓得以利用，在牛頓日後發現萬有引力定律的過程中，伽利略提供了很大的幫助。

科學家們對於星空的興趣，在萬有引力定律

伽利略

被發現之後，暫告一個段落，他們開始轉而關注地球本身。安東尼．范．雷文霍克在十七世紀中葉發明了容易操作的顯微鏡，使人們有機會研究導致人類患上許多種疾病的微生物，開啟了「細菌學」這個新領域。最近這四十年來，許多致病微生物被發現，也讓人類找到了治療許多疾病的方法。顯微鏡也可以協助地理學家仔細研究從地層深處找到的各種岩石以及化石（史前動植物的遺體），研究結果證實了地球的年紀比《聖經》所記載的還要古老得多。查爾斯．萊爾爵士在一八三〇年出版了《地質學原理》，這本書否認《聖經》裡創世故事的真實性，並且生動地描述了地球的漫長發育過程。

此時拉普拉斯侯爵正在研究一種新的宇宙起源學說，他認為，星雲在收縮旋轉的過程中甩出了無數物質塊，形成了星球系統，而地球只不過是這片星球之海裡面的一小滴而已。此外，羅勃．威廉．本生與古斯塔夫．克希荷夫利用分光鏡觀測星球以及我們的好鄰居——太陽——的組成化學成分，而伽利略很早就注意到太陽表面有奇怪的斑點。

差不多也是這段時間，解剖學家與生理學家們，經歷了艱苦漫長的抗爭之後，各國教會當局終於允許他們解剖屍體。他們終於能夠正確地了解人類體內的器官及其特性，排除中世紀江湖郎中的胡說八道。

幾十萬年前，人類第一次看見星星，卻不知道那是什麼和為什麼在那裡。現在，在短短不到一代人的時間裡（一八一〇年到至一八四〇年），科學的進步幅度已經超過了先前幾十萬年的總和，每個領域都是如此。對於那些在舊式教育下長大的人來說，這是讓他們心煩意亂的時代。我們可以理解他們為什麼痛恨拉馬克和達爾文，這兩個人雖然沒有明確說出人類是猴子的後裔（祖父輩們習慣用這樣的話罵人），但是他們確實暗示著「值得自豪的人類，是由很長一串祖先物種演化而來的，這個家譜

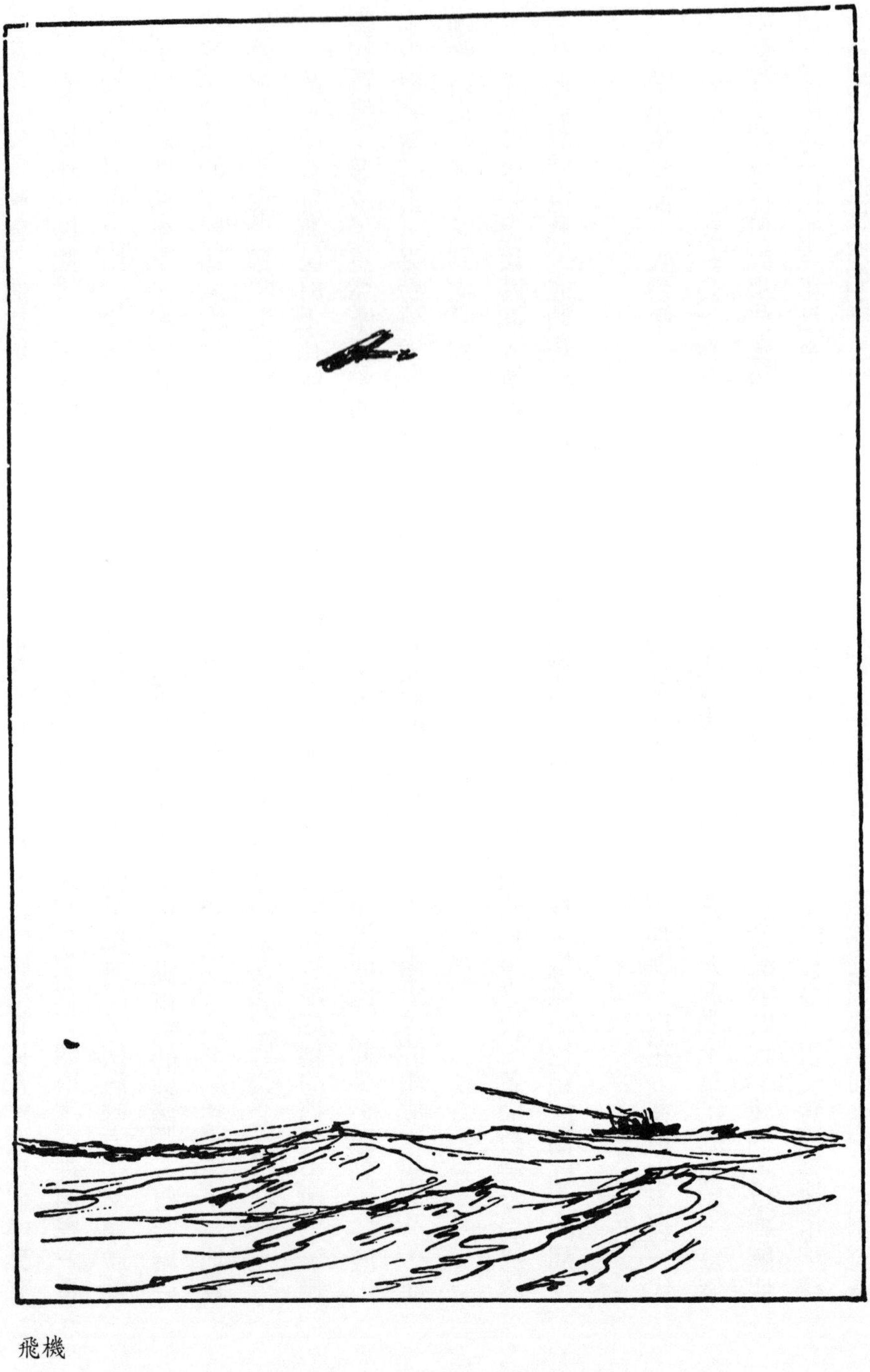

飛機

最早可以追溯到地球行星的最早居民——水母」。

富裕的中產階級主導著十九世紀的發展。他們樂於使用煤氣、電燈，以及源自偉大科學發現的所有實際應用成果。但是那些研究「純粹科學理論」——任何進步其實都離不開這些理論——的人卻普遍遭到質疑，人們直到不久之前才終於承認他們的貢獻。有錢人過去習慣把錢捐給教會去修建教堂，現在改成出資設立大型實驗室，讓沉默寡言的英雄們在裡頭與人類的潛在敵人作戰，科學家們為了讓人類享受到更幸福健康的未來，經常犧牲掉自己的生活，有時甚至犧牲性命。

許多曾經被視為「上帝的旨意」而無法治好的疾病，現在已被證明，事實上只是我們的無知與疏忽造成的。每一個現代兒童都知道，只要喝清潔的水就能避免感染傷寒，但那是醫生們歷經多年努力之後才說服人們接受的簡單事實。現在已經很少有人害怕看牙醫，我們都知道蛀牙的成因是口腔內微生物的關係，因此知道如何預防；如果非拔掉一顆壞牙不可，只需吸一口笑氣來麻醉，結束走人時還很開心。一八四六年，美國報紙刊登了使用「乙醚」進行無痛手術的新聞，歐洲那些虔誠的好信徒們對這則消息不以為然，在他們看來，人類居然試圖逃避所有生物都必須承受的「疼痛」，這麼做不是違背了上帝的意志嗎？因此，又經過了許多年之後，人類才普遍接受在外科手術中使用乙醚和氯仿。

無論經歷過多少阻撓，進步最終還是贏了，偏見之牆上的破口愈來愈大，隨著時間過去，古老的無知石塊終將崩解，一個個迫切想要加入更新、更幸福社會的勇者衝出了缺口，但是，突然之間，他們發現自己面前又橫亙著一道先前沒見過的障礙，那是從舊時代的廢墟中升起的另一座反動的堡壘。為了摧毀這最後一道防線，好幾百萬人在不久之後獻出了自己的生命。

第六十一章 藝術

若一個嬰孩身體十分健康，那麼他吃飽睡飽之後，就會發出一連串哼哼聲，用以表示他很滿足。大人們聽到這些聲音，不知道那有什麼意義，聽起來只是「咕吱，咕吱，咕咕咕咕……」。但是對嬰兒來說，這就是完美的音樂，是他對藝術的最初貢獻。

一旦他（或她）長大一點，能夠坐起身子，就可以開始捏泥巴了。成年人當然不會覺得這些泥巴團有什麼意思，世界上有幾百萬幾千萬的嬰孩，可以捏出幾百萬幾千萬個泥團。但是，對小傢伙來說，這代表他再一次踏進了愉悅的藝術國度。小傢伙現在變成雕塑家了。

三、四歲的小傢伙已經能夠穩定控制雙手，這時候他就成了一名畫家。媽媽給他一盒彩色筆，很高興地看著他在每一張紙上畫滿線條，有的歪斜，有的彎曲，大人看不出那是什麼，但是，對小傢伙而言，那就是房子、是馬、是一場激烈的海戰等等。

不久之後，這種隨性「創作」的快樂時期便告一段落。開始上學之後，課業占去了孩子們的大部分時間。對每個男孩或女孩來說，生活——更準確地說是「過日子」——變成了生命中的首要考量。在背誦乘法表和學習法語不規則動詞過去式之餘，已經很少有剩下的時間可以從事「藝術」，除非他

（或她）對於不求現實回報，只為了純粹樂趣而創造某種東西的欲望非常強烈。等這些孩子長大成人之後，他們會完全忘掉自己生命的最前面五年住要是獻身於藝術的。

民族的發展過程也和這些孩子相似。當穴居人終於逃離了漫長冰川紀的種種致命危險，把住所安頓好之後，便開始創作一些他們自己覺得好看的東西，這些東西雖然無法協助他對抗叢林中的野獸，他還是在洞穴的岩壁上畫滿他狩獵過的大象和鹿的圖像，還把石頭敲擊成他自己覺得最迷人的女性的粗糙形象。

當埃及人、巴比倫人、波斯人以及其它東方民族沿著尼羅河和幼發拉底河兩岸建立起自己的小國家之後，便開始為他們的國王興建宏偉的宮殿，為他們的女人製作閃亮的首飾，再用各種奇特植物鮮豔的色彩來裝飾他們的花園。

我們的祖先是來自遙遠中亞草原的遊牧民族，他們是熱愛自由的純樸獵人與戰士。祖先們譜寫過許多歌謠來歌頌部族領袖的偉大事跡，還發明了流傳至今的某種詩歌型式。一千年之後，他們在希臘半島上定居下來，建立一個個「城邦國家」。他們開始興建宏偉的神廟、創作雕塑、悲劇和喜劇，發展他們能想出來的各種藝術形式，透過這些藝術來表達心中的喜悅和哀傷。

羅馬人和他們的迦太基對手一樣，忙於統治其他民族和經商致富，不願多花心力在「既無用處又無利潤」的精神活動上。儘管他們征服過大半個世界，修築了無數道路和橋梁，但是他們的藝術卻是將希臘人的遺產全部照搬過來的。他們雖然依照當時的實際需求而創造過幾種實用的建築形式，不過，他們的雕塑、歷史、鑲嵌工藝、詩歌……都只是源於希臘的拉丁版本。如果缺乏那種模糊而難以定義的、世人稱之為「個性」的要素，便不可能產生好的藝術，而羅馬人正好不相信「個性」。羅馬帝國需要的是強壯的士兵和精明的商人，至於詩歌繪畫這些藝術領域的事情就交給外國人去做了。

接著，「黑暗時期」來臨。野蠻的日爾曼部族就像闖進西歐瓷器店裡的狂暴公牛，他無法理解的東西就是沒有用的東西。用我們今天的話來說，他對於印著漂亮封面女郎的通俗雜誌愛不釋手，卻將繼承來的林布蘭銅版畫隨手扔進垃圾桶。將來等他長出一些見識之後，想彌補自己幾年前造成的損失，垃圾桶已經不存在了，林布蘭就此失去。

不過，他自己從東方帶來的藝術卻在此時已有所發展，成為非常優美的「中世紀藝術」，補償了他過去的無知與疏忽。至少，就歐洲北部地區而言，中世紀藝術主要是一種日爾曼精神的呈現，並沒有多少屬於希臘與羅馬的成分，與古老的埃及或亞述藝術形式也完全沒有關係，更別說是印度和中國了——他們對這兩個地方根本沒有概念。事實上，北方日爾曼民族很少受到南方鄰居的影響，以至於義大利人完全無法理解日耳曼建築的美感，全然地輕蔑。

你們一定聽過「哥德式」這個字詞，你多半會馬上想到擁有一座座瘦長尖塔伸向天空的美麗古老教堂。但是這個字詞真正的含義到底是什麼呢？

「哥德式」其實意指「不文明的」、「野蠻的」、屬於「未開化的哥德人」的東西。哥德人在南方人眼裡是粗野的落後偏遠民族，毫不尊重古典藝術的既定規則。他們依據自己低俗的品味造起一座座「恐怖的當代建築」，根本不解古羅馬廣場和雅典衛城所樹立的崇高典範。

然而，這種哥德式建築卻是真摯藝術情感的最高表現形式，爾後幾百年裡一直激勵著整個歐洲大陸北部的住民。讀過前面的章節，你一定記得中世紀晚期的人們是怎麼過日子的；他們是「城市」裡的「市民」，而在古拉丁文裡，「城市」就是「部落」的意思。事實上，這些住在其高大城牆與寬深護城河之內的善良自由民們完全就像部落成員一樣，根據整個城市的互助法則來運作，有福同享，有難同當。

在古希臘和古羅馬的城市裡，神廟前面的市集廣場是市民的生活中心；到了中世紀，教堂——上帝的屋子——成了新的中心。我們現代的新教徒一星期只去一次教堂，而且只待上幾個小時，很難體會中世紀的教堂對當地社群的重要意義。在那個時代，你出生還不到一星期就被送到教堂受洗；兒童

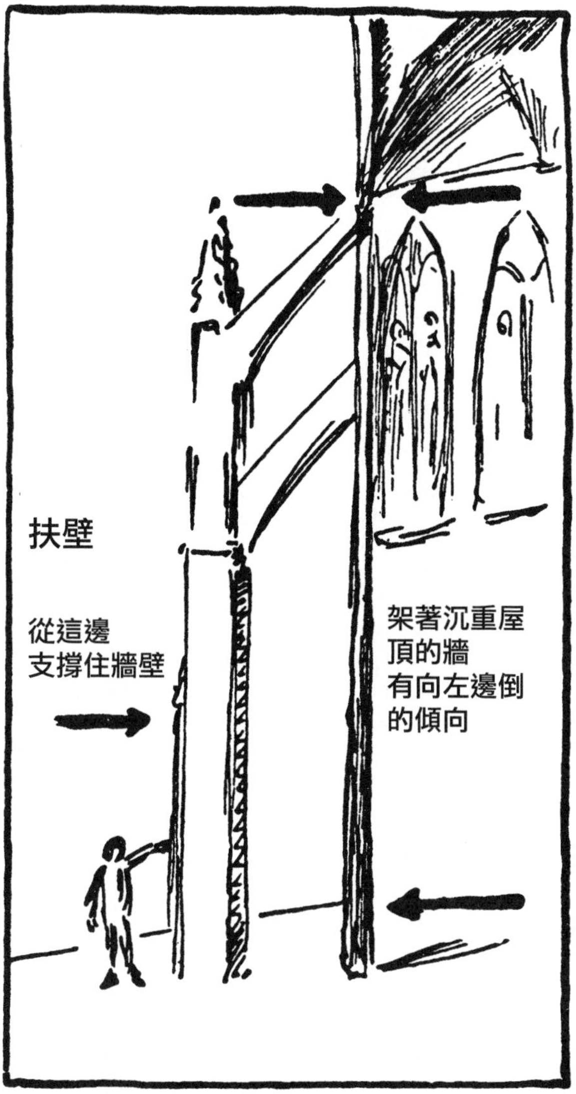
扶壁
從這邊
支撐住牆壁
架著沉重屋
頂的牆
有向左邊倒
的傾向

哥德式建築

時代的你會常常去教堂聽人講述《聖經》裡的神聖故事，長大之後就成了屬於這座教堂的教友。假如你夠有錢，就會自己建一座小教堂，將自己家族的守護聖人供奉在裡面。在那個時代，教堂這種神聖的場所，日夜都對公眾開放，從某種意義上來說，它猶如現代的俱樂部，而所有市民都是它的終生會員。你很可能在某座教堂裡對某個心愛的人一見鍾情，然後在這座教堂的高聳祭壇前舉行隆重的婚禮。最後，當你結束人生旅程時，你會被安葬在這座你所熟悉的建築的石塊下。你的孩子、孫子可能仍然在這附近來來去去，不斷經過你的墳墓，直到末日審判來臨的那一天。

中世紀的教堂不僅僅是「上帝的屋子」，它還是一切日常生活真正的中心，因此它的式樣一定要跟先前出現過的人造建築物有所不同。埃及人、希臘人、羅馬人的神廟只是當地人供奉神祇的場所，而且祭司們也不需要在歐西里斯、宙斯或朱比特的塑像前布道，因此用不著能容納大量信眾的內部空間。古代地中海沿岸各民族的一切宗教活動都在露天舉行，但是歐洲北部的天氣總是陰濕寒冷，大部分宗教活動與儀式都必須在教堂的屋頂下進行。

建築師們花了好幾個世紀去思索如何建造擁有龐大內部空間的建築物。羅馬人留下的建築知識告訴他們，厚重的石牆上端可以放置沉重的石造屋頂，但必須搭配狹小的窗孔，以免牆體承受不住自身重量而崩塌。但是，十字軍在十二世紀抵達東方之後，歐洲的建築師們見識到穆斯林建築師建造的清真寺的穹頂，啟發他們想出一種新的風格，讓歐洲人第一次有機會打造出能夠滿足當時頻繁的宗教活動所需的那種建築。接著，他們進一步發展這種被義大利人蔑視為「哥德式」或「野蠻的」奇特風格建築，發明出一種由「肋拱」支撐的拱頂。可是，拱頂如果太重的話，很容易將石牆壓垮，就像是一張兒童搖椅上坐了一個三百磅重的胖子，非垮不可。為了解決這個難題，一些法國建築師開始用「扶壁」來強化牆體。扶壁就是與牆壁相連的巨大石堆，從旁邊「扶著」撐住屋頂的牆體。後來，為進一步保證屋頂的安全，建築師們又發明了「飛扶壁」來支撐屋脊。你一看我畫的圖就可以了解。

這種新式建築法讓窗孔得以擴大。在十二世紀，玻璃還是非常珍貴稀罕的裝飾品，私人建築很少安裝玻璃窗，有時連貴族們的城堡也只有窗孔而已，室內經常吹著穿堂風，這就是為什麼當時的人在室內和室外都一樣穿著皮毛衣的緣故。

幸運的是，古地中海人民已經精通的彩色玻璃製作工藝並未完全失傳，此時又復興起來。於是人們將一塊塊鮮豔的彩色玻璃拼成《聖經》故事，以長條鉛框固定起來做成窗戶，裝在哥德式教堂的窗孔上。

光彩奪目的上帝新居裡於是擠滿了信眾，用前所未有的虔誠熱情過著他們的宗教生活。為了打造這些「上帝的屋子」和「人間天堂」，人們不吝惜任何代價只求讓它盡善盡美，於是，羅馬帝國毀滅後便長期處於失業狀態的藝術家們，此時逐漸重返工作崗位。教堂的正門、廊柱、扶壁與飛簷上，到處都刻著上帝和聖人們的形象。繡工們也盡心投人工作，讓教堂四壁掛滿華麗的掛毯。珠寶匠施展全身技藝來裝飾祭壇，使其無愧於人們最虔誠的敬拜。畫家們也盡力而為，但是因為找不到適當的作畫材料，這些可憐的人們還沒辦法盡情發揮。

那又是另外一個故事了。

在基督教初創時期，羅馬人曾經使用小片的彩色玻璃拼成圖案，用來裝飾神廟和房屋的牆面與地板。可這種鑲嵌工藝非常困難，畫家們很難用以充分表達自己的情感，所有嘗試過用彩色積木進行創作的兒童都能體會同樣的感受。君士坦丁堡被蠻族攻陷之後，拜占廷的鑲嵌畫家紛紛逃往俄羅斯避難，因此，鑲嵌工藝在中世紀歐洲消失了，只在俄羅斯一地保存下來，得以繼續用彩色玻璃裝飾東正教教堂，直到共產革命之後，也沒有教堂再使用這項工藝了。

當然，中世紀的畫師們可以把顏料加入濕灰泥裡，塗上教堂牆上作畫。這種「濕灰泥」畫法（通常稱為「濕壁畫」）流行過好幾個世紀。到了今天，這種技藝卻像手抄本裡的細密畫一樣罕見，在現代大都市中，幾百個畫家裡恐怕只有一兩個能夠成功調製這種顏料。但是在中世紀沒有別的更好的調配材料，畫家們別無選擇地都會成為濕壁畫畫家。這種調料法存在致命的缺陷，往往過不了幾年，灰泥就會從牆壁上脫落，要不然是被濕氣侵蝕畫面，就像濕氣會侵蝕我們的壁紙一樣。人們花了一千年試驗過各種各樣的介質來取代濕灰泥，嘗試過用酒、醋、蜂蜜、生蛋白等等來調製顏料，可是效果都很難滿意。中世紀的畫家能夠成功地在羊皮紙上繪圖，可是很難在大片的木料或石塊上作畫。

到了十五世紀上半葉，這個難題終於被南尼德蘭地區的揚·范艾克與胡伯特·范艾克解決了。這對著名的佛拉芒人兄弟用特製的油來調製顏料，使他們能夠在木料、帆布、石頭或其它任何材質的底板上做畫。

不過，中世紀初期的宗教熱情在此刻已然消退，富裕的城市自由民接替主教們成了藝術資助者。由於藝術家也必須謀生，此時他們開始為這些世俗雇主工作，為王公大臣或富裕的銀行家們繪製肖像。新的油畫法很快就傳遍整個歐洲，幾乎每個國家都興起了一種獨特的畫派，它們創作的肖像畫和風景畫反映出當地人民獨有的藝術品味。

例如，西班牙的維拉斯奎茲畫過宮廷小丑、皇家掛毯紡織女工及其它關於國王和宮廷裡的人物與物品。荷蘭的林布蘭、弗蘭斯·哈爾斯及維梅爾畫過商人家中的儲藏室、邋遢的妻子、健康肥胖的孩子，還有為他帶來巨大財富的船隻。義大利就不一樣了，由於教皇陛下還是最主要的藝術贊助人，米開朗基羅和柯雷吉歐仍在全力刻畫著聖母與聖人的形象。在貴族有錢有勢的英格蘭，和國王至高無上的法國，藝術家們則畫過許多與政府高官顯貴和皇帝陛下關係密切的美麗女士。

因教會衰微和新社會階級崛起而在繪畫領域帶來的巨大變化，同時也反映在其它形式的藝術中。活字印刷術發明之後，使得人們有機會利用大眾作品來獲取名聲，於是出現了小說家和插畫家這樣的新職業。買得起新書的這些人，並不想整晚坐在家裡，看書看累了就看著天花板發呆，他們還想要其他娛樂。區區幾個中世紀遊吟詩人已經無法滿足人們對消遣活動的大量需求，戲劇這項藝術早在兩千多年的希臘城邦已經出現，到了這個時候，職業劇作家終於再次找到了一展長才的機會。中世紀的戲劇還只是某些宗教慶典的陪襯角色，十三和十四世紀的悲劇都是以耶穌受難的故事為主題，到了十六世紀，通俗劇終於出現了。職業劇作家和演員們一開始的地位確實不高，威廉・莎士比亞還曾經被視為某種馬戲團成員，以他創作的悲劇和喜劇為周遭的人們開心解悶。不過，這位大師在一六一六年去世時，已經贏得英國人的尊崇，演員也不再是員警要監視的可疑對象了。

與莎士比亞同時期的劇作家還有洛佩・德・維加。這位創作能量超乎尋常的西班牙人一輩子寫出了四百齣宗教劇和一千八百部以上的通俗劇，連教皇都大為稱許。再過一個世紀之後，法國作家莫里哀在同胞心中的地位竟然不輸給國王路易十四。

戲劇藝術從此愈來愈受大眾喜愛。到了今天，劇院已經成為任何一座像樣的城市必不可少的場所之一，而最不起眼的小鄉村裡也會放映默片電影了。

音樂則是最受大眾歡迎的藝術形式。大部分有傳統的藝術形式都需要大量的技巧訓練才能掌握。

想要使笨拙的雙手聽從大腦任意使喚，準確地將想像力呈現在畫布或大理石上，需要好幾年的辛苦練習。學會演戲或者寫出好的小說，可能要花上一輩子的時間。至於藝術作品的接收者——大眾，要想擁有欣賞高明的繪畫、小說或雕塑的素養，同樣需要大量的學習。但是，只要不是聾子，幾乎任何人都能跟著旋律哼哼唱唱，都能從音樂裡享受到相當的樂趣。中世紀的人雖然能聽到少量音樂，不過全是宗教音樂，聖樂必須遵守嚴格的節奏與和聲規則，很快就讓人感到單調厭煩，也不適合在大街或市集上唱出來。

文藝復興改變了這個情況。音樂再度成為人們歡樂或憂傷時最好的朋友。

埃及人、巴比倫人及古代猶太人都曾經熱愛音樂，他們甚至懂得將不同的樂器組合成正規的樂團。希臘人則很不喜歡這種野蠻的外國噪音，他們喜歡的是聆聽別人朗誦荷馬或品達莊重華美的詩歌。朗誦詩歌時，他們允許在不致於激起眾怒的情況下使用「里拉琴」（古希臘的一種豎琴，所有絃樂器裡最簡單的一種）伴奏。羅馬人剛好相反，他們喜歡晚餐和聚會時有管弦樂助興。羅馬人發明出我們沿用至今（當然經過了改進）的大部分樂器。早期的教會鄙視羅馬音樂，因為它帶有太多剛剛被摧毀的邪惡異教世界氣息。西元三、四世紀的所有主教們，對音樂的忍耐極限就是由全體教徒頌唱的

吟遊詩人

幾首聖歌。在沒有樂器伴奏的情況下，教徒們很容易走調，因此教會特許使用管風琴伴奏。管風琴由一組排蕭和一對風箱構成，在西元二世紀被發明出來。

蠻族大遷徙時代來臨時，最後一批羅馬音樂家若沒有死於戰火，就是淪為流浪樂手，在大街上表演，討些零錢維生，就像現代渡船上的豎琴師一樣。到了中世紀晚期，世俗化的文明在城市裡復興起來，人們開始需要更多的音樂。例如號角這類樂器本來是戰爭和狩獵時的通訊工具，經過改良之後，此時已經能吹奏出舞廳或宴會廳需要的悅耳樂音。有一種老式吉他，使用綳著馬鬃當弦的弓來拉奏，它是所有絃樂器裡面最古老的一種，其歷史可以追溯到古代埃及和亞述。這種六絃樂器在中世紀晚期發展成我們現代使用的四弦小提琴，而十八世紀的史特拉第瓦里及另外幾位義大利小提琴製作家，使這種樂器達到完美境界。

最後，現代鋼琴終於出現了。它是所有樂器裡最普及的一種，熱愛音樂的人帶著它前往叢林荒野或格陵蘭的冰天雪地。管風琴是最早的鍵盤樂器，但是，演奏管風琴時需要另一個人在旁邊推拉風箱（如今已由電力代勞）。因此，當時的音樂家試圖找到一種更簡便、更不受條件限制的樂器，在他們培訓教堂唱詩班學生時用來伴奏。在偉大的十一世紀，阿雷佐城（詩人彼特拉克的誕生地）有一個名叫圭多的本尼迪克教團僧侶發明了音符標註系統，一直沿用至今。就在同一世紀的某一時期，人們對音樂的興趣日益濃厚，於是發明了第一件同時擁有鍵盤和琴弦的樂器，它發出叮叮噹噹的樂音，想必和現在每一家玩具店出售的兒童鋼琴很相似。在維也納，中世紀的流浪音樂家們（他們曾被視為與騙子和詐賭者之類的人）於一二八八年組織了第一個獨立的音樂家行會。這種小小的一弦琴被不斷改進成為當時稱為「小鍵琴」（clavichord，因為它配有琴鍵）的樂器，現在的史坦威鋼琴就是直接源於它。小鍵琴從奧地利傳到義大利，在這裡被改進成「spinet」，即小型直立鋼琴，這個名稱源自它的發明者——威尼斯人喬萬尼．斯皮內蒂。最後，在一七〇九至一七二〇年間，巴爾托洛梅奧．克里斯多福里發明出一種能同時奏出強音（piano）和弱音（forte）的琴，這種樂器再經過一些改進，就變成了現代鋼琴。

最早的鋼琴出現之後，世界上第一次有了一種能在幾年內學會的樂器，而且簡單又方便，它不像豎琴和提琴一樣經常需要調音，而且擁有比中世紀的低音號、單簧管、長號、雙簧管更悅耳動人的音色。早期鋼琴的出現使音樂知識在更廣的社會圈子裡普及，就像留聲機使成百上千萬的人們迷上音樂一樣。音樂家變成受人尊敬的職業，不再是四處流浪的「吟遊詩人」。後來，戲劇演出也開始使用音樂，演變成現代歌劇。一開始只有少數非常富有的王公貴族才能請得起「歌劇團」，可是隨著人們對這種娛樂的興趣日漸增加，許多城市都建造了自己的歌劇院。義大利人和稍後德國人創作的歌劇讓所有人在劇院理享受到無窮樂趣，只有少數極為嚴格的基督教派仍對這種新藝術抱著深刻的懷疑態度，認為歌劇帶來的過度歡樂有損人類的心靈。

到了十八世紀中期，歐洲的音樂生活蓬勃熱烈，此時最偉大的音樂家出現了，他原本只是萊比錫市湯瑪斯教堂的普通風琴師，名叫約翰．塞巴斯蒂安．巴哈。巴哈以各種題材形式創作了許多樂曲，包括喜劇歌曲、流行舞曲和最莊嚴的聖歌和讚美詩，為所有的現代音樂奠定了基礎。當他在一七五〇年去世時，莫札特繼承了他的事業，創作出純粹的美妙音樂，讓聽者感受到由節奏與和聲編織而成的美麗花邊。接著是路德維西．馮．貝多芬——一生充滿悲劇的偉人——他為我們帶來了現代交響樂，卻無法親耳聆聽自己最偉大的作品，因為年少貧困時的一場感冒導致他雙耳失聰。

貝多芬親身經歷了法國大革命時代。他滿懷著對嶄新輝煌時代的憧憬，創作了一首交響曲獻給拿破崙，這件事讓他至死遺憾，當貝多芬於一八二七年過世時，昔日叱吒風雲的拿破崙早已死去，法國大革命也成了過眼雲煙。此時蒸汽機出現了，全世界響起了一種與貝多芬《第三號交響曲》中編織的理念全然不同的聲音。

由蒸汽、鋼鐵、煤和大型工廠構成的世界新秩序，確實對油畫、雕塑、詩歌及音樂沒有任何好處。舊日的藝術贊助人——中世紀與十七、十八世紀的主教、王公、商人——已經一去不返。工業新貴們忙著賺錢，也沒有受過多少好的教育，根本無心理會銅版畫、奏鳴曲或象牙雕刻品這類東西，更不可能關心這些藝術的創作者，以工業社會的標準而言，藝術家實在是沒有用處的人。工廠工人整日聽到的只是機器的轟隆聲，到頭來喪失了所有的感受能力，連他們的農民祖先用長笛或提琴奏出的音樂也沒有任何感覺。藝術淪為新工業時代備受輕賤的繼子，完全離開了人類的生活。即使有些繪畫倖存下來，也只是關在博物館裡慢慢死去。音樂變成少數「鑑賞家」獨享的事物，他們將它從普通人的家裡帶走，捧進音樂廳裡去。

但是，儘管非常緩慢，藝術還是逐漸找回了自己的價值。人們終於開始意識到，林布蘭、貝多芬和羅丹才是他們自己民族真正的先知與領航者，而一個缺乏藝術和歡樂的世界，就像一所沒有笑聲的育幼院。

第六十二章

殖民擴張與戰爭

這一章原本要仔細向你說明過去五十年來的世界政治局勢，事實上它只是幾條解釋和幾個道歉。

如果早知寫一部世界通史是如此地困難，我絕不會貿然接受這項工作。當然，任何勤奮而有耐心的人，只要他願意用去五、六年的時間，埋首於圖書館裡那些充滿霉味和灰塵的書堆裡面，就能編出一套大部頭的歷史書，將每個世紀、每塊土地上發生的重大事件鉅細靡遺地通通收錄進去。但是，那並不是這本書的宗旨。我的出版商希望出版一部「有節奏感」的歷史書，其中的故事要邁著輕快的步伐前進而不是如蝸牛般緩慢爬行。這本書即將完成了，我發現前面有些章節活潑流暢，有些章節卻如同緩步穿越古老的乾枯沙漠，有時舉步維艱，有時像是行動與傳奇的炫麗爵士樂章。我不是很滿意，因此建議丟棄整份手稿，從頭寫過，但出版商不同意。

第二種解決問題的辦法是這樣的，我將打字稿交給幾位好心的朋友，請他們讀過之後給我一些有用的建議。但是這樣處理的結果同樣無法令人滿意。每個人都有自己的喜好偏見，他們都想知道為什麼我竟然在某處漏掉他們最喜歡的國家、政治家、甚至罪犯。對他們之中的某些人來說，最該受到稱讚的偉人是拿破崙和成吉思汗，我解釋說自己已經盡可能公正地對待拿破崙了，而他們在我眼中遠遠不如喬治・華盛頓、古斯塔夫・瓦薩、奧古斯都、漢摩拉比、林肯及其他十幾個人物。這些人應該講得更詳細一些，但篇幅有限，只能簡單帶過。至於成吉思汗，我只承認他是大屠殺的天才，因此不想替他多說什麼。

「到目前為止都寫得很不賴，」另一個批評家說道：「不過你有考慮到清教徒問題嗎？我們正在慶祝他們抵達普利茅斯三百週年。他們應該占更多的篇幅。」我的回答是，如果我寫的是一部美國史，那麼清教徒一定會占掉前十二章的一半篇幅，但是這本書是「人類的歷史」，而清教徒登陸普利茅斯這件事，還要等上好幾個世紀之後才具備重要國際事件的地位。此外，美利堅合眾國最初是由十三個州而非單單一個州形成的，美國史前二十年中那些最傑出的人物大多來自維吉尼亞州、賓夕法尼亞州和尼維斯島，而不是麻塞諸瑟州。因此，用整整一頁篇幅和一副地

拓荒者

圖來講清教徒的故事，應該就夠了。

接著是史前時代專家，他以霸王龍的威名質問我，為什麼我就不能多講講令人讚嘆的克羅馬儂人呢？他們在一萬年前就發展出了高度的文明！

是的，為什麼沒提他們呢？原因很簡單。我並不像某些最著名的人類學家那樣讚嘆原始人類的完美性。盧梭和一些十八世紀的哲學家創造了「高貴的野蠻人」的說法，「想像出」一群活在太初時代幸福世界中的人類。而現代科學家已經捨棄了我們祖父輩深深熱愛的「高貴的野蠻人」這種想法，代之以在法蘭西谷地發現的「光輝的野蠻人」。他們在三萬五千年前終結了額頭低矮、文明低落的尼安德塔人及其他日爾曼鄰居的統治，科學家還向我們展示了克羅馬儂人繪製的大象和雕刻品，並給他們莫大的讚揚。

我不是覺得科學家們弄錯了什麼，只是認為我們對這段時期的了解還差太遠，我們很難精確地敘述早期歐洲的狀況，所以我寧可不說而不要冒著可能說錯的危險。

還有一些批評者直接指責我不夠公平。為什麼我不提愛爾蘭、保加利亞、暹羅（現在叫作泰國），卻把荷蘭、冰島、瑞士這樣的國家拉進來？我的回答是，我並沒有硬將將任何國家拉進來，在那個地方那個時候他們自然就這樣出現了，我根本不能將他們排除在外。為了讓讀者更完整地了解我的觀點和立場，請允許我在此說明這本歷史書依據什麼原則去選擇登場的角色。

原則只有一條：「某個國家或個人是否創發出新的觀念，或者實施了創造性的作為，從而影響到歷史的進程。」這並非個人好惡的問題。它憑據的是冷靜到幾乎像數學一樣的判斷。在歷史上，從未有哪個種族扮演過比蒙古人更生猛傳奇的角色，同時也沒有哪個種族比蒙古人對人類的成就或知識進步的貢獻更少。同樣的，荷蘭共和國的歷史之所以讓我感興趣，並不是因為德·魯伊特的海軍曾在泰晤士河中釣魚，而是由於這個北海泥岸邊的小國曾經為一大批各式各樣的奇人異士提供過友善的避難所，而這些奇人異士對各式各樣不受歡迎的問題懷有各式各樣的古怪想法。

亞述國王提格拉特·帕拉沙爾一生充滿戲劇性，但是，對我們來說，他也可能根本就不曾存在過。確實，雅典或佛羅倫斯在全盛時期的人口只相當於堪薩斯城的十分之一。可是，如果這兩個地中海小城市中的任何一個不曾存在過的話，我們今天的文明就會全然是另一種模樣。而對於堪薩斯城這個位於密蘇里河畔的大都會，卻很難用同樣的敬意來說他們（我謹此向懷安特郡的好人們致上誠摯的歉意）。

既然我如此堅持自己的觀點，請允許我講述另一事實。

當我們準備去看醫生的時候，我們必須先搞清楚他到底是外科醫生、門診醫生、順勢療法專家或者信仰療法專家，因為我們想知道他會從哪個角度來診斷我們的病症。我們在為自己選擇歷史學家時，也該像選擇醫生一樣仔細。我們常常想，「歷史不就是歷史嘛」，於是隨手拿起一本書就開始讀。但是，設想一個在蘇格蘭偏僻鄉村長大、受過長老會教派家庭嚴格教養的作者，而他有一個鄰居從兒童時代就被帶去聽羅伯特·英格索爾（他主張人類不可能知道究竟有沒有鬼神）的動人講演，這兩個人對於所有從人與人的關係中衍生出來的問題，一定有完全不一樣的看法。等他們漸漸長大，兩個人都會忘記他們早年聽過些什麼，也不再去當年的教堂或講演廳了，可這些早年的印象會一直跟隨他們，在他們再他們的著作和言行中無可避免地流露出來。

我曾在這本書的前言裡說過，我本人並非一位完美的歷史嚮導。現在將近尾聲了，我很樂意重申這個告誡。我在老派的自由主義氛圍家庭裡長大、受教，達爾文及其他十九世紀科學先驅們的思想每天薰陶著我。在兒童時代，我跟一位舅舅共處許多時光，而他收藏了十六世紀偉大法國散文家蒙田的全部著作。我在鹿特丹出生，在高達市念書，因此我對伊拉斯謨斯相當熟悉。出於某種自己也弄不清楚的原因，這位「寬容」的偉大宣講者征服了並不寬容的我。後來，我發現了阿納托爾．法郎士，而我與英語的第一次邂逅是偶然看到一本薩克雷的《亨利．艾斯蒙》。這部小說給我留下的深刻印象超過任何其他英文著作。

如果我出生在一個美國中西部鄉間城市，我也許會對兒時聽過的讚美詩懷有某種感情。但是，我對音樂的最初記憶必須追溯到童年的某一個午後，我母親第一次帶我去聽巴哈的賦格曲。這位偉大的新教音樂大師的傑作以其數學般的完美深深地打動了我，以至於每當在我們的祈禱會上聽到普通的讚美詩，就忍不住感到倍受折磨。

如果我在義大利出生，從小就沐浴在阿爾諾山谷溫暖陽光中，我也會熱愛色彩絢麗、光線明亮的畫作。但我現

征服西部

在對它們無動於衷，因為我最初的藝術印象得自於一個天氣陰沉的國度。在那裡，罕見的陽光一旦穿透雲層照射在雨水浸透的土地上時，那光線將會近乎殘忍地使一切事物呈現出光明與黑暗的強烈對比。

我在此特別申明這些事實，好讓你們了解本書作者的個人偏見。這樣你們也許更能理解我的觀點。

簡短說完這段必要的離題話之後，讓我們回到最後五十年的歷史裡來。這段時期發生了許多事情，但是，在當時就已經至關重要的事情並不多。大多數強國不僅是政治上的強權，他們還變成了大型企業。它們修築鐵路、開闢並資助航向世界各地的輪船航線、在所屬的各殖民地之間接通電報線路；並且，它在各大陸的殖民地都在穩步擴張當中，每一片能夠染指的非洲或亞洲土地都被宣布為某個強國所有。法國成為阿爾及利亞、馬達加斯加、安南（今越南）及東京灣（今北部灣）的主人。德國聲稱對西南及東部非洲的一些地區擁有所有權。它不僅在在喀麥隆、新幾內亞及許多太平洋島嶼上建立了定居點，還以幾個傳教士被殺為藉口，強占了中國黃海邊上的膠洲灣。義大利人打算在阿比尼西亞（衣索比亞）試試運氣，結果被尼格斯（衣索比亞國王）的黑人士兵打得落花流水，只好從土耳其蘇丹手裡搶走的黎波里（位於北非）當作安慰。俄國占領整個西伯利亞之後，進一步侵占中國的旅順港。日本在一八九五年的甲午戰爭中擊敗中國，強行拿走了台灣島，一九〇五年時進一步將整個朝鮮變成自己的殖民地。一八八三年，全世界有史以來最強大的殖民帝國——英國——伸手去「保護」埃及。埃及這個歷史悠久的文明古國長期被這個世界冷落，但是自從蘇伊士運河在一八八六年開通之後，它便一直處於外國侵略的威脅之下。英國實施的「保護」計畫非常成功，同時也從中獲取了龐大的物質利益。英國在接下來的三十年裡發動了一連串殖民地戰爭。經過三年苦戰，他在一九〇二年征服了川斯瓦和奧蘭治自由邦（都位於現在的南非）這兩個獨立的波耳人共和國。與此同時，它還鼓勵野心勃勃的殖民者塞西爾·羅德斯為一個巨大的非洲聯邦打下基礎。這個國家從非洲南部的好望角一直延伸到尼羅河口，滴水不漏地將所有還沒被歐洲人占領的島嶼和地區納入自己口袋。

一八八五年，精明的比利時國王利奧波德二世利用探險家亨利·莫頓·史坦利的發現，建立了剛果自由邦，當作他的私人領地，在這個幅員遼闊的赤道國家實施「絕對君主專制」。經多年惡劣至極的統治後，比利時政府對這位肆無忌憚、只要象牙與橡膠而不管人民死活的國王陛下忍無可忍，於是在一九〇八年併吞這個國家，成為自己的殖民地，讓這位國王無法再濫用權力。

美利堅合眾國已經擁有相當多的土地，因此擴張領土的欲望並不強烈。不過西班牙人在古巴（西班牙在西半球的最後一塊領地）的殘酷統治，迫使華盛頓政府採取行動。經過一場實力懸殊的短暫戰爭之後，西班牙人被趕出了古巴、波多黎各及菲律賓，後兩者變成了美國的殖民地。

世界經濟的這種發展是非常自然的。英國、法國、德國的工廠數量正在迅速成長，需要不斷增加原料供應量；同時數量不斷膨脹的歐洲勞工，也需要不斷增加食品的供應量。到處都在開闢更多更豐富的市場；開發更容易開採的煤礦、鐵礦、橡膠種植園和油田；增加小麥和穀物的供應。

人們忙著策劃開通維多利亞湖的汽船航線、或者在山東半島修築鐵路，一點都不關心歐洲大陸所發生的政治事件。他們知道歐洲仍然留有許多問題亟待解決，可是他們無心於此。僅僅是這樣的冷漠與忽視，他們為子孫們留下了一筆充滿仇恨與痛苦的可怕遺產。歐洲東南角的巴爾幹半島幾世紀以來一直處於殺戮與流血之中。在十九世紀七〇年代期間，塞爾維亞、保加利亞、蒙特內哥羅及羅馬尼亞的人民再次為爭取自由揭竿而起，土耳其人在許多西方列強的支持下努力鎮壓。

保加利亞遭到土耳其人極其殘暴的屠殺之後，俄國終於忍無可忍，俄羅斯政府在一八七六年被迫出面干涉，就像美國總統麥金利不得不出兵古巴，制止惠勒將軍的行刑隊在哈瓦那的暴行。一八七七年四月，俄國軍隊越過多瑙河迅速拿下希普卡要塞，隨即攻下普列文，然後南下進軍，一直打到君士坦丁堡的城門下。土耳其緊急向英國求援，許多英國人譴責政府站在土耳其蘇丹那一邊，可是剛剛把維多利亞女王扶上印度女皇的寶座的首相迪斯雷利決定出面干涉。他憎恨俄國人以殘酷手段鎮壓俄國境內的猶太人，反而對土耳其人抱有好感。俄國被迫於一八七八年簽署《聖斯特凡諾條約》，巴爾幹問題則留給同年夏天的柏林會議去解決。

這次著名的會議完全由迪斯雷利一手操控。這位精明老人的捲髮油光閃亮、性格高傲卻又具有一種玩世不恭的幽默感，還擅於吹捧逢迎，連俾斯麥都要怕他三分。這位英國首相在柏林會議上細心保護土耳其盟友的利益。會議結果承認蒙特內哥羅、塞爾維亞、羅馬尼亞為獨立王國；保加利亞獲得半獨立地位，由俄國的亞歷山大親王擔任統治者。這幾個國家都沒有獲得充分發展自己政治和經濟的機會，都是因為英國過分關心土耳其蘇丹的命運——土耳其的領地是大英帝國防範野心勃勃的俄國進一步入侵的安全屏障，

更糟糕的是，柏林會議允許奧地利從土耳其手中奪走波士尼亞及赫塞哥維納，成為哈布斯堡王室的領地。在奧地利人的良好執政下，這兩塊長期被忽視的地區雖然被管理得井井有條，不輸給任何大英帝國殖民地，可是這裡從前曾是斯特芬．杜尚創建的大塞爾維亞帝國的一部分，住著大批的塞爾維亞人。杜什漢在十四世紀初期成功抵禦過土耳其人，使西歐免遭入侵。

大塞爾維亞帝國首府——史高比耶——在哥倫布發現新大陸之前一百五十年就已經是塞爾維亞人的文明中心，塞爾維亞人心中還牢記著往日的光榮，誰能忘記呢？他們憎恨奧地利人的存在，他們覺得從傳統的各方面權利來說，這兩塊地方都應該是他們自己的領土。

一九一四年六月二十八日，奧地利王儲斐迪南在波士尼亞首都塞拉耶佛被暗殺。刺客是一名塞爾維亞學生，這次行動出於純粹的愛國動機。

不過，這次可怕的災難——它是引發第一次世界大戰的雖非唯一卻是直接的導火線——並不能歸咎於這位狂熱的塞爾維亞學生或是那位奧地利受害者，源頭必須追溯到柏林會議的時代，那時候的歐洲過分忙於物質文明的建設，而忽略了古老巴爾幹半島上一個被遺忘的古老民族的渴望與夢想。

第六十三章

一個嶄新的世界

世界大戰其實是為建立一個新的、更美好的世界所進行的鬥爭。

法國大革命的發生可以歸功於一小群熱情的宣傳家，德．孔多塞侯爵是其中人格最高尚的人物之一。他為拯救窮苦和不幸之人的事業獻出了自己的生命，也是達朗貝爾和狄德羅編纂《百科全書》時的主要助手之一。在大革命爆發的初期，他一直是立法議會裡的溫和派首領。

當國王和保皇分子的叛國陰謀使得激進分子有機會掌握政權，並大肆屠殺反對派人士的時候，孔多塞侯爵的寬容、仁慈和堅定反而使自己成為受懷疑的對象。孔多塞被宣布為「不受法律保護的人」，每一個真正的愛國者都可以隨心所欲地處置他。雖然他的朋友願意冒著生命危險藏匿他，但是孔多塞拒絕了。他偷偷逃出巴黎，試圖回到家鄉，那裡也許是安全的。他在荒野度過整整三天，衣衫襤褸，身上傷痕累累。最後，他走進一家鄉村客棧，向老闆要些東西吃。警惕的鄉民在他身上找出一本隨身攜帶的古拉丁詩人賀拉斯詩集，證明他是一個出身高貴的人，在這個所有受過教育的人都被視為革命之敵的時代，他不應該無緣無故出現在大路上。鄉民們將孔多塞捆綁起來，塞住嘴巴，扔進鄉村拘留所。第二天早晨，當士兵們趕來要把他押回巴黎斬首時，孔多塞已經死了。

這個人為人類的幸福獻出了一切，卻落得如此悲慘的下場，他完全有理由可以憎恨人類，但是他寫過一段話，到今天仍然跟一百三十年前一樣振聾發聵。我把它抄錄在這裡，以饗讀者。

大自然並沒有限制人類的希望。現在，人類掙脫了枷鎖，正以堅定的步伐在真理、道德、幸福的大道邁進的畫面，給哲學家提供了光明的前景，使他從至今仍在污染、傷害這個世界的種種錯誤、罪行和不公義中超脫出來，得到莫大的安慰。

我們身處的世界剛剛經歷了一場巨大的痛苦，與之相比，法國大革命不過是一次小插曲。人類受到如此重大的打擊，撲滅了千百萬人心中最後一絲希望之火。他們也曾經讚頌人類的進步，可是，跟在他們的和平祈禱之後而來的，卻是四年殘酷無比的戰爭。因此，他們不禁要自問：「值得嗎？為這些還沒脫離穴居時代的人類如此費心操勞，究竟值不值得？」

答案只有一個。

那就是「值得」。

戰爭

第一次世界大戰無疑是可怕的災難，但它並不意味著世界末日。正好相反，它開啟了一個新時代。寫一部關於古希臘、古羅馬或中世紀的歷史是非常容易的。在那個早被遺忘的歷史舞台上扮演各種角色的演員們已經逝去，我們可以冷靜地評斷他們。在台下為演員鼓掌吶喊的觀眾也已散去，任何批評都不會傷害到他們的感情。

但是，對於當代發生的事件卻極難做出真確的描述。那些與我們共度一生的人們所遭遇的種種難題，同時也是我們的難題。這些難題或者使我們極度痛心，或者使我們欣喜若狂，讓我們很難用歷史書寫必須秉持的公正態度來敘述。但是歷史並非宣傳，應該力求公正。無論如何，我還是要告訴你們為什麼我同意可憐的孔多塞對美好未來所持有的堅定信念。

先前我曾經不時提醒你們，要小心「歷史時代界線」造成的錯誤印象（參閱第三十九章），也就是貿然將人類的歷史清楚地劃分為前後共四個階段：古代、中世紀、文藝復興與宗教改革，以及現代，而最後一個階段的名稱是最冒險的。「現代」一詞彷彿在暗示著二十世紀的我們正處於人類進步的頂點。五十年前，以格萊斯頓為首的英國自由主義者們認為，如何建立一個名符其實的議會制民主政府這個問題，透過讓工人享有與其雇主同等政治權利的第二次「改革法案」，已經得到徹底解決。當迪斯雷利與他的保守派朋友批評此舉是「在暗夜裡瞎闖」時，自由派人士斷然否認。他們對自己的改革成就深具信心，並相信社會各個階級今後將會通力合作，使他們共同的祖國政府能夠妥善地運作。然而，此後還是發生了許多事情，讓一些依然在世的自由主義者也終於開始意識到自己錯了。

對於任何歷史問題，都沒有一個絕對的答案。

每一代人都必須重新奮鬥，否則就會像史前時代那些懶惰動物一樣滅絕。

一旦你掌握了這個偉大的真理，你將獲得一種新的、更寬廣的看待生活的視野。然後，你不妨更進一步設想一下，假如你處於西元一萬年時你的子孫們所在的位置，他們同樣要學習歷史，可是他們會如何看待我們用文字記錄下來的這短短四千年裡的行動和思想呢？他們會把拿破崙看成與亞述征服者提格拉特・帕拉沙爾是同一時代的人物，還可能把他與成吉思汗或馬其頓的亞歷山大混為一談。剛剛結束的這場世界大戰，會被他們理解為爭奪地中海地區商業霸權的戰爭，就像羅馬與迦太基打了一百二十八年的那場仗一樣。而在他們眼裡，十九世紀的巴爾幹爭端（塞爾維亞、保加利亞、希臘、及蒙特內哥羅為爭取自由的戰爭）會被視為大遷徙時代混亂狀態的餘緒。他們看著不久前才毀於德國炮火的蘭斯主教座堂的照片，就像我們觀看兩百五十年前在土耳其與威尼斯的戰爭中被毀的雅典衛城圖片一樣。他們會把我們這時代許多人對死亡的恐懼視為一種小孩般的迷信，但是，對一個到了一六九二年還在燒死女巫的幼稚種族來說，這種恐懼應該不算過分。甚至連我們引以為榮的醫院、實驗室、手術室，在他們看來也不過是比中世紀煉金術士或江湖郎中的工作坊稍微好一點而已。

原因非常簡單。我們所謂的現代人其實並不「現代」。相反的，我們仍然屬於穴居人的最後一代不肖子孫。新時代的地基直到昨天才剛剛奠定。一直要等到人類能鼓起勇氣質疑所有現存事物，並以「知識與理解」作為創造一個更理性、更寬容的共同社會的基礎時，人類才第一次有機會變得真正「文明」起來。第一次世界大戰正是這個新世界「成長過程裡的疼痛」。

在未來的很長一段時間內，人們會寫出大量的書籍來證明是這個人或那個人導致了這場戰爭。社會主義者會出版一卷又一卷的著作來譴責「資本家」們為了「商業利益」而發動戰爭。資本家們則反駁說，他們在戰爭中失去的遠遠多於他們的所得——他們的子女最先開赴戰場，浴血犧牲。資本家還

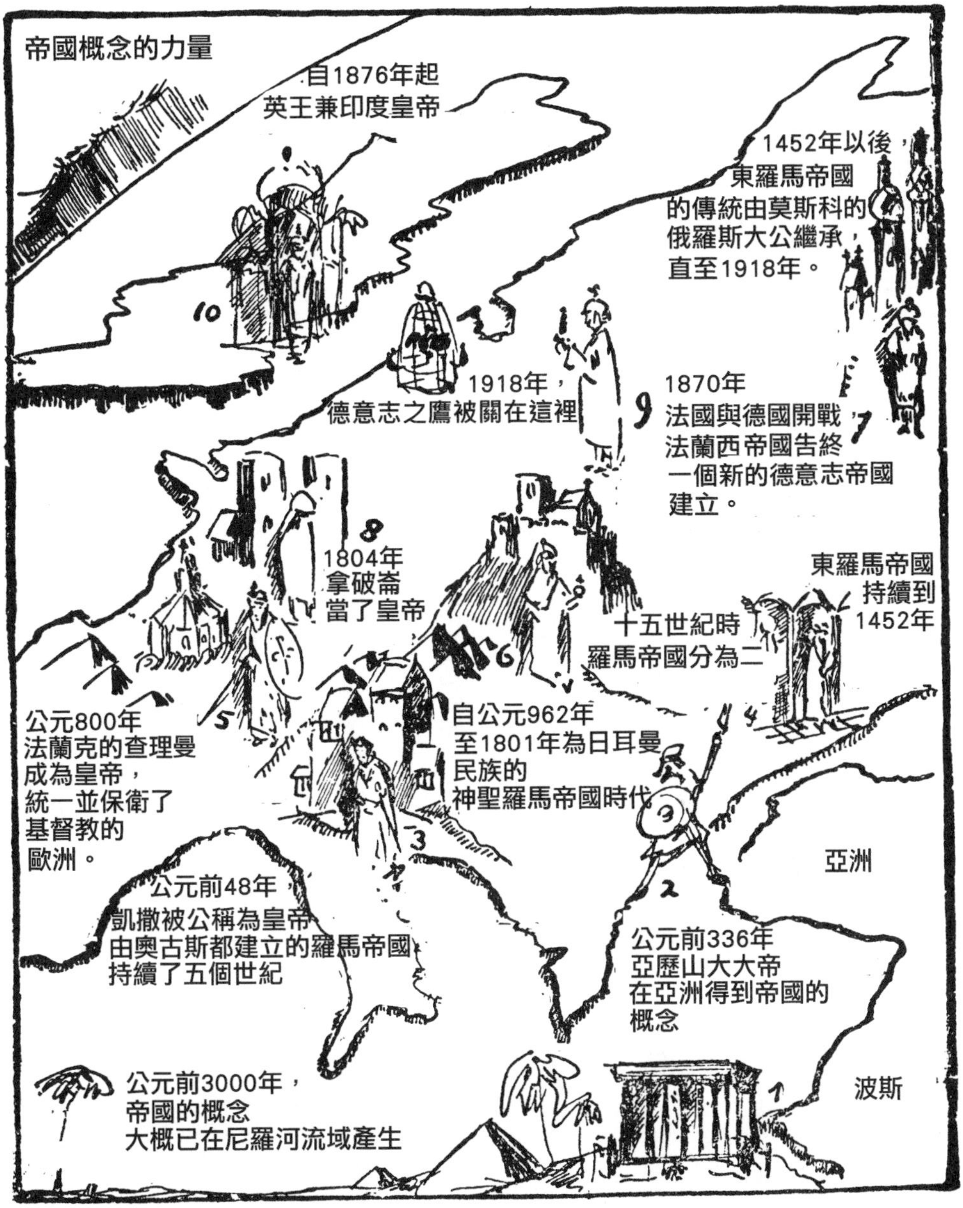
帝國概念的力量
自1876年起
英王兼印度皇帝
1452年以後，
東羅馬帝國
的傳統由莫斯科的
俄羅斯大公繼承，
直至1918年。
10
1918年，
德意志之鷹被關在這裡
9
1870年
法國與德國開戰，
法蘭西帝國告終
一個新的德意志帝國
建立。
7
8
1804年
拿破崙
當了皇帝
東羅馬帝國
持續到
1452年
十五世紀時
羅馬帝國分為二
6
4
5
公元800年
法蘭克的查理曼
成為皇帝，
統一並保衛了
基督教的
歐洲。
自公元962年
至1801年為日耳曼
民族的
神聖羅馬帝國時代
3
亞洲
公元前48年，
凱撒被公稱為皇帝
由奧古斯都建立的羅馬帝國
持續了五個世紀
2
公元前336年
亞歷山大大帝
在亞洲得到帝國的
概念
公元前3000年，
帝國的概念
大概已在尼羅河流域產生
1
波斯

帝國的演變

會證明，各國銀行家是如何傾盡全力阻止戰爭爆發。法國歷史學家會清楚列舉德國人從查理曼時代一直到威廉・霍亨索倫統治時期之間所犯下的種種罪行。德國歷史學家同樣會還以顏色，痛斥法國人從查理曼時代到雷蒙・普恩加萊執政時期的所作出的暴行。這麼一來，大家就能心滿意足地將「導致戰爭」的責任推到另一方頭上。而各國的政治家們，無論已故還是健在，每一個人都不迫不及待地奔向打字機，解釋自己如何盡力避免敵對，而邪惡的對手又如何迫使自己捲入戰爭等等。

再過一百年，歷史學家將不再理睬這些遺憾和辯解，他將看透表面之下的真實動機。他會明白，個人的野心、邪惡或貪婪都與戰爭最終爆發的原因沒有太多關聯。造成這一切災難的最初錯誤，其實早在我們的科學家忙著創造一個鋼鐵、化學與電力的新世界時就已經埋下了。他們忘記了人類的理智比伊索寓言裡那隻烏龜還要慢、比眾所周知的樹懶還要懶，而且大眾往往落在那一小群充滿勇氣的先驅者的身後一百年至三百年之遠。

披上羊皮的狼依然是狼；被訓練到會騎自行車、抽煙斗的狗依然是狗。而一個駕著一九二一年新款勞斯萊斯汽車、心智卻停留在十六世紀的商人依然不過是十六世紀的商人。

如果你還不明白這個道理，請將這本書再讀一遍。總有一天它會在你的頭腦裡變得清晰起來，能向你解釋這最近六年（一九一四至一九二〇）所發生的許多事情。

也許我應該舉另一個你更熟悉的例子來說明我的意思。看默片電影時，笑話和有趣的對白經常會打出字來映在銀幕上。你下一次進電影院的時候，不妨注意觀察觀眾的反應。有些人可能花了不到一秒鐘就看懂了這些文字，哈哈大笑起來。有一些人慢一些，要花上二、三十秒才笑出聲來。還有那些理解力有限的人，等到聰明的觀眾已經開始讀下一段字幕時，這些人才對上一段若有所悟。這就是我要向你說明的，人類的生活也是如此。

在前面的章節裡，我已經告訴過你們，羅馬帝國的觀念在最後一位羅馬皇帝死後依然在人們的心裡延續了一千年，導致人們大量地建立羅馬帝國的「仿冒品」。它還使得羅馬主教有機會成為全世界所有教會的領袖，只因為「羅馬是世界強權」這種觀念剛好可以落在他們身上。它驅使許多原本善良無辜的蠻族酋長捲入無止盡的犯罪和殺戮的生涯，只因為他們終生籠罩在「羅馬」一詞的魔咒下。所有這些人，無論教皇、皇帝或普通戰士，他們與我們本無區別。可是他們生活在一個所有事情都跟羅馬傳統有關的世界裡，而傳統是一種活生生的，長留在一代又一代人心裡的東西。所以，他們用盡一生的努力，為一個放到今天連十個支持者也找不到的事業而戰。

在另一章裡，我還告訴過你，空前慘烈的宗教戰爭如何在宗教改革出現一個多世紀之後發生。如果你將關於三十年戰爭那一章，和有關發明創造的章節作比較，就會發現這場血腥大屠殺發生的時候，第一台蒸汽機的雛形已經在一些法國、德國、英國科學家的實驗室裡噗噗噗地冒煙了。當時全世界毫不在意這種奇特的機器，依然沉浸在龐大而空洞的神學爭執中。到了今天，它們除了讓人直打呵欠之外，再也激發不起別的什麼情感了。

情形就是這樣。一千年之後的歷史學家，會用同樣的詞句來描述十九世紀的歐洲。他們會發現，當大部分人受到民族主義驅動而投身殘酷戰爭裡的時候，在他們身邊的每一個實驗室裡，都有一些對政治不感興趣的人在埋頭工作，一心只想著如何破解一兩則大自然緊守的祕密。

現在，你們將逐漸領會這番話的用意。工程師、科學家、化學家，用了不到一代人的時間，已經讓歐洲、美洲及亞洲遍布他們發明的大型機器、電報、飛機和石化產品。他們創造了一個時間與空間都不再是大問題的新世界。他們發明出各式各樣的新產品，又盡力將它們改進得物美價廉，幾乎每一個家庭都能負擔。我已經對你講過了這些，但是重複一遍也沒有關係。

為讓不斷增加的工廠持續運轉，已經成為土地主的工廠主們需要源源不斷的原料及煤炭供給。特別是煤。但是，這時候大部分人的思維還停留在十六、十七世紀，依然固守著將國家視為一個王朝或政治組織的舊觀念。這樣笨拙的中世紀體制突然面臨機械和工業世界高度現代化帶來的新難題，不免左支右絀。它只能根據幾個世紀前制定的遊戲規則盡力而為。各國紛紛創建龐大的陸軍和海軍，派去遙遠的大陸爭奪殖民地。哪裡還有一小塊無主的土地，哪裡就會冒出一塊屬於英國、法國、德國或俄羅斯的新殖民地，同時殺掉膽敢反抗的原住民，不過，大多數情況下，他們選擇不反抗。只要他們不阻撓鑽石礦、煤礦、油田或橡膠園的開發，便被允許過著還算平安的日子，還能從外國占領者那裡分享一些利益。

有時，兩個正在尋找原料的國家，碰巧看上了同一片土地，於是戰爭就爆發了。俄國與日本為了爭奪屬於中國的土地，就曾經在十五年前打過一仗（日俄戰爭）。然而，這樣的衝突畢竟屬於例外，沒人真的想要打仗。確實，對於二十世紀初的人來說，大規模使用士兵、軍艦、潛艇相互殺戮這種事情實在荒謬，在他們的觀念裡，暴力應該只跟許多年前不受限制的君權和一心謀利的王室有關。他們每天在報紙上讀到更多的發明，或者看到英國、美國、德國的科學家們在友好的氣氛下攜手合作，致力於某項先進的醫學或天文學研究。他們生活在一個人人忙於商業、貿易和工廠的世界，可是只有少數人發現了，國家（人們懷有某些共同理想的巨大共同體）制度的發展遠遠落在時代之後。他們試圖警告其他人，但是其他人只專注於自己的事業。

我已經用了太多的比喻，請原諒我再用一個。埃及人、希臘人、羅馬人、威尼斯人以及十七世紀商業冒險家們的「國家之船」（這個古老而可信的比喻永遠是新奇而生動的），它們是由確實乾透了的木材建造的堅固船隻，並且由熟悉船員和船隻性能的領航者指揮。此外，他們非常了解祖先傳下的航海術有何侷限。

隨後鋼鐵與機器的新世紀來臨了。先是一部分，接著再一部分，最後整艘國家之船都不一樣了。它的體積大幅增加，蒸汽機取代了風帆。客艙變得相當舒適，但是有更多的人被迫下到鍋爐室去工作。雖然工作環境算是安全，報酬也不斷增加，可是就像以前操縱帆具的危險工作一樣，鍋爐室的工作並不舒服。最後，古老的木船在不知不覺中變成全新的現代遠洋郵輪，可是船長和船員還是同一批人。他們按照一百年前的舊規矩被任命或被選舉出來，使用的卻是十五世紀的古老航海術，他們的船艙內掛著路易十四和腓特烈大帝時代的航海圖和信號旗。總而言之，他們（雖然不是他們自己的過錯）完全無法勝任。

國際政治的海洋並不遼闊，當太多帝國與殖民地的船隻在這片狹窄海域中相互競逐時，必然會發生事故，也確實發生了。如果你有勇氣穿越那片海域，就能看到船隻的殘骸。

這個故事的寓意很簡單。當今的世界迫切需要能擔當新責任的領導者，他們要具備遠見和膽識，很清醒地意識到人類的航程才剛剛開始，而且要學會一套全新的航海術。

他們必須當多年的學徒，必須排除種種反對和阻礙才能登上領導人的位置，當他們坐上駕駛台的時候，嫉妒的船員也會叛變甚至殺死他們。不過，總有一天，一個能將船隻安全帶進港灣的人物終將出現，他將是時代的英雄。

第六十四章 從來如此

我愈是思索我們生活中的問題，愈堅信我們應該選擇『諷刺』和『憐憫』作為我們的陪審團與法官，就像古代埃及人為他們的死者向女神伊西斯和奈芙蒂斯祈求一樣。

諷刺和憐憫都是很好的顧問，前者以微笑讓生活愉悅，後者用淚水使生活純潔。

我所祈求的諷刺並非殘忍的女神。她從不嘲笑愛與美；她溫柔仁慈；她的微笑消除了我們的敵意。正是她教會了我們譏笑無賴與傻瓜。如果沒有她，也許我們會軟弱到去鄙視和憎恨他們。

我引用偉大法國作家法朗士的這些睿智言辭，作為給你們的臨別贈言。

第六十五章 七年之後

凡爾賽和約是用刺刀的尖端寫成的。不論范塞格上校（Colonel Fuysegur）的發明，過去在短兵相接的時候，可能發揮了多麼大的用途。可是當成和平的工具，它從來就沒有被認為是成功的。

更糟糕的是，使用這種致命武器的人，全是一些年紀較大的人。一群年輕人吵起來的時候，他們會因為一時衝動而鬥毆，一但憤怒已經宣泄掉之後，他們便回到日常的事情上。不會永久懷恨在心，也不會有永久的敵人。可是，現在是完全不一樣的情況，六個一輩子受挫而滿懷怨恨的人，他們修剪整齊的鬍子已然灰白，這六人圍著一張綠色的桌子坐好，準備對六個被解除防禦能力的對手作出判決——他們在過去兵強馬壯的時候完全不尊重所有的法律原則和國際規範！

這種場合，但願上帝憐憫我們！

唉！上帝的聖名過去四年來遭到可怕的濫用，祂現在無意對祂不肖的子女伸出憐憫的手。

這場大屠殺是他們自己造成的，現在就讓他們盡力去解決自己的難題吧。

從那時候開始，我們就領教到了所謂的「盡力」是什麼意思。過去七年來的故事，幾乎是一長串可恥、錯誤、貪婪、殘酷以及短視卑鄙的詳細清單——這是一個愚蠢到令人毛骨悚然的時代，在可怕

的人類愚蠢編年史中，它是獨一無二的，甚至可以說是偉大極了——如果我可以加上注腳的話

我們很難預料西元二五〇〇年的人，將會如何解釋造成這場使歐洲文明崩毀——而且把領導全人類的權力賜給完全不明就裡的美國人——的大地震的基本緣由。

不過根據以往的情形來看，自從國家變成高度組織的商業機構以後，他們可能逐漸形成一種結論：兩個超大商業體系相互競爭的時候，無可避免地會引發某種事情，只是早晚的問題而已。用簡單的英文來說，他們將會認為德國對大英帝國的繁榮已經造成太大的威脅，因此不容許德國有更進一步的發展，讓他有機會成為全世界各式各樣商品的總供應商。

我們這些經歷過這場鬥爭的人發現，要估計過去十年間所發生的事情真相比較更為困難。可是現在已經過去七年了，我們可以作出做幾個十分肯定的結論，而不致於嚴重冒犯我們愛好和平的鄰人和朋友。

過去五百年的歷史是一段關於所謂的「領導強權」與其挑戰者之間慘烈鬥爭的真實故事，挑戰者希望奪取對手享有的福祉，並取代他海上霸權的地位。西班牙跨過義大利那些商業共和城邦和葡萄牙的屍體而獲得勝利。一旦它建立了世人皆知的日不落國的時候，荷蘭就打算要來搶奪它

燃燒中的世界

的財富，而且以這兩個國家大小如此懸殊來看，荷蘭共和國算是相當成功的。可是荷蘭才剛剛搶到這世界的某些區域，似乎讓他有機會能以最快的速度獲取最大的利益時，法國和英國馬上就出現了，從荷蘭人手中奪走新近獲得的屬地。任務完成之後，法國和英國又為戰利品大打出手，經過漫長而所費不貲的戰鬥之後，英國成為世界第一。於是英國單獨統治這世界一百多年，不容許任何對手出現，任何妨礙它的小國都被它踩在腳下。那些英國無法獨自對付的大國，突然發現自己的對手似乎是一個由英國統治者（過去的外交策略大師）暗中操縱的神祕政治聯盟。

從大家所熟知的經濟發展（每一本初級歷史教科書都有平實的敘述）看來，德國統治者在二十世紀最初的二十年間所採取的政策似乎極為天真。有人認為從前的德皇難辭其咎，這種論點值得我們密切注意。威廉二世是個老實人，能力極為有限，並且呈現出一種奇怪的自我蒙蔽，導致他自己成為犧牲者。這種自我蒙蔽的情形，在那些因世襲而掌權，獨自坐在高聳的塔頂睥睨世界，很快就與平民百姓脫節的人之中，是非常普遍的。可以很確定的是：沒有人曾經如此努力地想贏得英國人的好感，也沒有任何一個外國人曾經如此丟臉地無法了解英國人性格的真相。

住在北海那一頭古怪島嶼上的英國人，他們所仰賴、擁有和打拼的唯一一件事就是商業。那些不去干擾英國商業發展的人，即使不完全是「朋友」，至少也是「可以容忍的陌生人」。可是另外一些可能對帝國霸權造成威脅的人，不管住得多麼遙遠都是「敵人」，一有機會就要把他們消滅。至於那位親英的條頓皇帝——威廉二世——所做的一切動人的演講，以及善意和友誼的明白表示，卻從來不曾使一般英國大眾有一時片刻忘記德國人是他們最危險的競爭者，德國人遲早會把他們更便宜的貨品傾銷到世界上每一個文明和蠻荒之地。

但那只是問題的另一面。這是很主要的一面，但卻不足以說明上次大戰中十分獨特的大肆屠殺的原因。

在還沒有發明鐵路和電報的快樂時代，每一個國家都是確確鑿鑿的實體，抱持着馬戲班裡推卡車的大象那種堅毅確實的決心去經營他們的事業，在那個年代裡，兩個角逐商業霸權的國家之間進行的戰爭總是緩慢地進展，那些善於謀略的的老派外交家也許最終能想出辦法讓那場戰爭限於局部化。但是很不幸的，到了一九一四年，全世界都已經像是一個龐大的國際工廠。阿根廷的一場罷工，就足以使柏林人飽受痛苦。倫敦的某些原料飆漲，可能給無數長期受苦的中國苦力們帶來災難，而那些中國苦力們也許從來沒有聽過泰晤士河畔那座大城市的名字。德國三流大學裡一個藉藉無名的額外講師的發明，往往會迫使智利十幾家銀行關門大吉，

海權時代

而瑞典哥特堡的一家老商鋪經營不善，澳洲的成百男女兒童就要喪失進入大學深造的機會。

當然，並不是所有的國家都已到達一致的工業發展階段。其中一些國家還完全停留在農業時代，還有一些國家剛擺脫中世紀封建制度的羈絆。然而，在那些已經工業化的鄰邦心目中，這種情況並不致於使他們淪為不受歡迎的盟友，正好相反，這些國家通常擁有無窮的勞動力儲備，單純以當做炮灰而論，俄羅斯的農民應該是舉世無匹。

至於這許多看來不同的、互相抵觸的利益，如何匯聚形成一個龐大的國際集團？他們何以同意在四年多的時間內肯為一個共同的目標而戰——這些問題恐怕得留給我們的後代去釐清，對於第一次世界大戰的醞釀階段，還有待世人更透徹地理解，然後才能對那些自誤誤人、將整片歐洲大陸變成一個大屠宰場的「愛國者」們作出判決。

在西元一九二六年這個燠熱的日子，我們盼望做的事情便是提醒大家留心一項顯著的事實，這事實幾乎總是被那群自稱為歷史學家的人所忽略：就是那場以世界戰爭肇始的歐洲大戰終於以世界革命落幕，這並不意味事物的常態發展中短暫的間斷（有如過去三百年中所有的戰爭形態），而是標示一個嶄新的社會和經濟時代的來臨，那些締結《凡爾賽和約》的老人們，由於他們全是自己原來環境的產物，因此無法認清這個事實。

他們的思想言談和行為，仍然是舊時代的那一套，沒有什麼不同。

大概就是這個原因，致使他們的努力最終竟然變成別人的大災難。然而，還有另外一個原因，對於那場爭取民主和小國權利之戰的後果發生莫大的促進作用，那就是美國太晚參戰了。

美國人民認為，他們跟歐洲大陸之間隔著三千英里寬的海洋，躲在這裡相當安全，所以他們對外國政治幾乎沒有興趣。威爾遜總統領導下的大多數同胞，素來習於在口號和標題的影響下進行思考。對於過去兩千年歐洲的歷史發展（對世界任何其他地區亦然）完全懵懂無知，所以不得不透過間接的方法獲得其歷史知識。那些協約國的宣傳人員，向美國人列舉了德國陸海軍將領們的重大罪惡，因此很容易就使他們的美國朋友們認為那場戰爭完全屬於一場是非黑白之爭，也是盎格魯薩克遜公民自決的天使們和條頓獨裁政治的魔鬼們之間的生死決鬥。直到後來，心地善良而感情用事（正因為如此也很容易步上感情主義和殘忍的奇特極端）的美國人民認為，如果他們仍然置身事外，等於他們自己人性中的所有優美本質不是真的。有如十字軍般的熱情浪潮掃過整個國家，美國的龐大工業體系開始努力展開緩慢而穩健的工作，不久，兩百萬美國大軍開拔趕往歐洲戰場，去制裁野蠻德國讓人無法忍受的罪行。

然而，那幾百萬認真而誠懇的青年，嘗試運用他們全體同胞都可以了解的語彙，來重新定義他們的作

人力

戰理念，這也是十分自然的事情，因此出現了「止戰之戰」的口號。威爾遜總統著名的十四點原則——國際正義的新十誡——就此誕生。因此生出了支持弱小民族自決獨立的熱情，以及那種「使民主政治安然無恙存在於世界」的願望。

在英國的貝爾福（Balfour）、邱吉爾、法國的普恩加萊（Poincaré）——更不用說帝俄政府的那些流亡領袖們——這些人聽在耳裡，這些話一定有如異端邪說。如果他們本國同胞有人膽敢喊出這種口號，一定馬上被送到行刑隊面前。不過美國總統威爾斯手握兩百萬大軍，還有全世界剩下的所有資源，所以這些人必須帶著尊敬的神情聽美國人說話。因此歐洲各國的領袖群，在大戰末期的一年半裡，是為了一些在他們眼中毫無用處的理想而作戰，無用的程度猶如克里姆林宮當時用一百種語言喊出的異想天開的經濟改革方策一樣。因此當德國人意外得知他們深感恐懼的美國敵人開給他們的合理條件之後，就罷黜了他們的皇帝，把國家的名稱從帝國改成「共和國」，並且戴上紅帽徽，高唱流行一時的國際友愛歌曲，展開他們有名的進軍萊茵河，於是協約國馬上趕快擯棄美國佬那些愚昧且使人為難的理想。準備好按照眾所周知的「敗者為寇」的原則來訂立一項和約——這種原則從穴居時代以來就被認為是一場有紀律的戰鬥的合理下場。

如果威爾遜總統親身參與一九一九年外交談判的不幸計劃，他們的工作就較為簡單。如果他留在自己國內，歐洲諸列強就會按照他們自己喜歡的條件簽訂和約，從美國人的觀點看來，那會是錯誤的。但不論對或錯，他們的決定將是一種確切的思想的誠實表現。可是現在美國的理想和歐洲的理想（這兩種東西從未混融起來）極其恐怖地交織在一起，導致任何問題都懸而未決，協約國的每一個成員都留下十分棘手的問題，和平的代價不知要比戰爭高過多少倍。

可是另外還有一個影響重大的因素導致《凡爾賽和約》產生混亂。威爾遜本身就是一個由許多半獨立國家組成的聯邦首長，所以他始終懷抱著一種世界聯邦的憧憬。這種制度在美洲大陸已經証實是可能實現的。在過去一百多年當中，它已經讓一批數目不斷增加的「主權邦」（美利堅聯邦合眾國裡的各邦）擁有相當程度的政治自由和經濟福祉，從而使這個聯邦成為全球最繁榮富裕的國家。維吉尼亞，賓夕法尼亞和麻薩諸塞在一七七六年所學到的教訓，歐洲人為什麼不肯學習呢？

宣傳的力量

他們為什麼會無動於衷呢？

當威爾遜先生闡明他的國際聯盟計劃之際，協約國領袖們莫不謙遜恭敬地傾耳聆聽。他們為情勢所逼，甚至同意把世界合眾國的原則納入他們的和約之中。可是美國總統的船才剛啟航朝西半球駛去，他們馬上開始抹消那位偉大總統一心一意想促成的工作，重新回到從前那種祕密條約和暗中結盟的外交理念。

同時美國方面也出現相當確定的反感。固然多數威爾遜時代的人可以很輕易地認為，威爾遜對於國際聯盟的態度突然出現大轉變的原因，應該歸咎於他個人的某些特性使然，但是其他更加微妙的力量顯然發揮了作用。

第一，參加作戰的美國士兵紛紛回國，他們對歐洲情形的直接了解，並未使他們焦慮過甚而一定要繼續以往兩年的密切關係。

第二，美國一般人民正開始從戰爭的狂熱中甦醒，他們不再為他們鍾愛的兒女的生命而擔憂，他們又能冷靜地思考了。他們不信任歐洲的傳統心理又開始萌生。不久，就有跡象顯示，美國政府反對「糾纏同盟」，是一種不祥的警告，對一九一八年的社會大眾而言，仍舊像一個世紀前一樣發揮了強大的影響力。

第三，經過兩年的遊行、四分鐘演講和自由公債之後，大家樂見再度恢復往日那種在安定的常規下可以獲利的事業。

總之，被威爾遜總統隨意放置在歐洲大門口的國際聯盟，如今已遭自己精神上的生身父母所擯棄。那個小孩沒有死，但卻過著一種朝不保夕的生活，然後成長為一個瘦弱、憔悴的人，身體十分虛弱，不能讓別人明確地感受其影響力，只是偶爾發出徒勞無功的譴責，揮動其頑皮的手指，藉此激怒那些其實是朋友的人。

美國出兵

我們此刻又面臨一個不祥的歷史「假設」了。

「如果國際聯盟真能把整個文明世界轉化為一個成功的世界合眾國……」

我無法肯定，即使在最有利的情勢之下，威爾遜總統的計畫也只有十分渺茫的一絲成功希望。

如今我們逐漸明白，那場戰爭與其說是一場戰爭，毋寧說是一場革命，但是那場革命之中的勝利被意想不到的第三者奪走了，那個第三者日後被確認是瓦特的一個孫子，大家逐漸都稱他為「鐵人」（Iron Man）。

最初，蒸汽機曾經是文明人類家中極受歡迎的東西，因為它是忠心耿耿的奴隸，時時都在準備為減輕人類和牲畜的辛勞而工作。

不久之後，大家就看出來了，這個沒有生命的雜役卻有一肚子奸詐和詭計。悠閒的生活方式在戰爭期間驟然暫時停頓了，讓這種金屬製品得到了奴役人類——實際上應該要是他的主人——的機會。

有些睿智的科學家也許曾經預料到，這個難以駕馭的僕人將會帶給人類的危險，但是這種不幸的預言家才一張口發出警告，立刻就被視為社會的公敵，是令人憎厭的布爾什維克，是唯恐天下不亂的激烈分子，不准他開口說話，否則必將

鐵人

自食其果。因為那些曾經對大戰負責的政客和外交家們，現在都急於想要建立一項適於和平的龐大工作，他們這種神聖的目標絕不能有所干擾。不幸的是，對於駕馭我們現代化和機械化的社會所必備的自然科學和政治經濟的基本原則，這批大人物們可說是幾乎茫無所知，他們對於錯綜複雜的現代問題，比我們所能想像的任何其他集團，更是一籌莫展。至於巴黎和會上那些全權公使也無一例外，他們在鐵人的陰影下聚會，他們談到一個被鐵人控制的世界，可是卻從未察覺他的存在，他們談話時使用的語彙和符號，始終代表十八世紀的頭腦，而不是二十世紀的腦筋。

其結果是必然的，憑藉一七一九年的腦筋思考而後妄想在一九一九年獲得成功，當然是不可能的任務。但是現在情形愈來愈明顯了，凡爾賽那些老人家的所作所為正是如此。

現在看一看這個只有仇恨、毫無理性的豪華盛宴所留下來的世界吧——一批立場不穩，性質怪異的新興國家，作為歷史的古董也許還有一些價值，但是在現代世界中絕對無法生存。現在的世界是由煤、石油、水利和大規模信用往來控制的——一個經由人為畛域劃分的大陸，那些畛域在兒童的地圖上固然粲然可觀，但是完全不符合現代文明的需求；那是一座充滿穿著黃、綠、紫色制服的軍營，他們一味假裝模仿他們那些神話人物般的祖先，然而對我們現代社會而言，他們遠比那些在廉價商鋪地下室裡工作的櫃台小姐更加無用。

對那些仍使千百萬誠實的歐洲愛國者的靈魂充滿感激和自負的事，以上這些話不啻是一種粗野的譴責。

我很抱歉，不過歐洲的政治家如果不把現代問題留給具備現代腦筋的人們去尋求解決，勢必不可能有持久的改革，於是人們在憂心痛苦之中，很可能轉而去向布爾什維克主義和法西斯主義乞求萬靈丹。

這些舞文弄墨的文辭可以附帶闡明所有最近的政治發展中最危險，也令人遺憾的一種趨勢：歐洲人民和美國人民彼此間急遽加深的憎惡。我這本書是為所有各國的兒童所寫，並且不僅為那些居住於大西洋和太平洋之間的這片幸運的國土上的兒童而寫，這樣明顯地標示出星條旗也許會認為是足堪懷疑的奇怪表現。但是這是一個說老實話的時候，即使冒著被認為是一個十足的愛國者（這是我最不希望獲得的一種頭銜）的危險，我也要設法闡明我的觀點。

我並不主張美國民族優於古老世界的任何其他民族。可是美國人沒有殘留過去的意識，所以他們幾乎比任何其他民族都更能以虛心坦然的襟懷瞻望未來並探討目前的問題，這是得天獨厚的幸運。他們毫無保留地接受了這個世界，而且連同它的一切優點缺點全盤接受，他們正在迅速地達成一項「暫時的條約」，使有生命的人和他無生命的僕役能在和平與彼此尊重的條件下並存。說來可笑，然而事實確是如此，把機器發展至最完美地步的國家，也是第一個使鐵人乖乖就範的國家，為了達成這個目的，美國人民已經被迫拋棄祖宗留下來的大量文化遺產。他們甚至犧牲了上百種觀念、成見和理想，那些東西在兩百年前或兩千年前大有用處，但在今日看來並不比驛馬車或創造奇蹟的偶像具有更高的價值。依我看來，除非德國、英國、西班牙和其他所有國家的人民也起而傚尤，否則歐洲的前途沒有希望。

在這樣一個章節裡，作者可以輕易高談闊論，談論《羅加諾公約》的成就、馬克思主義所說的實用經濟方案難以付諸實施、討論那些目光如豆的法國政客之愚不可及，他們不知道路易十四和拿破崙時代業已和石器時代相提並論，但是那樣作只是徒然浪費作者的精力和印刷者的油墨罷了。

過去十年內侵襲全世界的痛苦（世界大戰只是讓它惡化，絕非苦難的起源），實際上是由於全世界的經濟和社會機制的一種重大改變使然。但是，沉湎於昔日陳舊觀念的歐洲，始終不肯或無法認清這個事實。

《凡爾賽和約》——舊制度下的最後高姿態的訂立者原本想使它成為最後的一座堡壘，藉此對抗新時代無可避免的來臨。不到八年的時間，它變成了陳舊的遺跡。假如現在是西元一千七百年，它將被視為國際政治上的一項崇高傑作。可是在今天，一萬人當中也不會有一個人願意耗費精神去閱讀它。因為主宰二十世紀的那些經濟和工業原則，並不承認任何政治的畛域，而且將無可避免地把全世界化為一所繁榮的龐大工廠，完全置語言，種族，或往昔祖先的光榮於不顧。

這所工廠最後的結局是什麼？人和他的機器之間睿智而心甘情願的合作將會發展出怎樣的一種文明呢？——這個我不清楚，而且也沒有多大關係。人生瞬息萬變，人類並不是第一遭面臨這種變局。

我們遙遠和較近的祖先們都曾經歷過這種危局。

我們的兒孫們無疑地也將會有同樣的遭遇。

但是對於我們這些活在今天的人們，唯一的重大課題應該是經濟，而不是從陳舊的政治方面去進行改造世界的工作。

七年前，我們的耳膜被大炮的巨響震聾了，我們的眼睛被探照燈的閃光弄得眼花，直到現在我們還是頭暈目眩，不清楚那場巨變把我們帶到何方。那段時間，任何自命可以把我們重新帶回一九一四年之前快樂時代的可敬而又誠懇的人，都被視作領袖而備受歡迎，並且必然會贏得我們忠心耿耿的效忠。

現在我們的想法並非如此。

我們已經開始明白，我們毫不懷疑地懷念著的大戰爆發前的那個舒適的舊世界，實際上早在好幾十年前就已經出問題了。

這並不等於說，我們已經完全認清擺在前面的道路。我們可能還要走過十條錯誤的途徑，然後才發現正確的方向。同時我們正在迅速領略一項極為重要的教訓——未來是屬於生者的，那些作古的死者應該去管他們自己的事情。

第六十六章

成熟的美國

這是幾章現代歷史裡的第一章，這幾章現代歷史是由威廉叔叔為他的侄子們和他們同齡的人而寫的。

像大多數忙碌的人一樣，你的祖父留下許多未完成的工作，這部《人類的故事》是在你父親和我年幼時代為我們撰寫的，他總是打算把最新的資料納入這本書裡，讓它成為你們可以閱讀的書籍，但究竟要收集到多新的資料呢？問題就在這裡。

如果你想描繪龐大的事物，譬如海上的一場暴風雨，你得坐在一座高山的巔峰，從那裡可以鳥瞰四面八方遼遠的景物，這樣你便可以精確地觀察事物。如果你是坐在海面上的一艘小船裡，你只能描述那些使你顛簸的波浪。

撰寫歷史書籍也是這樣的，我們從現在的高山回望過去，可以看到「全景」。然而，對於現代歷史——我所謂的現代歷史是指過去二、三十年間的歷史而言——我們仍然籠罩在迷霧中，我們的「國家之船」本來打算要行駛一段平安的航程，現在卻受到海浪從四面八方來的侵襲。我們不知道這場暴風雨到底會肆虐到什麼程度，也不知道它何時才會停歇，我們只能設法認清自己的方位，並且懷抱著最好的希望。

人們常說到歷史上的「承平時期」，也就是「安然無事」的時代，現在我們不會再這樣想了。那些承平時期完全是局部性的，就像天氣一樣。在電報和無線電尚未發明之前，一個國家裡如果發生了像是戰爭、革命和政權交替之類的歷史大事，其他國家——甚至它的鄰國——仍然可以對這些事情一無所知，現在的情況完全不一樣。有了現代交通工具和新聞自由報導之後，在拉薩、羅馬或開普敦所發生的每一件事，住在堪薩斯、紐奧爾良或者溫哥華的每一位公民在第二天就可以得知消息。我說的是「可以」，當然有些人不願意獲知這些訊息。

美國人民最近一次裝作沒聽到這個星球上其他各地歷史進程的聲響，是在第一次世界大戰之後，（《人類的故事》當時就是在這段「承平時期」撰寫的，目的是當成一種警告）。那時候，我們已經幫助以前的盟國贏得對德戰爭的勝利，我們自己認為已經盡了力，我們很樂於沒有發現歷史要賦予我們承擔的責任，因此拋棄了國際聯盟，任憑歐洲自生自滅。

當時我們正處於「咆哮的二〇年代」，在哈定總統「恢復正常」的口號下，一場狂熱的競爭開始了，美國人開始創造各式各樣的企業。在社會上層和下層，處處清楚可見揮霍、目無法紀和腐化的情形。哈定在曖昧不明的情況下猝然死亡，引起一項謠傳，如果他沒死，勢必要遭受責難。雖然這一代的人願意戴上粉紅色的眼鏡來看這個「爵士樂時代」，他們繁榮的景象卻畫在一張腐朽的畫布上。讀者也許會心生狐疑，為什麼我要在這樣一部世界通史性質的書裡面居然講述這種純屬地方性的發展？實際上我這麼作是有目的的。一個人，或者一個國家，往往要經歷很長的時間才能建立其聲響，若想要消除這個聲譽，同樣也得耗費漫長的時間。雖然我們在二十世紀三十年代已經非常強大，但是「美國是由負責任的公民組成的國家」這種聲譽卻跌落谷底，即使許多美國人很少注意或漠不關心國境以外發生的事情，但是世界上其他人的視線卻集中在我們身上。

譬如，許多國家正在翻譯劉易士和德來塞的作品（他們的作品反映美國人的生活），並且帶出許多討論。美國人撰寫的劇本也在國外引發新一波的迴響。最近又有一種全新的商品大量出口——就是電影。任何講述有關美國在世界事務中所扮演的角色的歷史，都無法忽略這個國家用電影所做的「猶大之吻」。各國人民一但看過那些過分誇大我們的財富與自由的電影，在他們心中必然造成一種對美國過分誇大的概念，這種概念對我們和對他們同樣有害。我舉一個例子你就明白了。現在你在每一種外國語彙裡至少都可以找到一個美國字：「Gangster」（惡徒）。

一九二二年，當前任社會主義報紙「前鋒」的一名編輯拿著一枝「法西斯」（Fasces）——就是一把斧頭圍在一束棍棒之中，是古羅馬權威的象徵——逼近羅馬之際，根本沒有人去留意。等到這個墨索里尼（B. Mussolini）真的當上義大利的獨裁頭子，美國人只說：「謝謝老天爺，現在義大利的火車可以按時行駛了。」這倒是千真萬確，義大利的火車是按時行駛了。如今一群一群結伴前往羅馬、佛羅倫斯、威尼斯和那不勒斯的成千上萬旅行者，常常得站在街角看著一隊黑衫少年一邊高唱法西斯黨歌，一邊抬頭挺胸地從面前走過去。但是那些觀光客從來就不會多花一點心思去弄清楚，那些唱歌的少年和他們那個粗脖子的矮個子「領袖」究竟在做什麼。

對一九二三年發生在慕尼黑的一樁不幸事件，世人也不曾多加留意。在那裡，有一批自稱為「國家社會主義德國工人黨」的人嘗試發起一場暴動，企圖推翻巴伐利亞政府。警察對他們開槍。後來人們才知道，那些「納粹分子」當中有一個人便是老將軍魯登道夫，所以每一個人都感到十分抱歉。納粹分子的首領是個職業不明的奧地利人，他被判了五年徒刑，在蘭茲堡監獄執行，結果他只坐了九個月牢。他在獄中有一個忠實獄友兼秘書，名叫赫斯，按照這位首領的口授寫成了一部書。赫斯沒有受過多少教育，他的德文糟透了，但是捉刀人不久就彌補了這個缺陷，於是阿道夫．希特勒（Adolph Hitler）那本《我的奮鬥》被翻譯成各種文字，供全世界人士閱讀。

很可惜的是，沒有人肯花心思去讀一讀這本沉悶而誇張的作品裡究竟說了些什麼。如果他們讀了這本書，他們就會注意到一個名叫白里安（Aristide Briand）的法國人和一個名叫史德雷徹曼（Gustav Stresemann）的德國人的一番努力。這兩個人曾經分別擔任他們兩個國家的代表，簽訂了一項饒富和解意味的條約。他們在一九二六年共同獲得諾貝爾和平獎。

此外還有俄羅斯，世人對於俄羅斯的事情一向所知甚少。因為俄國人故意要這樣的，他們總是不希望別人對它瞭若指掌。俄國人一向不信賴西方（雖然他們的一切都是從西方學來的，包括藝術舞蹈在內），這種情況從沙皇統治時期開始，至今沒有改變，就像許多其他事情一樣，蘇維埃政府認為沒有理由改變它。相反的，如果不想讓外人知道蘇聯進行的每一個五年計畫的重要性，那麼，儘可能使蘇聯公民對外面世界的情形茫然無知，也是重要的方法。

儘管如此，觀察力敏銳的讀者們還是可以發現，托洛斯基（Trotsky）的名字在所有蘇聯新聞報導媒體中逐漸消失，取而代之的是史達林（Joseph Stalin）的名字。那些留心報紙國際新聞版的人可以明確地揣測，這件事顯示出，這個潛力無窮的國家，其政策和目標已經改變了。其他人看過了第一版的謀殺新聞，就翻到證券市場的行情版，聚精會神，鉅細靡遺地讀着，但是一九二九年十月二十九日，證券市場的消息登上了第一版。

曾經喧騰一時的華爾街大鍋終於滾沸溢出了，而且澆滅了火焰。二十年代的咆哮變成驚恐的尖叫，哈定總統的繼位者柯立芝（Coolidge）——一個緘默不語、無所作為，還以此自負的總統——拱手讓位給胡佛（Herbert Hoover）了。胡佛企圖重新點燃財政的火焰，結果這個大經濟學家像是出門野餐的都市人，沒有火柴卻妄想把溼木柴燃燒起來，終於無計可施。他運用每一種已知的策略，但是失業和歇斯底里的人數有增無減。

這次證券市場的崩潰並未使一個時代宣告終結。這個時代，所謂開發時代在前些時候業已死亡，這次的崩潰只表明它已經壽終正寢。在美國，十九世紀一直持續到一九二九年才算結束。

不幸的是，在這段期間踏上成功之路因而握有權勢的人，很少有時間閱讀他們的歷史書籍。如果他們有時間這樣做的話，他們將會知道：享受特權愈多者，愈要負擔更重的責任。否則國家的蘋果車就會翻覆，在這樣一次事件之後，接踵而至的總是一場革命的來臨。我們的「革命」已經發生了，那就是全面的經濟「大蕭條」。

在往後的幾年當中，我們太專心致力於自己的問題，沒有注意到美國的財政崩潰，在世界其他地方造成的後遺症，但是許多事情正在發生，那些事情把全球性的重責大任轉移到我們年輕的肩膀上，無論我們高興與否，美國已經成年了。

第六十七章

軸心國

這場「全世界感同身受的崩潰」促使建立於中世紀基礎上的凡爾賽和約提前失效。

許多年前，有個人想借一大筆錢，他把自己產業的若干「股份」讓給貸款的人或「銀行家」，作為償還借款之用。那位銀行家略具賭徒性格。決定冒險把那些股票拍賣給出價最高的人，於是他變成了一名股票交易員。這種股票市場（巴黎的證券交易所即其中最古老的股票市場之一）最初只進行小規模的交易，後來有一個交易員想出一個主意，僱用信差把「股票行情表」從一個城市轉送到另一個城市。最後，隨著電報發明，證券市場的交易變成為國際性的了。時至今日，人們可以在倫敦、開普敦和布宜諾斯艾利斯的股票行情指示器上看見華爾街每一次重要的出價。

華爾街的股票價格，在二十世紀二十年代末期的好景氣中扶搖直上，全國掀起一波賭博的狂潮。到了一九二九年，許多重要的公司都已經擴展過度，他們在一夕之間瀕臨破產，股價跌到谷底，作股票投機生意的銀行隨之倒閉，把錢存在銀行裡的人因此破產。

現在，試著豎起一些骨牌，最前面只放一顆，在它後面放兩顆，在這三顆的後面放四顆，就這樣一直放下去。只要把前面的這一顆推倒，它倒下的時候會把後面的兩顆碰倒，不久，所有的骨牌全都一股腦倒下了。一九二九年全球發生的情況就是這樣。先是一家銀行宣告破產，接著兩家倒閉……美國、歐洲、亞洲……各地的銀行都開始關門，小銀行先關，接著大銀行也遭遇同樣的厄運。因為商業已經變成國際性的，所以這場災難也就無遠弗屆。一九三一年，連實力最雄厚的奧地利信託銀行也倒了，但是最糟糕的情況還沒來。

好幾個世紀以來，英鎊一直被當作一種匯率基準，所有其他貨幣都根據英鎊來決定他們的價值，但是，一九三一年九月二十一日，象徵英國經濟繁榮和穩定的英格蘭銀行脫離了「金本位」（gold standar）——你必須研讀一本關於銀行業務的書籍，才能確切了解這件事真正的意涵，在那之前你必須先相信我所說的話——這對全球各地的國家經濟的穩定性造成嚴重的衝擊，這也是大英帝國的結構上第一次真正顯露的裂縫。

此外，還有別的徵兆也顯示這個「日不落帝國」即將全面崩潰。在印度有一個性格溫和的人經常被英國當局送進監獄，這個人名叫甘地（M. K. Gandhi），被他的信徒稱為「聖雄」或者「偉大的靈魂」。他不斷地呼籲他的同胞實行「消極抵抗」的策略藉以達成他的目標。

還有英國在第一次大戰結束後從土耳其手中取得的巴勒斯坦，依照一九一七年簽署的《貝爾福宣言》，將這個地方指定為猶太人的故鄉。猶太移民急遽增加，被當地的阿拉伯人激烈排斥，不幸的是，對英國而言，與阿拉伯人保持友好關係也相當重要。鄰近蘇伊士運河地區和當時開始開發的近東大油田，都控制在阿拉伯人手中，英國人改變主意，採取一些行動試圖阻擋「猶太復國主義者」返回他們聖經上的故鄉。以色列這個國家現在就在那裡，證明了英國人在這件事情上有多麼失敗。

如果你現在把地球儀轉動半圈（這是每個人常做的事），你就會看到中國海岸外有一連串相對較小的島嶼，那就是日本帝國。這個國家據說是西元前六百六十年由神武天皇建立的，我們並不清楚它的早期歷史。西元一五四二年，日本在偶然間被葡萄牙人發現，此後便公然與西方商人和他們所帶去的傳教士形成對立。西元一六六三年，日本封閉所有的港口，除了荷蘭人之外，所有其他國家的人一律不許進入。西元一八五三年，美國海軍准將培理帶著美國總統米勒德・菲爾莫爾的一封信，駛進東京灣。六年後，日本首先與美國簽訂一項通商條約，然後陸續跟其他國家也簽了。這個原本實行封建體制的帝國，彷彿在一夕之間變成了現代化的工業和軍事強國。

西元一八九五年，日本從中國手中奪取了台灣；西元一九〇五年，它為了獲取中國東北港口和鐵路的權益，對俄國展開一次短期戰爭並獲得勝利；一九一〇年，它併吞朝鮮。日本現在已準備好打造一個從成吉思汗時代以來，亞洲最大的帝國。從事這項霸業所必備的一切條件都有了——財富、人口過剩所形成的大量工業人力儲備，以及一種把天皇當作神明並且以「為天皇犧牲」為榮的宗教，它正在機警地等候良機。

日本選擇在西元一九三一年派遣軍隊越過朝鮮邊境，進入中國東北，因為當時美國的威望正跌入谷底，大多數歐洲國家也陷於財政和政治的混亂中，它很快地獲得勝利。國際聯盟派出一個調查團，前往調查這樁「滿洲國事件」，美國不承認這個以溥儀為傀儡皇帝的新國家。日本假裝不悅，憤怒地退出國際聯盟，但是仍保持與美國的交往關係，這次「事件」便如此宣告收場。

當時有一個人密切地注視日本對國際聯盟所抱持的輕蔑態度，那個人就是《我的奮鬥》一書的作者，最近剛在德國總統選中舉以第二高票落敗的阿道夫．希特勒。

威瑪憲政時代的德國，儘管在文化領域有極為燦爛的表現，在政治方面卻是失敗的。德國人民還不知道該如何健康地運作政黨政治。所以他們分裂成一百三十五個各式各樣的黨派，幾乎都又小又脆弱。在這種情況下幾乎不可能選出一個總統。威瑪時期的德意志共和國總共出現過兩個總統：艾伯特（F. Ebert），他原本的職業是馬鞍匠；還有退休過兩次的將軍——興登堡（Hindenburg）。

興登堡在一九二五年時以七十八歲的高齡就任德意志共和國總統。這位老英雄曾在普法戰爭和第一次大戰中表現卓越，他印在郵票上的肖像雖然看起來神采飛揚，但是事實上已經不再適合擔任總統的職務。雖然他在一九三二年的選舉中打敗了希特勒，連任成功，可是這個遲暮之年的陸軍元帥顯然已經無法再對抗閃電般崛起的希特勒和他的納粹黨多久了。年輕的德意志共和國在經濟危機的侵蝕下岌岌可危，而希特勒竭盡所能地將這個局勢轉為自己的助力。唯一讓他感到頭痛的的對手是德國共產黨，共產黨與納粹黨的策略十分相似，使希特勒感到不安。西元一九三三年，納粹黨人偷偷在位於柏林的國會大樓縱火，然後誣賴一名來自荷蘭的前共產黨人馬里努斯．范．德．盧貝是案件首謀，這次「起義」竟然成功了。興登堡的兒子加入了納粹黨，這位父親屈服於壓力之下，最後終於選擇了希特勒擔任德國總理。

西元一九三四年，興登堡過世，希特勒一下子身兼德國總理和總統二大重要職位。跟在義大利那位自封為「領袖」（Duce）的墨索里尼之後，希特勒也成為德國人的「元首」（Führer）。

如何才能解釋希特勒這種驚人的成功呢？他和他所有的顧問都非常了解「群眾心理」。《凡爾賽合約》嚴格限制德國的軍事力量，使軍人團體感到十分不舒服，於是希特勒承諾他們一切都將恢復原狀。他也對一般老百姓做出承諾，他將會恢復德國在國際間的威勢。希特勒根據北歐神話和尼采的著作，編織出一套「德意志民族優越論」。問題是，如果德意志民族真的這麼優越，那麼德國為什麼會在第一次世界大戰中一敗塗地呢？答案是：德國被出賣了。究竟是誰出賣了德國？希特勒必須找出一個代罪羔羊。他向斯拉夫國家學到了一招（在那些國家裡面，各式各樣的民怨都能以屠殺猶太人來平息），猶太人被他選中了。雖然猶太人當時在德國人口中所占比例不到百分之十，希特勒卻說，雅利安人愛好和平、工作勤奮，所以猶太人必須為「雅利安德國」的失敗負起完全責任。

不幸的是，人們真的相信這一派胡言，連不是希特勒擁護者的德國人也相信。希特勒就像稍早的墨索里尼一樣，普遍受到國民歡迎，將他視為德意志民族的代表人物。他曾經為一團混亂的德國建立了秩序，而當時大家還不知道希特勒的「優越民族說」將會把他們帶到那裡去，所以似乎是老百姓心甘情願地讓他把第三帝國化為一座兵工廠。他看起來正在實踐他的諾言，要提供這世界一個可靠的屏障，用來對抗共產主義。

希特勒登上總統大位之後，一點時間都不浪費，馬上開始推動他的計畫，任何個人或團體只要對他有所妨礙，就會遭到冷酷的報復。支持希特勒獲取權位的那些舊軍人集團，正在等待他的回報，卻發現自己被排除在重新動員的方案之外。希特勒的計畫需要德國工業界的合作，為了討好那些保守的工業家們，希特勒將自己團體中較具社會主義傾向的成員也「清洗」掉了。他的做法是徹底馬基維利式的，藉由一樁偽造的政變事件，殺害了警察局長斯利夏、衝鋒隊長羅姆和其他一些老同志。一九三四年，希特勒使國會通過《授權法》，剝奪了德國人民的各種民主自由，德國人民在威瑪共和國時代曾經享受過這些自由，但很少人珍惜過它。現在，德國人民被捲入了一波全力對付猶太人、天主教徒、知識分子和共產黨的運動。

我們的後代可能會對於希特勒反對共產黨這件事情感到驚訝。「納粹主義和共產主義不是兩種非常相似的意識形態嗎？」他們會這樣質疑：「德國說他們是『國家社會主義』國家，而俄羅斯說他們是『蘇維埃社會主義』共和國聯邦，不是嗎？」

相異的意識形態固然會引起衝突，相同的意識形態同樣也無法避免衝突。真正的歷史問題比意識形態之爭還要複雜得多。希特勒統治下的德國仍然是德國，史達林統治下的俄羅斯依然還是俄羅斯。這兩個國家之間歷史悠久的權力鬥爭從來就沒有停止過。甚至應該說剛好相反，依照希特勒看來，他此時剛剛才在地緣政治學的基礎上，為這種衝突找到了合乎邏輯和科學的依據。

地緣政治家們宣稱，他們已經找出了政治和地理之間的一種確切的關聯性。他們在歐亞兩洲大陸上畫出了一處「心臟地區」，然後主張：「誰能主宰心臟地區，並掌握海上通道，誰就能主宰世界。」這處心臟地區就在俄羅斯。希特勒聘請德國地緣政治學巨擘郝斯霍佛（K. Haushofer）擔任政治顧問，然後希特勒提出警告：俄羅斯將會用共產主義統治全世界。實際上，希特勒對那處心臟地區垂涎已久，他的一切計畫可以說都是為這個目的量身訂做的。

俄羅斯對一九三三年發生在德國的變化沒有全盤的認識，並不令人意外。俄羅斯一直擔心日本的行動，所以與波蘭、法國、波羅的海諸國簽下互不侵犯條約。現在納粹已經在德國獲得壓倒性勝利，俄羅斯只好著手尋求新的友邦。希特勒第一次展示它的力量，就是用退出國際聯盟這一招，將先前德國外交家施特雷澤曼在和平與反戰方面所做的努力一筆抹消，俄羅斯卻轉而成為國際聯盟的一員。

儘管墨索里尼就像其他義大利人一樣，打從心底深深地瞧不起北方那些蠻族後裔，他卻像慈祥的長輩一樣，對希特勒表示由衷的歡迎，兩國開始建立頻繁的外交交流。一九三四年，在預先醞釀好的熱情氛圍之下，希特勒動身前往羅馬訪問，儘管墨索里尼為他安排了盛大的遊行和饗宴，但是，因為有人不斷提出奧地利問題，這次訪問最終還是引發了一些小摩擦。

義大利並沒有逃過一九二九年經濟大蕭條的侵襲。對於破產的恐懼，使墨索里尼實施愈來愈嚴格的經濟管制措施。他最初宣布的一些措施得到了民眾熱情的回應，但現在看起來相當空洞。他十分正確地診斷出病症在於民眾的不滿，這個時候應該要創造出可以轉移民眾注意力的新目標。

他已注意到國際聯盟的立場搖擺不定，但還不敢掉以輕心。這位「領袖」心想，雖然義大利只是一個王國，但羅馬可曾經是個貨真價實的大帝國。他放眼四周，可以找出藉口攻擊哪一個缺乏防禦能力的國家呢？他渴求的眼神落在阿比西尼亞身上。

阿比西尼亞這個遺世獨立的「祭司王約翰的神祕王國」，人類已經經歷了一千六百多年的發展，他卻幾乎維持原樣，因為大家都聽說過，這個國家的地形崎嶇，戰士頑強，足以讓那些帝國主義者打消念頭。那些皮膚黝黑的基督徒，不但會向敵人擲出致命的長矛，還保留著殘害戰俘的惡習。你應該在稍早的章節中（第六十二章）讀到過，義大利曾經在一八八七年試圖併吞阿比西尼亞，或者稱為衣索匹亞，卻在阿都亞遭遇屈辱性的慘敗。對於那次的挫敗，義大利人可能已經釋懷了，但是還沒遺忘。兩國在一九二八年曾經鄭重簽訂了友好條約。

一九三四年十二月，義大利和衣索匹亞的軍隊，在瓦爾瓦爾——接近義屬索馬利亞和阿比西尼亞邊境——發生衝突，墨索里尼裝出一副義憤填膺的態度，不但要求賠償而且拒絕國際仲裁，衣索匹亞國王塞拉西（H. Selassie）便向國際聯盟提出控訴。正如墨索里尼所料，國際聯盟仔細聽取了這項控訴，但一無作為，墨索里尼隨即向國際表示義大利要自己解決這件事情。詭計奏效了。

墨索里尼準備完成之後立刻向衣索匹亞進攻。塞拉西的軍隊打著赤腳，拿著長矛，展現了他們眾所周知的勇氣。但是，他們當然不是義大利坦克、機關槍和轟炸機的對手。義大利飛行員（墨索里尼之子也在其中）沾沾自喜地回報，看到炸彈直接命中手無寸鐵的阿比尼西亞人，然後像花朵一樣「綻放」，實在是一種「非常好的運動」。國際聯盟作了最後一次的努力，譴責義大利人是「侵略者」，並且通過實行制裁。但是英國不願對義大利封閉蘇伊士運河，唯恐這樣做會「帶來戰爭」。一九三六年五月九日，墨索里尼宣布義大利國王為衣索匹亞皇帝。而國際聯盟的反應跟死了差不多。

下一個採取行動的是希特勒。希特勒已先違反《凡爾賽條約》恢復了徵兵制，現在又在萊茵區派駐部隊，破壞施特雷澤曼和白里安促成的《羅加諾公約》。現在，希特勒和墨索里尼聯手行動的舞台已經準備就緒了，地點在西班牙。

一九三六年，藝名「阿根廷女郎」的西班牙舞蹈家梅瑟（A. Mercé）去世。這個出生於阿根廷的女人，憑著她的精湛舞技和高貴氣質，任何人只要看她一眼就難以忘記她的丰姿，彷彿西班牙所有的光彩都活生生地從她身上展現。西班牙的另一個公共象徵——國王，此時卻努力給人一種完全相反的印象，正如在他之前的許多波旁王室成員一樣，阿方索十三世也很愚笨。

阿方索喜歡在國外遊蕩而不願在國內執行職務，所以讓埃斯特利亞侯爵（米戈爾．普里莫．德里維拉）全權處理國政。一九二五年，這個貴族獨掌大權後，以高壓手段維持表面上的社會秩序，但是他和其他王公大臣們水火不相容。那些人在一九三〇年逼迫國王解除德里維拉的首相職務，一九三一年，西班牙舉行選舉，結果這次連國王都被人民罷黜了，西班牙於是變成了「工人共和國」。但是此時的西班牙人跟德國人差不多，一方面缺乏支持民主政體運作所需的教育和知識，另一方面也缺乏建立民主政府時所需的耐性。不久之後，人民便分裂為許多力量都很薄弱的派系。緊接著，美國經濟大蕭條在世界各地所引發的社會動盪不安，也侵襲了西班牙。

一九三六年七月，新聞的注意焦點從阿比西尼亞轉向西屬摩洛哥的梅里拉，包括前任加那利群島總督佛朗哥將軍在內的一批將領，發起了一場叛亂，向最近組成的左翼派系聯合體「人民陣線」發動攻擊。這個左翼聯合體不久前才剛剛以和平的方式獲得了一場勝利，他們在國會選舉中擊敗了君主主義者、共和主義者和教士。

這場戰爭持續了將近三年之久，戰爭即將宣告結束的時候，西班牙國庫已經破產了，全國國民都已經精疲力竭，歐洲人在這場戰爭中實驗了「轟炸機」這種新發明，把西班牙的城市炸得千瘡百孔。佛朗哥將軍獲得最後勝利，成為獨裁者。他和希特勒、墨索里尼有許多相似之處，這絕非偶然。西班牙內戰一開始本來是國家主義者和「共和派」之間的鬥爭，後來由於外國勢力開始武裝干預，因此轉變成柏林、羅馬和莫斯科之間的第一次較量，結果是柏林和羅馬獲得勝利。

我必須再度請您忘記「意識形態」，再研究一下地理，然後你就會更清楚地明白，如果「保皇派」（就是共產黨）一旦在西班牙獲勝，將會產生什麼樣的影響？那樣一來，蘇聯的勢力就會滲透到西歐這個樞紐地帶。當時的法國羸弱而腐敗。英國在愛德華八世遜位之後，內部情勢也相當不穩。考量到政治地理學上的利害關係之後，英法兩國於是傾向於希望佛朗哥取得勝利。一九三七年通過的《美洲中立法案》，原意是要讓西半球遠離歐洲的紛爭，但這個法案並沒有阻止美國將武器賣給葡萄牙，這些武器輕輕鬆鬆就流入佛朗哥手中。

缺乏現代化裝備和足夠的軍事訓練，共和派從一開始就陷極不利的局勢。這些不幸的兵卒，在歐洲列強的政治棋盤上很快就節節敗退。但是，在蘇聯戰略家和一批國際志願軍（其中的「林肯大隊」由美國人組成）的奧援之下，曾經在馬德里和瓦倫西亞進行過英勇的保衛戰，對抗納粹的轟炸和「第五縱隊」的詭計。

有一些報紙試著對世人提出警告：參戰列強在這場「西班牙聯合演習」中獲得的那些戰術教訓，也許不久之後就會應用在其他地方；另外一些報紙則披露了「不干預委員會」——由包括德國、義大利、蘇聯等二十一個國家組成——的作為與不作為。

軸心國就是在這個背景下成立起來的。

如果有人認為希特勒真心相信種族理論，而不是只把它當作一種遮掩真實目的的藉口，那麼，在一九三六年十一月二十六日發生的事，一定會令這個人大吃一驚。在這一天，納粹德國竟把日本人（就是德皇威廉曾經指為「黃禍」的民族）視為「榮譽雅利安人」和盟友，對日本人表示了他的歡迎。雙方簽下了可以被稱為「反共產國際」或「反共公約」的那一片紙，東京和柏林結合成為「軸心國」（Axis）。第二年，日本就對中國發動了一場沒有正式宣戰但雙方確實全力搏殺的戰爭。

一九三七年，墨索里尼也在這張紙上簽了字。這張手寫的歷史高高懸在牆上，任何人都可以看到。

第六十八章

孤立主義與姑息政策

軸心夥伴們怎樣開始瓜分世界，他們為什麼能獲得那樣的成果？

第一次世界大戰實際上還不是一場全球性的戰爭。它當時之所以被稱為「世界大戰」，是因為交通技術進步了，讓全世界每一個看到報紙的讀者都知道了這場發生在歐洲和近東地區的戰爭。此外，它也是美國第一次派遣遠征軍前往歐洲參戰的戰爭。

這場大戰持續了將近三年之後，美國才出兵援助協約國——英國、法國和比利時，美國軍隊進入戰壕時所喊的口號是：「使民主政治安然無恙存在於世界。」（參閱第六十五章）

幾乎就在這場大戰的最後一顆子彈射出來的時候，這個口號的空洞性立刻暴露無遺。那些歐洲盟國，不論是共和國或王國，都不太關心意識形態上的目標。他們唯一關心的問題就是保持歐洲的「勢力均衡」，他們感謝美國伸以援手，並答應跟美國繼續通商，以此作為酬謝。

以誠實的歷史敘述來說，我們沒有理由還要期待些什麼。因為我們美國人實際參戰所想達成的事情也就是這樣——通商利益。但是有些美國人似乎不肯採取這種「務實」的，或者是如他們所說的

「玩世不恭」的態度。所以他們的幻想破滅了，覺得自己被出賣了、被欺騙了。他們大聲疾呼，反對美國再次捲入任何「國外的拖累」，於是美國的「孤立主義」便成為一個政治議題。

那些孤立主義者們的動機，深究起來不外乎就是「愛國心」使然，但是，沒有多久之後，他們卻發現自己真的被欺騙、被出賣了。希特勒從一九三三年上台開始，就利用美國孤立主義的心態讓自己得以對歐洲為所欲為。戈培爾（J. Göbbels）所主持的德國宣傳部，運用一切可能的手段勸阻美國，既然美國有許多內部事務亟待處理，就不要來「干預」德國的事情了。有幾個國會議員和「德美協會」、「美國第一協會」和三K黨（Ku Klux Klan），也非常樂意呼應德國的說法。三K黨為了向希特勒表示崇敬之意，竟然在他們列舉的「好美國人應有的特質」條目裡加上了「反猶太」。

美國有自己的困難，這是事實。富蘭克林．羅斯福於一九三二年繼胡佛之後擔任總統，同時延續了羅斯福留下的一項工作，就是制定一些法律來解決美國經濟裡的混亂狀態。因此，羅斯福公布了一個「銀行假日」查帳計畫，並且通過管制銀行業的《格拉斯—斯蒂格爾銀行法案》。此外還有《國家工業復興法案》（這個法案在一九三五年被宣告違憲）和其他一些前所未見的全新措施，終於結束了大蕭條時期。

在私人企業裡工作的美國人民，非常不習慣接受政府管制，那些新法律對他們來說都是苦藥。但是，當時全世界正處於一陣社會革命的風暴當中（今日也是如此），這場社會革命想要解決的問題，就是機器生產主宰了人類社會之後造成的惡果。有如置身颶風威脅下的樹木一般，歷史悠久且較有實力的政府被吹得東倒西歪，而其他政府則在這場暴風雨中倒下去了，但是還沒有折斷。為俄羅斯帶來共產主義，為中歐帶來法西斯主義，為亞洲、非洲和南美洲帶來不安的東西——僅僅為美國帶來社會立法。我們對於這種情形理當深表感激，美國現在感受到的限制，只不過是每一個人在發覺自己已經「長大」了的時候，都會感受的那些東西。就像前面已經說過的，美國已經成年了。

還有一件事實可以被看成是美國日益成熟的象徵之一。美國第一次開始關注那片遼闊的、在名字、歷史和地理上都跟我們有關的中南美洲。那些中南美洲國家，即使在政治上已經取得獨立地位，仍然保留著來自殖民母國西班牙的語言和各種傳統（巴西是例外，他是葡萄牙殖民地），所以西班牙內戰一定會對這片土地產生重大的影響。

中南美洲在大蕭條的打擊之下，經濟層面受到了重大的傷害，隨之而來的是日益狂熱的政治活動。就像西班牙那樣，幾乎所有國家裡都分裂成兩大陣線——具體細節當然各有不同，但大致上是類似的——每一邊都在設法取得本國政府的完全控制權。其中一邊可以稱之為「工人黨」，這一邊的成員沒有機會受到什麼良好的教育、缺乏組織訓練，資金也不足，但是他們對於蘇聯的成就懷有無限熱情，足以彌補那些不足之處。與他們敵對的則是叫做「國家主義者」（有時則稱之為「國家社會主義者」）的陣營，這個陣營的領導人通常是保守的政客、軍人和實業家。反對陣營所缺乏的那些東西他們通通都有。唯一的例外是：兩邊都擁有同樣的強悍、無所顧忌的性格。

有一段時期，兩邊的成員都在設法爭取權位。在某些國家裡，很難預測競爭的結局會是什麼。但是國家主義者的陣營一向精於權謀，也比對手更擅長利用暴力手段，於是一個強而有力的角色決定不再只是當個旁觀者，他走出來站在舞台正中央，那就是美國。

如果那些拉丁美洲的執政者當中，有一個人因為景仰佛朗哥而「錯誤地」對「叛軍」採取軍事援助行動，那麼西半球必然會捲入理論上仍然只是西班牙內戰的一場戰爭中。為了防止這種情形發生，羅斯福總統建議美洲各國在阿根廷的布宜諾斯艾利斯舉行「泛美會議」。一九三七年的中立協定就是在那裡簽訂的。在往後幾年當中，又簽訂了幾項使南、北美洲首次聯結起來的條約。

回頭看看歐洲的情況，「軸心計畫」比預期的時程更早完成，他之所以如此大膽地行動，基於一個前提：「如果事到臨頭才想辦法解決，那麼，等到事情真的發生了，通常為時已晚。」他正在和成功交好運。但是，他所推行的反共、反猶太、反知識分子政策，正在逼使德國的重要科學家、音樂家和作家紛紛跑到外國去，而且不是基於愛國熱情去幫祖國講好話，他似乎沒有注意到這個情況。由於希特勒沒有受過多少教育，當德國失去了文學家托瑪斯・曼和褚威格、音樂家寇特・威爾和荀白克之類的人物時，他覺得沒什麼關係。但是，當愛因斯坦隨即也流亡國外時，就使他頗為煩惱了。因為愛因斯坦帶走的公式，可能使原子彈落入美國人而非德國人的手裡。

等到希特勒完完全全控制了德國之後，就準備著手進行他所謂的「合理的擴張」。希特勒說：「今天我們擁有德國，明天將擁有全世界。」德國吞併奧地利這個行動，也在希特勒的精心策畫和冷酷俐落的手段下實現了（一九三四年曾經嘗試過一次，但墨索里尼反對）。

奧地利總理庫爾特・許士尼格（K. Schuschnigg）博士，接受希特勒的邀請，前往他位於貝希特斯加登的家裡作客。在二十四小時之內，這位原本很有自信的政治家就軟化了，許士尼格同意承認奧地利納粹黨是合法政黨，赦免被監禁的納粹分子，任命阿圖爾・賽斯—英夸特為公安部長，並且允許德國派一百名軍官進入奧地利陸軍。

許士尼格一回到國內，立刻為自己的懦怯懊悔不已，十二天後，他公然反抗希特勒，並且要求舉行一次公民投票。許士尼格「背信的行為」就是希特勒正在等待的藉口，當他將大軍集中在奧地利邊境時，許士尼格便遞上辭呈，並逃亡國外。一九三八年三月十三日，賽斯．英夸特宣布，德奧合併已經是既成的事實。三月十四日，希特勒的軍隊進駐奧地利。

列在他名單中的下一個國家是捷克斯洛伐克。

德奧合併之後，德國的勢力從西、北、東面包圍了捷克斯洛伐克，這個位居要衝之地的國家，以及他所擁有的兵工廠、豐富資源、戰略地位，使自己成為別人垂涎欲滴的獵物。對德國來說，對付他並不困難。在捷克斯洛伐克北部邊境的蘇台德區住著將近三萬名德裔居民，他們「突然」之間就產生了一種就地回歸祖國的強烈願望——因此，第三帝國應該擴張，好把他們納入德國境內。這個時候，西班牙戰爭時的「第五縱隊」戰略可以施展了。

這些蘇台德區的德裔居民在康拉德．亨萊因（K. Henlein）的領導下，利用捷克斯洛伐克的民主政治賦予他們的自由建立了自己的軍事組織，當然這個軍事組織跟納粹衛隊十分相似。最後，一九三八年四月二十四日，亨萊茵在希特勒支持之下宣讀了八點公開要求，包括讓蘇台德的德國人實行自治。

再做一個歷史的「假設」。假設在第一次大戰後協助創造捷克共和國的那些政府，在一九三八年的此刻真的關心其生存問題，那麼捷克斯洛伐克能夠倖存嗎？在希特勒還沒有過於強大之前，他們能阻擋他嗎？答案多半是肯定的。我們現在知道，希特勒在一九三八年時完全是虛張聲勢，他還沒有準備好用一場全面戰爭來支持他的野心。但是，當時的英國和法國，完全沒有心理準備要面對武裝衝突。美國目前秉持中立立場，俄法兩國雖然有結盟條約，英國卻不歡迎俄國成為他的盟友，於是英法兩國只好採取「姑息政策」（appeasement）。

那個夏天的情勢混沌不明，進行了一些外交活動，法國加緊動員，英國擴編艦隊。夏季結束之後，希特勒在九月十二日公開要求蘇台德區的德裔居民實行自決，捷克斯洛伐克境內發生暴動，政府宣布戒嚴令。

這個時候，英國首相張伯倫（N. Chamberlain）帶著他那把著名的雨傘（後來在漫畫家的筆下成為姑息的象徵）前往貝希特斯加登，張伯倫同意捷克斯洛伐克沒有權利要求仲裁。就跟前面提到過的許士尼格一樣，張伯倫也是直到回國之後才知道自己上了當，但為時已晚。希特勒贏得第一步棋之後，現在不僅要求捷克斯洛伐克把蘇台德區連同工廠和軍事設備完全交給德國，而且要求在十一月之前讓那些住有大量德裔居民的地區舉行一次公民投票。這一次，張伯倫和法國總理達拉第（E. Daladier）跟俄羅斯商議，美國則要求希特勒與歐洲列強舉行一次會議。最後，墨索里尼提出一項建議，在慕尼黑舉行英、法、德、義四強會議。

這是歷史上最可恥的一次出賣行為，千萬人卻因此嘆了口氣放下心來，而且表示滿意。張伯倫與達拉第總理在慕尼黑會議上聯手出賣了捷克斯洛伐克。會議結束返國時，張伯倫從載他回到英國的飛機中走出來，宣稱：「我相信這件事將為我們這個時代帶來和平。」

不久之後，希特勒的就提出了「最後一次的領土要求」。當德國將捷克斯洛伐克防務堅實的西部邊境占為己有的時候，波蘭和匈牙利也在捷克斯洛伐克的東部咬下了幾塊肉。一九三九年三月，這個短命共和國的殘餘核心部分把自己置於「德國保護」之下。

同一時刻，日本軍隊正在橫掃中國領土廣袤的地區。在盧溝橋和上海「事件」之外，又發生了蘇州、南京和杭州事件。訓練有素的中國軍隊在蔣介石領導之下，面對一個訓練更為精良的殘酷敵人展開一場頑強的防守戰爭。如同在西班牙和阿比尼西亞一樣，在中國的戰爭中，備受折磨的是那些無武裝的老百姓。雖然只要有戰爭，就會有老百姓受苦，可是以前的人從未遭受過這樣滅絕人性的機械化的殘暴行為——戰爭中的殘暴行為也從來沒有像這樣完全可以找出文件來證明。日軍這種以新聞片和實地報告的形式留下來的文件佐證，不僅得到軸心夥伴們的諒解，而且受到他們的鼓勵，因為他們想要讓任何可能反對他們的人們心生恐懼。這個恐嚇計畫相當成功。但是，這種「恐怖宣傳」在某些國家裡卻剛好發生了反效果。日本的這些新聞影片，再加上納粹反猶太活動的報告，大大有助於羅斯福總統去打破美國人民的自安心態，並且也啟動了他的一九三八年軍備計畫。到了一九三九年，美國的「孤立主義」已經成為一種無人理會的主張。而在歐洲，「姑息政策」不久也將以其唯一可以採取的方法死去——就是被暴力毀滅。

第六十九章

大西洋憲章

「神經戰」如何演變成「總體戰」，希特勒何以作出致命的錯誤估計。

一九三九年三月二十二日，希特勒要求取得位於波羅的海的港口城市梅邁爾——那是德國在第一次世界大戰之後割讓給立陶宛的一個城市，這個城市馬上就被割讓了。於是希特勒轉向他從前的盟友——波蘭——索取但澤市，並且要求擁有建築一條橫越「波蘭走廊」的汽車公路和一條鐵路的權利。波蘭反對這些要求，並且向英法兩國尋求支持。由於英法兩國已經認清了姑息的後果，因此提出保證，在遭受德國侵略時與波蘭採取互助策略。

這時候的波蘭也很希望取得蘇聯的全力支持，但是蘇聯的態度突然轉變了。從蘇聯外交部長莫洛托夫（V. Molotov）對英國發表的一次嚴詞批評中，首度可以看出這種轉變的跡象。一九三九年八月，完全出人意料之外的事情發生了，納粹德國和蘇聯簽訂了雙邊貿易和互不侵犯協定，這件事情讓那些同情共產黨的人驚訝得目瞪口呆（在這次協定中，納粹提出一項要求，請蘇聯把那些在一九三三年逃往俄羅斯的前德國共產黨員移交給希特勒，而史達林同意了）。

德國派出的「志願者」進入但澤市，製造了「邊境事件」。此時英國國會也授予英國政府戰爭的權力。一九三九年八月三十一日，希特勒宣布波蘭人已經拒絕了他所提出的十六點和平建議，實際上他們根本不曾看到這項文件。納粹軍隊在黎明時越過波蘭邊境。

那一天，納粹第五縱隊首領福斯特在波蘭宣布，把但澤市歸還德國。納粹的坦克在波蘭隆隆行進，德國空軍也展示了他們驚人的「閃電戰術」新戰術。英國和法國在這時候向希特勒發布了最後通牒，要求德國軍隊撤出波蘭。希特勒拒絕了。一九三九年九月二日，英法兩國聯合對德宣戰。「神經戰」結束了，接下來開始的就是那場被稱為「第二次世界大戰」的全球性的戰爭。

由於西方列強還沒辦法馬上伸出援手，波蘭很快就按照計畫被瓜分了。九月十二日，蘇聯軍隊越過波蘭東邊國界，殘破的華沙向納粹投降。

大約有六個月的時間，西歐各國經歷着一場「假戰」，就是我們先前提到的那種容易使人誤解的平靜時期。英國已經派遣一支遠征軍到法國觀察情勢變化，也在英國本土開始挖掘防空洞，然後等待。大英帝國的其他成員也承受著同樣的巨大壓力。澳洲、紐西蘭和印度都立即對德國宣戰。九月五日，當史莫茲出任南非邦聯總理時，他廢止了一項保持中立的提案。加拿大在九月十二日參戰。大英國協之中只有愛爾蘭由於無法忘記過去的痛苦經驗，仍然保持中立，並且與希特勒的間諜們合作，提供他們一個方便的情報收集站。

法國仍然對馬奇諾防線信心滿滿。在陸軍部長馬奇諾（A. Maginot）的建議下，法國沿著東部邊界建造了十分厚實，被認為足以抵擋坦克的防禦工事。這條每英里造價高達兩百萬元的馬奇諾防線始終沒有完成（沿著比利時邊境擴建工事的費用，一撥下來就被某些政客吞掉了），因此無法發揮功效。儘管如此，大部分法國軍隊還是被配置在這些工事裡面，在那些潮濕的地下營舍裡住了好幾個月之久。

隔著萊茵河，希特勒在馬奇諾防線的對面建造了「齊格菲防線」（Siegfried Line），希特勒的軍隊駐守在那個地方，整個冬季並沒有什麼實際行動，只是用擴音器不斷對著他們的老對手謾罵，法國人也還以顏色。

海洋裡的納粹潛水艇就十分活躍了，它們對全球航運已經構成了威脅，在巴拿馬舉行的泛美會議不得不宣布，在西半球劃出一圈「安全地區」。美國禁止本國船隻駛入交戰國地區，但羅斯福撤消了武器禁運，並以「現款自運」的策略將武器交付給交戰國。

蘇聯則在東歐地區默默地有所行動。他們向愛沙尼亞、拉托維亞和立陶宛等國索取了一些地方，設置防禦基地。接著又向芬蘭提出同樣的要求。芬蘭人猶豫著不知道如何應付，於是蘇聯軍隊對芬蘭展開攻擊。

整個歐洲就這樣陷入一種「戰中之戰」的圖象裡。義大利認為，只要自已保持中立，就可以和英法兩國一樣，以飛機、補給品和技術顧問去支援芬蘭的曼納海姆將軍和他那一小支英勇的軍隊。同樣堅守中立的美國則提供芬蘭一千萬美元的軍需物資。曾經有一小段時間，看起來芬蘭似乎可以無限期地擋住野心勃勃的侵略者，但是，經過冬季三個月劇烈戰鬥之後，芬蘭的「曼納海姆防線」被突破了。一九四〇年三月，芬蘭向蘇聯求和，並且將百分之十的領土——包括卡累利阿地峽在內——割讓給蘇聯。

蘇聯為什麼要發起這次蠻橫的舉動呢？我又要請你再看看地圖了。如果你仔細翻查一下地圖的話，你將發現：儘管蘇聯領袖已經和希特勒簽訂了互不侵犯定，他們卻仍然沿著蘇聯的全部邊境設置「緩衝地區」。後來的歷史證明他們相當睿智。

春天來臨的時候，德國開始流行一首新歌，歌名叫做〈我們進攻英國〉。為了要實現這個計畫，希特勒第一步是下令進攻丹麥和挪威。他希望取得這兩個國家之後能夠從兩翼包圍英國，同時可以在北海取得基地和港口。丹麥很快就被占領了，但是挪威的抵抗卻異常頑強，儘管納粹對先前已經這個國家做過大量的宣傳，也派去了第五縱隊，效果似乎不太明顯，而英國和法國的軍隊此時也首次展開行動，對挪威伸出援手。在勃根和屠倫典的德軍被趕出了國境，但是，在挪威的崎嶇地表上，只有一個因素最重要，那便是制空權的優勢，現在它掌握在德國人手裡。一九四〇年六月七日，挪威國王哈康逃往倫敦，一個名叫吉斯林（V. Quisling）的挪威納粹黨員成為挪威總理，從此，世界上每一種語言裡都增加了一個新詞彙「traitor」，意思是「賣國賊」。

挪威雖然悲慘地在德軍面前崩潰了，但還是產生了一種幸運的結果。邱吉爾取代張伯倫成為英國首相。這位偉大的政治家和英國保守黨黨魁，長久以來被稱為「戰爭販子」，現在卻被視為是最適合應付當前局勢的領導者。邱吉爾是傑出的演說家和作家，他向英國人民提出的唯一承諾是「鮮血、汗水和淚水」，用這些話來表明英國的新政策和最終目標：「勝利——不計任何代價的勝利、不顧任何恐怖的勝利，無論前方的路多麼漫長和艱難，一定要獲得勝利，因為，得不到勝利，就唯有滅亡。」（可能是一種巧合吧，貝多芬「第五號交響曲」開頭的節拍，和摩斯電碼裡V這個字母的表示法是一樣的。英國國家廣播公司在一九四一年七月二十日第一次說出這件事，V這個字母從此就變成所有反對軸心國的人們勝利的符號。）

但是，英國最黑暗的日子尚未來臨。一九四〇年五月十日，也就是邱吉爾擔任首相的第一天，希特勒對比利時、盧森堡和荷蘭發動攻勢，同時從兩翼包圍馬奇諾防線。雖然英、法兩國的軍隊全部趕赴前線，荷蘭還是在四天之內就宣布投降，比利時在十八天之內也投降了。同盟國的軍隊人數太少，謀略也比不上德軍。盟軍開始撤往敦克爾克附近，納粹將此地包圍起來，眼看著真的要把他們都趕到海裡面去了。但是，希特勒忘了英國人是擅長航海的民族。在號稱歷史上最英勇的一次援救行動之中，一支由九百艘驅逐艦、汽艇、漁船、拖船和遊艇組成的船隊，與德國的閃電戰展開較量，把四分之三的英國軍隊從敦克爾克灘頭運走。

希特勒的空軍掌握了制空權，使馬奇諾防線形同虛設，因此法國很快就瀕臨崩潰。為了避免受到轟炸，法國宣布巴黎是「不設防的城市」。法國政府撤離巴黎，先遷往圖爾，最後遷到波爾多，這種情形反映出全體法國人民的恐懼心理。老百姓受到納粹第五縱隊的煽動，將巴黎通往四方的道路堵住，使軍隊無法開往前線。六月十日，墨索里尼摘下了中立的假面具，向英國與法國宣戰，套句羅斯福總統說的話：「用匕首刺進鄰人的後背。」六月十五日，納粹進入巴黎。一星期之後，希特勒在貢比涅森林中表演了一場小小的勝利舞蹈，還拍成新聞影片到處播放。接著，就在簽訂一九一八年停戰協定的那節車廂裡面，法國簽下了降書。法國領土的三分之一由德軍占領，其餘地區則由維琪傀儡政府治理，總理是貝當將軍，英國現在完全被孤立了。

希特勒的日程表這次出錯了：法國淪陷得比他所預料的幾乎提早了兩個月。對於下一個合理的步驟——進攻英國——希特勒還沒準備妥當。這項進攻計畫所需的駁船和其他裝備都已經在製造了，但是要等到八月才能完成，到那個時候，德國空軍就不再擁有明顯的優勢。希特勒打算在轉向東方之前，先結束西線戰爭的希望，被「少數」（The Few）打破了。

「不列顛之戰」在一九四〇年八月開打。德國飛機一批又一批飛過英吉利海峽，在科芬特里、曼徹斯特和倫敦上空展示他們曾經在華沙、奧斯陸和鹿特丹上空展現過的那種技巧和精確性。然而，一些英國飛機竟然起飛應戰，使他們非常驚訝。那些英國飛機就是上面所說的「少數」。那些皇家空軍飛行員在攸關國家存亡的這一年冬季裡所表現出來的勇氣，只有英國平民們在整場戰爭裡展現的勇氣可以與之相比。在那些日子裡，一個城市接一個城市被「科芬特里化」，希特勒誇耀地說，即使美國伸出援手也無法挽救英國的命運。但是，愈來愈多納粹飛機被擊毀，皇家空軍反過來開始空襲德國，這時侵略者獲勝的希望愈來愈渺茫。一九四二年以後，美國第八航空隊加入了英國皇家空軍的陣營，於是，這個全副武裝的島嶼變成了一艘「不沉的航空母艦」。

再來一個歷史的「假設」。如果當時英倫三島變成納粹的空軍基地，美國的城市會不會遭到納粹的閃電攻擊呢？根據我們現在得知的，德國在飛彈和噴氣推進系統方面的領先成就，答案無疑是肯定的。幸好，羅斯福在一九四〇年十二月要求國會同意給予英國充分的空中援助，並且宣示美國是「民主國家的兵工廠」。一九四一年三月，他在HR 1776號法案上面簽名，《租借法案》通過了。同年八月，羅斯福和邱吉爾在停泊於紐芬蘭海岸外的英美軍艦上會晤，草擬了《大西洋憲章》。這篇文件終於正式讓美國成為英國的後盾，並且昭示了未來的聯合國憲章的基本原則。

英美之間的友誼日益密切，而義德之間的友誼則陷入困境。羅斯福和邱吉爾拋棄了一切擴張領土的欲望，墨索里尼卻發現他的軸心夥伴攫奪土地的本領遠超過他的想像。雖然義大利在一九三九年併吞了阿爾巴尼亞，但是，在日後的每一次行動中，墨索里尼都不得不仰賴希特勒的幫助才能實現野心。義大利軍隊在一九四〇年九月從利比亞出發，在英國軍隊還沒來得及還擊之前，就沿著海岸向東邊的埃及推進，等到英國有機會還擊時，英國人聲言要把墨索里尼這批半調子征服者全部殺光。此時，隆美爾（E. Rommel）將軍率領的非洲兵團抵達了，奪回托布魯克，把英國趕回阿拉曼。

義大利另一次在希臘的慘敗，無疑是墨索里尼在一時衝動之下，有心要模仿那個遠比他成功的軸心夥伴所造成的。一九四〇年十月下旬，他派遣軍隊從阿爾巴尼亞進入希臘，十一月中旬就遭受痛擊。希臘的這次勝利，不僅對軸心國的威望是一次沉重的打擊，而且給了英國一個充分藉口，可以光明正大地去支援希臘，而且，盟軍從「巴爾幹後門」進入歐洲，對於預料中希特勒將要發起的東線戰爭，盟軍可以向北推進，從側翼發動攻擊。由於要保護義大利，使希特勒即將發動的進攻蘇聯計畫延緩了極其重要、具有關鍵性的一個月，但是希特勒還是向南推進了。一九四一年四月，德國（不是義大利）坦克開進了雅典。

大家都知道希特勒覬覦巴爾幹地區很久了。一九四〇年六月，蘇聯預料德國將會有一項新的行動，於是先行奪占羅馬尼亞的巴賽拉比亞地區。等到八月，這個國家的其餘部分都還在復原中，納粹趁機挺進。此時匈牙利和保加利亞相繼加入了軸心國陣營，但是，當南斯拉夫政府也想這麼做的時候，卻發生了暴動，國王彼得被迫逃走。這是希特勒進軍的絕佳良機。他沒有停下腳步，直到占領了希臘，並且在克里特島投入空降部隊，向英軍展開奇襲，這是一九四一年五月二十日發生的事。使墨索里尼更沒面子的是，英國軍隊當時已經占領他們在前一天所解放的阿比西尼亞。

在同一個月裡，德國第三副領袖赫斯（R. Hess）乘降落傘在蘇格蘭降落，希望藉親自出馬接洽以完成希特勒的轟炸戰略所無法實現的願望，結束英德兩國之間的戰爭。可是赫斯成了戰俘，但是他此次使命的原因不久大家都明白了。六月二十二日，希特勒揮軍進攻蘇聯。

蘇聯並不是完全沒有防備，這兩支規模龐大、勢均力敵的軍隊在邊境上打了整整三個星期，然後「史達林防線」被突破了，德軍以扇形推進。接下來，希特勒鑄下他畢生最大的錯誤。他為了維持「種族優越」的理論，因而錯失勝利的良機。

許多蘇聯人民把入侵的德軍視為解放者，在蘇聯伏拉索夫將軍（A. Vlassov）領導之下，六師反共的軍隊自動聽命於希特勒，另外還有兩百萬人準備參加他們的陣營。在那些人心目中，推翻克里姆林宮的政權就等於理想的實現。但是按照希特勒的種族理論家羅森堡的意見，蘇聯人在納粹的計畫中，屬於劣等民族，只配在多特團（Todt，納粹的工業和軍事工程組織）裡充當奴工。希特勒想要征服蘇聯，而不是去解放它，這就注定了希特勒自己死亡的厄運。蘇聯人都是熱烈的國家主義者，他們對自己國家的愛，於對蘇維埃政治當局的憎恨。他們厭惡希特勒，所以背棄了伏拉索夫的目標。

其餘的蘇聯人既已向德軍投誠，於是隨著伏拉索夫一起作戰，與德軍一起退卻，最後在德國被俘。戰爭結束後，伏拉索夫與其手下被美國人移交給蘇聯，一九四五年全部以叛國者的罪名處以極刑。

希特勒向北繼續挺進，一九四一年九月包圍列寧格勒，並且進攻塞凡堡。蘇聯軍隊不惜任何犧牲，德軍每奪取一吋土地，都必須付出相當昂貴的代價。列寧格勒之戰結束後，希特勒向莫斯科進軍，但是，他為了占領希臘而將東征計畫延遲了一個月，現在出現了可怕的後果，德軍落入蘇聯的永恆盟友——嚴冬——的手中。由於蘇聯採取「焦土政策」，留給德軍占領的土地上已無任何可用物資，德軍因而缺乏足夠的補給，也沒有足以抵擋此地嚴冬的裝備，被迫在莫斯科城外停駐，等待春天的來臨。這時候還出現了兩個變化：蘇聯人有了一個新盟友——美國；德軍有了一個全憑「直覺」指揮戰爭的新總司令——希特勒在第一次世界大戰中只是個士官，現在則把自己晉升為陸軍元帥。

日本和美國之間的關係正在急遽惡化。日本從一九四〇年以來就是軸心國的核心成員，美國因此採取了若干措施使日本愈來愈難從國外取得物資供應，日本在美資產也遭到凍結。東條英機將軍於一九四一年十月十六日登上首相寶座，隨即將日本政府中比較審慎的人一一撤換。

十二月七日，當日本和平專使來栖三郎正在華盛頓協助駐美大使野村吉三郎談判之際，日本飛機對夏威夷群島的珍珠港發動偷襲。

第七十章

世界大戰

軸心國如何在「生產力之戰」中敗北。然而，贏得最後勝利的真正關鍵是英國與美國的科學家，人類的眼前出現了新時代的黎明。

愈看地圖愈覺得難於置信。一九四一年十二月，日本開始占據中國的東北，短短半年之後，到了一九四二年六月，他們已經占領菲律賓、關島和荷屬東印度群島，還控制了法屬印度支那（今日的越南）和泰國，並且從緬甸方向對印度造成威脅。日軍也占領了阿留申群島裡的阿圖島，轟炸機偷襲珍珠港的結果幾乎癱瘓了美國太平洋艦隊的主力。

對於正在對抗軸心國的陣營來說，這一年可說是「慘痛的一年」；可是，從另一個角度來看，這也是「勝利的一年」。因為，有二十六個國家——其中有許多是流亡政府代表——表示服膺《大西洋憲章》的原則，使其成為未來的「聯合國」之核心價值。

美國對日本宣戰之後，德義兩國隨即作出回應，雙雙對美宣戰。美國馬上將全部的工業力量投入戰時生產。在這個高度機械化時代裡的戰爭，不僅要在戰鬥力方面勝過敵人一籌，在生產方面也要勝過對手。美國婦女和男人一起在軍需廠裡工作，甚至加入各兵種的勤務單位服役，這一點所有的國家都一樣。在這場戰爭中，每一種專業領域和部門都發揮了作用。許多東西在「國防所需」之下被加速發展出來，包括雷達、盤尼西林、塑膠。越洋飛行瞬間變成了常態。美國政府此時也在一個罕人知曉的神祕科學研究單位投注上了數百萬美元經費，那裡研究的是核分裂反應。

直到一九四三年，才出現了完全由美軍飛行員執行的對德轟炸任務。但是，在一九四二年十一月八日——蒙哥馬利將軍兩星期之前才在阿拉曼戰役中徹底擊垮了隆美爾——美英兩國的軍隊在法屬北非登陸。德國立即占領整個法國，但是未能獲得法國的艦隊，一部分法國戰艦逃往北非，其餘的全部都在土倫港鑿沉了。

那年秋天對於每一處戰場都是關鍵時期。九月分的時候，蘇聯紅軍在史達林格勒給德軍帶來了大麻煩，打亂了他們攻取裡海油田的計畫；日本大城市東京和橫濱先是在這年四月遭到艦載機轟炸，到了十一月，又在為期十三天的所羅門群島海戰中被美國痛擊。

邱吉爾和羅斯福抱著樂觀的心情在卡薩布蘭加碰面。史達林沒有參加這次會面，法國代表是兩個敵對的自由法國領袖：吉羅德（Giraud）和戴高樂。同盟國認為已經可以預見戰爭的勝利，因此要求軸心國無條件投降。

勝利在接下來的幾個月裡愈來愈近。俄羅斯各地的德軍已經開始慢慢撤退；太平洋戰區指揮官麥克阿瑟將軍帶領美軍在瓜達康納爾島和所羅門群島贏得一場艱苦的勝利。艾森豪將軍指揮美國第二軍沿著北非向東前進，與英國第八軍在突尼西亞會師。一個月之後，曾經所向無敵的德國北非軍團殘部在一九四三年五月十二日投降。

盟軍在北非節節勝利，使墨索里尼聲望大跌。等到盟軍登陸西西里之後，墨索里尼就垮台了，還被囚禁起來。國王艾曼紐爾三世和巴多格里奧元帥代表義大利政府在九月八日宣布無條件投降，但是，德軍在一星期之後就將墨索里尼救出來，讓他在義大利北部成立一個共和法西斯黨。義大利境內的戰事還沒結束，但島上的德軍撤退得相當緩慢，這場戰役一直持續到一九四五年。墨索里尼垂死反抗的結果造成了巨大的損害：曾經被德國人當作觀測站的美麗的卡西諾修道院毀滅了，羅馬遭受盟軍轟炸，盟軍在安濟奧的登陸行動也造成了巨大的破壞，佛羅倫斯的橋梁被摧毀。當希特勒把義大利當成德國的緩衝區時，他和墨索里尼的友誼就結束了。這個前任義大利領袖穿上德國陸軍的制服，企圖逃往德國，在一九四五年四月被游擊隊逮捕槍決。

在第二次世界大戰裡，舉行全球性會議是家常便飯。由於空中旅行已經十分便捷，讓幾位領袖可以經常在戰時與夥伴們碰面，好好地討論共同關注的問題。邱吉爾兩度飛越大西洋與羅斯福會晤，一次是一九四一年，在華盛頓，另一次是一九四三年，在魁北克。這一年的十一月底，蔣介石飛往開羅與羅斯福、邱吉爾協商遠東戰略，兩天之後，英美領袖在德黑蘭與俄國史達林會晤。

除了在納粹占領區執行占領任務，以及在義大利半島對抗盟軍之外，希特勒的大部分軍隊放在東邊的德蘇邊界上。蘇聯希望解除自己單獨承受的壓力，殷切請求盟軍開闢「第二戰場」，這個想法不難理解。一九四四年六月六日，盟軍在諾曼第登陸，蘇聯的願望實現了，俄軍發動進攻的日子已經來臨。

在同盟國遠征軍最高指揮部縝密大膽的策畫及果斷完美的行動下，盟軍渡海攻破了德軍堅強的「大西洋之牆」，隨即在一個月之內占領瑟堡和坎城，法國光復之日已經不遠。八月十五日，盟軍在里維拉再次實施登陸作戰，十天後，其他國家的軍隊停在巴黎郊外，讓法國軍隊單獨執行一項光榮的任務，他們與「法國內地軍」（這是幾支地下反抗軍的聯合組織）聯手肅清法國首都裡的德軍殘部。美國第三軍在巴頓將軍指揮下向巴黎南方進行掃蕩，派遣裝甲師向萊茵河奔襲作戰。不過，在北方的比利時和荷蘭戰區，地理和氣候條件都有利於德軍執行最後一波的頑強抵抗。

突襲安恆的空降部隊沒有獲得南方來的地面支援，因此遭到包圍，幾乎全被殲滅。德軍和盟軍雙方都炸開堤防，整片低窪地區都被大水淹沒，萊茵河三角洲成為一片水鄉澤國，不僅使德軍無法像一九四〇年那樣順利向南推進，也阻礙了盟軍向北突破，從兩翼夾擊德軍西方防線的計畫。盟軍只好停止前進，先鞏固好目前已占領的地區，接著就發生了「突出部之役」。

突出部之役是德軍最後一波大反攻，結果獲得驚人的成功，因為盟軍沒有預料到德軍會發動奇襲，甚至連德國將領也沒有人相信他們的軍隊仍然有能力這樣進攻。然而，這是希特勒下達給負責指揮西線德軍的倫斯德元帥的命令，他沒有猶豫的餘地，從一九四四年七月發生謀刺事件之後，德國陸軍將領都是可以犧牲的卒子。

希特勒和德國參謀本部之間，長久以來摩擦不斷。希特勒在一九三三年將他個人的護衛隊改編為「親衛隊」（SS）。希特勒一再向陸軍保證，親衛隊不會被武裝起來。後來他很快就變卦，正式成立武裝親衛隊部門，提供他們最優良的裝備，並且賦予他們一些例如「骷髏總隊」、「阿道夫・希特勒警衛旗隊」之類的響亮名稱。如果陸軍部隊出現了不穩的狀況，親衛隊軍官就會被派去使他們「守規矩」。但是希特勒自任德軍總司令，則是壓垮駱駝的最後一根稻草。德國陸軍密謀反叛。一九四四年七月二十日，一顆放在公事包裡的炸彈爆炸了，但是希特勒只受到皮毛之傷。這次倖免於難更使他確信命運之神與他同在，在埃爾溫．馮．維茨萊本將軍和幾個共謀者都被極其殘暴地處以絞刑之後，軍權就全部落在希特勒手裡，就是他本人命令德軍向海岸突圍反擊。

突出部之役開打前，布魯塞爾，安特衛普和阿肯都已被盟軍占領，德軍二十四師從十二月十六日開始進攻，足足持續了八天。親衛隊和陸軍在面積約一百平方公里的一片地區上蜂湧前進，他們都接到「不逮捕戰俘」的命令，意即全部殺死。德軍在巴斯通森林包圍美國一〇一空降師，命令他們投降，但是麥克歐利夫將軍嚴詞拒絕。後來是巴頓的第三軍解救了巴斯通之圍。十二月二十四日，七千架盟軍飛機遏止了德軍的攻勢，到了隔年二月初，最後一批德軍終於被逐出比利時。

當盟軍正準備大舉渡過萊茵河時，美軍很幸運地在波昂南邊的雷瑪根發現一座沒被炸毀的橋梁。除了這座橋之外，盟軍也利用小船渡河，大部分兵力在三月分都已經到達萊茵河對岸。

蘇聯軍隊也在東線不斷推進。紅軍在諾曼第之役後不久，就第二次對芬蘭發動攻擊（芬蘭在一九四一年加入軸心國陣營）。南線紅軍於一九四四年三月抵達羅馬尼亞邊境，隨即攻擊匈牙利和捷克；布達佩斯在一九四五年二月布投降，蘇聯完成了征服巴爾幹半島的任務。

一九四三年四月，蘇聯政府斷絕了與波蘭流亡政府的外交關係。在一九四五年一月占領華沙期間，已經透出了一絲遮遮掩掩的新強權政治的跡象。紅軍在這個月底渡過奧得河（Oder），坦克車在二月七日已經挺進到柏林市郊。

這一天，邱吉爾和羅斯福應史達林的應請，在克里米亞的雅爾達會面。在最後這次會議中，他們簽署了《雅爾達協定》，以及德、奧兩國的戰後處置方案，並且決定了蘇聯參加對日作戰的計畫。

羅斯福在一九四四年第四度當選美國總統，他前往雅爾達時已經健康欠佳，兩個月後，一九四五年四月十二日，他在喬治亞州病逝。副總統杜魯門在當天下午宣誓就職。翌日，紅軍進入維也納。四月二十五日，「聯合國組織會議」在舊金山舉行，會中公布了美、蘇軍隊在易北河會師的消息。簽訂聯合國憲章的兩個月後，這次會議尚未結束，歐洲的戰爭已經結束了。五月一日，德國海軍上將鄧尼茲宣布希特勒已經在柏林的總理府防空壕裡自殺身亡。一星期後，德國代表在法國的漢斯簽署無條件投降。歐戰勝利日於是訂為一九四五年五月七日。

當史達林、杜魯門、邱吉爾於七月間在波茨坦聚會商討戰後計畫時，盟國民眾出現高漲的反德情緒。英國人的憤怒主要源於突然出現的長程飛彈和火箭攻擊（德軍在諾曼第之役之後，從法國、比利時和荷蘭海岸發射了這些噴射推進的武器。通常稱為V字武器，由於同盟國用V字代表勝利，德國便以此回應。在德文裡，V字則代表Vergeltung，即「報復」之意）。先前已經提到過，德國曾將大量蘇聯公民遣往多特團充當奴工，蘇聯對此深感震怒。等到納粹集中營被發現之後，激起全世界普遍的憤慨。

沒有跟著希特勒一起自殺的納粹戰犯們，都在紐倫堡的四強法庭接受關於戰爭罪行（war crimes）的審判，但是有一個名叫馬丁·鮑曼的人始終都沒有被逮捕，只能以缺席裁判的方式判處他死刑。有兩個人在審判期間死亡，三個人無罪釋放，七個人判處終身監禁，十個人判處絞刑。在執行絞刑前夕，赫爾曼·戈林在牢房中自殺身亡。

在波茨坦會議期間，英國舉行了大選，結果工黨領袖艾德禮獲勝，他以英國新首相的身分代替邱吉爾出席會議。現在，軸心國成員之中有兩個已經被擊敗了，同盟國的注意力全部轉移到對日戰爭上。

早在一九四二年，就已經確定日本不可能進攻澳洲。現在，美國、英國、澳洲和菲律賓的軍隊，在一望無際的太平洋上（這片海洋的絕大部分，距離日本本土有三千五百英里之遠）展開一種新型態的兩棲登陸戰法，叫做「跳島戰術」。

盟軍在一九四三年七月發動一次協同進攻，他們全部繞過日軍所占領的若干較大島嶼，去攻擊那些適合建造空軍基地的島嶼，以便利用空軍來干擾日本的補給線。這麼一來就可以不必戰鬥就讓許多島嶼上的日軍餓死。但是，你只要只看一下地圖，就會知道這項作戰行動的規模有多麼龐大，即使在每一百個島嶼中只進攻一個島嶼，你都還可以看出為什麼會有那麼多寶貴生命在太平洋戰爭中犧牲。

這一次攻勢的開端是攻占所羅門群島裡的小島倫多瓦。等到一九四三年底，布干維爾島和新喬治亞島上的蒙達機場也被盟軍占領。新幾內亞的薩拉瑪亞已經淪陷，雷伊泰灣的日軍已被包圍。盟軍現在開始攻擊吉爾伯特島，緊接著是一次大規模的包圍行動。

一九四四年，日本已經發覺，想保住這些掌握中的島嶼有多麼困難。儘管那些島嶼看起來不過是一些珊瑚礁而已，但是盟軍非要占領它們不可。在日本的外圍防衛圈部分，盟軍在馬紹爾群島的瓜加林環礁和埃內韋塔克環礁登陸，並且向馬里亞納群島進行大膽的突襲。八月，盟軍重新占領曾經被他們繞過的關島。從關島基地出發，盟軍的超級堡壘可以轟炸日本最南端的島嶼與九州。盟軍沿著新幾內亞海岸推進，艾普泰、霍蘭狄亞、艾狄莫拉帝和斯庫敦島都被占領。並且在加羅林群島和摩鹿加登陸。十月十九日，當麥克阿瑟將軍在菲律賓的雷特島登岸時，他實現了「我將回來」的承諾。

同時，在亞洲大陸上，蔣介石的軍隊正節節勝利，日軍已被趕出印度。但是，因為通往中國的滇緬公路仍在日軍手中，所以盟國開始從印度越過「駝峰」向中國戰時首都重慶作經常性的空中運補。

接著展開一場艱苦而成功的作戰行動，迫使日軍退出緬甸叢林。

一九四四年底，太平洋戰爭的最後階段開始了。美軍利用馬里亞納群島的塞班島的空軍基地，對日本的工業設施時行大規模空襲，由於塞班島距離日本有一千多英里之遠，因此是一項相當冒險的任務。一九四五年三月，歷時一個月之久的硫磺島浴血戰結束了，盟軍取得一個距離橫濱不到七百五十英里的空軍基地，可以讓轟炸機使用。接著在四月進攻琉球。在德國即將崩潰之際，太平洋上的盟軍已經可以向距離僅有三百二十英里的日本城市發動史上規模最大的空襲。在東南亞戰場方面，蒙巴頓將軍宣布，盟軍已經對無法再做出「玉碎攻擊」的日軍取得了全面勝利。

截止目前為止，盟軍在這場大戰中已經犧牲了如此多的生命，使同盟國感到十分驚恐。他們知道，原定計畫中的日本攻擊戰必須犧牲更多的生命。當軍隊重新整補完畢，正要從歐洲戰場開拔前往亞洲時，科學站了出來，迅速而可怕地結束了這場戰爭。

長久以來，全世界的物理學家就知道，原子並不是像希臘人所說的那種「不變的基本物質」。先前因為無法取得足夠供應實驗所需的「分裂物質」，所以還無法完成「藉由原子分裂而將物質化為能量」的研究工作。你一定知道，這些實驗所根據的基本原則，是著名流亡科學家愛因斯坦從德國帶到美國去的。

同盟國獲知納粹已撥出鉅款繼續從事原子研究工作。英國空軍向納粹占領下的挪威尤坎市發動了一次大膽的空襲，目的就是要摧毀一個「重水」工廠。像費米梅特諾之流的科學家以及愛因斯坦本人，當時已經清楚地知道，最先掌握原子能的一邊，就能獲得一種強而有力的最新武器。羅斯福總統深知此事之迫切，於是在田納西州的橡樹嶺成立一所秘密研究基地。

英美兩國的科學家們在橡樹嶺通力合作，一九四五年七月十六日進行了人類歷史上第一次原子爆炸。這次爆炸是在新墨西哥州的沙漠中進行的。八月六日，第二次原子爆炸，這次的地點是在日本廣島上空。這個城市在一次毀滅性的爆炸之後幾乎毀掉五分之三，十幾萬人喪生，還有為數相當的人受傷。三天後，第三次而且破壞力更強的原子爆炸，在日本長崎上空發生。

這些原子爆炸事件，再加上蘇聯對日本宣戰同時攻進中國東北，日本終於屈膝投降。日本人在獲得盟軍保證，他們的天皇裕仁可以保留之後，便在停泊於東京灣內的美國戰艦「米蘇里號」上簽字投降。這一天就是對日作戰的勝利日——一九四五年九月二日。

世界大戰的夢魘已經過去了。可是由於廣島和長崎所發生的情況及詳細報導不斷傳來，全人類都知道，一個新的紛擾時代又已來臨。關於原子的知識，一旦已被發現，就不可能由美英兩國永遠保有祕密。現在，這種可怕的力量既然已經可以讓人類自由運用了，那麼人類的前途將會如何？全世界的人現在要求聯合國提供這個問題的答案。

第七十一章

聯合國

美國如何躍居世界領導者的地位，他如何邀請各國加入一場國際關係的偉大實驗。

王爾德曾經語帶諷刺地說：「只要戰爭被人們認為是邪惡的，它便永遠具有魔力；當它被人們認為庸俗的時候，它就不會再流行了。」如果他願意用「無利可圖」（unprofitable）來代替「庸俗」（vulgar）的話，就更接近真理了。要讓軍隊前進，光是餵飽他們是不夠的，而是要依靠希望；用以補償勝利者的希望——財富、新的領土、更美好的生活，或者是——很諷刺的——和平。如果失去這些希望，軍隊就會停止前進。

第一次世界大戰所造成的大破壞似乎已經達成這個任務。樂觀主義者稱那次戰爭為「止戰之戰」，他們認為，人類不可能再一次用這樣的機械化大屠殺來獲取勝利，那種勝利無利可圖。但是人類是一種習慣性的動物，不容易從自己的錯誤中得到教訓。二十年之後，另一次戰爭又爆發了。發動這次戰爭的人們本來想要獲得一次迅速、猛烈而且有所收穫的勝利。結果他們被打敗了，他們的城市也遭受嚴重的損害。蘇聯大部分土地都成了廢墟。中國緊接著苦於內戰。大英帝國有一部分崩解了，美國取代他負起領導世界的重任。美國為了維持經濟情勢，以及尋找貿易夥伴，不得不對以前的盟友以及敵人給予經濟援助（不久之後，這種援助就被用來達成另一種更重要的目的）。

長崎上空的蕈狀原子雲，不僅使日本的亞洲共榮圈美夢幻滅，它還像一根指向天空的手指頭，彷彿向世人提出警告，使用原子武器作戰，「勝利者一無所得」。替代戰爭的方案是一種新的仲裁機制。

早在原子彈被投下之前，邱吉爾就已經建議美國、大英國協和蘇聯，應該團結起來，像創造美利堅合眾國一樣創造一個歷史上前所未見的組織。雖然過去的國際聯盟非常失敗，但是這個觀念依然令人嚮往，這是人類迫切的需求。

因為已經預先知道這次大戰將會留下嚴重的破壞和困苦的日子，所以「聯合國善後救濟總署」（這個機構通常稱為UNRRA，在一九四七年改成「國際難民組織」。）於一九四三年十一月在美國大西洋城舉行第一次會議，並且在次年九月於蒙特婁舉行第二次會議。

一九四四年四月，在倫敦舉行的盟國外長會議中，提出成立聯合國教育文化復興組織的計畫。同年七月，在布萊頓森林會議中，四十四個國家代表參加第一次聯合國貨幣財政會議，籌劃成立一個國際貨幣基金和一個「國際復興開發銀行」，藉此改進全球的經濟狀況。

最後，在這年十月間的敦巴頓橡樹園會議舉行之後，美、英、蘇「三巨頭」發表聲明，要成立一個叫做「聯合國」（The United Nations）的永久性國際組織。早在一九四三年的雅爾達會議中，邱吉爾、羅斯福和史達林就已經表示贊同這個想法。一九四五年，「聯合國組織會議」在舊金山舉行，這場會議完成了未來「聯合國」的設計藍圖。《聯合國憲章》規定，所有愛好和平的國家都可以有代表參加大會。另外設置一個權力較高的「安全理事會」（Security Council），由五個常任理事國——美國、英國、蘇聯、中國和法國——加上六個選舉出來任期兩年的非常任理事國組成。此外，還創立了「經濟及社會理事會」和國際法庭。聯合國祕書處負責行政工作，第一個擔任秘書長職務的是挪威人特呂格韋．賴伊（Trygve Lie）。

安全理事會如何投票，從一開始就是大問題。克里米亞會議最後決定：只要五個常任理事國之一如果投下一張反對票，就可以否決任何提案，但程序問題例外。

蘇聯不久就表現出原本的野蠻性格，還有它眾所周知的對西方世界的不信任態度，一再動用這種否決權。蘇聯對於與它有關的各種戰後問題，顯然並無意尋求公正的處置方案。由於蘇聯曾於一九四三年為了表現他對其他民主國家的友好態度，自動解散「共產國際」（共產主義的國際宣傳組織），而今蘇聯代表藉著指責新盟友的「經濟帝國主義」來掩飾自身日益膨脹的帝國主義野心，而這樣的野心愈來愈明顯了。

波茨坦會議曾商定瓜分德國和奧地利，這兩個國家的首都都被劃歸在蘇聯區域之內，同時再劃分為美、英、蘇、法四個占領區。當蘇聯將它的占領區四周拉起「鐵幕」，與其他三個國家的占領區隔開時，英、法、美三國仍然堅持將軍政府總部設在維也納和柏林。蘇聯非常不喜歡這樣的情況，為了迫使盟友的勢力退出柏林，於是在一九四八年封鎖了柏林與西方之間的陸路和水路交通。美國採取的對策是派遣飛機在法蘭克福和柏林之間來回穿梭，源源不絕將糧食和煤炭之類的必需品送進柏林市內的美、英、法占領區。此後一年半，這裡的局勢日益緊張，聯合國也討論了這件事情，蘇聯終於在一九四九年撤銷封鎖。同時，蘇聯也沒有放鬆對巴爾幹地區的占領，孩逐漸將巴爾幹諸國拉向自己身邊，然後藉著一場精心策劃的政變，在一九四八年把捷克也關進鐵幕。

蘇聯蠻橫的企圖並未在歐洲其他地方得逞。義大利國王艾曼紐三世下台，讓位給兒子安伯托。安伯托順應一九四六年公民投票的結果，讓義大利變成了共和國。這個國家因希望破滅和貧窮而陷入混亂狀態，共產革命的幽靈正在逐漸接近。這時候，美國主導的「歐洲復興計畫」及時提供了援助。這個計畫是由由美國參謀總長馬歇爾將軍（後來擔任國務卿）在戰爭結束後提出的，內容是對那些不在共產黨控制下的國家給予經濟援助——事實上它是美國對於蘇聯擴張行為的具體回應。二次世界大戰結束時，美國變成了擁護民族自決的堅強鬥士，因此自然而然成為那些想要抵抗共產集權統治的國家們的保護者。

美國針對蘇聯的圍堵政策也有助於遏阻共產勢力在法國發展。共產黨在一九四六年法國選舉中大有斬獲，使這個國家陷入紛擾不安，內閣政府在幾年內頻繁更替。就在這段期間，「歐洲委員會」成立了。這個委員會的成員包括荷蘭、比利時、盧森堡、法國、義大利、英國、愛爾蘭、瑞典、挪威、丹麥。由於馬歇爾計畫奏效，法國在一九五〇年恢復穩定局面，不再恐懼共產主義，還提出了「舒曼計畫」（Schumann Plan），希望集西歐各國之力共同開發煤和鋼鐵生產。英國雖然被邀請參加這項計畫，卻選擇置身事外。

史達林在巴爾幹半島上意外地遭到一個國家的抵抗。南斯拉夫在戰時游擊隊領袖約瑟普・布羅茲・狄托的領導下，起初似乎很願意成為蘇聯的附庸國，卻突然在一九四八年背離蘇聯，成為「獨立」的共產國家。獨裁者狄托雖然沒有公開向西方列強求援，他們對他在鐵幕上撕開的這個裂縫倒是非常歡迎，馬歇爾計畫因此在一九五〇年給予南斯拉夫大量援助。

在南歐地區，希臘是歐洲唯一在世界大戰結束之後仍未停止戰鬥的國家。一九四四年，當英國部隊打敗占領希臘的軸心國部隊之後，保皇派反抗軍就試圖恢復君主政體，而親共反抗勢力則持反對態度。當一九四六年的公民投票決定請國王喬治二世復位時，反對派游擊隊在北方潛入的共產黨協助之下強化了破壞行動，藉此表示抗議。喬治二世在一九四七年逝世，由他的兄弟保羅繼位。美國在這一年撥款三億美元援助希臘，使希臘政府軍在一九四九年結束戰爭。

由於猶太復國主義者堅持要在巴勒斯坦建立猶太人的國家，新成立的阿拉伯聯盟隨即表示要以武裝力量來對付這項行動，這個問題在一九四七年四月提交到聯合國討論。一九四七年五月十五日，英國對巴勒斯坦的委任統治宣告結束，以色列共和國隨即成立，戰爭馬上就爆發了，但阿拉伯聯盟不是以色列的對手。瑞典人伯納多特（他也是一九四五年安排德國投降的中間人）代表聯合國出面調停，於是雙方暫時停火。稍後伯納多特被極端分子刺殺身亡，美國人彭區博士接手他的調停工作，終於使以色列和埃及簽署停戰協議。經過兩千年漫長的等待，猶太人第一次擁有了自己的國家和國旗。一九四九年，以色列獲准加入聯合國。

民族主義在印度也發展了好一陣子。英國要求印度參加對日作戰所開出的交換條件之一，就是讓「整個」印度成為「一個」獨立國家。可是穆罕默德．阿里．真納（M. A. Jinnah）所領導的回教同盟卻想單獨建立一個巴基斯坦回教國。印度人堅決反對這項計畫，英國則愈來愈不願意偏袒其中一方。英國人希望此事早日解決，於是在一九四七年宣布，即將把政權移交到「負責的印度人」手上，同時再三要求印度教徒和回教徒達成和解。然而，儘管英屬印度已被分割成巴基斯坦和印度兩個共和國，當一九四九年八月英軍真的撤退之後，仍然不斷因宗教衝突而發生流血悲劇。甘地這位在英國殖民時期主張「消極抵抗」的印度律師，對印度獨立事業有莫大貢獻，竟然在一九四八年被刺殺身亡。他的門生尼赫魯（印度總理）不久就使印度在亞洲事務中占有舉足輕重的地位。印度和巴基斯坦都加入了聯合國。

在東方世界的其他部分，日本早在十九世紀末就提出「亞洲是亞洲人的亞洲」這個口號，獲得許多民族主義者熱烈響應。美國實踐承諾讓在菲律賓在一九四六年獨立。荷屬東印度群島則爆發了一場起義暴動，後來在聯合國介入下才結束動亂，於一九四九年成立印度尼西亞共和國（簡稱印尼）。英國殖民者稍後在緬甸和馬來西亞遭遇同樣的抗爭，法國人在印度支那也捲入一場大規模的叢林戰，對手是武裝精良的越南游擊隊。

所有的這些武裝抗爭的背後都有共產黨的影子，這種情況絕非偶然。蘇聯的擴張意圖雖然暫時在歐洲受挫，在東方世界卻大有斬獲，因為東方人長期以來就飽受西方列強的剝削。雖然他們很感謝西方提供的醫藥援助和教育，但是因為他們急於想擺脫西方的枷鎖，以至於在未能深思熟慮之下，貿然以一種偽裝過的帝國主義去替換另外一種帝國主義，對他們而言其實是更大的傷害。

中國是最悲慘的實例。雖然國民黨與共產黨的政治對抗在中日戰爭期間暫時緩解，但中日戰爭的結束卻促使國共對抗重新爆發。蔣介石政府期待西方盟友的支援，但直到最後的生死關頭也未能如願。有蘇聯在背後支持，毛澤東領導的共產黨軍隊在一九四五年十月開始與中國國民政府軍作戰。經過幾年的動亂，蔣介石向美國的最後求援被拒絕了，他被迫放棄，並且終於在一九四九年離職，前往台灣島。他在那裡著手建立全亞洲最大的反共力量。

中國共產黨控制中國大陸之後，將新首都設在北平，接著，他們的軍隊入侵喜馬拉雅群山上的西藏。過去對於毛澤東十分友好的印度，非常關切這項最近發生的行動（註：這一章撰寫於一九五一年，中共軍隊在前一年十月攻進西藏）。在法屬印度支那，中國共產黨對胡志明的軍隊提供援助，現在已經迫使法軍從邊界地區向後撤退，韓戰就是在這個樣騷亂不安的背景之下發生的。

按照雅爾達會議的決定，韓國以北緯三十八度為界被劃分為南北兩區。北區由蘇聯占領，南區則由美國占領。在美國占領區內，一九四六年和一九四八年選舉期間所發生的暴力事件，反映出這兩個敵對強國之間的衝突。大韓民國在南邊正式成立後，雙方都開始動員。南韓擁有美國軍官顧問團的援助，北韓則受到蘇聯的實質援助。一九五〇年六月二十五日，北韓軍隊沒有受到挑釁，也沒有發出任何警告就越過三十八度線發動攻擊。南韓出乎意料之外地遭到奇襲，只好不斷退卻。於是，歷史上第一次有軍隊以聯合國的名義參戰。麥克阿瑟將軍以日本作為跳板，指揮聯合國軍隊在韓國作戰。

在駐日占領軍和美國國內的增援之下，在韓美軍的戰鬥力以驚人的速度獲得強化。英國、澳洲、加拿大、菲律賓、法國和土耳其的派遣軍不久也加入了美軍。聯合國軍隊成功地把北韓軍隊趕回三十八度線以北，並且在一九五〇年抵達中韓邊境，於是共產中國介入了。由於人數相差好幾倍，聯合國軍隊被迫沿著他們來時的道路倉皇後撤，隨即在興南港圓滿達成了從第二次世界大戰的敦克爾克大撤退之後最大規模的撤軍行動。那些軍隊後來又在半島較南端登陸，準備再度投入戰爭。中國共產黨的軍隊似乎比聯合國軍隊更不能適應韓國酷寒的冬季，在春天來臨之前，中國共產黨軍隊再度向北撤退。

美國現在已經認識清楚，只有展現實力才能阻遏蘇聯政府繼續其侵略行動，所以開始實施一項全盤總動員和軍需生產的方案。同時對於一九四九年參加北大西洋公約的十二個歐洲國家提出承諾，將會進行密切的支援與合作。但是法國強烈反對美國重新武裝西德的提案。另一方面，新成立的西德共和國總理康拉德・艾德諾（Konrad Adenauer），利用西德利於討價還價的戰略位置，堅持西德的武裝必須和其他大西洋公約國家完全平等。

一九五〇年十二月十九日，十二個北大西洋公約國家在布魯塞爾開會，並任命艾森豪將軍為擬議中的西歐聯軍統帥。

第七十二章

動盪的和平

歐洲方面的冷戰如何演變成其他地區的公開衝突？

韓戰結束時並沒有真的分出勝負，也沒有簽訂和約，這是和其他戰爭不一樣的地方。聯合國與共產黨的部隊經過幾個月慘痛膠著戰鬥之後，在一九五〇年七月五日停火，開始進行和談。一談就談了兩年多，這期間也斷斷續續地開戰和停火。阻礙和談的最大困擾是戰俘遣返問題。聯合國代表希望採取自願遣返的計畫，然而北韓卻堅持所有的戰俘一律遣返原居地，不管他們個人的意願，如此一來，會有成千上萬共產黨士兵被違反個人意願地遣返。然而，雙方終於達成協議，在一九五三年七月二十七日正式簽署休戰協定，始朝鮮半島上的政治局勢恢復到交戰前的狀態。

美國人並不喜歡這場戰爭（在十五個國家組成的聯合國部隊中，美軍占絕大部分），而且這場戰爭開銷龐大——總共好幾十億美金——而且幾乎有兩百萬人傷亡。真正的成果是什麼呢？是歷史上一次由國際間組成的代表部隊擊退一支入侵和平國家的軍隊。聯合國通過了第一次的大考驗。然而，對亞洲眾多人民而言，這場戰爭具有另一個更值得一題的意義。這些承受歐洲人好幾百年凌辱的亞洲人認為，這次衝突使美國帝國主義想要染指遠東的欲望，被半路殺出的中共重重地挫折了，西方強權與影響力被中國這個沉睡數百年而今終於覺醒的東方霸主所擊敗。無論是好是壞，一股「新」的力量從韓戰的煙塵裡進入了世界政壇，世局從此改觀，時至今日，飽受戰火蹂躪的韓國仍然處於危機四伏的分裂狀態，尚未達成永久性的和平協議。

當北緯三十八度線附近的戰事還沒平息的時候，北大西洋公約組織（NATO）國家則致力於保護西歐不受共產黨侵略的計畫。最先簽署的十二個國家為比利時、加拿大、丹麥、法國、冰島、義大利、盧森堡、荷蘭、挪威、葡萄牙、英國和美國。一九五四年之後，希臘、土耳其和西德相繼加入。韓戰使美國加深了對蘇聯擴張的恐懼，並且獨排眾議，支持西德重整軍備。然而法國人對這個前不久才征服過他們的國家即將重整軍備而憂心忡忡，而英國對公約組織的冷淡態度，也讓法國人相當不滿。儘管這次籌組工作遇上了許多內部的困難，當西歐聯盟終於在一九五四年成立時，確實表現出西歐國家聯手反對蘇聯進一步擴張的決心。這件事情對俄國人來說不只是警訊，於是他們在一九五五年成立華沙公約組織做為積極的回應，企圖與西方聯盟一別苗頭。參加華沙公約組織的八個國家（阿爾巴尼亞、保加利亞、捷克、東德、匈牙利、波蘭、羅馬尼亞和蘇聯）對許多問題的意見極為分歧，各國在政治、經濟和意識形態方面都有衝突。這兩大勢力集團的內部成員雖有不合，但是並沒有掩蓋這個事實：歐洲又分裂成不同的武裝陣營了，跟以前一樣。不過，人類還是有希望的，還有許多其他的力量正在努力，期望在不久的將來，能把幾百年來危害歐洲人生命的根源——因國族主義而產生的爭吵衝突——完全消滅。

一九五二年八月十日，法國的尚·莫內（Jean Monnet）和羅勃·舒曼（Robert Schumann）提出的計畫付諸實行。這就是所謂的舒曼計畫（Schumann Plan），有六個工業國家（比利時、法國、義大利、盧森堡、荷蘭和西德）聯合成立「歐洲煤鐵共同體」（ECSC），使共同開發礦產資源成為可能。這個安排十分成功，他們共同成立用以監督開採狀況的代理機構，日後成為這些國家之間更進一步合作的基礎。一九五八年一月一日，「歐洲經濟共同體」（或稱「歐洲共同市場」）正式成立。這個組織的目的包括：取消關稅障礙讓歐洲共同市場的經濟活動得以自由發展、讓資本和勞動力得以跨越國界藩籬自由流動；最終目的則是希望透過經濟合作形成一個政治體系。雖然法國多次拒絕英國的加入申請，這種結構仍然非常成功。而且這些阻撓只是暫時性的，英國終於在一九七一年獲准加入。透過經濟上的合作，西歐諸國正逐漸邁向新的境界，在那裡，所有成員都會忘掉彼此的差異。

那場最可怕的戰爭結束之後二十年，歐洲比從前繁榮多了（主要應歸功於美國的協助）。完整的政治體系尚未形成，它們仍然必須在隨時可能爆發戰爭的美蘇對峙夾縫中求生存。儘管如此，西歐國家已經比以往更為樂觀了，也更了解自己的責任與機會。十九世紀的獨裁者——例如拿破崙皇帝和沙皇亞歷山大一世——都曾夢想過以征服其他國家的方式來統一歐洲，但是他們都無法如願。現在機會來了，透過投票機制被選出來為選民服務的政治家們，有機會完成以前的皇帝們辦不到的事情。沒有人敢把羅勃·舒曼拿來跟偉大的拿破崙做比較，然而，萬一有一天出現了「歐洲共和國」，舒曼的名字難道不會跟拿破崙一樣響亮嗎？更奇怪的事情發生了。

根據記載，「跛子帖木兒」（Timur the Lame）（我們稱他帖木倫 Tamerlane）的墓碑上刻著：「如果我還活著，你們都會發抖。」這可怕的警語充分表現了這個人一生所製造的恐怖氣氛。帖木兒之後的數百年間，很少有人能像他一樣成功地實行恐怖統治，其中一個就是被世人稱為「鐵人」的史達林。他來自黑海附近的喬治亞，曾在神學院就讀，終其一生都是令千萬人恐懼的人物。一九五三年三月五日，他三十年全權統治者的生命奇怪地終結時，幾乎沒有人為他哭泣。史達林一過世，共產黨內例行的權力鬥爭就開始了，接著由馬林科夫（Malenkov）接掌蘇聯政權。蘇聯對西方的態度——特別是對美國——由於本身政策的快速轉向（雖然令人困惑而且有時使人生氣），已經比強硬的史達林時期有所改善。如果這個世界一直以來都是處在緊張狀態，那麼現在就並不比以前更加危險。而我們或許也會想像，有朝一日，競爭與「和平共存」可以取代恐怖。在蘇聯並沒有對西方做出任何重大讓步的情況下，冷戰已經較為和緩了，而且蘇聯很明顯地已經不再堅信他們必須與西方一戰，那只是史達林堅持要他們相信的事情。蘇聯人現在似乎相信可以用「和平」的手段征服世界，也願意試著以政治和經濟手段而非軍隊和武器來達到目的。

馬林可夫試圖減少生產戰略物資，以便增加蘇聯人民消費物資的供應量，但是其他政治局成員並不喜歡這些政策，他在一九五五年二月八日被迫下台，改由蘇聯陸軍元帥尼可萊．布加寧（Nikolai Bulganin）以及一名黨職幹部——本世紀最傑出的政治人物之一的尼基塔．赫魯雪夫——接掌。布加寧不是個非常聰明的人，逐漸被聰明的赫魯雪夫奪走政權，繼而成為蘇聯領袖，直到一九六四年被政變推翻為止。值得注意的是，馬林科夫和布加寧都沒有被處死，他們只不過是被「降級」而已。這件事的本身可以呈現出蘇聯從史達林死後就有了令人驚訝的轉變。赫魯雪夫獨占世界舞台的中心大約有十年之久，不時作出讓人難以忘懷（雖然有時難免令人有點難以置信）的表演。無論他有什麼過錯與怪僻，到了他執政的末期，蘇聯與西方國家之間的關係已經比史達林時期好得多了。或許赫魯雪夫已經看清了強硬態度不是制勝之道，而史達林始終堅信不移。也或許是因為赫魯雪夫真的相信共產制度可以在公開的經濟競賽中超越資本主義國家。我們不知道他內心真正的想法，也可能是完全不同的理由。

一九四八年，狄托帶領南斯拉夫脫離蘇聯陣營，這是共產黨的第一次分裂。同年六月二十八日，南斯拉夫被逐出共產黨情報局。這件事顯示出共產集團內部有自己的問題存在，主要是因為民族主義的情感與蘇維埃的教條——所有成員國必須唯莫斯科是從——相互矛盾。一九五三年六月十七日，住在柏林這個「分裂城市」裡的東德工人因工作條件問題而群起騷動。在他們看來，西方占領區裡西德人民的生活，在各方面都比蘇聯占領區裡東德人民的生活好太多。美國的慷慨相助讓西德人民很快就完成了重建破碎家園的奇蹟，並且享有跟歐洲其他任何國家相同的生活水準。在東德的黑暗中，西柏林是一盞閃亮的明燈。東柏林枯燥而受到嚴格管制的生活方式，嚴重地使東柏林人感到不滿。麻煩爆發了。連續好幾天，世人難以置信地看到了德國青年扔擲石頭對抗俄國坦克的畫面，不過，坦克當然是贏了。雖然秩序恢復了，但不滿依舊存在。一九五六年六月二十八日，波蘭的波茲南市也爆發了類似的抗爭行動。在這裡，除了對蘇聯長期占領的憎恨，加上羅馬天主教徒反對政府干涉宗教事務，兩者結合一起爆發。經過幾次憤怒的示威行動之後，得來的是一紙不夠穩定的協議，而波蘭仍在蘇聯管轄之下（雖然波蘭近年來與西方國家的聯繫大大地增強）。蘇聯與其附庸國之間的這類問題，相較於一九五六年十月二十四日在布達佩斯發生的革命而言，簡直都是小事。當時有成千上萬的匈牙利人加入了由納吉・伊姆雷（Nágy Imre）領導的全國性抗爭，他們以布達佩斯為運動的中心，反對蘇聯統治。被視為蘇聯走狗的匈牙利政府嚇壞了，他們被推翻，革命軍暫時掌握了權力。蘇聯占領軍曾經一度撤退以便觀察事態發展，看看匈牙利警察和軍方能否平息革命。十一月四日，蘇聯決定不再退讓，於是派遣紅軍回到布達佩斯，成千上萬的革命分子被殺，更多人被丟入監獄或者流放到西伯利亞。將近二十五萬人逃到西方國家避難。這次革命雖然沒有成功，卻清楚顯示了附庸國的不滿確實存在，也讓許多人懷疑，東歐這些聽命於蘇聯的走狗，到頭來是否會變成蘇聯人脖子上的重擔而非寶石項鍊。這次革命也顯示克里姆林宮的新「和平共存政策」推行到這裡之後，就不可能再有進一步的發展了。當史達林的反對者葛馬卡（Gomulka）在波蘭動亂後掌權時，赫魯雪夫並未直接干涉，因為他把這些麻煩看成是波蘭民族主義和自主精神的發展。他可以接受葛馬卡作為軍事介入的替代方案。但是匈牙利的情況不同，匈牙利人徹底推翻了紅色政權，使蘇聯勃然大怒。葛馬卡可以一直掌權到一九七〇年發生暴動為止，而納吉卻被陰險地謀殺了。藉由這樣的做法，雖然俄國人在這些動盪不安的地區並非事事如意，但是這些地區也沒有再發生更進一步的成功反抗。南斯拉夫至今還保持著「共產中立」，全國都不安地在籠罩在共產主義之下。阿爾巴尼亞現在維持著孤立狀態，不再是赤色中國的喉舌。信奉天主教的波蘭是唯一正式承認歐洲共同市場的共產國家。羅馬尼亞與法國在經濟方面的關係，比它與其他鄰國之間更密切。儘管如此，沒有任何人或國家能在紅軍的陰影下生存而完全不受俄羅斯的影響。但是在這些附庸國家裡所發生的各種事件顯示，即使嚴格遵守馬克思教條，也無法完全扼殺人類的自由意志，自由意志是人類之所以成為萬物之靈的重要因素。

蘇聯不是共產主義唯一的核心。前面已經提到過，自從蔣介石在一九四九年底撤退到台灣之後，中共在國際事務中逐漸擁有一席之地。沒有任何古代的暴君或現代的大獨裁者能像毛主席和他的黨羽們一樣成功地控制他們的子民。家庭生活是中國文明裡非常重要的部分，現在幾乎被消滅殆盡，取而代之的是愛國主義。中國推行集體化的規模之大，讓二十五年前也曾經這麼做過的蘇聯相形見絀。同時，中國人在亞洲也開始扮演更重要的角色，介入韓戰只是諸多此類事情的開端而已。西藏長久以來主張自己擁有主權，卻在一九五一年被中共完全占領。印度國土曾在一九五九年被中共入侵，一九六二年又再次發生。有幾百萬人住在這個世界上的未開發地區，他們對於白人的侵略習以為常，因此對中共這些類似的舉動都能接受，甚至鼓掌歡迎。這些人對這個起源於農民反叛的革命（相較之下，俄國革命是工業工人階級的反叛）非常感興趣，認為毛澤東的行動和信念可以滿足他們的需求和想望（或者他們只是如此宣稱而已）。中國目前在世界政壇上已經擁有領導性地位，只有蘇聯與美國能與之媲美，但是，當中共的國際地位不斷上升時，隨之而來的是可怕的災難。家庭被連根拔起，整座城市被移走或改建，而毫不考慮裡面的居民如何生活。就中國內部而言，反抗新政權就等於是自尋死路。毛主席在一九五八年承認，有八十萬「反革命分子」遭到清算，但是聯合國專家計算出來的被處決人數遠遠不只此數。毛澤東在一九五六年發表了著名的演說，呼籲中國應該「百花齊放、百家爭鳴」。他沒有料想到，這次請知識分子暢所欲言的結果，會發展成對中共濫權的全面性指責。事情發生之後，先前的箝制又恢復了，直到目前情形還是一樣。經歷無比的艱辛和無數的倒行逆施之後，中國已經完全被改造了，雖然還有無數的困難等待克服，但它已經從搖搖欲墜的國家變成強國。中國展現出盲目的反西方浪潮，特別是在一九六〇年代後期「文化大革命」的時候。依照它的發展看來，中國與蘇聯之間也存在着極大的差異。中蘇關係早在一九五六年已經很明顯有所摩擦，除了前面已經提及的意識形態不同之外，產生這種磨擦的原因包括兩大赤色強國爭奪共產世界的領導權，以及中共相信跟西方的核子戰爭不可避免；而蘇聯以他們辛苦得來的工業進步作為賭注，無論如何是不可能接受這種想法的。中蘇邊界上一直有小型的武裝衝突，將來這兩個共產主義領導者也很可能完全決裂，這對於對世人而言是福還是禍則無從預料。同時，這個擁有世界五分之一人口的國家，挾著它眾多的人口和無盡的礦產資源，現在正在快速地進行工業化，可望在若干年後居於世界領先地位。中國人雖然在一九五八年的大躍進——也就是他們所稱的工業化運動——中歷盡了千辛萬苦和倒行逆施，可是他們的工業確實有了重大的進展，包括製造核子武器。

雖然中共終於在一九七一年加入聯合國，但它真正的命運仍未明朗。然而可以確定的是，這個巨大的國家已經醒來，將在人類的未來中扮演一個主要角色。

遠東地區還出現了另一個強國。日本因徹底戰敗而造成的損害——長崎、廣島被原子彈轟炸是很好的例子——已經在麥克阿瑟將軍堅決的領導下復原。日本天皇已經放棄他從前的「神性」，三菱與其他巨大的商業王朝瓦解了，允許成立強大工會和民主政治組織的新憲法也已經實施了。這種民主化是否能夠持久，還有待觀察。

藉著與西方密切合作，日本經濟快速地復甦並且擴張。感謝「日本的經濟奇蹟」，勤儉而聰明的日本人所製造的產品再度行銷全世界。東京已經成為全世界人口最稠密的地方，而日本也成為新舊銜接之地。櫻花、和服和神社依然存在，大都市裡精巧的日本房子屋頂上也到處布滿天線，狹窄的街道上到處都是汽車。廣告牌和霓虹燈閃現出各式各樣的廣告，從最新的美國電影到剛出廠的豐田汽車樣樣俱全。打扮得像牛仔的日本人在夜總會裡隨手彈奏吉他，東京購物區——銀座——的現代百貨公司裡展示着英國製領帶和法式禮服。

日本最大的改變可能是他們的社會生活。女性開始在商業、教育和政治領域扮演更重要的角色。現代的民主家庭取代了專制父親的角色。這些改變，或許是從封建制度傳承下來的老式武士價值觀逐漸衰微——如果不是毀滅的話——的前奏。

軸心國在一九四五年投降之後，在世界上所發生的事實之一，就是美國躍居全球首強的地位；除了蘇聯之外，地球上沒有其他國家敢正面挑戰美國的軍事力量。美國比任何國家都還要繁榮（美國人口只占世界人口的二十分之一，但他們幾乎享受全世界推估收入的三分之一），美國人民相信他們對於自由世界有所承諾。美國參加韓戰這件事，顯示出他們決心符合這種新角色的需求。從前的孤立（或是中立）心態已全然消失。早在一九四九年，美國就協助成立北大西洋公約組織，作為抵抗蘇聯在歐洲擴展勢力的堡壘，這麼一來也使自己永遠管定了歐洲的事務。亞洲方面也出現了同樣的做法。一九五四年九月八日，東南亞公約組織成立（它的依據是《東南亞集體防務條約》，又稱為《馬尼拉條約》），會員國包括澳大利亞、法國、英國、紐西蘭、巴基斯坦、菲律賓共和國和美國。東南亞公約的簽署時間正好是共和黨總統艾森豪從杜魯門手中接掌美國政權的後一年，它也顯示了美國的外交政策基本上沒有任何改變。因為美國軍方在一九五二年十一月一日新獲得了最具威力的氫彈，艾森豪成為擁有無比軍事力量的發言人。他貫徹前人從「杜魯門主義」以來的「圍堵」共產主義政策，在一九五五年簽署了保護台灣安全的條約，在一九五七年元月五日，公布了防止紅軍介入中東事務的計畫（艾森豪主義）。艾森豪一面貫徹阻止共產主義蔓延的政策，一面著手改善美國與蘇聯的外交關係。一九五五年夏天，他與蘇聯共黨領導人在瑞士日內瓦舉行「高峰會議」。稍後，在一九五九年，赫魯雪夫與美國副總統尼克森進行交換訪問，由艾森豪擔任主人，招待第一個訪問美國的俄羅斯領導人。這些會面的成果是讓雙方增進對彼此的了解。一九六〇年五月五日，一架美國偵察機在蘇聯境內深處被擊落，這件事情使先前的努力成果付諸流水。美國政府出面處理這件事的拙劣方式使他們的聲望受到重大的損害（美國起先宣稱那只是一架偏離航線的氣象觀測機，狡猾的赫魯雪夫於是很快樂地揭穿了這個拙劣的掩蓋意圖）。直到新任總統約翰・甘迺迪在一九六二年十月發動海軍封鎖行動，阻止蘇聯政府提供「火力強大的」火箭給古巴革命軍領袖卡斯楚時，才挽回一些面子。制止這次重大事件的決心與勇氣，激起大家對整個美國及其新任領袖的欽佩之意。很不幸的是，甘迺迪在一九六三年十一月二十二日遇刺，由詹森接任總統職務。

一九五六年時，撒哈拉沙漠南邊的非洲只有三個獨立國家（利比亞、衣索比亞和南非聯邦）。其後十年間共有三十七個國家相繼成立。非洲新興國家進入世界政壇的現象不容忽視。自從一九五二年恐怖組織「茅茅」（Mau Mau）在英屬肯亞率先起義之後，「烏魯」（Uhuru）這個在東非流行的班圖語中代表自由或獨立的詞彙，就喊遍了整個非洲大陸。前英國殖民地「黃金海岸」在一九五七年三月六日成為第一個獨立的國家，國名稱為迦納。接著，幾內亞、奈及利亞、加彭、象牙海岸相繼獨立，最後總共多達三十幾個國家。從殖民地轉換成獨立國家的過程，有時相當平和（在大部分的英國殖民地，當地土著在某種程度上被鼓勵參加政治活動），其他地區則非如此。例如，比屬剛果在一九六〇年七月一日獲准獨立，幾小時之內就有軍隊叛變，瞬間變成暴力橫行的無政府狀態，歐洲人倉促逃走，只有大部分由非洲國家組成的聯合國部隊留下來阻止這場可能演變為悲慘內戰的動亂。然而，新成立的剛果政府脆弱無能，國內又有年深月久的強烈種族矛盾，因此緊張的局面好幾年都無法和緩。剛果經驗呈現出新興國家政府無法穩定政經局面的特性，而這樣的穩定必須能夠維持好幾年才行。這些新興國家的主要缺陷在於國內人民在宗教和種族方面有嚴重的歧異，同時極度缺乏訓練有素、能負責任的領導人才。充滿個人魅力（一種無法言明的吸引力，使房龍的祖父忘卻荷蘭人對法國的仇恨，前去效忠拿破崙）的政治冒險家們，行動魯莽又經常走錯方向，使新興國家遭受莫大的傷害，這種情況屢見不鮮。迦納的第一任獨裁領袖夸梅・恩克魯瑪（K. Nkruma），剛果獨立後職掌政權才六個月就被綁架和謀殺的不穩定左翼分子帕特里斯・盧蒙巴（P. Lumumba）就是這種不負責任政權的最初例子。另外一些較有遠見的非洲領袖企圖建立非洲聯邦，雖然這種計畫有許多困難要克服，畢竟還是開始了。一九六一年，「非洲馬達加斯加組織」正式成立，其目的在於促進非洲之大聯合，它的志業後來由一九六三年組成的「非洲聯盟」繼承。這些組織的成立目的都是要促進非洲的統合與發展，以及消除歐洲殖民主義的遺跡。然而今日在非洲處處可見獨裁、貪污和缺乏效率——只關心獲得經濟利益，輕忽治下人民們在社會與文化上的進步，這都是歐洲殖民主義的遺毒。同時，在非洲各地到處都看得到一種覺醒，黑人開始關注自身的問題，注意到黑人權利的提升。坦尚尼亞領袖朱利葉斯・尼雷爾（J. Nyerere）等人經常強調「為黑人祖先的遺產感到自傲」，使得許多非洲黑人密切關注美國境內的種族與人權問題。如果有人說美國種族問題所引發的每一個人權運動，都會被肯亞首府洛比、奈及利亞首都拉哥斯和幾內亞首都康納克魯的居民所效法，這個說法並不過分。同樣的，美蘇兩國在黑暗大陸上爭奪政治利益的結果，會深深受到美國種族爭議的影響，這種說法也絕不過分。無論如何，獨立建國的問題已經解決了，現在我們只能期盼非洲人民能夠採取謹慎的長程改善計畫，而不要被自私領袖與國外煽動者所提供的烏托邦式計畫犧牲掉。

撒哈拉沙漠以北向來也是問題叢生。許多阿拉伯裔的巴勒斯坦人從前住在現在變成以色列的那片土地上，現在成了難民，移居到地中海沿岸的加薩走廊以及約旦河西岸。這些窮困的人飽受難民營中的痛苦煎熬，他們打算毀滅以色列，以便回到他們從前的家園，因此成為以色列人最深的憂慮。確實，中東與北非的阿拉伯國家都不承認新成立的猶太政權，並發誓要把以色列人趕回海上。埃及（一九五八年改稱為「阿拉伯聯合共和國」）在這次冒險行動中承擔起領導阿拉伯世界的角色，領導人是賈邁勒．阿卜杜勒．納瑟（Gamal Abdel Nasser），他就是在一九五二年革命中推翻惡名昭彰的法魯克國王腐敗政權的領導人之一。

雖然聯合國出面調停了第一次（一九四八年）以阿戰爭，中東的情勢仍然日趨緊張。埃及曾經同意英國管理蘇伊士運河許多年，當英軍在一九五六年撤退後，納瑟便奪取了運河，並且禁止以色列船隻通過。於是以色列派兵控制了運河，英法軍隊也進駐運河區，確保所有國家的船隻都能通過。在美國和蘇聯的支持下，聯合國大會譴責了這次軍事行動，英國、法國和以色列因此撤軍。為了補償以色列退回舊國界的讓步，美國保證以色列船隻可以經由先前封鎖住的蒂朗海峽（Strait of Tiran）自由出入紅海。

納瑟在一九七〇年過世，終其一生，他在阿拉伯世界的領袖地位從未受到爭論。一九五六年他成功地從外國人手中取回蘇伊士運河，為他帶來無窮的領袖聲望與影響力。一九五六年以埃戰爭結束後，關於以色列是否有權在此建國的激烈爭辯沒有停止過，以色列也經常受到突襲。當埃及重新封鎖蒂朗海峽的時候，以色終於了解到戰爭已無法避免，於是首先發難。強大的以色列空軍同時對埃及、約旦和敘利亞展開襲擊，獲得了驚人的勝利。六天的戰鬥之後，簽下一紙停火協議，讓以色列占領了整個西奈半島、加薩走廊、蘇伊士運河東岸、約旦河西岸全部，以及位於敘利亞西部，戰略價值極高的戈蘭高地。六日戰爭之後，阿拉伯國家更加忿忿不平，於是開始派遣一些訓練有素的游擊隊員進入以色列，而以色列方面也繼續予以還擊。一九六九年，游擊戰還在持續中，以色列總理列維．艾希科爾（Eshkol）去世，早年在美國教過書的果爾達·梅厄夫人（Mrs. Golda Meir）繼承他的總理職位。

為什麼中東會是一點火花就可能演變成可怕的第三次世界大戰的火藥庫？以色列變成了中立國家，它同時接受共產黨和西方世界的援助。然而，蘇聯很快就從以色列轉向阿拉伯，他們貪婪的眼睛看上的是阿拉伯的石油，更是夢想在地中海建立它的海軍勢力。美國與許多西方國家都不想看到蘇聯支配此地的夢想成真，因此，曾經嘗試同時幫助阿拉伯與以色列的美國，被迫成為許多強權中最支持以色列的國家。

阿拉伯人說石油中混著血和沙，這是令人哀傷的事實。這個地區被劃分成兩個軍事陣營，最危險的地方是阿拉伯半島與北非的大油田、蘇伊士運河的控制權，以及地中海水域的軍事支配權。

中東和非洲各國的人民，不管是阿拉伯人或黑人，與他們的亞洲鄰居或者是我們拉丁美洲的鄰居，都有許多相同的地方，他們都有可怕的人口過剩問題。比方說，據估計，在二十年之內，阿拉伯聯合共和國和哥斯達黎加的人口就會增加一倍，而中國已經有了這麼多的人口，每年還要增加一千萬到二千五百萬。這些國家都缺乏資金與訓練有素的工人。這些低開發國家的人民生活水準，與西方高度工業化國家的生活水準有天壤之別。在一九六〇年代中期，美國人的人均收入為三千美元，波利維亞工人的平均收入為一百三十美元，而一般印度工人一整年的工資是五十五美元。這些人之間的差距十分巨大。援助這些國家的計畫——例如由聯合國出資支援拉丁美洲的進步聯盟——正在努力治療他們幾百年來遭受殖民壓榨的後果。但是，雖然已經投下巨額經費，這些問題仍然十分嚴重。美國每年撥出五億美元援助非洲國家，另外撥出十億美元幫助拉丁美洲國家的人民。法國、英國、蘇聯也解囊幫助這些新興國家，並且彼此爭奪這些前殖民地的好感。這些新興國家十分清楚如何在東西方的拉鋸戰中趨利避害，他們很樂意接受雙方的支援，而不必在政治上偏向任何一邊。從強國流入這些國家的金錢與物資，比他們在殖民時期搜括走的還多，我們還可以看到一種奇觀，這些從前的主人們，正在競相討好十年前還是他們奴隸的人。

歐洲現在幾乎已經從第二次世界大戰中完全復原了。英國不再獨占鰲頭，但它仍是歐洲政壇的強國，而大英國協仍然在全球經濟上舉足輕重。法國曾在一九五一年同時遭遇內部弊病與殖民地動亂的挑戰，現在已經走上了正軌。戴高樂在一九五八年再度擔任法國總理，協助創建第五共和並重建秩序。法國失去了所有殖民地——有的是因為流血革命（阿爾及利亞和中南半島），有些則是和平分手（原屬法蘭西邦協的查德和加彭）——但是恢復了地位。戴高樂說服法國人相信自己有重大的天命，他會帶領他們走過一條艱難的道路獲得經濟穩定並重振國際聲望。當戴高樂在一九六九年退出政壇時，法國已經成為擁有核子武器的強國之一。它現在正在尋求擔任新歐洲領導人的機會，想取代美國在歐洲政壇扮演決定性的角色。失去阿爾及利亞和中南半島，使許多法國人感到痛苦，但是這是必須忍受的損失，法現在因此成為更好的國家。

一九六三年，法國與西德簽署互惠條約。這份由戴高樂和西德總理艾德諾簽署的條約公布之後，兩國持續幾百年的憎恨與不信任，在某種程度上消散了，近來所有奇異而美好的事件之中，這是最令人振奮的。期望其他人和其他國家都可以效法這對宿敵，用戰爭以外的方式來解決相互之間的歧異，這種希望或許不算過分。

今日的世界飽受空前未有的全面性毀滅的威脅。引爆第三次世界大戰的火花可能來自東西柏林的某個意外事件（這座城市從一九六一年以來就被柏林圍牆分成東西兩半！）或者也可能被另一場以阿衝突點燃，它也可來自巴基斯坦與印度之間間歇性的武裝衝突；印度最近一次擊敗巴基斯坦，以及一九七二年孟加拉共和國的成立，激化了穆斯林與印度教徒之間的憎恨。火花可能來自古巴、塞浦路斯或中蘇邊界，也可能來自越南或東南亞其他地區。這麼多地方具有潛在的危險，顯然聯合國還沒有解決這世界上所有的問題。但是它也做了不少事情——制止了韓國與中東的侵略戰爭；重整剛果和塞浦路斯的混亂秩序；人權問題也解決了不少——它離完美還很遠，但是，套句美國總統甘迺迪的說法，它一直還是「這世界最後的希望」。

第七十三章

舊秩序瓦解

二十世紀前半的戰爭逐漸遭人淡忘，新生代奮力馴服人類的野蠻並造就一個溫和的世界。

第二次世界大戰的偉大領袖們——羅斯福、邱吉爾、艾森豪、戴高樂、麥克阿瑟——在一九七一年之前全都已經離世了。那個在戰爭中鍛鍊出來、由艱難而痛楚的和平所形塑、被甘迺迪稱之為「火炬」（torch）的東西，已經傳給了這個世紀出生的新生代。年輕的一代充滿活力但缺乏耐性，他們用批判的眼光看待老問題。

對許多人而言，甘迺迪代表著多事的一九六〇年代的特色——新積極主義和高理想主義。一九六一年，正當盛年的甘迺迪，從如父親般深受世人喜愛的艾森豪手中接下了總統的重擔。他在簡短的就職演說中聚焦於美國在這個飢餓而分裂的世界中所應扮演的角色。他說：「美國已經受到召喚了，要年復一年肩負起持久和勝敗未分的鬥爭……對抗人類的公敵：暴政、饑荒、疾病和戰爭的本身。」他請求冷戰中的雙方：「重新著手尋求和平，不要等到科學所釋出的危險破壞力量在有意或無意中使全人類淪於自我毀滅。」在許多的其他場合中，他說：「美國應該再度採取行動的時候到了，我們可以做得更好，我們應該做得更好……」

甘迺迪身邊有一群年輕而聰明的幕僚，他在國內和國外都看到了「新疆界」（New Frontier），而美國人則被他的理想主義打動了，他說：「不要問國家能為你做什麼，要問你能為國家做什麼。」成千上萬的美國青年被他的話所激勵，許多老年人也不例外──他們加入了和平團或成為「自由騎士」，深入南方或阿帕契山區幫助那些貧苦和未受教育的人，在這些事情之外，還教導偏遠地區的男女行使他們身為美國公民的選舉權。

屬於浸信會的年輕黑人牧師馬丁路德．金恩──他為黑人同胞帶來機會均等和更多的自由──在阿拉巴馬州的蒙哥馬利市為取消乘車座位的種族隔離而奮鬥；為全國各地學校裡、工作上和住宅區的種族隔離而奮鬥。他告訴我們：「夢想人人生而平等……夢想有一個國度，在那裡，人們不是從他們的膚色，而是從他們的品格來評價他們。」

種族歧視不是新問題。杜魯門總統在一九四〇年代就把公民權視為全民的問題。在他掌權的時候，有一篇歷史性的報告──《尋求這些權利》──公開指責宗教與種族歧視是孿生惡魔，阻礙了美國達成民主的理想。艾森豪在一九五〇年代取消軍隊裡的種族隔離；在阿肯色州小岩城出現一場劇烈的抗爭時，他堅決執行高等法院要求學校取消種族隔離的裁定。

甘迺迪總統遇刺後，詹森總統誓言繼續推行「新疆界」政策。事實上，這位新總統在他全國性的演說中保證，如果全國的社會問題能夠解決，「偉大的社會」就會出現。詹森認為，在這個「偉大的社會」中，聯邦政府要為全國性的問題──如貧窮、歧視、醫療不當、都市問題等等──做出解決計畫並全力執行。他特別希望讓城市能更適合人類居住、全國的孩童能接受良好的教育、人人都有工作機會。直到越戰發生，「偉大的社會」的夢想被毀滅之前，詹森總統針對保障公民權和選舉權，以及打擊貧窮的所做努力，確實有所成就。

一九六〇年代也有醜陋的一面。金恩博士與甘迺迪兄弟都遭到政治謀殺，暴動與校園不安，更不用說非洲發生的殘酷戰爭——這一切都使這十年間的成就蒙上陰影。大都市的生活變得愈來愈危險、更不利於健康和更不舒適。空氣中和水裡有不清的汙染，我們的生命遭到犯罪與毒品的威脅；貧民區更加髒亂和不安全。

在甘迺迪總統執政的短短「一千個日子」裡，他已經展現出在國外迎接這些挑戰的方法。在外交政策方面，他為自己和他的後繼者立下了楷模。他說：「我們絕不因恐懼而談判，也絕不懼怕談判。」他同時也希望，透過各國元首的私人接觸而提升彼此的了解。他發現赫魯雪夫是一個「難纏的傢伙」，在越南兩天的會議之後，甘迺迪總統如此描述它與蘇聯談判時所遭逢的困難：「同樣的詞彙：戰爭、和平、民生和公眾意志，蘇聯人和我們有完全不同的定義。我們對於是與非、甚麼是國內事務、何謂侵略行為的看法也不相同。最重要的是，我們對今日世界以及它的未來走向也有完全不同的看法。」儘管有這些困難，美國與蘇聯在防止核子戰爭的目標上已經跨出第一步。他們透過談判和簽訂條約來防止核子武器擴散到其他國家。這種條約非常有必要。中共和法國已經製造出並試驗過核子武器，其他國家如以色列和印度也正考慮跟進。這個條約由詹森的幕僚起草，並在尼克森總統就任後不久，由美國參議院通過。世界上大部分國家簽署了。

為了緩和既昂貴又危險（基於「男孩只要有爆竹，他就一定會讓它爆炸」的理論）的武器競賽，世界上的兩個超強國家在一九六三年簽訂《部分禁止核試驗條約》，兩國同時停止在空中、水裡或太空中試爆核子武器。一九六八年，美國、蘇聯和許多其他國家共同禁止在太空使用核子武器。最後，尼克森總統派遣代表到芬蘭的赫爾辛基參加「戰略武器限定談判」的座談會。

在一九六〇年代，本世紀的男女已經與許多老問題奮戰過，而且獲得某些勝利。然而，十年下來，人類已經察覺到許多嚴重的問題，它們在一九六〇年代的初期是很少被注意的。

第七十四章

地球像一艘太空船

我們必須維護地球的生態系統，否則將受到報應。

二十世紀太空時代的人類，懷著與「地理大發現」時代的老祖宗們一樣的好奇心與冒險精神去探索那未知的世界。就像十六世紀的探險家一樣，太空人冒著極大的危險尋求名望，惹來災難，同時因為第一個看見「整個新世界湧入他的視野」而受到獎勵。然而，兩者之間還是有很大的差別。在四百年前，新發現要經過好幾個月——經常是好幾年——才能為人所知；然而，今天透過電視實況轉播、報紙和電話，全世界的人都能即時看到太空船發射、太空漫步、登月小艇著陸，以及人類實際走上月球的情形。

人類長久以來就夢想離開他所居住的地球，進入他頭頂上的天空去探險。一九六一年四月十二日，一位名叫尤里．加加林（Yuri Gagarin）的蘇聯人，搭乘太空船「伏斯托克一號」，成為第一個進入太空的人。當加加林的太空船以時速一萬七千英里的速度在地球上空二百零三英里處飛行時，人類的美夢終於成真。自從一九五七年十月四日蘇聯首先發射人造衛星以來，美蘇兩國就加速爭奪太空領導權，而這次飛行立下了一個里程碑。人類看待星空的視角已經不一樣了，第二次世界大戰結束時，人類還跟地球綁在一起，現在整個宇宙向我們點頭示意。

蘇聯第二位太空人戈爾曼．季托夫（Gherman Titov）繞著地球軌道飛行時，他向地球傳回來的話是：「我是一隻老鷹！我是一隻老鷹！」我們之中有許多人都分享過他感受的歡樂，因為我們知道，雖然可怕的核子戰爭一直威脅著我們，但我們主宰自己命運的潛力才剛開始開發而已。我們已經站在門檻邊，跨過去就是前人不曾夢想過的奇蹟般成就。這世界確實既危險又美好。

把一個人放到月球上，是「鐵人」最後的勝利，那是亨利．房龍稱呼工業革命的方式。這樣偉大的行動是由勇敢的人類和「地面控制」技術共同完成的，但是前者的功勞較大。事實上，這艘小小的太空船——加上它的密閉生態系統——背後有美國強大工業力量的支持。在某一方面而言，美國太空人阿姆斯壯、艾德林和葛林所完成的太空之旅，是舉國上下為了要搶得「首先登上月球的榮耀」，以及潛在的軍事和商業利益而推動的。

然而，不管他們的月球之旅有多麼精彩且令人興奮，這些蘇聯和美國的太空人，終究還是要回到把他們射入太空的地球來。

直到最近，我們一直理所當然地認為地球可以永久地支持萬物的生命。但是，自從我們開始監控它以來，就發現這裡頭出了嚴重的問題，讓我們感到心慌。世界各地的科學家都警告我們，除非我們停止濫用地球的維生系統，否則我們的未來一定是無比的悲慘。地球和冷灰色的月球，鑲在如深色天鵝絨的宇宙背景上，這種對比讓太空人看見了無比美麗的景象。從太空看去，地球表面充滿了驚人的色彩之美——鮮艷的藍色、亮麗的綠色和清澈的白色。但是站在地表上仔細觀察的話，我們的地景滿是瘡疤，破損無遺。這是粗心的地球居民多年來浮濫破壞所造成的。

在創世紀裡，上帝告訴人類：「你們要生養許多兒女，使你們的後代遍滿全世界，控制大地。我要你們管理魚類、鳥類和地球上所有的動物。」這是人類自始至終誠心奉行的戒律。某一方面而言，人類的整個故事就是人類如何改變自己的環境，以滿足自己無止盡的身體與心靈需求的故事而已。為了覓食而捕殺鹿群，為了安全而捕殺豺狼；為了造屋、開墾和取得建材而砍伐森林；為了取得燃料和金屬而開礦；為了灌溉而修建水庫、使河川改道，為了減少害蟲和疾病以便減輕農耕的辛勞而使用化學藥劑。最後，人類馴服自然和滿足自己需求的努力，卻嚴重地影響了地球的生態（生態是指所有生物與其週遭生物之間的關係而言）。

生態問題早在伊甸園時代就開始了，亞當把第一個蘋果核扔掉的時候，他就開始破壞了「美好的地球」。直到最近之前，地球上的水、空氣和土地資源似乎都是取之不盡的。自從有文明開始，地球的生態系統一直使它的空氣、壓力和溫度保持適當的平衡，因此生命可以存續下去。人類在傳統社會裡生存的時候，他們的生活受到習慣以及可供利用的原始工具所限，因此當時的人類還不具備可以毀壞他自己居住環境的能力。然而，人類真的已經把「肥沃月灣」——幼發拉底河和底格里斯河——以及尼羅河河谷的大部分地區都變成沙漠了。在有文字記載的歷史初期，這些地方卻是「文明的搖籃」。就像新大陸的早期殖民者一般，人類可以逃避他們無知的後果，他們可以移居到更綠的草地，和人類足跡未曾去過的地方。

今天的地球上，伊甸園已不復存在，可以隨意取用資源的純潔時光已經消逝了。人類今日的能力已經到達這種地步，他能夠——事實上他正在——破壞或者至少是很嚴重地摧殘整個地球的環境。今天，我們嚐到了沒有遠見的發展、毫不保留地開發天然資源以及全然無知的後果。曾經一度清澈純淨的溪流，現在因為廢棄物而成了彩虹的顏色，它不但反射出陣雨後天空的色彩，河面上還有一層浮油。我們把林地闢為高速公路，把農地鋪成購物區的停車場，把湖泊和河川弄得惡臭不堪，破壞了人類福祉所倚的水中生態平衡。最狡猾的危險莫過於原子能，這是由人類的天才所創造出來的一種新而令人恐怖的威脅，它可以傷害、污染及滅絕人類、動物、一切生物和無生物。

環境的問題是全球性的。在西班牙卡斯提爾乾燥不毛的平原上，有一個漂亮的古代橡樹公園。這種樹木是古代西班牙廣大橡樹森林碩果僅存的少數遺產。它之所以能夠殘存下來，是因為它長在西班牙國王的狩獵保護區內。乾旱的西班牙平原和整個地中海盆地，都是人們忽視生態問題而造成悲劇的案例。在希臘、義大利和西班牙，中世紀的富有牧場主人在原野上放牧龐大的羊群，因而破壞了大自然的優美平衡。在印度，被污染的水造成二百萬人死亡及五千萬人嚴重生病。

人類現在開始明白，每一次改善生活的躍進，幾乎千篇一律地會以犧牲環境為代價，汽車使我們不管要去多近多遠都可以十分舒適，但它的廢氣卻毒化了空氣，殺蟲劑改善了農作物的生產，除草劑淘汰了辛苦的勞工，但它們污染了河川與大氣。

我們永遠無法把所有的污染清除掉。如果要把我們的天然環境恢復到它們從前純淨的樣子，我們必須使某些生活方式回到石器時代。然而如果人類願意付出這樣的代價，他確實可以改善生活環境的品質。人類或許必須拋棄快速成長；他可能要多繳一些稅；他購買的一些產品，現在是以犧牲環境作代價來降低生產成本，將來的價格可能會提高。目前，我們不斷成長的人口，以及不斷增加的產品，把「被使用過的資源」或污染物丟回天空、水道或土地上，堆積的速度之快使它們無法被吸收，因而造成有害的影響。

地球上的另一個隱憂是人口。現在的是三十六億，三十年後，地球上的居民，將是這個數字的兩倍。到了那個時候，美國的人口，將會從現在的兩億零五百萬，變成三億零五百萬。現在世界上至少有三分之一的人營養不良、居住環境惡劣、衣不蔽體，必然會發生饑荒與全球性災難。人口的成長應該要——事實上是必須——立刻終止，因為人類所在的地球太空船，是一個裹在一層薄薄的空氣和雲團裡，直徑只有八千英里的球體而已。

在西元第一世紀，當奧古斯都統治羅馬的時候，全世界人口估計為二億五千萬。經過一千六百年之後，人口才增加了一倍。目前，地球上三十多億的人口卻會在三十年後倍增。世界人口會按每八年增加十億的速度增長。你一九七二年出生的小弟弟，活到七十多歲的時候，世界人口會是一百五十億，他的孫子可能跟六百億人類一起擠在地球太空船上。即使現在，世上也有一半的人在挨餓，事實上，現在的人均耗用糧食量遠比一九三〇年代經濟大恐慌時代還要少。目前，每年有成千上萬的人，即使不是直接餓死，也是因為營養不良而導致死亡。

總而言之，科學家們已經提出警告，這條追求享受的道路將會通向隨時崩潰的文明，因為我們正在以每三十年增加一倍的速度將旅客塞進地球太空船，同時，我們無止盡的索取有限的天然資源，並且逐步污染我們的地球，毀滅我們地球太空船的生態系統。

第七十五章

地球村

神奇的科技縮小了我們的星球，所有的人都成了兄弟。

對於科學先知們提出的那些令人沮喪的末日預言，我們該怎麼看待呢？我們應該把他們對人口與污染的發現與警告當成科幻小說而加以摒除嗎？

或許我們最好記住一件事，人們經常會這麼想：上一代的人從來沒有像他們一樣，見到這麼多令人嘆為觀止的事物。這麼看來，我們跟老祖宗其實是一樣的。我們相信，現在的世界比以前受到更可怕的威脅，也擁有更多的希望。我們可能忘了一件事，我們恐懼核子末日的程度不會比五世紀的歐洲人害怕匈奴阿提拉的騎兵更嚴重；而我們文明裡的物質享受為我們帶來的幸福感，似乎不再是一種神話，就像紀元前幾百年，中國文明裡的物質福佑對李白當代的人不是一種神話一樣。有一次，有一點點徵兆顯示即將要發生戰爭了，邱吉爾卻說，人類有可能很快「就會走上一條寬廣、平順、自由的道路，而不必在地獄的邊緣徘徊窺看。」

事實上，美國和其他許多高度工業化的國家，正在邁向一個更文明的後工業化時代，更多人在努力為同胞提供更多的服務，譬如教育、醫療和娛樂等方面。據估計，在後工業化社會中，每個人的收入將會是前工業經濟時代的五十倍。將來，全民或許會有最低收入和基本福利的保證。在後工業化地區，教育會變成一輩子的事，在你成年以後，或許還要接受多達四次轉換工作的再訓練。這一點十分重要，因為愈來愈多的閒暇時間將會為自我成就開創更多新機會。

太空船阿波羅十一號完成了任務，使人類的疆界抵達月球，不過，它在心理層面的成就更為巨大。人們現在相信，在地球上所有人類抵達到更美好的世界之前，路上不能有任何東西阻撓我們。所謂「美好的世界」，意思是說更多的閒暇、經濟安定、社會正義以及乾淨健康的環境。當然，有一些奇蹟無法用數學程式計算出來，它們不是靠著把人類載去月球上的科技來達成的。但是現在許多人都認為，能夠實現月球探險的國家，也一定能夠使人們在地球上的生活十分安全、舒適、更讓人滿意。

今天，許多人比較不擔心物質匱乏的問題，他們更擔心的是生活品質。個人是否能擁有良好的生活品質，取決於他是否能身處於美麗而乾淨的環境裡；以及他是否可以自由決定要不要少賺一點錢或者少生產一些東西，用來換取更多休閒時間。工人盼望每星期的工時少一點，他們才能夠享受休閒時間，做他們喜歡做的事情。我們已經看到自上一代以來的科技奇蹟：電視、太空探險、電腦科學、疾病克服以及太空時代的科技。

在工業革命的諸多成就之中，電子電機方面的進步或許是世界文明最重要的一環，它帶來了太空時代。從十九世紀中葉以來，人類的聲音可以透過電報、電話和收音機而傳播到全世界每一個角落。照像術發明以後，影像可以由電報傳送，可以做成動態，在事情發生的時候把它記錄下來（我說的是電視的功能）。如果沒有收音機的擴音器裡傳出來的動人話語，非洲黑人，東南亞人和阿拉伯人的新民族主義就會受到嚴重的阻礙。

由於通訊衛星的發展——第一座是一九六五年發射的「早起的鳥兒」——世界上的人類可以透過言語而聯繫在一起。因此，瞬間的消息只不過是村子層面的消息。有遠見的人認為，即時通訊事實上使整個的球變成一座村落，國界的意義會逐漸淡去、過時。其他國家的問題會變得與我們更有關係，就像是我們自己的問題一樣。造成人與人之間懷疑與敵視的差異性將逐漸減少。事實上，我們很可能很快就要將一種共通的地球語當作我們的第二語言了。免費教育節目、新聞報導，甚至於一場在市民中心演出的交響樂，都可以讓從北極到赤道的人一起分享。

這應該是很清楚的，世界受到的威脅比以前更大，然而人類也真有辦法共同努力去防止任何重大的災難——另一次世界大戰、人口過剩或者無法復原的污染事件。召喚眾人的號角已經在美國響起，並且透過現代化的傳播手段送往世界各地。勇氣加上信心，人類將會獲勝。

第七十六章

進入高科技時代

我們這一代的危機與希望。

任何時代的人可能都會堅持，在人類如此長遠的歷史裡面，就是他們那一代人的故事最戲劇性、最刺激和最有挑戰性。人類在一九六九年登陸月球，似乎代表著人類的智力成就又立下了一道里程碑。在一九六〇年代的大部分時間裡，世人都對未來抱著樂觀的態度，一九七〇年代就不同了。從一九七〇年代到一九八〇年代初期，即使是最偉大的科學成就，似乎也有值得世人憂心之處。關於人類處境的永久性問題卻固執地不肯消失。在這當中，防止核子戰爭爆發和環境保護問題，可能是人類有史以來面臨過的最大挑戰。

在科技發達而人民可以支付得起科技消費的國家，科學帶給他們的驚人進步似乎是永無止境的。美國和蘇聯的太空探險計畫都耗費了大量金錢，兩大強國都把太空船送進了遙遠的太空中。一九七〇年，「阿波羅十三號」太空船的氧氣槽爆炸，太空人的生命受到威脅，於是展開了一場極其戲劇性的太空拯救計畫。幾年以後，一架無人太空船傳回了土星的近距離照片，揭開了土星環的某些祕密，這

太空競賽

些太空船都可以用五萬英里的時速航行。「維京一號」在一九七六年登陸火星，它傳回的照片在晚間電視新聞上公開。現在外太空有太多人造衛星在運轉，我們留在地球上的人可能很快就得擔心「太空垃圾」掉回地球上的問題。美蘇兩國不斷發展太空計畫，背後可能還有另一個原因：從事戰爭——它可以把風靡一時的「星際大戰」系列電影和遊樂場裡的電動玩具變成恐怖的事實。

回頭看看地球上的情況。在工業革命史上，最近這個階段就是電子革命。它對我們的日常生活——從銀行交易到烹調食物——都有令人難以置信的影響。二十年前的電腦大到要占去一整個房間，現在已經縮小到可以放進口袋了。「個人電腦」的時代已經來臨，電腦知識（電腦文化）會變成大學生、中學生甚至某些小學生的必修課程。電腦遊戲在一九七〇年代末期十分流行。飛機現在真的可以自動飛行。即時傳訊和電腦排版已經使商業和教育進一步現代化，使得龐大的ＩＢＭ公司必須和他的對手們展開激烈的經濟競爭，日本與美國之間也是如此。人們最初在一九五〇年代開始學習電腦的時候，就有人說過，「按鍵時代」（the era of the push button）最後會使我們的身體各部分都因為欠缺活動而逐漸退化，只有手指頭例外，因為它們忙著操作按鍵。現在，電腦甚至在某些部門已經取代了勞工。電腦機器人在底特律和日本的汽車工廠生產線上工作的景象，簡直就像是為早期的科幻小說注入了新生命。大家都同意一件事：電腦在改善我們生活的許多方面貢獻良多。然而人類也要付出代價。電腦革命創造了受過電腦技術訓練的新白領階級。可是電腦也使許多工業部門的工作機會消失，導致失業率上升。電腦使商業「失去人性」，減少人與人接觸的機會。電腦可以大幅度提升某些產業的生產力，有些大公司因此強化了他們掌控經濟的能力，因為只有最大的公司才有能力趕上電腦科技快速而昂貴的進步速度。那些財力不足、無法競爭的公司勢必會落後。電子科技的進步也會擴大貧富國家之間的差距。有些人則站在正義的立場擔心政府會濫用電腦科技——按個鈕就可以收集到國民的資料。政府、大學和醫院裡保存的電腦資料不容易受到保護，要是競爭者或者外國勢力有辦法進入對手的電腦時，將會發生甚麼事？難道能夠立法讓偷竊電腦資料和闖空門的犯罪處以一樣的罪刑嗎？到目前為止，電腦是人類之友，但是如果人類輕易臣服於專家們所謂的電腦「安靜的暴力」之下的話，它也可能成為人類的敵人。

遺傳科學方面也有驚人的進步，使科學家們了解過去無從得知的人體組成奧祕。遺傳科學開啟了許多可能性，有些可以使人類恢復信心，有些則會使我們困惑。當我們終於了解人類遺傳因子的時候，我們似乎可以預

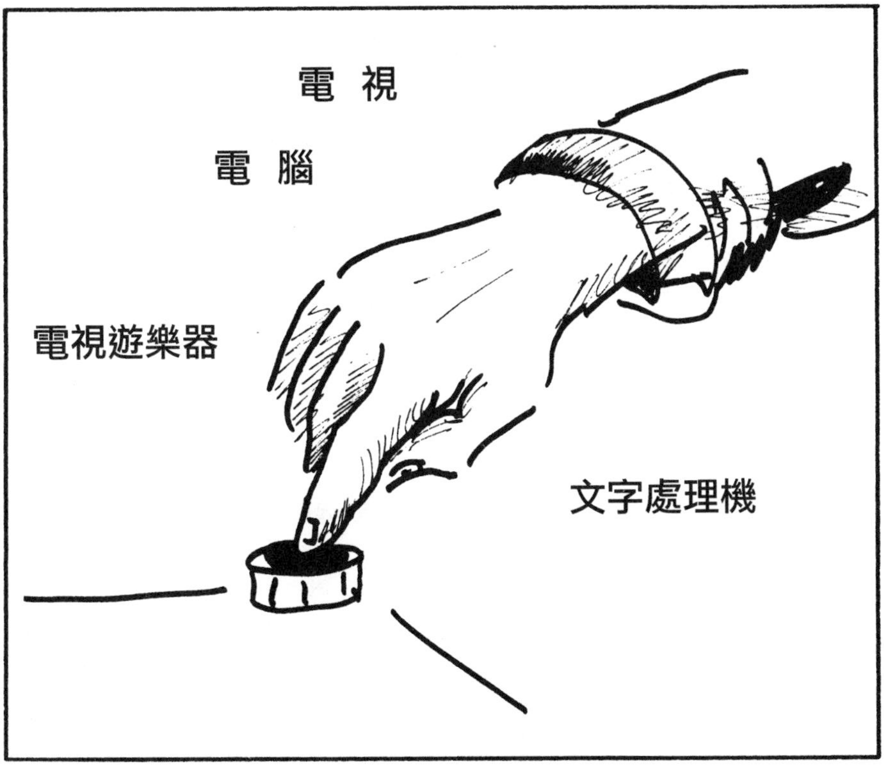

按鍵時代

言某些人會天生帶有某些遺傳性疾病，或者是將來特別容易感染那些疾病。同時，醫生可以在嬰孩尚未出生之前就得知他的遺傳特點；辨別嬰孩的性別以及某些形式的智能遲緩等等，這只不過是第一步而已。科學家們也許很快就能預知嬰兒在未來的人生中很容易感染哪些疾病，例如肌肉萎縮和肝炎。針對胎兒的遺傳疾病篩檢技術，也愈來愈成熟。

然而，當科學家們更能了解人類罹患疾病的起因和遺傳的特色時，無可避免的會引發某些道德問題。醫生們可以在某些部分改變胎兒的體質嗎？某些家庭可以因為醫生發現胎兒會在四十年後罹患某種疾病，就決定終止懷孕嗎？某人因為被科學家們發現他（或她）的遺傳基因顯示，將來一生中可能罹患某種疾病，因此不利於他（或她）找工作嗎？遺傳工程已經培育出超級大老鼠，在長久的未來，這些改變暗示了什麼呢？

還有其他重大的科學與科技進步也帶來了威脅。一九七九年，賓夕法尼亞州三哩島核能發電廠發生輻射外洩事件，含有放射性物質的水威脅到整個附近地區的安全。專家們費了好幾天的功夫尋找讓核子發電機冷卻下來的方法，防止爐心鎔毀的情形發生。這種核子設備在溫度過高時會把放射物質散布到方圓幾百哩內，造成嚴重的污染。核能發電廠附近的居民憂心忡忡，隨時準備好萬一災難來臨時就要舉家遷逃。幸好，專家們還有能力阻止這次災難的發生。可是類似的事件產生了原子能的安全性與實用性問題，人們懷疑核能真的可以完全取代石油嗎？幾年之後，政策決定者已經開始煩惱一個問題，當核能發電廠退役的時候，該如何拆除它們？這些事情是當初建造核能發電廠的人從未考慮過的。

核子武器競賽對地球的危害更大，特別是這種比賽並不只牽涉美國與蘇聯兩個強權，現在，英國、法國與中共都確實有能力進行核子戰爭。同樣的，印度、巴基斯坦（此兩國為死對頭）、以色列、南非、阿根廷也有可能。一九四五年長崎和廣島原子彈爆炸的倖存者，每年都會聚在一起，提醒世人，令人難以置信的恐怖可能會再次來臨，我們只能期盼人類真正得到了教訓。

一九七〇年代的美國與其他國家一樣，環境惡化的情況相當嚴重，在許多都市中丟棄的含毒化學物以及其他危險廢棄物，都被發現會對健康帶來致命的危險：最嚴重的時候，許多人甚至整個城鎮都得撤離。當初為了保護美國的環境，所以成立了環境保護局，他卻允許大公司繼續污染環境。「酸雨」成為美國與加拿大之間的外交問題，因為在美國產生的污染物被氣流帶到加拿大，變成受污染的雨水落下之後，造成遠處湖泊魚類和其他植物的死亡。甚至於超音速飛機也會在科技的發展和人類的需求之間造成類似的困境。一九七六年，第一架由英法兩國共同斥資建

酸雨

造的超音速飛機「協和號」（Concorde），幾乎把橫越大西洋的時間減為一半。協和號的航線連接了巴黎、倫敦、紐約和華盛頓，所需時間只要三小時多一點。但是許多人擔心超音速飛行會對生態造成若干影響。此外，協和號的機票價格過高，使它變成了富人專屬的交通工具。為了這些理由，美國國會拒絕通過美國超音速飛機的撥款。

火車旅行方面最驚人的進展，是法國人貢獻的。一九八一年九月，法國人為他們高速鐵路舉行通行典禮的時候，日本的「子彈」列車已經在各大都市穿梭了好一段時間。法國高鐵的車速更快，它的安全速度可達每小時二百二十英里，將巴黎到法國第二大都市里昂之間二百七十五英里路程的時間減為不到兩小時，時速平均幾乎為一百五十英里。這種火車每天運送成千上萬的旅客，而它的速度使它能夠成功地與飛機競爭。

酸雨、有毒的廢棄物和噪音污染是相對較新的問題。世上最古老的問題——饑餓——到了一九七〇年代還是跟以往一樣嚴重。一九七四年底，世界穀物的存量達到二十六年來的最低點。據當時的估計，全世界約有十億人沒有足夠的糧食可吃。在非洲、亞洲和拉丁美洲，每個星期有一萬人餓死。專家們估計，在印度的西孟加拉省有一千五百萬人處於半飢餓狀態。所謂的綠色革命，在全世界許多地方增加了更多的可耕地。但是，在世界人口快速成長和氣候變遷的影響下，即使是這樣的好消息也還無法滿足全世界對糧食的需求。

地球上的人口持續以每天大約二十萬人，或每年七千五百萬人的速度在成長。一九八四年元月，全世界的人口數大約為四十七億。據估計，這樣的人口成長率如果持續下去，到了本世紀末（已經不遠了），全世界的人口就會增加一倍。各大都市如新加坡、墨西哥市、加爾各答和里約熱內盧的天然資源，由於成千上萬的窮人從鄉村湧入，正在枯竭當中。許多窮鄉僻壤的居民搬到新興的大都市郊區謀生。雖然在過去幾年來——比方在中國大陸、印度、蘇聯和某些西方國家執行了人口控制計畫，但是過度膨脹的人口仍然使糧食的資源生產不足。更糟糕的是，地球的氣候大約在一九七〇年開始產生變化，在全世界的許多地區，愈來愈常發生冬天嚴寒、夏季強烈乾旱的情況。有些海洋潮流也變化了，帶來了十分悲慘的後果。例如，一九七三年，秘魯洋流發生變化，許多體型較小的鯷魚幾乎完全滅絕，結果造成肉類供應大為減少。二十年來第一次，全世界的食物總生產量開始下滑，據估計減產了三千三百萬噸。

氣候變遷的幅度儘管在統計圖表上看起來似乎微不足道，但是在某些新興國家中會帶來十分強烈而悲慘的衝擊。比方說，從一九四〇年代開始，全球的平均溫降低了華氏一度，這種程度的下降，已經使得地球上物產最豐富的中緯度國家的生產天數減少了十天，與綠色革命有關的小麥與稻米，對這種氣候變化感到特別脆弱。濕度降低也會使作物減產。冰冷的寒風愈來愈頻繁地從北到南吹過整個地球，妨礙了赤道風的形成，而赤道風飽含濕氣，能給許多地區帶來降雨。西非與印度為乾旱所苦。另一方面，大氣污染造成「溫室」效應，地球上有些地方的平均溫度提高了。如果極區的廣大冰層因此加速融化，海洋的水位就會增高，這是重大危機，或許會把全球某些沿海都市都淹沒了。

人口的成長、氣候變遷以及綠色革命的限制，加劇了貧富國家之間的差距。人們開始談到「北方與南方」，而不光是「東方與西方」之間的差別。北方比較富有的國家與南方比較落後的國家成了顯著的對比。

饑餓的威脅，也成了全球許多地方衝突的根源。人們有時把未工業化、非資本主義亦非共產主義的國家視為第三世界，雖然這些年來，有許多這種國家已經選擇了加入某個陣營，但是國與國之間在經濟成長方面的差異，讓許多經濟學家把第三世界的二十億人口再分成三部分：「第三世界」擁有足夠的天然資源，可以吸引外國投資與科技業者（如薩伊、摩洛哥和巴西等國）；「第四世界」擁有天然資源、但缺乏資本注入（如祕魯和多明尼加共和國）；而「第五世界」不只沒有天然資源，甚至沒有足夠的食物可以餵飽人民。屬於第五世界的國家，例如非洲的查德和衣索比亞、亞洲的孟加拉共和國，在一九七〇年代大部分時間都遭受致命的乾旱襲擊。這些貧窮地區的困境更因無休止的內戰而變本加厲。

似乎這樣還不夠似的，一九七三年十月，阿拉伯國家暫時拒絕把石油賣給西方，造成全球許多地區的油價飆漲了一段時間。接下來的十年，美國的汽油價格雖然仍比西歐國家便宜許多，也由每加侖三角漲到一元四角多，約為四倍。石油出口禁令在美國立刻造成衝擊，許多加油站則大排長龍。時速的限制由每小時七十英里降到五十五英里以節省燃料。飛機票價隨著燃料價錢猛漲而高漲的時候，美國人就比較少搭車或搭飛機旅遊了。許多都市與公司開始實施「共乘計畫」，鼓勵乘客共用汽油並分攤油價。一向習慣開大車的美國人，開始買較小而省油的汽車，其中大部分為日本生產的。接下來的十年，人們為適應較昂貴的能源價格，辦公室與住家在冬天的時候就不會把暖器開得太強。有些美國人為此感到痛苦，認為被剝奪了享受的權利，他們譴責石油生產國家，特別是阿拉伯人改變了美國人的生活方式。「我們像是一個城堡，」有一位專家在能源危機的時候注意到：「一個傑出的中古世紀城堡，努力保護自己，防止外來侵略者的入侵。後來，我們忽然發現水源卻在城堡的外面。」英國人在北海發現石油；墨西哥與委內瑞拉因生產石油而繁榮起來，至少直到一九八〇年代早期石油價格滑落到原點為止，一般的美國人及歐洲人都必須接受生活方式的某些改變。他們嫉妒中東的沙地下面藏有大量石油。石油與能源的問題，使美國處於比蘇聯更不利的地位——蘇聯的石油資源比美國多——最後影響到美國總統的外交政策，以及遭逢燃料價格上漲和寒冷冬天侵襲的一般民眾的家庭生計。

一九七八年到一九七九年的伊朗革命，引發了第二波石油價格上漲。每桶石油漲到前一次最高價的十倍。但是，因為美國人學會了節省能源，因此石油消耗量反而下滑。美國在一九七二年的用油量占全世界的百分之三十一，一九八二年的時候，降為百分之二十五。一九八三年石油禁運時期，一般美國家庭少用五分之一的能源。政府結束對石油工業的管制，使得石油產量大增，為石油公司帶來巨大的

能源危機

「意外收獲」。同時，因為對污染沒有嚴格控制，允許燃燒其他東西，特別是美國的另一種豐沛資源——煤。一九七七年時花費七十七億美元建造阿拉斯加油管，從蘊藏量豐富的阿拉斯加州把石油送到國內。同時，汽車公司證實他們可以製造更省油的汽車。在一九七三年到一九八三年之間，一般車子每加侖能跑的里程數增加一倍。

一九八三年，相對的石油「過量」（glut）或說「生產過剩」的情況產生了；石油價格平穩，甚至暫時下滑；有些能夠生產石油卻十分貧窮的國家，如委內瑞拉、墨西哥、和奈及利亞，都累積了巨額外債，他們發現自己無力償還，對國際經濟造成了危機。石油短缺所造成的經濟代價，始終是揮之不去的問題。在許多缺乏能源的未開發國家，石油危機與高漲的能源價格阻礙了他們的發展。在另一方面，石油產量豐富的國家卻發現他們有太多錢——特別是美金——不知道要怎麼花用。科威特的石油產量使得它的國民所得居全球之冠。阿拉伯人灑著大把美金買下大量的美國和歐洲房地產，對許多歐洲人和美國人而言，當西方世界變成石油致富國家眼中的「地下廉價商場」時，他們覺得自己的頭被世界踩了一腳。能源危機粉碎了美國的信心，它使美國人懷疑是否一切事情可以照舊不變。美國在世界上的經濟地位有了改變，我們的鋼鐵、汽車與電子工業因為外來的強悍競爭而動搖。日本與德國的產品大舉進入美國市場，他們的產品技術更為優良，價錢更為便宜。

在外交政策上，越南的衝突成為美國人精神上最大的負擔。美國在一九五〇年代正式捲入這片動亂地區的戰事。胡志明領導的越共軍隊，在一九五四年五月的奠邊府戰役中一舉打敗殖民母國——法國。在瑞士日內瓦的會議中，越南被分為南越和北越兩部分。胡志明在北越組織越共政府，吳廷琰成為南越總統，背後大老闆是美國。一九五五年，吳廷琰拒絕可能使越南統一的選舉計畫，南北越統一的可能性因此破滅，而美國贊成他的決定。雖然沒有全面的正規戰事，但是由共產黨和南越政府支持的游擊戰愈演愈烈，一九五九年七月，好幾位美國軍事顧問被殺死。

四年後，吳廷琰的獨裁政權面臨反抗浪潮。美國人此時選擇袖手旁觀，他因此被推翻並遭到處決。接下來的十九個月期間，先後成立了十三個政府，越共——受北越支持在南越從事游擊戰的共產黨部隊——在鄉間逐漸壯大，並對南越政府發動戰爭。

美國涉入越戰的程度「升高了」（escalated）——它變成象徵一九六〇年代的字眼之一。一九六四年，詹森總統要求國會通過決議，讓他對東南亞採取「必要措施」。他堅稱美國驅逐艦在東京灣受到北越船隻攻擊。到了一九六五年，美國將海軍陸戰隊派去越南。南越的另一次政變是由南越軍隊發起的，阮文紹將軍成為政治領袖，而阮高祺成為總理。到了一九六五年底，一共有十五萬美軍被派到越南，三年後高達五十多萬人。

美國因此發現自己在地球的另一端從事一場沒有正式宣戰的戰爭，愈來愈多民眾相信這場戰爭是不必要的、不道德的，也不值得犧牲那麼多的人命與財力。早在一九六五年的春季，就發起了第一次有關戰爭的公開討論與反戰演講（teach-ins，美國大學教授或學者為抗議政府重大政策而舉行之長期不間斷的演講）。當戰火在一九六七年延伸到南北越之間的非軍事區時，美國空軍對北越發動了一波又一波的空襲。但是空軍的炸彈或地面的部隊都無法摧毀由北越支援的越共。一九六八年元月三十日，越共發起反攻，幾乎所有南越重要都市都被攻擊。雖然這次攻擊最後失敗了，但共產黨軍隊卻給南越重重一擊，證明了他們有能力在南越發動大規模戰鬥，也可以與南越人和美國人打游擊戰。這次的攻擊讓世人看到了戰爭最可怕的景象，千千萬萬人在電視銀幕上目睹了戰爭場面。南越警察總長對著囚犯的太陽穴開槍的景象，被永久地保留在影片中。另外一個更引人注意的畫面是，一名受到驚嚇的村婦連同一名孩子，被美國飛機丟下的汽油彈燃燒的化學溶液毀容的可怕場面。

詹森總統宣布他不競選一九六八年的連任，美國與北越的代表終於在巴黎舉行停戰會談，參議員尤金．麥卡錫競選民主黨總統提名，他的首要主題就是反戰，但是在黨內初選輸給了韓福瑞，韓福瑞稍後在大選中輸給了共和黨的總統候選人尼克森。尼克森在巴黎和談中強調祕密議和，並且尋求戰爭的「越南化」，可是反戰之聲遍布全美，特別是在一九六九年的秋天最為激烈。

一九七〇年四月，尼克森總統派兵進駐高棉，阻止越共在高棉與越南的邊界自由出入。大量轟炸造成了無數村民傷亡。在美國境內的反戰浪潮洶湧澎湃，大學生尤其投

越戰

入，肯特州立大學有四名學生在沒有攜帶武器的情況下遭受國民警衛隊槍殺，觸發了一次反戰高潮。一九七二年春天，共產黨發動了另一次大規模攻擊，尼克森命令美國軍艦在東京灣的海防港和其他重要港口布設水雷，可是美國在祕密會談中的態度已經趨向撤軍了。一九七二年六月，也就是發生水門竊聽案——這次事件對尼克森總統和美國的政治都是巨大傷害——的同一個月，大部分美國軍隊撤出越南。

一九七三年一月，和平協定簽署了，但是，對越南人來說，和平仍然遙遙無期。雙方都違反停火協定。南越軍隊面臨了美方軍援急遽縮減，還有本身的貪污和散漫弊端，軍隊戰力一天比一天更壞，只好逐步從中部高原區撤退。南越的城市一個接一個落入越共手中，一九七五年，南越投降了。電視鏡頭再次捕捉到西貢「淪陷」（或「解放」，依各人的觀點而定——歷史似乎再度變成「要看是誰家的公牛被刺死而定」的問題）的畫面，美國人與越南人拚死擠進直昇機逃亡，那是最令人難忘的時刻。一九七六年年底，高棉與寮國也被赤化了。

美國最長的戰爭結束了。五萬六千多名美國人在越南陣亡，比起大約陣亡一百二十五萬的越南人來說是少多了。越南在一九七〇年代和一九八〇年代早期的美國身上留下了許多印記。首先，越戰透過電視被帶進美國人的客廳。戰費開支龐大，大約花掉了一千四百多億美元，結果引發了國內的通貨膨脹。其他方面的代價也很大。這場戰爭造成了一九六〇年代和一九七〇年代早期許多年輕人之間的疏離問題。這些人的年紀跟大學生差不多，許多學生為了避免被徵召而跑去加拿大，甚至有人因為堅信這是一場錯誤的戰爭——戰爭通常都是錯誤的——而被關入監獄。美國的校園因憤怒而躁動，因抗議活動而擾攘不安，有時演變成暴力事件。有些激進抗議者企圖「把戰爭帶回家來」（bring the war home），一九七〇年，一名反戰份子在一所美國大學裡放置的炸彈意外殺死了一名研究人員。這場戰爭也觸動了美國人的良心。一名美軍中尉被判決有罪，他必須為自己在一九六八年犯下的越南美萊村大屠殺事件負責。一九七二年十一月總統大選之前，國務卿季辛吉才剛剛宣稱「和平在望」，隨即對北越發動了野蠻的「聖誕節轟炸」，這下子許多美國人真的生氣了。這場戰爭甚至使美國與其他盟國之間的關係呈現緊張狀態，幾乎世界各地的美國大使館都遭到示威抗議。丹尼爾・艾爾斯伯格披露了「五角大廈文件」的內容，指出美國在被認為是「中立的」高棉境內進行一場祕密戰爭，這件事迫使美國面對自己的政策道德問題，然而，儘管這是一場大屠殺，美國人民仍舊設法讓戰爭結束。越南經驗迫使美國重新檢驗在這個世界上的定位。

越戰嚴重地動搖了美國人的信心，水門醜聞案更進一步地重創了它。尼克森在一九五二年到一九六〇年間擔任艾森豪的副總統，他在早期政治生涯裡就獲得了「狡猾尼克森」的名聲，一輩子都沒有成功洗刷過。他在一九六八年的選舉中擊敗韓福瑞，一九七二年再度一面倒地勝過麥高文。當時很少人注意到那年稍早的六月間，有五個人在首府華盛頓水門大廈的民主黨國家委員會安置竊聽器，因而遭逮捕的事情。這五名「夜盜」跟中央情報局與尼克森連任競選委員會有關連的事實，對選舉的影響並不大。

然而審判這些水門大盜時，卻暴露出他們只是某些高層人士的代罪羔羊。當水門醜聞逐漸引起大眾注意的時候，這起卑鄙事件的責任逐漸指向尼克森本人。他先前的律師約翰・狄恩指稱總統是掩蓋水門事件的共犯。大家都知道，尼克森會把在他橢圓形辦公室裡的交談內容全部錄音，現在總統企圖不讓這些錄音帶被送上法院檢視，他還要求司法部長艾略特・理察森把負責水門事件的特別檢察官阿奇伯．寇可斯解聘。理察森拒絕了，然後遞上辭呈。尼克森破壞司法調查程序的最大膽行動，就是眾所周知的「星期六之夜大屠殺」，這件事使更多人要求尼克森辭職或者對他提出彈劾。當錄音帶最後還是交到水門案檢察官的手上時，其中有一卷中間出現了超過十八分鐘的空白。事實的真相是，水門竊聽只是「冰山一角」，它只是尼克森幕僚人員的齷齪伎倆之一而已，包括接受各大企業非法選舉捐獻。這些錄音帶暴露了尼克森總統的黑暗面。某些圍繞在總統身邊和參與這次不法事件的人，包括總統最親近的夥伴都被判決有罪入獄服刑。曾經在這個案件中說謊的尼克森本人，在一九七四年八月參議院彈劾他之前含辱辭職。尼克森的職位由副總統福特接替。福特是在不久前才遞補成為副總統，前任副總統阿格紐被控逃稅，他以辭職換取不起訴。福特總統給了尼克森「完全、自由而絕對的原諒」。尼克森回到加州克來蒙特的莊園去寫他的回憶錄。美國總統的聲譽確實在這次事件中受到玷污，但是美國憲法和美國人民則證明了他們擁有自我反省、自我整頓的能力。福特當上美國總統之後並不討人喜歡。有一位電視評論家就問福特總統是否能夠「進入情況」。對許多人而言，在水門事件中責任較輕的人都被判刑入獄的時候，福特總統卻給了尼克森一道總統特赦令，這讓大眾對福特的信心產生了動搖。雖然福特讓總統這個職務恢復了一些正直的聲譽，也無法在一九七六年的選舉中擊敗州長吉米．卡特。卡特是由代表南方、勞工和少數黨派聯合所選出來的總統，像是個平民主義論者。可是，當人們發現他無法處理日益增加的國內經濟問題和外交政策危機時，他的聲望也就很快就下跌了，大眾不相信卡特會是一名經驗老到而果決的領導人。一九八〇年大選，卡特只在兩個州和哥倫比亞特區獲勝，隆納德．雷根徹底擊敗了他。

甫上任的雷根總統承諾，一方面要恢復美國在世界上的強勢影響力並且走出經濟陰霾，一方面要減弱總統的角色以及平衡聯邦赤字。然而，對某些人而言，雷根似乎也不能勝任這個世界上最艱苦的工作。雷根總統以前當過演員，他這次的選舉獲勝顯示了他有強力的經濟靠山，以及出色的表演能力，這些東西在我們這個電視時代是當選總統最重要的資產。

雖然，競選連任的總統一向比挑戰者占有更大的優勢，可是到了六〇年代和七〇年代，福特和卡特的挫敗使情勢變得不太一樣。總統的表現必須接受媒體更靠近而且幾乎是即時的評斷，他們的演說內容立刻就會受到分析、評分，其速度之快，張力之強，就好像世界大賽中的棒球選手，或者世界杯中的足球選手。然而，近年來總統連任的困難在於公眾對他們失去信心；他們缺乏像羅斯福、艾森豪和甘迺迪時代那種形塑大眾信心的能力。

一九七〇年代是女權高漲的年代，特別是在美國。參議院在一九七二年通過憲法修正案，終止性別歧視。然而，經過十年之後，還是有許多州並沒有批准它成為法律。不過，婦女在其他地方的法律地位還是有所改變。最高法院在一九七三年通過婦女早期懷孕墮胎合法化。雖然婦女在許多行業中無法得到跟同樣職務的男性一樣多的薪資，但已有更多婦女投入就業市場，包括法律界、商業界、醫學界和大學教職。女人參選甚至勝選已經不是罕見之事。一九七四年，康乃狄克州的艾拉．葛拉梭成為第一位透過民選而非接替丈夫成為州長的女性。桑德拉．德．歐康諾是第一位進入最高法院的女性，由雷根總統提名。由於網球名將金恩夫人和艾芙特成為國際運動明星，聯邦法律也保證提供經費協助大學和中學女生從事運動，因此婦女在運動領域有所發展。英國保守黨於一九七九年贏得大選後，柴契爾夫人成為英國第一位女性首相。一九八三年，莎莉．萊德成為第一位登入太空的女太空人。對千千萬萬的婦女而言，逐漸地由被稱為「小姐——Miss」或「夫人——Mrs.」改被稱為「Ms.」，這是對稱呼男人為「Mr.」的平等稱呼法，女性可以完全以她自身來創造形象，而不需借助婚姻帶來的地位。這一切都是好的開始。大家不要忘了人類的故事也是婦女同胞的故事。

一九六〇年代最重要的大事之一就是民權運動，黑人到了一九七〇年代開始參政，特別是在美國大都市如底特律、洛杉磯和亞特蘭大等地，都有黑人當選市長。馬丁路德・金恩在一九六三年八月的「向華盛頓的偉大進軍」活動中發表了著名的演說「我有一個夢想」，當我們在慶祝這件事的二十週年紀念時，很少人能否認美國黑人已有了更多的成就。但是有待完成的事情還多得很。許多學校裡還在實行種族隔離政策。最高法院對於加州學生愛倫・巴克「反種族歧視」一案的判決表明了，在教育和商業領域，不得以法院命令來保障少數族群。雷根的幕僚曾經企圖答應給予歧視黑人的學校免稅待遇，這項計畫失敗時，民權運動可說是避免了另一次嚴重打擊。年輕黑人的經濟前途仍舊欠缺光明，黑人族群的失業率還是美國最高的，而政府方面也減少許多幫助窮人維持生計的福利計畫。

同性戀從一九七〇年代開始主張他們有權獲得公平待遇。儘管有保守勢力提出反擊，同性戀社區還是在許多都市中興盛起來，特別是紐約和舊金山等地，他們發現自己比以往更能被人接受，也在政治圈裡擁有自己的代表。

一九七〇年代和一九八〇年代早期的生活是承襲和變化的融合體。從歐洲來的交響樂、歌劇和管樂團之類偉大的藝術表演，在美國各大都市都深受歡迎。然而，電視、收音機、唱片和暢銷書——他們在技術上都有所改進——仍然是大眾娛樂的重心。看電視不再受限於地形、天候或天線大小與位置的問題，有線電視現在為更多家庭提供許多頻道，有些頻道每天二十四小時播放長片，人們只要按下按鈕，就可以收看由遠方衛星傳來的連續二十四小時新聞、氣象報告或運動節目。電子技術的發展，讓人們可以將電視節目錄下來，等到日後再觀賞；也可以將熱門電影的錄影帶租回家看，旁邊的廚房隨時可以供應爆米花。調頻廣播仍然十分流行——特別是以播送古典音樂（公立電台居多），或者搖滾樂為主的電台。唱片產業在一九七〇年代後期開始面臨一些困難，主要是因為卡式錄音帶的技術有了驚人的進展，幾乎使唱片被淘汰。搖滾音樂會雖然已不像六〇年代後期和七〇年代早期那樣被民眾當成重大事件（比方說，數十萬人在一九六九年參加的那場著名的胡士托音樂節），年輕一代仍然非常期待。一九六〇年代的樂迷，如今雖然已經不再年輕，但他們依然願意擠到台前去觀賞「滾石」或「誰」樂團的演出，這樣就使得觀眾人數比以前增加不少。「滾石」樂團的明星主唱米克．傑格（Mick Jagger）在一九八三年已經四十歲了，這件事似乎並沒有減少他的威力以及歌迷的人數。「迪斯可狂熱」（Disco-mania，用唱片伴奏的舞廳音樂）的流行時間並不長，因為人們依然懷念二十多年前的搖滾樂。曾經獲得巨大成功的電影，例如「美式的塗鴉」（描寫一九六〇年代中學生的成長故事），以及「動物之家」（描寫越戰之前，天真的大學生的胡鬧和受到誘惑的故事）仍然讓人懷念不已。

伴隨著這種懷舊之情而來的，是新一代的大學生出現了，他們似乎已經揚棄了一九六〇年代後期的社會行動主義。爭取好成績或者為了高度競爭時代的就業問題擔心，兩者同時成為最重要的事情。特別是中學教育品質有一陣子明顯下降或至少沒有進步的時候。「爭取出人頭地」這種口號會讓某些人擔憂理想主義已經喪失，其他人則提出反駁，認為必須講求實際才能創造更好的社會。

然而，儘管六〇年代的人無可避免地會逐漸老去，人類壽命也正在延長，至少，在已開發國家中，我們文化的大部分仍舊繼續集中在青春和年輕人身上。成功電影裡的女演員——如布魯克．雪德絲和茱蒂．福斯特——象徵了對年輕的崇拜，可是其方法比起四十年前的雪麗．譚普爾則更為世故和較不天真。就像商業廣告「思考年輕」裡的口號一樣，「維持青春」也一躍成為生活裡的普遍認知。在美國，慢跑一時間成為全國性的風尚，而許多人開始認真看待「一個人的吃決定了一個人」這句古諺，於是嘗試改吃健康食品，與嬉皮文化有關的天然食物，曾經一度消失，現在又重新出現在一般的家庭裡。科學家們在尋找本世紀大殺手——癌症——的成因方面有相當大的進步，他們警告我們，吸菸是危險的，同時提醒我們，某些自古以來被視為理所當然的食物——鹽和牛、羊等紅肉——對我們未必是好的。科學家們雖然在癌症檢測技術和加強民眾警覺方面有所進步，但是在對抗癌症的永恆戰役裡，還沒有找到什麼真正有效的治療方法。

許多年前，一名俄國作家寫了一本小書名叫《蘇聯能活到一九八四年嗎？》然而，到目前為止，蘇聯已經證明了它能夠熬過經濟問題，還能夠壓制異議，也能在附庸國以及蘇聯境內各國洶湧的民族主義浪潮中繼續生存。布里茲涅夫總書記在一九八一年過世，在他統治期間幾乎沒有任何改革，異議分子仍然過著悲慘的生活。蘇聯內部最有名的反對者——作家索忍尼辛——以難民身分移居美國。離開蘇聯前往美國和以色列的人數驟增。卡特總統以人權的名義給予異議分子一些鼓勵，他在一九七六年寫信給物理學家沙卡洛夫，承諾「尋求良心囚犯的釋放」。

雖然卡特總統和布里茲涅夫總書記在一九七九年簽署了第二個戰略武器限制條約，這兩個超級強國仍然是死敵。此後雖然還有許多次談判，兩國似乎都沒有認真裁減核子武器工廠。美國人不顧歐洲和美國境內激烈的反核運動，在歐洲設置威力強大的潘興飛彈，即使在布里茲涅夫死後，蘇聯的所作所為顯然也沒有讓西方人增進對他們的信心，當蘇聯支持的黨派在多山而貧窮的阿富汗面臨不屈服的抵抗時，紅軍便在一九七九年進軍這個鄰國。蘇聯在波蘭鎮壓「團結工聯」（Solidarity Trade

Union），並且捲入非洲的許多事件，特別是在安哥拉、莫三比克和衣索比亞。一九八三年，蘇聯懷疑一架在日本北方蘇聯重要戰略島嶼庫頁島上空飛行的韓國飛機是偵察機，於是將它擊落，此事引起國際間一片譁然。我們似乎又回到「冷戰」的邊緣，特別是紅軍在蘇聯政局裡取得了更多的發言權，而且政治局裡資深委員的領導分工尚未安排妥當的時候。

在一九五〇年和一九六〇年代，美國人喜歡把蘇聯和中共混在一起——包括執行美國外交政策的人在內——看成是與西方自由國家利益敵對的共產強國。蘇聯和中共都曾在越戰時支援北越和越共，等到越戰結束後，西方國家才開始清楚了解到這兩大強國在歷史、疆土和意識形態上的許多歧異。到了一九七〇年代，有時候這兩個鄰近的大國幾乎就要對彼此開戰，而不是對美國。

當美國與蘇聯都全力投入武裝競賽，以致於雙方都能在一小時之內消滅對方的時候，他們發現軍事力量不足以增強自己的意志，或者在世界上贏得友誼。蘇聯踩熄了自由的火花，那是關於表達意見的自由。接下來入侵阿富汗之後，他們發現自己陷入了決心要置紅軍於死地的游擊戰中。

波蘭在一九八〇年出現了團結工聯運動。波蘭人民支持這個運動，反對政府以自由的名義隨意做出決定。這種情形顯示了東歐集團裡可能還會出現其他裂痕。蘇聯軍隊的威脅，以及波蘭當局強制執行的戒嚴令，都沒有辦法毀滅人們求更多自由的呼聲。從一九七〇年反政府暴動起源地甘斯克來的一名工人——華勒沙（Lech Walesa）——領導了團結工聯反抗運動，使他在一九八三年獲得諾貝爾和平獎。

跟蘇聯一樣，美國必須對世界各地民主運動所遭遇的問題負起責任。一九七三年九月，智利軍隊在美國中央情報局支援與鼓勵之下，推翻了深受人民歡迎的總統薩爾瓦多．阿葉德——他是一名馬克思主義者，但透過大選合法擔任總統——接下來，智利軍政府開啟了恐怖、折磨與處決的時代。十年之後，美國支持的依舊是一個不幸國家的大獨裁者——皮諾契特將軍（General Pinochet）。美國同樣也支持拉丁美洲其他獨裁政權，例如巴西與阿根廷（雖然在一九八二年短暫的福克蘭戰役時，美國是站在英國這一邊）。在中美洲，美國支持的專制政權是瓜地馬拉和薩爾瓦多。在亞洲，美國的支持助長了菲律賓和南韓政府的合法性與權力——這兩國有許多人民認為這是一種鎮壓。當左翼革命軍終結了尼加拉瓜的獨裁政權後，美國政府為這件事情，以及中美洲其他地區的發展而指責蘇聯和古巴。這種政策引起許多盟邦的責難，例如法國以及鄰國墨西哥。

一九八三年十月，美國入侵委內瑞拉海岸附近的加勒比海小島格瑞那達（Grenada，島上人口為十一萬）。這次入侵行動雖然早就擬好了計畫，不過一直等到東加勒比國家組織正式提出要求之後才執行，目的在於推翻最近奪權成功的左翼派系政權。雷根總統聲稱在該島醫學院裡就讀的美國學生處境堪危，他還因此表揚了島上的古巴和蘇聯籍指導教授們。這次行動在美國廣受歡迎，卻遭受一百多個國家一面倒的批評，其中包括一些最親近美國的盟友，他們十分遺憾美國違反了國際法。美國介入的這次事件雖然規模較小，也沒有流太多血，依然使人聯想到蘇聯入侵阿富汗的事情。它們明白顯示出，這兩個超級強國為了達到自己的目的，並不在乎世界上其他人的看法。同時，美國公然推翻中美洲尼加拉瓜政權，蘇聯在非洲也做出同樣的事情，如果老馬基維利還活著的話，他一定會引用下列這句格言：「很多事情看起來改變了，但更多事情一點都沒變。」

在伊朗，國王巴勒維面對壓倒性的反對聲浪，即使有美國的支持，也無法讓他保住王位。巴勒維在一九七九年被逐下台，先前往美國避難，然後遠赴埃及，最後死在那裡。革命後的伊朗由宗教領袖柯梅尼掌權，他一心想建立以伊斯蘭教義為基礎的國家，許多民眾從前憎恨國王手下的祕密警察，現在又有理由害怕新的政權，尤其是共產黨員或巴哈伊教派。

伊朗國王與美國的親密關係，使伊朗人對美國十分憤恨，身處伊朗境內的美國人尤其是眾矢之的。一九七九年十一月的一個星期天早晨，憤怒的伊朗民眾向德黑蘭的美國大使館發起進攻，帶走一百五十名人質，全世界都看到了伊朗凌虐這些人質一年多之久。美國縱然是超級強國，也無法使他們安全釋放，武裝救援行動也告失敗。人質被囚禁一年多之後才被釋放。

中共雖然在越戰期間是美國的敵人（但雙方對此都心照不宣），它還是在一九七二年招待尼克森總統來訪。接下來的十年間，這兩大強權之間的關係出現重大改善，卡特總統成為歷任美國總統中第一個正式承認中共的人。在中國大陸境內，一九六六年開始的文化大革命，嚴重地阻礙了經濟發展，全國各地冒出年輕的紅衛兵，企圖「改造」毛澤東的假想敵，並且將知識分子和潛在敵人下放到農村去接受「再教育」。年老日衰的毛澤東本人在文革期間很少露面，主要是他的妻子江青和「四人幫」使用殘酷手段剷除異己。林彪元帥計畫謀殺毛澤東，事跡敗露後，他搭機潛逃，卻在墜機事件中死亡，很可能是遭到暗殺。一九七六年七月二十八日在河北省唐山市發生的一次大地震，似乎成為一個共產「朝代」倒下的預兆，在傳統的帝王時代，這類重大天災象徵着上帝授意（天意）要結束某個朝代，其君主必須下台。高層領導人之一周恩來——他因致力於強化中國與西方的關係而備受尊敬——於一九七六年元月過世。本世紀的重要人物之一毛澤東主席也在同年九月死亡。

毛澤東一死，文化大革命的瘋狂還能持續多久呢？葉劍英與李先念兩位將軍領導了一場真正的宮廷政變，逮捕了「四人幫」，老將軍們接著將鄧小平——文化大革命的受害者之一——推上領導位置。中國共產黨在一九八一年承認過去做錯了一些事情。毛澤東仍是英雄，但他也是人，是曾經犯過大錯的人。一九六六年到一九七六年之間造成的爛攤子就留給新政權去收拾。他們在這方面做得十分成功。共產中國仍然是一個貧窮的國家，五分之四的人民從事農業。當政策允許農人對自己耕作的農地有更多的控制權時，農業生產量就增加了，工業生產的水準也大幅度提升，光是北京市一個地方的鋼鐵產量，就比一九四〇年的全中國產量多出十倍。中國大陸的工業中心開始生產消費品，其中有些可以外銷到西方國家。中國大陸電視上已經可以看到商業廣告了。他們的政府持續在處理嚴重的人口過剩問題，自從第二次世界大戰結束以來，中國的人口已經增加了一倍，達到驚人的十億之多。中共政權最近想跟美國保持友好關係，同時也想改善與蘇聯的關係。然而仍然有很重要的問題阻礙了中國大陸與美國關係進一步發展。美國仍然支持一九四九年從大陸撤退到台灣的國民黨政府，並且持續提供軍事援助。繼蔣介石之後統治中國的毛澤東，則聲稱他們才是合法的中國政府。尤有進者，中國大陸希望美國增加對中共的貿易，美國製造商同時也擔心便宜甚多的中國大陸產品會在美國市場充斥。最後，中共因為美國政府阻止特別是有軍事作用的敏感的科技產品輸出而十分憤怒。但是，撇開這些問題不談，在中國大陸各大都市，中國人見到美國旅客被這個人類史上最神奇的文明古國之一感動到目瞪口呆時，已經一點都不會感到驚訝了。

中東地區在一九七〇年代成為世界上最危險的「熱區」，同時也使美蘇之間的緊張情勢更加惡化。整個中東地區都籠罩在阿拉伯國家與以色列之間持續的不安陰影之下。一九七三年爆發第一次以阿戰爭之後六年，以色列的阿拉伯鄰居們突然在猶太人的宗教節目「贖罪日」（Yom Kippur）發動攻擊。攻擊者起初打了幾場勝仗，接著就被以色列優越的陸軍和空軍打得落花流水。由於西方強國——

特別是美國——支持以色列，於是阿拉伯祭出石油禁令。這件事情對全球經濟帶來了悲慘的影響，我們前面已經提到過。以色列和埃及終於開始討論互不侵犯的可能性。曾在一九七七年訪問以色列的埃及總統沙達特（A. Sadat）和以色列首相比金（M. Begin）在一九七八年簽署《大衛營協定》。沙達特在這次困難重重的和談中使許多阿拉伯國家懷恨在心，他在一九八一年遭到暗殺。以色列根據《大衛營協定》把西奈半島歸還給埃及。美國總統卡特在這件事中也扮演了重要角色。

但是中東的和平尚未達成。阿拉伯國家一直不肯承認以色列有權在這片由阿拉伯人統治千年的土地上建立合法國家。巴勒斯坦人的問題也還沒解決。大約有三百二十萬巴勒斯坦人仍舊是沒有國土的民族，阿拉伯國家將他們視為這個分歧局勢中可利用的棋子，以色列將他們視為二等公民。其中有幾十萬人住在約旦和約旦河西岸條件甚差的難民營裡。巴勒斯坦解放組織就是在這種貧窮和悲慘的背

恐怖活動

景下誕生的，他們之中的暴力派系採用難以防杜的恐怖行動攻擊以色列。

巴解組織的恐怖行動，使得第三者即使想要為苦難中的巴勒斯坦人做點事情，也會感到猶豫。以色列想要創造一個聖經所說的以色列王國，於是向西岸擴張，使得巴勒斯坦人流離失所的情況更加惡化。以色列總理比金的強硬路線政策不容許任何妥協。在第二次世界大戰後，以色列抵抗英軍的戰鬥中，比金就採取過恐怖主義的手段。現在由於巴勒斯坦游擊隊以黎巴嫩為基地攻擊以色列，於是他命令以軍進攻黎巴嫩。一九八二年夏天，以色列將許多巴解分子驅逐出境，包括他們的首領阿拉法特在內。以色列進入黎巴嫩境內，意味著此地的基督教勢力壓倒性的勝過了回教徒，這些基督徒武裝勢力在以色列授意之下，在貝魯特的薩布拉街區和鄰近的夏蒂拉難民營裡殺死了好幾百名的巴勒斯坦回教徒。當巴解分子殺害猶太人，而以色列的砲彈卻落在貝魯特人的頭上時，巴勒斯坦問題一點都沒有解決的跡象，這種情況確實令人傷心。同時，黎巴嫩的悲劇還看不到終點。那塊烽火連綿的土地仍舊被基督徒和回教徒分割占據，即使聯合國維和部隊在此駐紮，當地的宗教派系之間也因為權力鬥爭而嚴重敵對。一九八三年十月，巨大的爆炸聲劃破了清晨，兩百多名美國海軍陸戰隊員以及一百多名法國維和部隊士兵被炸死。這是美軍從越戰以來最慘重的一日傷亡數，大眾開始質疑美國在中東地區所扮演的角色。

一九七〇年之後的歐洲，地中海地區是左派的地盤，北歐則是右派獨大。葡萄牙獨裁者安東尼奧・薩拉查（Salazar）被革命分子趕下台。佛朗哥將軍（General Franco）在一九七五年十一月逝世，他從一九三九年內戰結束之後就對西班牙採取鐵腕統治，而他所欽佩的法西斯同志——希特勒和墨索里尼——都已經死去很久了。卡洛斯國王以其個人威望與決心，協助這個長期飽受憂患的國家轉為民主政治，其過程之平和令人驚訝，卡洛斯還讓社會主義者在一九八二年獲得政權，由右派軍官發動的政變，在他們將人質扣留在國會大樓裡之後不久就失敗了。法國也在一九八一年五月選出一名社會主義者密特朗為總統；他是瓦勒里・季斯卡・德斯坦的後繼者，比起那位想當然爾是極右派的前輩更加反蘇。擁戴高樂派的人士在一九七〇年失去了他們的英雄，幾年後又失去了他的繼承者龐畢度，於是他們愈來愈多人轉向支持巴黎市長賈給・席哈克。在義大利方面，政府不斷更迭，極左派和極右派的恐怖主義加深了這個國家的不穩定。在希臘方面，一九六七年的一次軍事叛變使得喬治・巴巴杜普利斯獲得政權。一九七三年，學生起義後接著有另一次兵變，他們對紛亂的社會主義政府展開了動作，而美國則擔心它在那個戰略國家的基地的命運。

天主教會也經歷過一段改革時期，一九六二年的「第二次梵諦岡大公會議」同意教會內有討論的自由。為了讓每一位信徒都能理解信念，教會宣布，以後每一個國家舉行彌撒時，可以使用該國的語言，不一定要用拉丁文。一九七八年，從歷史悠久的梵蒂岡煙囪裡冒出來的白煙，給全球七億天主教徒帶來了驚人的消息：紅衣主教們已經選出了四百五十五年來第一位非義大利人的教宗，他是來自波蘭克拉科夫的紅衣主教卡羅爾・約澤夫・沃伊蒂瓦。這位新當選的教宗得到許多世人的愛戴，他比從前任何一位教宗到過更多的國家訪問，並在一九八一年的暗殺事件中倖存。他用過人的精力理解其他國家發生的大事，他同時也是波蘭團結工聯那些反對共產政府的男男女女的重要支柱。

非洲仍是一個苦難的大陸，飽受貧窮、饑餓與內戰的肆虐。比亞法拉人為了脫離奈及利亞，打了三年的獨立戰爭，直到一九七〇年才結束，一共有兩百萬比亞法拉人陣亡。南非那個奉行白人至上主義的種族歧視政權至今仍然存在。經過一次內戰之後，羅德西亞完成了一次相對而言較為和平的政權轉移，由少數白人轉為多數黑人執政，並且將國號改為辛巴威。利比亞支持的軍隊，在查德發動內戰，攻打由美國及先前的殖民國——法國所支持的政權。烏干達狂人——阿敏總統——的殘酷統治，使文明世界毛骨悚然，最後在一九七九年被坦桑尼亞軍隊推翻。

當然，並非所有的政治性暴力行為都是獨裁政權施加在他的人民身上的，政治謀殺仍舊是時代悲劇的象徵。許多想要對抗強國的團體選擇了恐怖主義作為他們的生活方式。甘迺迪總統在一九六三年被暗殺，他弟弟羅伯．甘迺迪在一九六八年被謀殺，民權領袖馬丁路德．金恩也在這一年罹難。接下來，有人在一九七二年企圖刺殺總統候選人喬治．華萊士，而福特總統也兩度遇刺。一九八一年，教宗若望保祿二世與雷根總統都在暗殺行動中活了下來。一九八〇年，前披頭四樂團成員之一的約翰．藍儂，在紐約市被一名瘋狂男子射殺，許多世人都為之哀痛不已。

恐怖主義是暴力集團的致命武器。奧林匹克運動會一向是國際合作與和平競爭的象徵，當一九七二年奧運會在西德慕尼黑舉行時，八名全副武裝的巴勒斯坦恐怖分子綁架以色列運動員作為人質，當警察展開救援行動時，恐怖分子殺死了其中十一名運動員。這件冷血暴行震撼了世人，但這不是唯一的悲劇。北愛爾蘭的恐怖主義從一九六九年開始出現，天主教愛爾共和軍頻頻對愛爾蘭新教徒和英國人發動野蠻的攻擊，要求讓北愛爾蘭脫離英國；而新教徒也以同樣的方式報復。世人在一九七〇年代經常看到針對猶太人的血腥攻擊，很少人能夠忘記一九八〇年時，許多人猶太人陳屍於巴黎猶太教會堂門前，或是巴黎的猶太人居住區的恐怖景象。亞美尼亞恐怖分子為了報復自己的同胞在第一次世界大戰遭受土耳其人屠殺，屢次攻擊土耳其的官員和航空公司。在義大利，極左派的赤軍旅發動了一連串攻擊政府的血腥行動；炸毀北部波隆那市的火車站，殺死了將近一百個人的右翼恐怖分子，也必須為一九八〇年的慕尼黑啤酒節爆炸案負責。恐怖分子似乎在世界各地都能發動攻擊，甚至在白金漢宮附近的遊行活動也照做不誤。有些恐怖行動可以歸咎於利比亞獨裁者格達費。一九七六年，以色列突擊隊員在烏干達的恩德培機場對恐怖分子還以顏色，救出一百零四名飛機上的人質。只要有一兩個意志堅定的人，願意為他們認為是正義的理由而犧牲，就足以製造出恐怖的氣氛，使敵對者之間的仇恨更加激化，使我們更不容易在這個混亂的世界裡採用理性手段來解決政治與國際間的問題。

人類擁有很好的復原能力，在我們漫長的歷史中，這不是什麼新鮮事。人類曾經遭受經濟危機和環境惡化的嚴重打擊，被獨裁與恐怖主義所摧殘，也曾陷入兩大超級強權鬥爭中。當世人了解到我們正在慢慢走出過去的危險處境時，都會感到極大的安慰。我們目睹許多曾經衰退過的美國城市重新振作起來——例如巴爾的摩和底特律——的復甦，也看到一些暫時被摧毀的天然資源再度重生——例如英國的泰晤士河以及美國的伊利湖。或許我們可以用果決的行動來解決目前所面臨的重大環境挑戰。我們應該對歐洲的大量反核武行動，以及美國人熱烈支持生態保護運動的立場保持希望。在這個世界上還有許多人，他們的勇氣、正直以及對人類的奉獻，都值得我們效法：反對迫害猶太人並且挺身維護阿根廷民主的知識分子蒂梅爾曼；為埃及統一及中東和平而努力奮鬥的沙達特；在獲得諾貝爾和平獎，以及成功喚起世人關注印度及其他地方的飢餓、貧窮及被遺忘的人之前，已經在加爾各答為極度窮困的人們默默工作好多年的矮小的德蕾莎修女；另一位逃過智利獨裁政權而獲得諾貝爾文學獎的作家馬奎斯；從南非種族隔離的世界逃出來而以劇本取悅觀眾的劇作家富加德；以及在波蘭領導團結工聯爭取自由的華勒沙。這些男人與女人，為了更美好的世界無私地奮鬥着。人類在將來會遇見的挑戰愈為複雜，而我們愈有必要共同努力，迎接挑戰。

第七十七章

新紀元

自由與全球網絡的新形態。

二十世紀的最後二十年，發生了許多戲劇性的政治變遷，使許多過去的專制國家獲得了自由，然而，在這些變遷中呈現出的和平特質，才是它們最珍貴的部分。同時，大量的、神奇的科技發展似乎讓這個世界變小了；雖然說某些長久以來一直困擾著人類的問題──饑荒、疾病、暴力與戰爭──仍然嚴重地威脅著數百萬人的生命，但是，隨著愈來愈多國家（民族）獲得獨立自主，以及通訊方式的重大變革，讓許多人有理由對人類的未來充滿樂觀，甚至興奮不已。

這數十年來，或者說，在二戰結束之後，最重大的事件就是歐洲共產主義的終結。當美、蘇雙方的代表在一九八〇年代中期的核武限制談判會議中相互猜疑瞪視的時候，幾乎沒有人能想像到東歐共產國家陣營會在幾年之內就與蘇聯決裂，這些附庸國家一一脫離之後，蘇聯本身也崩潰了。共產主義瓦解的原因很多，最重要的莫過於共產主義並未實現促進良好經濟發展的承諾；此外，蘇聯與其附庸小國缺乏政治自由，使許多人鬱積了巨大的不滿。

一九八五年，戈巴契夫成為蘇聯共產黨總書記與領導人。相較於過去那些老態龍鍾的前輩，戈巴契夫顯得非常年輕，充滿活力。他很明白，如果共產主義想要生存下去，勢必要從事經濟改革，甚至政治改革。延續蘇聯共產主義的命脈也是戈巴契夫的心願。於是，戈巴契夫將一些立場相對自由的人物帶進了蘇聯政府，下令鬆綁原本相當嚴苛的言論審查，改善長久以來受到壓迫的藝術與政治自由。除此之外，戈巴契夫也首次公開承認，如果沒有任何動力可以讓工人與農民認真工作，蘇聯的經濟就不可能成長。於是，戈巴契夫宣布進行改革，或者說，重建共產主義的經濟體系，提升生產力，供給更多消費性產品。戈巴契夫堅持「蘇聯需要一場心智革命」，想在蘇聯境內增加私有制度，希望說服西方國家前往蘇聯進行投資。但是，過往與美國從事軍備競賽的高額支出，以及猖獗的非法交易「黑市」，都箝制了蘇聯經濟體系的發展。

一九八〇年代晚期，勢如破竹的民族主義運動在蘇聯北部的立陶宛、拉脫維亞與愛沙尼亞等波羅的海三小國變得愈來愈有影響力，在南部地區，烏克蘭、喬治亞以及亞美尼亞等三個國家的情況也是如此。在蘇聯的多數地方，民主派反對勢力愈來愈有自信，開始要求進行更進一步的改革，並且在某些地區與民族主義團體結盟。同時，蘇聯的經濟危機愈來愈嚴重，生產速度愈來愈慢，在一九八八年時甚至差點完全停產。這個情況，也讓俄羅斯地區以及其他蘇聯國家的許多改革派人士相信，從共產主義系統內部進行改革遠遠不夠。如果想要更好的生活，就必須終結自從一九一七年開始的共產黨統治。

戈巴契夫在這個時候成功造訪美國華盛頓特區、英國倫敦以及法國巴黎，受到熱烈的款待，被西方人士視為好友。他也同時終止了蘇聯與阿富汗之間長久以來的血腥戰爭。最重要的是，當東歐民族主義運動於經濟不滿的聲浪中灼熱蔓延時，戈巴契夫清楚地宣布蘇聯再也不會派出坦克與士兵協助波蘭、東德與其他國家的共產主義領導者壓迫公民。街頭抗議人士高喊戈巴契夫的大名，清楚地標示出一個重要的轉變：在過去，蘇聯的領導人一直是改革運動的強力威脅；現在，蘇聯的領導人卻象徵著改革的希望。一九八九年夏天，戈巴契夫果敢宣布：「任何干預他國內政以及限制國家主權的行為，就算是出自於蘇聯的朋友、盟友，都不會得到蘇聯的許可。」

擺脫了蘇聯的干預之後，一個又一個東歐國家拒絕了共產主義。在匈牙利與波蘭，反對團體組織精良，與極富影響力的天主教教會關係緊密，迫使當地的共產黨領導者尋求和解。匈牙利的改革派領導人在一九八八年時掌權，更直接宣布廢除共產主義，並且在一九八九年五月時，拆除了匈牙利與奧地利之間象徵國界的鐵絲網。波蘭政府於一年前就開始與反對團體「團結工聯」（Solidarity）進行協商，港埠城市格但斯克於一九八〇年代多次發生罷工抗議和改革運動，團結工聯就是在這樣的氛圍中誕生的。一九八九年，波蘭舉行二戰後首次自由選舉。團結工聯支持的候選人取得美好戰果，迫使執政當局必須分享權力。一年之後，波蘭共產黨改名，採取其他政黨相同的運作形式，波蘭的共產統治年代宣告終結。

改革的旋風很快席捲了另外兩個最受壓抑的共產主義國家：東德與捷克斯洛伐克。受到蘇聯、匈牙利與波蘭改革的鼓舞，東德人民開始渴求自由，他們用腳表達意願，光是有記錄可查者就有數千人逃往西德，即使東德領導人埃里希·昂奈克（Erich Honecker）仍然拒絕改革，東德警方也愈來愈不積極阻止逃亡潮。戈巴契夫於一九八九年十月造訪東德，促使更多示威者走上街頭，群眾大喊著戈巴契夫的名字。昂納克被迫交出政權，取而代之的新任領導人宣布，從此之後，東德公民可以自由前往西德，而自從一九六一年後象徵兩德分裂的柏林圍牆也將會拆毀。狂熱的群眾聞訊立刻湧向柏林圍牆，警衛束手無策，也不願阻止，群眾或者穿過缺口，或者爬過圍牆，擁抱等在另一側的同胞。在幾天的時間內，三百萬東德人進入西德，許多人生平第一次踏上那裡的土地。一位東德詩人這麼說：「讓我為喜悅而流淚，因為這一切發生得如此迅速而簡單；讓我為憤怒而流淚，因為這一切經歷了漫長無期的等待。」在東德首次舉行的自由選舉中，支持兩德統一的保守派輕易獲勝。一九九〇年十二月，德國終於統一。

柏林圍牆倒塌的消息傳到捷克斯洛伐克之後，促使當地公民大舉動員起來，在十天之內就終結了共產政權。無數激動的群眾聚集在首都布拉格市中心示威，一方面要求改革，另一方面抗議警方毆打示威群眾。匈牙利共黨領導人已經失去了蘇聯軍隊的支持，被迫同意舉行自由選舉。一九八九年十二月，由共產黨控制的聯邦議會投

柏林圍牆倒下了

票通過終結共產專政。年輕的劇作家哈維爾獲選為捷克總統，他的作品曾被共產黨查禁，也曾因為政治活動而入獄。哈維爾說這是一場「天鵝絨革命」，沒有流下任何一滴血就讓捷克斯洛伐克獲得自由。然而，捷克人與斯洛伐克人之間的抗爭衝突引發了獨立意識，在一九九三年分裂成捷克共和國與斯洛伐克共和國。

由於經濟危機以及群眾對美好生活的要求，保加利亞、羅馬尼亞與阿爾巴尼亞三個國家的共產政權也在一九八九年晚期垮台了。保加利亞的某些共產黨官員與軍方成員認為改革已無法避免，決定拋開殘酷的執政者。當時，保加利亞的執政者甚至還想要藉由挑撥保加利亞人與土耳其少數族群之間的衝突，再度獲得群眾支持。在羅馬尼亞，當人民爆發不滿的示威運動之後，貪腐的羅馬尼亞總統尼古拉·西奧塞古（Nicolae Ceausescu）夫妻一度想用武力鞏固權力。在西奧賽古開始發表一場演說時，底下的示威者怒吼著要求他下台，羅馬尼亞保安部隊便對群眾開槍了。西奧賽古想搭乘直昇機逃走，卻遭到逮捕，迅速成立的法庭宣判其死刑。西奧賽古遭到槍決之後，冰冷的屍體被棄置在地上讓電視台拍攝。到最後，就連阿爾巴尼亞這個歐洲最隔絕、最落後的國家，共產主義在此也失敗了。糧食短缺引發了罷工與暴動，執政黨在一九九一年六月時宣告放棄共產主義，瓦解的速度同樣快得令人訝異。

東歐共產政權突如其來、戲劇性的瓦解，使蘇聯自己感受到加速改革的壓力。一九九〇年初期，蘇聯允許國內成立非共產主義政黨，也不再限制人民的宗教自由。人民代表大會選出戈巴契夫擔任總統，這個職位的權力不再理所當然地與共產黨有關。俄羅斯與其他國家都宣布，各國有權不管蘇聯時期頒布的法令而通過自己的法律。立陶宛則是第一個宣布脫離蘇聯而獨立的國家。

戈巴契夫仍然相信，深化改革可以拯救共產黨。這個時候，發言大膽且豪飲成性的俄羅斯改革派領袖葉爾辛（Boris Yeltsin）日益受到支持，他開始挑戰戈巴契夫的權威，尤其是在一九九一年初期，當時戈巴契夫受到共產黨內強硬保守派的批評，看起來似乎放緩了改革腳步。同年四月，戈巴契夫認同蘇聯的成員國應該擁有自主地位，此舉進一步地激怒了黨內的強硬派人士，因為這等於實質終結了蘇聯的存在。八月，蘇聯軍隊、共產黨與KGB（蘇聯祕密警察）裡面的某些有力人士將戈巴契夫軟禁在克里米亞的夏季別墅裡。莫斯科的葉爾辛鼓勵群眾反對這場政變，軍隊也表態依然向合法政府效忠。失敗的政變加速了蘇聯瓦解。戈巴契夫英雄式地返回莫斯科。葉爾辛以及俄羅斯議會宣布解散共產黨，戈巴契夫隨後在政府裡引進更多想要推動改革的人，蘇聯政府也認可其成員國可以獨立自主。現實與改革者的初衷漸行漸遠，一九九一年末，蘇聯原本的十五個會員國當中，已經有十三個宣布獨立。一九九一年的聖誕節，經過六年動盪不安的執政歲月，精疲力竭的戈巴契夫宣布辭職，蘇聯也就此劃上句點。

蘇聯共產黨的瓦解也同時終結了美蘇冷戰，讓全世界從兩國爆發核戰的威脅當中獲得解脫。然而，對於過去的蘇聯成員國或者東歐前共產國家而言，邁向經濟與政治穩定的道路舉步維艱。這些國家大多數缺乏議會政治的傳統。甚者，從國家控制的共產經濟體系轉向自由市場經濟的過程，也已經證明了極其不易。自由市場經濟體系一定會伴隨立即的動盪與持續性的物價上揚。西方經濟學家認為，為了提高生產力以及帶來更多消費產品，全面性的物價急遽飆高是必然要經歷的粗暴震盪。但是，快速的通貨膨脹使平民活得極度艱苦。當葉爾辛在一九九二年一月宣布終止俄羅斯的物價管制時，許多民生必需品的價格已經提高了三倍。除此之外，不管國家權力從前如何壓抑社會，當它衰退時，幫派分子便藉此混沌局勢而牟利，引發了犯罪與暴力的浪潮。自由是要付出代價的。

在蘇聯時期，不同的族群被迫一起生活，當時情況相對和諧；共產主義瓦解之後，族群對立驟然變得激烈，有時候甚至會引起極端的暴力行為。這種情況在南斯拉夫最為明顯，塞爾維亞人、克羅埃西亞人、波士尼亞人是南斯拉夫的三大族群，各自信奉不同的宗教——俄羅斯東正教、天主教與伊斯蘭教。南斯拉夫瓦解成幾個相互交戰的族群，克羅埃西亞首先宣布從塞爾維亞人統治的南斯拉夫中獨立，波士尼亞也跟進。波士尼亞境內旋即爆發內戰，而且已被證實了曾經發生過「族群淨化」與「種族屠殺」。德國出現了一張海報，對波士尼亞首都的情況提出警告：「歐洲正在塞拉耶佛死亡！」當時塞爾維亞人正在全面性地砲擊這座城市。波士尼亞的戰事大約造成十五萬人死亡，同時有兩百八十萬人淪為難民。一九九五年，美國政府終於促使塞爾維亞人、克羅埃西亞人與波士尼亞的穆斯林簽署了《岱頓和平協定》。一支六萬人的聯合國維和部隊負責監督這項協定確實執行，其中三分之一是美國人。維和部隊原本的責任是要保護少數族群，但是他們經常只是手足無措地坐視停火協議一次又一次地被打破，再停火，再打破。其他地區的長期族群衝突也難以消弭，特別是少數族群可被明顯辨識出來的國家，例如俄羅斯、羅馬尼亞與拉脫維亞。東歐依然飽受激進民族主義的威脅。而蘇聯時期留下來的核子武器設施仍然放置在烏克蘭、白俄羅斯與哈薩克斯坦，持續對世界和平造成威脅。

蘇聯解體之後，全世界的目光逐漸轉向僅存的幾個共產主義國家，特別是中國。一九八七年的第十三次全代大會，是中國展開折衷式改革的象徵：在經濟上由國家控制轉向資本主義企業；在政治上則依然反對任何形式的改革。年邁的中國領導人鄧小平主導著這件事，在他的鼓勵之下，重大的經濟改革行動從一九七九年就開始了。然而，在一九八九年初，中國掀起了一股要求民主改革的群眾運動。北京尤其激烈，五月時有一百萬人參加示威活動。政府在六月四日實施戒嚴，軍隊隨即前往天安門廣場摧毀這場民主運動。這期間出現了一個戲劇性的時刻：一位抗議人士獨自站在路中擋住解放軍坦克，全世界幾百萬名電視觀眾摒住呼吸看著這一幕。然而，支持改革路線的趙紫陽此時已經失勢，由江澤民接替擔任總書記，顯示出中國共產黨領導階層由強硬派路線取得主導權。在隨後的鎮壓行動中，好幾百名示威人士遭到殺害，數千人入獄，使中國與西方世界的關係倒退了一大步。

西方世界的領導人徒勞無

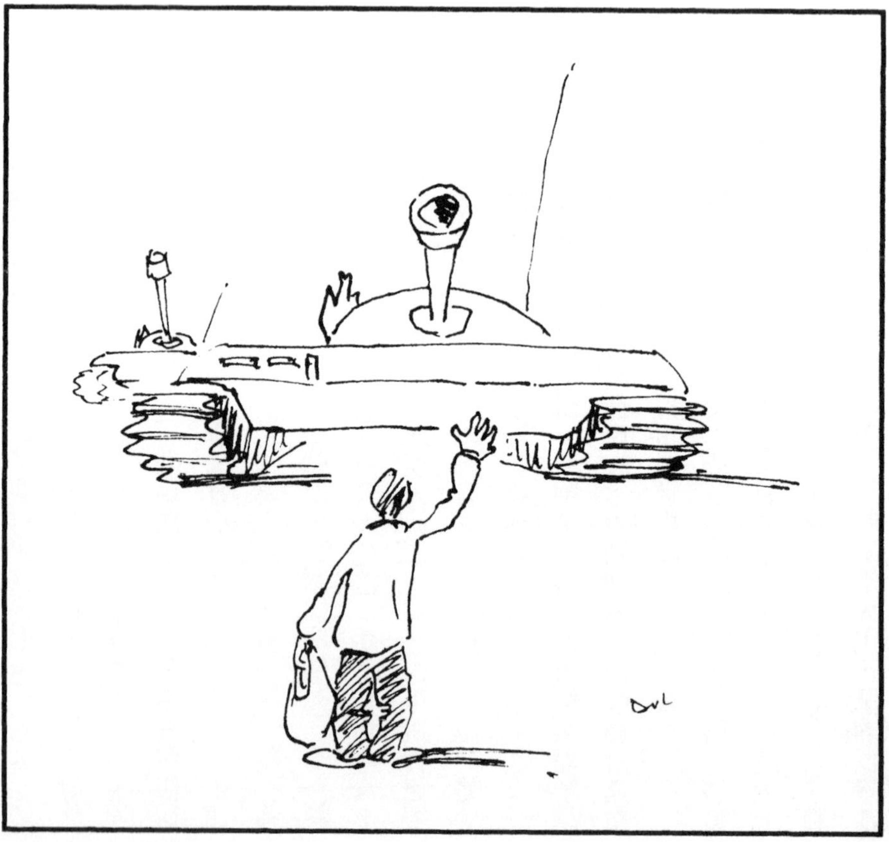

中國的民主運動

功地繼續觀察這個擁有十三億人的國家——將近全世界四分之一人口——看看是否出現任何有意義的政治改革的跡象。西方製造的商品已經能夠在中國進行銷售，至少最大的幾個城市是如此，但整體經濟情況仍然受困於高度通貨膨脹、失業以及非充分就業。許多中國人認為自己與共黨威權政府之間格格不入。雖然鄧小平提出了鼓舞人心的口號：「致富光榮！」但中國仍然是極端貧窮的國家。尤其是偏鄉地區依然貧困，時時逼近崩潰邊緣；因此，有將近一億人在一九九〇年代湧入沿海大城市討生活。除此之外，從十九世紀起就由英國管轄的香港——繁榮的港埠城市——依據先前的協議，在一九九七年交由中國統治，為中國增加了六百萬人口。中國政府曾經承諾，在五十年之內，香港可以維持資本主義與民主體制。

隨著蘇聯瓦解，古巴成為亞洲地區以外唯一的共產主義堡壘。儘管美國長年來針對加勒比海群島實施禁運措施，希望能夠對古巴人民施加壓力，迫使他們推翻領導者卡斯楚，但後者始終有辦法維持統治地位。一九九一年，由於蘇聯突然瓦解，古巴頓失每年來自於蘇聯的數百萬美金援助，經濟情況更為惡劣，這也不是觀光客帶來的外幣所能夠彌補的損失。

然而，在世界的另一端，經濟制裁確實產生了致命的效果。在南非，由於國內改革派人士的英雄事蹟，加上各國藉由外交方式施壓與經濟制裁等舉動，終於讓堅持全白政策的政府妥協，結束了合法歧視黑人的種族隔離政策。一九八四年的諾貝爾和平獎得主德斯蒙德·杜圖（Desmond Tutu）主教曾經承諾非洲黑人：我們終將自由。南非的暴力情況盛行，政府在一九八五年實施戒嚴法，針對特定黑人領導人發起血腥報復行動。國際因而對南非政府進行經濟制裁，許多企業到最後甚至賣掉了位於南非的分公司。一九九一年六月，南非廢除種族隔離政策。兩年之後，南非的白人政府同意與其他族群共享權力，讓黑人首次參與政府運作。隨後，國際社會也終止了對南非的經濟制裁。一九九四年，南非進行首次自由普選，曾經以政治犯身分入獄二十七年的曼德拉，成為南非首名黑人總統。南非開始緩慢克服數十年來的族群不平等，還有長久以來引發暴力衝突的族群對立。

在南美洲的其他地方，戰爭與大自然一起折磨人類，愈貧困者受苦愈深。一九八〇年代，衣索比亞、查德、尼日、蘇丹長年乾涸，索馬利亞、盧安達與薩伊則在一九九一年飽受戰爭之苦，這些國家也因此必須開始面對飢荒問題。安格拉內戰在一九九一年終止，莫三比克隨即爆發了另外一場內戰。紅十字會蒐集了其他富裕國家捐贈的物品與禮物，稍微舒緩了這些事情所帶來的慘痛。

一九九二年，在聯合國的要求下，美國派出兩萬名士兵，前往東非的索馬利亞。這場行動稱之為「取回希望」，目的是重建秩序。當地長年統治的獨裁者遭到推翻之後，軍閥派系之間的內戰，阻礙外國運送的糧食物資順利地分配到平民手上。在當地，一位軍閥派系的頭子曾說：「如果你有一把槍，就是男人；如果沒有槍，你什麼都不是。」聯合國的和平行動非常失敗，甚至有好幾名和平領袖遇害身亡。

一九九〇年代，中非地區成為目光焦點。經濟崩潰、胡圖族（Hutu）與圖西族（Tutsi）的族群鬥爭、競爭政黨勢力的形成，在在威脅著盧安達政府。胡圖族政府努力抓緊政權時，超過五十萬的公民遇害，將近兩百萬人逃往鄰近的國家，如薩伊、坦尚尼亞（Tansania）與蒲隆地（Burundi）。後來，當地爆發霍亂，數千名民眾悲慘地死在難民營，許多人最後被用車子從薩伊載回盧安達。新上任的圖西族政府旋即逮捕了幾千名胡圖族人，控告其參與了當年的大屠殺行動，聯合國也設立了臨時法庭，以「犯罪行為戕害人性」為罪名進行審判。從盧安達湧出的大批難民潮，也造成了薩伊與蒲隆地兩個

難民

國家的動盪，那裡才經歷過政體更迭而已。

幸好並非整個非洲都陷入這種絕境，這點勉強可使我們感到欣慰。例如，尚比亞於一九九〇年代初期贏得了更多政治自由，逐漸削弱威權統治，甚至形成了政黨政治；在薩伊，多年以來的獨裁者蒙博托．塞塞．塞科（Mobutu Sese Seko）不惜犧牲國家，也要累積手上的巨大財富，終於被趕下台，失去了權力，薩伊就此成為剛果共和國。

隨著一個又一個民選政府取代過去的威權政府，我們看見民主政治在南美洲萌芽。一九七〇年代的阿根廷政府經歷右翼軍事政府的統治，數千名公民遭到虐待殺害之後，保守溫和派人士於一九八四年成為總統。同樣的，巴西經歷二十年的軍事統治之後，也在一九八五年時，經由平民運動，實現了民主政治。烏拉圭的獨裁軍政府同樣被溫和派人士所取代。智利選民在一九八八年時拒絕了軍人總統奧古斯圖．皮諾契特（Augusto Pinochet）提出的擴權法案。拉丁美洲小國巴拉圭的獨裁者阿爾弗雷多．斯特羅斯納（Alfredo Stroessner）曾經讓這裡淪為納粹犯罪的天堂，也在一九八九年的軍事政變後失去政權。

尼加拉瓜的右翼反叛軍（Contras），對信奉馬克思主義的桑地諾派（Sandinista）政府發起內戰。從一九八五年開始，美國將非法出售武器給伊朗所得的利潤分配給尼加拉瓜的反抗軍。美國這麼做的目的，除了想推翻尼加拉瓜的反美政府之外，還希望能夠藉此獲得伊朗人協助釋放被黎巴嫩穆斯林派系挾持的人質。這些人質最後在波斯灣戰爭期間獲得釋放。「武器換人質」的交易細節在一九八六年曝光，美國總統否認知情；但是，美國國會在隔年舉行了一系列漫長的聽證會，證明總統身邊的高級官員確實參與了這項計畫。國會調查報告指出，當時的美國總統雷根「創造了，或至少是默許某種情境」有助於進行這項非法行動。這樁醜聞公諸於世，讓人清楚看見一個總統如何逐漸地背離他的職責。雷根總統身旁的幾名高級幕僚，包括國家安全顧問，都因為「伊朗—尼加拉瓜反叛軍」醜聞事件而被迫辭職並且定罪。

一九八七年，哥斯大黎加、薩爾瓦多、宏都拉斯、尼加拉瓜、瓜地馬拉等國的總統簽署了一份協議，結束中美洲的血腥內戰。這項協議要求停火、舉行自由選舉並且停止支援他國的叛軍。一九九〇年，中美洲各國總統簽署了另外一項協議，宣布尼加拉瓜的反叛勢力應該即刻解散。一九九〇年，奧莱塔・查莫羅（Violeta Barrios de Chamorro）在選戰中擊敗信奉馬克思主義的前總統丹尼爾・奧蒂嘉（Daniel Ortega），尼加拉瓜的政權也和平地移轉給非馬克思陣營。巴拿馬政治強人曼紐・諾瑞嘉（Manuel Antonio Noriega）涉嫌金額龐大的對美毒品交易，美國軍隊在一九九〇年入侵該國，逮捕了諾瑞嘉，將其帶回美國，並且設立了一個親美政權。佛羅里達州的陪審團認定諾瑞嘉觸犯了走私毒品罪，判處長期監禁。一九九一年，薩爾瓦多的長年內戰劃上休止符，雖然仍有零星的暴力事件，但左翼反叛軍基本上已跟政府達成協議。瓜地馬拉則在一九九六年簽署和平協議，結束了長達三十六年的內戰。

在世界各地，許多曾經長期活在高壓統治下的國家都發生了激烈的政治改革，實現民主政治。在菲律賓，費迪南德・馬可仕（Ferdinand Marcos）於一九六五年首度當選總統，依法只能連任一次，但是，由於菲律賓的戰略地位對美國海、空軍來說相當重要，使得馬可仕獲得美方完全的支持，於是他在一九七二年實施戒嚴，甚至監控立法過程，使國會通過新法律，讓自己能夠在一九八一年繼續競選連任。然而，菲律賓國內外的改革壓力四起，左翼游擊隊開始與菲律賓政府軍隊作戰。反對派領袖小班尼格諾．艾奎諾（Benigno Aquino）在一九八三年八月結束了多年的流亡生活，返回馬尼拉，但是才剛走下飛機就遇刺身亡，這場謀殺是由馬可仕政權的最高層官員策劃的。一九八六年，小班尼格諾．艾奎諾的遺孀柯拉蓉．艾奎諾（Corazon Aquino）在總統大選中挑戰馬可仕。由於選舉舞弊的傳聞愈演愈烈，迫使馬可仕袍離菲律賓。經歷馬可仕家族長達數十年的掠奪之後，菲律賓終於變成了民主國家。

其他國家雖然也經歷了類似的劇烈變動，但卻沒有如此堅定的決心。一九七〇年代後期，柬埔寨的殘暴獨裁者波布（Pol Pot）及其「紅色高棉」（Khmer Rouge）黨徒，在「殺戮戰場」殺害了數百萬人。即使越南軍隊於一九九〇年結束十幾年的占領行動，撤出柬埔寨之後，這個飽受戰亂蹂躪的國家依然難以獲得和平與穩定的政治局勢。一九九一年，越柬雙方達成和平協議，諾羅敦．施亞努（Norodom Sihanouk）以國家元首身分回到首都金邊（Phnom Penh）。但是當地的政治情勢仍然相當不穩定，施亞努被迫再度流亡，同時，地表下很淺的地方仍然埋著幾百萬枚地雷，有數千人不幸踏到它們而死亡或傷殘，大多數是孩童。

中東地區可能是地球上最不穩定的地方。伊拉克與伊朗在一九八〇年開戰，直到一九八八年才簽署停戰協議。伊朗什葉派領導人魯霍拉．穆薩維．何梅尼（Ayatollah Khomeini）呼籲打倒「大撒旦」美國，導致伊朗與美國在一九八〇年代期間的外交關係嚴重惡化。一九八五年，美國戰艦將伊朗大型噴射客機誤認為戰鬥機而擊毀，造成兩百五十九人喪生。何梅尼在一九八九年時死亡，伊朗與美國的關係逐漸改善。然而，伊朗的對手——伊拉克——卻在此時與美國逐漸交惡。

兩伊戰爭延宕多年才結束，一九九一年的波斯灣戰爭卻宛如旋風。一九九〇年八月，伊拉克獨裁者海珊下令入侵較為弱小的鄰國科威特。與伊朗之間的長年戰爭，讓伊拉克陷入經濟危機，積欠科威特與鄰近阿拉伯國家鉅額的債款。海珊宣稱科威特過度生產石油，導致全球油價下跌。在海珊這名獨裁者眼中，弱小鄰國的豐富石油蘊藏量是無法抗拒的誘惑。

伊拉克入侵科威特，破壞了阿拉伯國家之間的團結，阿拉伯國家聯盟對此發出譴責。一九九〇年十一月，聯合國安理會宣布，如果伊拉克不在隔年一月中旬之前從科威特撤兵，就要授權發動軍事制裁。伊拉克軍隊隨即在他們與阿烏地阿拉伯（美國的盟友）的國境線以及科威特的海岸線上布防，士兵在防禦工事以及廣闊的地雷區後方挖掘地壕藏身，同時外界謠傳伊拉克準備發動化學攻擊。聯合國組建了超過五十萬人的部隊，絕大多數是美國總統布希派往波斯灣的地面部隊和戰鬥機，在一九九一年一月十七日開始空襲伊拉克本土以及它在科威特的軍事設施。聯軍很快取得制空權，在壓倒性的作戰計畫與軍備面前，地面上的伊拉克部隊迅速崩潰，撤退時點燃了數百口油井，燃燒的煙霧染黑了整片天空。二月二十四號，聯合國地面部隊進入科威特和伊拉克南

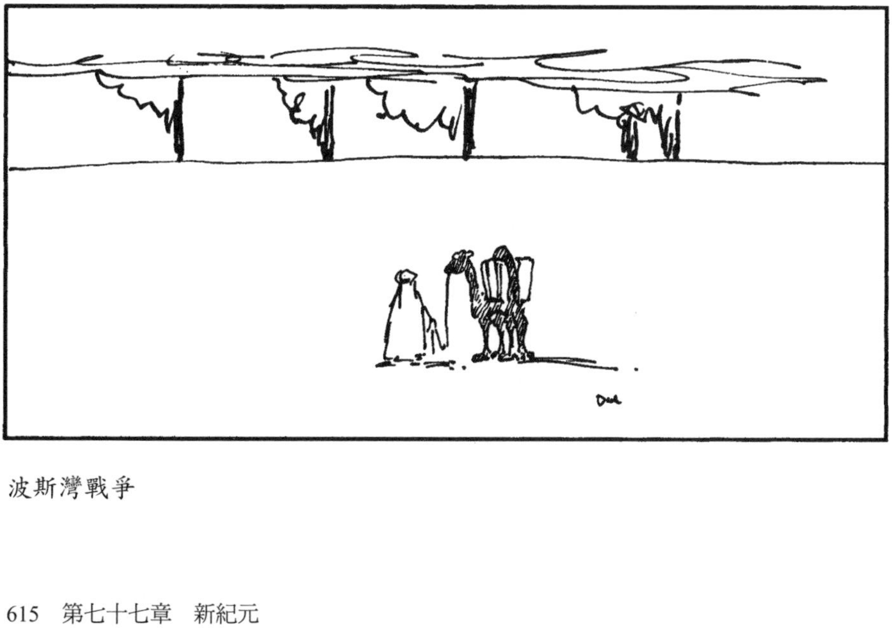

波斯灣戰爭

部發動攻勢。軍事專家們高估了伊拉克部隊的人數與軍事裝備水準，「沙漠風暴」行動很快就將伊軍擊潰。電視轉播將這場戰爭帶進全球許多地區的家庭，大型電視網的記者用戲劇性的方式播報伊拉克發射的蘇聯武器——飛毛腿地對地飛彈——即將飛向美國軍事基地與以色列，就像是電視遊戲一樣。在波斯灣戰爭中，聯軍損失了三百四十名戰鬥人員，但伊拉克至少損失了十一萬人，包括在空襲中喪生的平民。三月中旬，科威特君王返回皇宮，波斯灣戰爭在簽署停戰協議後結束。聯合國懷疑海珊藏匿化學與生物武器，於是伊拉克同意接受聯合國的軍事檢查。

但是，海珊政權並未因波斯灣戰爭失利而終結。他持續向聯合國挑釁，特別是美國。海珊在一九九七年和一九九八年數度拒絕聯合國檢查被懷疑是生產、儲存化學武器的地點，美方因此威脅要對伊拉克進行空襲。同時，聯合國對伊拉克執行的貿易制裁已使得平民百姓的生活變得十分艱苦，他們持續為其領導者的自大狂熱付出代價。

在中東地區的其他地方，長久以來的巴勒斯坦問題使以色列與其阿拉伯鄰居之間的關係持續惡化。一九九八年，巴勒斯坦問題的永久解決方案似乎出現了一絲曙光，巴拉斯坦解放組織（Palestinian Liberation Organization; P.L.O）同意不再發動恐怖攻擊，並且承認以色列的國家地位之後。同年，約旦國王海珊同意不再聲索約旦河西岸與加薩走廊，兩地當時都在以色列控制之下。一九九二年，以色列左翼聯合勢力執政，伊扎克．拉賓（Yitzhak Rabin）成為總理。在拉賓的推動下，以色列內閣宣布暫時停止在占領區開闢猶太屯墾區，因為屯墾政策不利於長遠的和平。同年，以色列內閣同意讓巴勒斯坦人在加薩走廊與約旦河西岸獲得有限自治權。一九九三年九月，以色列總理拉賓與巴勒斯坦領導人阿拉法特（Yasir Arafat）在美國華府白宮的草坪上公開握手，該協議就此拍板定案，隔年五月正式簽署自治協議。

阿拉法特與拉賓想要締結和平，但仍有許多問題尚待處理。阿拉法特必須面對軍方持續要求正式建立巴勒斯坦國家的巨大壓力。除此之外，對以色列的恐怖攻擊一再升級，引來嚴酷的報復，並且讓右翼反對勢力變得更強硬，拒絕任何妥協。一九九四年十一月，拉賓參加了一場和平集會，離開時遭到一位年輕的以色列激進分子槍擊身亡。一九九六年，班傑明・納坦尼雅胡（Benjamin Netanyahu）代表保守派出馬競選總理，勉強獲勝，讓以阿問題獲得和平解決的希望變得渺茫。

雖然世界上的昔日宿敵之間變得比較緩和了，但由於槍枝、火藥與毒氣變得愈來愈容易取得，又難以阻止恐怖活動造成許多無辜生命死傷的暴力行動，使人們仍然覺得這個世界並不安全。恐怖分子能夠輕易發動行動，使許多無辜受害者必須蒙受死傷。一九八〇至一九九〇年代的許多政治恐怖主義，或多或少都與中東不安定的局勢有關，而以色列與猶太人則是恐怖活動最主要的受害者。最兇殘的恐怖行動發生在一九九八年，中東恐怖分子在一架泛美航空波音七四七客機上放置炸彈，飛機在蘇格蘭小鎮洛克比上空爆炸，機上兩百五十九人全數罹難。一九九三年，中東恐怖分子在紐約世貿中心地下室放置炸彈，造成六人死亡，還有許多人受傷。

全世界的極端主義分子持續嘗試以暴力手段達成其目的。例如，伊斯蘭基本教義派分子在阿拉伯國家發動恐怖攻擊，因為他們希望建立更嚴格的宗教政府。一九九〇年代中期，基本教義派分子對埃及地區的觀光客進行血腥攻擊；在阿爾及利亞，世俗化的政府考慮到基本教義派可能會贏得選舉，進而實施嚴格的宗教統治，決定取消大選，基本教義派分子因此發動了一場血腥屠殺，數千名男性、女性與小孩罹難。在美國，儘管一九九〇年代的整體犯罪率已經大幅下降，但右翼團體仍然進行了幾次相當可怕的攻擊行動。一九九五年，奧克拉荷馬市的一間政府大樓遭到炸彈攻擊，一共造成一百六十八人死亡，其中包括正在該建築內的育兒學校遊玩的孩童。一九九六年，亞特蘭大舉行奧運時，當地公園也發生了一起炸彈攻擊，造成兩人身亡。極端的反墮胎人士用炸彈攻擊提供墮胎手術的診所、騷擾診所裡的醫生，甚至開槍攻擊。英國北愛爾蘭地區的極端分子持續以恐怖攻擊來破壞新教徒與天主教徒之間的和平對話，儘管英國在一九九四年與一九九七年兩度達成停火協議，工黨領袖東尼・布萊爾（Tony Blair）也致力於尋找解決方案，但暴力事件仍然層出不窮。

經濟困頓、內戰與政局混亂通常源於政權變動，結果導致大量的難民跨越國境，前往經濟更繁榮、社會更自由的國家尋找較好的生活。數千名海地人搭上破船，試著渡過常有暴風雨且鯊魚環伺的加勒比海，想要前往美國。庫德族（Kurd）逃離伊拉克與土耳其政府的迫害。阿爾巴尼亞人擠上各式各樣的交通工具，只求越過亞得里亞海前往義大利。一位阿爾巴尼亞籍為逃往世界各地的難民同胞辯護，他這麼批評自己的國家：「麵包店裡沒有麵包與牛奶，連鹽巴也短缺……一切都破滅了，沒有錢，也沒有希望。」幾十萬名北非人借道西班牙前往法國與其他西歐國家，過著打零工和躲避警察的活。一九九五年時，西歐各國家共有將近三百萬名非法移民。

在一九九〇年代早期的經濟衰退時，住在相對較富裕的國家裡的移民經常成為失業等經濟問題的代罪羔羊，人們責怪移民以低廉薪資非法打工，搶走了工作機會。西歐世界興起排外主義以及種族主義，是從第二次世界大戰之前至今最嚴重的情況，也讓法國、奧地利、德國的右翼勢力獲得大舉選票，這些地方的極右派「光頭黨」與極端主義分子也對移民收容所發動了數次致命攻擊。美國人擔心非法移民會淹沒這個國家而且消耗掉醫療與教育資源，因此嘗試各種措施來限制提供給移民的福利、反對多元文化教育並且堅持以英文作為唯一官方語言。

但是，美國的經濟在那段時間裡大部分都維持著高度的成長。美國股市從一九八二年起劇烈上漲，帶來五年左右的「輕鬆錢」，讓許多美國人變得富有。人們經常取笑「雅痞」（Yuppies，意為年輕的都市專業人士），但他們仍然開心地在銀行擔任高薪工作，獲得巨額報酬，過著奢華的生活。

屢見不鮮的瘋狂併購行為讓大企業吞噬了小公司，高風險垃圾債券也爆量激增。一些知名的華爾街交易員利用各類型成長中公司的機密資訊來投資，牟取大量金錢利潤，這是非法的內線交易，因此被判罪入獄。一九八〇年代的另外一個特徵是「解除管制」。美國進入了全新的高度競爭時代，甚至撼動了「美國電話與電信公司」（American Telephone and Telegraph Company; AT&T），這家公司原本地位崇高的「貝爾系統」失去了數十年來的寡占地位，不得不在消費市場裡降價競爭。

由於雷根總統執政初期的國防經費大幅度提高，導致美國聯邦債務增加了三倍，貿易逆差也提高了四分之一，華爾街的股市價值因而變成過度高估，在一九八七年十月十九日的黑色星期一瞬間瓦解。道瓊指數下降了五百點（二十三％），許多投資人開始擔心這會變成另一次經濟大蕭條。紐約股市交易中心主席憂心忡忡地說：「這是我最不想見到的，最接近金融崩潰的情況。」但是，美國經濟體系撐過了這次風暴，股價也很快回漲。

一九九〇年代的美國經濟成長必須歸功於許多公司使用資訊科技來迅速改善產品和生產力，大多數的資訊科技來自加州矽谷。美國因為經濟繁榮而創造了相當多的工作機會，將近六十％的成人女性擁有工作，相較於三十年前只有三十五％。女性的工資愈來愈接近男性，大學女子運動與女子職業運動也有大幅成長。但是，某些特定職位——特別是商業領域——仍有「隱形的天花板」，防止有能力的女性更上一層樓。同樣的，雖然非裔美國人的薪資提升了，但年輕非裔美國人與其他少數族裔——例如拉丁美洲裔——的失業問題仍然高得不成比例。

美國的政治變動其實深受經濟因素所影響。一九九二年，經濟衰退與失業率飆高重創了執政的老布希總統的選情，甚至讓阿肯色州前任州長比爾．柯林頓（Bill Clinton）因此獲得勝利。美國選民高度期盼柯林頓能夠做出有效的改變。但是，柯林頓嘗試建立全民健康保險的計畫，卻受到全美醫療協會（American Medical Association）的反對，許多美國平民也擔心建立全民健保的代價高昂，最後沒有成功。一九九四年，共和黨在國會選舉中大獲全勝，五十年來首次同時取得參眾兩院的控制權。然而，由於美國的經濟在此時開始復甦，儘管括性醜聞等相關事件如影隨形的糾纏著柯林頓，他仍然在一九九六年順利連任。柯林頓的成功，部分必須歸功於他採取了中間的政治立場，有時甚至會迎合共和黨要求削弱政府角色的主張。一九九六年，柯林頓簽署了一項法案，用他本人的話來說，就是要「終結我們習慣了的社會福利政策」。一九九八年，柯林頓的政府預算計畫達到了收支平衡，這是三十年來的第一次。

美國的經濟體系並非孤立存在於世上的某個真空地帶。全世界的各大經濟體系愈來愈依賴彼此。一九九二年，十二個歐洲共同體（European Community）成員國以及歐洲自由貿易聯盟（European Free Trade Association）的大多數成員國，在荷蘭簽署了《馬斯垂克條約》（The Treaty of Maastricht）。一九九四年，奧地利、挪威、瑞典與芬蘭正式受到加入歐盟（European Union）的邀請，但挪威在一九九四年舉辦公民投票，拒絕加入。這項協約希望能夠消除各國之間的貿易障礙，原則上解除國境審查，建立所謂的「歐洲經濟區」（European Economic Area）。歐洲共同體在各國推動經濟計畫與合作時扮演相當重要的角色，但也引起不少爭議，甚至準備發行歐洲通用的貨幣——名稱就叫歐元；預定在一九九九年開始進入四年的先導期，然後在二〇〇三年全面使用該貨幣。與此同時，反對歐洲經濟與政治整合的聲浪從四面八方湧來，特別是英國保守派中的「質疑歐洲論者」，他們擔心位於布魯塞爾的歐盟權力核心可能會損害英國的主權。但是，大多數英國人都在心態上愈來愈趨向於歐洲大陸，政治的現實情況也是如此。一九九四年，英法兩國之間的火車海底隧道啟用，總長三十英里，倫敦、巴黎與布魯塞爾之間只剩下幾個小時的距離了。

面對歐洲共同體的競爭，美國國會也在一九九二年通過了《北美自由貿易協定》（North American Free Trade Agreement; NAFTA）。該項協定通過後，美國、加拿大與墨西哥之間的貿易限制逐漸鬆綁。一九九七年，亞洲市場與貨幣衰微，特別是南韓首爾與新加坡，但也讓全世界感受到亞洲股市對全球市場的衝擊力。國際金融震盪證明了全球各區域經濟體之間日漸增強的聯繫關係。由於國際經濟的全球化現象，如果某國的經濟體系可能崩解，其他國家就必須提出鉅額的經濟援助，否則該國經濟崩解將對全球經濟造成嚴重的影響。舉例來說，一九九五年，由於墨西哥發生經濟危機，該國貨幣披索（peso）大幅貶值，可能造成政治動盪的危機，美國只好提供五百億美元的援助。當時，美國境內的失業率相當高，但歐洲的情況也好不到哪裡去，西班牙的失業率為二十%，法國為十三%，德國也相去不遠。高失業率嚴重影響年輕人，他們無法看見未來，最後造成了高犯罪率以及濫用毒品等現象。

二十世紀的最後二十年，歐美兩地政府已經無法處理非法毒品問題，東南亞與拉丁美洲的毒品走私相當猖獗，哥倫比亞的毒品問題特別嚴重。一九八五年起，販毒網絡深入美國，濫用古柯鹼的問題愈發嚴重。市中心的中產階級與窮人以毒品逃避因失業和貧窮引起的現實生活無力感。美國發起了好幾次對抗毒品的運動，以聯邦政府的資金來擴大機場與國境安檢的規模，也想用教育途徑改善毒品氾濫的問題，但成效不彰，愈來愈多年輕人開始使用毒品，證明了「向毒品說不」是一件多麼困難的事情。

除了人為製造的各種難題，像是戰爭、犯罪、毒品與恐怖主義之外，人類也無法抵抗各種可怕的意外還有天災。一九八八年的亞美尼亞地震造成三萬人喪生，一九九三年的印度地震奪走一萬條人命，而一九九五年的日本神戶大地震則有五千名罹難者。一九八五年，哥倫比亞的火山爆發，炎漿宛如殘酷的兇手，活埋了超過兩萬五千人。

除了天災之外，可怕的意外也在全世界到處發生。一九八四年十二月，美國聯合碳化物公司（Union Carbide）位於印度博帕爾（Bhopal）的工廠發生歷史上最嚴重的工業意外，兩千五百名民眾因毒氣外洩而喪命。一九八六年四月，位於烏克蘭的車諾比核電廠爆發史上最可怕的核災意外。當時，車諾比電廠的核反應爐爆炸，輻射殘骸與煙塵隨著風勢蔓延到歐洲與亞洲。一名烏克蘭業餘無線電玩家向外界求援：「請讓全世界知道，我們需要幫助。」儘管烏克蘭針對車諾比一帶的居民進行了大規模疏散，仍然無法阻止大量的嚴重死傷，隨後出生的嬰兒因此產生各種問題，農業產品與水資源也都受到了污染。

石油外洩造成的傷害雖然沒有那麼嚴重，但仍然對水域裡的生物、魚群造成相當可觀的影響。一九九〇年三月，埃克森油輪瓦迪茲號在阿拉斯加的威廉王子灣（Prince William Sound）觸礁，二十五萬桶石油流入海中，造成歷史上最嚴重的環境災難之一。波多黎各與英格蘭南部海域也發生了多起石油洩漏問題，造成了嚴重的環境污染。

各種污染嚴重傷害了我們居住的環境。衛星所拍攝的照片已經證實，可以讓人類免於受到太陽射線各種傷害的臭氧層，已經因為污染而失去其保護力。這使得人類必須面對真正的「禍從天降」，那就是酸雨。環保運動人士與科學家愈來愈擔心這件事情。酸雨的起源是各種工業化學用品對地球的污染與傷害，而這種現象已對西德、美國、加拿大的森林造成了嚴重影響，然而，東德與捷克等共產國家卻尚未開始處理國內的各種工業污染問題。一九八二年，世界各國愈來愈擔憂環境傷害問題，遂在巴西的里約熱內盧舉行「地球高峰會」。多達一百七十八個國家的代表參與了這次會議。

雖然，科學與醫學的發展已經有效地減少、甚至消除了許多疾病在全世界造成的致命影響，但可怕的老疾病與新出現的疾病仍然在這個世界上肆虐。一九九五年，致命的伊波拉（Ebola）病毒在中非地區奪走了數千條人命，也讓科學家明白某些疾病仍然超越了醫學的能力，根本無法找到任何治療的方法。愛滋病是一種緩慢且致命的疾病，會摧毀人類的免疫系統，人們在一九八〇年代早期首次發現這個病症，在一九八四年時確認其性質。在西方國家，同性戀是感染愛滋病的高危險群，但這種疾病也迅速感染了沒有吸毒習慣的異性戀族群。一九九一年，籃球巨星魔術強森宣布自己感染了ＨＩＶ病毒，隨後退出職業籃壇，這件事情讓西方世界更加重視愛滋病。由於醫學的進展，各種藥物能夠協助愛滋病患延長自己的生命，但迄今為止還沒發現任何治癒的方法。

每個國家為健康照護付出的成本愈來愈高。一九九〇年，美國家庭投入健康照護的成本超過七千三百億美元，為十年前的兩倍；同時，為數可觀的少數族群——大約九分之一的工作家庭——沒有任何健康保險，也沒有辦法購買任何常見的保險。看醫生、上醫院以及使用其他健康醫療機構的費用過

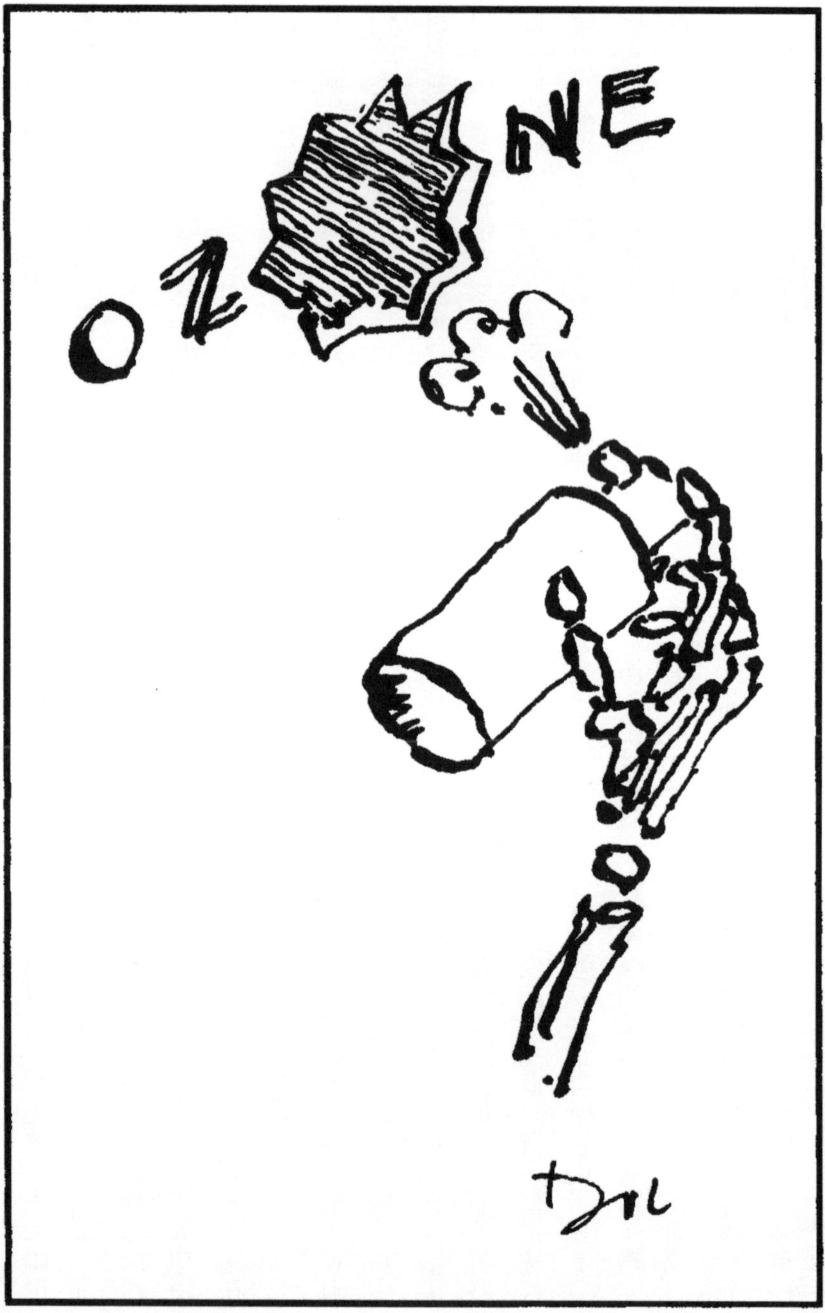

臭氧層受到污染

高，各種非必須的措施也讓醫療成本水漲船高。就算是法國、英國與瑞典等公共福利完整且醫療成本較低的國家，醫療的支出也超過了政府所能承擔的支付範圍了。

科學與醫學的重大進展也造成了某些倫理問題，基因科學的急速發展最為明顯，該領域的科學家認為基因與疾病有關。這種研究可以用來尋找並且改變有缺陷的基因，進而處理各種疾病，例如肌肉萎縮以及敗血症等等，但也同時會被求好心切的父母或雇主所誤用。父母可能會因此放棄罹患癌症機率高的嬰兒；雇主藉此不聘請有早發性阿茲海默症的員工。這種研究很容易造成道德與法律的灰色地帶。一九九七年時，英國科學家成功複製了一頭羊，也造成了另外一個研究倫理問題。人們開始憂慮有一天是否會出現複製人，進而引發大規模的爭論。

相較於人類在一九六九年時首次登上月球時帶來的戲劇效果，一九八〇年代與一九九〇年代的太空探索發展有如例行公事一般平淡。一九六九年時，兩名美國籍太空人在月球上走出太空梭，成為有史以來頭兩位實際進行太空漫步的人類。兩年之後，人類的太空發展計畫就發生了悲劇。一九八六年，挑戰者號太空梭發射七十三秒之後在空中爆炸。太空艙墜入海底，裡面七名組

複製羊桃莉

員全數喪生，嚇壞了在卡納維爾角（Cape Canaveral）現場還有電視機前收看轉播的觀眾。在這些不幸死去的人員當中，克里斯塔．麥考利夫（Christa McAuliffe）來自於新罕布希爾州（New Hampshire），平常是學校教師，同時也已為人母。為了替太空計畫打造良好的公共形象，美國當局才會想要將她帶上太空，最後卻造成了不幸的悲劇。

悲劇發生兩年以後，美國才發射另外一艘裝載人員的太空梭。同時，由於太空計畫逐漸復甦，美國當局也開始鼓勵將火箭科學投入商業用途，於是發射了各種無人太空梭，想要藉此蒐集關於星星與星球的資訊。一九八六年，旅行者二號越過了天王星，四年之後來到海王星外三千英里左右。一九九一年，哥倫比亞太空梭成功完成十一天的科學衛星計畫，發射出通訊用人造衛星。一九九七年，當初伴隨探索者號太空梭前往太空世界的哈伯天文望遠鏡，從遙遠的宇宙之外傳回驚人的地球照片以及數百張前所未見的銀河系照片。一九九五年，為了象徵冷戰結束後的美蘇友好關係，美國的亞特蘭大太空梭與俄羅斯的米爾太空站於太空中進行連結。一九九七年，無人太空梭成功登陸火星。

自此之後，好幾個世代的人都已經習慣了太空發展的劇烈變化，反而讓一九八〇年代與一九九〇年代的通訊科技革命更為突出。有線電視與衛星電視的發展讓世界變得愈來愈緊密，這些產品首先通行於美國，接著逐步拓展到全世界其他地方。一九九八年，日本冬季奧運以貝多芬九號交響曲《歡樂頌》作為開場，指揮家率領樂團，在日本長野縣進行演出，藉由衛星科技的傳遞，五個合唱團的聲音幾乎同時響徹南非、澳洲以及其他三個大陸。

電視縮小了洲際國家之間的距離，讓美國籃球明星麥可．喬登成為了名聞遐邇的人物。在西方國家以及遙遠的世界角落，年輕人穿起職業運動球隊的衣服、帽子還有繡著昂貴商標的球鞋。鞋子通常是由一貧如洗的亞洲人在薪資可憐的血汗工廠裡手工製作的。

一九八〇年代中期開始，個人電腦改變了創造、探索與溝通資訊。個人電腦與電腦程式的演進過於迅速，國家必須用宛如巫師般的高科技大型部隊來持續追蹤。電腦晶片科技的驚人發展，大幅度改善記憶體儲存空間，電腦體積變得更小，但更為可靠。電子郵件的出現使全世界各地擁有電腦者可以即時聯繫，具體協助了偏遠地區的研究者進行合作。坐在電腦前的人可以經由「網路」進入充滿各種資訊的「網站」。學生也開始「上網」尋找撰寫報告的材料；各大學在網站上展現自己最好的一面；為人父母者使用網路來處理銀行戶頭、訂機票旅館、購買書籍與衣服、追蹤自己喜歡的職業運動隊伍、閱讀外國報紙。一九九〇年代中期，行動電話在大街小巷、銀行、公車、餐廳、咖啡廳與汽車上都變得非常普及（雖然在餐廳使用行動電話會導致其他用餐者的不悅）。

但是，電腦科技革命也引起了各種倫理問題以及法律議題，範圍涵蓋言論自由與隱私，例如，一個人是否可以在網路上流傳成人影片？同時，人們開始擔憂科技發展與網路建立的全球通訊，會讓「電腦病毒」造成相當大的傷害，除此之外，行為不受約束的電腦駭客也可能會非法蒐集資訊，進而侵犯隱私權，例如財務以及各種私生活事宜。任何使用個人電腦者都暴露在這種風險底下。

二十世紀初來乍到之際，想要環遊世界必須搭乘船隻，花上好幾個星期，而這是當時唯一可行的方法。世界確實很大，但大多數的人似乎只認識西方世界。到了現在，噴射機讓我們可以很快抵達世界任何一個角落。經由科技，我們也可以即時理解日本的經濟發展，或者是中國、印度、東南亞、中東與世界各地的政治變化局勢。這些事情對所有人來說都很重要。同樣的，原本只在自己國家有影響力的人物，也因此擁有了全球重要性。舉例來說，世界各地的媒體都想盡辦法挖掘英國戴安娜王妃的

網際網路的世界

新聞——她與查爾斯王子的婚姻、生子、暴食症、婚姻瓦解等。一九九七年，戴安娜王妃在一場高速車禍意外中身亡，全世界為之哀悼。戴安娜王妃的葬禮非常莊嚴，電視機前甚至有百萬名觀眾經由全球轉播收看。

交通科技的發展改變了人類的視野。個人汽車與飛機的重要程度壓倒了船隻以及十九世紀的鐵路發明。通訊科技的推進更充滿戲劇性，人類發明電話之後，接著創造了無線電，隨後是電視與電腦。在二十世紀末，許多國家的一般民眾都已經能夠輕易獲得全球資訊，旅行、新聞與個人電腦都在人的指尖之上。地球真的變小了。

就在這個時候，大多數人的生活變得更好，甚至超越過去幾百年來的發展。二十世紀的最後幾十年，世界飢荒人口的比例下降了二十五％。大多數的飢荒悲劇發生在非洲與亞洲，其他地方當然也還需要努力。但是，隨著可怕的法西斯主義終結，還有共產主義在世界上絕大多數地區都已瓦解，我們有充分的理由，樂觀地相信千禧年後的第一個世紀會帶來許多希望，不只是科學與科技的進展，更讓全世界更多的人享受更美好的生活。

第七十八章

時間的分界線

我們原本以為新千禧年是全新時代的分界線，事實上這條線是模糊不清的。

當我們回顧過去的時候，很容易用「時間點」或「分界線」來定義某一段歷史——也就是找出事物發生變化的某一個明確的時刻。確實，從個人的角度來說，某些時間確實比另外一些重要（舉例來說，你的生日就是這麼一回事），但是，我們也明白，指稱某一天、某一個星期或者某一個月就是歷史的轉折點，這種看法的風險相當高，那就像是指著潮汐裡的一滴水說：「就是這滴水造成了起伏。」因此，親愛的讀者，對你而言，你的出生可能使某些事情發生了變化，但是這個星球上還有其他數十億人，你的出生對他們的日常生活一點影響也沒有。話雖如此，在我們剛進入二十一世紀時，似乎可以看到一條時間的分界線。

但是，在討論那條線之前，讓我們很快地回顧一下另一條線，一條曾經被清楚地指認出來，引發過熱烈的討論，最終卻被人們遺忘的線。因為西元兩千年是伴隨著一段恐慌的時刻到來的——它最終煙消雲散——這條線被簡稱為Y2K，這縮寫在當時成為了一種現象。

Y2K並不是像慧星尾巴、或者法國在二戰前沿著德法邊境建立的堡壘鍊（馬奇諾防線）那種實體的線，它是計算機系統（數位鐘、數位錶、電腦）裡用來區隔西元一九九九年與二〇〇〇年的虛擬線。由於數字即將從九九跳到〇〇，各國政府擔心這會帶來災難性的結果。也許現在的你很難相信，但當時的政府官員甚至想像Y2K會對電力和公共服務設施造成問題。於是，政府決定依照過去處理「未來潛在危機」時的慣例來行動：研究它。全世界各大首要都市的報紙上滿是相關問題的消息，當時人們還會讀紙本報紙，因為線上新聞與部落格都尚未普及。評論家甚至懷疑，由於飛機的電腦系統可能會因為Y2K而錯亂，進而導致墜機。除此之外，也有人擔心城市用水系統會當機、醫院無法運作、各地的電力供應也會出問題（在美國的某些地方，人們甚至開始囤積食物與補給品）。儘管如此，當那個午夜逐漸逐漸逼近，接著我們從一九九〇年代跨進二十一世紀的第一秒——有些人用「oughts」稱呼那個瞬間，但更多人不曾使用特別的字眼去稱呼它——並沒有發生什麼真正嚴重的問題。整體來說，情況只不過像日常發生的電腦小問題而已。到頭來，Y2K只是害我們分心，假如不是一直盯著自己的電子表，我們就會去注意其他真正應該關心的問題。

儘管如此，進入「西元兩千年、新千禧年」或者「oughts」這個稱呼，仍然是相當好的例子，說明了人類在現代世界中看待事情的方法。回顧這件事，所謂的千禧年危機，或者根本稱不上危機的這件事情，反應出許多國家政府與新聞媒體在二十一世紀之初看待世界的方式，其中以美國與歐洲為最：我們專注於隨著網路發展而出現的電腦和資訊科技革新，這種對未來的癡迷使我們忽略了當下應該關切的問題。由於擔憂九九跳到〇〇所造成的危機，人類忘掉了許多年深日久的複雜問題仍然如影隨形，例如貧窮、戰爭，以及因此鬱積的憤怒與不滿，這一切都可能引發如宗教迫害狂熱般的後果。

人類在一九九〇年代忽略了許多非常關鍵的問題——例如前述的極端貧窮與政治動盪——結果使全世界的許多地區陷於停滯。不幸的是，我們也擁有新的方法（通訊科技和廉價的旅行）可以使國家與國家之間建立聯繫，便於分享股價和流行歌曲，也有利於傳播憤怒與恐懼。

第七十九章

關鍵判決

一場差點無法結束的美國總統大選：小布希對決高爾的打孔紙選票大亂鬥。

這世界前一年才在擔心可能發生的電腦大災難，隔年（二〇〇〇年）美國人隨即因懸宕數星期的大選計票問題搞得目瞪口呆，那些票不是用高端科技計算的，而是人工。

那是一場旗鼓相當但使人感到十分無趣的選戰，因為雙方在電視和廣播上的表現都無法說服選民他是最適合的候選人，甚至顯得連他們自己都不是對於總統大位很有興趣。西元兩千年的秋天，德州州長小布希（即前任總統老布希之子）似乎勝券在握，但差距有限。小布希的對手是高爾，他曾擔任田納西州參議員，並在比爾．柯林頓執政時期擔任副總統。柯林頓是相當受歡迎的民主黨人士，雖然受到共和黨全面攻擊，他還是能在政治遊戲裡安然度過。一九九八年，民主黨輸掉期中國會選舉，加上柯林頓不檢點的私生活意外曝光，使他差點被眾議院逼迫辭職，也就是所謂的「彈劾」。然而，在醜聞與喧亂之中，柯林頓還是有辦法做完任期，而且，許多人認為，以就業與投資的角度來說，柯林頓最後四年的成果相當不錯。

但是，讓我們回過頭來看看二〇〇〇年布希對決高爾的選戰。在投票日當天，選舉結果意外地接近，讓民眾非常訝異。隨著選票逐漸開出，報章媒體先是認為選舉結果應該對布希州長有利，但隨後又更改了說法。聖路易安那郵報（The St.Louis Post-Dispatch）一開始的頭條說：「布希驚險獲勝。」但副標題提出警告：「全國等待著最終結果。」到最後，整件事情變得相當詭異，新聞記者、街頭群眾還有在家裡注意選舉結果的人們，開始談起了一種叫做「沒掉下來的紙片」（hanging chad）的東西。（當然，我們不需要專門替這個字加上引號，不過它確實值得關注）

「沒掉下來的紙片」聽起來很像是得了重感冒，或者消化系統出了問題，事實上是這樣的：當選民投票時，必須在選票上打孔標示自己支持的候選人，「chad」就是打孔時掉下的圓形小紙片；假如紙片沒有完全脫離選票，或者「掛在」（hanging）選票上面，記票機就不會判定這張選票有效。到底這種選票算不算數？這種問題不是應該只在剛開始辦選舉的國家才會發生的嗎？已經有兩百年總統選舉經驗的美國怎麼會出這種事呢？關於選票與紙片的爭論裡面有一個重點：這場總統大選的結果將被形如狗腿的佛羅里達州的極少數選票決定——在總計兩億八千一百萬人的選票裡，這一千七百張選票決定了勝負，你如果用總投票數來算，這個數字所占的比例其實不到百分之零點五。

選票爭議並沒有在幾天內結束，而是讓國民等了好幾個星期，超過一個月。通常不太談論政府機制的美國人民也開始探討國會與最高法院的權力制衡問題，想知道究竟行政部門會聽哪一邊的。那些平常忙著看棒球或籃球的人，現在一邊盯著佛羅里達州一邊說：「這真是太瘋狂了！」

最後，這場大選的結果不是由投票大眾也不是選票專家，或者丟銅板來決定的。而是由最高法院在「布希對高爾」一案中，決定了結果。如果想把整個過程解釋清楚，可能要用好幾本書的篇幅，簡短的版本如下：聯邦最高法院介入並且阻止佛羅里達州重新記票。聯邦最高法院認為，繼續重新計票是違反憲法的。當然，這只是最高法院的勉強過半數意見（五名大法官），另外四名法官的立場與此相左，這讓最高法院的決定看起來更加有趣，也更富爭議。

因此，副總統高爾雖然在總票數上領先，但布希州長贏得大選，因為佛羅里達的計票結果對他有利，使布希在複雜的美國總統選舉制度中獲勝。

簡而言之（即使連政治科學專家都會覺得困惑），最高法院作出了九名大法官裡有四名法官不滿意的裁決，讓總得票數較少的布希州長贏得選舉。美國選民會因此感到生氣嗎？美國的政治系統會不會就此瓦解？這是不是美國政治的Y2K危機呢？美國的政治系統是不是就像一台損壞的無用電腦？共和黨與民主黨的律師團隊前往佛羅里達州，在最高法院面前陳述意見，這件事情究竟具有什麼意義呢？

那是一段令人緊張的時間，當人們不知道未來會如何發展時，就連一點點小事件都會被放大檢視。二〇〇一年一月某個晦暗的雨天，副總統高爾與甫上任的小布希總統在國會大廈西側台階碰面——幾秒鐘前布希才剛布希宣示就任美國在新千禧年的第一位總統——兩人簡短地握手，顯示了一件事：即使有點令人困惑、有些破損、不再完美，美國的政治實踐還是設法繼續運行，目前看起來是如此。

第八十章

悲傷的一天

一小群恐怖分子攻擊紐約，改變了全世界。

二〇〇一年九月十一日早上，天空晴朗無雲，清澈乾淨，如果你曾看過那個光景，事後回想起來，也許會覺得那象徵了什麼事情，雖然那只是一片天空，當下你可以賦予它任何意義。紐約洋基隊正準備進軍季後賽，前一天晚上對抗宿敵波士頓紅襪隊的比賽因為大雨而延期了。兩架飛機從波士頓出發飛上天空，但沒有航向其終點，而是遭到恐怖分子挾持。他們把兩架飛機變成武器，瞄準世貿中心大樓——位於曼哈頓下城區高達一百一十樓的雙子星大樓地標。

早上八點四十六分，第一棟大樓遭到攻擊，十七分鐘後，第二棟大樓遇襲。飛機燃料引起的火勢最後摧毀了兩棟建築。曼哈頓鄰近區域以及幾英里以外的鄉村城鎮居民，站在山坡上，遙遙凝視著紐約港。煙霧與灰塵籠罩了下城區，並且吹向了鄰近區域，令人哀傷的巨大黑色卷流扭曲地升向清澈的天空。

數千名救難成員——包括警察、消防員以及各式各樣的人員，有些來自鄰近街區，有些甚至來自附近幾個州——拼命趕往現場，他們攀上這兩棟摩天樓，接著大樓悲劇性地倒塌了，許多人因此喪失生命。不久之後，另一架飛機撞上了美國國防部總部五角大廈；還有一架飛機的乘客設法制伏了劫機者，使飛機在賓夕法尼亞州的郊區墜毀。如果這些乘客沒有這麼做，恐怖分子的攻擊目標可能是白宮或者國會大廈。光是在世貿恐怖攻擊的現場，就有將近三千名的受難者，這是美國歷史上最慘烈的事件，而救災現場致命的環境則使許多救難人員染上疾病，最後不治身亡。

一開始沒人有知道誰發動了這次攻擊，而且也非常難以相信任何人居然會想要殺害只是正在進行日常活動的無辜平民——永遠都很難以想像這種事情。劫機者的身分慢慢被辨認出來，最終證實他們屬於自稱「蓋達」（al-Qaeda）的恐怖組織，這個字的意思就是「基地」。他們的首領賓拉登（Osama bin Laden）曾經向美方宣戰。

只不過在幾年以前，美國還曾經支持過賓拉登。一九八〇年代時，賓拉登曾經在阿富汗與蘇聯戰鬥，蘇聯最終輸掉該場戰役（請記得，在冷戰期間，任何與蘇聯不友好的組織，都是美國的朋友——這種作法永遠都會帶來危險）」。那時候的蘇聯，是一系列深陷於阿富汗廣渺險惡地形的國家與帝國裡的最後一個。因為連結歐洲與亞洲的古代通道就位在阿富汗境內，它長久以來必須與諸如亞歷山大或成吉思汗這樣的人對抗。

賓拉登施行相當極端嚴苛的伊斯蘭教規定，他的宗教詮釋過於極端，就連世界各地的伊斯蘭教追隨者都不願意接受。賓拉登以聖戰的角度看待全世界，相信西方世界的基督徒與猶太人都想要摧毀伊斯蘭文明。賓拉登擁有的不是傳統軍隊，而是使用自殺炸彈來攻擊無辜平民，蓋達組織也不屬於任何特定的國家政府。

賓拉登基於上述信念而向美國與其盟友宣戰。在這之前，蓋達組織已經成功地在美國境內發動過幾次較為小型的致命攻擊。一九九八年，他們在肯亞與坦尚尼亞的美國大使館引爆過炸彈。一九九三年，蓋達組織在葉門攻擊美國軍艦；同年，一名與蓋達組織有關聯的恐怖分子在美國世貿中心大樓底下引爆炸彈，造成六名人員死亡，其中一棟大樓也受到損害（但沒有摧毀）。

許多年來——很可能在你閱讀本書的此刻依然如此——人們爭論著造成九一一事件的原因。據說，美國政府已經收到恐怖分子即將發動攻擊的情報，為什麼沒有採取任何措施來阻止這件事情呢？他們到底做了什麼事？為了解答心中的迷惑，人們開始追尋各種答案，想要釐清頭緒——有些人的想法並不合理，甚至荒謬，甚至還說雙子星世貿大樓仍然存在，只是被用如摩天樓般巨大的鏡子隱藏起來了。

就在九一一攻擊事件之後，原本矗立著世貿大樓的「原爆點」（Ground Zero）成了朝聖地，人們在此處致哀，回憶發生過的事情。大樓倒塌之後最初幾個星期之內，下城區是封鎖的，但人們很快就開始前往現場。當地的商業停擺，住家則被致命的沙塵覆蓋。有好幾天時間，美國的機場沒有任何飛機獲得起飛許可，警方仔細盤查進出紐約市的卡車與汽車。全美的公共安全人員因恐怖攻擊而進入緊戒狀態。幾個月以前，人們因為千禧年危機沒有帶來世界末日而鬆了一口氣，但九月十一日卻改變了一切。這個日期是一條界線，從此之後，世界變得不一樣了。

第八十一章

復仇

美國得到了全世界的同情，卻也發動了一場復仇。

你還記得我們在前幾頁談到的美國總統大選嗎？小布希並不是在總票數上獲勝，而是贏得了較多的「選舉人團」（Electoral College）票。這裡的College不是指學院或社團，選舉人團事實上是一群被某一個州選出來代表這個州前往聯邦投票的人。你是否還記得，我們曾說過在那場選舉之後，美國變得有些不安？你是否還記得我在前面說過，獲得較多總票數的高爾並沒有一直抵抗下去，他告訴小布希：「夠了，就讓你當總統吧。」這讓美國人鬆了一口氣。讓我們這麼說好了：那場選舉結束時，小布希似乎沒有獲得足夠的「民意授權」。

什麼叫做「民意授權」？這個字的英文是mandate，起源於拉丁文的mandatum意思就是「命令」。換句話說，這位總統並沒有在美國選民的公開投票中獲得夠多的「授命」，他的支持度也是不充足的。然而，九一一攻擊事件馬上讓小布希脫離了這個尷尬的處境。如果你仔細地讀過前面的章節，很容易就可以推測出來，當一群人覺得自己遭到攻擊時，他們就會團結到領導者身邊去，早在特洛依戰爭之前，人們就一直是這樣的，這是很自然的事情。九一一攻擊事件之後，美國人感受到景氣衰退，而且因這場出乎意料的劫機攻擊事件而持續感到恐懼，他們開始支持小布希，小布希突然之間獲得了人民的「授權」（或者只是看起來如此），他的首要工作就是確保美國不再受到任何攻擊——假如可能的話。

小布希前往九一一攻擊事件的「原爆點」，與消防員、救難人員一起站在仍在悶燒中的瓦礫堆旁。他拿起一隻擴音器說：「我聽到你們的聲音了。全世界都聽到你們的聲音了。摧毀這兩棟建築的兇手，也很快就會聽到你們的聲音。」

救難人員因此感到振奮，但這番話卻讓美國以外的國家感到焦慮，就像是社區裡塊頭最大的那個人突然被揍倒了，他現在開始亂揮拳頭，而不是先想想看究竟是哪裡出了差錯。九一一過後的幾個星期之內，全世界屏息以待，擁有全球最強大武力的美國究竟會作出什麼樣的舉動？

全世界都對美國表達同情。許多國家的政府甚至表態支持美國。法國《世界報》（*Le Monde*）的標題叫做「我們都是美國人」（Nous sommes tous Américains）。這個句子其實呼應了美國前總統甘迺迪在冷戰高峰期間於柏林發表的演說。當時蘇聯將柏林從歐洲的手上奪走，於是甘迺迪說：「我也是柏林人（Ich bin ein Berliner）。」伊斯蘭領袖與神學家譴責基地組織發動的這次恐怖攻擊。在伊朗首都德黑蘭的街頭，人們捧著蠟燭守夜。

九一一事件之後一個月左右，小布希總統獲得國會授權，宣布美軍即將轟炸阿富汗，目標是蓋達組織的營地。許多國家表示支持，但也有另外一些國家擔憂美國人的攻擊別有目的——例如，美國可能會藉此出兵中東以保護取得石油的管道，美國和許多其他國家一樣需要石油支持經濟發展。為了攻擊蓋達組織，美軍也將目標對準塔利班（Taliban）。阿富汗大多數領土都歸塔利班統治，而且為蓋達組織提供庇護。

我們曾經說過，曾經有好幾個帝國試圖控制阿富汗，因為它位於歐亞大陸的交界處，橫跨歐亞的古代絲路就會經過這個國家。另外一種不斷在阿富汗上演的劇情，則是敵友關係反覆發生變化；美國曾經對任何想要將蘇聯趕出阿富汗的人都相當友善，包括當地的農民與宗教領導者，因為這群人希望回到正統的伊斯蘭宗教生活。那是冷戰時期的事情。蘇聯離開阿富汗之後，這群人獲得了統治權，設立了伊斯蘭軍事國家，女性在這個新政權之下幾乎沒有人權可言。而今美國正在追捕塔利班，宣稱該軍事政權藏匿了策劃九一一攻擊的兇手賓拉登。

隨著時間更迭，人類故事的某種特質變得愈來愈清晰：人類故事的發展，與其生活的土地有極為密切的關聯。地理與歷史，那些歷史悠久的通道與山徑，具備戰略價值的河流與水路，一直都對全世界發生的事情有所影響。因此，同樣的爭戰一再發生，同樣的優勢與防禦策略也一再被使用。人類可以用衛星與電腦全面監視這片土地，但土地本身是不會變的。

明白了這個道理之後，我們就能夠了解為什麼十九世紀的英國人想要統治阿富汗卻無法成功，隨後蘇聯也失敗了（順帶一提，蘇聯入侵阿富汗失敗，代表這個極權帝國失去了在二十世紀新占領的地區，最後變成規模較小但仍然強悍的俄羅斯）。到了二〇〇二年，美軍雖然沒有抓到賓拉登，但成功地推翻了塔利班政權。緊接著，數千名美軍開始了解當初蘇聯與英國士兵的處境——他們被困在這裡，必須對抗比自己更熟悉這塊土地的農民。農民為了對抗外來勢力，早已奮戰了好幾個世代。美軍的處境相當惡劣，數千名美國人與阿富汗人因而喪命，牽動了歐亞兩洲的歷史，世界獨大的強權國家再一次深陷於古老的地理與派系爭鬥之中，別忘了，這場連鎖反應的起源是兩座冒出濃煙的摩天樓，它們被毀滅的景象反覆在電視以及網路上出現，而且愈來愈多。

第八十二章

歐洲新貨幣

讓我們用一點時間看看新貨幣的意義：它代表著過去的成就，以及未來的難題。

當阿富汗與中東世界還在烏雲籠罩之下，歐洲卻喜氣洋洋地迎接二〇〇二年的到來。剛走入二〇〇二年一月的最初幾分鐘內，一百萬人聚集在柏林慶祝，但不是為了迎接某個政治領袖、饒舌明星或者任何名人，而是一種新貨幣。它取代了原有的德國馬克、法國法郎以及西班牙比塞塔。這種新貨幣就是歐元。

當時，全球經濟體系已經出現了巨大危機的徵兆——我隨後會大致說明這件事——但歐元登場成為全球貨幣的那天卻有一個好的開始，幣值很快就上揚了。幾乎所有歐盟會員國都接受歐元這種新貨幣，從那個一月開始，人們很快地就可以使用歐元購買從香檳到咖啡等等日常生活用品。第一個使用歐元的地方是位於印度洋的法屬留尼旺島（Réunion）。該地行政中心聖丹尼市的市長在水果攤花了七十六分歐元買下一公斤重的荔枝。

歐元帶來相當巨大的變動——老實說，就算這件事情本身很無聊——它攸關你究竟應該在皮夾裡面放什麼才能夠買到汽水或者洋芋片。二〇〇二年的元旦，歐洲在第二次世界大戰之後的改造終於看起來像是成功了，法國的一位部長勞勃．舒曼（Robert Suhuman）在戰爭結束時建議「成立歐洲聯邦以維繫和平」。舒曼在法德邊界長大，兩國曾為該地發動數次戰爭。舒曼出生的時候是德國公民，第一次世界大戰之後，法國吞併了他的家鄉，舒曼從此成為法國人。等到舒曼成為法國總理時，提議建立某種形式的歐洲議會，或者說一種聯合體制，使歐洲各國團結合作而不是一再發動延燒全世界的戰爭。如果你回頭看看這本書前面的內容，就會注意到歐洲各國經常彼此征戰。

舒曼的思維是這樣的：只要歐洲各國夠更緊密地彼此聯結，經由貿易、貨幣、政治議會、憲法，甚至透過某些共同的軍事行動，彼此之間就不太可能發動戰爭。一般來說，兩、三個歐洲國家經常會結成盟友，藉此保護自己不受其他國家的侵犯；在某些情況下，這種結盟關係會用來攻擊其他國家。第二次世界大戰期間，希特勒就是出自於這種想法，才會跟蘇聯的史達林結盟。

回頭思考這件事情時，身為法國官員的舒曼，也許正是認為歐洲同盟可以讓自己避免遭到激進德國的攻擊，才會有這種想法。歐洲結盟的起點是法國、西德、義大利、荷蘭、盧森堡與比利時等國家成立的「歐洲煤鋼共同體」（European Coal and Steel Community）。英國一開始並未參加這個組織，莎士比亞的故鄉認為自己與美國的關係更為緊密，歐洲的鄰居比不上這點。於是，英國依然使用英鎊而非歐元，挪威的情況也一樣。他們舉行了好幾次公民投票，表達不願使用歐元的心聲。

然而，最終愈來愈多歐洲國家簽署了同意書，先是成立了歐洲共同體（European Community），然後在一九九〇年時改名為歐盟（European Union）。當然，軍事整合是更複雜的問題，特別是因為西德在二戰之後再度成為經濟巨人，這也是歐元的背後是由德國馬克作為支撐的原因，也使得德國有足夠的力量可以影響他國的經濟，這一點——沒錯——讓其他歐洲國家相當緊張。

將德國的利益與其他歐洲國家的利益綁在一起——這是歐盟真正的意義。但這種方式永遠都會成功嗎？當然不是。我們很快就會發現歐元必須面對自己的問題，除此之外，儘管歐盟得到了諾貝爾和平獎，未來還必須面對許多挑戰。歐元的初始目的就是要促使歐洲各國緊密聯結，雖然各國之間時不時會為了歐元問題而爭吵。

第八十三章 中東再度掀起戰事

為什麼美國決定以戰止戰卻引發了另一場戰爭？

權力很危險，有時甚至就是敵人。不難理解為什麼領導者總是想要更多權力，就算不是在戰爭期間也一樣。一般來說，愈大的權力愈是難以取得，但小布希總統只要開口就拿得到。

二〇〇一年十月，美國國會通過《美國愛國法案》，這個名稱是縮寫，全名是《透過使用適當之手段中止或攔阻恐怖主義以團結並強化美國的法案》。這項法案賦予美國總統更大的權力去對抗恐怖主義。沒有人會認為對抗恐怖主義很簡單，只要想一想他們為什麼被稱作「恐怖分子」就會知道原因。恐怖分子希望使人恐懼，更可怕的是他們就潛藏在我們的日常生活之中，伺機在最出乎我們預料之外的情況下發動攻擊。對抗恐怖分子的時候，很容易跟丟他們的蹤跡，特別是當他們就藏身在你我之中的時候。當我們攻擊恐怖分子時，我們的日常生活——包括長久以來享受的自由——也會因此受到傷害。「保衛自由」和「傷害自由」這兩件事情很快就糾纏不清了。我是不是正在為了獲得自由而放棄自由呢？我是不是透過剝奪他人的自由來保衛自由呢？為自由而奮鬥到什麼程度反而會毀滅自由呢？

這就是美國在九一一之後面對的各種問題，政府獲得的許多權力後來都被列為國家機密，不讓大眾知曉詳情，直到被記者揭露時，人們才會知道真相。但我們現在已經確知，小布希總統設法將政府的權力擴張到可以在網路與電話通訊中蒐集各種資訊，美國政府也逮捕、拘禁了幾千名移民。這些囚犯有時會與來自於阿富汗的塔利班囚犯一起被送到古巴關達那摩灣美國海軍基地裡的監獄。美國官員在那裡並未遵守《日內瓦公約》等國際公約所規定的審問方法。恐怖分子在關達那摩監獄等地——包括其他設在海外幾個國家的基地——遭受折磨，那些沒有被證實為恐怖分子的人也受到同樣的對待。

如果西元兩千年的總統大選是美國民主的挑戰——當選舉結果無法明確斷言誰獲得總統大位時，美國是否能夠和平地移轉政權？那麼，濫用虐待並且踐踏人權的行為，在許多人眼中，正是美國民主的失敗。

小布希總統要求過最大的擴權行為（也如願以償得到國會首肯），可能就是擴張了戰爭的目的。小布希主張，為了保護美國，必須提前攻擊其他國家，也就是採取「預防性的戰爭」。從很久以前，在本書先前的幾個章節裡，就曾經談過中東地區因為國界問題出現不少爭議，還有以色列與巴勒斯坦之間的抗爭、工業國家對石油的需求愈來愈大，這個地區一直飽受關注，許多外來因素使此地陷於無止盡的爭鬥之中。小布希決定預先攻擊的國家是伊拉克，這個中東小國的領土只略比愛達荷州（Idaho）的兩倍多一點點，同時，它也是世界最早的文明發源地之一。

二〇〇二年初，小布希總統指稱伊拉克、伊朗與北韓是「邪惡軸心」。美國人以往就習慣於將敵人描述為「邪惡的惡魔」，這會讓美國後續很難與該國打交道；例如，當大家都想要停戰的時候，該說什麼理由呢？越戰就是很好的例子。但小布希還是這麼做了。他開始針對伊拉克進行預防性戰爭，指控該國的殘忍獨裁者海珊發展了可怕的武器，據信是威力強大的生化炸彈。布希與其副手錢尼共同指出，伊拉克擁有「大規模毀滅性武器」（weapons of mass destruction; WMDs）。儘管負責檢查伊拉克軍備的國際團隊沒有找到大規模毀滅武器，但美國仍然堅持自己擁有特殊情報來源。雖然許多人對於美國的說法表示質疑，但一位《紐約時報》記者前往伊拉克之後，宣稱他確認此地存在大規模毀滅武器。

在總統記者會和一場充滿戲劇效果的聯合國演說上，美國人堅持海珊不只擁有大規模毀滅武器，還與攻擊世貿中心大樓的蓋達組織有合作關係。美軍攻擊了伊拉克，並且逮捕海珊，他隨即被殺死。數千名美國人與伊拉克人死於這場戰爭，但從來沒有找到任何大規模毀滅性武器。布希底下的美國中央情報局後來說這種武器不存在，也說海珊與蓋達組織之間沒有任何合作關係。二〇一三年，時逢美國出兵伊拉克十週年，《時代雜誌》發表了社論批評道：「伊拉克戰爭是不必要的，它讓美國付出了昂貴的代價，對所有方面都造成了嚴重的傷害。這場戰爭源自於受到意識形態扭曲操弄的假情報，過去十年蒙受的經濟與人命損失，證明了這種事情絕對不能再發生了。」

但是，就在入侵伊拉克之前，小布希總統曾在電視上發出最後通牒，要求海珊與其黨羽在四十八小時內離開伊拉克。三天之後，即二〇〇三年三月二十號，美國與一些同盟國家入侵伊拉克，執行「預防性戰爭」。但是，事態很快變得清晰，美國根本沒有準備好足夠數量的軍隊來控制伊拉克，無論美國士兵再怎麼努力，都無法管理好這地方、無法確保老百姓得到食物、飲水和生命保障。二〇〇三年五月二日，海珊尚未遭到美軍逮捕，小布希穿著飛行服裝降落在美國航空母艦亞伯拉罕．林肯號的甲板上，隨後換上西裝，站在一幅寫著「任務完成」的橫布條下發表演說：「美國以及我們的盟友，已經在伊拉克戰爭中取得勝利了。」伊拉克境內隨即發生內戰，美軍的戰鬥任務直到二〇一〇年都還在持續，此時仍然有將近五萬五千名美軍駐紮在伊拉克，小布希的下一任總統曾說那是「過渡期武力」，他們會一直待在那裡，直到伊拉克局勢改變為止。到了二〇一一年才撤回所有美軍。

我們可以把這世界想成一處非常繁忙且危機四伏的十字路口，而且，可以遵守的規則本來就不多。如果別人認為你是特別魯莽的駕駛，會讓這個路口更加危險，那麼，他們為了保護自己的安全，甚至會無視那些少少的規則。即使事實上你是個小心翼翼且非常尊重他人的駕駛，只要路上的其他人覺得你的存在令人擔心，甚至產生恐懼，也許還會開始認為你所做的事情對大家都不好，那麼，你就變成了非得處理不可的威脅，必須受到某些限制。

你是不是安全的？——對你自己本身以及身為國際社會之一員來說——深深受到其他國家對你的看法的影響。正是因為這個原因，伊拉克戰爭的正當性在二〇〇四年降到谷底，當時阿布格萊布監獄的虐囚照片曝光，在網路上到處流傳，全世界的新聞報紙與電視節目都報導了這件事。那些虐囚照片顯示出美軍使用了讓全世界都感到作嘔的方式——稍有良知的美國士兵也會這麼認為——折磨、虐待囚犯，有些甚至因此喪命。

虐囚事件確實衝擊了全世界每個國家的每個人，對於真正奉行穆斯林生活方式的人而言更是如此，他們反對恐怖分子以伊斯蘭教的名義去傷害無辜平民，這些人原本因九一一事件而同情美國，但虐囚事件曝光之後，就改變了他們的看法。美蘇冷戰結束之後，世界上只剩下美國這一個超級強權，人們現在開始擔心，這個超級強權會用預防性戰爭為名義，在任何他想要的地方、以他想要的方式發動戰爭。

第八十四章

重新審視大城市

城市裡面擠滿了人。我們明白，城市本來就是要讓人住的，因此我們還有很多事情需要努力。

如果你是一隻在泥巴裡長大的生物，也許會在二十一世紀之初認為這是美好的時代。為什麼呢？這需要花上幾頁篇幅來解釋清楚。我們必須先看看城市。人類已經搬進城市居住好長一段時間了。人類在十二世紀開始住進城市裡面，主要的原因是為了討生活，也可以說是因為在城市外面的土地上謀生已經變得愈來愈艱難了。通常，人們離開鄉村地區的原因，不外乎沒有工作機會，或者像樹林這類可以提供食物來源的地方愈來愈少；或者水源被工廠與農耕所產生的過多的化學物質所污染。在上一個世紀，全世界的農業已經不再是小家庭或社區工作了，而是由大型公司負責經營。能夠因為務農而獲得報酬的人愈來愈少，就算有，金額也變得比以前少。重點在於，二十一世紀之初，全世界半數人口都已經住在城市裡。發展中國家的城市人口，每個月甚至會增加五百萬人——沒有錯，一個月增加五百萬人。想像一下整個新加坡的人在八月時一口氣湧入你居住的城市吧，或者是俄亥俄州托雷多市的十二倍人口，在幾個星期之內就會搬進你的城市。

身無分文前往一座城市確實不太好，但人們就是因為當地提供的希望而前來。城市提供不同的經濟機會，有些生意已經超過法律所管轄的範圍。然而，在許多大城市中，現在都出現了巨大而擁擠的區域：貧民窟。住在都市貧民窟的人生活不太安穩，也難以取得乾淨的水源。雖然，美國政府曾經在一份報告中指出，在一九九〇年至二〇〇八年間，全美城市的公共設施與飲用水都已經獲得了大幅改善。但是，由於貧民窟的規模愈來愈大，也讓城市蒙受極大的壓力，必須儘管改善這些問題。許多人預測，在二十一世紀中葉將會有二十億人居住在都市貧民窟裡面，是現在的兩倍之多。

不過，先讓我們思考一下為什麼人們要住在城市？這需要回答幾個問題。

為什麼人要住在城市裡？

一部分的理由因為人們早就住在城市裡面了。人是群居動物，喜歡與彼此生活在一起。人們認為，只要身處於群體之中，就有機會靠著各種交換或者交易來解決個人所需，雖然通常是一些很糟糕的交換或交易，但還是有些很不錯。儘管如此，大多數的人還是選擇群居。也許你會想要有個地方可以獨自漫步，但是，作為一個生物，你一定會想要跟群體同伴住在一起。

現代大城市為什麼會坐落在他們現在的位置上？

人們會在能夠遮風蔽雨、避免海浪侵襲的地方建造住所，同時也希望各種自然環境——河流、海灣、海洋——能夠提供食物來源。有時候，正是因為人們選擇在某個地方建立城市的理由，導致他們最後因為自然環境而受傷。海地的太子港（Port-au-Prince）之所以能夠成為一座城市，就是因為周遭的高山不只可以保護港口的船隻，同時還供給了建築用的木材與煮飯用的燃料。同樣的理由也適用於美國的舊金山與加州。確實，這些城市都有高山圍繞，但也因此容易受到地震侵襲。這群提供保護作用的高山，正是因為地震而形成——我們正在把地球的發展當作一本歷史書籍，藉此討論其中的地理現象。

在短期之內似乎能夠提供安全的地點，偶爾卻會變得非常危險。如果你曾在二十世紀初期造訪甫被可怕地震襲擊的太子港，就會看見一座沒有水的城市，男人、女人還有小孩都不再安全——簡直就是一座充滿危險的都市貧民窟。到了夜晚，街上只有火光，沒有電力，非常危險——太子港就像戰場，但卻不是因為軍隊襲擊的關係所致。

什麼事情改變了我們對城市生態的看法？

愈來愈多人住在大城市裡，西方國家的大城市也愈來愈重視城裡的水資源——舉例來說，一九七二年時，共和黨籍的美國總統尼克森發布了淨水法案——我們對於自然資源的想法也變得更寬廣。人類開始把城市視為更自然的地方——如果對環境更友善，保持乾淨，這個地方可以給我們更多好處。請記得：大多數的人類都住在大城市裡。

環保與經濟的關係是什麼？城市又跟這些事情有何聯繫？

就像「經濟學」這個字，「生態學」也來自於希臘文，它起源於oikos，意思是「家」。生態學家關懷的焦點就是動物、昆蟲或鳥類當作「家」的地方，並且探索他們在家生活的方式。當全世界的人類從鄉野地區搬到城市，生態學家也同時開始思考城市的本質，這兩件事情也許不是偶然。一九七〇年代，美國開始執行水源淨化法案，各大工業國家也著手處理遭到污染的河流——例如，在美國的俄亥俄州的克里夫蘭，某條河流因為污染的情況過於嚴重，甚至起火燃燒——生態行動就像滾雪球般盛起。到了二十一世紀初的幾年，美國各大社群決定拆掉水壩，讓魚群能夠享受新鮮的水流。我的重點是：城市是人類的自然歸屬。從生態與經濟的角度來說，城市都是我們的家園。

魚群的數量與人口數量的關係是什麼？

人類當然長久以來就有保育生態的想法，但直到二十一世紀初，才開始有愈來愈多人擔憂城市生態，並且思考這件事情背後的經濟價值。一九五〇年代時，諸如紐約等美國大城市的居民，因為受到污染的烏雲籠罩在上空而感到身體不適。如果人們健康且空氣沒有受到污染，整體的醫療照護成本不會變高，換句話說，如果城市的空氣乾淨，許多人就能得到健康上的保護。除此之外，有辦法住在良好居住場所的人，想要的當然不只是乾淨的空氣而已。早在二十世紀時，大家就已經知道，健康的人擁有更好的工作效率，受過教育的人能夠提出更聰明的工作辦法，除此之外，如果他們可以在公共圖書館讀書，或者在公園裡聆聽免費的音樂會，也會變得比較快樂。同樣的，如果妥善的大眾運輸能夠帶來城市經濟的多元發展，更能夠協助人民脫離貧窮。

全世界的大城市也開始出現了顯而易見的共同之處，甚至可以說彼此的生態情況相當類似。正如我們前面討論過的，城市出現的地點通常與良好的食物供給有關，例如各種水域旁邊，像是河流行經之處或者是出海口。城市地景也因此具備一定程度的保護作用——舉例來說，城市的船隻港口就是這個道理。因此，建造城市的基礎就是充足的食物供給，如果我們回頭看看該座城市的歷史，很有可能發現其最初的食物來源就是魚。魚獲量與食物供給量較高的地方變成大城市不是巧合。在全球三十多個最大的城市當中，將近七成都位於出海口。

什麼是出海口？

出海口這個英文字來自於拉丁文的「潮汐」，本意是河流與海洋的交界處。由於附近會有許多的營養以及無數的生物，河口是全世界最有生產力的地方。舉例來說，香港珠江出海口蘊含最細小的生物，成為中國沿海的白海豚與江豚的食物。美國麻州的各條河流也生產了足以餵食加拿大海豹的食品。泰國的湄南河（Chao Phraya River）流域管理對曼谷的影響甚大，甚至影響到當地農田的糧食生產數量。

一九九〇年代，全世界的科學家開始發表文章討論都市出海口的重要性以及它們所蘊含的驚人彈性。科學家研究出海口時發現，就算各種污染與毒物不停攻擊出海口，它們仍然健在，令人不可置信。隨著某些地區開始執行淨化水域的工作，對於生活在食物鏈最底層的泥巴生物來說，一切都變得更好了。

泥巴生物的未來會怎麼樣？

答案很難說。由於海底魚群的數量銳減，我們希望泥巴生物的未來會愈來愈好，才能改善這種現象。科學家已經了解老舊而彈性疲乏的泥巴與沼澤濕地能夠重拾活力。另外一方面，由於全球暖化現象，科學家也清楚海平面正在急速上升。在現代碼頭邊緣的泥土，看起來就像明天就要被海水淹沒了。難道，我們真的要讓老舊的市中心最後變成未來的泥巴地嗎？這是人類必須快速做出回應的難題，而且要將人與城市視為大自然環的一部分，也包括所有的生物在內。

聯合國的世界氣象組織（World Meteorological Organization）認為，西元二〇〇〇年到二〇一〇年期間是有史以來溫度最高的十年。全球溫度的記載始於一八五〇年代，由於非洲、亞洲部分地區與南極的溫度指數不停上升，等你讀到這本書的時候，或許那一年的溫度會更高。二〇一〇年時，亞洲地區吹起了非常炎熱的季風，俄羅斯出現了超級高溫的夏季氣候，印尼、澳洲、非洲、歐洲與中南美洲也都出現了暴雨與洪水等情況。亞瑪遜流域竟然出現乾旱。從歐洲穿越亞洲進而抵達北極圈的西北航道（Northwest Passage），本以危險著名，堪稱人類無法克服的險路，許多探險者在十九世紀時喪命於此，卻因為現代氣候的關係，夏季時幾乎沒有任何冰塊，相對於古老的日子，反而變成一條輕鬆的道路。

假如過去幾個世紀已經出現了全球暖化的問題，也得等到二十一世紀時，人類才開始做出回應。地球環境確實開始變得愈來愈熱，我們也清楚地知道，人類工業的發展導致暖化現象。焚燒煤炭與石油的舉動，讓整個地球充滿焚燒後的氣體，成為一座大溫室，高溫居高不下。

溫度上升的速度有多快？

這個問題仍然沒有清楚的答案。有些人會說全球氣溫上升是一場騙局，請你不要因為他們的說法而困惑。他們把寒冷的暴風雪當成證據，試圖證明全球氣溫並沒有持續上升。這些人自己也混淆了，可能是分不清楚「氣候」與「天氣」。兩者之間的差別在於時間。所謂的天氣，是指在特定年份的二月的某個星期三下雪了；氣候則是說在每年二月的星期三，都有很高的機率會下雪。但是，正如我們所說，人們經常分不清楚氣候與天氣的差異。的確，在新英格蘭地區的三月的某個星期三，還是很有可能會下雪，但到了二〇一〇年時，我們能夠檢閱星期三時的某些氣候數據，發現這個地方原本非常容易下雪，但現在下雪的機率變得很低。

同時，我們也開始察覺到天氣變得愈來愈劇烈，已經超過人們所能習慣的程度了。二〇一二年時，桑迪颶風（Hurricane Sandy）襲擊美國紐約與紐澤西，規模遠超過於一百年來的其他颶風，造成該地區數十億美元的嚴重經濟損失。

泥巴生物又該怎麼辦呢？

由於城市是人類的天然歸屬，又跟周遭環境休戚與共——例如鄰近的河流與山丘、郊區的生活環境、鐵路與高速公路等等——政府決定採取各種措施，減少城市當中的污染，建設對環境更好的大眾運輸，更妥善地照顧森林，一切都是為了保存良好的水資源還有照顧市民的健康。城市開始以自然生態的角度理解自己的地位。這裡是人類的天然歸屬，他們必須仰賴小小泥巴生物，因為這些生物是魚還有昆蟲的食物，鳥類則以昆蟲為食。同樣的，這些小泥巴生物也會滋養草原。草原會形成濕地，在暴風雨來臨時，才能發揮吸收雨水的作用。

將城市視為大自然的一部分，這種想法本身蘊藏著希望，讓人類可以得到許多方法，藉此阻止全球暖化的現象。全球最大的幾個經濟國家，例如美國，本來非常不願意簽署協約，共同處理全球暖化問題，儘管科學家一直發出呼籲，希望他們能夠共同阻止溫室效應。年輕人也持續地大力催促美國加入環保行列。二〇一二年時，大學生開始要求學校與城市停止將金錢投資在大公司身上，而是用來阻止全球氣溫上升。一九九二年，一位十歲的小女孩在聯合國大會上致詞時曾說：

你們好，我是瑟玟．鈴木（Severn Suzuki）。我代表兒童環保組織（The Environmental Children's Organization; E.C.O）發言。我們是一群來自加拿大的十二、十三歲孩童團體，想要讓世界變得不同，成員包括我本人、凡妮莎．蘇堤（Vanessa Suttie）、摩根．潔絲勒（Morgan Geisler）以及蜜雪兒．奎格（Michelle Quigg）。我們憑著自己的力量募款，得以旅行六千英里來告訴你們這些大人。你們必須做出改變。在今天這個場合，我沒有任何隱藏目的，只想為了自己的未來而戰。輸掉未來不像輸掉一場選舉，或者股市下跌幾點而已。我來這裡替未來所有的世代發言。我來這裡替全世界挨餓的孩童發言，因為沒有人聽得到他們的哭聲。我來這裡替地球上無數瀕死的動物發言，因為它們已經無路可退。我們必須表達自己的心聲……這些事情就在我們的眼前發生，但人類的行為好像時間還很充裕，所有問題都會迎刃而解……在你們大人的待辦事項上，真的優先思考過未來的世代嗎？我的父親總說：「你說的話無法決定你是什麼樣的人，而是你做的事情。」而你們這些大人做的事情，讓我在夜裡哭泣。大人口口聲聲說自己愛小孩。我向你們提出挑戰，請你們言行一致。謝謝你們的傾聽。

第八十五章

黑人獲選美國總統

美國內戰過了一百五十年後，伊利諾州參議員歐巴馬贏得了一次充滿歷史意義的選舉。

也許你還記得，在這本書稍早的篇章裡，我們曾經討論一位來自於伊利諾州的律師，在一八〇〇年代中期參選美國總統。那位總統隨後在一八六三年發表了著名的「解放宣言」（Emancipation Proclamation），引用房龍的話指出，奴隸制度「在文明世界的每個角落都已經結束了。」（當時唯一的例外是古巴。在西班牙的統治之下，當地仍然維持奴隸制度）

如果範圍限於公開譴責奴隸制度的政府，這份宣言確實所言不假，但是，在美國政府討論的範圍之外，奴勵制度仍然用各種方式頑固地存在於這個世界上。就算是在二十一世紀初，全世界仍有兩千七百萬人還是所謂的「奴隸」。奴隸的定義又是什麼？只要一個人被迫工作，但卻拿不到足以購買所需食物的金錢，或者受到詐欺與暴力威脅行為而被迫處在特定處境，就算是奴隸。（各國政府認為奴隸的人數應該只有上述的一半。但是，小心翼翼追蹤政府行為的人權組織認為，確切的數字應該是政府提出的兩倍）現代奴隸的人數如此之高，部分原因來自於全球人口數的增長——當我寫作此書的時候，全球人口已經快要七十億了。除此之外，另外一個原因就是人性的殘暴，特別是他們必須處理攸關於金錢與貪婪的問題時。

美國一直都讓全世界感到不解。從一方面來說，美國從英國獨立時，曾經宣稱自己建國的基礎是一個不證自明的真理：「人生而平等」；但是，當時的美國總統華盛頓本人卻擁有大量的農場奴隸，獨立宣言的作者之一傑佛遜也是如此。來自於法國的朋友，甚至是從英國叛逃至美國的將領，都曾經親口要求美國人釋放家中的奴隸。就算是那位伊利諾州參議員林肯當選總統，發表解放宣言之後，美國境內仍然還有形式較為不公開的奴隸制度。當時的奴隸制度，仍然建立在老舊的種族偏見之上。

「然而，任何寫在羊皮紙上的文字，都不足以讓奴隸從桎梏中得到解放，更無法使得每一種膚色與信仰的男人、女人得以實現自己身為美國公民的完整人權。」二〇〇七年時，另外一位來自於伊利諾州的參議員歐巴馬說道：「我們到底需要什麼？世世代代的美國人必須善盡自己的職責，經由各種抗議與鬥爭，從街道到法院，透過內戰以及公民不服從的方式，還必須承擔一直以來的高風險，才有辦法縮小美國承諾的理想與當時現實環境之間的差異。」

歐巴馬說出這些話的時候，正在競選美國總統。他在賓州針對族群以及黑白關係發表談話，這也是美國人長久以來憂慮的問題。歐巴馬告訴聽眾，自己之所以競逐總統大衛，乃是因為他相信：「我們或許看起來不同，甚至來自不同的地方，但我們所有人想要的方向都一樣——讓世世代代的孩子們得到更好的未來。」

「我的信念不屈不撓，來自於美國人民的良善與慷慨，但也孕生於我本人的故事。」

歐巴馬曾經以年輕參議員的身分，寫作一本十分暢銷的回憶錄，除此之外，他本人也以完美的演說技巧而名聞遐邇。他談起自己的父親是一位來自於肯亞的黑人，母親則是堪薩斯的白人。他的部分童年由外公外婆所扶養。外公經歷了經濟大蕭條，參與過第二次世界大戰；外婆則是在炸彈工廠裡工作，當時外公正在海外服役。歐巴馬就讀於全世界最富有的哈佛大學，也曾居住在全世界最貧窮的國家印尼。「我的妻子是一名美國黑人，身上的血液同時來自於奴隸與奴隸主。我們將這份精神遺產傳給了兩位寶貝女兒。」歐巴馬在演講時繼續說道：「我的兄弟、姊妹、姪女、姪子、叔叔與表親來自於世界上每一個不同膚色的種族，他們居住三個不同的洲際大陸。我永遠不會忘記，如果不是我的出身，就不會有今天這些故事。」

林肯發表解放宣言後的一百四十五年，美國終於選出了第一位黑人總統。他得到了將近七千萬張選票，幾乎是美國總統大選的最高紀錄。歐巴馬要處理的難題並不容易。很快的，他就必須從追求崇高的政治精神，轉向處理日常生活的政治難題——在第一任任期裡，歐巴馬大多數的時間用來處理與共和黨之間的僵局。由於雙方在政府預算上的歧見，共和黨好幾次差點造成聯邦政府無法順利運作。除此之外，歐巴馬也成功地推動國會通過全民健保法案。

歐巴馬在二〇一二年時連任成功。當時，美國通過好幾條選民身分確認法案，使得投票變得愈發困難。根據一份報導指出，當時，如果一個人想要完全符合新法案的要求，必須付出大約十一塊美元的成本，這個數字甚至高過於黑人選民在一九六〇年代民權法案通過之前所必須支付的投票稅。在歐巴馬的第二任任期開始時，距離林肯發布解放黑奴的宣言恰好一百五十年，而黑人選民的投票率，也開始高過於其他的美國公民。

二〇〇七年時，歐巴馬曾經提議關閉美國設立於古巴地區的關達那摩監獄，但他沒有做到這件事情。在歐巴馬的命令下，美軍特別部隊於巴基斯坦逮捕並且殺了賓拉登。請注意，歐巴馬並沒有放棄愛國者法案給允總統的新權力——正如我們所說過的，權力是很難放棄的東西。歐巴馬也同時提高美軍對於無人遙控飛機的仰賴程度，也就是所謂的「無人機」，這種設備不只能夠攻擊軍事目標，也可以屠殺無辜的公民。但是，歐巴馬大多時候都專注在當選時全世界都面對的巨大經濟衰退問題。

第八十六章

道歉

簡短地探討當各國政府仔細回顧歷史時，全世界究竟發生了什麼事情？

讓我們把目光從歐巴馬總統身上移開，我想要簡短地提出一個攸關於道歉的主題。雖然人們經常用輕鬆的態度討論這件事情，或者，當新聞提出時，只會一笑置之，但其本質卻相當的嚴肅。我之所以用「道歉」這個詞，是因為這起意外事件發生在歐巴馬任期的第一年。當時，歐巴馬在開羅進行演說，試圖與全世界的穆斯林進行和談。這場演說經常被稱為「道歉」，但實際上卻不是如此。歐巴馬的演說內容要求西方世界與穆斯林世界好好檢視彼此的關係。這份要求其實非常沉重。

「伊斯蘭與西方世界的關係，包括了幾百年來的共生與合作，但也有各種衝突以及宗教戰爭。」歐巴馬的演說內容在中東世界得到了相當溫暖的回應。「如果，我們只重視彼此的差異，就會讓那些眼裡只看見仇恨而不是和平、惡化衝突加劇而不是用合作來協助所有人追求正義與繁榮的傢伙稱心如願。西方世界與伊斯蘭世界彼此之間的猜忌與紛爭必須劃上句點。」

如果你仔細想一想，就會知道美國的太空計畫其實仰賴於阿拉伯人發明的代數——這就是兩個文明之間的關係。或者，正如美國的老總統華盛頓在羅德島捍衛猶太社群時所說的：「我們都是亞伯拉罕的子孫。」美國第四十五任總統歐巴馬則說：「我來這裡尋求全世界的美國人與穆斯林之間的新起點，其基礎是互利與尊重，還有美國與伊斯蘭並不相互排斥，也無需競爭的事實。」他繼續說道：「相反的，美國與伊斯蘭其實彼此契合，共享著特定的原則——那就是正義與進步，追求寬容以及全人類的尊嚴。」

我在這裡因為兩個理由才引述了歐巴馬的演說內容。第一，這段文字是一個例子，讓我們看見其中一方，或者說，其中一方的領導者，也就是美國總統，仔細地回顧了自己與另外一方的關係。他凝望著雙方之間的歷史關係。第二個理由，則是在千禧年的第一個十年期間，全球各國突然更傾向於從事相似的行為，有些國家的腳步甚至更早。各國都想要回過過去發生的事情，以人類族群的角度理解自己。二零一零年時，英國政府為當年的「血腥星期天」事件道歉。在那個悲劇的日子裡，英國士兵於北愛爾蘭殺害了十幾位信奉天主教的愛爾蘭公民。二〇一三年，愛爾蘭政府針對過去曾經將一萬名婦女與女孩拘禁在天主教教會的洗衣工作間，並且對待其如奴隸般的行為而道歉。一九九八年，美國政府對於二戰期間的日裔美國公民被囚禁在監獄而道歉。歐巴馬競選連任時，選戰對手曾經說歐巴馬的演講內容也是道歉，但實際上並非如此。然而，另外一個政府卻在相同的時間，做出了相當明確的道歉。

二〇〇八年，群眾流著眼淚，聚集在澳洲國會前，聆聽總理陸克文（Kevin Rudd）向當地原住民道歉。當年，澳洲人鳩占鵲巢，奪走了原住民的土地。陸克文特別向所謂的「遭竊的世代」致歉。在當時，數萬名孩童被迫離開自己的家庭，因為澳洲政府試圖要讓他們與非原住民家庭進行同化，這種措施一直實施到一九七〇年代。「對於這群遭竊的世代，他們所承受的痛苦與傷害，他們的子嗣與被拋下的家庭，我們都必須致上歉意，」陸克文說：「對於為人父母者，為人兄弟姊妹者，對於所有被拆散的家庭與社群，我們深感抱歉。對於這群應該自豪的人民還有文化，我們所造成的污辱與貶抑，我們深感抱歉。」

第八十七章

衰退

在這章所討論的那段歷史時期裡，全世界有許多人突然失去工作。讓我們想想這個現象是怎麼造成的，對人類有什麼樣的啟發。

究竟什麼叫做「消退」（recession）？聽起來有點像是醫學名詞，好比你希望自己的感冒症狀也會「消退」。確實，從這個角度來說，「消退」這個字就是「不要繼續擴張」。我們經常聽到新聞使用這個字，指稱當時的社會正在進入「消退」或者走出「消退」，這個字可以用在某個產業、某種疾病，甚至是用在國家身上。以唱片產業而言，消費者有長達數十年的時間都是用黑膠唱片（LP）來聽音樂，當雷射唱片（CD）在一九九〇年初期成為更流行的音樂播放方式時，黑膠唱片就消退了。接下來，雷射唱片也發生了消退，因為愈來愈多人喜歡購買、播放能夠在攜帶型裝置上使用的數位檔案。當國力或經濟情況發生消退時，我們就會稱之為「衰退」，例如該國的國內生產毛額連續兩季下滑，就是屬於這種情況。

思考衰退的另外一個方式則是檢視「關聯」。當製造黑膠唱片的廠商逐漸流失生意，其經營者很有可能會減產，還必須開除員工。被開除的員工到最後無法每天晚上都去附近的冰淇淋店享受點心，導致冰淇淋店也必須開除自己的員工，甚至可能關門不再做生意。於是，更多人無力購買像甜點這類生活裡的額外需求。很快的，他們就會連生活的必需品——例如麵包等等——都沒有能力購買。當全國上下開始出現這種情況，數百萬人會失去工作，而且通常不是因為他們犯錯，經濟學家會說，這種情況就像洪水把這些人捲走了。有時候，你會聽到別人說「我們處在衰退期」；例如，電視新聞的記者會這麼說，總統候選人也會指責對手造成經濟衰退，或者批評對手做得不夠多，無法避免衰退的發生——即使實際上後者根本沒有什麼施力的空間。從某個角度來說，衰退就像自然現象，只是一種市場調整機制。在二十世紀時，曾經出現過幾次全球性經濟衰退，造成全世界許多國家的經濟體系同時萎縮，許多人因此失去工作，也沒有薪水了。

近代歷史上最有名的那次經濟衰退非常嚴重，人們因此稱之為「經濟大蕭條」，我們曾在稍早談到過希特勒崛起與那次經濟衰退的關係。經濟大蕭條始於一九二九年的美國，一直持續到一九四〇年。大蕭條的範圍也影響了歐洲，當時歐洲的經濟體系仍然因為第一次世界大戰的傷害而動盪不安。正如我們先前所說，希特勒的崛起，得力於經濟大蕭條所造成的全球損失。因為人民沒有食物、家園，失去了一切，只剩下絕望。

一九九〇年代發生過幾次全球性經濟衰退，二〇〇一年時也上演同樣的戲碼。然而，二〇〇八年的全球性經濟衰退特別值得我們探討，因為其中彰顯了各國之間的關係。

我們首先注意到，在二十一世紀最初的十年，當國際銀行家在討論應該把資金投資在哪裡才能賺得到更多錢的時候，不會提到法國、西班牙與美國。銀行家們認為，投資這些國家帶來的收益非常緩慢。銀行家密切地觀察所謂的「發展中國家」，包括巴西、印度、中國還有許多非洲國家。但是，在二〇〇八年時，美國經濟體系在全球的地位相當重要，其他已發展國家也一樣。

讓我們檢視一下二〇〇八年的全球經濟態勢，以主要分析工具（例如股市以及就業人口等等）來看，當時全球經濟的情況相當良好，至少表面上看來如此。事實上，從來沒有人可以準確地說出全球經濟在某一個時間點上的局勢究竟如何，因為這麼作的難度好比分析全世界海洋裡的所有魚群。但我們確實可以說美國經濟是一條大魚，甚至是最大的魚——從噴射機到麵包，美國的產量都高過於其他各國（除非你將歐洲各國視為一個整體，那就會有例外）。大魚的情況確實比較重要。

假如我們要從事後諸葛的角度，找出兩個宛如微小漣漪，最後卻引發驚滔駭浪的因素，也許應該先看看一九三三年通過的《格拉斯—斯蒂格爾法案》（Glass-Steagall Act），又稱《一九三三年銀行法》。這項法案成立於經濟大蕭條期間，屬於當時美國總統羅斯福推動的新政當中的一環，目的在於避免銀行將存戶的錢拿去從事高風險投資，因為銀行的本質應當是照顧好客戶的存款。如果沒有這項法案，儲蓄銀行與投資顧問公司之間就沒有任何分別，客戶的處境會像是出門工作時將寶貝金魚寄放在鯊魚那裡。現實生活的金魚就是你的儲蓄。

不是所有的投資公司都是鯊魚，然而，就在一九二九年的股市崩盤（進而導致經濟大蕭條）之後，許多人認為鯊魚會吃掉金魚，於是美國國會通過《格拉斯—斯蒂格爾法案》，避免這種情況再次發生。到了一九九九年，在民主黨總統柯林頓的支持下，由共和黨占多數的美國參議院通過了另外一項法案，取代原有的銀行法。投資銀行與券商開始併購商業銀行，情況就像鯊魚又開始覬覦金魚了。

第二個與二〇〇八年全球性經濟衰退有關的因素，是美國本身的經濟衰退突然變成全球性經濟問題。畢竟，現代人都在同一座金融海洋中打滾，當然會比以前的山頂洞人更仰賴國際互動。況且，不要忘了，早在一八〇四年時，北美洲的劉易斯與克拉克遠征隊造訪當時的曼丹族原住民（Mandan）的時候，就已經注意到了他們擁有來自中國以及其他環太平洋國家的貿易物品。

讓我們先將焦點放回美國。二十一世紀初期，美國面臨房貸危機。「房貸危機」這個字的英文是「mortgage crisis」，意思是抵押造成的危機，聽起來不是很糟糕，但那是因為你還不知道「抵押」這個字源於拉丁文的「死亡誓約」（death pledge）。所謂的房貸，就是銀行借錢給客戶，讓他們可以買房子，客戶再從其日常所得中撥出相當高比例的金額作為償還。美國的房貸危機起源於銀行讓一些不符合貸款資格的人也能借到錢，這種新式房貸稱為「次級房貸」，意思就是「不是最好的貸款條件」。銀行大舉轉手次級房貸的債權，一開始也沒有出現過多的問題。隨後，這些貸款被用來從事大規模的交易與投資。一開始只有鯊魚銀行這麼做，但金魚立刻跟上，各種企業、家庭甚至政府也不落人後，人人都開始投資了。

每個人都把錢投資到另外一門會賺錢的生意，但沒人想到整個局勢的基礎大有問題。二〇〇七年時，美國房價飆漲，讓原本的債權買賣愈發惡劣，人人都想賺到更多錢。更多人覺得自己就是那條鯊魚。

到最後，假如經濟體系崩潰，人們就會無法償還原本的抵押貸款。交易與投資開始解體，一開始只影響了美國經濟——數百萬美國人失去了自己居住的房子，但是全球金融市場立刻也面臨了一樣的問題，只是更為惡化。全世界的銀行檢視手上的資產時，發現過去十年來購買了太多不良的投資組合。情況就像廚房裡面只有小點心，沒有任何肉品主食。

一個接一個，世界各國眼見自己的經濟崩潰——百姓失去工作，政府必須解聘公職人員，只能減少服務項目。銀行與貸款機構變得緊張兮兮，不敢輕易核准貸款，全世界開始把錢緊緊握在手上。抗議事件此起彼落，冰島政府破產，人民走上街頭，執政者只好下台一鞠躬；希臘人發起總罷工，製造民生用品的中國工廠工人因為失業而開始遊行。

許多人的生活狀況變得非常惡劣，究竟誰應該負起責任？銀行本來應該要好好保護客戶的存款，卻忘了這個使命，把錢拿去從事宛如賭博般的投資，政府也什麼事情都沒有做，任憑這種情況持續發生。從事後諸葛的角度來說，民眾也變得更加貪婪，把抵押而來的錢拿去投資，想要藉此賺到更多錢。

在二〇〇八年金融海嘯以及過去的經濟大蕭條裡，承擔批評的對象都是同一群人。許多人相信，政府太快出手協助銀行與投資公司，讓那群人有恃無恐地造成金融災難，卻沒有辦法迅速協助失去家園的民眾。於是，街頭出現了更多抗議事件。在美國，運動團體「占領華爾街」在紐約證券交易中心附近抗議，因為那裡就是全球金融的樞紐。他們說這次的金融大衰退與當初的金融大蕭條起因相似：「都是因為極端的貧富不均。」占領行動蔓延全球，抗議示威牌子上面寫著：「華爾街的人說了太多廢話！」

假如你是總統、政府首長、民選官員或者任何決定政策的人，請小心翼翼地照顧經濟體系，這意思是說，讓它維持良好的日常運作，並且做好準備隨時迎接任何難題。看緊鯊魚的一舉一動以及仔細呵護金魚都很重要。如果政府與商業領導者想要長期照顧公民、客戶與投資人的權益，就應該把目標放在健全的體制，不讓任何攻擊造成損害。

第八十八章

中國回來了

他們就像從來不曾離開。

從世界歷史的角度來思考中國，如果你讀到的歷史書籍的作者是在一八八二年出生於中國，他的觀點相較於其他背景的作者——例如房龍——而言，很容易就可以看出有極大的不同。這位中國作者必須同時著重於清朝政府的歷史，還有一六九九年時的知名劇作家孔尚任以明朝末年為主題所創作的《桃花扇》，而不是一五九九年伊利莎白女王時期的莎士比亞。從中國人的角度來說，歐洲大航海的年代——西班牙人、法國人、葡萄牙人與英國人都在尋找比較容易抵達中國的方法——可以看成「他們為了找到我們，卻經常迷路或失去方向感的時代」。早在一四〇五年，一位中國指揮官就率領了六十二艘船艦與兩萬八千名士兵開始向世界航行，最遠曾抵達波斯灣、非洲，甚至可能到過澳洲。

假如有人認為中國是在二〇〇八年才突然闖入了世界舞台，那是非常愚蠢的想法。數十年來，中國一度對於國際關係非常冷漠。在十九世紀歷經歐洲人大規模入侵以及國內內戰之後，中國多年來都把焦點放在自己的國家身上。有時候，中國人甚至安靜到令人覺得危險。在一九五八年至一九六二年期間，毛主席曾經率領中國人進行非常粗暴的現代化，可能因此導致四千五百萬人死亡。

一九八〇年代，中國領導人鄧小平推動經濟改革，採取自由市場機制，並且從世界其他地區引入了不同的商業模式，使得中國經濟開始突飛猛進。由於需要更多的自然資源，中國開始大舉投資非洲，當時世人認為非洲如果不是正要邁向更繁榮的生活，至少也要開始進入和平年代了（到了二〇一二年時，全球煤礦工業有十分之一仰賴中國的水源）。近年來，當全球經濟盛況不再的時候，中國政府則大舉進行建設。整個中國看起來變得對外界非常友善。全球經濟衰退到達谷底時，中國手上還握有大量的美元，而在歐洲經濟開始感受到歐元的弱點之際，中國也才開始感受到自己的經濟成長也趨緩了。

於是，中國在二〇〇八年舉辦奧運。世界知名的藝術家艾未未設計了華麗的鳥巢國家體育館。全世界的人坐在電視機前觀看當年奧運的開幕典禮時，你可以聽見他們出於敬畏而跌破眼鏡的聲音。鳥巢體育館令人嘆為觀止，即便如此，正如我們所說，那次奧運也不是中國大步走入世界派對的時刻——因為，早在世界舞台成形時，中國就已經在那裡了，宛如它有一部屬於自己的世界史。

然而，我們仍然可以看見中國內部的許多矛盾。中國政府推動經濟發展時，雖然開放了自由市場，卻不允許其他形式的社會自由。北京奧運過了不久之後，政府逮捕了艾未未，也就是設計奧運體育館的藝術家，在沒有審判的情況下，拘禁了艾未未長達七個月。對中國政府來說，艾未未是致命的威脅。他曾在一件藝術作品中以幾萬個學童書包作為建築外牆的裝飾，提醒人民記得中國政府的醜聞：在多地震地區蓋學校時偷工減料，地震來襲時，學校倒塌，壓死了數千名小孩（實際的死亡人數不明，因為中國政府並未公開）。

艾未未遭到囚禁時，其他國家與人權組織發出抗議。如果你聽到甲國要求乙國處理後者境內的侵犯人權問題，甲國自己本身也一定會有一些人權醜聞不想被人提起。但中國與其他聲援艾未未的國家之間最大的不同，在於中國境內沒有任何的媒體自由足以揭露這些事情，雖然有些跡象顯示中國媒體確實在二十一世紀初期開始擁有一點點的自由。

在千禧年之初，我們看見了另外一個問題：政治上採用高度中央集權以控制社會與經濟的國家，例如中國、巴西與南美洲各國，是否比較容易達成經濟成長的目標？假如俄羅斯政府限制更多個人權利與自由，例如媒體等，是否就更容易推動經濟成長？

第八十九章

阿拉伯之春

中東革命與遍地開花的民權運動。

二〇一〇年，一位男子在突尼西亞販售水果，那是腓尼基人大約在西元前一千一百年時所建立的古代城市。更準確地說，那位男子是在首都突尼斯的街頭賣水果以養家活口。他的攤子規模很小，是最小的那一種，只有他自己一個人而已。某一天，一位政府官員拿走了這名男子的水果，與其發生爭執，並且搧他巴掌，說得更仔細一點，就是在公開場合侮辱了這名男子。由於那名官員是女性，讓情況變得更為複雜。這名男子向政府提出抗議，卻沒有得到任何回應。幾天之後——由於沒有辦法做生意，無法提供家人需要的食物——他引火自焚，釀成了一場悲慘的抗議事件。

這當然是非常極端的舉動，他的所作所為出自於絕望，但不只是私人生活的悲慘情況，也包括身為公民所感受到的痛苦。他無法對自己的政府表達任何意見，政府不但沒有能力，還非常貪腐，不在乎人民的感受，甚至用非常侮辱性的方式對待人民。水果攤販死後幾天，突尼西亞人全都走上街頭抗議。他們看見政府上下所有層級的貪腐，從市場檢查員到最高層級的領導人都是如此。

不可置信的是這場抗議的規模愈來愈大，就像是一片不斷蔓延的野火，徹底改變了突尼西亞的地景。就在突尼西亞人意識到之前，貪腐且獨裁的統治者已經被趕下台了，於是突尼西亞人準備選出新的政府。即使國家已經改變，但突尼西亞人仍然堅持抗議行動，怒火擴散到整個阿拉伯世界，幾個星期之內，埃及也發生了街頭抗議行動，民眾與警方爆發衝突，抗議政府並沒有確實地彰顯出人民的意志。最後，埃及的獨裁者下台，當地慢慢地建立起新的代議政府。

開羅人民大喊：「我們要當今政權下台！」巴林、突尼西亞、敘利亞等地喊出各種口號，於是這個季節被稱為「阿拉伯之春」。評論家認為，年輕人藉由行動電話與個人電腦，在統治者看不到的地方送出各種訊息，點燃了這場政治怒火。民眾聚集在廣場前，高唱歌曲，點燃蠟燭，聆聽各種演講。阿拉伯女性也參與了這些抗議。在中東世界，女性的法定權利相當有限。她們參與公民運動的情況也因此變得相當重要。很快的，利比亞當地的抗議運動推翻了獨裁者穆安瑪爾．格達費（Muammar Gaddafi）。約旦與黎巴嫩兩個國家也在示威運動後成立了新政府。沙烏地阿拉伯的國王則是在女性抗議後，迅速地給予女性投票權利。

請你想像一下突尼西亞在一天之內發生的改變，還有中東世界在一年之內產生多少的變化，你的鄰居們走上街頭，聚集在廣場反覆歌唱，政府也隨之下台。這種事情似乎遍地開花，或許讓人感到振奮不已，但也可能非常恐怖。因為，從昨天到今天所產生的各種變化，會讓我們開始思考明天究竟會變得如何。從歷史的角度來說，我們應該思考中東會在這場野火之後走向哪裡？這把火還會燒毀哪些政府，而其火源又是從何而來？這跟法國大革命或者一七六五年的美國獨立抗爭是不同的事情，阿拉伯之春的人民以全球都能聆聽到的規模要求接管自己的政府，整件事情就發生在短短一個春天裡——

全世界的人能夠在電視或電腦上親眼目睹一切經過。

你能夠在這些抗議事件中看見某些固定的模式：被推翻的政府非常貪腐，嚴格實行強而有力的軍警控制系統，想要藉此鞏固權力；而推翻政府的公民遠比先前好幾個世代行動者還要年輕，也擁有更好的教育。數十年來，西方人總是宣稱阿拉伯世界的公民無法承擔民主制度，更認為選舉制度超過了阿拉伯人的能力範圍——西方人總是如此，說話的時候夾帶著種族歧視，彷彿他們比其他地區的人更有能力。

阿拉伯之春的某些革命行動失敗了，或者說太過於漫長，永遠都無法結束。許多國家的選舉結果讓西方世界憂心忡忡，因為人民決定將權力交給伊斯蘭政黨。從拿破崙入侵埃及之後，埃及以及其他地區的伊斯蘭政權從來沒有將勢力範圍拓展到這麼遠的地步。於是，另外一個問題也隨之浮現：接下來會發生什麼事情？哪些國家會彼此結盟？二十世紀納粹嘗試滅絕猶太人之後，猶太人在以色列建國。伊斯蘭基本教義派對於猶太人懷有相當深刻的敵意，加上以色列勢力範圍內的巴勒斯坦人與周遭的複雜關係，是否會讓猶太人認為自己的處境相當危險？

當宗教基本教義分子也能夠贏得選舉，奪下政權，並且禁止女性投票，或者更進一步地剝奪女性權利時，這樣的民主究竟是什麼？二〇一二年時，美國國務卿希拉蕊曾說女性權益是「二十一世紀的未竟志業」；擁有言論自由的女性族群則質問，威脅世界和平的國家也同樣是壓迫成年女人與女孩尊嚴與機會的國家，難道這是巧合嗎？

「絕對不是巧合。」希拉蕊認為：「許多正在為了深植法治與民主精神而奮鬥的國家，也是成年女子與女孩無法擁有完整且平等公民權利的國家。例如埃及，女性曾經站在革命的前線，但現在卻無法在餐桌上擁有一席之地，還必須面對高漲的性暴力犯罪。許多已經脫離貧窮、邁入繁榮社會的國家，正在努力處理女性賦權問題，這也絕對不是偶然發生的事情。我認為，這個世紀尚未處理的其中一個問題，就是中國與印度這些國家是否能夠繼續以全球經濟強權的姿態，維持其成長。其中的關鍵，就在於該國的成年女子與女孩受到什麼樣的待遇。」

同樣的道理，女性權利非常容易與各種生活環境問題聯繫在一起，或者，用另外一種方式來說明，女性權利也會跟日常生活的必須資源，例如用來照顧孩童的食物與飲用水之間產生重要的聯繫。任何人如果曾經仔細研究過阿拉伯之春以及當年全球四起的抗議行動，就會注意到它們跟各種生活環境、水資源、食物以及乾淨空氣的關係。敘利亞的乾旱問題嚴重影響了超過百萬名牧羊人的生活品質與食物供給。中東地區本身的井水就非常容易乾涸，沒有雨水供應的話，就無法重新填補地下蓄水層的涵量。在二十一世紀初期，中東地區的巨大地下蓄水層涵量就已經非常低，十分危險。沙烏地阿拉伯使用鑽油技術來抽取地下水，數十年來都用這種方式來種植作物。但是，在阿拉伯之春爆發的當時，水資源已經用罄。在氣溫創下世紀新高記錄時，科學家預測葉門會是第一個完全用完水資源的國家。同時，由於中東地區的人口暴增，愈來愈多年輕人需要工作機會，也有愈來愈多人需要乾淨的飲水與食物。

諸如美國等工業國家流失了許多就業機會與產業發展，而經濟成長中的國家（但公民擁有較少的人權）則更容易出現各種抗議政府不當消耗自然資源的事件。在中國，愈來愈多人要求政府處理工業污染，抗議事件也屢見不鮮。在千禧年之後，北京人經常必須緊閉門窗，因為工業造成的空氣污染煙塵奪走了居民的性命。

這種事情聽起來很恐怖，但也可能是機會。人民願意為了保護土地資源而挺身抗議，這不是很棒嗎？隨著世界向前邁進，也許人權也會變得愈來愈跟土地資源息息相關。或許，我們的生命安全已經開始與如何對待彼此更有關係，而不是我們能夠多殘忍地進行戰爭。二〇一一年，旺加里・馬塔伊（Wangari Maathai）辭世，她是肯亞人，在當地推動雨林保育運動。她付錢給當地的貧困女性，請她們協助種植樹木。樹木能夠保育土壤，才能夠讓土地得以恢復耕種能力。除此之外，這些樹木往後也能成為貧困家庭的柴火。馬塔伊曾抗議肯亞政府打算在奈洛比中央公園興建摩天大樓的計畫，卻被警方毆打到失去意識，但她並未因此放棄。一位聯合國官員曾讚美馬塔伊是一股來自大自然的力量。她最後也成為第一位獲得諾貝爾和平獎的女性。

日期曆法是人類的發明，記載在紙上還有各種螢幕上。雖然日曆只負責記載曾經消逝的日期還有即將到來的時光。但是，當你面對一個世紀的結束與開始時，也許會覺得自己就像站在一扇門、一道分水嶺的前面，即將離開一個時代，走入下一個時代。我們能夠從那道分水嶺的後面看到什麼？歐洲的戰爭還有世界大戰，光是第二次世界大戰就死了六百萬人，將近地球總人口數的百分之二。我們看見地球荒蕪、資源耗盡，有些資源會重生，有些則否。人類嘗試成立各種組織以避免下一次的世界大戰，想要阻止某些國家積極侵犯其他國家的野心。我所說的就是二戰之後歐洲各國對於德國所做的事情，還有美國積極與日本建立經濟與政治緊密合作關係的舉動。我們也看到人類想要稱王統治的野心很有可能導致地球毀滅。年輕的世代挺身而出。最後，我們終於愈來愈明白，為人權而戰其實是在幫助所有人，讓所有人在浮世中同舟共濟。

第九十章 朋友

人類如何改變了彼此溝通的方式。

當我們回顧過去的通訊方式時，總會不禁發出竊笑。在洞穴裡畫畫，多麼原始的方式！埃及人在莎草紙上寫字時，大概就是這樣的想法。通訊方式的改變往往會改變人類看待距離的方式。海洋本身曾經就是一種溝通管道——西元前七百年的腓尼基人就是這樣利用海洋的。直到一八〇〇年代中期，人類才埋下了第一條海底纜線，使用電報進行通訊，改變了文字的傳輸方式。電報和摩斯密碼的誕生，加上海底電話纜線的出現，全世界彼此之間的距離終於縮短了一些。

二十一世紀初期，整個世界再次發生巨大轉變，從人類通訊的角度來說，那是一場突如其來的顛覆指標。誰又能明白你們這些讀者如何思考二〇〇四年極具前瞻性的那場通訊革新，也就是臉書的出現呢？臉書的互動形式前所未聞，人們可以開始藉由電腦進行通話，甚至透過螢幕舉行聚會。臉書一開始是社交網路平台，用來蒐集並整理你與他人的「連結」——臉書公司稱之為「朋友」。起先是數以百萬的人，最後超過一億人使用臉書彼此交流，但形式僅於網頁，也因此讓我們思考究竟什麼才是人與人之間的交流與聯繫。

臉書也成為人們藉由電腦分享彼此所作所為與想法的媒介——還可以分享照片。人們開始加入有共同興趣的「社團」，也開始沉迷於臉書，不管去到哪裡都想要登入網頁，與其他人互動。「朋友」（friend）變成了動詞，「I friended him on Facebook」意思是「我加他臉書」。其他類似的社群網站如雨後春筍般冒出，例如「Tumblr」與「Twitter」（推特），這些公司也許會永遠經營下去，可能也會隨著時間消失。推特用來撰寫短文字，或許可以稱呼為「頭條消息」，但同樣也是用來讓人們彼此追隨、分享興趣，也跟臉書一樣變成傳統新聞媒體之外的團體溝通方法。例如，全世界的抗議團體可以用推特或臉書交流彼此的目標。埃及、突尼西亞還有摩爾多瓦在二〇一〇年前後的抗議行動，在某種程度上就可說是受到推特的幫助（從現在的觀點來說，推特提供的幫助沒有想像中的大，但仍然是一個不可忽略的因素）。因此，當時某些阿拉伯政府試圖想要關閉某些人的推特帳號。

當然，有時人們會利用社群網路來迷惑或傷害其他人。二〇一三年時，一位不明使用者竊取了一個處理主要新聞媒體的推特帳號——換句話說，就是被駭了。這名使用者藉此發布關於美國政府的假新聞。一些公司會使用電腦追隨特定的推特帳號，藉此關注相關消息，作為股市買賣的參考依據。因此，該名使用者的行為後來導致美國股市受挫。同樣的，各國政府也開始把網路互動當成一種武器——某國政府的祕密駭客部隊與另外一國的駭客部隊彼此交鋒，就像冷戰期間的核子潛艇戰鬥。因此，我們可以說，推特與現代手持行動裝置替人類帶來的問題，與戰前美國鋪設電報纜線時的問題一模一樣。十九世紀的美國哲學家、詩人亨利．大衛．梭羅認為，電報的發明將會干擾人類的內心平靜。「我們急於在大西洋底下挖掘通道，讓新世界與舊世界連結在一起。」他在一八五四年的《湖濱散記》中寫道：「但我唯恐第一個穿過廣闊海峽傳到美國人耳裡的新聞，只是英國伊莉莎白公主染上了咳嗽這種小事。」

梭羅的重點是什麼？每個人爭先恐後地與他人聯繫，想要得知最新的消息，但其實根本就沒有什麼新聞可言。梭羅本人就是科技迷，但或許你曾聽說過，他繼承了父親留下的鉛筆製造生意，設計出當時美國最好的鉛筆，還說電報的發明只是應用科技而已。但梭羅確實很享受應用科技。他的標準只有一個：我是否能夠應用這個科技來改善生活，而不是被這項科技所利用？

把梭羅提出的問題應用在任何創新設計、通訊設施、程式、你今天使用的網路帳號上還有一切你想與之互動的東西。用這些問題質問自己：我是否真的與任何東西產生了聯繫？我只是建立某些聯繫，還是我真的開始了解其他事情了？我的生活是否充滿了與他人的互動？或者我只是打打鍵盤、點點滑鼠而已？我如何在現實生活裡了解知識與其他朋友？什麼才是真正的朋友？

梭羅的想法好比一切偉大清澈的思想，宛如是昨天才針對現代情況提出的質問。雖然，人類在這個世界上作了許多糟糕的事情，但它仍然嶄新純淨。梭羅探索世界如同開疆拓野，這裡的確不是童話故事，而是我們的故鄉。梭羅也許會懷疑為什麼人類使用GPS來理解自己的所在，因為，如果我們願意抬起頭四處觀望，可能會做得更好。

圖解編年史

史前五十萬年——西元兩千年

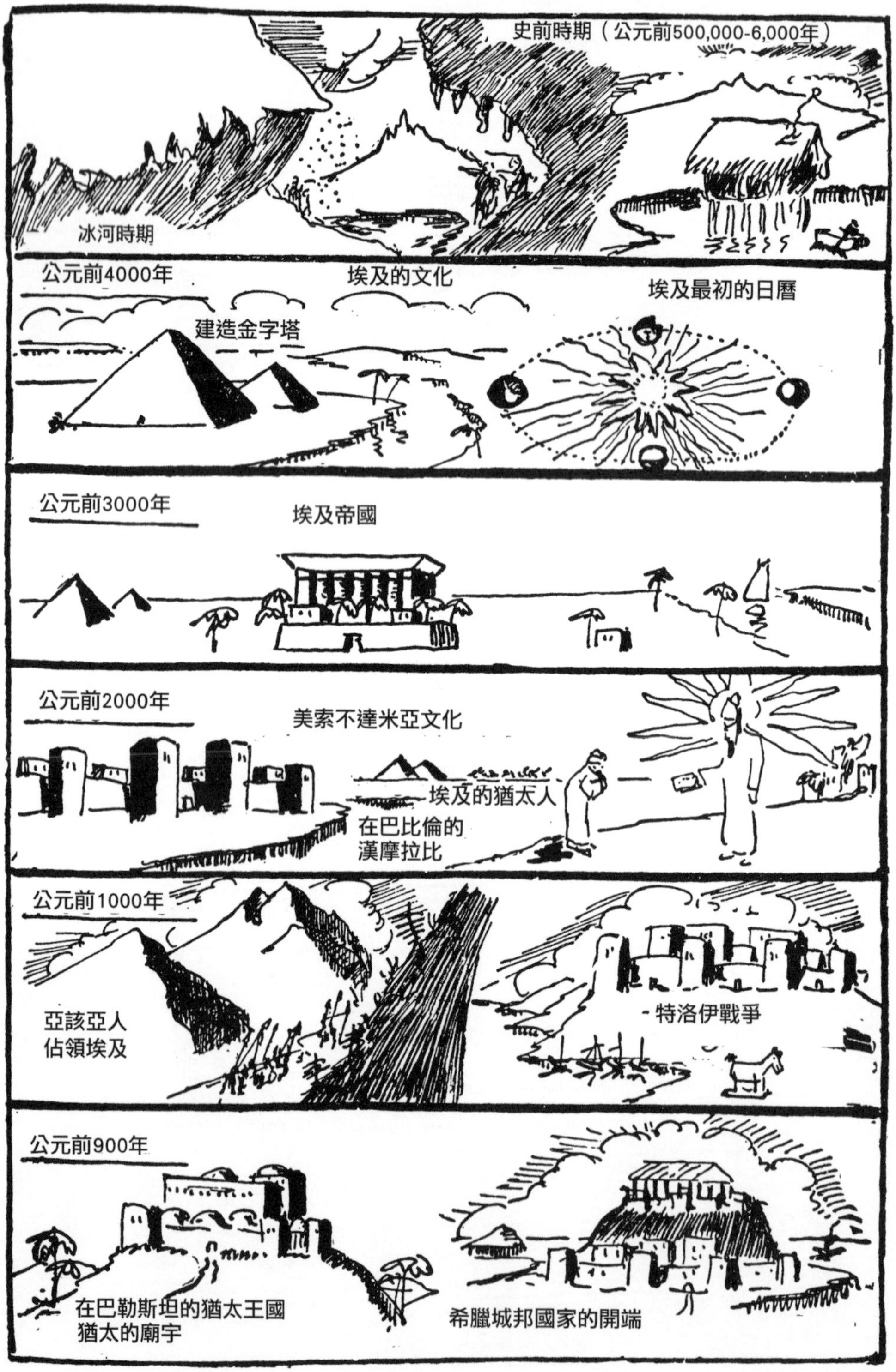
史前時期（公元前500,000-6,000年）
冰河時期
公元前4000年
埃及的文化
埃及最初的日曆
建造金字塔
公元前3000年
埃及帝國
公元前2000年
美索不達米亞文化
埃及的猶太人
在巴比倫的
漢摩拉比
公元前1000年
亞該亞人
佔領埃及
特洛伊戰爭
公元前900年
在巴勒斯坦的猶太王國
猶太的廟宇
希臘城邦國家的開端

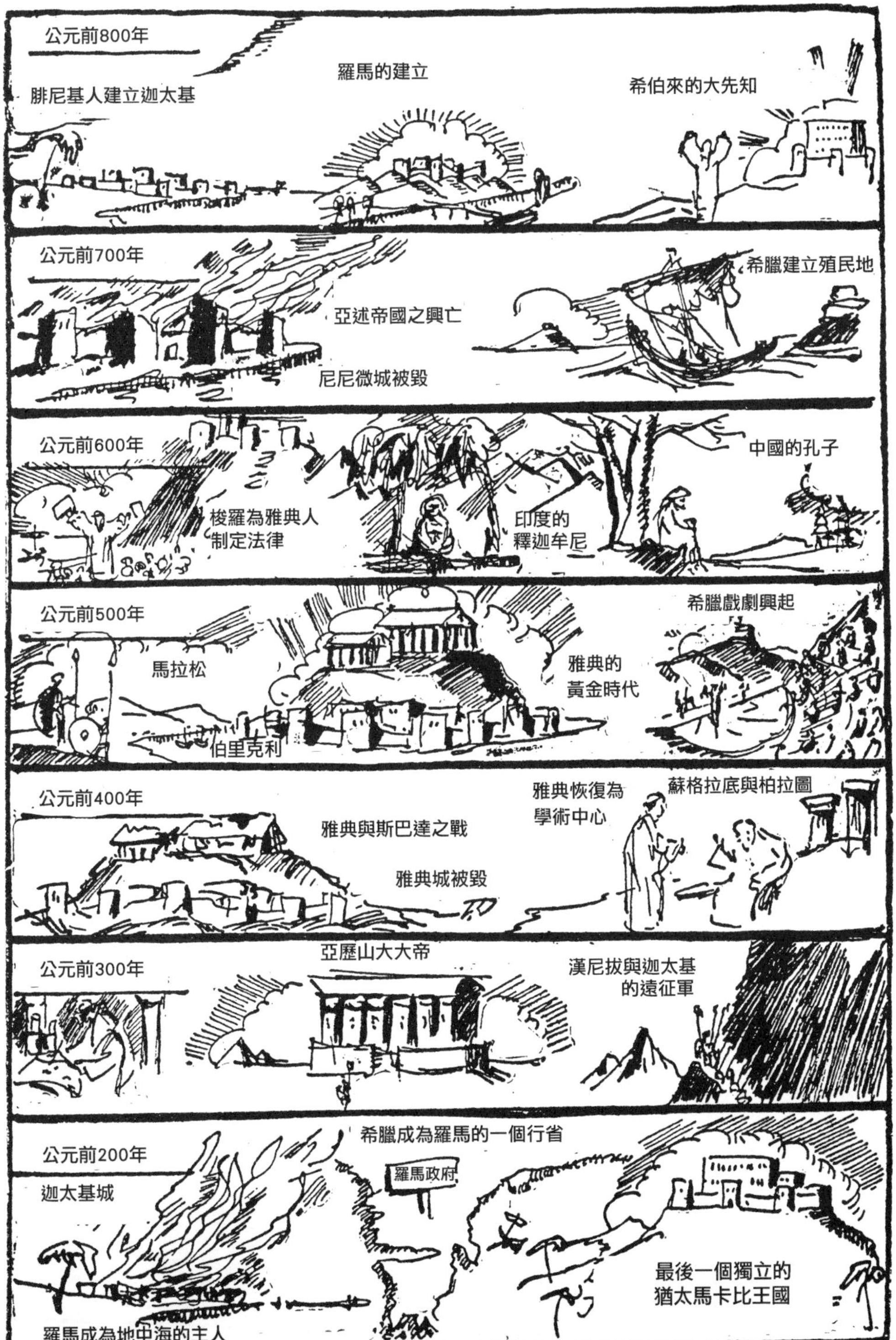
公元前800年
腓尼基人建立迦太基
羅馬的建立
希伯來的大先知
公元前700年
亞述帝國之興亡
尼尼微城被毀
希臘建立殖民地
公元前600年
梭羅為雅典人
制定法律
印度的
釋迦牟尼
中國的孔子
公元前500年
馬拉松
伯里克利
雅典的
黃金時代
希臘戲劇興起
公元前400年
雅典與斯巴達之戰
雅典城被毀
雅典恢復為
學術中心
蘇格拉底與柏拉圖
公元前300年
亞歷山大大帝
漢尼拔與迦太基
的遠征軍
公元前200年
迦太基城
羅馬成為地中海的主人
希臘成為羅馬的一個行省
羅馬政府
最後一個獨立的
猶太馬卡比王國

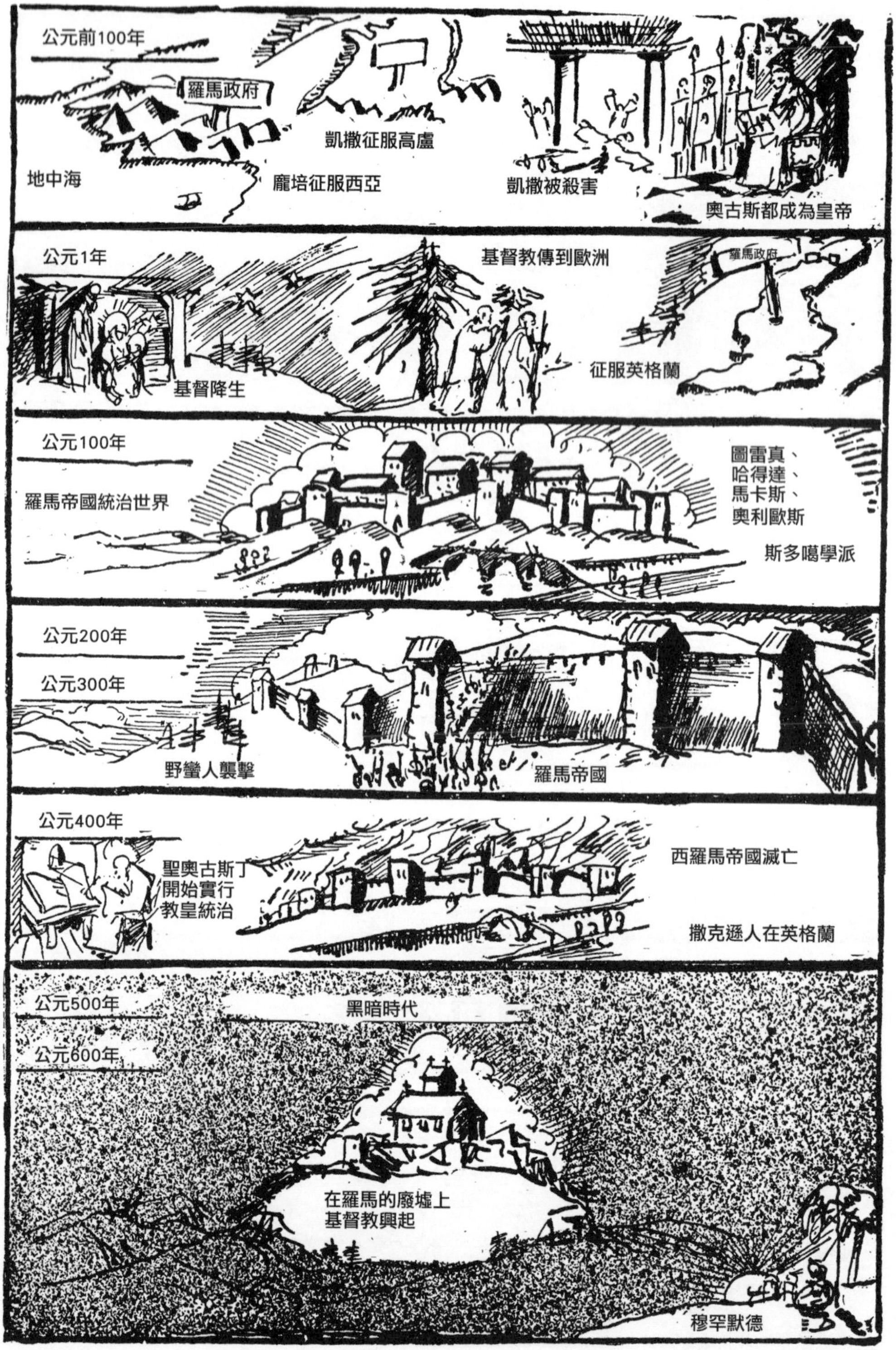
公元前100年
羅馬政府
凱撒征服高盧
地中海
龐培征服西亞
凱撒被殺害
奧古斯都成為皇帝
公元1年
基督教傳到歐洲
羅馬政府
基督降生
征服英格蘭
公元100年
圖雷真、
哈得達、
馬卡斯、
奧利歐斯
羅馬帝國統治世界
斯多噶學派
公元200年
公元300年
野蠻人襲擊
羅馬帝國
公元400年
聖奧古斯丁
開始實行
教皇統治
西羅馬帝國滅亡
撒克遜人在英格蘭
公元500年
黑暗時代
公元600年
在羅馬的廢墟上
基督教興起
穆罕默德

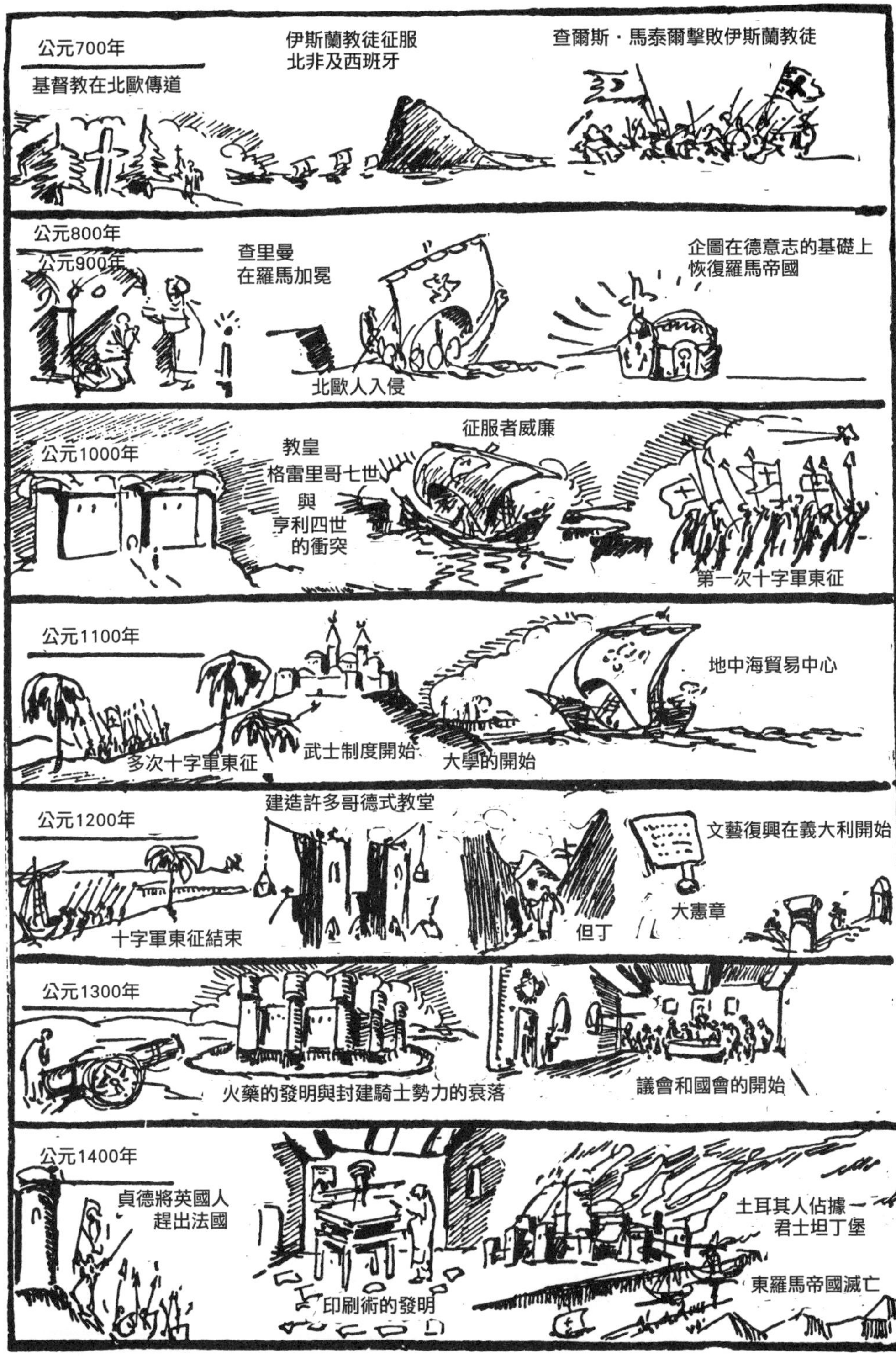
公元700年
基督教在北歐傳道
伊斯蘭教徒征服
北非及西班牙
查爾斯・馬泰爾擊敗伊斯蘭教徒
公元800年
公元900年
查里曼
在羅馬加冕
北歐人入侵
企圖在德意志的基礎上
恢復羅馬帝國
公元1000年
教皇
格雷里哥七世
與
亨利四世
的衝突
征服者威廉
第一次十字軍東征
公元1100年
多次十字軍東征
武士制度開始
大學的開始
地中海貿易中心
公元1200年
十字軍東征結束
建造許多哥德式教堂
但丁
大憲章
文藝復興在義大利開始
公元1300年
火藥的發明與封建騎士勢力的衰落
議會和國會的開始
公元1400年
貞德將英國人
趕出法國
印刷術的發明
土耳其人佔據
君士坦丁堡
東羅馬帝國滅亡

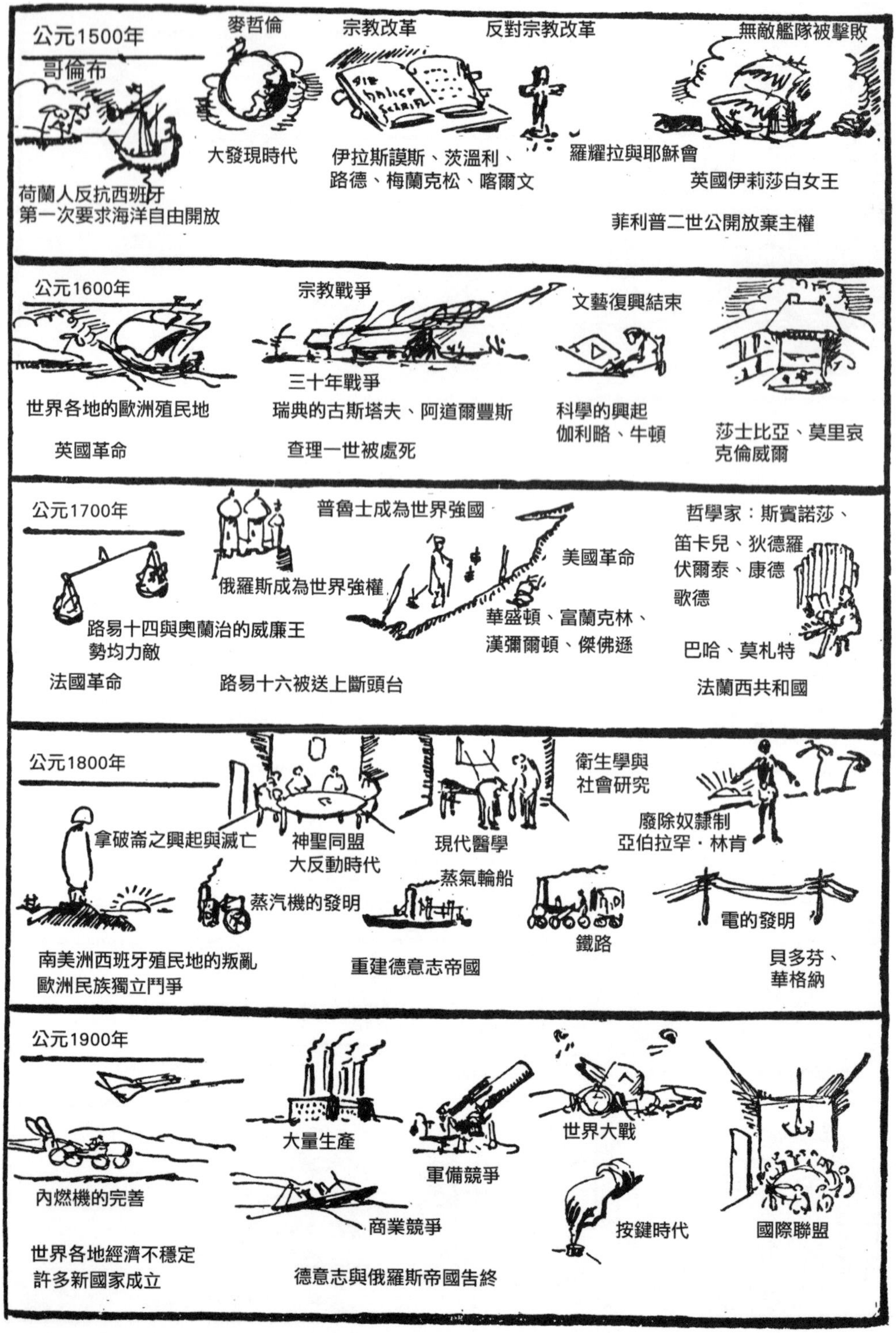
公元1500年
哥倫布
麥哲倫
大發現時代
宗教改革
伊拉斯謨斯、茨溫利、
路德、梅蘭克松、喀爾文
反對宗教改革
羅耀拉與耶穌會
無敵艦隊被擊敗
英國伊莉莎白女王
荷蘭人反抗西班牙
第一次要求海洋自由開放
菲利普二世公開放棄主權
公元1600年
世界各地的歐洲殖民地
英國革命
宗教戰爭
三十年戰爭
瑞典的古斯塔夫、阿道爾豐斯
查理一世被處死
文藝復興結束
科學的興起
伽利略、牛頓
莎士比亞、莫里哀
克倫威爾
公元1700年
俄羅斯成為世界強權
路易十四與奧蘭治的威廉王
勢均力敵
法國革命
普魯士成為世界強國
路易十六被送上斷頭台
美國革命
華盛頓、富蘭克林、
漢彌爾頓、傑佛遜
哲學家：斯賓諾莎、
笛卡兒、狄德羅
伏爾泰、康德
歌德
巴哈、莫札特
法蘭西共和國
公元1800年
拿破崙之興起與滅亡
神聖同盟
大反動時代
現代醫學
衛生學與
社會研究
廢除奴隸制
亞伯拉罕・林肯
蒸汽機的發明
蒸氣輪船
鐵路
電的發明
南美洲西班牙殖民地的叛亂
歐洲民族獨立鬥爭
重建德意志帝國
貝多芬、
華格納
公元1900年
內燃機的完善
大量生產
軍備競爭
商業競爭
世界大戰
按鍵時代
國際聯盟
世界各地經濟不穩定
許多新國家成立
德意志與俄羅斯帝國告終

歷史大講堂

人類的故事（最新增訂版）

2016年8月初版　　定價：新臺幣620元
有著作權・翻印必究
Printed in Taiwan.

著者　Hendrik Willem van Loon
Robert Sullivan
John Merriman
譯者　林曉欽
總編輯　胡金倫
總經理　羅國俊
發行人　林載爵

出版者　聯經出版事業股份有限公司
地址　台北市基隆路一段180號4樓
編輯部地址　台北市基隆路一段180號4樓
叢書主編電話　(02)87876242轉225
台北聯經書房　台北市新生南路三段94號
電話　(02)23620308
台中分公司　台中市北區崇德路一段198號
暨門市電話　(04)22312023
台中電子信箱　e-mail：linking2@ms42.hinet.net
郵政劃撥帳戶第0100559-3號
郵撥電話　(02)23620308
印刷者　文聯彩色製版印刷有限公司
總經銷　聯合發行股份有限公司
發行所　新北市新店區寶橋路235巷6弄6號2樓
電話　(02)29178022

叢書主編　陳逸達
封面設計　許晉維

行政院新聞局出版事業登記證局版臺業字第0130號

本書如有缺頁，破損，倒裝請寄回台北聯經書房更換。　ISBN 978-957-08-4780-2 (平裝)
聯經網址：www.linkingbooks.com.tw
電子信箱：linking@udngroup.com

國家圖書館出版品預行編目資料

人類的故事（最新增訂版）/ Hendrik Willem van Loon、
Robert Sullivan、John Merriman著．林曉欽譯．初版．臺北市．
聯經．2016年8月（民105年）．688面．17×23公分
（歷史大講堂）
譯自：The story of mankind
ISBN　978-957-08-4780-2（平裝）

1.世界史　2.通俗作品

711　　105013438